新设内资（含私营）企业户数:	25577户
新设内资（含私营）企业注册资本:	1137.96亿元
新设外资企业户数:	269户
新设外资企业注册资本:	28.05亿元
外贸出口总额:	985.36亿美元
外贸进口总额:	392.18亿美元
社会消费品零售总额:	850.39亿元
医疗机构数:	41个
卫生技术人员:	9123人
医院核定床位数:	6369张
各类学校数:	339所
在校学生数:	18.23万人
专利授权量:	8254件
公共文化设施:	671个
文化活动广场:	58个
居（村）委文化活动室：	527个
公共图书馆:	25个
道路长度:	930千米
公共绿地面积:	2562公顷
人均公共绿地面积:	11.5平方米
绿化覆盖率:	39.0%
户籍人口期望寿命:	84.12岁
环境空气质量优良率（AQI）：	89.9

（区统计局提供）

图书在版编目(CIP)数据

宝山年鉴. 2022/ 上海市宝山区史志编纂委员会编
. -- 上海: 上海辞书出版社, 2022
ISBN 978-7-5326-5969-2

Ⅰ. ①宝… Ⅱ. ①上… Ⅲ. ①宝山区—2022—年鉴
Ⅳ. ①Z525.13

中国版本图书馆 CIP 数据核字(2022)第 187766 号

宝山年鉴(2022)
上海市宝山区史志编纂委员会 编

责任编辑 赵 航
封面设计 王 茵

出版发行 上海世纪出版集团
上海辞书出版社(www.cishu.com.cn)
地 址 上海市闵行区号景路 159 弄 B 座(邮政编码 201101)
印 刷 上海信老印刷厂
开 本 890 毫米×1240 毫米 1/16
印 张 22.75
字 数 1140 000
版 次 2022 年 12 月第 1 版 2022 年 12 月第 1 次印刷
书 号 ISBN 978-7-5326-5969-2/Z·49
定 价 290.00 元

编辑说明

Bianji shuoming

一、《宝山年鉴》是由上海市宝山区人民政府主办，宝山区史志编纂委员会编，宝山区地方志办公室编辑，逐年出版、具有政府公报性质的年度资料性文献。《宝山年鉴》创刊于 1990 年，《宝山年鉴（2022）》是连续出版的第三十三卷，系统记载宝山区 2021 年度自然、政治、经济、文化、社会生活和生态文明建设以及街镇等各方面情况。

二、本年鉴坚持以马克思列宁主义、毛泽东思想、邓小平理论、“三个代表”重要思想、科学发展观、习近平新时代中国特色社会主义思想为指导，采用分类编辑法，设篇，按类目、分目和条目 3 个层次编撰。《宝山年鉴（2022）》共分 9 篇，卷末设“附录”。设 44 个类目、184 个分目、1415 个条目。条目标题用“【 】”标明。

三、本年鉴记述时间从 2021 年 1 月 1 日至 2021 年 12 月 31 日。为保持重要资料和信息的完整性，对个别条目的时限作适当延伸。

四、本年鉴根据社会发展和区域实际情况，对框架结构进行适当调整。篇方面，“宝山概览”篇中的“特载”单独设篇，包括“区委工作报告”“政府工作报告”。类目方面，“政协上海市宝山区委员会”“园区经济”类目分别更名为“中国人民政治协商会议上海市宝山区委员会”“园区（创新）经济”；“滨江带与邮轮经济”类目更名为“上海国际邮轮旅游度假区建设”分目，移至“文化 · 旅游”类目；“中共上海市宝山区委员会”类目中的“人民武装”“驻军”分目和“社会安全”中的“人民防空”合并为“军事”类目。分目方面，“宝山航运经济发展区”“职业教育”“城市网格化管理”“消防安全”分目分别更名为“宝山区科技创新开发委（宝山区投资促进办公室）”“中等教育”“城市运行管理”“消防救援”；取消“宝山城市工业园区”“对外投资”“市政工程管理”分目。

五、本年鉴所收条目由各撰稿单位确定专人撰稿，并经撰稿单位领导审核确认。撰稿人姓名署于条目之后，若连续 2 个以上条目由同一人撰写，则在最后一个条目下署名。

六、本年鉴中“统计资料”由宝山区统计局提供。为尊重撰稿单位的意见，条目中基本保留来稿提供的数据。撰稿单位记述的数据如与“统计资料”有出入，则以“统计资料”为准。

七、本年鉴索引主要采用主题分析索引方法，按主题词首字汉语拼音音序排列，同时附有表格和随文图片索引。

八、本年鉴由区域内 160 余家撰稿单位及其撰稿员供稿。如有疏漏之处，敬请读者批评指正。

《宝山年鉴》编辑部

2022 年 11 月

地址　上海市宝山区淞宝路104号
邮编　200940
电话　021-56560190
传真　021-56938579

《宝山年鉴（2022）》审稿人员

（按姓氏笔画为序）

于　镭　王　勇　王　浩　王永康　王忠明　王春明　王春艳
王律峰　王素炎　王培华　尤文飞　毛玉兴　毛勤芳　仇诗伟
方燕斌　尹　燕　归红华　叶慧娣　冉　旭　冯伟国　邢　丹
邢　侠　吕云勇　朱　力　朱　燕　朱丽莉　朱启忠　朱国金
朱凯凯　朱显武　刘　扬　刘　丽　刘发林　刘晓宇　刘绪和
刘惠斌　江文东　江建升　江海波　江静良　祁　昕　许书奇
阮仁忠　孙　洁　孙鲁峰　严　华　李　岚　李　炜　李华峰
李运冬　李钰婷　李裕鹏　杨　成　杨　敏　杨　霞　杨伟杰
杨斌斌　肖光庆　吴璟璆　冷伟卫　汪　岳　汪新民　沈　江
沈　洋　沈　静　沈玉春　沈志萍　宋发清　张　妍　张　治
张　莉　张　健　张　鹏　张　静　张宏达　张海雁　张琴娟
陆勇强　陆鹏程　陈　阳　陈　丽　陈　诗　陈　琳　陈亚萍
陈旭源　陈志英　陈苏华　陈林勇　陈岩峰　陈莉华　范文骏
范建军　范娟红　林　青　林凡举　罗文杰　金　晨　金江波
金新宇　周　玮　周　骏　周　嵘　周少龙　周来成　郑　恺
赵劲松　赵婧含　荣裕良　钟　韬　段荣宗　施立群　姜　虹
姜亭亭　姚　天　姚　炯　秦险峰　袁一江　袁建民　贾国良
夏明明　顾方吉　顾莉烨　钱　芳　钱　婷　钱叶萍　倪　中
徐　冰　徐　青　徐文忠　殷志浩　凌长臣　高　宏　唐　武
黄　涛　黄张裕　黄艳秋　黄联卫　阎丽伦　董　义　董晓峰
蒋逸菁　储　菁　童一凡　谢术平　虞春红　蔡　璐　管正忠
熊彦哲　潘卫国　潘文晔　潘宇峰　潘晓磊　戴志平

宝山区庆祝中国共产党成立100周年系列活动

2021年是中国共产党成立100周年，宝山区举行“奋斗百年路 启航新征程”庆祝中国共产党成立100周年座谈会，组织党员干部收看收听庆祝中国共产党成立100周年大会，举办宝山区百项群众性主题宣传教育活动，评选“两优一先”和党支部建设示范点，颁发“光荣在党50年”纪念章1.2万余枚，大力弘扬伟大建党精神，激发全区党员干部

1

2

3

4

群众爱党爱国爱社会主义热情，凝聚起永远跟党走、奋进新征程的同心合力。顾村派出所党总支获“全国先进基层党组织”称号，宝山区16名党员和8个党组织获市“两优一先”表彰。

1. 6月29日，“奋斗百年路 启航新征程”宝山区庆祝中国共产党成立100周年座谈会召开（区融媒体中心提供）

2. 6月24日，区委书记陈杰走访慰问老党员并颁发“光荣在党50年”纪念章（区融媒体中心提供）

3. 6月28日，上海市公安局宝山分局顾村派出所党总支获“全国先进基层党组织”称号（区公安分局提供）

4. 7月1日，“百年风华 逐梦前行”宝山区“庆祝建党100周年”百首红色歌曲展演举行（区文旅局提供）

5. 7月1日，宝山区宝城新村党总支集中收看庆祝中国共产党成立100周年大会（区融媒体中心提供）

6. 5月13日，区委统战部举办新的社会阶层人士庆祝中国共产党成立100周年主题活动——“唱支山歌给党听”陶瓷和书画作品展（李放明摄影）

7. 6月30日，杨行镇庆祝中国共产党成立100周年座谈会召开（杨行镇提供）

8. 5月31日，庙行镇举办“百年征程，童心向党”版画·彩泥展（区融媒体中心提供）

上海市科创中心主阵地建设

2021年，宝山区推进科技成果转化和产业化，实施科创三年行动计划，科技型中小企业达772家，新认定高新技术企业380家，总量超1100家。推进“先投后股”国家级改革试点，完成市高新技术成果转化项目61个，获上海市科学技术奖20项。南大智慧城挂牌成立上海（宝山）科创金融服务中心、合成生物产业园，引进塞力斯等领军企业，总投资近400亿元的52个项目集中启动，首发地块百米双子楼结构封顶。吴淞创新城十大产业项目稳步推进，启用宝山复旦

科创中心。推动上海美院项目开工，海江路等市政配套项目陆续开（竣）工。推进与上海大学深化合作，环上大科技园0—4号基地形成全链条创新孵化功能。引进北大、华中科大、上海理工等一批大学科技园，二工大科技园获评国家级大学科技园。35千伏公里级超导电缆示范工程通电运行，新能源关键材料平台初具服务功能。市级以上创新创业载体增至26家、总量居全市第四，院士专家工作站达27家。

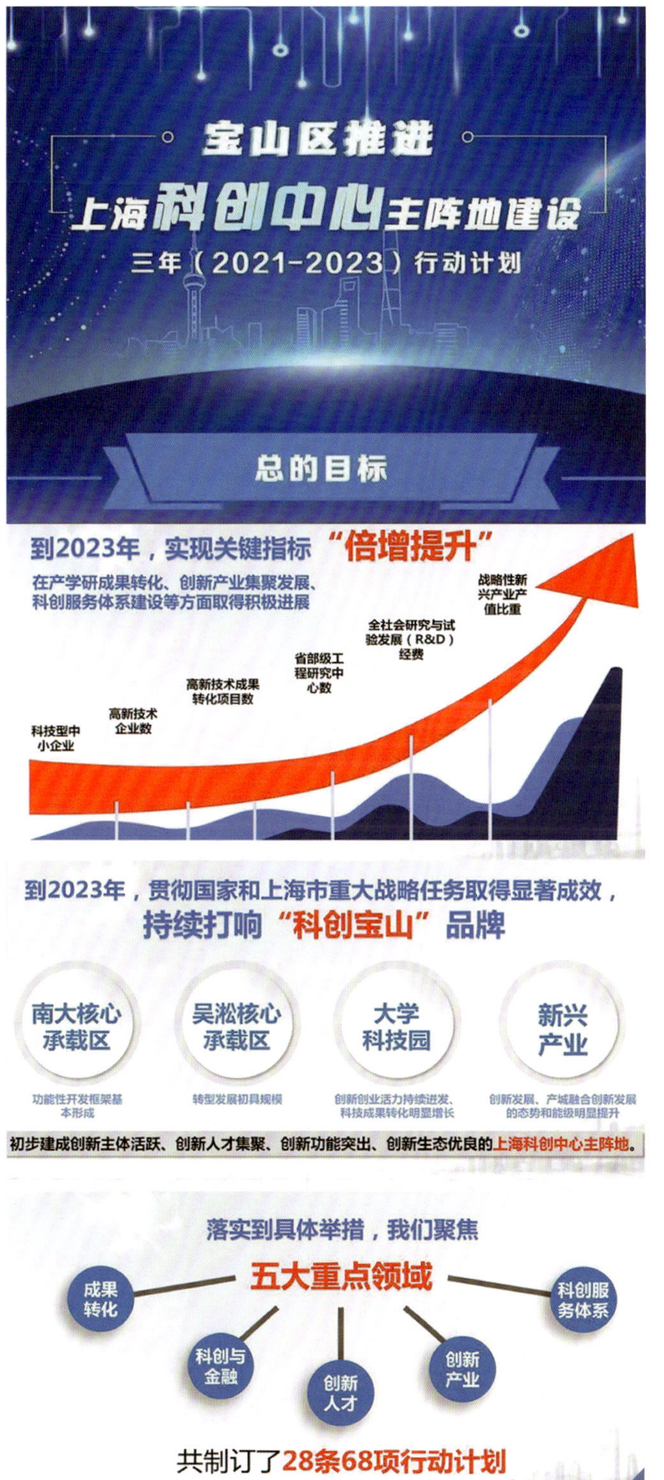

1. 1月28日，2021年宝山区建设上海科创中心主阵地推进大会召开（区融媒体中心提供）
2. 10月，智慧湾科创园被评为国家文化和科技融合示范基地（区融媒体中心提供）
3. 1月28日，《宝山区推进上海科创中心主阵地建设三年(2021—2023)行动计划》发布（区融媒体中心提供）
4. 4月15日，北京北大科技园项目落户高境镇（高境镇提供）
5. 6月30日，上海大学上海美术学院主校区项目启动仪式举行（上海大学提供）

宝山区开展党史学习教育

2021年，宝山区深入学习贯彻习近平总书记“七一”重要讲话和党的十九届六中全会精神，面向全社会开展“四史”宣传教育，举办“百年百人讲党史”千场宣讲，创作“百年奋斗路 启航新征程”红色情景党课和“行走蕰藻浜 打卡科创湾”宝山区“学党史、庆百年、迎七一”开放式实景党课；举办党史学习教育专题读书班集中学

1. 4月8日，“奋斗百年路 启航新征程”宝山区庆祝建党100周年情景党课在区委党校上演（区委组织部提供）

2. 6月11日，区委书记陈杰率区四套班子领导到中共一大会址纪念馆开展党史学习教育专题学习研讨及学习体验活动（宋凡强摄影）

3. 5月25日，宝山区举行“行走蕰藻浜 打卡科创湾”宝山区“学党史、庆百年、迎七一”开放式实景党课（区融媒体中心提供）

4. 8月27日，宝山区举行“党心暖民心 满意在群众——宝山区办实事、评实事、见实效”活动（区委组织部提供）

5. 4月23日，吴淞街道“百年新征程 吴淞新华章”庆祝建党百年系列活动暨党史学习红色专线正式启动（吴淞街道提供）

6. 12月5日，2021年宝山区“12·5”国际志愿者日活动暨“讲红色百年”党史学习教育阅马挑战赛举行（叶诗骏摄影）

习研讨，领导干部带头强化理论武装，建立“五学”机制、“四味”学习法和巡听旁听机制，推动学习教育常态化、制度化；将党史学习教育成效转化为服务民生举措，开展“我为群众办实事”实践活动，各级党组织完成民生和发展项目4720项。

上海国际邮轮旅游度假区建设

10月22日，《上海国际邮轮旅游度假区总体规划》在“2021吴淞口论坛”上发布。度假区规划总面积约12.48平方千米，待开发区2.98平方千米，涉及岸线13.5千米。规划形成“四港一心、两带三园、五大组团”功能布局。建成后的度假区集聚邮轮、游船、游艇（帆船）以及水上运动等以水上消费供给为主业的市场主体，打造水上产品首发基地，包括长江口水上运动体验中心、邮轮文化体验中心、中国海军爱国主义教育基地、阅江汇奥特莱斯购物中心、长三角水上产品首发基地、长江口水上科技应用集聚区等。

1. 10月22日，“2021吴淞口论坛”在上海吴淞口国际邮轮港举行
2. 上海吴淞炮台湾湿地森林公园实景
3. 上海吴淞口国际邮轮港规划图
4. 宝山滨江实景
5. 上海国际邮轮旅游度假区核心区规划图

（区滨江委提供）

“四港一心、两带三园、五大组团”：

“四港”即国际邮轮码头、近海沿江游轮码头、“一江一河”观光码头、帆船游艇码头；“一心”即邮轮旅游中心区；“两带”即北部长江口休闲观光带、南部吴淞口文化体验带；“三园”即长江口文化公园、炮台湾湿地公园、百年军港博览园；“五大组团”即吴淞记忆服务组团、塘后老街服务组团、时尚长滩服务组团、科创宝钢服务组团、半岛1919服务组团。

3

4

老码头影视基地
配套服务用地
(豆制品厂地块)
黄浦江
吴淞军港
海军上海博览馆
配套服务用地(818)
宝山规划展示馆
浦东滨江森林公园
吴淞炮台湾湿地公园
配套服务用地
吴淞污水处理厂
长江河口科技馆
阅江汇
零点广场
帆船看台
宝杨路码头
及公交枢纽
滨江公园
上海淞沪抗战纪念公园
上海淞沪抗战纪念馆
空军船运大队
小沙背公园
江豚商业综合体
长滩坡地公园
宝钢成品码头
长滩瀑布公园
长滩音乐厅
长滩观景塔
长江口水上运动体验中心
(停泊及训练水域)
长江口水上运动体验中心
(赛事水域)
长江口水上运动体验中心
(停泊水域)
吴淞口灯塔
吴淞口国际邮轮港
海事交管中心

上海国际邮轮旅游度假区核心区

5

陈伯吹国际儿童文学奖设立40周年系列活动

陈伯吹国际儿童文学奖前身是由儿童文学作家陈伯吹创立于1981年的陈伯吹儿童文学奖，是中国目前连续运作时间最长、获奖作家最多的文学奖项之一。2014年，上海市新闻出版局、宝山区人民政府和陈伯吹儿童文学基金专业委员会三方合作将陈伯吹儿童文学奖提升为中国首个国际性儿童文学奖项，并更名为“陈伯吹国际儿童文学奖”，颁奖活动永久落户宝山。2021年，宝山区举办设立40周年系列纪念活动，开展2021陈伯吹国际儿童文学

1. 12月8日，第33届陈伯吹国际儿童文学奖颁奖仪式暨文学奖设立40周年纪念活动举行
2. 12月8日，上海陈伯吹国际儿童文学理论研究会揭牌
3. 11月18日，2021陈伯吹国际儿童文学奖原创插画展开幕，美国童书史学家伦纳德·S．马库斯担任终评评委

奖原创插画展、中外儿童文学名家进校园、“诵读经典　点亮童心”陈伯吹国际儿童文学奖经典作品诵读、长三角阅读联盟文学沙龙等活动。12月8日，第33届陈伯吹国际儿童文学奖颁奖仪式举行，全市首个以陈伯吹儿童文学为主题的陈伯吹儿童文学馆项目启动，陈伯吹国际儿童文学理论研究会成立。

4. 12月12日，第33届陈伯吹国际儿童文学奖系列活动暨长三角阅读联盟文学沙龙在上海中心朵云书院·旗舰店举行

5. 11月18日，学生们参观2021陈伯吹国际儿童文学奖原创插画展

（区文旅局提供）

纪念陶行知先生诞辰130周年主题活动

10月18日，宝山区举行“面向未来的行知路”纪念陶行知先生诞辰130周年主题活动。活动分为“陶子忆陶”“宝山学陶”“创新承陶”等环节，“长三角青年陶行知教育研究联盟”正式启动，陶行知曾孙陶侃所著《我的曾祖父陶行知先生》一书发布，“中国民主同盟传统教育基地”揭牌。近年来，宝山区打造特色品牌，践行发展陶行知

1

2

1. 10月18日，宝山区举行“面向未来的行知路”纪念陶行知先生诞辰130周年主题活动
2. 10月18日，“长三角青年陶行知教育研究联盟”正式启动
3. 宝山区教育局与文广局、上海书店出版社、大场镇等单位联合发起成立“行知读书会”，坚持“知行合一 文教结合”理念，开展文学艺术导览赏析
4. 宝山区在全国首创“家庭创客行动”，构建“家庭（社区）—学校—区青少年活动中心”三级创客空间生态系统
5. 国庆期间，区教育工作党委联合区党建服务中心开展“小陶子”去哪儿系列活动
6. 上海市陶行知纪念馆实景

（区教育局提供）

教育思想，建设陶行知教育创新发展区，牵头发起“长三角青年陶行知教育研究联盟”，深化“学陶师陶”师德品牌建设，挖掘“重走行知路 ”“陶行知纪念馆和大华行知公园‘馆园一体’建设”“行知读书会”“家庭创客行动”“社区小先生”等一系列学陶品牌活动。在对陶行知教育理念的学思践悟中，不断推动宝山教育高质量发展，为宝山打造上海科创中心主阵地贡献教育力量和智力保障。

3

4

5

6

宝山区获“2021—2025年度全国科普示范区”授牌

9月11日，宝山区获“2021—2025年度全国科普示范区”授牌。近年来，宝山区加强科普教育场馆、科普宣传栏等科普基础设施建设，建成1个科普公园、18个创新屋、32家科普教育场馆，形成多层次科普阵地格局，实现宣传阵地全覆盖。组织开展上海科技节、全国科普日、科技“三下乡”等重大活动，特色化推进科普体育嘉年华等区域科普活动、科技创新政策培训，全面提升市民的科学素养。9月12日，2021年全国科普日宝山区活动启动，打造以“七彩蒲公英”为科普品牌的科普月活动，形成以重要场馆和基地为载体的科普开放日活动特色，助推全民科学素质全面提升，为助力上海科创中心主阵地建设、提升宝山城市软实力作出贡献。

1. 宝山区科普场馆——中国3D打印文化博物馆实景
2. 7月1日—9月15日，上海陶瓷科技艺术馆举办“百年百件陶艺作品展”
3. 2021宝山区生态科普地图

（区科委提供）

宝山区获评“2017—2020年度平安中国建设示范区”

2017年—2020年，宝山区深入学习贯彻习近平总书记关于平安中国建设重要指示精神，始终以人民群众的平安需求为出发点和落脚点，注重系统观念、法治思维、强基导向，推动社会治安形势持续向好，平安宝山建设成效显著。成功创建2017年、2019年、2020年上海市“平安示范城区”，2018年上海市“平安城区”。2021年，全区报警类警情比2016年下降62.6%，整体降幅列全市第一，群众对平安建设的满意度持续提升。12月15日，平安中国建设表彰大会在北京召开，宝山区获评“2017—2020年度平安中国建设示范区”。

证 书

上海市宝山区：

被评为2017—2020年度平安中国建设示范县（市、区、旗），特颁此证。

平安中国建设协调小组
二〇二一年十二月

3

1. 宝山区组织开展社区平安志愿服务
2. 宝山区着力推进区、街镇、居村三级“综治中心”实体化运作，实现综治信息系统三级联网应用
3. 2021年，宝山区获评“2017—2020年度平安中国建设示范区”

（区政法委提供）

罗泾镇“五村联动”乡村振兴连片发展示范区

罗泾镇塘湾、海星、花红、新陆、洋桥5村位于镇域北部，占地12.86平方千米，紧邻宝钢水库和陈行水库，含2个基本农田保护区连片村和3个二级水源地保护区连片村，拥有426.67公顷耕地、200公顷林地和30千米生态绿色健身步道。罗泾镇通过“五村联动”，加强协同、优势互补，推进空间连片、统筹发展，共同建设乡村振兴连片发

1

1. 罗泾镇打造“一村一品”特色
2. 海星村蟹塘
3. 塘湾村萱草园
4. 洋桥村风貌
5. 花红村风貌
6. 新陆村农机仓库

（罗泾镇提供）

展示范区，实现资源共享、成本共担、渠道共用、效果共赢。2021年，新陆村、洋桥村成功创建乡村振兴示范村，“五村联动”乡村振兴连片发展格局进一步形成。

3

4

5

6

改善老旧小区

持续推进“美丽家园”建设，既有多层住宅加装电梯新增403台、完工201台。

1. 友谊路街道宝林五村39号加装电梯完工
2. 吴淞街道三营房170号加装电梯完工

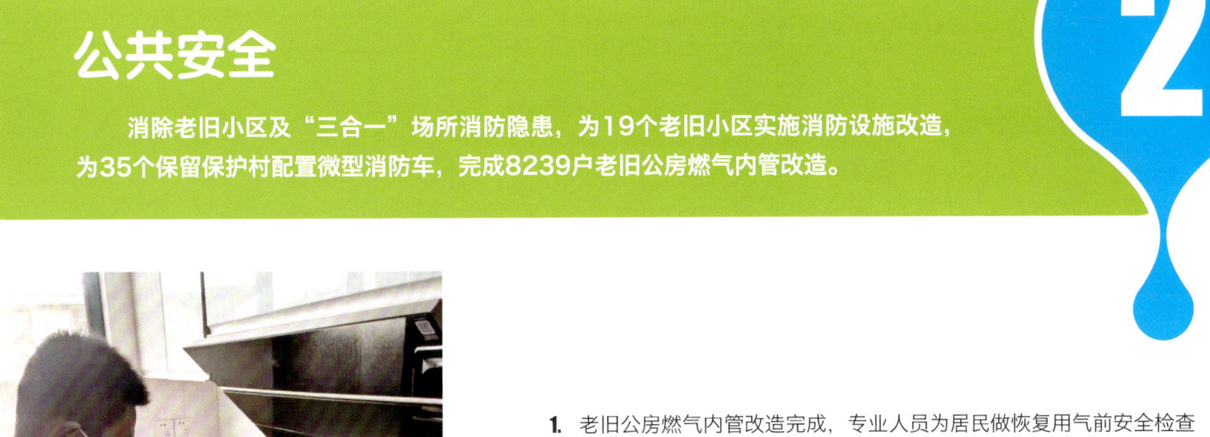

公共安全

消除老旧小区及“三合一”场所消防隐患，为19个老旧小区实施消防设施改造，为35个保留保护村配置微型消防车，完成8239户老旧公房燃气内管改造。

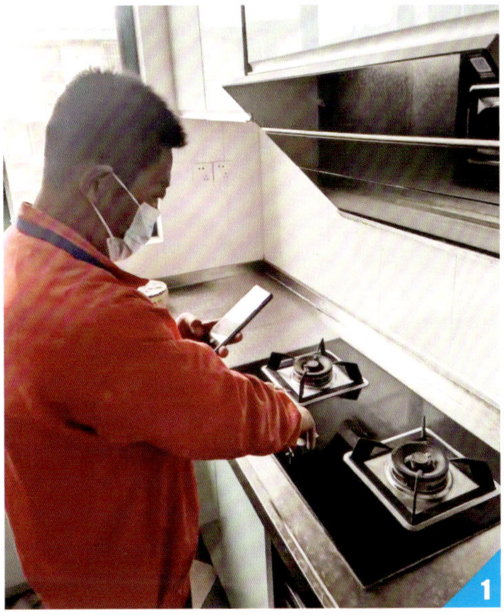

1. 老旧公房燃气内管改造完成，专业人员为居民做恢复用气前安全检查
2. 老旧小区消防设施改造现场调研
3. 老旧小区消防设施改造现场督导

教育服务

回应“最柔软群体”看护需求，新增托育点5个，开设36个小学生“爱心暑托班”办班点，全区134所义务教育学校校内课后服务工作全覆盖。

1. “爱心暑托班”开设“中国共产党诞生在上海”党史教育课程
2. 普惠性托育点
3. 学生校内课后服务

文化服务

4

提升百姓文化获得感，为全区居村综合文化活动室配送2300场公共文化活动。

1. 10月1日—7日，上海宝山国际民间艺术博览馆开展“国庆长假手作玩不停”活动，开设“彩绘秋韵”快乐亲子油画课
2. 罗店镇荷花灯手工制作
3. 10月14日，“我们的节日”宝山区重阳节民俗文化活动宝山非遗专场在宝乐汇举行

就业保障

完善公共就业服务，帮助860名长期失业青年实现就业、创业，为约15万名职工送专享基本保障。

1. 9月27日，宝山区举行2021年“乐业上海”高校毕业生就业服务集中行动
2. 宝山区青年职业训练营升级至2.0版，实施助飞“职”行力提升计划
3. 宝山区为约15万名职工送专享基本保障

健康服务

提高早期肿瘤检出率，为16163名退休和生活困难妇女免费安排妇科病、乳腺病筛查，为5650名有体检需求的持证残疾人提供健康体检；新建5家智慧健康驿站；全覆盖完成公办学校儿童、青少年屈光发育建档137969份。

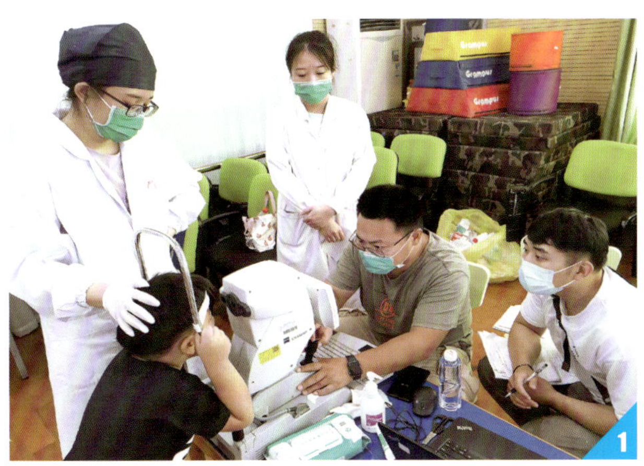

1. 建立儿童、青少年屈光发育档案
2. 新建智慧健康驿站
3. 为退休和生活困难妇女免费安排“两病”筛查
4. 为持证残疾人提供健康体检

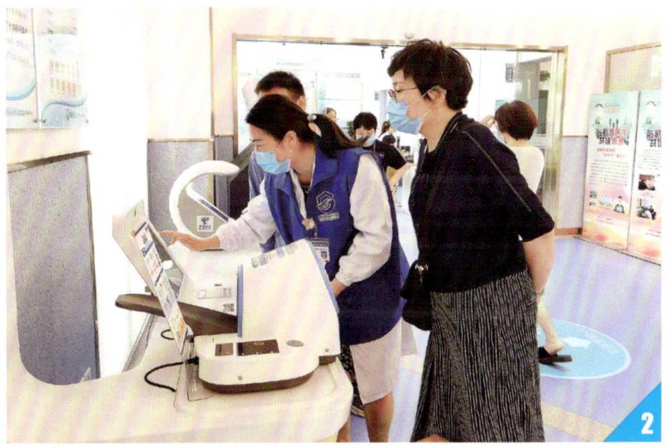

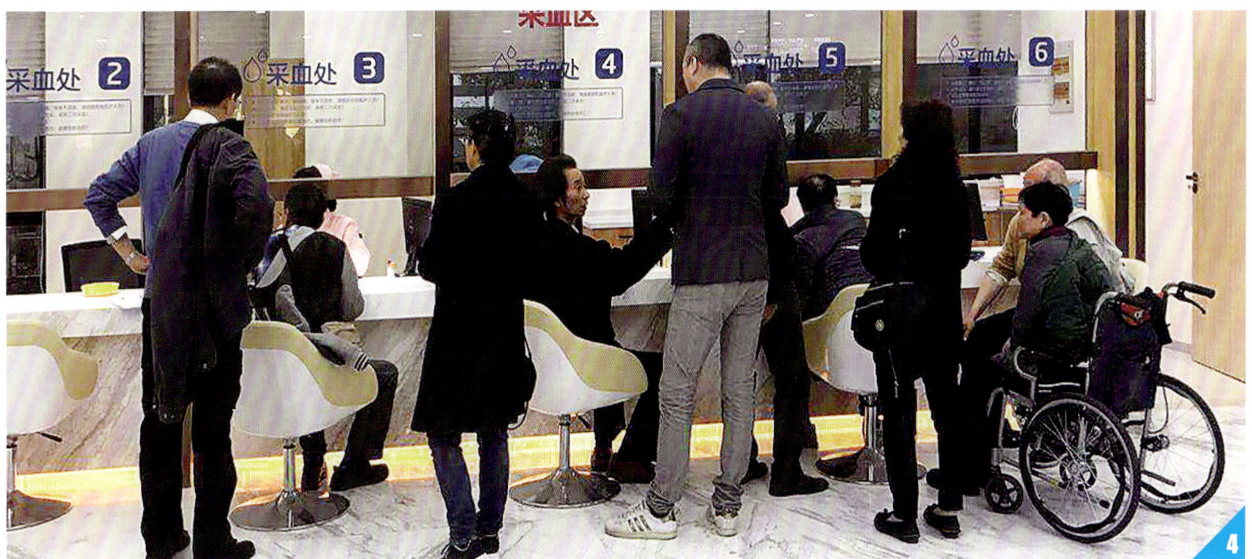

民生保障

布全布齐商业布点，公共资源配置到位。新（改）建3家标准化菜市场，完成18个早餐工程市级示范点建设。

1. 区长高奕奕调研早餐工程点
2. 『宝林里·青鲜优选』标准化改建后外景
3. 标准化菜市场

8

养老服务

新增372张养老床位、180张认知症床位，新增6家社区综合为老服务中心，新建25家老年助餐服务场所。

1. 大场镇丰收村新建养老机构工程
2. 罗泾镇综合为老服务中心
3. 新建恒高长者照护之家

体育服务

加快15分钟体育生活圈建设，新建5片市民球场，新（改）建3条市民健身步道、40个益智健身苑点。

1. 友谊路街道宝山九村市民益智健身苑点
2. 张庙街道通河九村健身步道
3. 大场镇丰收村足球场

目 录

特 载

区委工作报告 （2）
政府工作报告 （10）

大事记

大事记（2021 年） （18）

宝山概览

区情概要

自然环境 （24）
地理位置 （24）
地形地貌 （24）
气象气候 （24）
建置区划 （25）
历史沿革 （25）
行政区划 （25）
户籍人口 （25）
区域特点 （25）
港口物流畅达 （25）
多种产业并存 （25）
交通体系完备 （26）
生态环境优良 （26）
历史文化深厚 （27）
能源基地稳固 （27）

国民经济和社会发展

《2021 年宝山区国民经济和社会发展统计公报》 （28）
综合经济 （28）
农业 （29）
工业和建筑业 （29）
批发、零售和旅游业 （30）
交通运输、仓储和邮政业 （30）
金融业 （30）
对外经济 （31）
城市基础设施和房地产 （31）
城市信息化 （31）
教育和科学技术 （32）
文化、卫生和体育 （32）
人口和就业 （33）
人民生活和社会保障 （34）
环境保护 （34）
城市安全和食品安全 （34）

政治篇

中共上海市宝山区委员会

综述 （36）
概况 （36）
组织庆祝建党百年系列活动 （36）
开展党史学习教育 （36）
推进科创中心主阵地建设 （36）
推动经济高质量发展 （36）
提升城市功能和品质 （37）
增强城市文化软实力 （37）
改善人民生活品质 （38）
提升城市治理现代化水平 （38）
推进社会主义民主政治建设 （38）
提高党的建设质量和水平 （39）
区党代会与区委全会 （39）
七届区委十二次全会 （39）
七届区委十三次全会 （39）
七届区委十四次全会 （39）
区第八次党代会 （40）
八届区委一次全会 （40）
八届区委二次全会 （40）
重大决策 （40）
宝山区推进上海科创中心主阵地建设三年行动计划（2021—2023 年） （40）
中共上海市宝山区委常委会议事决策规则 （40）
中共上海市宝山区委常委会加强自身建设的若干规则 （40）
关于进一步加强区委书记专题会议、区委专题会议管理的实施意见 （40）
关于防止懒政怠政，促进干部担当作为的实施意见 （40）
宝山区进一步扩大有效投资持续优化营商环境行动方案 （40）
宝山区交通畅达工程三年行动计划（2021—2023 年） （40）
宝山区创建全国文明城区三年行动计划（2021—2023 年） （40）
宝山区关于全面推进城市数字化转型的实施意见 （40）
宝山区“环境美化”工程三年行动计划（2021—2023 年） （40）
关于宝山区各级党委（党组）落实全面从严治党主体责任的工作方案 （40）
关于宝山区全面推进乡村振兴加快农业农村现代化的实施办法 （41）
宝山区关于深化新时代教育督导体制机制改革的实施方案 （41）
中国共产党上海市宝山区委员会工作规则 （41）
宝山区推进城市数字化转型三年行动计划（2021—2023 年） （41）
中共上海市宝山区委员会关于弘扬城市精神品格全面提升科创中心主阵地城市软实力的实施意见 （41）

法治宝山建设行动方案(2021—2025年)和宝山区法治社会建设行动方案(2021—2025年) (41)
关于进一步加强和完善宝山区平安创建工作的实施意见 (41)
区委宣传部、区司法局关于在本区开展法治宣传教育的第八个五年规划(2021—2025年) (41)
中共宝山区委关于深入学习贯彻党的十九届六中全会精神的实施意见 (41)
重要会议 (41)
居(村)“两委”换届工作动员部署会 (41)
新冠肺炎疫情防控工作领导小组会议 (41)
2020年度街镇、园区、委办局党委(党组、党工委)书记抓基层党建述职评议会 (42)
街镇管理体制改革动员部署会 (42)
安委会全体(扩大)会议 (42)
政法暨信访工作会议 (42)
区委财经工作委员会会议 (42)
党史学习教育动员会 (42)
宣传思想文化工作会议 (42)
区政法队伍教育整顿系列会议 (42)
组织工作会议 (43)
统战工作会议 (43)
生态环境保护委员会第一次会议暨2021年生态环境保护工作会议 (43)
2021年度重大工程推进会 (43)
党管武装工作会议 (43)
精神文明建设暨创建全国文明城区动员大会 (43)
区委全面深化改革委员会2021年第一次会议 (43)
区委全面依法治区委员会全体会议暨依法治区工作会议 (43)
区警示教育大会 (43)
区城市数字化转型调研成果及三年行动方案汇报会 (43)
镇领导班子换届工作会议 (43)
“建党百年学党史 不忘初心共奋进”专题党课 (43)
区委党史学习教育系列会议 (43)
党政负责干部会议 (44)
庆祝中国共产党成立100周年座谈会 (44)
全国市域社会治理现代化试点创建推进会 (44)
“庆祝中国共产党成立100周年·多党合作谱新篇”党外代表人士集体谈心会 (44)
区双拥工作领导小组全体(扩大)会议 (44)
庆祝建军94周年军政座谈会暨最美退役军人表彰会 (44)
区、镇两级人大换届选举工作动员会 (44)
生态环境保护系列会议 (44)
区创建全国文明城区推进大会 (44)
纠“四风”树新风警示教育大会 (44)
七届宝山区委巡察工作总结会议 (44)
区人才工作领导小组会议 (44)
区党政负责干部学习贯彻十一届市委十二次全会精神专题会 (44)
2021年全国、市五一劳动奖和工人先锋号表彰会暨先进代表座谈会 (44)
区委专题学习讨论会 (45)
区委全面依法治区委员会全体会议 (45)
环上大科技园建设领导小组2021年第三次会议 (45)
重要活动 (45)
市领导调研视察宝山工作 (45)
第二十七届“蓝天下的至爱”宝山区慈善系列活动启动仪式 (45)
建设全市科创中心主阵地推进大会 (45)
科创中心主阵地建设海内外揽才工程启动仪式 (45)
宝山区与复旦大学战略合作框架协议签约仪式 (45)
2021年宝山区投资促进大会暨重大项目集中启动仪式 (46)
国际集装箱道路运输企业大数据中心挂牌仪式 (46)
宝山区与华建集团战略合作框架协议签约仪式 (46)
宝山区与北京北大科技园有限公司合作签约仪式 (46)
2021第二届中国(上海)工业品在线交易节开幕式 (46)
区第二届“五五购物节”启动仪式 (46)
共建上海退役军人创新创业示范园战略合作签约仪式 (46)
永远跟党走——“文明实践在上海”红色文化传播志愿服务主题活动 (46)
城市未来艺术节启动仪式 (46)
上海大学上海美术学院主校区项目启动仪式 (46)
“庆祝建党一百周年”百首红色歌曲展演活动 (46)
第八届中国产业互联网高峰论坛 (47)
“基金+科创”宝山专场投资推介会 (47)
区城市数字化转型推进大会 (47)
宝山区与武汉华工大学科技园发展有限公司签约仪式 (47)
区重大产业项目集中签约仪式 (47)
“党心暖民心 满意在群众——宝山区办实事、评实事、见实效”活动 (47)
宝山区与上海市教委、上海师范大学合作举办上师大附中宝山分校签约仪式 (47)
MAX科技园(上海·美兰湖)项目开工仪式 (47)
南大地区重大项目集中启动开工暨签约仪式 (47)
上海城市空间艺术季宝山展区开幕仪式 (47)
宝山代表团到云南省维西傈僳族自治县考察沪滇协作活动 (47)
2021中国生物医药产业创新大会暨第七届生物药物创新及研发国际研讨会 (47)
复旦大学附属中山医院吴淞医院托管一周年暨宝山区泛血管疾病诊治中心、宝山区创伤医学中心揭牌仪式 (47)
纪念陶行知先生诞辰130周年主题活动 (47)
2021吴淞口论坛 (48)
第二届中美经贸论坛 (48)

宝山区与海创汇科技创业发展有限公司签署战略合作框架协议仪式 （48）
宝山区“揽才工程”走进复旦大学暨宝山高校人才工作联盟成立大会 （48）
宝山区和上海理工大学战略合作框架协议签约仪式 （48）
2021（第八届）中国国际石墨烯创新大会 （48）
科创产业基金和城市更新发展基金签约仪式 （48）
宝山复旦科创中心启用暨首批重大创新项目入驻仪式 （48）
区代表团到新疆调研对口支援工作 （48）
第三十三届陈伯吹国际儿童文学奖颁奖仪式暨文学奖设立40周年纪念活动 （48）
宝山区与申能集团战略合作框架协议签约仪式 （49）
复旦大学附属华山医院高质量一体化发展启动大会暨华山医院北院整建制并入华山医院仪式 （49）
第二十八届“蓝天下的至爱”慈善系列活动启动仪式 （49）
组织工作 （49）
概况 （49）
开展庆祝建党百年系列活动 （49）
开展“我为群众办实事”实践活动 （49）
开展“岗位大建功”行动 （49）
领导班子和干部队伍建设 （49）
年轻干部培养 （49）
干部教育培训 （49）
干部监督管理 （49）
构建科创大党建联盟 （49）
探索党建引领基层治理体制机制创新 （50）
加强各领域党建工作 （50）
基层干部队伍建设 （50）
人才队伍建设 （50）
机构编制管理 （50）
公务员队伍建设 （50）
区社会工作党委 （51）
增强“两个覆盖”有效性 （51）
推进新兴领域党建 （51）
加强党群阵地建设 （51）
夯实党建工作力量 （51）
宣传思想 （51）
概况 （51）
党史学习教育 （52）
庆祝中国共产党成立100周年系列活动 （52）
2019—2020年度宝山区道德模范评选表彰活动 （53）
“文明实践在上海”红色文化传播志愿服务主题活动 （53）
统一战线 （54）
概况 （54）
学习宣传贯彻《中国共产党统一战线工作条例》 （54）
上海党外代表人士挂职锻炼基地建设 （54）
“海上新力量·宝山宝”新的社会阶层人士工作品牌建设 （55）
区党外知识分子联谊会工作 （55）
区中华职业教育社工作 （55）
宝山区社会主义学院 （55）
强化政治共识教育 （55）
推进政治交接 （56）
开展统战信息宣传调研工作 （56）
开展中华文化教育 （56）
机关党建 （56）
概况 （56）
模范机关创建 （56）
党史学习教育 （56）
庆祝中国共产党成立100周年活动 （56）
“双在双争”活动 （56）
机关党组织建设 （56）
机关群团工作 （57）
老干部工作 （57）
概况 （57）
离退休干部党建工作 （57）
发挥离退休干部作用 （57）
生活服务 （57）
文化宣传 （57）
区委党校 （58）
概况 （58）
党史学习教育 （59）
办学质量评估 （59）
档案工作 （60）
概况 （60）
推进党史学习教育 （60）
重点档案收集进馆 （60）
区档案馆新馆项目建设 （60）
依法治档 （60）
推进档案为民服务 （60）
档案接收进馆 （60）
档案信息化建设 （60）
档案征集 （60）
“国际档案日”系列宣传活动 （61）
党史工作 （61）
概况 （61）
做好党史书籍编纂 （61）
服务科创宝山发展 （61）
合力推动党史宣传 （61）
助力党史学习教育 （61）
保密工作 （62）
概况 （62）
区委常规巡察保密工作责任制 （62）
信息系统和信息设备保密管理 （62）
涉密会议、活动服务保障 （62）
保密宣传教育工作 （62）

上海市宝山区人民代表大会

综述 （63）
概况 （63）
依法履行监督职责 （63）
依法行使重大事项决定权 （63）
做好人大代表换届选举及人事任免工作 （63）
发挥代表主体作用 （63）
区八届人大及其常委会会议 （63）
区八届人大六次会议 （63）
区八届人大常委会第四十一次会议 （63）
区八届人大常委会第四十二次会议 （63）
区八届人大常委会第四十三次会议 （63）
区八届人大常委会第四十四次会议 （64）
区八届人大常委会第四十五次会议 （64）

区八届人大常委会第四十六次会议 (64)
区八届人大常委会第四十七次(扩大)会议 (64)
区八届人大常委会第四十八次会议 (64)
区八届人大常委会第四十九次会议 (64)
区八届人大常委会第五十次会议 (64)
区八届人大常委会第五十一次会议 (64)
重要会议 (64)
“十四五”规划纲要、2021 年国民经济计划、预算(草案)解读会 (64)
区人大常委会机关学习讨论会 (64)
区人大常委会党组与区人民政府党组举行双向沟通会 (64)
街镇人大工作会议 (65)
区人大常委会委员座谈会和代表座谈会 (65)
重大事项决定和报告 (65)
关于宝山区开展第八个五年法治宣传教育的决议 (65)
关于推进科创中心主阵地建设专项监督工作 (65)
关于预决算的审议和决定 (65)
监督工作 (65)
年终集中视察 (65)
第七轮环保三年行动计划完成情况调研 (65)
“一法一决定”专题监督调研 (65)
旧改相关工作调研 (65)
企业国有资产管理暨委托监管企业专项监督调研 (65)
区检察院适用认罪认罚从宽制度情况专题调研 (65)
罗店镇总体规划专题调研 (65)
体育产业发展情况专题调研 (65)
基层立法联系点相关工作调研 (65)
国有自然资源资产管理情况专项调研 (65)
嵌入式“体医结合”社区试点工作调研 (66)
《中华人民共和国固体废物污染环境防治法》执法检查 (66)
红色资源传承弘扬和保护利用情况调研 (66)
《上海市公共卫生应急管理条例》执法检查 (66)
防汛防台工作检查 (66)
《上海市宗教事务条例》实施情况专项调研 (66)
加强商事审判依法服务保障优化营商环境情况调研 (66)
体育产业调研 (66)
《上海市养老服务条例》执法检查 (66)
消防安全管理工作调研 (66)
货运堆场综合整治专题调研 (66)
公证工作情况调研 (66)
退役士兵安置工作专题调研 (67)
义务教育“双减”工作调研 (67)
2022 年预算编制情况调研 (67)
重要活动 (67)
区委书记陈杰调研人大工作 (67)
市人大工作研究会到宝山调研 (67)
市人大常委会领导到宝山调研 (67)
市人大到宝山调研 (67)
外省市人大到宝山调研 (67)
赴江苏省盐城市开展学习调研 (67)
代表工作 (67)
市十五届人大宝山代表组活动 (67)
代表建议办理 (67)
代表联系社区 (67)
代表培训 (67)
人大代表“家站点”平台建设 (67)

上海市宝山区人民政府

综述 (69)
概况 (69)
经济发展 (69)
科创中心主阵地建设 (69)
城市建设与综合管理 (70)
社会治理 (70)
民生保障 (71)
社会事业 (71)
加快城乡协调发展 (71)
提升城市宜居水平 (71)
重要政事和决策 (71)
概况 (71)
推进完成与人民生活密切相关的实事 (71)
改革完善医疗卫生行业综合监管制度 (71)
深化“一网通办”及行政审批制度改革工作 (72)
推广实施全市“一业一证”改革 (72)
托育服务三年行动计划 (72)
深化农村公路管理养护体制改革 (72)
进一步加强城市安全风险防控 (72)
深入推进爱国卫生运动 (72)
全民健身实施计划(2021—2025 年) (72)
政府实事项目 (72)
概况 (72)
改善老旧小区 (73)
公共安全 (73)
健康养老服务 (73)
教育服务 (73)
就业保障 (73)
民生保障 (73)
文化体育 (73)
交通出行 (73)
政务服务 (75)
概况 (75)
开展“一网通办”专项立功竞赛活动 (75)
首创“宝你 HUI”系列应用 (75)
拓展“随申码”应用场景 (75)
打造“好办”“快办”服务模式 (75)
推进“一业一证”改革 (75)
优化企业专属网页 (75)
深化帮办代办服务 (75)
提升综合窗口运行效能 (75)
搭建“1 + N”智能自助服务圈 (76)
构建“跨省通办”服务圈 (76)
信访 (76)
概况 (76)
落实信访工作责任制 (76)
开展“全国信访工作示范区”创建活动 (76)
规范信访基础业务 (76)

协调化解突出矛盾　(76)
人民建议征集工作　(76)
推进重复信访专项治理　(76)
信访宣传和理论研究　(76)
开展“我为群众办实事”实践活动　(77)
外事工作　(77)
概况　(77)
帮助宝山企业复工复产　(77)
对外文化交流活动　(77)
维护同国外友好交流　(77)
民族与宗教　(77)
概况　(77)
民族宗教法制宣传　(77)
民族工作　(77)
开展铸牢中华民族共同体意识进中小学工作　(77)
宗教事务管理　(77)
民族宗教团体建设　(77)
区人大专项调研　(77)
侨务　(79)
概况　(79)
“唱支山歌给党听”——陶瓷和书画作品展　(79)
“侨法宣传月”活动　(79)
侨情调查工作　(79)
留学生专场“樱才”主题沙龙活动　(79)
侨界民生帮困活动　(79)
台湾事务　(79)
概述　(79)
组织参观沪台交流回眸展　(79)
调研宝山区台企　(79)
组织台胞集中接种新冠疫苗　(79)
市台联会领导赴宝山调研　(79)
区台联会和芜湖市台联会签订友好共建协议　(79)
区台联会第八次会员代表大会召开　(79)
市台协宝山工委会走访慰问友谊路街道　(79)
机关事务管理　(80)
概况　(80)
办公用房管理　(80)
公务用车管理　(80)
资源节约管理　(80)
后勤管理服务保障　(80)
对口支援　(80)
概况　(80)
宝山区代表团赴云南调研东西部协作工作　(80)
宝山区代表团赴新疆叶城开展对口支援工作　(81)
智力支援　(81)
产业合作　(81)
举办对口地区农特产品进机关活动　(81)
消费协作　(81)
开展携手振兴乡村　(81)
开展就业援滇　(82)
交流交往交融　(82)
合作交流　(82)
概况　(82)
天津市考察团到访宝山　(82)
云南省迪庆藏族自治州考察团到访宝山　(82)
辽宁省大连市考察团到访宝山　(82)
云南省会泽县代表团到访宝山　(82)
云南省师宗县代表团到访宝山　(82)
云南省宣威市代表团到访宝山　(83)
云南省维西傈僳族自治县代表团到访宝山　(83)
云南省罗平县代表团到访宝山　(83)
接待参加第四届进博会河北省、广西壮族自治区省部级团组　(83)
云南省曲靖市富源县代表团到访宝山　(83)
云南省曲靖市党政代表团到访宝山　(83)
地方史志　(83)
概况　(83)
深挖宝山地情史料　(83)
《宝山年鉴(2021)》出版发行　(83)

中国人民政治协商会议上海市宝山区委员会

综述　(84)
概况　(84)
加强思想政治引领　(84)
发挥专门协商机构作用　(84)
健全协商联络机制　(84)
主要会议　(84)
区政协八届五次会议　(84)
区政协八届常委会会议　(84)
重要活动　(85)
市政协领导到宝山调研　(85)
区委领导调研政协工作　(85)
区政府、区政协召开领导班子工作协商会　(85)
开展2021年度年中视察　(85)
开展2021年度年末视察　(85)
举办“培育经济新动能，助推上海科创中心主阵地建设”政协论坛　(85)
市政协在宝山召开反映社情民意信息工作例会　(85)
开展“宝山区构建高质量区域创新生态系统”重点课题调研　(85)
开展界别协商　(85)
开展专项民主监督　(86)
提案办理　(86)
概况　(86)
推进经济转型升级和推动重点地区功能提升　(86)
改善民生　(86)
推动社会治理　(86)
促进生态发展和提升文化软实力　(86)
专委会工作　(86)
提案委员会　(86)
经济委员会　(86)
人口资源环境委员会　(86)
教科卫体委员会　(86)
社会和法制委员会　(87)
文化文史和学习委员会　(87)
企业发展委员会　(87)
农业和农村委员会　(87)
民族宗教和港澳台侨委员会　(87)

中共上海市宝山区纪律检查委员会（上海市宝山区监察委员会）

纪检监察　(89)
概况　(89)
正风肃纪反腐　(89)
监督执纪执法　(89)
政治监督　(89)

日常监督　(89)
执纪执法　(89)
四责协同　(90)
机制建设　(90)
廉政警示教育　(90)
巡察工作　(90)
完成巡察全覆盖任务　(90)
加强巡察规范化建设　(90)
深化巡察整改落实　(90)
作风建设　(90)
纠治“四风”　(90)
整治形式主义、官僚主义　(90)
整治群众身边腐败和不正之风　(90)
重要会议　(91)
七届区纪委六次全会　(91)
纠“四风”树新风警示教育大会　(91)
七届区纪委七次全会　(91)
八届区纪委一次全会　(91)

民主党派与工商联

民主党派　(92)
中国国民党革命委员会上海市宝山区委员会　(92)
中国民主同盟上海市宝山区委员会　(92)
中国民主建国会上海市宝山区委员会　(93)
中国民主促进会上海市宝山区委员会　(93)
中国农工民主党上海市宝山区委员会　(94)
中国致公党上海市宝山区总支部委员会　(95)
九三学社宝山区委员会　(96)
工商联　(97)
概况　(97)
塑造企业精神　(97)
服务企业发展　(97)
履行社会责任　(97)
创建企业品牌　(97)

群众团体

工会　(98)
概况　(98)
深化工会改革实践创新　(98)
健全维权机制　(98)
保障帮扶扩大受益面　(98)
推进实事项目　(98)
中华全国总工会法律工作部到宝山调研　(99)
与劳动报社签订战略合作协议　(99)
首批园区(楼宇)健康服务点上线　(99)
上海职工直播课堂“薪火传初心　建功新时代”宝山专场开讲　(99)
举办“两网一线”专项立功竞赛活动　(99)
建筑行业工会联合会成立　(99)
全国、市五一劳动奖和工人先锋号表彰会暨先进代表座谈会召开　(99)
共青团　(100)
概况　(100)
“社区小先生制”　(100)
小学生爱心暑托班　(100)
宝山区中学生共产主义学校开班　(100)
打造“eYoung 青年社群”平台　(100)
推出“两新”团组织“聚力赋能”服务计划　(100)
宝山区青年企业家协会成立　(100)
妇联　(101)
概况　(101)
维护妇女儿童合法权益　(101)
帮困助学　(101)
实施妇女儿童发展规划　(101)
红十字会　(101)
概况　(101)
备灾救灾　(102)
救助关爱　(102)
救护培训　(102)
少儿住院互助基金　(102)
志愿捐献　(102)
红十字宣传　(102)
黄埔军校同学会　(102)
概况　(102)
服务会员　(102)
学习活动　(102)
归国华侨联合会　(102)
概况　(102)
健全工作机制　(103)
特色活动　(103)
走访调研　(103)
青年联合会　(103)
概况　(103)
健全创新创业机制　(103)
“青联组织服务千村”计划　(103)
助推青少年发展　(103)
学生联合会　(104)
概况　(104)
学生活动　(104)
参加上海市学联第十七次代表大会　(104)
文学艺术界联合会　(104)
概况　(104)
文学艺术活动　(104)
科学技术协会　(104)
概况　(104)
健全组织机制　(104)
发挥社会力量　(104)
加强科普示范建设　(104)

法　治

警务　(105)
概况　(105)
刑事案件侦破　(105)
社会治安管理　(105)
公安行政管理　(105)
深化公安改革　(106)
保障城市公共安全　(106)
完成第四届进博会安保　(106)
完成建党 100 周年安保　(106)
疫情防控　(107)
助力宝山区道路交通三年畅达计划　(107)
开展长江禁捕工作　(107)
防范电信网络诈骗宣传　(107)
大场镇区域性城市联动运行中心建设　(107)
政法队伍教育整顿　(107)
构建民警智能化绩效考核模型　(107)
侦破部目标“2021—347”毒品专案　(107)
侦破宝山“2021·8·23”网络虚假投资诈骗案　(108)

侦破万某等人非法经营外汇案 (108)
侦破“1999·4·27”部督命案 (108)
检察 (108)
概况 (108)
打击各类刑事犯罪 (108)
优化法治化营商环境 (108)
融入市域社会综合治理 (109)
公益检察 (109)
检察为民 (109)
法律监督 (109)
教育整顿 (109)
法院 (109)
概况 (109)
刑事审判 (110)
民商事审判 (110)
案件执行 (110)
司法服务保障 (111)
司法改革 (111)
完善审判权力制约监督体系 (111)
深化便民利民举措 (112)
司法行政和政府法治 (112)
概况 (112)
法治政府创建 (112)
行政复议应诉工作 (112)
公共法律服务体系建设 (113)
退役军人法律援助工作站揭牌运行 (113)
“法治副校长”送法进校园 (113)
新增工商联基层立法联系点 (113)
区委全面依法治区委员会全体会议召开 (113)
法治宣传教育领导小组会议召开 (113)
法治政府建设工作推进会暨执法协调小组(扩大)会议召开 (113)
法治文艺作品展演活动举办 (113)
行政机关负责人出庭、旁听、讲评“三合一”活动举办 (113)
开展党政主要负责人专题述法评议 (113)
社区矫正委员会第一次全体会议召开 (113)

军 事

人民武装 (114)
概况 (114)
党管武装 (114)
学习教育 (114)
民兵整组 (114)
征兵工作 (115)
全民国防教育日活动 (115)
驻军 (115)
概况 (115)
拥政爱民 (115)
人民防空 (115)
概况 (115)
人防指挥所建设 (116)
人防组织指挥训练演练 (116)
人防通信警报信息建设 (116)
应急抢险救援 (116)
应急避难场所建设 (116)
民防演习 (116)
重点民防工程建设 (116)
民防工程维护管理 (116)
民防宣传与教育 (116)

经济篇

农 业

种植业 (118)
概况 (118)
种质资源普查和收集 (118)
病虫预测预报 (118)
农资经营企业监管 (118)
农产品生产基地监管 (118)
农业面源污染防治 (118)
动物疫病防控 (118)
概况 (118)
动物免疫 (118)
畜牧执法管理 (118)
渔业 (118)
概况 (118)
水产养殖 (119)
渔业执法管理 (119)
农业综合管理 (119)
概况 (119)
农产品绿色认证 (119)
数字农业发展 (119)
新型农民培训 (119)
构建特色优势产业集群和村镇 (119)

工 业

综述 (120)
概况 (120)
推进工业稳增长 (120)
推进重大产业项目建设 (120)
推进国企地块转型 (120)
推进产业政策落地见效 (120)
推进产业集聚发展 (120)
钢铁业 (120)
概况 (120)
宝山钢铁股份有限公司 (120)
宝钢工程技术集团有限公司(中国宝武设计院) (122)
上海宝地不动产资产管理有限公司/上海宝钢不锈钢有限公司/宝钢特钢有限公司 (124)
智能制造 (125)
概况 (125)
重大项目开工建设 (125)

商贸业

商业 (126)
概况 (126)
打响“上海购物”品牌 (126)
商业综合体项目建设 (126)
政府实事项目建设 (126)
创建上海钢铁领域平台经济示范区 (127)
推进总部经济发展 (127)
服务业 (128)
概况 (128)
发挥政策引导效应 (128)
电子商务交易额稳步增长 (128)
粮食管理 (128)
概况 (128)
落实粮食安全区长责任制 (128)
防疫物资保障 (128)
粮食安全监管 (129)
粮食购销领域腐败问题专项整治 (129)
烟草专卖 (129)
概况 (129)
卷烟营销一体化 (129)

提升行政许可办证效能　（129）
破获网络案件、假私案件　（129）
建立海上烟警巡查机制　（129）
市场　（129）
概况　（129）
供销合作　（135）
概况　（135）
持续推动产业升级　（135）
巩固扶贫成果　（135）
开展建社70周年系列活动　（135）
电子商务　（135）
概况　（135）
电子商务头部企业　（135）
推进专业服务平台发展　（135）

建筑业·房地产业

建筑业　（136）
概况　（136）
上海宝冶集团有限公司　（136）
五冶集团上海有限公司　（136）
上海二十冶建设有限公司　（136）
土地储备与供应　（137）
概况　（137）
住宅建设管理　（139）
概况　（139）
住宅小区配套建设　（139）
住宅全装修管理　（139）
装配式住宅落地情况　（139）
房产管理　（139）
概况　（139）
征收管理　（139）
房产测绘　（140）
房地产档案管理　（140）
行政许可　（140）
住房改革管理(公有住房代售)　（140）
商品房维修基金管理　（140）
私房落实政策工作　（140）
房地产开发企业、经纪企业备案、年检情况　（140）
住房保障　（140）
概况　（140）
廉租房管理　（141）
共有产权保障住房供应管理　（141）
公共租赁住房管理　（141）
保障性住房配套建设管理　（141）
区属动迁安置用房供应管理　（141）
罗店大型居住社区　（141）
顾村大型居住社区　（141）
市属经适房基地　（141）
老镇旧区改造　（141）
概况　（141）
住宅修缮　（141）
成套改造　（141）
旧里改造　（141）
“城中村”改造　（141）
既有多层住宅加装电梯　（141）
物业管理　（141）
概况　（141）
房屋应急维修　（141）
城镇房屋安全隐患排查　（141）

交通·港务·邮政

交通运输管理　（143）
概况　（143）
道路运输管理　（143）
汽车维修管理　（143）
公交客运行业管理　（143）
公共停车场管理　（143）
内河港口企业管理　（143）
交通运输行业安全监管　（143）
交通行政执法　（143）
概况　（143）
整治非法客运　（144）
加强行业监管　（144）
疫情防控　（144）
交通保障　（144）
水上救援　（144）
水陆客运　（144）
概况　（144）
上海巴士第五公共交通有限公司　（144）
上海市客运轮船有限公司　（144）
港务　（145）
概况　（145）
上海国际港务(集团)股份有限公司张华浜分公司　（145）
上海国际港务(集团)股份有限公司罗泾分公司　（145）
邮政　（145）
概况　（145）
发行“2021辛丑新年”主题封　（146）
拓展同城即配市场　（146）
做好“双十一”工作　（146）
开拓国际业务新模式　（146）
参与上海邮政首届书信文化节　（146）
参加代理金融跨年度竞赛　（146）

园区(创新)经济

上海宝山工业园区　（147）
概况　（147）
聚焦科技创新　（147）
紧盯产业发展　（147）
优化营商环境　（147）
开展各类整治　（147）
宝山区科技创新开发委(宝山区投资促进办公室)　（148）
概况　（148）
主要经济指标　（148）
推进重大项目　（148）
构建投促格局　（148）

开放型经济

吸收外资　（149）
概况　（149）
推进外资企业能级提升项目认定　（149）
推进外资项目参与市政府项目签约　（149）
加强对外投资宣传推介　（149）
安商稳商新举措　（149）
欧美同学会第二届中美经贸论坛　（149）
对外贸易　（149）
概况　（149）
推进贸易多元化发展　（149）
拓宽对外投资领域　（149）
进博会溢出效应持续扩大　（150）
亮相中国国际服务贸易交易会　（150）
民营经济　（151）
概况　（151）
构建“科创30条”政策体系　（151）
完善人才政策供给体系　（151）
拓展民营企业经贸合作渠道　（151）
降低民营企业经营成本　（151）

经济管理

综合经济管理　（152）
概况　（152）
打造创新发展新引擎　（152）

提升科创核心承载区形象功能　(152)
强化金融服务科创功能　(152)
集聚各类科创人才　(152)
营造科创环境氛围　(152)
完善现代化产业体系　(152)
融入国际消费中心城市建设　(153)
优化营商环境　(153)
提高对外开放水平　(153)
统计　(153)
概况　(153)
创建科创中心主阵地指标体系　(153)
监测经济社会运行　(153)
加强统计执法监督　(153)
落实国家统计督察整改　(153)
应统尽统促稳增长　(153)
国有资产管理　(153)
概况　(153)
国资、国企改革发展　(153)
国资监管体系建设　(154)
区域重点项目推进落实　(154)
疫情防控　(154)
产权交易鉴证项目　(154)
长江口投资控股集团　(154)
上海吴淞口投资(集团)有限公司　(154)
市场监督管理　(155)
概况　(155)
推动准入服务更高效　(155)
优化办事流程　(155)
深化质量强区建设　(155)
优化知识产权服务　(155)
持续开展疫情防控　(155)
严守重点领域安全防线　(155)
推进柔性监管　(156)
注重针对性执法　(156)
知识产权管理　(156)
概况　(156)
构建知识产权维权机制　(156)
推进区域知识产权质押融资工作　(156)
打击侵权假冒行为　(156)
口岸管理　(156)
概况　(156)
中华人民共和国宝山海关　(156)
中华人民共和国上海吴淞海关　(157)
中华人民共和国吴淞出入境边防检查站　(157)
中华人民共和国浦江出入境边防检查站　(157)
中华人民共和国宝山海事局　(158)
中华人民共和国吴淞海事局　(158)
长江航运公安局上海分局吴淞所　(158)
电力、燃气与自来水　(159)
概况　(159)
华能上海石洞口第一电厂　(159)
华能上海石洞口第二电厂　(159)
华能上海燃机电厂　(159)
上海石洞口煤气制气有限公司　(159)
上海城投原水有限公司长江原水厂　(159)
上海城投水务(集团)有限公司制水分公司吴淞水厂　(160)
上海城投水务(集团)有限公司制水分公司月浦水厂　(160)
上海城投水务(集团)有限公司制水分公司泰和水厂　(160)

财政·税务·审计

财政　(161)
概况　(161)
区本级一般公共预算收支　(161)
教育支出　(161)
科学技术支出　(161)
社会保障和就业支出　(161)
卫生健康支出　(161)
文化旅游体育与传媒支出　(161)
公共安全支出　(161)
节能环保支出　(161)
城乡社区支出　(161)
农林水支出　(161)
住房保障支出　(161)
交通运输支出　(162)
资源勘探工业信息支出　(162)
灾害防治及应急管理支出　(162)
商业服务业支出　(162)
自然资源海洋气象支出　(162)
粮油物资储备支出　(162)
区对镇转移支付执行情况　(162)
政府性基金预算收支　(162)
区本级政府性基金预算收支　(162)
区本级国有资本经营预算收支　(162)
政府债务余额　(162)
支持科创中心主阵地建设　(162)
支持城市更新改造　(162)
推进乡村振兴　(162)
推进财政改革　(162)
推进预算绩效管理　(162)
税务　(162)
概况　(162)
税收特点　(163)
税收法治　(163)
税种管理　(163)
纳税服务　(163)
税收征管　(163)
大企业税收管理　(164)
国际税收管理　(164)
风险管理　(164)
纪检监督　(164)
审计　(164)
概况　(164)
政策跟踪审计　(164)
财政审计　(164)
经济责任审计　(164)
政府投资审计　(164)
推动审计闭环管理　(164)
探索推行研究型审计　(164)

金融服务

综述　(165)
概况　(165)
推进上市服务体系建设　(165)
优化投资类企业结构　(165)
优化金融生态建设　(165)
缓解金融风险　(165)
上市企业　(165)
概况　(165)
上海尤安建筑设计股份有限公司　(165)
上海掌学教育科技有限公司　(165)
银行　(166)
概况　(166)
中国银行股份有限公司上海市宝山支行　(166)
中国工商银行股份有限公司上海市宝山支行　(166)
中国农业银行股份有限公司上海宝山支行　(167)
中国建设银行股份有限公司上海宝钢宝山支行　(168)

交通银行股份有限公司上海宝山支行 （168）
上海浦东发展银行宝山支行 （169）
中国农业发展银行上海市宝山区支行 （169）
中国民生银行股份有限公司上海宝山支行 （169）
上海农商银行宝山支行 （169）
中国邮政储蓄银行股份有限公司上海宝山区支行 （170）
上海银行宝山支行 （171）
保险 （171）
概况 （171）
中国人寿保险股份有限公司上海市宝山支公司 （171）
中国人民财产保险股份有限公司上海市宝山支公司 （171）
证券 （171）
概况 （171）

文化篇

文化·旅游

文化 （174）
概况 （174）
文创产业发展 （174）
红色文化 （178）
概况 （178）
庆祝中国共产党成立100周年系列活动 （178）
《挑山女人》再获佳绩 （178）
红色故事传播 （178）
文化品牌 （178）
概况 （178）
打造上海国际邮轮旅游度假区 （178）
举办陈伯吹国际儿童文学奖创立40周年系列纪念活动 （178）
文化服务 （178）
概况 （178）
非遗文化 （178）
上海樱花节系列文旅活动 （179）
城市未来艺术节 （179）
上海城市空间艺术季（宝山） （179）
旅游事业 （179）
概况 （179）
上海旅游节宝山系列活动 （179）
宝山精品旅游主题产品 （179）
旅游数字化转型 （179）
重点地区项目资源开发 （179）
旅游相关企业等级评定与复核 （180）
旅游公共服务 （180）
旅游行业监管 （180）
旅游行业培训 （180）
上海国际邮轮旅游度假区建设 （185）
概况 （185）
《上海国际邮轮旅游度假区总体规划》发布 （185）
滨江功能配套完善 （185）
国际邮轮非经营性停靠 （185）
推进智慧邮轮港项目建设 （185）
王友农获第八届全国道德模范提名奖 （185）

教 育

基础教育 （186）
概况 （186）
宝山区学生合唱团签约仪式举行 （187）
思政课程创新实践项目启动 （187）
剑桥大学中国遴选中心AST官方考试中心揭牌 （187）
国家社科基金课题成果发布 （187）
获市级“明日科技之星”称号 （187）
纪念陶行知先生诞辰130周年主题活动举行 （187）
教育数字化转型实验区方案发布 （187）
全民终身学习活动周开幕 （187）
“未来宝”教育电台首播 （188）
华师大二附中（宝山校区）奠基 （188）
高等教育 （188）
概况 （188）
上海大学 （188）
上海邦德职业技术学院 （188）
上海济光职业技术学院 （189）
上海震旦职业学院 （189）
上海交通职业技术学院 （190）
中等教育 （190）
概况 （190）
制定学校“十四五”规划纲要 （190）
成人教育 （190）
概况 （190）
高等学历教育 （191）
老年教育 （191）
社区教育 （191）
特殊教育 （191）
概况 （191）
上海市自闭症儿童教育指导中心成立 （191）
培智学校自闭症儿童教育质量提升研讨会召开 （191）

体 育

竞技体育 （192）
概况 （192）
上海邮轮港国际帆船赛开幕 （192）
群众体育（全民健身） （192）
概况 （192）
“大美滨江”迎春跑开赛 （192）
上海樱花节女子10公里精英赛开跑 （192）
第六届上海市家庭马拉松举行 （192）
深潜赛艇嘉年华举办 （192）
百年百团百公里城市定向赛开幕 （193）
社区亲子运动会举行 （193）
上海市职工男子三对三等级篮球比赛举行 （193）
“活力月浦 动感乡村”农事趣味定点赛举行 （193）
青少年体育 （193）
概况 （193）
田径小达人系列争霸赛举行 （193）
青少年三对三超级篮球赛宝山站举行 （193）
宝山区青少年足球争霸赛开赛 （193）
上海市自行车嘉年华举行 （193）
体育产业·设施建设 （193）
概况 （193）
公共体育设施建设 （194）
“午间一小时”运动健康巡回赛获评国家体育产业示范项目 （194）

科技·信息化

科技　(195)
概况　(195)
2021 年宝山区投资促进大会暨重大项目集中启动仪式举行　(195)
环上大科技园首批基地揭牌　(195)
《宝山区加快建设上海科创中心主阵地促进产业高质量发展政策》出台　(195)
上海北大科技园项目正式落户宝山　(195)
2021 年宝山科技节启动　(195)
上海大学上海美术学院主校区项目启动　(196)
第八届中国产业互联网高峰论坛开幕　(196)
宝山科创产业基金和城市更新发展基金设立　(196)
联东 U 谷·宝山机器人创新港项目奠基　(196)
光储充一体化超级充电站落地宝山　(196)
上海华中科技大学科技园落户宝山　(196)
一站式办理多种业务诉讼服务“智慧舱”入驻宝山法院　(196)
2021 年宝山区重大产业项目集中签约仪式举行　(196)
上海(宝山)科创金融服务中心揭牌　(196)
MAX 科技园(上海·美兰湖)项目开工　(196)
丝绸之路高科技园区联盟上海中心揭牌　(196)
零碳上海高峰论坛举行　(196)
2021 年全国科普日宝山区活动启动　(197)
南大地区重大项目集中启动开工暨签约仪式举行　(197)
中国生物医药产业创新大会暨第七届生物药物创新及研发国际研讨会举行　(197)
智慧湾科创园入选国家文化和科技融合示范基地　(197)
宝山区与海创汇科技创业发展有限公司签约　(197)
世界首条 35 千伏公里级超导电缆示范工程投运　(197)
宝山区与上海理工大学签约　(197)
中国国际石墨烯创新大会举行　(197)
宝山复旦科创中心启用　(198)
汉虹二期建设工程项目开工　(198)
上药康希诺疫苗等待出厂　(198)
气象　(198)
概况　(198)
新型设备测试评估和数据共享　(198)
提高气象科创能力　(198)
信息化　(198)
概况　(198)
加快布局城市数字化底座架构　(199)
打造“双千兆宽带城市”　(199)
推动新型基础设施建设　(199)
聚焦数字化赋能产业　(199)
数字化服务转型发展　(199)
经济领域数字化转型　(199)
建设区电子证照库社会化应用管理系统　(200)
优化社保卡服务效能　(200)
助力疫苗接种工作　(200)
推进特色应用建设　(200)
治理领域数字化转型　(200)
建立社区消防安全评价指标　(200)
强化数据赋能　(200)
打造数字化转型标杆示范　(200)
推动数字赋能优化营商环境　(200)
融媒体中心　(201)
概况　(201)
主题报道　(201)
媒体联动　(201)
政务服务　(201)
宝山东方有线　(201)
概况　(201)
“两张网”建设　(201)
金色学堂上线电视大屏　(202)
入驻“一网通办一件事”服务平台　(202)
“强国 TV”登录电视大屏　(202)
电信　(202)
概况　(202)
承建大场镇与杨行镇城运管理中心系统建设　(202)
支撑宝山大学科技园打造智慧科创会客厅　(202)
定制“淞南党建”小程序　(202)
落实杨行镇垃圾分类视频分析监管项目　(202)
提供区域孤老家庭智能安防系统　(202)

社会篇

社会生活

青少年事业　(204)
概况　(204)
宝山区青少年庆祝中国共产党成立 100 周年“五四”主题集会举行　(204)
推进未成年人保护工作　(204)
关心下一代工作　(204)
老龄事业　(204)
概况　(204)
老年健康服务　(205)
老年人医疗服务　(205)
智慧养老项目　(205)
长护险试点　(205)
老年文化教育　(205)
建设老年友好型社会　(205)
残疾人事业　(205)
概况　(205)
残疾人社会保障和服务　(205)
康复服务　(205)
涉残事项“一网通办”　(206)
婚姻家庭　(206)
概况　(206)
开展家庭文明建设　(206)
殡葬管理　(206)
概况　(206)
祭扫服务　(206)

人力资源和社会保障

就业创业　(207)
概况　(207)
多措并举稳就业　(207)
创业服务优化升级　(207)

巩固脱贫成果 (207)
职业技能培训 (207)
劳动关系 (207)
概况 (207)
构建和谐劳动关系 (207)
推进争议预防工作 (207)
基层立法联系点工作 (207)
劳动保障监察执法 (207)
信访及“12345”工单办理 (208)
人才人事 (208)
概况 (208)
人才申报 (208)
揽才工程 (208)
青年人才服务 (208)
人才培育 (208)
人才驿站服务 (208)
社会保障 (208)
概况 (208)
提高社会保障水平 (208)
城乡居保 (209)
征地保障 (209)
征地养老 (209)
工伤事务 (209)
社会救助 (209)
社会优抚 (209)
概况 (209)
服务保障体系建设 (209)
退役军人就业创业 (209)
推进双拥特色项目 (209)
落实优抚政策 (209)
开展烈士褒扬纪念等系列主题活动 (210)
开展最美退役军人宣传活动 (210)
上海市慈善基金会宝山代表处 (210)
概况 (210)
慈善新项目 (210)
助困项目 (210)
扶幼助学 (210)
安老助医 (210)
扶贫协作 (210)

社会管理

城管行政执法 (211)
概况 (211)
整治违法建筑 (211)
推进依法行政 (211)
建设智慧城管 (211)
处置市民诉件 (211)
治理街面环境 (211)
治理户外广告 (211)
治理小区环境 (211)
治理生活垃圾分类 (211)
治理生态环境 (211)
治理食品安全 (211)
治理住房租赁 (212)
整治互联网租赁自行车 (212)
城市运行管理 (212)
概况 (212)
完善城运平台运行模式 (212)
健全热线工单办理机制 (212)
拓展网格管理范围 (212)
社会组织管理 (212)
概况 (212)
社会组织登记管理 (212)
开展社团、民办非企业年度检查 (212)
社区建设 (212)
概况 (212)
基层建设 (213)
社区治理 (213)
升级打造“社区通”3.0 版 (213)
升级打造“活力楼组”2.0 版 (213)
社区新型基础设施建设 (213)
打造社区服务综合体 (213)
推进“社区成长计划” (213)
基层居村“两委”换届选举 (213)

社会安全

综合治理 (214)
概况 (214)
防范化解社会风险 (214)
持续优化社会环境 (214)
市域社会治理 (214)
消防救援 (215)
概况 (215)
完善城市消防治理体系 (215)
提升区域火灾防控效能 (215)
建强灭火救援攻坚力量 (215)
应急管理 (216)
概况 (216)
综合行政执法改革 (216)
创建安全发展示范城市预评估 (216)
创建上海市安全发展和综合减灾示范社区 (216)
改造涉氨制冷企业冷媒 (216)
区危险化学品领域“打非治违”典型案件 (216)
宝山区第一次自然灾害综合风险普查 (216)
危险化学品事故处置桌面推演 (216)
安全评价机构执业行为专项整治 (216)
“安全领航 科创宝山”安全宣传活动 (217)
“5·12”防灾减灾宣传活动 (217)
大型油气储存基地安全风险评估 (217)
新安法新条款区首例行政处罚 (217)
宝钢特钢长材有限公司“4·27”机械伤害事故 (217)

卫生健康

公共卫生服务 (218)
概况 (218)
新冠疫情常态化防控 (218)
公共卫生服务 (218)
公立医院改革 (218)
社区卫生综合改革 (218)
医疗服务 (219)
中医药服务 (219)
学科人才建设 (219)
卫生应急处置 (219)
健康宝山行动 (220)
卫生监督 (220)
计划生育家庭帮扶 (220)
家庭发展能力建设 (220)
卫生健康信息化建设 (220)
民营医疗机构 (220)
医疗保障 (227)
概况 (227)
长期护理保险制度试点 (227)
医保管理 (227)
医保基金监管 (227)
医保惠企利民举措 (227)

医疗机构 (227)
概况 (227)
上海交通大学医学院附属第九人民医院(北部) (227)
上海市宝山区中西医结合医院(上海中医药大学附属宝山医院、上海中医药大学附属曙光医院宝山分院) (228)
复旦大学附属华山医院宝山院区 (229)
爱国卫生与健康促进工作 (229)
概况 (229)
常态化疫情防控 (229)
国家卫生区创建 (230)
健康自管小组建设 (230)
老龄事业发展 (230)
宝山区餐饮卫生管理协会暨宝山区工商联餐饮商会 (230)

生态篇

乡村振兴

综述 (232)
概况 (232)
乡村振兴示范片区建设 (232)
美丽乡村建设 (232)
农村人居环境整治 (232)
乡村治理 (232)
农村集体经济 (232)
概况 (232)
村级经济合作社规范运行 (232)
开展镇级集体企业第三方审计 (232)
规范收益分配 (232)

城乡规划与建设

城乡规划和土地管理 (233)
概况 (233)
完善规划体系 (233)
完成区“十四五”空间规划编制 (233)
重点地区规划编制 (233)
上海城市空间艺术季(宝山)系列活动 (233)
重要专项规划 (233)
推进农民集中居住 (234)
新增建设用地 (234)
建设用地供应 (234)
土地减量化验收 (234)
集体土地征地补偿 (234)
征地房屋补偿 (234)
外商投资土地使用费征收 (234)
行政审批许可 (234)
实现“拿地即开工” (234)
土地执法监察 (234)
推进农村乱占耕地建房项目整改 (234)
不动产登记 (235)
颁发首张“居住权”不动产登记证明 (235)
城建档案管理 (235)
地名管理 (235)
建设交通管理 (237)
概况 (237)
重大工程建设 (237)
道路规划储备 (242)
道路管理与养护 (242)
道路排堵保畅项目 (242)
“四好农村路”建设 (242)
交通行业管理 (242)
公共停车场管理 (242)
内河港航整治 (242)
非法客运整治 (242)
建设管理 (242)
招投标管理 (242)
行政审批改革 (242)
燃气管理 (243)
交通行政执法 (243)
水务(海洋)建设 (243)
概况 (243)
防汛防台 (243)
水务安全监管 (243)
水务规划编制 (243)
水务工程建设 (243)
河长制 (244)
水利设施管理 (244)
供水设施管理 (244)
排水设施管理 (244)
水文监测 (244)
滩涂海塘管理 (244)
海洋管理 (244)
水务海洋执法 (244)
行政服务 (245)
水务宣传 (245)
公路 (245)
概况 (245)
道路技术状况 (245)
桥梁检测 (245)
道路大中修工程 (245)
公路养护资金及项目安排 (245)
道路日常养护管理 (245)
创建精品示范路 (245)
道路平整度及人行道专项整治 (245)
井盖治理 (246)
交通缓拥堵和慢行交通 (246)
海绵城市建设 (246)
道路养护四新技术应用 (246)
道路交通四类设施管理 (246)
完成全市第一个养护平台招标项目 (246)
防汛防台应急处置 (246)
掘路修复 (246)
信访处置 (246)

环境保护

生态环境保护 (247)
概况 (247)
环境空气质量 (247)
水环境 (248)
主要河流水质 (248)
环境噪声 (249)
三年行动计划实施 (249)
区“十四五”生态环境保护规划编制 (249)
完成污染防治攻坚任务 (250)
迎接上海市生态环境保护督察“回头看” (250)
推进挥发性有机物综合治理 2.0 工作 (250)
开展汽修行业挥发性有机物使用提标治理 (250)
宝山区入河排污口排查整治先行先试 (250)
入选第二批上海市社会主义法治文化品牌阵地 (250)

绿化·市容管理

绿化管理 (251)
概况 (251)
实施城市品质提升项目 (251)
宝林路林荫道景观灯光获白玉兰照明奖 (251)
编制《宝山区户外招牌设置管理实施办法》《宝山区户外招牌设计导则》 (251)
启动新一轮美丽街区建设 (251)
"社区园艺师"助力社区绿化自治 (252)
顾村公园数字化场景建设 (252)
市容环卫管理 (252)
上海市"高标准保洁区域(道路)" (252)
生活垃圾分类实效 (252)

镇·街道

镇

杨行镇 (254)
概况 (254)
经济建设 (254)
城乡建设 (254)
就业和社会保障 (254)
社会事业 (254)
精神文明建设 (255)
杨北村成功创建市级美丽乡村示范村 (255)
打造国家级科创孵化平台 (255)
宝山数字港国际合成中心首批招商成功签约 (255)
综合行政执法队正式挂牌成立 (255)
杨行镇庆祝中国共产党成立100周年主题活动 (255)
月浦镇 (257)
概况 (257)
经济建设 (258)
城乡建设 (258)
就业和社会保障 (258)
社会管理 (258)
民生事业 (258)
党建工作 (259)
社区党群服务中心揭牌 (259)
两镇八村党建共同体成立 (259)
"十四五"产业转型首发项目启动 (259)
罗店镇 (261)
概况 (261)
经济建设 (261)
城镇建设与管理 (261)
乡村振兴战略 (262)
社会事业 (262)
社会治理 (262)
加强政务服务建设 (262)
党的建设 (262)
远景村、光明村成功创建市级美丽乡村示范村 (262)
北上海科创新名片MAX科技园(上海·美兰湖)项目开工 (262)
罗店镇入选"中国民间文化艺术之乡" (263)
罗泾镇 (265)
概况 (265)
经济建设 (265)
社会事业 (265)
就业和社会保障 (265)
镇村建设与管理 (266)
精神文明建设 (266)
乡村振兴 (266)
平安建设与综合治理 (266)
社区建设 (266)
法治政府建设 (267)
2021年农民丰收节暨宝山湖大闸蟹品鲜节 (267)
2021年上海城市业余联赛"战FUN宝山 泾彩同行"美丽乡村徒步赛 (267)
顾村镇 (268)
概况 (268)
经济建设 (268)
城镇建设与管理 (268)
社会事业 (268)
基层建设 (269)
平安建设 (269)
龙湖上海产业互联网技术中心开工奠基 (269)
联东U谷·宝山机器人创新港开工 (269)
2021中欧企业暨海归领军企业家投资研讨会举办 (269)
羿鹏智慧空铁总部研发基地揭牌 (269)
上海宝山硬科技中心落户 (269)
大场镇 (273)
概况 (273)
经济建设 (273)
城镇建设与管理 (273)
社会治理 (274)
社会事业 (274)
党建工作 (274)
大场镇大型音乐情景党课 (274)
行知读书会线下活动举办 (274)
宝山日月光商场开业 (275)
庙行镇 (278)
概况 (278)
经济建设 (278)
城乡建设和管理 (278)
就业和社会保障 (278)
社会事业 (278)
社会治理和平安建设 (278)
盒马鲜生入驻 (279)
蕰藻浜庙行段滨水步道正式贯通 (279)
民建上海市委企业委员会会员之家、民建宝山区委会员之家揭牌 (279)
2021年上海城市业余联赛第二届旱地冰雪挑战赛暨"战FUN宝山""庙行杯"旱地冰壶赛举办 (279)
淞南镇 (280)
概况 (280)
经济发展 (280)
城市建设与管理 (280)
就业与社会保障 (280)
社会事业 (281)
社会治理 (281)
文化发展 (281)
国帆路跨区公共通道实施全天开放 (281)
淞南白癜风、脱发中医药特色治疗获评中医特色诊疗服务品牌 (281)
同济创园医疗科创中心启动 (281)
万临家园淞益中心建成 (281)
"淞南蛋雕"非遗项目参展进博会 (281)
上海轨道交通18号线一期北段开通

（282）
高境镇　（283）
概况　（283）
经济建设　（283）
城市建设与管理　（283）
社会事业　（283）
民生保障　（284）
平安建设　（284）
社区治理　（284）
高境科创中心正式启用　（284）
上海北大科技园落户高境　（284）
首家本地成长企业敲钟上市　（285）
居民区“两委”换届　（285）
综合为老服务中心分中心建成启用　（285）
存志教育落地　（285）
区、镇两级人大代表投票选举　（285）
盛邻城市体育创新综合体开工建设　（285）

街　道

友谊路街道　（287）
概况　（287）
经济发展　（287）
就业和社会保障　（287）
为老服务　（287）
城市精细化管理　（288）
市容环境　（288）
消防安全　（288）
社区建设　（288）
平安建设　（288）
党建工作　（288）
依法治理　（288）
精神文明建设　（288）
数字赋能“云”治理　（288）
吴淞街道　（290）
概况　（290）
“比学赶超”工作　（290）
旧区改造　（290）
营商服务　（290）
城市管理精细化工作　（290）
就业与社会保障　（290）
基层治理　（291）
城市数字化转型工作　（291）
社区文体建设　（291）
平安建设　（291）
基层党建工作　（291）
张庙街道　（292）
概况　（292）
经济发展　（293）
老旧住房成套改造　（293）
生活垃圾分类　（293）
“创全”工作　（293）
“美丽街区”创建　（294）
“美丽家园”创建　（294）
区域环境保护　（294）
“一网统管”建设　（294）
城市执法管理　（294）
住房保障管理　（294）
食品安全工作　（294）
老年宜居社区建设　（294）
社区民生服务　（294）
双拥优抚工作　（295）
社区文化体育　（295）
社区创业就业　（295）
“一网通办”工作　（295）
社区居民“公共客厅”建设　（295）
基层换届选举　（295）
“社区通”建设　（295）
社区自治共治　（295）
党建工作　（295）
基层队伍建设　（296）
社区安全实事项目　（296）
安全社区建设　（296）
平安社区创建　（296）
扫黑除恶专项斗争　（296）
信访维稳工作　（296）

附　录

人物・名录・光荣榜

宝山区新任领导人　（300）
凌惠康　（300）
党政机关、民主党派、群众团体负责人名录　（300）
中共宝山区委　（300）
中共宝山区第七届委员会　（300）
中共宝山区第八届委员会　（300）
区委工作机构　（300）
中共宝山区第七届纪律检查委员会　（301）
中共宝山区第八届纪律检查委员会　（302）
宝山区监察委员会　（302）
纪委、监委内设机构及派驻机构　（302）
区人大常委会、政府及其工作部门、政协、人武部、法院、检察院、人民团体和群众团体党组、党委　（302）
宝山区第八届人大常委会　（303）
区人民代表大会专门委员会　（303）
区人大常委会工作机构、办事机构　（304）
审判、检察机关　（304）
区人民法院　（304）
区人民检察院　（304）
人民政府　（304）
宝山区人民政府　（304）
区政府工作机构　（304）
区政府其他工作机构　（305）
政协　（305）
政协宝山区第八届委员会　（305）
区政协工作机构　（306）
民主党派　（306）
民革宝山区第七届委员会　（306）
民革宝山区第八届委员会　（306）
民盟宝山区第七届委员会　（306）
民盟宝山区第八届委员会　（306）
民建宝山区第八届委员会　（306）
民建宝山区第九届委员会　（306）
民进宝山区第七届委员会　（306）
民进宝山区第八届委员会　（306）
农工党宝山区第八届委员会　（306）
农工党宝山区第九届委员会　（306）
九三学社宝山区第七届委员会　（306）
九三学社宝山区第八届委员会　（306）
致公党宝山区第二届总支部委员会　（306）
致公党宝山区第三届总支部委员会　（306）
人民团体和群众团体　（306）
区总工会第七届委员会　（306）
共青团宝山区第十届委员会　（306）
区妇联第七届执委会　（306）
区工商联（总商会）第八届执委会　（306）
区科协第六届委员会　（306）
区科协第七届委员会　（306）

区侨联第六届委员会 (306)
区青年联合会第九届委员会 (306)
区残疾人联合会第七届主席团 (306)
区红十字会第六届理事会 (307)
街道、镇、园区 (307)
街道党工委、镇党委、园区党工委 (307)
街道办事处、镇政府、园区管委会 (307)
街道人大工委主任、镇人大主席 (307)
区域内部分单位 (308)
宝山钢铁股份有限公司 (308)
宝钢工程技术集团有限公司(中国宝武设计院) (308)
上海宝地不动产资产管理有限公司/上海宝钢不锈钢有限公司/宝钢特钢有限公司 (308)
上海宝冶集团有限公司 (308)
五冶集团上海有限公司 (308)
上海二十冶建设有限公司 (308)
上海吴淞口国际邮轮港发展有限公司 (308)
上海国际港务(集团)股份有限公司张华浜分公司 (308)
上海国际港务(集团)股份有限公司罗泾分公司 (308)
中华人民共和国宝山海关 (308)
中华人民共和国上海吴淞海关 (308)
中华人民共和国吴淞出入境边防检查站 (308)
中华人民共和国浦江出入境边防检查站 (308)
中华人民共和国宝山海事局 (308)
中华人民共和国吴淞海事局 (308)
长江航运公安局上海分局吴淞派出所 (308)
光荣榜 (309)
全国先进集体 (309)
全国先进个人 (310)

主要文件目录

区委文件选目 (312)
区委办文件选目 (313)
区政府文件选目 (315)
区府办文件选目 (315)

统计数据

2021 年宝山区社会经济主要指标 (316)
各时期宝山区社会经济主要指标平均增长率 (317)
2021 年宝山区地区生产总值 (317)
2021 年宝山区税收及构成 (318)
2021 年宝山区财政收入 (318)
2021 年宝山区财政支出 (318)
2021 年宝山区职工人数、工资总额及平均工资 (319)
2021 年宝山区农业总产值及其构成 (320)
2021 年宝山区商品销售额和社会消费品零售总额 (320)
2021 年宝山区邮政、电信 (320)
2021 年宝山区公共文化设施 (320)
2021 年宝山区广播电视业 (321)
2021 年宝山区公共图书馆 (321)
2021 年宝山区体育事业 (321)
2021 年宝山区社会治安 (322)
2021 年宝山区火灾事故与消防 (322)
2021 年宝山区律师、法律服务及调解工作 (322)

调查资料

产业转型提质增效,潜力企业亟待培育——宝山区战略性新兴产业发展情况分析 (323)
抓增量,促存量,加快工业投资产出——“十三五”期间工业投资情况分析 (330)

索 引

条目索引 (332)
表格索引 (344)
随文图片索引 (345)

Special Features

特　载

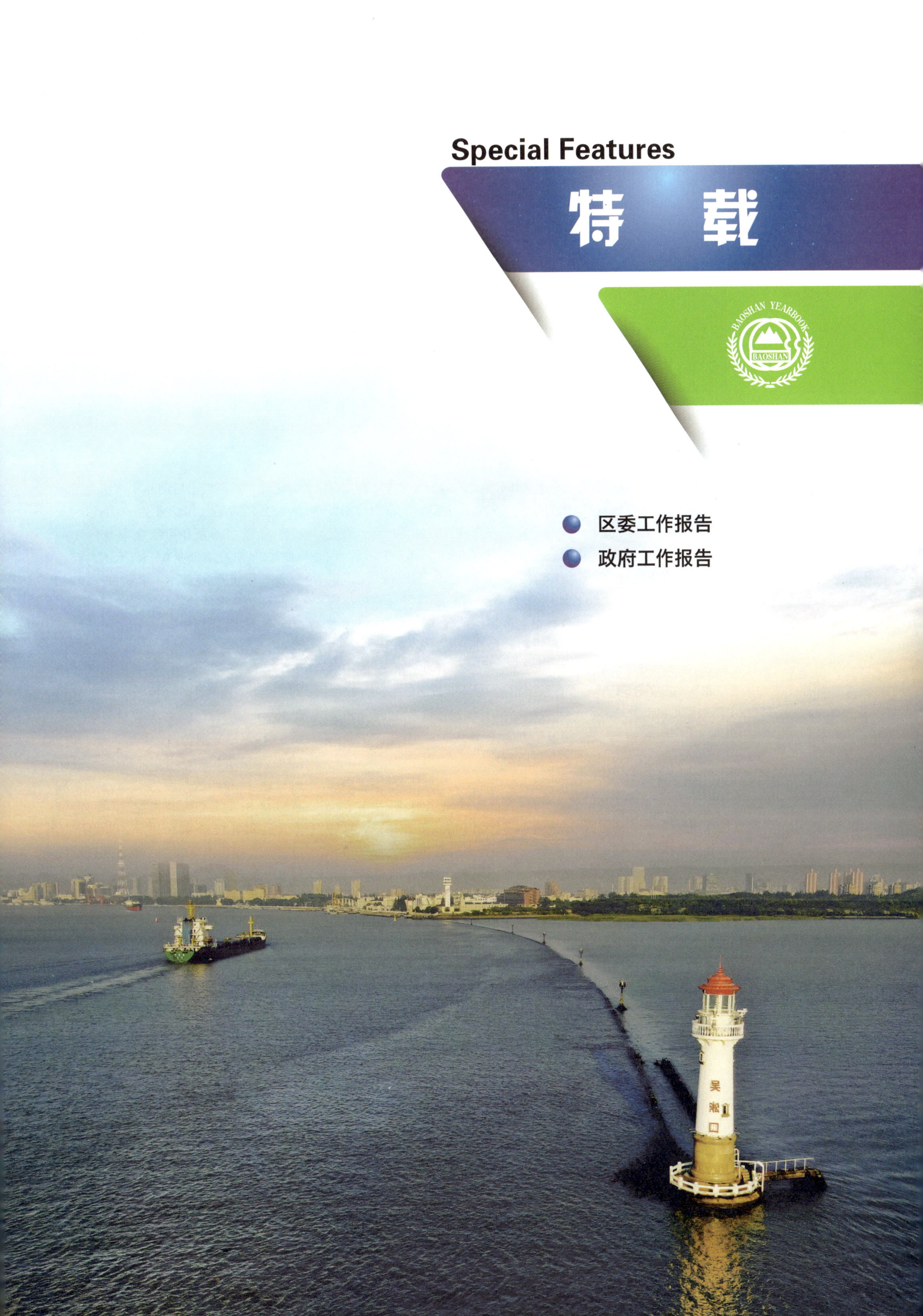

- 区委工作报告
- 政府工作报告

区委工作报告

■ 编辑 王素炎

勇担新使命 奋进北转型 为高水平建设上海科创中心主阵地而不懈努力

——2021 年 11 月 9 日在中国共产党上海市宝山区第八次代表大会上

中共宝山区委书记 陈 杰

中国共产党上海市宝山区第八次代表大会，是在乘势而上开启全面建设社会主义现代化国家新征程、向第二个百年奋斗目标进军的关键时期，召开的一次十分重要的大会。大会的主题是：高举习近平新时代中国特色社会主义思想伟大旗帜，全面贯彻落实中央、市委决策部署，团结带领全区党员干部群众进一步解放思想、开拓创新、真抓实干，在更高起点上大力实施“北转型”战略，不断把上海科创中心主阵地建设推向前进。

一、过去五年的工作回顾

区第七次党代会以来，我们坚持以习近平新时代中国特色社会主义思想为指导，深入贯彻党的十九大及十九届二中、三中、四中、五中全会精神，在市委的坚强领导下，坚持深度融合，加快转型发展，奋力打造宝山“两区一体化升级版”，坚决扛起市委赋予的建设上海科创中心主阵地新使命，带领全区上下凝心聚力、开拓进取、奋勇争先，顺利完成“十三五”发展任务，科学编制并实施“十四五”规划，胜利实现区第七次党代会提出的主要目标，高水平全面建成小康社会，各项事业发展和人民生活水平迈上了新的台阶。

这五年，我们高举旗帜，牢牢把准前进方向。始终把党的政治建设摆在首位，增强“四个意识”，坚定“四个自信”，做到“两个维护”，坚定不移同以习近平同志为核心的党中央保持高度一致。深入学习贯彻习近平总书记考察上海重要讲话精神，始终牢记习近平总书记在上海工作期间对宝山的殷切嘱托，切实转化为全区广大党员干部群众奋力攻坚的强大动力和善作善成的自觉行动。强化思想理论武装，“两学一做”学习教育、“不忘初心、牢记使命”主题教育、“四史”学习教育取得明显成效。党史学习教育走深走实，“我为群众办实事”实践活动取得阶段性成果。发挥好区委把方向、抓发展、谋创新、促改革、保落实作用，落实常委会议事规则、“三重一大”集体决策等制度，确保工作始终坚持正确政治方向，推动中央、市委重大决策部署在宝山落地生根、结出丰硕成果。

这五年，我们抢抓机遇，科创宝山谋篇起势。为国家战略担当使命，谋定快动推进上海科创中心主阵地建设。打好“大学牌”，环上大科技园 4 个基地初步形成全链条创新孵化功能，脑机接口等一批“卡脖子”项目成功转化。引入北大、华中科大等大学科技园，启用宝山复旦科创中心，建成二工大国家大学科技园。打好“企业牌”，宝武集团近 200 亿元的十大项目整体推进。创新要素加快集聚，建成新能源关键材料等一批功能型平台，8 英寸石墨烯单晶晶圆研制成功，高温超导电缆产业化项目投产。增强科创金融服务功能，组建上海（宝山）科创金融服务中心，设立 50 亿元科创产业基金和 100 亿元城市更新基金，“以先投后股方式支持科技成果转化”入选全国首批全面创新改革任务揭榜清单。着眼全域创新，南大、吴淞科创核心承载区及各产业园区创新功能不断增强，“1 号湾”初具形态，建成国家和市级创新创业孵化载体 26 家，成功创建全国科普示范区。全区高新技术企业达 848 家、增长 2.2 倍，新增国家和市级企业技术中心 21 个、专精特新企业 67 家、市区科技小巨人工程企业 33 家，59 个项目获国家、上海科学技术奖。

这五年，我们稳中求进，经济质效持续提高。认真贯彻新发展理念，扎实做好“六稳”“六保”工作，用逆周期调节对冲疫情影响，预计地区生产总值达 1673 亿元、年均增长 5%；在大规模减税降费情况下，区级一般公共预算收入达 172.9 亿元、年均增长 4.9%；工业总产值、商品销售额、社会消费品零售总额分别完成 2720 亿元、1 万亿元、840 亿元。固定资产投资累计突破 2780 亿元、年均增长 11.2%。推动产业转型升级，新材料、机器人及智能制造、生物医药、新一代信息技术等主导产业加速集聚，三个市级特色产业园品牌度提升，上药康希诺、华域汽车等一批亿元以上重大项目投产。建成全国最大钢铁电商交易中心，平台交易结算量占全国六成。激活发展潜能，盘活低效土地 8800 亩，单位增加值能耗累计下降 29.6%、居全市首位。建成北郊未来产业园、龙湖天街等一批产业商业载体，重点商务载体单位面积税收增长 4.3 倍，亿元载体达 18 个。新增注册企业突破 14 万户，上市挂牌企业总数达 165 家，较 2016 年底翻了一番。

这五年，我们厚植优势，改革开放不断深化。围绕供给侧结构性改革创新制度供给，出台“科创 30 条”“黄金 10 条”等产业新政，在全国率先实现“验登合一”,拿地即开工、单体竣工验收等优化营商环境十大创新举措全面铺开。持续深化“放管服”改革,“一网通办”实现“只跑一次”“不见面审批”。邮轮港口服务标准等24项制度创新全国推广,吴淞口国际邮轮港实现“四船同靠”,接待规模居亚洲第一、世界第四,获批首个中国邮轮旅游发展示范区。顺利完成机构改革、群团改革、街镇体制改革,投促体制调整等重点改革有效落地,非公企业工会改革“顾村经验”全国推广。加快国资布局优化和专业化重组,调整组建三大平台公司,推动国有资本向新兴产业集中。加快融入长三角一体化发展,推动组建产业互联网联盟、石墨烯产业发展服务平台。积极承接进博会溢出效应,累计采购成交8.8亿美元。合同外资、实到外资年均增长26.5%、15.7%。助力对口帮扶地区全部如期脱贫。

这五年,我们聚焦品质,产城融合稳步推进。坚持规划引领,推动产业、城市、生态等要素融合发展。重点板块转型迈入快车道,南大智慧城通过综合整治实现“脱胎换骨”,近6平方公里土地整体收储,控详规划获批,总投资近400亿元的52个项目集中启动,百米双子塔楼结构封顶;吴淞创新城建设规划获批,两个1平方公里先行启动区加速建设,上海美院项目顺利启动,外环以南9平方公里完成城市设计和景观设计国际方案征集。交通体系不断优化,G1503越江隧道、S7高速公路等骨干道路建成通车,轨交15号线开通运营、18号线一期全线贯通,基本形成“三纵三横”快速路网、“七纵十一横”主干路网体系。新型城镇化步伐加快,罗店镇入选国家新型城镇化综合试点,罗泾镇获评全国特色小镇。乡村振兴扎实推进,在全市率先形成“五村联动”示范片区,打造全国乡村治理体系建设试点示范区。城市管理能级提升,滨江示范段全线贯通,“三个美丽”持续深化,成功创建市级垃圾分类示范区。“五违”整治累计拆除违法建筑3000万平方米,536个部队“停偿”项目顺利完成。打赢蓝天、碧水、净土保卫战,新建绿地517公顷,劣V类水体全面消除,PM2.5累计下降40%,AQI优良率居全市第四。

这五年,我们立根铸魂,文化魅力不断彰显。传承红色基因,讲好初心故事,广泛开展建党百年等宣传教育活动,提升上海解放纪念馆等红色地标功能。社会主义核心价值观深入人心,选树200余人次道德模范获国家、市级表彰,“社区小先生制”获团中央关注。市民文明素质不断提高,获第七届全国文明城区提名资格,成功创建全国文明镇1个、全国文明村5个,新时代文明实践中心三级阵地实现全覆盖。做优“春之樱、夏之邮、秋之艺、冬之阅”文化四季品牌,《挑山女人》屡获国家大奖,智慧湾成功创建国家级文化和科技融合示范基地。基本建成15分钟公共文化体育生活圈,开展各类群众性文体活动13万场次,宝山健儿在奥运会等国际国内大赛中斩获32金。

这五年,我们共治共享,民生福祉持续增进。多措并举促进群众增收,居民人均可支配收入年均增长快于经济增长。抓好就业这个民生之本,加强各类技能培训和创业帮扶,获评市优秀创业型城区。社会保障更加有力,城乡居保和征地养老待遇水平增幅均超60%。促进教育事业优质均衡,落实教育综合改革,擦亮“学陶师陶”名片,引入华二、上师大附中等知名品牌,全区已有新优质学校、市示范园40所,获评全国中小学劳动教育试验区。全面深化医药卫生体制改革,引入中山、仁济等知名品牌,形成八大医联体发展格局,成功创建国家卫生区、全国健康促进区,居民主要健康指标优于全市平均水平。社会养老服务体系进一步完善,新增一批养老服务设施,探索建立智慧养老服务平台。长护险推进有力,多层次医疗保障体系逐步完善。实现全国双拥模范城“八连冠”。构建“四位一体”住房保障体系,基本完成5个“城中村”改造,累计解决1.2万余户居农民首套分房安置。推进电梯加装、早餐工程等12项民心工程,人民群众更多更好共享发展成果。

这五年,我们众志成城,疫情防控有力有序。坚决打赢疫情防控的人民战争、总体战、阻击战,第一时间落实重大突发公共卫生事件一级响应机制,第一时间组织医疗队驰援武汉。3117个党组织闻令而动,1345支党员突击队勇当先锋,党旗在抗疫一线高高飘扬。打赢社区防控、集中隔离等多场硬仗,形成邮轮防疫“中国标准”。坚持“外防输入、内防反弹”,做实常态化精准防控和闭环管理,持续完善公共卫生体系和应急响应机制,高效处置局部突发疫情。累计接种新冠肺炎疫苗超360万剂,成人全程接种率超98%,构筑全民免疫屏障。在这场同严重疫情的殊死较量中,全区党员群众肩并肩、心连心,用行动践行了伟大抗疫精神,绘就了团结就是力量的时代画卷!每一位参与者都是英雄!每一名宝山人都值得点赞!

这五年,我们固本强基,社会大局和谐稳定。积极推进市域社会治理现代化试点,获评上海市平安示范城区。创建全国首批、上海首个“雪亮工程”建设示范城区,报警类警情累计下降63%、列全市第一。扫黑除恶专项斗争、政法队伍教育整顿工作得到中央督导组充分肯定,顾村派出所荣膺全国首批“枫桥式公安派出所”。完善社会矛盾纠纷有效预防和多元化解机制,人民建议征集工作连续4年获评市级先进。基层治理焕发活力,社区“三驾马车”协同共进,“活力楼组”“公共客厅”“社区达人”等带起治理新风尚。智慧治理走出新路,城市运行“一网统管”从无到有、构建运行,“社区通”获多项国家级荣誉。加强重点领域安全隐患排查整治,完善突发事件应急处置机制,抓好防灾减灾工作,保障城市运行安全。

这五年,我们唯实唯干,全面从严治党纵深推进。党的领导核心作用充分发挥,支持人大、政府、政协和监委、法院、检察院依法依章履行职能,党管武装、群团工作、老干部工作成效明显,爱国统一战线进一步巩固壮大。贯彻落实意识形态工作责任制,全面加强舆论引导和阵地管理。组织保障不断夯实,构建“科创大党建”工作格局,发挥区域化党建优势,把党建工作嵌入发展最活跃的经络上。“红帆港”党建联盟品牌持续深化。党支部规范化建设全面推进,党群服务阵地布局功能更为优化。着眼事业发展需要用好干部、配强班子,激励干部担当作为。开展“比学赶超”五大行动,形成人心思进的生动局面。实施海内外揽才工程,做优"樱花卡"服务品牌,各类人才队伍蓬勃发展。持之以恒落实中央八项规定精神,驰而不息纠治"四风",持续为基层松绑减负,大调研工作常态化制度化,党风政风持续向上向好。以"436"责任落实体系深化全面从严治党,稳妥推进纪检监察体制"三项改革",一体推进不敢腐、不能腐、不想腐,完善"四项监督"融合贯通机制,改革的治理效能进一步释放,反腐败斗争压倒性胜利巩固发展。扎实做好市委巡视整改,完成本届区委巡察全覆盖,实现了"发现问题、形成震慑、推动改革、促进发展"目标,政治生态不断净化。

同志们,五年砥砺奋进,成绩来之不易。我们取得的一切进步,离不开中央、市委的坚强领导,离不开历届区委奠定的坚实基础,离不开各位老领导、老同志的关心支持以及全区各级党组织、广大党员干部群众和社会各界的团结拼搏。在此,我代表中国共产党上海市宝山区第七届委员会,向全区党员干部群众,向离退休老同志,向各民主党派、工商联、无党派人士和社会各界人士,向驻区解放军和武警部队官兵,以及所有关心支持宝山发展的同志们、朋友们,表示衷心的感谢,致以崇高的敬意!

五年探索实践,为我们继往开来积累了宝贵经验。主要是:对标看齐才能提高站位。必须坚决贯彻中央大政方针和市委决策部署,自觉把宝山发展放在全局中来审视,借势发力、深谋快动,在全面落实中彰显作为、创造特色。加快发展才能赢得主动。发展是硬道理,也是宝山换道超车的必由之路。面对激烈的区域竞争,不进则退、慢进也是退,必须稳中求进,更要加压奋进。解放思想才能开创新局。没有思想的大解放,就没有事业的大突破。必须准确识变、科学应变、主动求变,坚定不移向改革要动力、向开放要活力。矢志转型才能走出新路。宝山转型已经迈出坚实步伐,但仍有很多大事难事需要"十年磨一剑"。必须保持定力和韧劲,在发展中转型、在转型中发展,朝着既定目标不断前进。厚植民心才能凝聚力量。群众是真正的英雄,民心是最大的政治。要始终坚持以人民为中心,把事关人民美好生活的大事小事做实办好。全面从严才能风清气正。必须始终把纪律规矩挺在前面,真管真严、敢管敢严、长管长严,以良好政治生态为发展保驾护航。这些经验启示,我们要在今后工作中继续坚持。

在肯定成绩的同时,必须清醒地看到,面向未来,宝山能不能冲出转型的关口,实现发展的涅槃,能不能在新一轮竞争中占据先机、赢得主动,必须正视并重点解决三方面问题:一是发展动力方面,新旧动能转换、产业结构升级、发展质量效益仍存在明显短板,科技创新还未能发挥引领和支撑作用,制约发展的体制机制弊端尚未根本化解,建立让市场主体活力迸发的营商环境仍需下更大功夫;二是群众获得感方面,城市还不够宜居,生态环境还有弱项,交通、教育、医疗、养老等基础设施和公共资源配置还不够均衡,超大城市的管理能力和社会治理现代化水平仍需进一步提高;三是干部队伍方面,少数党员干部服务发展意识不强,克难攻坚思路不宽、办法不多,不作为、慢作为现象仍不同程度存在,党风廉政建设和反腐败斗争仍需常抓不懈。对此,我们必须坚持问题导向,增强忧患意识,以实际行动打开发展新局、勇立时代潮头,在砥砺前行中夺取新的更大胜利!

二、把握新发展阶段,奋力开创现代化建设新征程

在我国全面建设社会主义现代化国家、向第二个百年奋斗目标进军的新发展阶段,国内外环境正在发生新的深刻变化。我们要站在全局和战略的高度,深刻认识宝山发展新的方位和使命。新征程迎来新挑战。当今世界,百年未有之大变局和新冠肺炎疫情交织叠加,外部环境的不稳定性不确定性明显增强,经济、政治、科技、人才等领域的激烈竞争前所未有。面对风云激荡的国际形势,党中央发出了"高水平自立自强"的号召,我国正加快构建以国内大循环为主体、国内国际双循环相互促进的新发展格局。塑造宝山参与国内外合作和竞争的新优势,形势更加迫切,挑战更为严峻。新征程赋予新使命。当今上海,着力强化"四大功能"、全面深化"五个中心"建设,具有全球影响力的科技创新中心建设进入关键提升期。市委作出"南北转型"战略部署,标志着宝山转型提升到全新高度,赋予宝山打造上海科创中心主阵地的新定位,进一步为"北转型"指明了前进方向。这意味着,继宝钢建设打下"改革开放第一桩"之后,宝山再次以崭新姿态融入国家战略;这意味着,宝山发展站在了新的起点上,正式开启了由"开放立区""实业兴区"向"科创强区"的历史性跨越。新征程当有新作为。建设上海科创中心主阵地,是市委对宝山提出的新要求、寄予的新期望,也是全区干部群众热切期盼的美好明天。这不是一区一域的单打独斗,而是与国家战略、上海发展息息相关的全局大计;不是某个领域的单兵突进,而是产业层次、城市功能、社会形态、综合实力的全面重塑。全区上下要切实增强政治责任感和历史使命感,以"功成不必在我"的境界和"功成必定有我"的担当,不辱使命、不负重托,把握当下、赢得未来。

今后五年全区工作的指导思想是:高举习近平新时代中国特色社会主义思想伟大旗帜,坚持党的全面领导,弘扬伟大建党精神,统筹推进"五位一体"总体布局,协调推进"四个全面"战略布局,把握新发展阶段,贯彻新发展理念,融入新发展格局,坚持稳中求进工作总基调,按照市委"南北转型"战略部署,以高质量发展、高品质生活、高效能治理为目标导向,以"打造上海科创中心主阵地"为主战略,推动经济增长方式、城市发展模式、社会治理范式实现根本性、系统型转变,不断增强服务国家战略和全市大局的能力,不断提升城市能级和核心竞争力,不断满足人民日益增长的美好生活需要,加快建设新兴产业集聚、产城融合发展、生态宜居宜业的现代化转型样板城市,为上海建设具有世界影响力的社会主义现代化国际大都市作出更大贡献。

今后五年的奋斗目标是:紧紧围绕国家战略、上海使命,坚持以科创、开放为根本动力,以生态、幸福为价值追求,勇担新使命,奋进北转型,努力在区域转型中闯出新路,在创新发展中走在前列,实现各项事业和党的建设全方位提升,城市能级和核心竞争力显著增强,初步建成功能突出、要素活跃、人才汇聚、产业高端的上海科创中心主阵地,向着更高质量的人民城市不断迈进。具体目标是:

——建设科创之城。打响"科创宝山"品牌,加快集聚高端要素、增强核心功能、形成创新生态,创新强度和广度明显提升,实现高新技术企业数年均增长30%。构建以创新为引领的现代化经济体系和发展方式,科创优势有效转化为产业优势,战略性新兴产业加速发展,一批头部企业和产业集群具备世界级影响力,地区生产总值增长速度不低于全市平均水平。

——建设开放之城。弘扬开放、创

新、包容的城市品格，全面提升城市软实力，在更广领域聚各方英才、更大范围享多元文化、更高层次引全球合作。大力营造法治化国际化便利化营商环境，配置全球资源的能力显著增强，成为投资、贸易、创业的首选地之一。加强与长三角一体化发展的战略互动、交通互联，北上海开放枢纽门户地位充分彰显。

——建设生态之城。走生态优先、绿色低碳的转型道路，生产、生活、生态相互融合，功能、形态、环境相互促进，大气、水、土壤等环境质量显著提升，推动碳达峰迈出坚实步伐，城市更具韧性。提升城市品质，促进产城融合，城市空间布局和功能布局更加合理，塑造体现高颜值、涵养新气质、洋溢文化味、充满亲近感的城市肌理，人与自然更加和谐。

——建设幸福之城。坚持以人民为中心发展思想，城乡居民收入增长与经济增长保持同步，共同富裕取得新进展。大力实施顺应群众期盼、补齐民生短板、造福广大市民的民心工程，实现居民就业更加充分、居住更加舒适、出行更加便捷、社会保障体系更加完善，基本公共服务均等化和基层治理水平走在前列，群众更有获得感、归属感、幸福感。

同志们！蓝图已经绘就，使命催人奋进。我们热切期盼的美好明天，不是等得来、喊得来的，而是拼出来、干出来的。让我们胸怀“两个大局”，心系“国之大者”，下定决心、团结一心，倍道兼行、倍加努力，在高水平建设上海科创中心主阵地的道路上，跑出加速度！铸就新辉煌！

三、贯彻新发展理念，推进以科技创新为核心的全面创新

创新、协调、绿色、开放、共享的新发展理念，是我国现代化建设的指导原则。其中，创新居于首要地位，发挥牵引作用。宝山要实现高质量转型发展，根本上取决于科技创新能否真正成为核心驱动。未来五年，我们要坚定不移把创新摆在发展全局核心位置，把宝山的“小齿轮”挂上国家战略“大齿轮”，瞄准科技成果转化和产业化，推进全区域协同、全要素配置、全链条融合、全方位保障，努力走出一条以科技创新引领区域转型的新路子。

加快建设南大、吴淞核心承载区。南大智慧城按照“不低于黄浦江两岸”的标准推进功能集聚、品质开发，全力打造硬核科技和高端产业生态圈，布局合成生物等前沿科技，做强上海（宝山）科创金融服务中心功能，集聚领军企业，整合上下游产业链资源。加快城市风貌设计和轨交 15 号线 TOD 等重点地区建设，搭建南大数字孪生城市基础。吴淞创新城按照“上海面向未来战略性新兴产业和新型城市发展的一面旗帜”的要求，以科创驱动、产业升级、功能复合、环境融合为方向，探索实施市区联合收储、央地协同转型等多元开发模式，着力推动科技园区、高校院所、企业技术转移中心等加速集聚，形成创新产业集群发展态势。加快规划编制与实施，推动轨交18 号线、19 号线站点 TOD 开发，推进两个 1 平方公里先行启动区形成建设规模，外环以南 9 平方公里形成全面开发态势。

积极构建全域创新格局。坚持一盘棋布局，发挥不同区域比较优势，形成协同倍增效应。南部打造科创转化带，包括大场镇、高境镇、淞南镇、庙行镇、张庙街道、吴淞街道、友谊路街道等。协同环上大、北大、二工大等一批大学科技园，依托轨交沿线双创载体，构建研发、孵化、加速、中试等科创链条，集聚检验检测、知识产权交易、技术转移等一批机构，提升科技金融、科创中介等各类专业服务能级，促进科创成果和市场运用的有效对接。加快建设“科创之河”，延展“1 号湾”科创功能，提升科创公共服务水平。北部打造科创产业带，包括杨行镇、顾村镇、月浦镇、罗店镇、罗泾镇、宝山工业园区等。面向产业主战场，大力培育引进创新型企业，建设一批研发中心、工程中心、技术中心等功能性机构，推动技术创新和战略性新兴产业互促发展。

打造有引领力的大学科技园区。全力推进环上大科技园建设，放大“黄金 10 条”政策效用，建立环上大科技创新联盟，推动产业技术研究院、新型研发机构等落地，力争成为千亿级产值的市级示范园。全力扩大高校“朋友圈”，携手复旦、北大、同济、上理工等高校建设一批特色园区，积极探索“多校一园”“区校合建”等模式，形成校区、园区、街区、社区融合发展的良好局面。打造新型科技服务体系与平台，推动高校与企业建设联合实验室，开展共性关键技术研发、科技资源共享等服务，建成市级以上创新创业载体 50 家。

推动科创成果转化应用和产业化。促进创新链产业链精准对接，鼓励科技企业等创新主体围绕重点产业开展关键核心技术攻关。实施高新技术企业倍增计划、硬核科技企业共同成长计划，集聚高新技术企业 3000 家，技术合同成交额超 80 亿元。推进央地协同创新，发挥宝武中央研究院及其国家级创新平台等作用。推动石墨烯、新能源关键材料、智慧诊断、超导等功能型平台提升能级，布局生物医药、人工智能等新平台。鼓励各类主体联合开展技术攻关、建设公共测评及检测中心等服务平台，对接国家技术转移东部中心、海创汇等平台，搭建宝山科技大市场。发挥金融对科技创新的促进作用，深化与上海证券交易所、上海股交中心合作，吸引各类资本和投资机构，做优科技型企业一站式融资解决方案，推进企业上市“展翅计划”，新增上市企业 50 家。

建设创新创业人才高地。全面贯彻落实中央人才工作会议精神，主动服务上海高水平人才高地建设，打造近悦远来的人才发展环境。深入实施海内外揽才工程，以全球视野打造宝山科创人才港，集聚一批高层次人才、拔尖人才和团队。聚焦重点产业领域和核心功能需要，鼓励企业、高校院所、科技服务专业机构联合建立人才培养基地，支持院校创业指导站、企业创新实践基地建设。做强“樱花卡”人才服务品牌，对创新人才实行持续稳定支持，围绕人才关注的居住、教育、医疗等事项提供更多柔性服务。

营造充满活力的创新生态。推动各类科研资源整合，推进应用场景和公共资源开放共享，提供技术咨询转让、无形资产评估、概念验证、知识产权代理等科技中介服务，吸引国内外高水平研究机构和创新型企业等落户宝山。深化创业型城区建设，扩大宝山首创的“家庭创客”品牌覆盖面，组织开展各类创新创业大赛。推动创新文化、创新精神、创新价值成为社会共识、融入城市精神，深化全国科普示范区建设，打造“有科技感”的宝山新貌。

四、融入新发展格局，全力打造北上海开放枢纽门户

构建新发展格局，是党中央把握未来发展主动权的战略性布局和先手棋。长江经济带、长三角区域一体化发展等国家战略的实施，为宝山在更高层次打开“北转型”空间提供了重大机遇。宝山作为滨江临海的上海北大门，在服务构建新发展格局中具有独特区位优势和

重要战略地位。未来五年，我们要贯彻实施“三大任务、一大平台”等国家战略任务，着力在服务国内大循环中做强战略节点功能，在促进国内国际双循环中构筑开放大通道，加快形成与中心节点、战略链接相匹配的城市核心功能，不断提升在开放发展中的参与度、链接度和影响力。

强化世界级沿江沿海发展带支点功能。坚持与沿江沿海重点地区多方协同、融合发展，做好“南承中心辐射、北向跨江联动、东接浦东引领区、西连长江经济带”大文章。做强科创、产业、交通、社会服务等枢纽节点功能，助力长三角率先形成新发展格局。共建长三角科技创新共同体，加快长三角新材料产业技术研究院等建设，打造成果转化和产业化高地。加强长三角产业协作，推动产业链协同发展、创新链精准对接、供应链双向融合，共建世界级制造业集群。拓展教育、医疗、养老、社会保障等领域互认互通。配合推进沪渝蓉高铁、沪通铁路二期建设，强化枢纽功能，加快将高铁宝山站建设成为现代化、多层级、一体化的综合交通枢纽节点，打造交通功能与城市各类业态功能高度复合的发展新地标。深入对接浦东引领区建设，积极争取更多投资贸易便利化措施在宝山复制推广。加强与长江经济带沿线城市在产业、贸易等各领域交流合作。

推进产城融合创新发展。按照上海国际大都市主城区的定位，科学配置生产、生活、生态空间，推动以城聚产、以产兴城、产城联动良性循环。南部中心城聚焦品质提升，发挥区位优势，加快南大、蕰藻浜沿岸等重点地区城市更新，加强高等级、特色化公共服务资源配置，促进设施共享、空间联动、功能集聚，全面提升城市功能和品质。中部主城片区聚焦连片崛起，结合吴淞地区转型和宝山站交通枢纽建设，着力提升城市副中心服务能级，推进中部城镇整体转型和互动互融，形成高附加值的研发、科技创新产业和社区功能，与中心城共同做强城市核心功能。北部新市镇聚焦城乡融合，有机串联组合城镇功能板块、产业功能板块和乡村振兴板块，建设高端制造基地、活力科创社区和大都市近郊美丽乡村。

打造改革开放新高地。谋划实施更多具有全局性、标志性、引领性的改革举措，推动“放管服”、投融资体制等各领域改革系统集成、协同高效，推进教育、医疗、住房、社会保障、农业农村等领域综合改革，持续激发体制机制活力。深入推进国有经济结构调整和布局优化，实施存量资产转型升级行动，稳步推进混合所有制改革，实现由“管资产”向“管资本”转变。引导外资在重点产业链和现代产业领域扩大投资，打造外资集聚地。探索外贸新业态新模式，积极创建市级服务贸易示范基地，助力上海服务业扩大开放综合试点。积极承接进博会溢出效应，推动更多产品、品牌、技术和服务走向世界。持续做好对口支援工作。

建设面向未来的数字城市。围绕整体性转变、全方位赋能、革命性重塑，以“双核五圈”为示范标杆，全面推进城市数字化转型。构筑数字城市框架，实施“聚智”“聚网”“聚云”“亮数”工程，超前布局新基建，夯实数字底座和智能中台。构建数字化生态，加快打造一批具有典型性、示范性和可推广性的应用场景。以经济数字化形成新供给，推进产业数字化和数字产业化，构建5G＋智能制造的样板场景，促进数字经济和实体经济融合发展。以生活数字化满足新需求，做实教育数字化转型示范区，构建医疗、养老、文化等数字生活新图景，建立高质量的数字化公共服务体系。以治理数字化营造新环境，推动“两张网”深度融合、彼此赋能，构建城市生命体征系列指数，推动8个安全领域数字化治理，提升数字城市治理能级。

五、奋力推动经济高质量发展

始终把发展作为第一要务，着力推进“四大品牌”建设，持续优化产业结构、增长动力结构和市场主体结构，努力实现更高质量、更有效率、更加公平、更可持续的发展。

推进新兴产业创新发展。坚持把发展经济着力点放在实体经济上，积极构建先进制造业和现代服务业双轮驱动、融合发展的现代化产业体系。强化高端产业引领功能，进一步发挥战略性新兴产业的先导性、支柱性作用，稳步提升新材料、生物医药、机器人及智能制造、新一代信息技术等四大产业比重，提前布局人工智能、前沿新材料、双碳等未来产业，打造具有科技属性的“千百亿级”产业集群和知名品牌。聚焦细分行业和领域，培育一批隐形冠军、“独角兽”和“瞪羚”企业，集聚一批产业链供应链骨干企业和专精特新企业。大力发展现代服务业，聚焦科技服务、现代金融、信息、商务等重点领域，加快推进生产性服务业向专业化和价值链高端延伸，生活性服务业向高品质和多样性升级。

大力发展“五型经济”。支持新技术、新产业、新业态、新模式蓬勃发展，培育壮大创新型经济、服务型经济、总部型经济、开放型经济和流量型经济。做大数字经济和在线新经济，提供人工智能应用场景，聚焦云服务、智慧工厂、电子商务等重点领域，培育壮大在线服务、线上医疗、线上教育等龙头企业，打造新生代互联网产业集群，深化建设中国产业互联网创新实践区。壮大平台经济、文化创意等重点产业，打造以世界级钢铁交易平台为首的大宗商品交易平台，助力上海参与国际规则、国际标准制定。融入国际消费中心城市建设，构建“2＋5＋10”商业商务布局，打造跨界融合的消费新地标，大力发展首发经济、品牌经济和免退税经济，活跃夜间消费、假日消费等终端消费场景，着力做强宝山消费品牌。

优化拓展产业空间。发挥产业地图牵引作用，实施“南总部＋北制造”全产业链提升计划，优化重大产业项目布局、加强招商引资服务、推动产业特色发展，构建“两城五园五线”产业空间布局。做大做强市级特色产业园，积极引入重大产业项目，推动上海机器人产业园、北上海生物医药产业园、超能新材料科创园提升产业集中度、显示度，向高端化、智能化发展。提标打造更多集研发、生产、测试、展示、服务配套于一体的产业园区，提升服务生产生活的功能水平。与宝武共建上海碳中和产业园，积极参与宝武碳中和主题基金设立运行。优化轨交沿线高品质商务载体，形成点上集聚、线上联通、面上辐射、各具特色的生产性服务业格局。

着力提升经济密度。坚持“四个论英雄”发展导向，做优增量、盘活存量，提升经济发展质效。扩大有效投资，优化投资结构，发挥重大产业项目撬动作用，产业投资完成1200亿元。合理提高开发强度，探索都市楼宇嵌入产业复合功能，鼓励工业、研发、商业等功能用途互利的用地混合布置、空间设施共享，促进地下空间资源合理利用。提升存量用地效能，支持企业通过新增项目、提高容积率等方式扩大生产、提高产能。加大低效用地盘活力度，严格土地全生命周期管理，提升综合承载容量和经济产出水平。巩固堆场整治成效,通过规划调整等措施促进二次转型。

营造一流营商环境。对标最高标准、最好水平,打造便捷高效的政务环境。精简审批流程,压减审批时限,做强政务服务"一网通办",扩大"高效办成一件事"改革覆盖面,提升线上服务友好度和智能化水平。深化企业全生命周期管理服务,落实减税降费等各类惠企政策,让帮办代办、急事急办、特事特办等创新服务方式落到实处,切实当好"金牌店小二"。提高招商引资水平,招引更多有引领力的国有企业、民营企业和外资企业,推动项目数量、体量、质量的全面提升。强化事中事后监管,创新优化包容审慎监管、信用监管等模式,预防和制止市场垄断和不正当竞争行为。构建亲清新型政商关系,营造公平有序市场环境。

同志们,发展是解决宝山一切问题的基础和关键,让我们锚定目标、加压奋进,将经济高质量发展进行到底!

六、全面提升文化软实力

自觉承担起举旗帜、聚民心、育新人、兴文化、展形象的使命任务,在国际文化大都市建设中彰显宝山气质。

弘扬城市精神品格。推动上海城市精神品格内化于心、外化于行,动员人人起而行之,凝聚奋斗新征程的强大力量。赓续共产党人精神血脉,广泛开展"四史"宣传教育,精心打造上海解放纪念馆、淞沪抗战纪念馆等红色地标,让红色基因代代相传。大力推动社会主义核心价值观落细、落小、落实,以创建全国文明城区为抓手,持续提升市民文明素质和城市文明程度。大力开展爱国主义教育和公民思想道德建设,深入推进新时代文明实践中心建设,健全志愿服务体系,培育一批品牌项目和特色团队。以"德润滨江、善行宝山"为主题,广泛开展先进典型、道德模范学习宣传活动,推广"社区小先生制"等未成年人工作品牌,提升群众性精神文明创建成效。

彰显城市文化魅力。坚持不忘本来、吸收外来、面向未来,不断增强历史文化传承力、先进文化引导力、公共文化服务力、文化产业竞争力。深化打造国际邮轮滨江文化带、上海宝山国际民间艺术节、陈伯吹国际儿童文学奖等"3+8"文化品牌,提升国际国内影响力。传承"五个百年"历史文脉,尊重和善待历史建筑、风貌街区、革命遗址、工业遗迹,探索更富创意的"打开方式",加快推进上海美院项目建设。加强罗店历史文化名镇保护开发,注重非遗活化传承,更好弘扬"一地一品"特色民间文化。健全公共文化服务体系,进一步完善博物馆、影剧院、社区文化中心等场馆布局。构建更高水平的全民健身公共服务体系,优配功能型体育设施,实现市民健身中心街镇全覆盖。推进智慧湾、三邻桥等载体建设,打造特色化、高集聚的文体产业。

展示城市品牌形象。以"上海元素"为核心,以宝山历史为积淀,凝练形成城市软实力的战略品牌,打造具有外宣影响力和彰显宝山城市特点的资源库,精心组织主题宣传、形势宣传、政策宣传、成就宣传和典型宣传,讲好宝山故事,全方位展示宝山发展生动实践和显著成就。办好吴淞口论坛、产业互联网高峰论坛、国际帆船赛等各类论坛、会展、赛事,建好用好长滩音乐厅等文化新地标,策划推出一批辐射广泛的城市推介活动,深化友好交流,扩大对外影响。

打响邮轮旅游名片。突出邮轮、长江口两大主题,推动生产岸线向生活岸线、生态岸线转型,加快打造上海国际邮轮旅游度假区,努力建设成为世界级滨水度假区、水岸联动最佳实践区。高标准建设中国邮轮旅游发展示范区,推进全球领先的智慧邮轮港口和服务标准化示范港口建设,加快邮轮、游船、游艇"三游"联动发展,推动主题旅游和特色服务组团建设。推进全域旅游,做强上海樱花节、上海邮轮文化旅游节等文旅名片,开发红色典藏、滨江风情、名镇古韵、乡村休闲等特色旅游线路,融入更多新玩法、新场景、新消费,提升旅游体验,邂逅"诗与远方"。

七、建设生态宜居的绿色宝山

深入贯彻习近平生态文明思想,坚持绿水青山就是金山银山,更大力度推动生态环境保护和城市形象再造,全面提高生态文明建设水平。

打造绿色低碳转型样板。落实国家碳达峰、碳中和战略,加快形成节约资源和保护环境的产业结构、生产方式、生活方式及空间格局,碳排放总量力争提前实现达峰。做大做强节能环保产业,加快培育符合绿色发展要求的增长方式,延展绿色经济产业链。推动传统产业绿色化改造,优化能源消费结构,加强钢铁、建材、交通等领域节能降耗,支持宝武集团打造"绿色城市钢厂"。大力发展循环经济,加快工业园区循环化改造,提升固废资源化利用水平,促进垃圾分类提质增效,建成再生能源利用中心,积极创建"无废城市"。培育绿色生活方式,倡导低碳绿色出行。

持续改善生态环境质量。健全现代环境治理体系,压实河长制、片长制、路长制、田长制,维护好山水林田湖草"生命共同体"。深化大气污染细颗粒物和臭氧协同控制,保持环境空气质量在全市较好水平。持之以恒推进水生态治理与修复,从严落实长江经济带生态环境大保护,守护好陈行水源地,提升吴淞江防洪除涝能力,实施生态清洁小流域治理,推进污水厂网建设、初雨治理、雨污混接改造,提升Ⅲ类及以上水体比例。探索建设用地土壤治理新模式,加强农用地污染防控,确保全区土壤和地下水环境质量稳定。

建设现代宜居美丽城市。建立城市更新机制,加强城市色彩和空间景观设计,统筹多元功能配置与空间品质提升。全力打造"公园城市",建设环城公园带,点缀"口袋公园",提高500米半径公园绿地覆盖率,人均公园绿地面积达到12.7平方米。积极建设"海绵城市",全面提升雨水蓄排能力,让城市更畅快呼吸。加快滨江、蕰藻浜等江河沿岸景观开发开放,打造更多市民休憩、交流、活动的"绽放地带"。创意改造建筑立面、"城市家具"等,新增百处景观灯光、百条景观道路,建设富有韵律的"城市会客厅"和"迎宾大道"。

大力实施乡村振兴。准确把握大都市近郊乡村振兴特点,凸显农业农村的经济价值、生态价值、美学价值,全面推进产业、生态、人居互促互融,加快构建城乡融合发展新格局。发展都市型现代绿色农业,重点培育土地集约型的高精尖农业,推进田园综合体、康养、民宿等特色文旅休闲农业发展。整体打造"一脉五花"美丽乡村片区,建设更多乡村振兴示范村,稳妥推进农民相对集中居住,不断提升乡村人居环境。创新集体经济发展模式,持续促进农民增收。加快建设美丽家园、绿色田园、幸福乐园,让乡村成为人民城市的亮丽底色。

八、创造人民满意的高品质生活

牢固树立宗旨意识,践行人民城市理念,不断促进人的全面发展和全体人民共同富裕,进一步增强群众获得感、幸福感、安全感。

加快迈向教育强区。坚持教育优先发展战略,聚焦"立德树人"根本任务,全面落实"五育并举"、教育评价改革和"双减"要求,扎实推进高质量教育体系建设"十大工程",努力建成义务教育优质均衡区和陶行知教育创新发展区。优化教育机构布局,新建35所学校和幼儿园,实施吴淞中学等提标工程。提升教育内涵,完成义务教育学区全覆盖,办好各学段家门口的好学校,建设一批名校引领的紧密型学校集团和上海市特色高中,扩大优质教育资源和品牌学校供给。深入推进"十百千万"教育人才培养工程,打造宝山教育名师、名校和名项目。构建家校社协同共育模式和高质量保障体系,推进教育治理体系和能力现代化。

全面建设健康宝山。坚持人民至上,抓好新冠疫情常态防控、预警监测、应急处置和长效机制建设。聚焦百姓健康需求,打造与区域发展定位相适应的"品质医疗"。优化卫生资源布局,加快中山医院吴淞医院、区精神卫生中心等一批医疗卫生项目建设。深化公立医院和社区卫生服务综合改革,与高校和三级医院深度合作,加快各区域医疗中心内涵发展,建设一批优势学科群,打造特色中医药发展高地,扩大优质医疗服务供给。扎实推进家庭医生签约服务,提供全方位全周期健康服务。加快公共卫生应急能力建设,实施区疾控中心达标建设和能力提升工程,完善疾病预防控制体系,守牢公共卫生安全底线。

健全社会保障体系。多渠道增加居民收入,保持居民收入增长与经济增长同步。不断新增就业岗位,实施鼓励创业带动就业专项行动计划,夯实重点群体就业保障,确保城乡登记失业人数控制在市下达指标以内。依法维护劳动者合法权益,促进劳动关系和谐稳定。巩固全民参保成果,持续提高城乡居保、征地养老待遇水平。完善社会救助、社会福利、慈善事业、优抚安置等帮扶制度,加大工伤康复、残疾人帮扶力度,动员全社会关爱困难群众。落实多层次医疗保障,深化长护险试点,减轻居民就医负担。坚决贯彻"房住不炒",建立健全租购并举的住房制度,拓宽保障性住房供应渠道,统筹推进"城中村"和旧区改造,不断完善住房市场体系和住房保障体系。

打造交通便捷城市。加快构建内畅外联交通格局,建成军工路快速路、吴淞江跨河桥梁以及G1503A、B段等一批重大工程,形成快速道路"四纵四横"大网络、骨干道路"十纵十五横"中网络、循环道路"四通八达"小网络,道路密度达到3.7公里/平方公里。优化交通治理体系,深入推进客货分道,打通"断头路"、畅通"微循环",推进排堵保畅工程性改造。构建以轨道交通为骨干、地面公交为主体,换乘高效的立体化公共交通服务网络,推进轨交18号线二期、19号线等建设,公交站点500米服务半径覆盖率达到86%,优化完善静态交通系统,逐步提升交通可达性和功能配套完备性。

促进人口均衡发展。积极主动适应人口结构变化带来的新需求,建立健全覆盖全生命周期的人口服务体系,促进人的全面发展和家庭和谐幸福,增强社会整体活力。落实人口生育政策,提高优生优育服务水平。扩大普惠性托育服务供给,新增一批嵌入式、分布式社区托育点。进一步优化导入人口结构,吸引更多年轻人流入,让宝山更具朝气与活力。积极应对人口老龄化,加快推进养老机构和社区养老服务设施建设,建好智慧养老服务平台,完善医养康养相结合的专业化照护服务体系,不断提升老年人生活品质和生命质量。

同志们,人民对美好生活的向往,就是我们的奋斗目标。让我们紧贴群众所思所想所盼,一件一件抓落实,一年接着一年干,宝山人民一定会越来越幸福!

九、加快推进治理体系和治理能力现代化

始终把牢人民城市的生命体征,提升全覆盖、全过程、全天候城市治理能力,提高科学化、精细化、智能化治理水平。

推进市域社会治理现代化。创建全国市域社会治理现代化试点合格城市,形成较为完备的治理模式。加强重大决策社会稳定风险评估,强化风险矛盾系统治理,推动扫黑除恶常治长效,依法打击各类违法犯罪,建设更高水平的平安宝山。健全自治、共治、德治、法治、精治一体推进的现代化基层治理体系,大力推进"社区成长计划",引导社区居民、社会组织、社区达人等多元主体参与治理,建设人人有责、人人尽责、人人享有的基层治理共同体。坚持重心向下,健全下沉街镇、居村事项准入机制,持续为基层减负增能提效。加快社区新型基础设施建设,拓展"社区通"运用,营造社区治理数字新生态,培育一批温馨美好高度自治的"活力楼组",建成一批高质量社区服务综合体。

提升城市管理精细化水平。坚持建管并举,做好"城市体检",下足"绣花功夫",持之以恒推进城市管理精细化行动。围绕"一屏观天下、一网管全城"目标,优化区城运中心功能体系,加快推进"1+13+X"工作体系建设,将管理触角延伸到城市每个角落,力求在最低层级、在最早时间、以最小成本,解决最突出问题、取得最佳综合效应。着力提升品质、完善功能,加快"15分钟社区生活圈"建设,推动美丽街区、美丽家园、美丽乡村创新升级,打造一批人民城市建设示范点。推进停车难治理、加装电梯、架空线入地和杆箱整治等民心工程,努力破解违法建筑、高空坠物等难题顽症,让群众生活更方便、更舒心。

增强城市安全韧性。贯彻落实总体国家安全观,统筹发展与安全,进一步健全城市安全常态化管控和应急保障体系,建设国家级安全发展示范城市。健全多维度、全方位的应急管理组织体系,强化风险防控、应急指挥、应急救援等核心能力建设。压实城市运行安全主体责任、领导责任、监管责任和属地责任,健全党政同责、一岗双责、齐抓共管的安全生产责任体系。着力整治消防、生产、食品、道路、建筑工地等重点领域安全隐患,建立高效科学的自然灾害防治体系,提升风险防御能力。统筹传统安全和非传统安全,防范和化解各类隐患,守好金融、网络等领域安全防线。

十、深入推进社会主义民主政治建设

贯彻习近平法治思想,坚持党的领导、人民当家作主、依法治国有机统一,持续推进全过程人民民主建设,巩固和发展民主团结、政通人和、生动活泼的政治局面。

支持人大及其常委会依法行使职权。将人大工作纳入区委工作总体布局,支持人大积极探索全过程人民民主的有效实现形式和路径。支持人大深化监督工作,增强监督针对性和实效性。完善人大讨论决定重大事项制度、政府重大决策出台前向人大报告制度,支持人大依法做好选举任免工作,积极参与立法调研和开展规范性文件备案审查。健全完善代表工作机制,发挥人大代表

主体作用。

支持政协围绕团结民主履行职能。充分发挥人民政协作为社会主义协商民主重要渠道和专门协商机构作用。加强政协协商与党委、政府工作的有效衔接，支持政协开展形式多样、生动有效的协商，加强民主监督，通过提案、视察、反映社情民意等方式参政议政、凝聚共识。扎实推动政协协商与基层协商有效衔接。加强委员履职管理和服务。

巩固发展最广泛的爱国统一战线。坚持大团结大联合主题，积极推进政党、民族、宗教、阶层、海内外同胞“五大关系”和谐发展。支持引导各民主党派、工商联、无党派人士发挥积极作用，深化党外代表人士挂职锻炼基地工作，打响新的社会阶层人士“宝山宝”工作品牌。做好民族、宗教、侨务、港澳和对台等工作，围绕区域发展画出“最大同心圆”。

全面推进法治宝山建设。坚持依法治区，深入推进严格执法、公正司法、全民守法。完成行政复议体制改革，严格规范公正文明执法。支持法院、检察院依法独立公正行使审判权、检察权。落实“八五”普法规划，完善公共法律服务体系。依法按政策处理信访事项，在全社会形成办事依法、遇事找法、解决问题用法、化解矛盾靠法的良好法治环境。

充分发挥区委总揽全局、协调各方的领导核心作用。深入贯彻地方党委工作条例，加强区委自身建设，坚持民主集中制，健全专题会议深入研究、书记专题会充分酝酿、常委会集体民主决策以及全会决策和监督机制，着力把方向、管大局、作决策、保落实。认真贯彻党组工作条例，完善党组领导体制和工作机制，加强对同级人大、政府、政协和法院、检察院的领导，进一步健全沟通协调机制。加强和改进党对工青妇等群团组织的领导，巩固深化群团改革成果。落实党管武装制度，巩固和发展军政军民团结的良好局面，推动军民融合深度发展，争创全国双拥模范城“九连冠”。认真做好党校、社会主义学院、档案、史志、机要保密等工作。

十一、坚定不移推进新时代党的建设新的伟大工程

毫不动摇坚持和加强党的全面领导，传承发扬党的百年奋斗重大成就和历史经验，认真贯彻落实中央对党的建设的一系列决策部署，把全面从严治党要求贯穿于宝山“北转型”全过程，落实到党的建设各方面，推动各级党组织更好承担起团结带领全区人民高水平建设科创中心主阵地的历史重任。

着力强化思想政治引领。牢固树立“四个意识”，切实增强“四个自信”，坚决做到“两个维护”，不断提高政治判断力、政治领悟力、政治执行力，始终同以习近平同志为核心的党中央保持高度一致。用党的创新理论武装全党、教育人民，在学深悟透习近平新时代中国特色社会主义思想上持续发力，深入贯彻落实党的十九届六中全会、二十大等重大会议精神和习近平总书记“七一”讲话等系列重要讲话精神，更好发挥强信心、聚民心、暖人心、筑同心的作用。牢牢掌握意识形态工作领导权、主动权、主导权，推动媒体融合向纵深发展，提高主流媒体的传播力、引导力、影响力、公信力。

锻造高素质专业化干部队伍。强化党对干部工作的组织领导和把关作用，实施新一轮党政领导班子建设规划纲要。坚持习近平总书记提出的新时代好干部 20 字标准，努力打造“充满激情、富于创造、勇于担当”的干部队伍。树立正确选人用人导向，把政治过硬摆在首位，建立更加开放灵活的选人用人机制，优化更加立体多元的察人识人机制，将忠诚干净担当的干部选出来、用起来。切实加强年轻干部培养选拔，实施优秀人才引渠工程和专业人才蓄水池工程，建立年轻干部配备监测预警机制，探索形成上下联动、接续培养机制。坚持思想淬炼、政治历练、实践锻炼、专业训练的素质培养大格局，把理想信念教育、知识结构改善、能力素质提升贯穿干部成长全过程，确保干部德配其位、才配其位。坚持从严管理监督，把严管厚爱落细落实，建立健全担当作为激励和保护机制。统筹做好公务员、老干部、编制管理等工作。

推动基层党建高质量发展。牢固树立大抓基层的鲜明导向，完善上下贯通、执行有力的组织体系，在抓实抓好基层党建上聚力用劲。深入推进“科创大党建”，在做强产业链、做实核心区、做好大项目等方面发挥区域化党建平台作用，更大力度整合资源、调动力量。坚持分类别具体指导、分领域统筹推进，扎实做好城市基层党建、农村党建、机关党建、国企党建、公立医院党建、中小学校党建等工作。以扩大党在新兴领域的号召力凝聚力为重点，在注重有形覆盖基础上推进有效覆盖，持续提高“两新”党建工作质量。践行新时代群众路线，建立“我为群众办实事”长效机制。深化党支部标准化规范化建设，打造坚强战斗堡垒。以政治能力、基层治理能力和群众工作能力为重点，加强居村党组织书记能力建设，培养一批示范带头人。高标准深化党群服务中心体系功能建设，强化阵地保障。推进“智慧党建”，推动基层党建工作更加规范、便捷、高效。

持之以恒推动作风建设。大力倡导真抓实干作风，营造比学赶超浓厚氛围。用好调查研究“传家宝”，积极主动问政、问需、问计于民，着力解决群众急难愁盼问题。健全狠抓落实的制度机制，对全区重要工作、重大项目、重点工程实行严格的目标责任制，推动党员干部以抓铁有痕、踏石留印的劲头，高质高效落实区委部署。锲而不舍落实中央八项规定精神，坚持纠“四风”、树新风并举，以优良的党风带动民风社风，倡导时代新风。

深化党风廉政建设和反腐败工作。着力提升全面从严治党“四责协同”机制新成效，压实“一岗双责”，探索重点领域协同模式，持续提升管党治党效能。推动党内监督与人大监督、民主监督、行政监督、司法监督、审计监督、统计监督、群众监督等贯通融合、协调协同，充分发挥监督保障执行和促进完善发展作用。坚持以坚决做到“两个维护”为根本目标，坚持以人民为中心的价值取向，持续推进政治巡察，充分发挥党内监督利剑作用，实现巡察工作高质量发展。把握好“惩、治、防”辩证统一关系，坚持无禁区、全覆盖、零容忍，坚持重遏制、强高压、长震慑，严肃查处腐败行为，深化标本兼治，强化廉政宣传教育，推动“三不一体”取得更大成效。

同志们！正在举行的党的十九届六中全会，将全面总结党的百年奋斗重大成就和历史经验。我们党已经走过了一百年的光辉历程，还要带领全国人民实现中华民族伟大复兴。这是一个充满希望、催人奋进的伟大时代，宝山的新一轮发展同样孕育着勃勃生机、涌动着无限希望。让我们更加紧密团结在以习近平同志为核心的党中央周围，在市委的坚强领导下，抢抓历史机遇、走好发展新路，咬定目标、一着不让，以非同寻常的努力担起非同寻常的使命，奋力谱写新时代新奇迹的宝山篇章！

政府工作报告

■ 编辑 王素炎

政府工作报告

——2022年1月11日在上海市宝山区第九届人民代表大会第一次会议上

宝山区区长 高奕奕

各位代表：

现在，我代表宝山区人民政府，向大会报告工作，请予审议，并请各位政协委员和其他列席人员提出意见。

一、过去五年工作回顾

过去五年是极不平凡的五年，全区人民在市委、市政府和区委的坚强领导下，坚持以习近平新时代中国特色社会主义思想为指导，深入贯彻党的十九大及十九届历次全会精神，奋力推动宝山经济社会平稳健康发展，勇于承担建设上海科创中心主阵地的新使命，全面开启宝山转型发展新篇章。五年来，我们坚持稳中求进工作总基调，立足新发展阶段，贯彻新发展理念，融入新发展格局，圆满实现“十三五”规划，顺利实现“十四五”良好开局，全面完成本届政府工作目标和任务，推动各项事业发展迈上了新台阶。

过去五年，我们始终坚持抓发展，经济综合实力显著提升。我们始终把发展作为第一要务，在逆周期中付出超常规努力，不断提高经济增长的质量和效益。经济增长稳中向好。预计地区生产总值达到1673亿元，年均增长5%；区级一般公共预算收入实现172.9亿元，年均增长4.9%。其中，去年同比增长13%，增速在全市排名由前年第15位跃居第8位；工业总产值、商品销售总额、社会消费品零售总额分别实现2600亿元、9800亿元、843亿元，年均分别增长5%、13%、3%；居民人均可支配收入达到7.7万元，年均增长7.5%，增速快于经济增长；单位增加值能耗累计下降29.6%，居全市首位。经济结构更趋合理。优化调整产业结构、投资结构和土地供给结构，房地产税收占区级税收比重从五年前的49.7%下降为34.6%，工业投资较五年前增长141%，年均增长19.3%，在全社会固定资产投资中的比重从14%上升到20%，房地产投资比重较五年前下降12.9个百分点。新增产业用地占年度新增建设用地的比重从23%提高到40%。新一代信息技术、生物医药等战略性新兴产业产值保持两位数增长。在线新经济迅猛发展，集聚钢银电商、欧冶云商等千亿级大宗商品电商平台，交易结算量占全国六成。投资拉动作用明显。固定资产投资累计突破2769亿元，年均增长10%。狠抓重大产业项目投资，上药康希诺疫苗、赛赫智能、华域汽车等一批高能级产业龙头项目建成投产，北郊未来产业园、临港科技绿洲等一批产业载体建成运营。发挥政府投资关键作用，保持投资规模稳定增长，着眼城市功能提升，建成S7公路、陆翔路—祁连山路等一批重大基础设施。营商环境持续优化。全面深化“放管服”改革，瞄准企业发展痛点难点，创新“全程代办”服务机制，加快推进“一网通办”，真正当好“金牌店小二”。深化简政放权，全区审批事项总数减少11.3%，行政许可事项承诺办结时限比法定时限平均减少76.5%。发展活力持续增强，注册企业数较五年前增长46.1%，达到17.7万家。积极承接进博会溢出效应，累计采购成交8.8亿美元。合同外资、实到外资年均分别增长26.5%、15.7%。

过去五年，我们始终坚持促转型，科创中心主阵地建设谋篇起势。我们坚决打好“大学牌”“大企业牌”，出台建设科创中心主阵地的实施意见、行动计划、专项政策等系列文件，以科技创新驱动产业转型和城市功能转型，加快构建科创中心主阵地的“四梁八柱”。功能优势初步显现。围绕大学科技成果产业化功能，加快大学科技园和产业化载体建设，推动环上大科技园、宝山复旦科创中心、上海北大科技园、华中科大科技园等一批科技成果转化载体相继落地，形成集聚效应。围绕科创金融服务功能，设立50亿元科创产业基金和100亿元城市更新发展基金，国内最大的双碳主题基金—宝武绿碳基金落地，与上交所共建上海科创金融服务中心。围绕国资国企科创转型，推动宝武、仪电、华谊、光明、锦江、久事、申能、东方国际、南山等一大批大型国企自主转型、二次投资，涉及存量产业用地1.2万亩。核心承载区形成全面开发态势。吴淞创新城建设规划和两个1平方公里先行启动区控详规划正式获批，完成外环以南9平方公里城市和景观设计国际方案征集。宝武集团首发转型项目加快建设，建成宝武钢铁会博中心等一批重要载体，上大美院项目实现开工。南大智慧城6平方公里土地整体收储，调整完成新一轮控详规划，南大科创绿洲等一批产业项目加快建设，百米双子塔楼实现结构封顶。科创活力不断激发。上市挂牌企业总数达165家，较五年前翻了一番。高新技术企业总数超千家，增长3.1倍，新增国家及市级企业技术中心21家、专精特新企业67家、科技小巨人企业33家，59个项目获国家、上海科学技术奖。建成新能源关键材料等一批功能型平台，8英寸石墨烯单晶晶圆研制成功，世界首条35千伏公里级高温超导电缆投入运营。深入实施海内外揽才工程，“樱花卡”集成教育、医疗等多项公共服务资源，营造良好科创生态。成功创建全国科普示范区。制度供给深化创新。聚焦科创型新兴产业培育和发展，集中出台大学科技园“黄金十条”、优化营商环境十大创新举措、科创“30条”等一系列产业新政，从去年起每年安排10亿元财政资金扶持产业，在全市首创扶持资金“当日申请、次日拨付”、产业项目“拿地即开工”等审批模式，审批效率、政策力度受到广泛好评。

过去五年，我们始终坚持提能级，城市功能品质不断提升。我们牢牢把握宝山城市发展规律和特点，坚持高标准定位、高品质建设，加快构建产城融合发展新格局。邮轮滨江转型升级。吴淞口国际邮轮港实现“四船同靠”，接待规模居亚洲第一、世界第四，邮轮船票等24项制度创新全国推广，获批首个中国邮轮旅游发展示范区。滨江示范段5公里全线贯通，长滩、阅江汇等一批高端载体加快建设，上海国际邮轮旅游度假区启动建设。生态环境明显改善。坚决打赢蓝天、碧水、净土保卫战，全面推广“河长制”“片长制”“路长制”，探索实施“田长制”“林长制”。PM2.5累计下降39.1%，空气质量优良率上升9.3个百分点，均位居全市前列。劣V类水体全面消除，“1+16”考核断面从无一达标到全面达标，吴淞江工程新川沙河段顺利开工，完成南大地区土壤修复治理试点。全面完成“五个一百”[1]绿化目标，新建各类绿地517公顷，建成“美丽街区”15个、示范道路150条段，成功创建上海市垃圾分类示范区。环境综合整治取得实效。依法铁腕稳妥推进货运堆场综合整治，关停堆场128家，清空场地184.4万平方米，占全区堆场的50%。规范集卡通行秩序，蕰川路、沪太路等道路实施客货分道，国权北路、长江南路等5条道路部分路段实施8吨以上货车禁行。大力推进“五违四必”整治，累计拆除违法建筑超3000万平方米，536个部队“停偿”项目顺利完成。“迎宾大道”和“城市会客厅”焕发新颜。聚焦城市主干道和关键节点，统筹实施全要素改造提升，完成共和新路、逸仙路—同济路高架涂装和吴淞大桥、同济路宝杨路等门户节点景观提升，蕰藻浜“1号湾”实现滨水岸线贯通开放，以较少的投入实现了环境品质的明显提升。

过去五年，我们始终坚持惠民生，群众获得感持续增强。我们坚持以更大力度、更实举措保障和改善民生，积极顺应市民群众对美好生活的新期待。基本民生有效改善。抓好就业这个民生之本，打好技能培训、创业帮扶等“组合拳”，获评市优秀创业型城区。社会保障更加有力，城乡居民养老和征地农民养老待遇增幅均超60%。打造“五心”[2]养老服务品牌，新建一批养老设施[3]，在全市率先实施“银龄居家宝”“银龄e生活”项目。长护险累计支付8.12亿元、惠及5.55万人。完善“四位一体”[4]住房保障体系，累计解决1.26万户动迁居民首套安置房源。新增和转化租赁房3.6万余套(间)，完成995万平方米老旧住宅修缮和5.23万平方米不成套住房改造，1415户无卫生设施旧里实现改造清零，基本完成首批5个“城中村”[5]改造。实施加装电梯、早餐工程等12项民心工程，办好政府实事项目。助力云南曲靖等对口帮扶地区全部如期脱贫。社会事业繁荣发展。加快教育综合改革，高标准开办华二高中宝山校区等39所学校。持续深化医疗卫生体制改革，引入中山、仁济等知名医院品牌，八大医联体[6]协同运行，居民主要健康指标均优于全市平均水平。做优“春之樱、夏之邮、秋之艺、冬之阅”[7]四季文化品牌，沪剧《挑山女人》屡获国家大奖，文化软实力显著提升。围绕“15分钟社区生活圈”，做实公共文化服务配送，推进区文化馆、杨行体育中心等一批文体场馆建设。开展各类群众性文体活动约13万场次，宝山体育健儿在奥运会等国际国内大赛中斩获32金。妇女儿童、红十字、残疾人、慈善等事业稳步发展，民族、宗教、侨务、对台、档案、史志等工作持续加强。实现全国双拥模范城“八连冠”。成功入围全国文明城区提名名单。乡村振兴亮点频现。以“三园”[8]工程建设为引领，在全市率先打造“五村联动”[9]示范片区，成功创建9个乡村振兴示范村[10]，罗店镇入选国家新型城镇化综合试点，罗泾镇获评全国特色小镇，103个村实现农村人居环境整治全覆盖。全面完成镇村集体经济产权制度改革，打造全国首批乡村治理体系建设试点示范区。

过去五年，我们始终坚持守底线，城市治理效能不断提升。我们坚持“人民城市”重要理念，守牢城市运行安全底线，不断提升城市治理的温度、精度和效能。城市运行安全有序。智慧治理走出新路，城市运行实现“一网统管”。建立健全安全隐患动态排查整治制度，创新实施社区消防安全评价指标体系，聚焦农村出租房、电瓶车充电、“三合一”场所、燃气管网、危化品储运等安全事故多发领域和薄弱环节，以查促改、铁腕治理，推动安全隐患动态清零。平安宝山建设成效显著。率先创建全国首批、上海首个“雪亮工程”建设示范城区，扫黑除恶专项斗争得到中央督导组充分肯定，全区报警类110接报数、信访总量均持续下降，获评“平安中国建设示范县”。顾村派出所荣膺全国首批“枫桥式公安派出所”，首创“社区通”平台获多项国家级荣誉，创新推进“活力楼组”“公共客厅”微治理。法治政府建设全面加强。严格执行“三重一大”集体决策制度，完善依法决策工作机制。主动接受区人大及其常委会的法律监督、工作监督和区政协的民主监督。五年来累计办理1294件人大代表建议和政协提案，代表和委员对办理结果表示满意和基本满意的达98%以上。

新冠肺炎疫情发生以来，我们始终坚持“外防输入、内防反弹”，确保疫情防控精准高效。坚持全国、全市“一盘棋”，第一时间落实市重大突发公共卫生事件一级响应机制，第一时间组织医疗队驰援武汉，打赢社区防控、集中隔离、邮轮防疫、机场驻守、流调溯源等多场硬仗，构筑疫情防控的铜墙铁壁。尽最大努力降低疫情影响，平稳有序实现复工复产复学。毫不放松落实疫情常态化防控，立足发现早、响应快，形成反应快速、部门协同的应急响应与处置机制。从讲政治高度推进疫苗接种，克服人口规模大和职住分离等困难，18 岁以上成人全程接种率超98%，有效构筑全民免疫屏障。在这场同严重疫情的殊死较量中，全区人民以敢于斗争、敢于胜利的大无畏气概，践行了伟大抗疫精神！在此，我谨代表宝山区人民政府，向所有亲身经历这场大战的广大医务人员、公安干警、基层干部、社区工作者和志愿者致以崇高敬意！向积极支持宝山抗疫斗争的社会各界人士表示衷心感谢！

各位代表，纵观五年来的奋斗历程，成绩来之不易，经验弥足珍贵。在区委的坚强领导下，全区广大干部群众和社会各界人士团结拼搏，迎难而上，始终把经济高质量增长作为首要任务。坚持以经济建设为中心，深化产业结构调整，培育优势产业和新动能，壮大实体经济，推动经济发展逆势上扬。始终把转型发展作为重中之重。着眼宝山长远发展，融入全市发展大局，加快推动宝山产业转型和城市功能转型，不断提升城市能级和核心竞争力。始终把市民群众对美好生活的向往作为奋斗目标。坚持以人民为中心的发展思想，尽力而为、量力而行解决“老小旧远”等民生难题，让市民群众有更多的获得感和满意度。始终把防范化解风险作为城市运行的底线。统筹发展和安全，更加注重防范化解各类风险隐患，维护社会和谐稳定，确保城市运行安全。五年来，全区上下咬定目标不动摇、凝心聚力埋头干，用辛劳和智慧、激情和奉献，共同谱写了宝山发展的新篇章！在此，我谨代表宝山区人民政府，向辛勤劳动、无私奉献的全区人民，向关心、支持、参与宝山发展的人大代表、政协委员、老领导、老同志和社会各界人士，表示最崇高的敬意和最诚挚的感谢！

在总结成绩的同时，我们也清醒地认识到，宝山的发展还面临很多困难和挑战，主要表现在：经济稳增长调结构的任务依然艰巨，经济新动能的贡献度还不高，营商环境还需进一步优化；科创中心主阵地建设仍需久久为功，产业转型和城市功能转型依然任重道远，高端产业集聚发展态势尚未形成，引领城市未来功能的新地标还不多；城市治理体系还不完善，环境、交通、生态、安全等领域仍存在短板；部分区域教育、医疗、养老等公共服务仍存在薄弱环节，优质资源供给能力和均衡布局水平还需进一步提升；政府自身建设需要加强，工作作风仍需进一步转变，工作能力有待进一步提高。针对这些问题，我们不回避、不推诿，将采取有力措施，扎扎实实加以解决。

二、今后五年目标任务

今后五年，是宝山建设上海科创中心主阵地的关键时期，也是纵深推进宝山转型发展的攻坚阶段。我们必须保持定力、乘势而上，增强责任感和使命感，积极担当作为，勇挑转型重担，在攻坚克难中勇毅前行。

按照区第八次党代会的总体部署，今后五年区政府工作的总体要求是：高举习近平新时代中国特色社会主义思想伟大旗帜，坚持党的全面领导，弘扬伟大建党精神，统筹推进“五位一体”总体布局，协调推进“四个全面”战略布局，立足新发展阶段，贯彻新发展理念，融入新发展格局，坚持稳中求进工作总基调，在市委、市政府和区委的坚强领导下，以“打造上海科创中心主阵地”为战略牵引，以建设“四个之城”[11]为主攻方向，全力以赴建设“人民城市”，推动城市数字化转型，提升城市软实力，促进新兴产业创新发展、产城融合创新发展，加快建设成为上海承担科创中心国家战略的主要功能区，成为产城融合、功能完备的上海城市副中心。

根据区第八次党代会提出的奋斗目标，在全面落实“十四五”规划纲要的基础上，今后五年宝山经济社会发展的主要目标是：地区生产总值、区级一般公共预算收入增长快于全市平均增速，产业类固定资产投资[12]、高新技术企业数、战略性新兴产业比重、R&D 投入比例等主要科创指标迈入全市前列，工业总产值、商品销售总额、社会消费品零售总额等保持平稳增长，居民人均可支配收入增长与经济增长基本同步，单位增加值能耗等绿色发展指标持续向好。

今后五年，我们将全力推进以下五方面工作：

（一）全力以赴建设科创中心主阵地，在转型发展上实现新突破。 围绕上海科创中心主阵地战略定位，发挥宝山综合优势和比较优势，努力把重大机遇转化为推动高质量发展的强劲动力。

一是全面打造科创优势功能。立足宝山实际，坚持功能引领，全力塑造“人无我有、人有我优、人优我特”的独特优势。坚定不移打好“大学牌”。深化与上大、复旦、同济、上理工等高校合作，加快拓展科技成果产业化载体建设，形成相对成熟的科技成果转化体系，建成市级以上创新创业载体 50 家，着力打造高校科技成果转化首站和上海科创成果转化高地。坚定不移打好“大企业牌”。坚持向存量要空间，推动在地大型国企成为宝山转型发展和科创中心主阵地建设的主力军，加大以宝武为代表的在地大型国企存量改造和空间盘活力度，积极推动上港九区十区、江杨市场等转型调整，引入一批符合科创导向的战略性新兴产业，打造成为政企协同、存量盘活、科创转型的示范标杆。

二是全速推进核心承载区建设。坚持产城融合、产业为先，发挥吴淞、南大的区位和空间优势，打造科创中心主阵地建设的核心承载区。吴淞创新城统筹开发时序，通过市区联合收储、政企协同转型、支持存量升级等方式，加快功能开发与新兴产业导入，两个 1 平方公里先行启动区基本建成，外环以南 9 平方公里形成中央钢铁公园、蕰藻浜“双带”开发格局，谋划建设一批城市新地标。南大智慧城通过组团式高强度复合开发，加快推动南大科创绿洲、轨交 15 号线 TOD、上师大附中宝山校区等一批功能性项目建设，形成全面开发态势，基本建成城市功能新标杆、产业发展新高地、产城融合新典范。

三是全力构建科创生态。聚焦科创产业培育发展，加快创新要素集聚，营造充满活力的创新生态。做优科创金融服务。促进科创与金融充分对接，推进企业上市“展翅计划”，加大上市后备企业遴选培育力度，依托上海科创金融服务中心、科创产业基金，构建适应科创产业导向的金融体系，实现境内外上市企业达 50 家。吸引科创人才集聚。以宝山科创人才港建设为载体，深入实施海内外揽才工程，优化“樱花卡”、人才公寓等服务供给，加大知识产权保护力度，让宝山转型发展急需的各类人才近悦远来、安居乐业，打造与科创中心主阵地建设相匹配的人才高地。

（二）全力以赴推进经济稳增长调结构，在高质量发展上打开新局面。始终坚持发展第一要务，牢牢稳住经济基本盘，以自身发展的确定性对冲外部环境的不确定性，不断提高经济核心竞争力。

一是着力提升产业发展能级。坚持把发展经济着力点放在实体经济上，提升产业链供应链现代化水平。强化新兴产业培育。大力发展战略性新兴产业和高端现代服务业，不断做大做强新材料、生物医药、机器人及智能制造、新一代信息技术等主导产业，打造具有高科技含量的“千百亿级”产业集群。持续优化营商环境。深化“一网通办”改革，当好“金牌店小二”和“政府合伙人”，让“拿地即开工、竣工即投产”惠及更多企业，不断提升企业的感受度和满意度。

二是着力优化产业空间布局。充分利用宝山独特的区位优势和空间优势，促进产业链一体化合理布局。优化拓展产业空间。南部依托吴淞、南大重点发展总部经济和科技研发，北部依托工业园区重点发展先进制造业，地铁沿线依托商务载体重点发展高端服务业，着力构建“两城五园五线”[13]产业空间布局。做强宝山高新园区。充分把握工业园区南北合并契机，支持园区做大做强，加快落地一批投资总量大、引领性强的重大产业项目，不断提升产业集中度和显示度。加快存量改造升级。坚持要素跟着项目走，全力支持存量升级改造、“零增地”改扩建等项目，开展复合功能用地等政策创新试点，切实保障企业增资扩产需要。

三是着力提升经济发展质量。加快转变经济增长方式，减少经济增长对要素规模扩张的依赖，增强经济发展的韧性。稳步优化经济结构。加大产业用地供给保障，每年新增建设用地40%以上用于产业发展，持续扩大战略性新兴产业和先进制造业投资，进一步降低房地产投资在经济增长中的比重。持续提升经济密度。坚持“四个论英雄”导向，强化产业用地全生命周期管理，严把产业准入关，凡新拿地或购置楼宇的实体项目，必须符合产业导向，投资强度和产出水平要高于全市平均水平，切实提升产业用地绩效。

（三）全力以赴优化城市功能，在品质提升上见到新成效。站在宝山转型发展和科创中心主阵地建设的战略高度，推动整体功能品质持续向好，城市环境更加宜居宜业。

一是优化完善城市功能布局。依托若干主体功能片区的建设和辐射带动，加快推进城市空间布局优化。南部建设吴淞、南大“双核驱动”核心功能区。坚持产城融合、产业为先，高起点推进吴淞、南大两大核心区域转型升级，加快新兴产业导入和市政配套建设，提升城市发展能级，打造产业转型升级的示范区和城市更新的新地标。中部推动高铁宝山站周边开发和蕰藻浜沿岸转型开发。抓住沪渝蓉高铁、沪苏通铁路建设机遇，加快高铁宝山站综合交通枢纽和“站城一体”开发建设，带动中部地区加快发展。蕰藻浜沿岸加快转型，努力实现“工业锈带”向“科创秀带”和“生活秀带”转变。东部滨江打造国际邮轮旅游度假区。突出邮轮、长江口两大主题，打造国家级滨水旅游度假区，带动提升宝山消费能级和城市功能品质。北部建设生产生态文化融合、城乡一体的特色功能区。提升宝山高新园区、北上海生物医药产业园、罗店新镇发展能级，推动高端制造基地、活力科创社区和大都市美丽乡村融合发展，建设集“生态＋景观＋文化”功能于一体的吴淞江生态文化公园，有机串联城镇功能板块、产业功能板块和乡村振兴板块，促进北部地区产城融合发展和功能品质提升。

二是加快城市基础设施建设。围绕提升城市能级、保障城市安全、改善民生福祉，加快建设一批重大市政工程。构建枢纽型交通体系。配合沪渝蓉高铁、沪苏通铁路和高铁宝山站枢纽建设，加快S16公路、轨交19号线规划建设，完成长江西路快速路、军工路快速路、沿江通道AB段、轨交18号线二期建设，打通一批“微循环”道路和“断头路”，基本形成对外高效畅达、对内运行有序的主城区交通体系，成为上海联通长三角和长江经济带的重要功能节点。推进水务设施建设。建成吴淞江工程新川沙河段、泰和污水处理厂（二期）、泗塘污水处理厂初雨调蓄等一批重大工程，加快推进老旧供水管线改造，增强城市截污防涝能力。提升城市绿化品质。加快公共绿地建设，新建各类绿地300公顷、立体绿化15公顷和绿道40公里，新建一批“口袋公园”，提高500米半径公园绿地覆盖率，实现人均公园绿地面积12.7平方米。

三是持续推动环境品质提升。以创建全国文明城区为抓手，深入实施环境美化工程，整体提升城市环境品质。促进生态环境持续改善。全面加强生态环境治理与修复，推动PM2.5、空气质量优良率、Ⅲ类及以上水体比例继续保持较好水平。深入落实国家碳达峰、碳中和战略，推动城市绿色低碳发展。持续推进环境综合整治。坚持源头治理、系统治理，巩固货运堆场整治成效，加大“腾笼换鸟”转型力度。加强货运通道建设，扩大客货分道实施范围，规范集卡通行秩序，有效提升城市交通安全和市民出行感受度。打造“迎宾大道”和“城市会客厅”。聚焦城市主干道和重点区域，加快主干道路、门户节点、轨交站点和公共活动空间、产业园区环境全要素改造，营造整洁干净、优美有序的城市环境。

（四）全力以赴保障和改善民生，在高品质生活上再上新台阶。始终坚持以人民为中心，统筹抓好底线民生、基本民生和质量民生，不断提升市民群众生活品质。

一是让公共服务更加优质便捷。坚持补短板、提质效，推进公共服务优质均衡发展。加快迈向教育强区。坚持“五育并举”，落实“双减”政策，建成义务教育优质均衡发展区、陶行知教育创新发展区。坚持外引活水、内强特色，促进教育内涵式发展，完成义务教育学区全覆盖，建设一批名校引领的紧密型教育集团，新建35所学校和幼儿园，构建高质量教育服务体系。全面建设健康宝山。坚持人民至上、生命至上，加快实施“健康宝山”行动。优化医疗资源配置，加快中山医院吴淞医院等一批重点医疗机构建设，建成区公共卫生中心改扩建、区精神卫生中心等一批项目，完善公共卫生应急管理体系，打造与区域发展新定位相适应的“品质医疗”。落实多层次医疗保障，持续提升居民就医感受度。优化文体服务供给。深入挖掘“五个百年”历史文脉，做优做强“3＋8”[14]文化品牌体系，放大溢出效应，持续提升文化软实力。围绕“15分钟社区生活圈”，加快一批区域性文体场馆和体育健身设施建设，开展形式多样的群众性文体活动，提升公共文化体育服务能级。

二是让民生保障更加精准有力。践行“人民城市”重要理念，积极回应市民群众多样化多层次的民生需求。完善家门口的民生服务。始终把稳就业摆在突出位置，抓实落细就业帮扶举措。完善城乡统筹的社会保障体系，持续提高城乡居保和征地养老待遇水平。完善“15分钟社区生活圈”功能，办好早餐工程点、电瓶车充电桩等民生实事项目，建设一批社区嵌入式服务站点，在家门口的“小空间”里做足惠民生的“大文章”。构建高品质的养老服务。围绕“9073”[15]养老格局，加大南北统筹力度，推进一批养老服务设施建设，深化智慧养老、医养康养融合和长护险试点，确保服务水平全面达标、服务品质全面提升。优化住房保障体系。坚持“房住不炒”的定位，坚持租购并举，加快发展长租房市场，推进保障性住房建设，促进房地产业良性循环和健康发展。探索城市更新机制，推进新一轮“城中村”改造。实施300万平方米老旧小区住宅修缮，加装电梯实现新增1000台、完工800台。

三是让乡村振兴更加出新出彩。统筹推进“三园”工程建设，构建上海超大城市乡村振兴新优势。持续推进示范村建设。实施美丽乡村升级行动，加强片区间互联互通，打造一批乡村振兴示范村、17个以上市级美丽乡村示范村，全市率先建成乡村振兴示范镇。持续推进产业振兴。做优做精一批区域特色品牌，实现农产品绿色生产基地覆盖率达60%，打造一批全国“一村一品”示范村和“特色产业亿元村”。持续深化乡村综合治理。实施农村人居环境优化行动，推进村域小环境整治向镇域大环境整治转变，创建3个全国乡村治理示范村镇。深入实施“田长制”，严守耕地保护红线。

（五）全力以赴加强和创新社会治理，在治理效能上取得新进步。准确把握“人民城市”的生命体征，以城市数字化转型为契机，提高科学化、精细化、智能化治理水平。

一是加快城市数字化转型。坚持整体性转变、全方位赋能、革命性重塑，奋力抢占城市未来发展的制高点。推动经济数字化。抢抓“五型经济”风口，做强做优在线新经济，以数字化手段赋能传统产业升级，促进数字经济和实体经济融合发展。推动生活数字化。以群众数字化服务需求为导向，新建一批教育、医疗、养老、文旅等应用新场景，全方位打造数字生活服务体系，营造更加智慧便捷的数字生活。推动治理数字化。深入推进“一网统管”建设，完善城市运行数字体征系统，优化“平战结合”城市运行管理模式，新建一批特色应用场景，力求在最低的层级、最短的时间，以最小的成本，解决最大的社会治理问题。

二是提升社会治理效能。完善基层治理体系，以创新思维破解社会治理难题，以绣花功夫提升治理效能。加强城市精细化管理。加快滨江、蕰藻浜等江河沿岸景观开发开放，打造更多市民休憩、交流、活动的“绽放地带”。持续巩固垃圾分类示范区创建成果，加快创建“无废城市”[16]。积极破解公共停车、违法建筑、高空坠物等难题顽症，让群众生活更舒心。推进市域社会治理现代化。以创建全国市域社会治理现代化试点城市为契机，坚持重心向下，推进行政执法权限、力量和资源下沉，提升基层治理能力。持续拓展“社区通”运用，培育一批温馨美好、高度自治的“活力楼组”，建成一批高质量社区服务综合体。全力维护城市运行安全。聚焦城市运行重点领域，用好安全隐患排查整治动态清零制度、社区消防安全评价指标体系等创新举措，积极防范化解重大安全风险，增强城市发展韧性。

三是加强法治政府建设。坚持法治引领，强化法治思维，纵深推进法治政府建设，不断提升政府公信力和执行力。健全依法决策机制。严格落实“三重一大”决策程序，强化重大行政决策的公众参与、风险评估、合法性审查等程序规范，健全政府法律顾问制度，提升政府决策科学化、民主化、法治化水平。完善有效监督机制。依法接受区人大及其常委会的法律监督和工作监督，主动接受区政协的民主监督，优质高效办理人大代表建议和政协提案。拓展司法、审计等监督渠道，全面做好政务公开工作。强化政府作风建设。严格落实中央八项规定精神，推动“四责协同”“一岗双责”抓严抓实，持续纠“四风”、树新风，为基层减负增能，巩固风清气正的政治生态。

三、今年主要工作安排

今年是实施“十四五”规划承上启下的重要一年，也是建设上海科创中心主阵地的关键之年。做好今年工作，要按照八届区委二次全会部署，坚持稳字当头、稳中求进，巩固拓展疫情防控和经济社会发展成果，更好统筹发展和安全，继续做好“六稳”“六保”工作，纵深推进产业转型和城市功能转型，完成全年经济社会发展目标任务，以优异成绩迎接党的二十大胜利召开！

综合考虑各种因素，建议今年全区经济社会发展的主要预期指标为：地区生产总值可比增长6%，高于全市平均增幅；区级一般公共预算收入同比增长6%，与全市增幅保持同步；全社会固定资产投资总额同比增长5%，其中产业类（工业用地和研发用地）固定资产投资同比增长10%以上；商品销售总额、社会消费品零售总额均同比增长8%；户籍城乡登记失业人数控制在市下达目标数以内；居民人均可支配收入增长与经济增长基本同步；单位增加值能耗持续下降。

在抓好今后五年工作的整体起步基础上，今年要重点做好以下工作：

（一）坚定不移抓好经济稳增长调结构。始终坚持发展第一要务，加快新旧动能转换，在稳增长基础上持续推进结构优化。一是强化招商引资。坚持“走出去”和“请进来”相结合，综合运用平台招商、驻点招商、产业链招商、以商招商等手段，大力引进一批投资规模大、科技含量高、引领带动性强的优质项目和总部型、高能级企业，推动一批重大产业项目落地。二是扩大有效投资。持续加大战略性新兴产业和先进制造业的投资，启动存量企业增资扩产计划，支持优质企业通过新增项目、提高容积率、技术改造等方式扩大投资，推动汉氏干细胞、微盟总部等一批重大产业项目加快开工建设，发那科三期、保集e智谷二期等一批产业项目实现竣工。保持政府投资规模稳定增长，安排市区两级政府投资项目近百亿元，加快形成实物投资量。三是强化要素保障。加强财政预算安排、政府投资计划、土地储备出让计划的统筹联动，新增土地出让计划40%用于产业发展，让好项目不缺土地、好产业不缺空间。加快实施存量低效用地盘活计划，年内精准盘活低效产业用地不少于2000亩，完成低效用地减量化50公顷，释放更多发展空间。四是优化企业服务。以企业办事的痛点难点为着力点，进一步落实优化营商环境十大创新举措，常态化实施扶持资金"当日申请、次日拨付"、产业项目"拿地即开工"等措施，推进"一网通办"迭代升级，当好"金牌店小二"，用好"全程代办"服务机制，不断提升企业满意度和获得感。

（二）纵深推进科创中心主阵地建设。坚持"立新""破旧"并举，努力走出一条科技创新引领区域转型的新路。一是加快培育新动能。紧紧依靠科技创新加快新旧动能转换，实施高成长性企业培育计划，依托上海科创金融服务中心等平台，加大引进和培育力度，年内新增上市企业5家、科技小巨人企业10家、国家及市级企业技术中心10家，高新技术企业数同比增长30%。大力发展大学科技园，进一步优化体制机制，推动环上大科技园6到8号基地实现开园，宝山复旦科创中心8个创新项目落地转化，年内完成市高新技术成果转化项目80个。二是做优产业生态。落实市"南北转型"实施意见，瞄准科技前沿和产业高端，进一步发挥大学科技园"黄金十条"、科创"30条"等产业政策牵引作用，引进培育科技成果转化服务机构，强化"樱花卡"人才服务品牌，围绕科创人才关注的居住、教育、医疗等事项提供更多精准服务，全方位构建科创产业新生态。三是推动国资国企科创转型。坚持"一企一策"，加快稳定仪电、华谊、申通、光明等在地国企转型方案，推动申能吴淞煤气厂、东方国际半岛1919、南山集团物流堆场等转型方案成熟地块年内启动，引导在地转型国企加大科技创新投入，建设一批高品质科创载体，积极导入一批战略性新兴产业。同时，加快在地国企传统产业绿色化改造，与宝武共建上海绿碳产业园。

（三）全面深入推进城市功能品质提升。对标上海主城区功能定位，加快重点区域城市更新和功能转型，持续提升城市功能品质。一是优化完善城市功能。南大智慧城加快地铁TOD开发方案深化和西南片区建设，双子塔楼实现竣工，南大科创绿洲二期、中央公园等一批项目开工建设，西南片区规划产业用地全面启动开发。吴淞创新城加快开发节奏，首发项目南楼实现宝武研究院等入驻、北楼实现竣工，加快首发二期180米超高层项目建设，特钢区域同济路沿线规划产业项目和不锈钢区域重点项目全面开工。"2+2"[17]区域完成土地收储75公顷，外环以南9平方公里完成控详规划编制。高铁宝山站完成"站城一体"开发方案研究，同步开展交通组织方案研究。蕰藻浜沿线加快转型开发，启动建设智力产业园、博济智汇园等一批提标改造项目。上海国际邮轮旅游度假区加快实施一批核心功能性项目，阅江汇等载体基本建成。吴淞江生态文化公园完成规划编制并启动建设。二是深入推进堆场综合整治。引逼结合、综合施策加快堆场布局调整，全面完成258家堆场综合整治任务。通过产业政策、规划调整等引导，加大"腾笼换鸟"转型力度。优化道路货运交通组织，扩大蕰川路、沪太路、江杨北路等主干道客货分道实施范围，多策并举规范集卡通行秩序，明显改善区内交通环境和安全水平。三是加快打造"迎宾大道"和"城市会客厅"。深入实施环境美化工程，启动外环线等9条段交通干道、"1号湾"等6个门户节点和沪太路等20座跨线桥的全要素改造提升，建设一批城市"迎宾大道"。聚焦三大市级特色产业园等重点区域，大力推进园区综合环境品质提升，打造一批"产业会客厅"。四是优化综合交通体系。推进长江西路快速路、G1503同济路快速路（A、B段）等一批重大工程开工，加快沪苏通铁路二期、轨交18号线二期、军工路快速路、陆翔路（鄱阳湖路—美兰湖路）等重点项目建设，完成沿江通道主线段通车，泰和污水处理厂配套道路投入使用。聚焦群众出行"最后一公里"，优化调整10条公交线路，新建50个公交候车亭，新增1000个公共停车泊位、500个共享泊位，着力破解老旧小区、医院等停车难问题。

（四）标本兼治巩固生态环境治理成效。坚持"绿水青山就是金山银山"理念，将生态环境保护摆在突出位置抓紧抓实。一是全面打好污染防治攻坚战。深入实施"片长制""路长制"，聚焦在建工地、内河码头等易扬尘点位，强化扬尘治理，确保PM2.5、空气质量优良率等指标持续保持较好水平。深入落实"河长制"，持续推进生态清洁小流域治理，开展杨盛河等骨干河道综合整治，确保"3+15"考核断面水质持续达标、Ⅲ类及以上水体比例逐步提升。加强土壤修复治理，确保建设用地和农用地安全利用。二是全面落实生态环保督察整改。持续推进中央、市环保督察反馈及长江经济带警示片披露生态环境突出问题整改，聚焦雨污混接、固废管理等领域开展专项整治行动，落实生态环境问题动态排查整治机制，以查促改、压实责任，实现环保问题动态清零。深入实施"田长制"，巩固"大棚房"、乱占耕地等专项整治成效，严守土地底线。

（五）引育并举提升公共服务整体水平。注重挖掘自身禀赋与引进优质资源相结合，在提高公共服务整体水平上下更大功夫，不断满足市民群众对美好生活的向往。一是努力办好人民满意的教育。深入落实"双减"政策，加快市教育数字化转型实验区建设，全面完成区级教育统筹、民办学校规范等改革任务，推进华二高中和上师大附中宝山校区等学校建设，改扩建8所学校，做强教育集团品牌。新增托育点5个，实现街镇全覆盖。二是着力提升医疗卫生服务品质。深化公立医院和社区卫生服务综合改革，完善分级诊疗体系建设，统筹推进区域性医疗中心建设，加快推动中山医院吴淞医院迁建项目落地，区公共卫生中心改扩建项目开工建设，区精神卫生中心建成投用。深入推进长护险，建设"智慧e宝""医保e助"平台，完善医保智能监管。三是加快推进文体事业发展。深化文旅融合发展，持续提升上海樱花节、陈伯吹国际儿童文学奖等文化品牌影响力，年内实现区文化馆改扩建竣工、长滩音乐厅试运行。启用杨行体育中心，新建改建3条健身步道、5片智慧化球场、40个健身苑点，加快推进体育健身设施建设。

（六）用心用情保障和改善民生。坚持"人民城市"重要理念，深入实施民心工程和政府实事项目，实现更高水平的民生保障。一是聚焦就业创业。坚持就业优先，鼓励创业带动就业，积极帮扶高校毕业生、退役军人等重点群体就业，帮助长期失业青年就业创业，确保零就业家庭和就业困难人员按时安置率100%。二是聚焦养老服务。推动社区养老服务设施统筹共享、复合利用，新增养老床位760张、认知症照护床位180张、社区综合为老服务中心3家、老年助餐服务场所12家，完成500户居家环境适老化改造。三是聚焦住房保障。加快区属动迁安置房建设，完成500户在外过渡动迁居民首套房源安置，筹措人才公寓5000套。坚持"成熟一个、启动一个"原则,实施杨行东街村等新一轮"城中村"改造,全面启动张庙街道不成套改造。持续推进加装电梯工作,实现新增400台、完工200台。四是聚焦乡村振兴。统筹提升"三园"工程,完成沈家桥村乡村振兴示范村创建,推进农村人居环境优化工程,深化"一脉五花"乡村振兴片区化建设,完成农民集中居住签约任务。发挥种源农业优势,加快都市现代绿色农业高质量发展。推进集体经营性建设用地入市,发展壮大农村集体经济。持续深化乡村治理,完成全国乡村治理体系建设示范区验收。

(七)多措并举提升社会治理效能 坚持高效能治理,积极探索社会治理新路径和新模式,不断提升治理能力和治理水平。一是落实疫情常态化防控。坚决贯彻"外防输入、内防反弹"总策略、"动态清零"总方针,压实"四方责任",坚持人、物、环境同防,切实加强集中隔离点和社区健康管理,持续做好医疗机构院感防控,狠抓重点人群、重要场所、重大活动常态化防控措施落实。稳妥有序推进新冠疫苗加强针接种工作,全力筑牢免疫屏障。二是推进城市数字化转型。落实城市数字化转型三年行动计划,聚焦经济、生活、治理三大领域,推出一批示范应用场景。持续提升"一网统管"数字化治理效能,优化"1+12+X"[18]城市运行管理体系,强化7×24小时联勤联动工作机制。三是抓好城市运行安全。坚持把隐患当成事故,加强对农村出租房、电瓶车充电、"三合一"场所、燃气管网、危化品储运等重点领域的排查整治,以查促改确保安全隐患动态清零。用好社区消防安全评价指标体系,扣紧安全责任链条。加强社会面治安防控,全力做好重大活动、重要节点的安保维稳,重点做好信访稳定、防汛防台等工作,有效预防化解社会矛盾,让城市运行更加安全有序。

各位代表,雄关漫道真如铁,而今迈步从头越。建设上海科创中心主阵地是宝山的重大机遇和使命担当,我们惟有以壮士断腕的决心、背水一战的勇气、攻城拔寨的拼劲,咬定青山不放松,撸起袖子加油干,才能不负宝山人民的期盼和重托。让我们更加紧密团结在以习近平同志为核心的党中央周围,在市委、市政府和区委的坚强领导下,在区人大、区政协的监督支持下,开拓创新、勇毅前行、唯实唯干、善作善成,奋力谱写宝山转型新篇章,为高水平建设上海科创中心主阵地而不懈奋斗!

注释:

1. 即全区公园绿地总数达100座,街心花园总数100个,累计建设绿道151公里,培育区级林荫道117条,完成101株古树名木及后续资源的挖掘和保护工作。
2. 即放心、舒心、暖心、开心、安心。
3. 即新增养老机构13家、养老床位3530张,新建长者照护之家17家、老年人日间照料中心43家、社区老年助餐服务场所(长者社区食堂)56家、综合为老服务中心19家。
4. 即廉租住房、公共租赁住房、共有产权保障房、征收安置住房的住房保障体系。
5. 即大场场中村、大场联东村、顾村老集镇、杨行老集镇、庙行康家村。
6. 即5个综合医联体:中山、仁济、九院、华山、曙光;3个专科医联体:儿科、康复、肿瘤。
7. "春之樱"即"上海樱花节","夏之邮"即"邮轮文化旅游节","秋之艺"即"上海宝山国际民间艺术节","冬之阅"即亚太地区唯一的国际性儿童文学奖"陈伯吹国际儿童文学奖"颁奖系列活动。
8. 即美丽家园、绿色田园、幸福乐园。
9. 即塘湾村、海星村、花红村、新陆村、洋桥村。
10. 即塘湾村、聚源桥村、海星村、花红村、天平村、新陆村、洋桥村、月狮村、沈杨村。
11. 即科创之城、开放之城、生态之城、幸福之城。
12. 即工业用地和研发用地固定资产投资。
13. "两城"即南大智慧城、吴淞创新城两大核心区;"五园"即上海机器人产业园、北上海生物医药产业园和超能新材料产业园三大市级特色产业园、上海绿碳产业园以及宝山高新园区;"五线"即五条地铁线。
14. 即3个国际级品牌和8个国家级品牌。
15. 即90%居家养老、7%社区养老、3%机构养老。
16. 即以创新、协调、绿色、开放、共享的新发展理念为引领,通过推动形成绿色发展方式和生活方式,持续推进固体废物源头减量和资源化利用,最大限度减少填埋量,将固体废物环境影响降至最低的城市发展模式。
17. 即两个1平方公里和18号线江杨南路站TOD、三江交汇区域两个地块。
18. "1"即1个区城市运行管理中心,"12"即12个街镇城市运行管理中心,"X"即若干责任网络。

Chronicle of Events
大事记
BAOSHAN YEARBOOK
BAOSHAN
大事记（2021年）
吴淞口

大事记(2021 年)

■ 编辑　王素炎

1 月

5 日　宝山区召开2021 年全区居村“两委”换届工作部署会。5 月 23 日,全区 401 个居委会和 102 个村委会完成换届选举工作。

7 日　宝山区举行上海科创中心主阵地建设海内外揽才工程启动仪式,在城工科技绿洲全球直播。

11 日—14 日　区政协八届五次会议在区委党校举行。

12 日—14 日　区八届人大六次会议在区委党校举行。大会选举高奕奕为宝山区区长。

18 日　龙湖上海产业互联网技术中心开工奠基。

同日　祁连山路跨蕰藻浜桥正式通车。

28 日　2021 年宝山区建设全市科创中心主阵地推进大会在中国宝武钢铁会博中心召开,发布《宝山区推进上海科创中心主阵地建设三年(2021—2023 年)行动计划》。

2 月

18 日　宝山区举办“招才进宝,春风送岗”首场直播带岗活动。

同日　2021 年宝山区投资促进大会暨重大项目集中启动仪式在吴淞创新城举行。

22 日　宝山区印发《环上大科技园专项政策(试行)》。

23 日　宝山区举办 2021 年新闻媒体座谈会。

25 日　2021 年宝山区处级党政负责干部政治能力建设专题班开班。

28 日　上海大学国家大学科技园宝山园区挂牌暨上海环上大科技发展有限公司开业挂牌仪式在上大路 668 号环上大科技园零号基地举行。

3 月

5 日　宝山区召开党史学习教育动员会。

6 日　宝山区召开政法队伍教育整顿动员部署会。7 月 7 日,宝山区政法队伍教育整顿领导小组(扩大)会议暨第五届“平安英雄”表彰大会举行。

17 日　宝山区城市数字化转型三年行动计划专题研究工作会议召开。5 月 24 日,宝山区城市数字化转型调研成果及三年行动方案汇报会召开。7 月 14 日,“数字科创　数绘宝山:宝山区城市数字化转型推进大会”在中国宝武钢铁会博中心举行,正式发布《宝山区推进城市数字化转型三年行动计划(2021—2023 年)》。

28 日　上海市民文化节宝山文化服务日活动启动。同日,“樱你而来”2021“战 FUN 宝山”上海樱花节女子 10 公里精英赛在顾村公园开赛。

30 日　宝山区召开 2021 年精神文明建设暨创建全国文明城区动员大会。

4 月

1 日　宝山区发布《宝山区加快建设上海科创中心主阵地促进产业高质量发展政策》。

8 日　宝山区举办“奋斗百年路　启航新征程”情景党课首演活动。

15 日　宝山区与北京北大科技园举行签约揭牌仪式。

28 日　“2021 第二届中国(上海)工业品在线交易节”在金色炉台 · 中国宝武钢铁会博中心开幕。

29 日　宝山区召开农村工作会议暨乡村振兴现场推进会。

30 日　宝山区新冠肺炎疫情防控工作领导小组会议指出,截至 4 月 29 日宝山区累计接种新冠疫苗 142.41 万剂次,完成疫苗接种阶段目标。

5 月

10 日　宝山区发布《宝山区加快建设上海科创中心主阵地促进产业高质量发展政策管理办法》。

13 日　宝山区召开“我为群众办实事”暨推进“民心工程”专题会。

18 日　宝山区新一轮产业扶持政策申报系统开通并接受第一批项目申报。

25 日　宝山区开展“行走蕰藻浜　打卡科创湾”——宝山区“学党史、庆百年、迎七一”开放式实景党课活动。

同日　宝山区镇领导班子换届工作会议召开。截至 9 月 30 日,宝山区各镇党委完成换届工作,分别选举产生镇“两委”新一届领导班子。

27 日　宝山区召开“三个规定(《领导干部干预司法活动、插手具体案件处理的记录、通报和责任追究规定》《司法机关内部人员过问案件的记录和责任追究规定》《关于进一步规范司法人员与当事人、律师、特殊关系人、中介组织接触交往行为的若干规定》)”基本精神宣讲会。区四套班子领导签订《领导干部不干预司法活动、不插手具体案件处理承诺书》。

6 月

2 日　区委书记陈杰率代表团赴北京考察企业。3 日,上海宝山产业投资招商推介会在北京国际会议中心举办,会上解读“科创宝山 30 条”政策。

4 日　区委书记陈杰率代表团到天津市河东区考察学习。其间,宝山区与河东区签署《战略合作框架协议》。

8日　上海警备区“四个秩序”（战备秩序、训练秩序、工作秩序、生活秩序）试点建设示范观摩活动在宝山区人武部举行。

9日　上海退役军人创新创业示范园战略合作签约仪式在宝山新业坊·源创举行。

12日　“百年百艺·薪火相传”中国传统工艺邀请展在上海宝山国际民间艺术博览馆开幕，并举办“百年百艺·薪火相传”非遗市集活动。

16日　宝山区召开推行“社区小先生制”动员会。

18日　上海市“永远跟党走——文明实践在上海”红色文化传播志愿服务联盟成立仪式在宝山举行。围绕庆祝建党百年宣传主线，设计推出64条、覆盖394个红色文化阵地的“文明实践在上海”红色文化志愿服务游学路线，包含市级路线10条、16个区级路线54条。

25日　宝山区与上海大学联手开启宝山城市未来艺术节，实施艺术街区建设计划，设计100个人文城市雕塑。

28日　罗店镇重大项目集中发布仪式在北上海生物医药产业园举行。

29日　宝山区庆祝中国共产党成立100周年座谈会召开。

同日　中共中央政治局委员、上海市委书记李强到宝山区调研创新转型工作。

30日　上海大学上海美术学院主校区项目启动仪式举行。

7月

1日　中共宝山区委组织全区干部群众收看庆祝中国共产党成立100周年大会直播。

7日　第八届中国产业互联网高峰论坛在宝山开幕。宝山区区长高奕奕，中国互联网协会原常务副理事长、工业互联网战略咨询专家委员会委员高新民共同为宝山区数字化转型金融授信合作单位授牌。

9日　中共上海市宝山区第七届委员会第十二次全体会议举行。全会审议通过《中共上海市宝山区委关于弘扬城市精神品格全面提升科创中心主阵地城市软实力的实施意见》《中国共产党上海市宝山区委员会工作规则》。

12日　上海中医药大学附属宝山医院揭牌仪式举行。

14日　中共宝山区委召开“庆祝中国共产党成立100周年·多党合作谱新篇”党外代表人士集体谈心会。

30日　上海华中科技大学科技园项目正式落户宝山。

同日　宝山区区、镇两级人大换届选举工作动员会召开。

同日　宝山区行政复议局正式揭牌。

8月

3日　区委书记陈杰到位于武威东路76号的陶行知纪念馆调研。

20日　中共上海市宝山区第七届委员会第十三次全体会议举行。会议审议通过《关于召开中国共产党上海市宝山区第八次代表大会的决议》。

26日　宝山区“建设科创中心主阵地，2021年重大产业项目集中签约仪式”举行。

同日　宝山区政府与上海证券交易所在上交所新大楼举行战略合作协议签约仪式。

27日　“党心暖民心　满意在群众——宝山区办实事、评实事、见实效”活动在淞南镇社区党群服务中心举行。

同日　宝山区印发《上海市宝山区乡村康养产业片区农业高质量发展规划》。

9月

2日　宝山区与上海市教委、上海师范大学合作举办上师大附中宝山分校签约仪式举行。

7日　MAX科技园（上海·美兰湖）项目开工仪式在罗店镇举行。

9日　中共中央政治局委员、上海市委书记李强到宝山区陶行知纪念馆调研。

10日　宝山区印发《宝山区健身设施补短板五年行动计划（2021—2025年）》。

同日　宝山区召开纠“四风”树新风警示教育大会。

11日　宝山区获“2021—2025年度全国科普示范县（市、区）”授牌。这是宝山区连续第四次获得“全国科普示范县（市、区）”称号。

26日　宝山区人民政府和上海临港经济发展（集团）有限公司共同举办南大地区重大项目集中启动开工暨签约仪式。上海首家合成生物产业特色园区南大合成生物产业园及南大科创人才社区揭牌。

27日　宝山区启动2021年高校毕业生就业服务集中行动。

29日　上海城市空间艺术季宝山展区开幕式在蕰藻浜河畔举行。

10月

9日—11日　宝山区委书记陈杰率代表团到云南省维西傈僳族自治县考察沪滇协作工作。10日，2021年宝山—维西东西部协作高层联席会议在塔城镇启别村村委会召开，签订《宝山区与维西县2021年度东西部协作协议》。区领导陈云彬代表上海市、宝山区向维西傈僳族自治县援助6260万元。

13日　2021中国生物医药产业创新大会暨第七届生物药物创新及研发国际研讨会在美兰湖国际会议中心举行。其间，举办北上海生物医药产业园专家委员会聘任仪式、北上海生物医药产业联盟成立仪式，举办“从‘科创板’角度研讨中国生物医药企业的发展新机遇”主题论坛、“全球顶尖科技成果转化征集”主题论坛、中国生药研发领袖论坛等行业交流活动。

18 日　宝山区纪念陶行知先生诞辰 130 周年主题活动在上海市宝山区行知实验中学举行。同日,“长三角青年陶行知教育研究联盟”启动,上海市宝山区教育局、江苏省南京市教育局、浙江省杭州市教育局、安徽省黄山市歙县教育局作为宣言单位加入联盟。

20 日—23 日　区委副书记、区长高奕奕率代表团赴云南省曲靖市考察沪滇协作工作。其间,宝山区与宣威市、富源县、会泽县、师宗县、罗平县签订《2021 年度东西部协作协议》。区领导丁炯炯代表上海市、宝山区向曲靖市援助 2.47 亿元。

22 日　“2021 吴淞口论坛”在上海吴淞口国际邮轮港举行。其间,《上海国际邮轮旅游度假区总体规划》正式发布,市文旅局与宝山区签署《赋能长江门户　助力宝山转型战略合作框架协议》,中国旅游车船协会邮轮游船游艇分会揭牌成立。

25 日　中共云南省宣威市委书记朱开荣率代表团到宝山学习考察。

29 日　欧美同学会第二届中美经贸论坛在宝山举行。

31 日　宝山区召开奥运会、全运会宝山参赛运动员表彰座谈会。

11 月

1 日　宝山区“揽才工程”走进复旦大学暨宝山高校人才工作联盟成立大会在复旦大学光华楼举行。

5 日　宝山区王友农获第八届全国道德模范提名奖。

同日　“服务双碳战略,面向生命健康”区校合作暨“宝山区人民政府—上海理工大学”战略合作框架协议签约仪式在上海理工大学举行。

9 日—11 日　中国共产党上海市宝山区第八次代表大会在区委党校举行。大会选举 39 名中共上海市宝山区第八届委员会委员、7 名候补委员,选举 35 名中共上海市宝山区第八届纪律检查委员会委员。11 日,中共上海市宝山区第八届委员会第一次全体会议选举陈杰为区委书记,高奕奕、张义为区委副书记,陈杰、高奕奕、张义、沈伟民、袁罡、胡宝国、钱樑、陈永献、徐静、郑益川、陈云彬、孟庆源为区委常委。全会批准中共上海市宝山区第八届纪律检查委员会第一次全体会议选举结果报告。钱樑当选区纪委书记。

12 日—14 日　2021(第八届)中国国际石墨烯创新大会在上海大学举行。其间,国际电工委员会(IEC)TC113 国际标准工作组“AHG13 晶圆级规模集成”揭牌。

19 日—21 日　区委书记陈杰带队到深圳考察。

24 日　宝山区复旦科创中心启用暨首批重大创新项目入驻仪式在吴淞创新城举行。

本月　宝山区与中国宝武集团正式签订《上海宝山吴淞创新城(宝武地块)整体转型升级实施协议》。

本月　“沪渝蓉沿江高铁上海至南京至合肥段可行性研究报告”获得国家发展和改革委员会正式批复。该项目起自上海市新建上海宝山站,经江苏省苏州市、南通市、泰州市、扬州市、南京市及安徽省滁州市、合肥市,接入既有合肥南站,线路全长 554.6 千米(其中新建铁路 519.9 千米),设计时速 350 千米,为双线高速铁路。

12 月

8 日　宝山区举办第三十三届陈伯吹国际儿童文学奖颁奖仪式暨文学奖设立 40 周年纪念活动。其间,上海陈伯吹国际儿童文学理论研究会揭牌,陈伯吹儿童文学馆项目启动。

同日　宝山区召开“百年风华茂,奋斗正当时”2021 年全国、市五一劳动奖和工人先锋号表彰会暨先进代表座谈会。

14 日　华师大二附中(宝山校区)奠基仪式暨华师大二附中宝山教育集团成立仪式举行。

22 日　宝山区上海国际超导科技有限公司自主完成的世界首条 35 千伏公里级超导电缆示范工程在上海投运。

27 日　中共上海市宝山区第八届委员会第二次全体会议在区委党校举行。全会明确《中共上海市宝山区委常委会 2022 年工作要点》,审议通过《中共宝山区委关于深入学习贯彻党的十九届六中全会精神的实施意见》《中国共产党上海市宝山区第八届委员会第二次全体会议决议》。

28 日　复旦大学附属华山医院高质量一体化发展启动大会暨华山医院北院整建制并入华山医院仪式举行。

30 日　上海轨道交通 18 号线一期北段[御桥站(不含)—长江南路站]、14 号线开通初期运营。

本月　首届长三角青少年人工智能奥林匹克挑战赛历时 5 个月落下帷幕。

本月　宝山区获评 2017—2020 年度平安中国建设示范区。区委书记陈杰赴北京参加平安中国建设表彰大会,并受到习近平总书记等党和国家领导人接见。

宝山概览

- 区情概要
- 国民经济和社会发展

（黄永庆 摄）

区情概要

■ 编辑　王素炎

自然环境

【地理位置】　宝山区位于上海市北部，东临黄浦江，东北濒长江，南与杨浦、虹口、静安、普陀4区毗连，西与嘉定区交界，西北隅与江苏省太仓市为邻，横贯中部的蕰藻浜将全区分成南北两部分，吴淞大桥、江杨路大桥、蕰川路大桥、康宁路大桥、沪太路大桥、祁连山路大桥横跨其上。全境总面积365.3平方千米，陆域总面积302.3平方千米，行政总面积299.15平方千米。

【地形地貌】　宝山区境为长江三角洲冲积平原，在江流海潮共同作用下，由长江为主的河流所带泥沙不断淤积而成。罗泾成陆于西晋(265—316)时期；罗店、大场一线成陆于唐代之前，距今1400余年；高境、月浦一线于公元7世纪起形成海岸线，11世纪中叶全部成陆。区境内为河口滨海平原，海拔在2.8～4.1米之间，地势西北高、东南低，呈缓坡状倾斜。地表土层深厚，蕴藏丰富的地下水资源，罗店、杨行、吴淞一线位于古长江主流线上，含水层分布较广，顶板埋深一般为170～180米，中心部位含水层厚约70米，分5个含水层，第二、三层埋深60～160米，有一定开采价值。全境滨江临海，水网密布，河道纵横，有长江岸线29千米、黄浦江岸线7千米。2021年，全区共有河湖933条(个)，长度825.16千米，水面积21.59平方千米，河湖水面率7.97%。其中，河道852条，全长770.95千米，水面积17.06平方千米；其他河湖81条(个)，全长54.21千米，水面积4.53平方千米。河道包括：市管河道10条，全长79.35千米；区管河道17条，全长165.57千米；镇管河道118条，全长213.98千米；村级河道707条，全长312.05千米。多年平均地表径流量为1.37亿立方米，中水年引潮量为37.35亿立方米，水资源总量38.59亿立方米，可满足工农业生产和居民生活用水。至2021年末，全区农用地总面积3340公顷，其中农业耕地面积2833.33公顷。土壤母质主要是长江带来的泥沙沉积物经长期耕作熟化而成，大部分为轻壤土和中壤土，东半部沿江地区砂性较重，西半部黏性增加，均适宜粮、棉、油、蔬菜、瓜果等多种作物栽培。　　　　(王素炎)

【气象气候】

(一)宝山区2021年气候：年平均气温异常偏高，降水量偏多，日照正常。夏季高温日偏少，梅雨期长，三夏、三秋期间以过程性天气为主，总体属正常年景。

1. 气温：年平均气温为18.1℃，比常年平均气温(16.6℃)高1.5℃，各月月平均气温均比常年同期平均气温高，2月、3月和9月的平均气温分别比常年平均气温高3.8℃、2.6℃和2.3℃。

2. 降水：年降水日数为139天，比常年多16天，日降水量≥25.0毫米的日数17天，≥50.0毫米的日数4天，≥100.0毫米的日数0天。年降水量为1388.1毫米，比常年(1168.1毫米)多220毫米。

3. 汛期：汛期降水量(6月—9月)为894毫米，比常年同期多267.5毫米。

4. 日照：年日照时数为2056.3小时，比常年多203.6小时。

(二)宝山区2021年气候特点

1. 主要天气气候特征：冬季12月—次年2月、春季3月—5月、夏季6月—8月和秋季9月—11月的平均气温比常年平均气温分别高1.7℃(常年5.9℃)、2.0℃(常年14.9℃)、0.7℃(常年26.8℃)和1.3℃(常年19.0℃)。年极端最高气温37.8℃，出现在7月12日。≥35.0℃高温天数有7天，比常年少3天，其中7月4天、8月2天、9月1天。年极端最低气温零下7.8℃，出现在1月8日。

2. 异常气候现象：年降水量季节分布不均，冬季(12月—次年2月)降水量110.5毫米，比常年偏少3成；春季(3月—5月)降水量为272.9毫米，与常年持平；夏季(6月—8月)降水量728.1毫米，较常年偏多3成，秋季(9月—11月)降水量303.2毫米，较常年偏多4成。年内影响宝山区的台风2个。

(三)宝山区2021年特殊气象和灾害性天气及影响

1. 梅雨：梅雨期长、梅雨量少、雨量分布不均。2021年6月10日入梅(常年6月17日)，较常年偏早7天，7月11日出梅(常年7月6日)，较常年偏晚5天；梅雨期31天，较常年偏多8天。宝山国家气象站梅雨量为148.8毫米，较常年梅雨量(230.0毫米)偏少约4成。

2. 台风及影响：2021年7月23日20时至28日08时，受台风“烟花”影响，宝山区普降大暴雨，其中城工园陈广路站的266.3毫米为最大。台风主要影响期间(24日08时—27日08时)，全区最大降水为宝山大场上大附中国家气象观测站的195.0毫米。自24日上午起风力开始增大，24日夜间到25日陆地和沿江地区普遍出现9～12级阵风，最大阵风出现在吴淞水文站的35.6米/秒(12级)，26日白天风力开始减弱。其间，风雨连潮，“风、暴、潮”三碰头灾害叠加，对全区造成较严重影响时段为25日下午至26日。发生各类主要灾情有三大类，据不完全统计：树木倒伏3300多棵；电线受损14起(其中因树木倒伏造成区域性影响的停电3起)；户外构筑物等物损375起；农田受灾268.41公顷，蔬菜大棚受损90.63公顷，经济作物大棚受损7.07公顷，经济损失284.75万元；交通信号灯受损65个、标志标牌受损72处；外墙外立面脱落3处、临时围墙受损倒塌2处；部分道路局部短时积水8条段。因高潮位影响：蕰藻浜个别专用岸段闸门出现少量渗水。

9月13日0时—16日0时，受台风“灿都”影响，宝山区累积雨量最大为大场上大附中观测站的93毫米；风力普遍为7～8级，局部9～10级，最大阵风出现在吴淞水文站气象观测站(25.6米/

秒,10 级)。共有灾情 81 起。

3. 强对流天气:受强对流云团影响,全年共发生 12 次强对流天气,其中最大小时雨强为 8 月 1 日的 67.5;最大阵风为 8 月 26 日的 23.5。

4. 冷空气:1 月 6 日—8 日全区出现寒潮天气过程,受强冷空气叠加辐射降温效应,6 日上半夜起强冷空气开始影响宝山区,气温明显下降,7 日白天最高气温零下 2℃,6 日—8 日 48 小时最低气温降温幅度达 8 ~ 10℃,全区过程最低气温零下 7℃(出现在 8 日和 9 日早晨),有严重冰冻。 (许凌轩 张佳婷)

建置区划

【历史沿革】 宝山因山而得名。1412 年(明永乐十年),曾用人工堆筑一座土山(今浦东新区高桥海滨)作航海标志,为出入长江口的船只导航,永乐皇帝定其名为宝山。此山于 1582 年(明万历十年)坍没于海,但其名仍沿用至今。宝山,原属江苏省,1724 年(清雍正二年)从嘉定县分出,建宝山县。建县时,县境东、北至长江,南至今静安区天目路,西至与嘉定区交界的界泾、杨泾,东南至黄浦江以东浦东新区高桥一带,西南至普陀真如地区,东西长 38 千米,南北宽 41.5 千米,面积 419 平方千米。1928 年(民国十七年),闸北、江湾、殷行、吴淞、彭浦、真如、高桥 7 个市乡划归上海特别市,境域面积缩小一半。1937 年抗日战争期间,全境划归上海市,蕰藻浜以北地区为宝山区,浜南分属市中心区(江湾)和沪北区,长兴归浦东北区。抗日战争胜利后,除大场划归上海市外,其余按战前建制,重归江苏省,面积约 200 平方千米。中华人民共和国成立后,初属苏南行政区,后隶江苏省。1958 年 1 月,全境划归上海市,同年横沙岛和北郊区并入,境域向东向南延伸,东缘至横沙岛东侧海岸,南缘至广中路、大连西路和走马塘一线,原划出的江湾、殷行、吴淞和大场重归宝山,面积扩大为 443.64 平方千米。1960 年,划出吴淞镇及蕰藻浜以南长江路两侧成立吴淞区。1964 年,吴淞区并入杨浦区。1980 年因宝钢建设需要,在上海市人民政府宝钢地区办事处基础上,重新成立吴淞区,城厢镇和吴淞、淞南、庙行、月浦、盛桥等乡部分地区划归吴淞区。1984 年,江湾、五角场两镇和南部部分农村地区划归虹口、杨浦、闸北、普陀等区。1988 年 1 月经国务院批准,撤销宝山县和吴淞区,建立宝山区。6 月,成立中共宝山区委员会,9 月完成撤建工作。1989 年 11 月,五角场乡划归杨浦区。1992 年 9 月,彭浦乡划归闸北区(今静安区)。1997 年 9 月,辖区内原江湾机场 8.6 平方千米和共康小区内 0.726 平方千米分别划归杨浦区、闸北区。2005 年 5 月,经国务院批准,长兴、横沙两乡划归崇明县(今崇明区)。

【行政区划】 至 2021 年末,宝山区辖友谊路、吴淞、张庙 3 个街道,杨行、月浦、罗泾、罗店、顾村、大场、庙行、淞南、高境 9 个镇。全区有 103 个村委会、406 个居委会。

【户籍人口】 2021 年末,宝山区户籍总数 406244 户,比上年增加 7115 户,增长 1.8%;户籍人口总数 1055637 人,增加 27445 人,增长 2.7%。全年出生人口 4618 人,出生率 4.43‰;死亡人口 9318 人,死亡率 8.94‰;人口自然增长率 -4.51‰。常住人口 2397782 人。年内依法办理结婚登记 5305 对,比上年下降 3%;离婚登记 1987 对,比上年下降 44.9%。全区户籍人口以汉族为主,常住少数民族人口总数 43641 人,有 51 个少数民族成分。其中,户籍少数民族人口 18440 人,有 49 个少数民族成分,少数民族人口主要分布在区各镇、街道,呈散居状态。 (王素炎)

区域特点

【港口物流畅达】 宝山位于长江入海口西南侧,长江、黄浦江汇合处,蕰藻浜自西而东贯穿全境,拥有优良港口岸线资源,是上海北部水路枢纽,也是上海建设国际航运中心的重要组成部分。区内有张华浜、军工路、罗泾三大港区,岸线总长 6061.3 米。1959 年 11 月上港九区建成,1993 年成立上海国际港务(集团)有限公司张华浜分公司。1970 年建立杨树浦装卸站,1976 年改称上港十区,1993 年成立上海国际港务(集团)有限公司军工路分公司,2008 年 9 月由集团新华分公司接管并保留军工路分公司名称。1990 年 12 月建立上海宝山集装箱装卸公司(上港十四区),1993 年改称上海国际港务(集团)有限公司宝山分公司。1993 年 8 月,上海集装箱码头有限公司组建,经营张华浜、军工路、宝山 3 个国际集装箱专用码头,占地面积 83 万平方米。1996 年成立罗泾散货码头有限公司,2005 年改称上海国际港务(集团)有限公司罗泾分公司。2003 年,市政府批准吴淞国际物流园区总体规划。园区分国际采购分拨配送中心、钢材市场配送中心、农副产品交易中心、综合物流区、多功能服务区、铁路国际集装箱结点站 6 个功能区,面积 7.52 平方千米。2006 年 4 月,吴淞国际物流园区开发有限公司成立。2007 年 9 月,原上港集团军工路分公司整体搬迁至罗泾,续用上海国际港务(集团)有限公司罗泾分公司名。11 月,原上海国际港务(集团)有限公司罗泾分公司整体改制,组建罗泾矿石码头有限公司。2008 年 11 月,上海吴淞口国际邮轮港发展有限公司成立。2012 年 9 月,上港十四区整体转型开发项目——上港滨江城正式开工建设。2014 年 4 月 1 日,张华浜、军工路两个件杂货码头实施资源整合,合并成立上海国际港务(集团)股份有限公司张华浜分公司。2021 年,宝山区港务方面主要有上海国际港务(集团)股份有限公司张华浜分公司、上海国际港务(集团)有限公司罗泾分公司等。区域内还设有中华人民共和国宝山海关、中华人民共和国吴淞海关、中华人民共和国吴淞出入境边防检查站、中华人民共和国浦江出入境边防检查站、中华人民共和国宝山海事局、中华人民共和国吴淞海事局、长江航运公安局上海分局吴淞所等口岸管理机构。

【多种产业并存】 中华人民共和国成立以来,宝山是上海重点规划建设的钢铁、港口、能源基地和农副产品生产基地。20 世纪 50 年代形成的吴淞工业区内有上钢一厂、上钢五厂、铁合金厂、钢管厂等一批钢铁企业,宝山成为上海现代工业的发祥地之一,上海的冶金工业基地。改革开放后,宝山成为上海城乡一体化率先试点的区域,经济格局由过去主要以第一产业为基础,依靠第二产业推动,逐步转为以现代服务业、先进制造业、港口物流为主体的第三产业、第二产业共同推动的新格局。农业、工业、服务业相互依存,是宝山改革开放从城乡一体化发展又到滨江新城区发展的一个缩影。1978 年 12 月,上海宝山钢铁总厂(简称宝钢)开工建设,1993 年 7 月更名为宝山钢铁(集团)公司,1998 年 11 月 17 日组建上海宝钢集团公司。2000 年 2 月,独家发起组建宝山钢铁股份有限公司(简称宝钢股份)。11 月,宝钢股份上市,宝钢集团主要钢铁资产进入宝钢股份,宝钢股份形成碳钢、特钢、不锈钢三大生产制造体系,成为集团公司钢铁生产经营主体。2012 年 7 月,上海市政府与宝钢签署合作协议,正式启动上海宝山地区钢铁产业结构调整工作。2016 年 12 月 1 日,中国宝武钢铁集团有限公司(简称宝武集团)由原宝钢集团有限公司和武汉钢铁(集团)公司重组揭牌,总部设在中国(上海)自由贸易区,注册资本 527.91 亿元,资产规模逾 7000 亿元。宝武集团在宝山区域内主要企业有宝钢股份直属厂部、宝钢不锈钢有限公司、宝钢特钢有限公司、宝钢金属有限公司、宝钢工程技术集团有限公司、欧冶云商股份有限公司、宝钢发展有限公司等。是年,宝武集团位列《财富》世界 500 强第 204 位,全球钢铁企业排名第 2 位。2019 年 9 月,中科钢研碳化硅项目总部基地落户宝山,宝钢股份成为全球最大、牌号最齐全、多基地供应的新能源汽车驱动电机用钢专业生产商。宝山依托钢铁、港口、能源基地各方面优势,发挥宝钢的辐射功能,发展特色经济,形成仓储运输服务业、生活旅游服务业、房地产业、现代农业“多业并存”的产业集群。近年来,宝山城市化建设步伐加快,人口及产业的大量导入,改革不断深入,宝山第三产业发展较快,经济保持平稳运行态势,工业生产较快增长,多种产业平稳拉动需求,城乡居民收入稳定增长。据区统计局初步测算,2021 年宝山区生产总值(GDP)完成 1725.56 亿元,按可比价格计算,比上年增长 6.5%。其中,第一产业增加值 1.18 亿元,比上年下降 2.3%;第二产业增加值 604.78 亿元,比上年增长 6.3%;第三产业增加值 1119.60 亿元,比上年增长 6.5%。三次产业增加值结构为 0.1∶35.0∶64.9。

【交通体系完备】 宝山区域内海运、铁路、公路、城市道路、内河航运等互相衔接,构成完备的交通体系,是上海通江达海和通向外省市的门户之一。建成以主干道为骨架,次干道、支路为基础,农村公路为补充的道路网络。至 2021 年末,全区共有道路 1189 条,长 1316.77 千米,道路面积 2566.11 万平方米,包含市、区、镇管道路,村庄道路以及在建道路。其中,市管道路 11 条,长 125.7 千米,道路面积 449.4 万平方米;区管道路 359 条,长 523.7 千米,道路面积 1453.6 万平方米;镇管道路 211 条,长 90.2 千米,道路面积 98.2 万平方米。主干道主要有逸仙路高架道路、S20 公路(外环线)和外环线越江隧道、G1501 公路(郊环线)宝山段、共和新路混合高架道路、江杨路、沪太路、蕰川路、潘泾路。轨道交通 1、3、7、15、18 号线,运营长度 52.754 千米。2021 年 11 月,“沪渝蓉沿江高铁上海至南京至合肥段可行性研究报告”获得国家发展和改革委员会正式批复。该项目起自上海市新建上海宝山站,经江苏省苏州市、南通市、泰州市、扬州市、南京市及安徽省滁州市、合肥市,接入既有合肥南站,线路全长 554.6 千米(其中新建铁路 519.9 千米),设计时速 350 千米,为双线高速铁路。建成后的宝山高铁站将使宝山的交通全面辐射长三角。至 2021 年末,全区有桥梁 576 座,桥孔共 3202 孔。共有地面公交线路 146 条,其中跨区域线路 82 条、区域内线路 64 条。有公交站点 1455 个,公交候车亭总数达 760 个。区域出租企业 2 家,运营车辆 670 辆。宝山区公共自行车共有 612 个租赁点,设置 18966 个锁柱,投放 15000 辆自行车,拥有网点 588 个。共享单车数量 5.14 万辆。吴淞长途汽车站始发省际长途汽车线路 24 条,美兰湖长途汽车站 2 条。2021 年,全区共有水路运输企业 18 家,船舶管理企业 3 家,营运船舶 74 艘。《1999—2020 年上海城市总体规划》确定将上海水上客运中心十六铺运送功能转移至吴淞口。2003 年 9 月 25 日,上海港吴淞客运中心举行开航仪式。吴淞客运中心拥有省际水上客运、三岛客运、市内轮渡等功能,从客运中心始发的省际客运航线有申岱普、申连 2 条航线。2004 年,开通上海至重庆不定期长江旅游航线。2008 年 12 月 20 日,吴淞口国际邮轮港开工建设,成为上海国际邮轮港的重要组成部分,岸线总长 1500 米,有 4 个泊位,可同时停靠 2 艘 20 万吨级邮轮或 4 艘 10 万吨级邮轮。2010 年 8 月 24 日,宝杨路码头新客运站投入使用。2011 年 10 月 15 日,吴淞口国际邮轮港正式开港。2012 年,7.6 万吨的“歌诗达 · 维多利亚号”和 13.8 万吨的“皇家加勒比 · 海洋航行者号”大型邮轮先后以吴淞口国际邮轮港为母港开辟亚洲航线,开启亚洲邮轮的大船时代。2018 年 7 月 13 日,吴淞口国际邮轮港新客运大楼投入运营,迈入“四船同靠”新纪元,当天出入境游客超过 2 万人次,创下中国邮轮母港单日客流新纪录。2019 年,吴淞口国际邮轮港累计接待邮轮 2255 艘次、国内外游客 1348 万人次,保持全球第四位、亚洲第一位邮轮母港地位。2020 年,吴淞口国际邮轮港成功创建上海邮轮服务业创新发展示范区,旅游休闲区成功入选上海首批“全域旅游特色示范区”。上海市 8 个部门联合发布《中国邮轮旅游发展示范区三年行动计划(2020—2022 年)》。年内,吴淞口国际邮轮港完成 6 次邮轮回靠和 772 名中国船员换班作业。2021 年 10 月 22 日,《上海国际邮轮旅游度假区总体规划》正式发布,市文旅局与宝山区签署《赋能长江门户　助力宝山转型战略合作框架协议》,中国旅游车船协会邮轮游船游艇分会揭牌成立,使宝山通江达海的交通旅游推进到新的高度。

【生态环境优良】 宝山是传统工业基地,长期以来形成以冶金、化工、建材和有色金属加工等行业为主的产业结构,上海市重要工业基地——吴淞工业区内集中了全市 10% 的污染大户。2000 年,吴淞工业区环境综合整治全面启动,共投入整治资金 280.93 亿元,其中政府投资 44.53 亿元。2005 年末,整治工作全面完成,吴淞工业区总体环境质量明显改善,其中大气环境质量达到国内同类工业区先进水平。2003 年,宝山区被授予“上海市园林城区”称号。建成的大型绿化项目有外环线绿带、吴淞炮台湾湿地森林公园、环区步道等,有共和新路、江杨北路、南大路等隔离绿带及滨江、吴淞十一街坊等 3000 平方米以上大型景观绿地 46 块。2009 年 5 月 1 日,上海最大的城市郊野公园顾村公园对外试开放,10 月正式对外开放。2011 年,顾村公园、吴淞炮台湾湿地森林公园 · 长江河口科技馆被评为国家 4A 级旅游景区。2012 年，宝山区被评为全国绿化模范城区。2014 年，完成宝安公路两侧绿化工程、生态专项等绿化项目，新建绿地 160.7 公顷，新增造林面积 74.86 公顷。2015 年，全区新增造林面积 88 公顷，新建绿地面积 152.4 公顷，人均公共绿地面积 11.3 平方米。2016 年，全区新增森林面积 172 公顷，新建绿地面积 151.63 公顷，人均公共绿地面积 11.5 平方米。2017 年，完成新建绿地 128.55 公顷，其中公园绿地 25.18 公顷、外环生态专项绿地 61 公顷、大居绿地 4.43 公顷、其他绿地（居住区、单位和道路附属绿地）37.94 公顷，立体绿化 3.01 万平方米；全区人均公共绿地面积 11.7 平方米；祁连公园和菊盛公园被纳入城市公园名录。2018 年，新建各类绿地 90.02 公顷、城市绿色步道 25 千米、立体绿化 30044.8 平方米，人均公共绿地面积 11.9 平方米。2019 年，新建各类绿地 77.07 公顷、城市绿色步道 13.47 千米、立体绿化 3 万平方米，人均公园绿地面积达 12.1 平方米。2020 年，新建各类绿地 70.07 万平方米、立体绿化 30108 平方米、绿道 10 千米，绿化覆盖率达 39%，人均公园绿地面积达 12.4 平方米；完成 G1503 绕城高速生态廊道（宝山段）建设项目 27.4 公顷，其他生态廊道 27.87 公顷，一般公益林 35.6 公顷；新增白沙公园、美文路小游园、西家浜绿地 3 座市级公园，改造天馨绿地、青石绿地等街心花园 10 个；全区市级公园达 35 座，26 座公园延长开放；后工业景观示范园项目获住建部"中国人居环境奖"，走马塘绿地 A 块工程获上海市"园林杯优质工程金奖"。2021 年，新建各类绿地 70.04 公顷，城市绿化步道 12.07 千米，立体绿化 30172.05 平方米，绿化覆盖率达 39%，人均公园绿地面积达 12.45 平方米；完成 G1503 绕城高速重点生态廊道竣工验收，完成绿道五期、蕰川路西侧、漠河路北侧绿地改造等项目，新建改建双城路绿地 1 个城市公园，宝菊绿地、尚北路福双路西北角绿地、莲松绿地、苏宝绿地 4 个街心花园，月浦镇月狮村开放式休闲林地、罗泾镇花红村开放式休闲林地、罗泾镇新陆村开放式休闲林地 3 个乡村公园。2021 年，宝山区全面完成 2018 年—2020 年的污染防治攻坚战 12 个大项 36 个小项硬约束指标，生态环境安全得到稳控。2021 年度垃圾分类实效考评宝山区全年平均得分 94.21 分，全区分类达标率稳定在 95% 以上，全区环境空气质量指数（AQI）优良天数 328 天，空气质量指数优良率 89.9%。

【历史文化深厚】　宝山域内历史传承悠久、各种文化相互交融，宝山立县、吴淞开埠、淞沪抗战、上海战役，历史大事、文脉绵延孕育形成了江南文化、海派文化、红色文化。随着时代的发展，宝山历史文化地域风格明显、"一地一品"特色呈现、国际时尚文化流行。宝山建立较完善的区级非物质文化遗产保护名录，共有非物质文化遗产 37 项，其中国家级 1 项、市级 10 项、区级 26 项，端午节——罗店划龙船习俗入选国家级非物质文化遗产扩展项目名录，罗店镇成为全国端午民俗示范点和上海市第一批非物质文化遗产传承基地。罗店彩灯艺术源远流长，在罗店已流传数百年；宝山寺始建于明正德六年（1511 年），距今已有 500 多年历史。罗泾十字挑花技艺、老香斋茶点制作技艺被列入第一批上海市传统工艺振兴目录。杨行、月浦、罗店、顾村镇被评为"中国民间艺术之乡"，月浦镇被评为"全国文化先进社区"，罗店镇被评为第七批"中国历史文化名镇"。区内建有上海淞沪抗战纪念馆、上海解放纪念馆、宝山烈士陵园、"南京路上好八连"事迹展览馆、陶行知纪念馆、陈化成纪念馆、上海战役月浦攻坚战纪念碑、侵华日军罗泾大烧杀遇难同胞纪念碑等重要纪念场馆和设施，建成首批 81 个吴淞文脉点位，形成北上海重要红色文化地标群。宝山区自 1995 年以来共举办 10 届国际民间艺术节，上海宝山国际民间艺术博览馆于 2010 年 10 月 16 日开馆，新西兰世博展品"独木舟"落户博览馆。中国第一家以河口科技为主题的长江河口科技馆于 2011 年 10 月 18 日落成开馆。上海玻璃博物馆、宝山区图书馆新馆于 2012 年对外开放，尊木汇红木文化公园（一期）在 2013 年 9 月开放。原创现代沪剧《挑山女人》四度到北京演出，获奖总项达 18 个，实现沪剧史上新突破，并于 2017 年完成全国巡演 40 场，演出总场次 266 场、观众 28 万多人次。创设国内第一个国际儿童文学大奖"陈伯吹国际儿童文学奖"。2014 年，上海淞沪抗战纪念馆入选首批 80 处国家级抗战纪念设施、遗址名录。2015 年 9 月 2 日，上海淞沪抗战纪念公园揭牌，该公园按照"馆园合一"模式，构建"一个中心、四个基地"（即淞沪抗战史展示中心和淞沪抗战史研究基地、爱国主义教育示范基地、国防教育基地、海峡两岸文化交流基地）。2016 年—2020 年，每年举行市民文化节宝山专场系列活动，其间还首次引进具有"国标舞界奥运会"美誉的黑池舞蹈节。截至 2021 年，宝山区有文化馆（站）19 家，其中区属文化馆 1 家、街镇社区文化活动中心 18 家；图书馆（站）25 家，其中区级图书馆 1 家、街镇图书馆 24 家，共有纸质书及电子书 311.9 万册。区级公共文化基础设施主要有区融媒体中心、上海淞沪抗战纪念馆、上海宝山国际民间艺术博览馆、区文化馆、区图书馆、上海解放纪念馆等，总面积约 7 万平方米。社会文化娱乐场所 131 家（棋牌室取消审批），网吧 95 家，电影院 29 家；印刷类 151 家，出版物零售 80 家，表演团体 19 个，剧场 3 个，艺术品 4 家。区内各级不可移动文物 90 处，其中上海市文物保护单位 9 处、宝山区文物保护单位 8 处、宝山区文物保护点 73 处。2021 年，共举办各类线上线下文旅活动 20300 场，参与人数 1880.57 万人次，完成四级配送点单数量 2776 场。罗店镇（罗店龙船）、顾村镇（民间诗歌）、杨行镇（吹塑纸版画）、罗泾镇（罗泾十字挑花）被评为 2021—2023 年度"上海民间文化艺术之乡"。

【能源基地稳固】　宝山是上海市重要的钢铁、电力、煤气、水资源基地和上海现代冶金工业基地。宝山钢铁产业发展历史悠久，基础良好、技术先进、产业优势明显；区域内电力企业有华能上海石洞口第一电厂、华能上海石洞口第二电厂、华能燃气机厂等。石洞口发电厂是华能国际电力股份有限公司旗下的主要发电企业之一，也是上海三大电力基地之一。华能石洞口二厂是华能国际电力股份有限公司下属电厂，是中国第一座大容量超临界火力发电厂。境内有吴淞煤气制气有限公司和上海石洞口煤气制气有限公司 2 个燃气生产企业。2019 年 7 月，中国能源上海氢能研究院暨宝山氢能产业技术创新联盟在宝山揭牌成立，中国能源工程集团和上海大学签署战略合作协议，共同成立中国能源工程集团上海氢能研究院，以老工业区转型为突破口，将氢能产业列为重点培育产业，宝山新增以科技创新、成果转化、产研协作的氢能源基地。水资源设施主要有上海城投原水有限公司长江原水厂和上海市自来水市北有限公司吴淞自来水厂、月浦自来水厂、泰和自来水厂 4 家，其中月浦水厂是长江沿岸第一家实现生产污水"零排放"的自来水厂。

（王素炎）

国民经济和社会发展

■ 编辑　王素炎

《2021年宝山区国民经济和社会发展统计公报》

【综合经济】经初步核算，2021年宝山区生产总值（GDP）完成1725.56亿元，按可比价格计算，比上年增长6.5%。其中，第一产业增加值1.18亿元，比上年下降2.3%；第二产业增加值604.78亿元，比上年增长6.3%；第三产业增加值1119.60亿元，比上年增长6.5%。三次产业增加值结构为0.1∶35.0∶64.9。

全年工商注册新设企业25846户，增长13.4%，工商注册新设企业注册资本1166.01亿元，下降12.2%。其中，内资企业（含私营）25577户，增长13.7%，注册资本1137.96亿元，下降10.7%；外资企业269户，增长9.1%，注册资本28.05亿元，下降48.0%。

全年区级一般公共预算收入172.90亿元，增长13.0%。其中，税收收入146.26亿元，增长9.0%；非税收入26.64亿元，增长42.0%。

全年区级一般公共预算支出278.45亿元，增长6.6%。其中，区本级支出189.96亿元，增长5.5%；镇级支出88.49亿元，增长8.9%。

全年全社会固定资产投资总额657.07亿元，增长1.8%。其中，第二产业投资总额127.97亿元，增长29.2%；第三产业投资总额529.09亿元，下降3.2%。固定资产投资构成中，工业投资比重为19.5%，社会事业投资比重为2.6%，房地产开发投资比重为60.2%。全年在建项目数823个，增长16.4%，其中新开工项目数300个，下降9.7%。投资类型看，民间投资额347.45亿元，下降0.6%。

2021年宝山区地区生产总值

生产总值	现价（亿元）	比2020年增长（%）
合计	1725.56	6.5
农业	1.34	-0.8
工业	546.44	7.3
建筑业	70.76	0.7
批发和零售业	182.13	11.0
交通运输、仓储和邮政业	63.96	13.7
住宿和餐饮业	14.85	13.6
金融业	107.16	6.7
房地产业	260.50	2.4
其他服务业	478.42	5.9
第一产业	1.18	-2.3
第二产业	604.78	6.3
第三产业	1119.60	6.5

2021年宝山区财政收支

财政收支	2021年（亿元）	比2020年增长（%）
一般公共预算收入	437.13	20.2
中央级收入	169.75	32.6
市级收入	94.48	14.4
区级地方收入	172.90	13.0
#非税收入	26.64	42.0
一般公共预算支出	278.45	6.6
区本级支出	189.96	5.5
#一般公共服务	9.17	-3.7
公共安全	14.33	-7.0
教育	36.93	-2.8
科学技术	6.52	-3.7
文化旅游体育与传媒	2.74	4.6
社会保障和就业	24.62	10.8
卫生健康	15.84	14.1
节能环保	1.97	-68.0
城乡社区	21.81	43.6
镇级支出	88.49	8.9

2021 年宝山区固定资产投资总额

全社会固定资产投资总额	2021 年(亿元)	比 2020 年增长(%)
合计	657.07	1.8
#工业	127.97	29.2
房地产开发投资	395.69	-3.9
社会事业	17.24	37.8
城市基础设施	92.04	-14.2

2021 年宝山区主要农副产品

产品名称	产量(吨)	比 2020 年增长(%)
谷物	5752.3	4.2
蔬菜	25747.5	-6.3
园林水果	3150.8	-11.2
肉禽(净重)	7.4	82.3
水产品	165	1.9

注:谷物、肉禽产量数据由国家统计局下发,园林水果数据由上海市统计局认定。

2021 年宝山区规模以上工业战略性新兴产业

	总产值(亿元)	比 2020 年增长(%)
合计	678.13	14.7
#新能源	30.43	-7.2
高端装备	124.48	32.9
生物	29.13	9.1
新一代信息技术	15.57	17.6
新材料	432.28	9.9
新能源汽车	14.06	160
节能环保	57.04	13.7

2021 年宝山区“2 +4”工业园区单位土地产出

单位:亿元/平方千米

	单位土地产值		单位土地营收		单位土地税收	
	2021 年	比 2020 年增长(%)	2021 年	比 2020 年增长(%)	2021 年	比 2020 年增长(%)
合计	50.47	22.9	186.89	23.8	3.36	13.1
宝山工业园区	47.90	27.7	193.34	20.7	3.02	5.4
城市工业园区	51.28	7.4	391.11	20.3	6.12	15.6
宝山工业园区(北区)	37.57	34.0	54.08	6.6	1.62	-10.6
罗店工业园区	72.31	55.4	521.91	31.4	3.87	17.7
月杨工业园区	53.83	17.8	175.82	30.1	3.95	25.2
杨行工业园区	23.93	1.0	206.46	42.6	3.62	55.3
月浦工业园区	42.06	16.6	148.53	27.0	2.63	5.9
机器人产业园	98.07	23.7	171.31	18.8	5.76	19.8

【农业】 2021 年,宝山区实现农林牧渔业总产值 3.09 亿元,比上年增长 11.9%。其中,农业(种植业)2.24 亿元,增长 17.1%;林业 0.41 亿元,增长 0.1%;渔业 0.12 亿元,下降 21.6%;农林牧渔服务业 0.32 亿元,增长 12.4%。

全年谷物产量 5752.3 吨,比上年增长 4.2%;蔬菜产量 25747.5 吨,下降 6.3%;园林水果产量 3150.8 吨,下降 11.2%;肉禽产量 7.40 吨,增长 82.3%;水产品产量 165 吨,增长 1.9%。

至 2021 年末,建成标准化水产养殖场 2 家,面积 57.34 公顷;建成设施粮田面积 672.8 公顷,设施菜田面积 479.7 公顷;市级蔬菜机器换人基地 3 家,面积 52.17 公顷;市级农业生态循环示范基地 2 个;全区农产品绿色生产基地 13 家,面积 261.33 公顷。有农业产业化龙头企业 7 家,农民专业合作社 57 家。26 家企业 56 个产品获得绿色食品认证,其中地产农产品生产基地 23 家,绿色食品 47 个;加工类产品 3 家,绿色食品 9 个。

【工业和建筑业】 2021 年,宝山区实现工业增加值 546.44 亿元,比上年增长 7.3%;实现工业总产值 2789.20 亿元,增长 27.5%,其中规模以上工业总产值 2577.16 亿元,增长 25.2%;实现工业销售产值 2780.03 亿元,增长 27.2%,其中规模以上工业销售产值 2567.99 亿元,增长 25.0%。

全年规模以上工业企业实现利润总额 190.54 亿元,比上年增长 10.4%;规模以上工业企业营业收入利润率为 5.51%,比上年下降 0.87 个百分点。亏损企业为 95 户,增长 8.0%,亏损面为 18.1%,下降 1.5 个百分点。

全年规模以上工业战略性新兴产业完成总产值 678.13 亿元,比上年增长 14.7%,战略性新兴产业的产值占全区规模以上工业总产值的比重为 26.3%,上升 0.9 个百分点。

全年“2 +4”工业园区实现规模以上工业总产值 715.60 亿元,比上年增长 18.7%,占全区规模以上工业总产值的比重为 27.8%。从“2 +4”工业园区的单位土地产出看,工业园区工业企业单位土地产值 50.47 亿元/平方千米,增长

22.9%;单位土地营收186.89亿元/平方千米,增长23.8%;单位土地税收3.36亿元/平方千米,增长13.1%。

全年建筑业增加值70.76亿元,增长0.7%。区域内三级资质及以上建筑业企业完成建筑业总产值1176.86亿元,比上年增长13.3%,其中在外省市完成产值901.63亿元,增长23.6%;房屋建筑施工面积6875万平方米,下降5.0%;竣工面积1286万平方米,增长5.9%。

【批发、零售和旅游业】 2021年,宝山区批发和零售业增加值182.13亿元,比上年增长11.0%。实现商品销售总额10110.44亿元,增长25.0%。完成社会消费品零售总额850.39亿元,增长8.9%。其中,批发和零售业零售额773.80亿元,增长8.4%;住宿和餐饮业零售额76.59亿元,增长14.8%。限额以上互联网零售实现零售额182.99亿元,增长28.2%;限额以上汽车零售业实现零售额131.69亿元,增长4.4%。

全年电子商务企业实现电子商务交易额7858.9亿元,比上年增长35.3%,其中B2B交易额7721.9亿元,增长35.2%;B2C交易额137.0亿元,增长45.4%。

全年纳入统计监测范围的91个商务载体实现总税收收入89.70亿元,总税收单位面积产出2427.43元/平方米,增长43.7%;总体入驻率81.1%,落地型企业注册率70.3%,税收收入1亿元以上的载体21个。

2021年,全区游客接待人次合计900.77万人次,增长1.0倍,营业总收入20亿元。其中101家旅行社接待游客21.04万人次,营业收入10.89亿元;51家主要旅游饭店接待游客115.11万人次,营业收入6.07亿元;21家旅游景区(点)接待游客764.62万人次,营业收入3.04亿元。区内全年共举办旅游活动236场次,游客线上点击近247万人次,线下参与超166万人次。上海旅游节期间首度上线“趣游宝山　云上嘉年华”腾讯平台,推出“建筑可阅读　宝山人文漫游”线路,推出门票半价享、寻密码游宝山和农场联盟等三大惠民举措和六大主题活动,超24万人次参与。推出长三角百年自驾寻访之旅,8个点位获得首批“自驾游推荐目的地”称号。拓展新增“追忆”“传承”2条线路,开发“百年印记,红心向党”宝山人文旅游数字地图,首创“声动印迹·漫漫行知路”声音文化微旅。全年开发“趣”宝山四季微游、宝山建筑可阅读人文漫游等24条主题旅游线路。

2021年宝山区旅游设施

指标	单位	数量
星级宾馆	家	6
#四星级	家	3
三星级	家	3
旅行社	家	98
#经营出境旅游业务的旅行社	家	14
A级旅游景区(点)	个	8
#4A级景区(点)	个	5
3A级景区(点)	个	3
旅游咨询服务中心	个	2
旅游集散中心站点	个	0

2021年宝山区年末银行存贷款余额

	余额(亿元)	比年初增长(%)
银行存款余额	5164.06	14.6
#单位存款	2174.62	10.9
居民储蓄存款	2756.44	12.7
银行贷款余额	2754.27	19.0
#短期贷款	487.85	33.5
中长期贷款	2142.21	15.7
#单位贷款	1485.91	18.3
个人贷款	1128.90	13.7
#住房按揭贷款	843.75	8.6
公积金贷款余额	335.05	-1.3

【交通运输、仓储和邮政业】 2021年,宝山区交通运输、仓储和邮政业增加值63.96亿元,比上年增长13.7%。全年规模以上交通运输仓储和邮政业实现营业收入267.59亿元,增长26.5%,其中交通运输业实现营业收入230.37亿元,增长30.4%。2021年,共调整优化12条公交线路,区域线网密度达到1.73千米/平方千米,建成82个公交候车亭。持续开展码头整治,全年内河码头产业结构调整2家。完成吴淞医院、淞滨路70弄、招商海德名门3个停车难治理先行项目,新增泊位350个;完成停车资源共享利用项目8个,提供610个共享泊位;完成21个公共停车场的经营备案,共增加3879个公共停车泊位。推进智慧停车建设,接入“上海停车”统一支付场库131家,接入“上海停车”错峰共享场库20家。至年末,宝山区域内轨道交通运营线路共有5条,分别为轨道交通1、3、7、15、18号线,运营长度52.754千米。共有地面公交线路146条,其中跨区域线路82条、区域内线路64条。区域出租企业2家,运营车辆670辆。宝山区公共自行车共有612个租赁点,设置18966个锁柱,投放15000辆自行车。

至年末,全区有邮政局13个,邮政所27个。全年邮政业务总量3.67亿元,发送函件249.88万件,发送国内特快专递5.07万件,发送国际特快专递0.13万件,报刊累计订销3706.4万份。

【金融业】 2021年,宝山区金融业增加值107.16亿元,比上年增长6.7%。至年末,全区有银行26家,本外币存款余额5164.06亿元,比年初新增659.62亿元,增长14.6%;贷款余额2754.27亿元,比年初新增439.79亿元,增长19.0%;公积金贷款余额335.05亿元,比年初下降4.29亿元,下降1.3%。

2021 年，宝山区与上交所深化战略合作，共同建立上海（宝山）科创金融服务中心。针对全区企业召开 7 场投融资对接会或各类沟通培训会议，共实现 18 家企业挂牌上市，尤安设计、掌门教育先后在创业板和纽交所成功上市，上交所上市企业未来股份迁入宝山。全区挂牌上市企业数达 167 家，其中上市企业 14 家、“新三板”挂牌企业 55 家、股交中心科创板企业挂牌 57 家、E 板挂牌企业 41 家。

【对外经济】 2021 年，宝山区有合同外资项目 388 个，比上年增长 10.5%，其中新批项目 326 个、增资项目 62 个。实现合同外资总额 14.70 亿美元，增长 5.1%。引资项目中，1000 万美元以上项目 29 个，实现合同外资 11.85 亿美元。第二产业合同外资 4607 万美元，比上年下降 30.6%，其中工业实现合同外资 2652 万美元；第三产业合同外资 14.22 亿美元，增长 6.7%，其中租赁和商务服务业实现合同外资 4.47 亿美元，科学研究和技术服务业实现合同外资 4.20 亿美元，批发和零售业实现合同外资 3.14 亿美元，信息传输、软件和信息技术服务业实现合同外资 0.92 亿美元。全年实际到位外资 5.70 亿美元，同比增长 26.8%。

全年实现外贸进出口总额 1377.53 亿元，增长 57.3%。其中出口总额 392.18 亿元，增长 52.8%；进口总额 985.36 亿元，增长 59.1%。

【城市基础设施和房地产】 2021 年，宝山区城市基础设施建设投资 92.04 亿元，比上年下降 14.2%。其中，电力建设投资 17.36 亿元，比上年增长 44.6%；公用设施投资 42.75 亿元，下降 50.9%。2021 年末，全区道路共计 725 条，长度 930.25 千米；全年完成 46 个大中修、排堵保畅、抢修及路灯安装等工程，区管市政道路综合完好率为 92.35%，普通公路（县、乡、村道）技术状况指数 93.16 分，创建 7 条精品示范路，完成 7.1 千米架空线入地和杆箱整治工程。完成共和新路高架、逸仙路高架桥桥面涂装，同济路高架桥面、桥下涂装，吴淞大桥涂装，蕰川公路沿线专项整治，轨交 1、3 号线区间及站点涂装，共完成涂装 73.15 万平方米。2021 年经五轮摸排，全区共梳理各类堆场 258 个，占地面积约 495 万平方米，已关停货运堆场 143 个，占地面积约 206.6 万平方米。全区共开展货运堆场各类整治工作 1200 次，出动执法人员 4351 人次，开具法律文书 293 份，询问约谈 684 次，行政处罚 55 次，处罚金额 89.72 万元。

截至 2021 年末，完成淞南、顾村和罗店等老旧小区老公房燃气内管改造 8239 户，换出腐烂锈蚀管 61 根；完成管道燃气入户安检 37.14 万户，严重隐患整改 3197 户；完成液化气入户安检 7.31 万户，严重隐患整改 278 户；收缴非法液化气钢瓶 655 只，联合公安派出所、属地街镇取缔“黑瓶黑气”窝点 3 处。

全年房地产业增加值 260.50 亿元，增长 2.4%。完成房地产开发投资 395.69 亿元，下降 3.9%，其中住宅投资 245.62 亿元，下降 4.7%；办公楼投资 14.36 亿元，下降 6.1%；商业营业用房投资 30.12 亿元，下降 8.8%。完成商品房施工面积 1457.46 万平方米，下降 2.1%；竣工面积 273.54 万平方米，增长 11.9%。实现商品房销售面积 168.55 万平方米，下降 1.0%；实现商品房销售额 653.32 亿元，增长 49.1%。全年完成存量房交易面积 280.50 万平方米，增长 22.2%；存量房交易金额 840.06 亿元，增长 23.0%。

一号湾庙行段滨水步道　　朱嘉奕/摄影

【城市信息化】 2021 年，宝山区信息传输、软件和信息技术服务业增加值 79.32 亿元，比上年增长 14.6%。推进新一代信息基础设施建设。全年新建通信管线 51 沟千米，新建和共建共享 5G 移动通信基站 791 个、4G 移动通信基站 76 个。至年末，累计可用通信管线共 3624.3 沟千米，共 17710.6 管千米；累计公用移动通信基站 6116 个，其中 5G 基站 3548 个（其中：电信基站 1119 个、移动基站 1159 个、联通基站 1119 个、广电基站 117 个、综合杆基站 34 个），4G 基站 2568 个；累计接入宽带用户约 85.6 万户，平均接入带宽达到 345M；无线覆盖热点 503 个，无线 AP 数 3923 个。移动电话用户约 333.7 万户，固定电话用户约 25.3 万户。IPTV 用户数达到 42.75 万户，减少 0.55 万户；数字电视线路覆盖全区 82.4 万户，增加 8.8 万户，全区覆盖率达 100%。

率先试点“数源工程”，全市首创“宝你慧”智能填表功能，通过“系统预填＋人工补填”的方式，实现 18 类高频事项情形申请表“智能秒填”，平均系统预填率达 80%，并覆盖线上线下各渠道。新增 18 项“宝你会”一件事，全年 48 项“一件事”累计办理 13.8 万余次。建立“一业一证”线下服务专窗和线上申报专区，涵盖市“一业一证”改革行业目录中的 22 个业态，为 310 余家企业颁发“行业综合许可证”。上线“宝你惠”政策直通车，汇集 8 个部门的 30 项产业政策实现“一口受理、全程网办”。以“个性指南＋智能申报”为标准，推出 15 个“好办”事项情形，其中“企业集体合同（含工资专项）审查（签订）”的“好办”服务，在市政府办公厅组织的全市 16 个区现场评审中获得第一；以“三分钟填报，零材料提交”为标准，推出 4 个“快办”事项。积极打造企业专属网页，完成免登录版企业专属网页开发；梳理 48 类特色标签，构建宝山用户标签库；开发“高新技术企业认定”等 5 类“政策体检”功能；打造“企业不必申报，资

2021年宝山区各类学校学生

类别	全部学校		公办学校		民办学校	
	学校数(所)	在校学生数(人)	学校数(所)	在校学生数(人)	学校数(所)	在校学生数(人)
合计	339	182261	245	149315	94	32946
中学	77	50138	67	43562	10	6576
其中:高中	8	6427	7	6001	1	426
初中	28	19147	26	16996	2	2151
完全中学	6	6410	5	6272	1	138
九年制学校	34	16992	29	14293	5	2699
十二年制学校	1	1162	0	0	1	1162
小学	69	75920	60	68539	9	7381
幼儿园	173	53508	100	35459	73	18049
工读	1	65	1	65	0	0
特殊教育	1	314	1	314	0	0
中等职业学校	4	2316	2	1376	2	940
其中:职校	3	2316	1	1376	2	940
其他教育	14	—	14	—	0	0

注:上表数据未包括市教委要求宝山区在地统计的非宝山区教育部门管理的4所中职校数据,该4所中职校有学生数5848人。上表学生数按学段分类统计。

金自动到账”的“免申即享”模式;向全区4000余家相关企业精准推送专属政策及相关内容96项。搭建“1+N”智能自助服务圈,将智能自助终端投放到镇、园区及银行的14个自助服务点,全年累计办理16528件(中心外各点位2797件)。先后与苏州市、无锡市、常州市等43家外省政务服务机构签订“跨区域通办合作协议”,为33家企业办成“跨省通办”业务。率先试点“长三角”多码融合应用,实现长三角电子证照免交。拓展“随申码”应用场景,推出“随申码”会议签到、政务快递签收功能。建立线上帮办“1+N联动工作机制”,通过“智能客服+人工客服”的双向互补,“常规解答+专业解答”的双轨服务,给出申请人最迅速、最精准的答复。

【教育和科学技术】 2021学年初,宝山区共有各级各类教育单位339家,在校学生超18万人。全年新开办2所公办九年一贯制学校、3所公办小学(其中2所为原九年一贯制学校拆分后成立)、4所幼儿园(其中民办2所),撤销1所民办小学、3所公办幼儿园、1所公办成人教育学校、3所其他公办教育单位,改建1所公办高中为完全中学。有1所民办九年一贯制学校、1所公办小学、1所公办幼儿园更名。与2020年相比,全区中小学在校学生数持续高位增长,其中高中增长524人,初中增长2495人,小学增长2521人;幼儿园在园幼儿总数量持续下降,较上年减少2517人。

2021年,宝山区引进、建成大学科技园7家。环上大科技园共立项项目10个,资金支持7120万元,第一阶段拨付资金3005万元,授牌成立0—4号五大核心基地,建设6个产业技术研究院,打造科研成果孵化、中试加速、产业化“内循环”,落地企业123家,攻克“卡脖子”技术、颠覆性技术等24项。经备案科技型中小企业772家,拟认定高新技术企业380家,市委对区委考核指标完成率达106%,有效期内高新技术企业数预计达1110家,比上年增长30.9%;新增5家院士专家工作站(占全市第四),完成“十四五”指标50%;完成市级高新技术成果转化项目61项,增长69.4%;完成技术合同成交额45.3亿元,实现翻一番。新增市级以上创新创业载体7家,超额完成75%,总数达26家(占全市第四,其中国家级7家)。揭榜“先投后股”改革试点(上海唯一区级为主体的项目)。获“2021—2025年度全国科普示范县(市、区)”称号(全市仅2家)、2021年沪苏同城国际创新挑战赛优秀组织奖。

【文化、卫生和体育】 2021年末,宝山区有文化馆(站)19家,其中区属文化馆1家、街镇社区文化活动中心18家;图书馆(站)25家,其中区级图书馆1家、街镇图书馆24家,共有纸质书及电子书311.9万册;文化市场经营机构250家,其中娱乐场所132家、互联网上网服务营业场所(网吧)95家;影剧院31家,演(映)出场37.00万次(场),观众406.07万人次。区内有市文物保护单位9处,区文物保护单位8处,区文物保护点73处,市优秀历史建筑2处。

全年举办各类文化活动2.03万场,参与人数达1880.57万人次。完成公共文化服务配送2776场,全区460个居村(包含在筹居委)做到每个居(村)5场配送活动的要求;区图书馆流通69.07万人次,举办讲座、读者培训、展览和各类读书活动共计408场;区各级文化馆开展文艺活动、赛事、展览、培训逾15250场(次)。

全年电视台共制作各类新闻宣传报道2753条,选送上海电视台播出372条。全年共开展文化执法检查1115次,检查场所3016家次,出动人员4598人次。文化市场所共受理行政审批项目共

275个；巡查文化经营场所3261家次；出动巡查员、志愿者1889人次。

至2021年末，全区公立医疗卫生机构（包括所有社区卫生服务站）161家，卫生技术人员8858人，医疗卫生机构编制床位数6369张，比上年增长1.9%；开设家庭总病床数5033张，增长42.6%；家庭卫生服务29615人次，增长18.8%。全年门急诊1420.13万人次，增长15.2%；入院20.47万人次，增长16.2%；住院手术14.16万人次，增长23.4%；健康检查87.41万人次，增长1.1倍。

坚持“外防输入、内防反弹”，坚持人、物、环境同防，持续紧盯关键点、关节点，从严从紧、毫不松懈抓好常态化疫情防控各项措施的细化落实。提升区域核酸检测能力，设立2家24小时核酸检测医疗机构，全区每日核酸检测总量可达16万管次（包括第三方检测机构）。建有16家集中隔离点，提供隔离用房2423间，全年共接收入境人员、本土重点人群等37938人。2021年度共处理各类应急事件9起。实施“1+N”“固定+流动”便民接种模式，推进新冠疫苗接种，先后设置接种点100余个；累计完成18岁及以上人群接种405.35万剂次，3～17岁人群接种14.36万人，60岁及以上人群接种31.2万人；18岁及以上人群新冠疫苗加强免疫接种43.61万人。

实现区域性医疗中心建设全覆盖，区内6家综合性医疗机构均通过等级评审，达到二甲以上服务水平。复旦大学附属中山医院全面托管吴淞中心医院，开展新技术新项目132项。全区常住居民家庭医生“1+1+1”签约79.09万人，签约率35.38%；重点人群签约39.15万人，签约率98.98%，居全市第一。3家社区卫生服务中心通过市级示范性社区康复中心验收。持续推进区疾控中心改扩建项目和区精神卫生中心迁建项目。落实基本公共卫生服务项目，全年完成大肠癌筛查33931人，老年人免费肺炎疫苗接种7363剂次。完善妇幼保健服务，抢救危重孕产妇9例，转会诊危重新生儿338例。

完成市政府为民办实事项目“大场医疗急救分站改建”并投入使用，新增救护车洗消中心。完成5家智慧健康驿站项目并投入使用，实现街镇全覆盖。推进便捷就医7个场景建设，全区25家医疗机构已全部完成。推进具有区域鲜明特色的“移动家庭病床”的建设应用，实现17家社区卫生服务中心全覆盖。

至2021年末，全区有业余训练体校3个。各类公共体育场馆中，体育场1个、体育馆3个、游泳池58个、运动场640个、训练房4个。竞技体育运动水平不断提升。东京奥运会，运动员许昕、吴佳欣获得1金1银，1个第六；第十四届全运会，宝山23名运动员参赛，获4金2银2铜以及12个前八名，奥、全运均取得历史最好成绩。

全民健身公共服务体系日益完善。已建成各类健身步道275条、益智健身苑点1009个、市民球场103片、11个区级及社区市民健身活动中心，全区体育场地总面积460万平方米，人均2.03平方米。全年完成体育指导员再注册培训3677人。全区开放游泳场所54家，安全接待32.8万人次；全年开展不少于30个项目200场以上区、街镇赛事，吸引200万以上人次参与。体育产业综合设施不断增强。全区体育产业机构近1000家，体育产业总规模11亿元左右。全年体彩销售额3.3亿元，募集区级体彩公益金1857.6万元。

吴淞灯塔　　区文旅局/提供

【人口和就业】 2021年末，全区户籍人口1055637人，比上年增加27445人。户籍人口按性别分，男性占50.3%，女性占49.7%；按年龄段分，0～17岁占12.7%，比上年提高0.2个百分点；18～34岁占13.8%，比上年下降0.7个百分点；35～59岁占35.9%，比重与上年持平；60岁以上占37.6%，比上年提高0.5个百分点。全年出生人口4618人，出生率4.43‰；死亡人口9318人，死亡率8.94‰；人口自然增长率为－4.51‰。2021年宝山区人口期望寿命84.12岁，其中男性81.85岁、女性86.60岁。

至年末，全区城镇登记失业人数11821人，控制在14000人以内，其中男性失业人数为7489人，占比为63.3%。16～25岁失业人数为358人，26～35岁失业人数为2520人，36～45岁失业人数为5238人，46岁及以上失业人数为3705人。

全年帮助862名长期失业青年实现就业创业，帮扶引领创业人数788人，其中青年大学生585人；安置“就业困难人员”3135人，“零就业家庭”6户，按时安置率达100%；完成职业技能培训人数91120人（包含线上培训人数）；开展企业新型学徒制培训人数2257人。坚持线上线下联动，推行线上“云”招聘服务，加速恢复线下招聘活动。全年共组织线上线下招聘会403场，提供岗位68082个，开展就业服务22893人次，共达成或实现就业6967人。

【人民生活和社会保障】 据抽样调查，2021年全区居民人均可支配收入77530元，比上年增长8.5%；居民人均消费支出49391元，比上年增长11.7%。

全年住房保障工作持续推进，旧房修缮改造已完工34个项目约255万平方米。区属征收安置住房新开工78.67万平方米，建成121万平方米。至年末，廉租住房在保家庭2218户，其中年内新增租金配租家庭366户。年底，顾村大居拓展基地已累计开工建设68.3万平方米市属保障房，其中45.5万平方米市属保障房交付。

全年投入社会救助资金3.82亿元。至年末，有11182人享受城镇最低生活保障，4.12万人享受支内回沪帮困补助，502人享受农村最低生活保障。养老机构46家，床位12138张，其中社会投资开办的22家、床位3107张。老年人日间照料服务中心61家，助餐服务场所119个，为老服务中心12家，为13.39万名老年人提供居家养老服务。

坚持精准帮扶、精准服务，促进残疾人事业全面发展。为全区7101名残疾人，配发10501件全额类辅具。申请享受特别医疗救助792人、门急诊救助107人、住院和起付线救助38人，小计937人次，投入医疗救助经费278.50万元；全年有654名低保、低收入和低保三倍以下残疾人申请体检后续服务，享受医疗券救助，与23家区级医疗机构结算救助资金20.55万元。实物帮困卡13720人次、617.4万元，交通补贴74901人次、1031.07万元，困难补贴55158人次、2094.76万元；投入72.30万元，为103名残疾人大学生及残疾人家庭子女发放一次性入学奖励及助学补贴；挖掘适合残疾人就业的岗位，全年共推荐221名残疾人顺利就业。组织开展各类培训19期，参加1052人次。

【环境保护】 2021年，宝山区环保投入资金74.07亿元，完成“十四五”生态环境保护规划编制和第八轮环保三年行动计划编制工作，并实施环保三年行动计划市级项目74项。对各类污染源出具各类检测报告439份，共出动4060人次，执法检查2055户次企业。对发现的违法违规问题实施行政处罚69件，处罚金额总计超1599.16万元。全年环境空气质量指数（AQI）优良率为89.9%。其中主要污染物PM2.5年均浓度为28微克/立方米，比上年下降12.5%。

全年完成新建各类绿地70.04公顷（其中公共绿地32.65公顷，居住区及单位附属绿地37.39公顷），立体绿化完成3.01万平方米，绿道完成12.07千米。至年末，人均公园绿地面积达12.46平方米，建成区绿地率达到39%。全年清运生活垃圾95.13万吨。

推进区域水生态环境质量，完成杨盛河、沙浦约6千米骨干河道综合整治以及马路河约3.5千米骨干河道疏浚；完成五岳河、东张茜泾、老市河、新市河等7千米中小河道治理；完成新增重点镇——顾村镇镇级清洁小流域方案编制，罗店镇天平村2.4平方千米示范单元创建；加快推进2022年示范单元内罗泾镇南潮塘等3条河道和罗店镇罗南长浜等2条河道整治，整治河道总长约4千米。推进长江路、军工路0.5千米污水二级管网建设，完成高境镇、淞南镇、张庙街道重点区域雨污混接点位的溯源整改156个，城镇污水处理率达到96%。

【城市安全和食品安全】 至2021年末，宝山区刑事案件立案数8447起，比上年下降7.0%；破案数5561起，比上年上升2.2%；治安案件受理数11616起，下降57.0%；治安案件查处数11235起，下降56.5%；全年共发生交通事故43起，下降12.2%；处理交通违法153.6万人次，上升43.5%。

全年火灾事故发生1232起。开展消防安全专项整治三年行动，全年累计检查单位5714家，督促整改火患5358处，下发“行政处罚决定书”207份，下发“临时查封决定书”33份，责令“三停”28家，罚款310.18万元。

全年全区在监工地976个，建筑面积1336.63万平方米，工程造价738.55亿元。在建项目411个，建筑面积1038.28万平方米，工程造价563.44亿元。检查工地2105个次，监管4950人次，累计开具行政措施单共1047份，其中整改单累计923份、暂缓单累计107份、停工单累计17份。累计信访投诉方面共受理信访件1778件（质量信访1598件，安全信访112件，材料9件，其他59件）。全年立案59件，结案36件，完成罚款69.8万元。

强化药品、化妆品、医疗器械及产品质量安全监管，共开展药化监管各类专项检查14项、食品安全专项检查31项。共出动执法人员11.12万余人次，检查食品生产经营单位5.32万户次，立案查处686件，消除食品无证照经营户151家。共监督抽检食品5398件，合格率为97.9%；抽检药品300件，合格率100%。全年检查特种设备企业2980家次，检查设备3710台（套），查处特种设备违法案件67起，罚没款154.26万元。

说明：

1. 本公报为初步统计数。

2. 本公报地区生产总值中各项绝对数按当年价格计算，增长速度按可比价格计算。

3. 本公报中战略性新兴产业指规模以上工业部分，是本市根据国家制定的战略性新兴产品目录进行的行业划分，绝对数按当年价格计算，增长速度按可比价格计算。

4. 本公报的部门数据资料来源于区发改委、区经委、区商务委、区农业农村委、区文旅局、区市场监管局、区生态环境局、区绿化市容局、区人社局、区科委、区房管局、区建管委、区交通委、区教育局、区信息委、区民政局、区卫健委、区体育局、区水务局、区邮政局、区行政服务中心、区残联、区消防支队、区公安局、区融媒体中心等部门，其他数据来源于区统计局、国家统计局宝山调查队。

政治篇

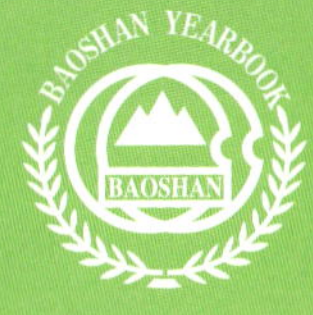

- 中共上海市宝山区委员会
- 上海市宝山区人民代表大会
- 上海市宝山区人民政府
- 中国人民政治协商会议上海市宝山区委员会
- 中共上海市宝山区纪律检查委员会（上海市宝山区监察委员会）
- 民主党派与工商联
- 群众团体
- 法治
- 军事

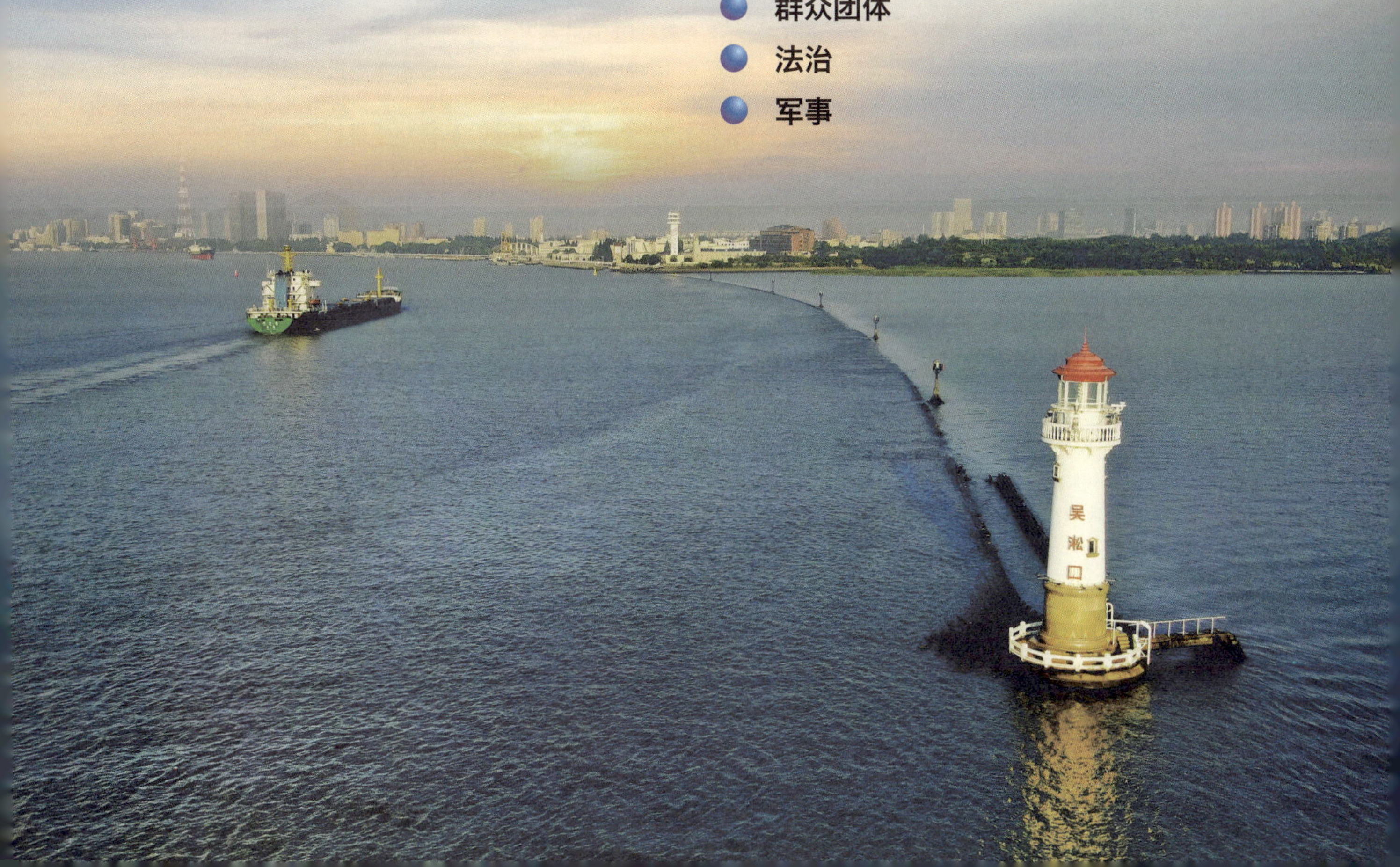

中共上海市宝山区委员会

■ 编辑　李宝利

综　述

【概况】　2021年,中共上海市宝山区委员会坚持以习近平新时代中国特色社会主义思想为指导,全面贯彻落实党的十九大和十九届二中、三中、四中、五中、六中全会精神,深入贯彻落实习近平总书记考察上海重要讲话精神和对上海工作重要指示要求,坚持稳中求进工作总基调,立足新发展阶段、贯彻新发展理念、融入新发展格局,全面落实市委重大决策部署,统筹疫情防控和经济社会发展,统筹稳增长、调结构、谋创新、抓改革、惠民生、防风险各项任务,实现"十四五"发展良好开局。

【组织庆祝建党百年系列活动】　2021年,宝山区委认真组织党员干部收看收听党中央召开的庆祝中国共产党成立100周年大会,举行宝山区座谈会,评选"两优一先"和党支部建设示范点,颁发"光荣在党50年"纪念章,举办百项群众性主题宣传教育活动,大力弘扬伟大建党精神,激发全区党员干部群众爱党爱国爱社会主义热情,凝聚起永远跟党走、奋进新征程的同心合力。

【开展党史学习教育】　2021年,宝山区委把学习贯彻习近平总书记"七一"重要讲话和党的十九届六中全会精神作为重大政治任务抓实抓好,区委中心组举行专题学习研讨17次,全覆盖推进处级单位中心组学习巡听旁听和巡回指导。面向全社会开展"四史"宣传教育,举办"百年百人讲党史"千场宣讲。抓好"我为群众办实事"实践活动,推进各级党组织梳理落实4720个重点项目。

【推进科创中心主阵地建设】　2021年,宝山区委推进科技成果转化和产业化,实施科创三年行动计划,新认定高新技术企业380家,总量超1100家,总数排名全市第八,其中科技型中小企业达772家,规模以上工业和服务业研发费用均比上年增长30%以上,有研发费用的工业企业数占比提高10个百分点。创新科技成果转化机制,揭榜推进"先投后股"国家级改革试点,完成市高新技术成果转化项目61个,增长69.4%;技术合同成交额32.8亿元,增长1.6倍;获上海市科学技术奖20项,增长1.5倍。南大智慧城挂牌成立上海(宝山)科创金融服务中心、合成生物产业园,引进塞力斯等领军企业,总投资近400亿元的52个项目集中启动,首发地块百米双子楼结构封顶。吴淞创新城十大产业项目稳步推进,启用宝山复旦科创中心,引入院士领衔的功能介孔材料研发等8个重大创新项目。探索市、区联合收储,整体谋划外环以南9平方千米地块转型开发,完成城市设计和景观设计国际方案征集。推动上海美院项目开工,海江路等市政配套项目陆续开(竣)工。推进与上海大学深化合作,出台区校合作三年行动方案,环上大科技园0—4号基地形成全链条创新孵化功能,落地企业123家,成功转化24项创新成果,推动无人艇等4项"卡脖子"技术实现产业化。密集引进北大、华中科大、上海理工等一批大学科技园,二工大科技园获评国家级大学科技园。提升功能平台能级,石墨烯平台累计入驻和孵化企业44家,烯碳铝合金等4个项目产业化取得重大进展,35千伏公里级超导电缆示范工程通电运行,新能源关键材料平台初具服务功能。智慧湾科创园获国家文化和科技融合示范基地。引进科技中介和新型研发机构,与国家技术转移东部中心合作打造"数字科创港"和"科创宝"平台,引进海尔集团旗下"海创汇"跨境孵化和技术加速平台。市级以上创新创业载体增至26家,总量全市第四,院士专家工作站达27家。举办中美经贸论坛、碳中和创新发展论坛、首届"科创杯"大赛等系列活动,成功创建2021—2025年度全国科普示范区。

【推动经济高质量发展】　2021年,宝山区委始终坚持发展第一要务,扎实做好"六稳""六保"工作,保持经济平稳运行。主要经济指标持续向好。全年完成地区生产总值1725.56亿元,比上年增长6.5%;完成区级一般公共预算收入172.9亿元,增长13%。完成全社会固定资产投资657.07亿元,增长1.8%。完成规模以上工业总产值2577.16亿元,增长25.2%,属地工业总产值增速排名郊区第一。完成商品销售总额10110.44亿元,增长25.0%,位居全市第一。完成社会消费品零售总额850.39亿元,增长8.9%。增强经济发展动力,新增尤安设计等3家上市公司,累计挂牌上市167家,新设企业2.8万户,增长16.8%。持续做大做强主导产业,1月—12月,高端装备、新材料、生物医药、新一代信息技术等战略性新兴产业产值分别增长32.9%、9.9%、9.1%、17.6%。推动福然德等一批项目开工,上药康希诺疫苗等一批项目竣工投产,发那科三期等一批项目加快建设。推动工业投资持续稳定增长,全年完成127.97亿元,增长29.2%。提标打造三大市级特色产业园,导入汉氏干细胞、博沃等一批重点项目,持续提升产业集聚度。发展"五型经济",建设国家级平台经济创新实践区,推进上海钢铁领域平台经济示范区建设,打造双千亿级电商平台。发展在线经济,6家企业跻身全市在线新经济企业50强。提升经济发展质效。"2+4"〔宝山高新技术产业园(南区)、宝山高新技术产业园(北区)、罗店工业园区、杨行工业园区、月浦工业园区、机器人产业园〕工业园区土地主营收入达150.2亿元/平方千米,增长38.9%,91个重点商务载体单位面积产出增长42%,税收亿元以上载体达21个。新增建设用地40%用于产业,实现土地减量化60公顷,盘活低效产业用地133.33公顷。推动绿色低碳发展，单位增加值能耗下降8.1%，积极布局“双碳”产业，出资参与总规模500亿元宝武碳中和主题基金，首期100亿元绿碳基金落户宝山，推动碳中和产业园建设。积极融入国际消费中心城市建设，成功举办“五五购物节”“六六夜生活节”，12家重点大型商业综合体销售额增长30.1%，宝山日月光中心开业，成为上海建设国际消费中心城市首批重点地标项目。打造营商环境新高地，强化制度供给，出台“科创30条”“黄金10条”等政策，年内拨付扶持资金近4亿元，惠及1725家企业。推出优化营商环境十大创新举措，“拿地即开工”“单体竣工验收”惠及18个项目，2.2万余户企业实现开办当天领取营业执照，474名“一对一”代办专员开展代办服务事项2220件。推进“一业一证”“证照分离”改革，成为全市行业综合许可证首发区。打响“一网通办”品牌，全市率先试点“数源工程”，精心打造20个“好办”“快办”服务事项，创新推出“宝你慧智能填表、宝你会一件事”“宝你惠”政策直通车系列应用品牌，提升企业办事便利度，特别是全市首创拟上市企业合规审查“一件事”，整体时限从1个月缩至2个工作日。“免申即享”模式惠及314家企业，累计拨付3550万元提高改革开放水平。组建南大、吴淞、大学科技园三大一级平台公司（上海南大开发建设有限公司、上海吴淞开发建设有限公司、上海宝山大学科技园发展有限公司），设立总规模150亿元的科创产业基金和城市更新发展基金，为创新转型提供强力支撑。加快融入长三角一体化发展，跨省通办累计合作城市达42个，异地企业在宝山可享受“同城办理”贴心服务。推进外资外贸提质增效，新认定外资总部和研发中心4家，合同外资、实到外资分别增长21.8%、44.3%，进出口总额同比增长65%，位列全市第一。积极承接进博会溢出效应，7家企业签订意向采购金额2.55亿美元。做好新形势下对口支援工作，助力对口帮扶地区巩固拓展脱贫攻坚成果。

【提升城市功能和品质】 2021年，宝山区委推进城市管理精细化，使人民城市宜居、宜业、宜游。推进重大工程，建设综合交通枢纽城市，S7公路二期、陆翔路—祁连山路通车，配合推进沪渝蓉高铁及宝山站方案研究，加快沿江通道G1503AB段、18号线二期建设，打通美丹路、友谊西路等一批断头路，完成国权北路公交车站改造等9个缓拥堵项目。解决群众出行“最后一公里”难题，优化公交线路11条、站点5个。推进静态交通管理，完成吴淞医院等3个停车难治理项目，新增各类停车泊位3035个。改善生态环境。全力建设生态之城，启动第八轮环保三年行动计划，深化片长制、路长制、河长制，试点田长制，使生态绿色成为发展的鲜明亮色、美丽成色。拓展优化生态空间，新建绿地70公顷、立体绿化3万平方米、绿道12.5千米。推进中央环保督察、长江警示片反馈问题整改，完成市环保督察“回头看”。持续打好蓝天碧水净土保卫战，1月—12月，空气质量指数（AQI）优良率达89.9%，“3+15”考核断面水质总体良好，创建2个河长制标准化街镇，垃圾分类达标率达95%。加快城市有机更新。打造高品质“一江一河”滨水公共空间，蕰藻浜首个提升改造区段贯通开放。扮靓“迎宾大道”“城市会客厅”，对主要干道、轨交站点、门户节点等实施全要素升级，完成高架、桥面涂装73.2万平方米，整修外立面150余幢，完成架空线入地和杆箱整治3.1千米。深化“三个美丽”建设，成功创建一批美丽街区、精品示范路，拆除违建108.4万平方米，34个小区加装电动自行车充电桩，完成751个小区雨污混接改造。科学实施客货分道、分时限行，整治关停货运堆场103个、162万平方米。推进乡村振兴。释放大都市近郊乡村振兴比较优势，年度乡村振兴指数居全市前列。美丽家园显示度彰显，在全市率先打造五村联动示范片区，申报农业农村部《乡村振兴战略规划实施报告（2021年）》典型范例，获市委领导批示肯定。做优“两镇八村”片区，累计创建9个乡村振兴示范村，罗泾镇及月浦镇聚源桥村分别成为全国乡村旅游重点镇、村。绿色田园发展方式转变，全面落实粮食安全党政同责和“菜篮子”市长负责制，地产农产品绿色认证率达19.4%，列全市第五、增幅列全市第二，永大菌业获市科技进步一等奖，乡村体育、文旅、农创等新业态不断涌现。幸福乐园获得感提升，全国首批乡村治理体系建设试点示范区完成中期验收，全覆盖推进农村人居环境优化工程，获全国村庄清洁行动先进县。农村宅基地改革稳妥推进，农村综合帮扶机制更加精准有效，保险帮扶赔率超65%，分红村数量增长36.4%。

【增强城市文化软实力】 2021年，宝山区委坚持厚植城市精神、彰显城市品格，提升城市软实力和竞争力。启动新一轮全国文明城区创建，制定实施三年行动计划、十大提升工程及专项行动，通过年度测评。持续推进公民思想道德建设、未成年人思想道德建设，开展先进典型、道德模范学习宣传活动，王友农获评第八届全国道德模范提名奖。深化新时代文明实践中心建设，培育特色阵地59个，新增市级志愿者服务基地5个。发挥区文明实践服务管理平台作用，实现需求与服务精准对接，群众点单15万余个，评单满意度达100%。全面彰显城市文化魅力。持续提升“3+8”文化品牌影响力，举办陈伯吹国际儿童文学奖设立40周年系列活动，原创插画展等10项活动引关注，增强全球儿童文学交流互鉴。发展非遗文化，罗店镇获评2021—2023年度中国民间文化艺术之乡。打造文化地标，区文化馆修缮、长滩音乐厅建设稳步推进。培育壮大文化创意产业，市级文创园区数增至12家，智慧湾参与国家级文化产业示范园评选，三邻桥体育文化园入选全国体育服务综合体典型案例。提升公共文化服务水平，举办城市未来艺术节，创新推出全市首座没有围墙的“一墙美术馆”。举办线上线下文旅活动1.8万余场，惠及1734万人次。基本建成15分钟公共文化服务圈和体育生活圈，“战FUN宝山”“幸福宝山路文明修身行”等全民健身赛事活动吸引224万人次参与。宝山输送运动员在东京奥运会获1金1银，在第十四届全运会获4金2银2铜。打造特色旅游品牌。加快建设上海国际邮轮旅游度假区，编制总体规划，形成“四港一心、两带三园、五大组团”发展布局。加快重点项目建设，贯通5千米滨江岸线，“东方之睛”改造、智慧邮轮港项目基本完成，长滩观光塔加快建设。成立中国旅游车船协会邮轮游船游艇分会，举办首届吴淞口论坛、上海邮轮港国际帆船赛，带动滨江水域开发和腹地转型。推进文旅融合，发布12条“趣”宝山四季微游线路，梳理45处“建筑可阅读”名录，顾村公园“上海樱花节”接待游客100余万人次，21家主要旅游景点累计接待游客725.5万人次。

【改善人民生活品质】 2021年，宝山区委践行人民城市重要理念，把人民对美好生活的向往作为奋斗目标，促进改革发展成果更多更公平惠及人民群众。推进民心工程建设。实施社区养老、早餐工程、善育工程、“城中村”改造等12项民心工程。在社区新增一批与老年人“养、食、居”密切相关的服务设施，创建4个市级示范睦邻点。新改建3家标准化菜场，19家门店被列入市早餐工程示范点。推进托幼一体，新增8个托育点。义务教育阶段学校全覆盖提供课后服务，85所学校体育场地应开尽开。加快推进“城中村”和旧区改造，解决2449户在外过渡动迁居民首套房源安置，新开工安置房78.7万平方米，超额完成既有住宅加装电梯目标，完成8239户燃气内管改造，首批“城中村”动迁工作基本收尾。完善就业和社会保障体系。做好高校毕业生、长期失业青年等重点群体就业创业帮扶，提供岗位12.4万个，完成职业技能培训9.1万人次，就业形势总体平稳。促进劳动关系和谐稳定，区就业促进中心获评全国农民工工作先进集体。推进全民参保，统筹提高城乡居保、征地养老、职工医保等社保标准，做好退役军人服务保障，扩大社会救助受益面。长护险当年累计支出超3亿元，惠及近3万人。坚决贯彻“房住不炒”，加快“四位一体”住房保障体系建设，新增供应市场化租赁住房4020套，通过稳控上市、挂牌房价核验等方式，精准调控稳定房地产市场。促进教育事业优质均衡。打造特色品牌，建设陶行知教育创新发展区，牵头发起“长三角青年陶行知教育研究联盟”，“学陶师陶”成效获市委肯定。办好每一所家门口学校，完成15所学校新建、改扩建，开工建设华师大二附中（宝山校区），成立华师大二附中教育集团，集聚上师大附中等优质资源，10所强校工程实验校通过中期评估，试点推进紧密型学区、集团建设，剑桥大学AST入学考试中心落户宝山。落实“双减”和“五项管理”工作，获评全国中小学劳动教育实验区，创建“一校多品”艺术特色学校，科技教育获2094个市级以上奖项，联合上海广播电视台、东方广播中心推出沪上首家教育电台——“未来宝”教育电台。推进数字赋能，打造智慧同侪课堂，“未来宝”教育数字基座覆盖148所学校，获批教育部人工智能助推教师队伍建设试点区、上海市教育数字化转型实验区。推动医疗服务公平可及。慎终如始抓好疫情防控，健全常态化防控与应急式响应相结合的工作机制，坚持人、物、环境同防，紧盯关键环节，发扬“事不过夜”精神，做好全流程闭环管理。保障全市大局，严格落实入境人员、中高风险地区来沪对象核酸检测、隔离观察等措施。推进疫苗接种，成人全程接种率超98%。做优公共卫生服务体系，推进医疗、医药、医保联动改革，4家医院完成三甲、二甲复评审，大场医院、罗店医院升级为二级甲等综合性医院，全区6家综合医疗机构均达到二甲及以上水平，全覆盖获批区域性医疗中心建设，增强社区卫生服务中心基础功能。推进便民就医服务数字化转型，吴淞医院实现与中山医院线上门诊、线下转诊对接，医院互认覆盖率达100%。

【提升城市治理现代化水平】 2021年，宝山区委坚持加强城市全生命周期管理，走出符合宝山特点和规律的治理新路。加快数字化转型，打造“双核五圈”，南大智慧城推进数字孪生示范城市建设，吴淞创新城入选上海市数字化转型先行区，打造5个示范性微生态圈。聚焦经济、生活、治理3个领域数字化，推进场景开放、数据赋能，推出数字人民币、便捷就医、“未来学校”等一批应用场景。数字赋能区、镇两级城运中心，“一网统管”累计接入58个场景。探索建立涵盖八大维度的城市综合安全指数模型，区社区消防安全评价指标覆盖所有居村。聚焦“数字底座”，完成“一云”“一池”“双中心”“三平台”（“一云”是电子政务云；“一池”是数据资源池；“双中心”是建成以宝之云、科技网为双核数据存储与安全备份的云计算数据中心；“三平台”是电子地图平台、二维码平台、视频互联感知平台）技术基础架构建设。推进市域社会治理现代化。推进“平安宝山”建设，获评2017—2020年度平安中国建设示范区。推进市域社会治理现代化试点工作，通过市对区中期评估。深化“雪亮工程+”“智慧公安”（“雪亮工程+”指在“雪亮工程”的基础上，与其他技术的再融合创新；“智慧公安”指“重点人员管控系统”，利用“物联网”技术实现对人员的全方位、立体式管控）系列项目建设及应用，常态化推进扫黑除恶。践行新时代“枫桥经验”，妥善解决教育培训机构关停、重大工程“邻避效应”（“邻避效应”指居民或当地单位因担心建设项目可能对身体健康、环境质量和资产价值等带来诸多负面影响，从而激发厌恶情结，采取强烈和坚决的、有时高度情绪化的集体反对甚至抗争行为）等一批突出社会矛盾。坚持党建引领，着力构建共建共治共享基层治理格局，打造“15分钟社区生活圈”。人民建议征集工作连续四年获评市级先进，社区通累计解决问题21万余个，获评上海市“创新社会治理深化平安建设”十佳案例，“社区小先生制”（以少先队员等为主体，教育引导未成年人带动家人在社区提供志愿服务、参与社区治理）获评2021年中国（上海）社会治理十大创新实践案例。引导多元主体参与社会治理，新增三星级以上“活力楼组”284个。推进村（居）规范挂牌管理工作，为基层减负增能。增强城市安全韧性。抓好发展与安全，创建国家安全发展示范城市。推进安全生产专项整治三年行动，落实重大隐患挂牌督办制度，持续强化生产、消防、交通、特种设备等重点领域安全监管。加强食品安全监管，严厉打击食品安全违法行为，守护人民群众“舌尖上的安全”。健全应急体系，完善7×24小时应急值守模式，完成突发事件总体应急预案和相关专项预案修订，构建风险感知、应急处突、联防联控“三张网”系统防控。

【推进社会主义民主政治建设】 2021年，宝山区委以民主凝聚人心力量、以法治护航改革发展。支持人大依法履职和行使权力。坚持和加强对人大工作的领导，支持人大及其常委会加强和改进监督工作。支持人大积极探索“全过程人民民主”的有效实现形式和路径，加强立法参与，发挥基层立法联系点的“民意直通车”作用；密切人大代表与人民群众联系，推进“家、站、点”平台赋能增效。

区、镇两级人大换届依法民主选举，产生新一届区、镇人大代表，保障人民群众的知情权、参与权、表达权、监督权。支持政协发挥专门协商机构作用。支持政协聚焦团结、民主两大主题，围绕数字化转型、对口支援、社会保障等建言资政。发挥政协提案作用，审查立案146件，采纳解决率达91.6%，社情民意信息被市级以上采用批示66件。开展理论学习、政协论坛、委员沙龙、走访调研、视察监督等活动，广泛凝聚共识、提升履职能力。推动政协协商与基层协商有效衔接，“协商于民”政协委员工作站实现全覆盖。巩固壮大新时代统一战线。完善大统战工作格局，健全区统战工作领导小组工作机制，落实政党协商计划，支持7个民主党派区级组织和区知联会完成换届，完成工商联（总商会）换届，全力做好区九届政协人事安排工作。推进第十三批8名党外代表人士挂职锻炼和新阶层“宝山宝”品牌建设，开展庆祝建党100周年陶瓷精品创作展。促进政党、民族、宗教、阶层、海内外同胞关系和谐。推进法治宝山建设。深化依法治区，统筹推进严格执法、公正司法、全民守法。开展行政复议体制改革，挂牌成立区行政复议局。推动建立党政负责人履行法治建设第一责任人职责机制，积极创建法治政府示范区。推进司法体制改革，支持区法院、检察院依法独立行使审判权、检察权。全面开展“八五”普法，做优公共法律服务。以高度的政治自觉推进政法队伍教育整顿，工作成效得到中央督导组充分肯定。

【提高党的建设质量和水平】 2021年，宝山区委牢记打铁必须自身硬的道理，增强全面从严治党永远在路上的政治自觉，为建设上海科创中心主阵地提供坚强政治保证。强化思想政治引领。坚持以党的政治建设为统领，用党的创新理论武装头脑，在学深悟透习近平新时代中国特色社会主义思想上持续发力，在深化党史学习教育中筑牢初心使命，推动理想信念教育常态化制度化，提高干部理论教育培训实效。守好意识形态主阵地，壮大主流思想舆论，组织一批形势报道、成就报道、主题报道，在市级以上媒体刊播报道2456篇，获网评工作市级先进单位。加强领导班子和干部队伍建设。提振干事创业精气神，实施“比学赶超”五大行动，彰显“充满激情、富于创造、勇于担当”的干部特质。把政治过硬作为首要标准，完成镇领导班子换届人事调配和区镇党委、纪委换届，加大年轻干部选拔使用力度，多渠道引进紧缺专业干部，班子结构明显优化。建立更加开放灵活的选人用人机制，开发领导班子配备监测预警信息化平台，开展科级领导岗位公开选拔，实施年轻干部“四个一批”（坚持在重大工程锻炼一批，专业岗位交流一批，大型国企挂职一批，关键领域研修一批方式）工程，选派110名年轻干部到重要岗位、重大项目锻炼。加强干部培训，开设科创大讲堂，举办各类主题班次39期。坚持严管厚爱，强化对干部的日常监督。完成街镇管理体制改革，推进综合行政执法改革，开展开发区规范管理工作，完善区投促体系建设。做好公务员、老干部等工作。加快建设人才高地。贯彻中央、全市人才工作会议精神，加快集聚各类优秀人才。坚持党管人才，调整人才工作领导体制，编制人才发展“十四五”规划。完善人才服务网络，设立人才驿站，打通人才服务“最后一公里”。“樱花品牌”服务不断扩容升级，首创线上“人才积分快办”小程序。发放安居资助等各类资助资金2500万元，每年筹集人才公寓房源逾2000套，开发线上选房信息系统，打造“寓见科创”品牌。启动科创人才港建设，联合21所高校成立上海宝山高校人才工作联盟。实施海内外揽才工程，高层次创新创业人才引进数量明显增加，办理人才引进1141人，比上年增长近6倍。加大基层党建创新力度。构建“科创大党建”工作格局，发挥区域化党建优势，打造吴淞创新城党建联合体，成立生物医药等五大产业链党建联盟，产业链党建铸造创新发展“红色引擎”“社区小先生制”分获“百优庆百年”上海城市基层党建十佳创新案例、优秀案例，与上海大学形成“一街镇一学院”党建联建体系。深化城市基层党建，190个城运网格与党建网格“两网融合”，196支党员志愿者服务队伍开展服务5万人次。抓党建促乡村振兴，建立月浦、罗店“两镇八村”党建共同体，加快乡村治理学院建设。成立区物流货运行业党建联盟、集卡司机流动党员党支部，推动“两新”党建有形覆盖转向有效覆盖。促进机关、国企、公立医院、学校等领域党建提质增效。完成居（村）“两委”班子换届，实施党组织书记进阶式培养计划，加快党群服务中心体系功能建设，做好发展党员和区镇党代表换届工作。顾村派出所党总支获评“全国先进基层党组织”称号。持之以恒正风肃纪反腐。全面从严治党“四责协同”机制不断深化细化、向基层进一步延伸，管党治党协同性、有效性明显提升。严格落实中央八项规定精神，驰而不息纠治“四风”，持续开展大调研，作风建设成果不断巩固。深化纪检监察体制改革，推进“四项监督”贯通融合，监督广度、深度不断拓展，制度优势进一步转化为治理效能。坚持“严”的主基调，全年立案263件，移送司法机关21人，运用“四种形态”批评教育帮助和处理904人次，召开警示教育大会，一体推进不敢腐、不想腐、不能腐。持续推进市委巡视反馈问题的整改落实，强化跟踪督办、逐项对账销号，整改完成率达95.9%。提前完成七届区委巡察全覆盖任务。 （宋　波）

区党代会与区委全会

【七届区委十二次全会】 7月9日，全会在区委党校会议中心大礼堂召开。会议由区委常委会主持，区委书记陈杰在会上讲话并就《中国共产党上海市宝山区委员会工作规则（讨论稿）》《中共上海市宝山区委关于弘扬城市精神品格全面提升科创中心主阵地城市软实力的实施意见（讨论稿）》作了说明。全会审议通过《工作规则》《实施意见》，表决通过七届区委十二次全会决议。

【七届区委十三次全会】 8月20日，全会在区机关办公大楼会议室召开。区委书记陈杰主持会议并讲话，区委常委、组织部部长徐静作《关于召开中国共产党上海市宝山区第八次代表大会的决议（草案）》说明。全会审议通过《关于召开中国共产党上海市宝山区第八次代表大会的决议》。

【七届区委十四次全会】 11月2日，全会在区机关办公大楼会议室召开。区委书记陈杰主持会议并讲话，并就区第八次党代会的主要任务、内容、开法、要求，以及区委向区第八次党代会提交的报告（讨论稿）的形成过程作说明。区委常委、纪委书记钱樑就区纪委向区第八次党代会提交的工作报告（送审稿）的形成过程作说明。区委常委、组织部部长徐静通报市委关于八届区委委员、候补委员和区纪委委员候选人建议名单的批复情况。全会审议通过区委向区第八次党代会提交的报告(讨论稿),讨论区纪委向第八次党代会提交的工作报告(送审稿),审议并通过《关于召开区第八次党代会时间的决定》。

【区第八次党代会】 11月9日—11日,党代会在区委党校会议中心大礼堂召开。9日,举行第一次全体会议,区委副书记、区长高奕奕主持会议。区委书记陈杰作“勇担新使命,奋进北转型,为高水平建设上海科创中心主阵地而不懈努力”的报告。10日,举行第二次全体会议,陈杰主持会议。大会表决通过《大会选举办法》和总监票人、监票人名单。10日,举行第三次全体会议,陈杰主持会议。大会选举产生新一届区委委员39人、候补委员7人;表决通过关于中国共产党上海市宝山区第七届委员会报告的决议和中国共产党上海市宝山区第七届纪律检查委员会工作报告的决议。

【八届区委一次全会】 11月11日,全会在区机关办公大楼会议室召开,陈杰主持会议。全会选举陈杰为区委书记,高奕奕、张义为区委副书记,陈杰、高奕奕、张义、沈伟民、袁罡、胡宝国、钱樑、陈永献、徐静、郑益川、陈云彬、孟庆源为区委常委。区委书记陈杰代表新一届区委常委会,作“四个始终”(要始终对党忠诚,做维护核心的表率;要始终真抓实干,做推动发展的表率;要始终牢记宗旨,做执政为民的表率;要始终从严从实,做管党治党的表率)的表态。

【八届区委二次全会】 12月27日,全会在区委党校会议中心大礼堂召开。上午,举行全会第一次会议,区委书记陈杰主持会议并传达中央、市委经济工作会议精神,代表区委常委会作工作报告,并就《中共宝山区委关于深入学习贯彻党的十九届六中全会精神的实施意见(讨论稿)》作说明。下午,举行全会第二次大会,陈杰主持会议并作总结讲话。全会审议通过《中共宝山区委关于深入学习贯彻党的十九届六中全会精神的实施意见》《中国共产党上海市宝山区第八届委员会第二次全体会议决议》。

(宋　波)

重大决策

【宝山区推进上海科创中心主阵地建设三年行动计划(2021—2023年)】 2月19日,宝山区委印发《宝山区推进上海科创中心主阵地建设三年行动计划(2021—2023年)》。共6项内容:总体要求和目标,加快推动科技成果转化和产业化,加快推动科创与金融集成创新,营造创新人才的发展环境,加快培育科技产业集群,加快科技创新服务体系建设。

【中共上海市宝山区委常委会议事决策规则】 3月12日,宝山区委立足贯彻落实中央、市委文件精神,立足推动落实全面从严治党政治责任,立足实现“十四五”规划明确的目标任务,结合2017年市委文件修订内容、推进区委换届工作实际和当前工作需要,印发修订的《中共上海市宝山区委常委会议事决策规则》。共7项内容:总则,议事决策的原则,议事决策的内容,议事决策的组织,议事决策的执行,附则。

【中共上海市宝山区委常委会加强自身建设的若干规则】 3月12日,宝山区委印发《中共上海市宝山区委常委会加强自身建设的若干规则》。共6项内容:学习,会议,文件,活动,纪律,其他。

【关于进一步加强区委书记专题会议、区委专题会议管理的实施意见】 3月12日,宝山区委印发《关于进一步加强区委书记专题会议、区委专题会议管理的实施意见》。共8项内容:总则,议事范围,会议组织,议题确定,会务落实,监督检查,其他规定,附则。

【关于防止懒政怠政,促进干部担当作为的实施意见】 3月18日,宝山区委为激发全区干部干事创业热情,防止干部在工作中懒政怠政、不担当不作为等问题,全力助推“上海科创中心主阵地”建设,印发《关于防止懒政怠政,促进干部担当作为的实施意见》。共3项内容:总体要求,主要任务,工作举措。

【宝山区进一步扩大有效投资持续优化营商环境行动方案】 3月25日,宝山区委根据《上海市优化营商环境条例》《上海市全面深化国际一流营商环境建设实施方案》要求,印发《宝山区进一步扩大有效投资持续优化营商环境行动方案》。共5项内容:政务环境方面,企业全生命周期管理服务方面,市场环境方面,扩大投资促进和企业服务方面,实施保障方面。

【宝山区交通畅达工程三年行动计划(2021—2023年)】 3月25日,宝山区委为做好“北转型”大文章,加快宝山科创中心主阵地建设,确保区域交通畅达,印发《宝山区交通畅达工程三年行动计划(2021—2023年)》。共5项内容:指导思想,主要目标,重点任务,时间节点,保障措施。

【宝山区创建全国文明城区三年行动计划(2021—2023年)】 3月26日,宝山区委根据《全国文明城市(区)测评体系》《全国未成年人思想道德建设工作测评体系》内容和标准要求,结合《宝山国民经济和社会发展第十四个五年规划和二〇三五年远景目标》精神,印发《宝山区创建全国文明城区三年行动计划(2021—2023年)》。共6项内容:指导思想,基本原则,工作目标,工作任务,工作机制,工作保障。

【宝山区关于全面推进城市数字化转型的实施意见】 3月26日,宝山区委根据市委《关于成立上海市城市数字化转型工作领导小组等事宜的通知》《关于全面推进上海城市数字化转型的意见》精神要求,印发《宝山区关于全面推进城市数字化转型的实施意见》。共4项内容:重要意义,总体要求,主要任务,保障措施。

【宝山区“环境美化”工程三年行动计划(2021—2023年)】 4月26日,宝山区委印发《宝山区“环境美化”工程三年行动计划(2021—2023年)》。共5项内容:指导思想,总体目标,主要任务,实施步骤,保障措施。

【关于宝山区各级党委(党组)落实全面从严治党主体责任的工作方案】 5月6日,宝山区委根据中共中央印发《党委(党组)落实全面从严治党主体责任规定》和中共上海市委印发《关于各级党委(党组)落实全面从严治党主体责任的实施方案》精神要求,印发《关于宝山区各级党委(党组)落实全面从严治党主体责任的工作方案》。共3个部分:提高政治站位,以高度的政治自觉和政治担当落实全面从严治党主体责任;狠抓责任落地,不折不扣落实全面从严治党各项任务要求;强化监督保障,进一步形成落实全面从严治党主体责任的整体合力。

【关于宝山区全面推进乡村振兴加快农业农村现代化的实施办法】 5月12日,宝山区委根据中央农村工作会议、中央一号文件和市委、市政府关于农业农村工作的精神要求,印发《关于宝山区全面推进乡村振兴加快农业农村现代化的实施办法》。共5项内容:实施产业富村行动,实施示范强村行动,实施环境美村行动,实施改革活村行动,实施治理兴村行动。

【宝山区关于深化新时代教育督导体制机制改革的实施方案】 6月30日,宝山区委根据《中共中央办公厅、国务院办公厅关于深化新时代教育督导体制机制改革的意见》《中共上海市委办公厅、上海市人民政府办公厅关于深化新时代教育督导体制机制改革的实施意见》精神要求,印发《宝山区关于深化新时代教育督导体制机制改革的实施方案》。共4项内容:指导思想,主要目标,改革举措,加强保障。

【中国共产党上海市宝山区委员会工作规则】 7月12日,宝山区委根据《中国共产党章程》《中国共产党地方委员会工作条例》《中国共产党上海市委员会工作规则》和党内有关规定要求,印发《中国共产党上海市宝山区委员会工作规则》。共7项内容:总则,组织和成员,职责,组织原则,议事和决策,督查落实和监督追责,附则。

【宝山区推进城市数字化转型三年行动计划(2021—2023年)】 7月27日,宝山区委根据市委印发的《全面推进城市数字化转型调研工作方案》要求,印发《宝山区推进城市数字化转型三年行动计划(2021—2023年)》。共6项内容:总体要求;以智能、弹性为方向,完成城市数字化底座架构建设;加强统筹,全力推进三大领域的场景建设;打造数字化转型"双核五圈";推进流程再造,建成以数字为核心的动能驱动机制;建立保障机制,加速推进城市数字化转型。

【中共上海市宝山区委员会关于弘扬城市精神品格全面提升科创中心主阵地城市软实力的实施意见】 7月16日,宝山区委根据《关于厚植城市精神彰显城市品格　全面提升上海城市软实力的意见》要求,印发《中共上海市宝山区委员会关于弘扬城市精神品格全面提升科创中心主阵地城市软实力的实施意见》。共3项内容:全面提升城市软实力的重大意义、指导思想和目标取向,主要任务,加强城市软实力建设的组织领导要求。

【法治宝山建设行动方案(2021—2025年)和宝山区法治社会建设行动方案(2021—2025年)】 8月13日,宝山区委根据中共中央印发的《法治社会建设实施纲要(2020—2025年)》《法治中国建设规划(2020—2025年)》精神,以及市委印发的《法治上海建设规划(2021—2025年)》《上海法治社会建设规划(2021—2025年)》要求,印发《法治宝山建设行动方案(2021—2025年)》《宝山区法治社会建设行动方案(2021—2025年)》(以下简称《法治宝山行动方案》《法治社会行动方案》)。《法治宝山行动方案》共9项内容:坚定不移走中国特色社会主义法治道路,构建一流法治环境,打造一流法治城区;全面贯彻实施宪法;全面保障经济社会改革发展;全面建设法治政府,持续推进依法行政,严格规范公正文明执法;切实推进公正司法和全民守法;切实强化权力运行监督制约;加大法治宝山建设的保障力度;不断强化党内法规制度建设;全面加强党对法治宝山建设的领导。《法治社会行动方案》共7项内容:总体要求,不断增强全社会法治观念,持续健全社会领域制度规范,着力加强权益保护,推进社会治理法治化,切实依法治理网络空间,加强组织保障。

【关于进一步加强和完善宝山区平安创建工作的实施意见】 11月24日,宝山区委根据《上海市平安创建活动考评管理办法》要求,印发《关于进一步加强和完善宝山区平安创建工作的实施意见》。共4项内容:调整创建活动管理主体,调整创建考评指标,调整创建申报流程,其他。

【区委宣传部、区司法局关于在本区开展法治宣传教育的第八个五年规划(2021—2025年)】 11月26日,宝山区委根据《中央宣传部、司法部关于在公民中开展法治宣传教育的第八个五年规划(2021—2025年)》《市委宣传部、市司法局关于在本市开展法治宣传教育的第八个五年规划(2021—2025年)》精神要求,批准印发《区委宣传部、区司法局关于在本区开展法治宣传教育的第八个五年规划(2021—2025年)》。共7项内容:以习近平法治思想为引领,开创全民普法新局面;深入推进重点普法,推动公民法治素养稳步提升;落实普法责任制,提高普法针对性有效性;实行公民终身法治教育制度,实现普法对象全覆盖;坚持普治并举,推进普法与依法治理有机融合;加强社会主义法治文化建设,助力全面提升城市软实力;加强组织保障。

【中共宝山区委关于深入学习贯彻党的十九届六中全会精神的实施意见】 12月30日,宝山区委下发《中共宝山区委关于深入学习贯彻党的十九届六中全会精神的实施意见》。共3项内容:充分认识党的十九届六中全会的重大意义,迅速形成学习宣传贯彻的强大声势;全面系统、准确完整把握党的十九届六中全会的核心要义、精神实质、实践要求,从党的百年奋斗历程中汲取智慧力量;以学习宣传贯彻党的十九届六中全会精神为强大动力,奋力谱写"北转型"崭新篇章。

(宋　波)

重要会议

【居(村)"两委"换届工作动员部署会】 1月5日召开。区委书记、区居(村)"两委"换届工作领导小组组长陈杰出席会议并作动员讲话。区委副书记、区居(村)"两委"换届工作领导小组常务副组长张义主持会议。区委常委、组织部部长、区居(村)"两委"换届工作领导小组副组长徐静作换届工作部署。副区长、区居(村)"两委"换届工作领导小组副组长倪前龙传达全市动员部署会精神。区居(村)"两委"换届工作领导小组全体成员、区换届工作督查组成员、各街镇、园区党(工)委书记、分管领导及相关部门负责同志参加会议。各居(村)党组织书记、居(村)委会主任和换届工作人员在街镇、园区分会场参会。

【新冠肺炎疫情防控工作领导小组会议】 1月11日,区委书记、区疫情防控领导小组组长陈杰出席会议并讲话。区委副书记、代区长、区疫情防控领导小组组长高奕奕传达市政府部署进一步加强全市冬春季疫情防控工作会议精神。区委副书记张义主持会议。副区长陈筱洁、陈云彬、倪前龙分别就分管工作作出部署。区领导苏平、王益群、黄辉等出席会议。宝山区各街镇、园区在分会场收看视频会议。

2月5日，陈杰主持会议并讲话。区长高奕奕作工作部署。区领导张义、苏平、王益群出席会议。会上区防控办、友谊路街道汇报有关工作情况。

4月22日，陈杰出席并讲话。高奕奕主持会议。区领导陈筱洁通报疫苗接种工作推进情况，部署下阶段工作。区领导倪前龙出席会议。会上月浦镇、罗店镇汇报有关工作情况。

5月28日，陈杰主持会议并讲话。陈筱洁、倪前龙汇报现阶段全区新冠疫苗接种工作情况。区领导李萍、张义、苏平、赵懿、陈永献、徐静出席会议。

6月15日，陈杰主持出席并讲话。高奕奕讲话。张义主持会议。陈筱洁、倪前龙作具体工作部署。会上区防控办、淞南镇、罗店镇汇报有关工作情况。

7月28日，陈杰主持会议并讲话。高奕奕讲话。区领导张义、陈筱洁、倪前龙出席。

8月24日，陈杰主持会议并讲话。高奕奕讲话。陈筱洁、黄辉、倪前龙作具体工作部署。会上，区卫生健康委通报疫情防控工作情况。

11月2日，陈杰出席会议并讲话。高奕奕主持会议。孟庆源、薛飒飒、包晓军作具体工作部署。会上，区卫健委、区教育局、区民政局、大场镇汇报有关工作情况。

12月27日，陈杰主持会议并讲话。高奕奕讲话。孟庆源、薛飒飒、包晓军作具体工作部署。会上，区卫健委、区民政局汇报有关工作情况。

【2020年度街镇、园区、委办局党委(党组、党工委)书记抓基层党建述职评议会】 1月15日召开。区委书记陈杰主持会议并逐一点评各街镇、园区、委办局党委(党组、党工委)党建工作情况。区领导高奕奕、张义、杜松全、苏平、高飞、王益群、陈永献、徐静出席会议。市委组织部组织二处副处长郑耀彬到会指导。部分党代表、人大代表、政协委员和基层党员干部群众代表受邀出席会议。

【街镇管理体制改革动员部署会】 1月19日召开。区委书记陈杰出席会议并讲话。区委副书记张义主持会议。区委常委、组织部部长徐静就宝山区《关于完善街镇管理体制整合街镇管理服务资源的实施方案》作解读说明。区领导倪前龙出席会议。

【安委会全体(扩大)会议】 2月20日召开。区委书记陈杰出席会议并讲话。区长高奕奕主持会议。区委常委、副区长王益群通报2020年度安全生产工作情况，部署2021年度安全生产工作。副区长陈云彬通报2020年度、部署2021年特种设备、农业安全相关工作。副区长、区公安分局局长黄辉通报2020年度、部署2021年消防安全、交通安全相关工作。区四套班子领导、局级领导，区法院院长、区检察院检察长出席会议。会上，区安委办传达全国安全生产电视电话会议和上海分会场会议精神。与会同志观看2020年宝山区安全生产警示片。

【政法暨信访工作会议】 3月1日召开。区委书记陈杰出席会议并讲话。区长高奕奕主持会议。区委常委、区政法委书记杜松全作区政法工作报告。副区长陈云彬总结并部署信访工作。副区长黄辉通报2020年区平安创建情况。区领导李萍、丁大恒，区法院院长王国新、区检察院检察长杨永勤、区人武部部长管明出席会议。会上，与会同志观看《平安宝山2021》专题片。公安分局、张庙街道、顾村镇汇报有关工作情况。

【区委财经工作委员会会议】 3月3日召开。区委书记、区委财经工作委员会主任陈杰主持会议并讲话，区委副书记、区长、区委财经工作委员会副主任高奕奕出席会议并讲话。区领导张义、苏平、王益群、陈尧水作具体部署。会上，区发展改革委、区财政局、区税务局、区经委、区市场监管局汇报有关工作情况。

4月9日召开。陈杰主持会议并讲话。高奕奕出席会议并讲话。区领导张义、苏平、王益群、翟磊作具体部署。会上，区财政局、区税务局、区规划资源局、区统计局汇报有关工作情况。

9月27日召开。陈杰主持会议并讲话。高奕奕出席会议并讲话。区领导苏平、翟磊作具体部署。会上，区发展改革委、区财政局、区税务局、区统计局、区规划资源局、区建设管理委、区交通委，区住房保障房屋管理局汇报有关工作情况。

12月6日召开。陈杰主持会议并讲话。高奕奕出席会议并讲话。区领导郑益川、苏平、翟磊、朱众伟作具体部署。区发改委、区财政局、区统计局、区科委、区经委、区商务委、区建管委、区科创委汇报有关工作情况。

【党史学习教育动员会】 3月5日召开。区委书记陈杰出席会议并讲话。区长高奕奕主持会议。区委副书记张义传达中央和市相关会议精神，通报有关工作情况并作具体部署。区领导丁大恒、苏平、赵懿、高飞、徐静出席会议。

【宣传思想文化工作会议】 3月5日召开。区委书记陈杰出席会议并讲话。区委副书记张义主持会议。区委常委、宣传部部长赵懿传达全国宣传部长会议和全市宣传思想文化工作会议精神并总结部署宣传思想工作。副区长陈筱洁总结部署全区文化工作。

【区政法队伍教育整顿系列会议】 3月6日，区政法队伍教育整顿动员部署会召开。市政法队伍教育整顿第二指导组组长龚培华、副组长张铮到会指导。区领导陈杰、杜松全、高飞、徐静、黄辉，区人民法院院长王国新，区人民检察院检察长杨永勤出席会议。会上，与会同志观看政法队伍教育整顿专题片。3月18日，区政法队伍教育整顿专题党课召开。陈杰主讲。市教育整顿工作第二指导组副组长张铮，区委常委、区纪委书记高飞出席。区政法条线各单位全体政法干警在分会场观看专题党课。3月31日，教育整顿学习教育环节总结评估会议召开。陈杰主持会议并讲话。区领导高飞，区法院院长王国新，区检察院检察长杨永勤出席会议。会议审议通过宝山区政法队伍教育整顿学习教育环节自评报告。

4月12日，区教育整顿学习教育环节总结暨查纠整改环节部署会召开。市政法队伍教育整顿第二指导组副组长张铮到会指导。区领导陈杰、杜松全、高飞、徐静、黄辉，区人民法院院长王国新，区人民检察院检察长杨永勤出席会议。4月21日，区政法队伍教育整顿工作座谈会召开。中央第六督导组组长乔传秀、中央第六督导组上海小组副小组长王庆豹及中央第六督导组组员到会督导。市政法队伍教育整顿领导小组副组长兼办公室主任李余涛、市委政法队伍教育整顿第二指导组组长龚培华出席会议。区委书记、区政法队伍教育整顿领导小组组长陈杰作工作汇报。区领导杜松全、高飞、黄辉,区人民法院院长王国新,区人民检察院检察长杨永勤出席会议。

5月10日,区政法队伍教育整顿领导小组(扩大)会议暨查纠整改环节推进会召开。市第二指导组副组长张铮到会指导。陈杰出席会议并讲话。杜松全传达市政法队伍教育整顿领导小组(扩大)会议暨查纠整改环节推进会议精神。区领导黄辉,区人民法院院长王国新,区人民检察院检察长杨永勤出席会议。会议审议通过《宝山区政法队伍教育整顿队伍建设专项巡查工作方案》。

7月2日,市委政法队伍教育整顿第二指导组宝山区指导意见反馈会召开。市第二指导组组长龚培华、副组长张铮到会指导。陈杰主持会议并作表态发言。区领导杜松全、钱樑、徐静、黄辉出席会议。7月7日,区政法队伍教育整顿领导小组(扩大)会议暨第五届“平安英雄”表彰大会召开。陈杰主持会议并讲话。杜松全传达中央督导组对全市教育整顿工作情况反馈、通报市第二指导组对宝山区政法队伍教育整顿工作的反馈意见和教育整顿工作情况。徐静宣读第五届“平安英雄”表彰决定。区领导钱樑、黄辉出席会议。

【组织工作会议】 3月8日召开。区委书记陈杰出席会议并讲话。区委副书记张义主持会议并传达全国组织部长会议、全市组织部长会议暨全市老干部工作会议精神。区委常委、组织部部长徐静总结2020年全区组织工作并部署2021年工作。

【统战工作会议】 3月8日召开。区委书记陈杰出席会议并讲话。区委副书记张义主持会议并传达全国、全市统战部长会议精神。区委常委、统战部部长沈伟民总结2020年统战工作并部署2021年工作。副区长陈尧水通报宝山区统战工作领域2020年度获评全国、全市先进集体和先进个人的情况。会上九三学社、区卫健委、杨行镇汇报有关工作情况。

【生态环境保护委员会第一次会议暨2021年生态环境保护工作会议】 3月10日召开。区委书记、区环保委主任陈杰出席会议并讲话。区委副书记、区长、区环保委主任高奕奕主持会议。区委常委、副区长、区环保委副主任王益群作具体工作部署。区领导陈云彬出席会议。会上区生态环境局、区发展改革委汇报有关工作情况。

【2021年度重大工程推进会】 3月10日召开。区委书记陈杰出席会议并讲话。区委副书记、区长高奕奕主持会议。区委常委、副区长王益群部署下阶段建设推进工作。会上,与会同志观看2020年度重大工程纪实宣传片。各单位作表态发言。

【党管武装工作会议】 3月17日召开。区委书记、区国动委第一主任、区人武部党委第一书记陈杰出席会议并讲话。区委常委、区人武部党委书记、政委陈永献作工作报告。副区长、区国动委副主任倪前龙宣读表彰通报。区人武部党委副书记、部长管明传达上海警备区党委扩大会议精神。会上,街镇党(工)委书记作党管武装工作述职(书面述职)。

【精神文明建设暨创建全国文明城区动员大会】 3月30日召开。市委宣传部副部长、文明办主任潘敏,区委书记陈杰出席会议并讲话。区委副书记、区长高奕奕主持会议。区委副书记张义总结全国文明城区(提名区)创建工作,部署新一轮全国文明城区创建及2021年重点工作。区委常委、宣传部部长赵懿总结2020年精神文明建设工作,部署2021年重点工作。区四套班子相关领导,区各部、委、办、局、各街镇、群团组织主要领导、分管领导,相关部、市属单位的领导、宝山区精神文明建设领域的各级先进代表以及各街、镇居民区党支部书记代表等400余人参加会议。会上,表彰宝山区全国精神文明建设先进单位及个人,2019—2020年度宝山区道德模范,宝山区创建全国文明城区(提名区)先进集体代表和先进个人等。

【区委全面深化改革委员会2021年第一次会议】 4月2日召开。区委书记、区委全面深化改革委员会主任陈杰主持会议并讲话。区委副书记、区长、区委全面深化改革委员会副主任高奕奕传达中央全面深化改革委员会会议、市委全面深化改革委员会会议精神。区委全面深化改革委员会委员杜松全、沈伟民、苏平、高飞、王益群、徐静、王丽燕、陈筱洁、陈云彬、黄辉、倪前龙、翟磊等出席会议。

【区委全面依法治区委员会全体会议暨依法治区工作会议】 4月16日召开。区委书记陈杰出席会议并讲话。区委副书记、区长高奕奕主持会议。区委副书记张义传达习近平总书记在中央全面依法治国工作会议上的重要讲话精神和市委全面依法治区委员会会议精神。区委常委、政法委书记杜松全总结2020年工作并部署2021年工作。区领导李萍、高飞、陈永献、徐静出席会议。

【区警示教育大会】 4月25日召开。区委书记陈杰出席会议并讲话。区委副书记张义主持会议。区委常委、区纪委书记、区监委主任高飞通报有关工作情况。区领导李萍、杜松全、苏平、王益群、陈永献、徐静出席会议。会上,与会人员观看警示教育片《蜕变》。

【区城市数字化转型调研成果及三年行动方案汇报会】 5月24日召开。区委书记陈杰主持会议并讲话。区领导高奕奕、张义、王益群、陈筱洁、倪前龙、翟磊等出席会议。会上,各牵头部门做调研成果汇报。区信息委就区城市数字化转型三年行动计划总体设想、目标任务及实施路径作汇报。

【镇领导班子换届工作会议】 5月25日召开。区委书记陈杰出席会议并讲话。区委副书记张义主持会议。区委常委、组织部部长徐静部署镇领导班子换届相关工作。区领导杜松全、沈伟民、王丽燕、沈天柱出席会议。会上,与会同志观看换届纪律教育片。

【“建党百年学党史　不忘初心共奋进”专题党课】 6月16日召开。区委书记陈杰为宝山区各单位、村居书记们作“建党百年学党史　不忘初心共奋进”专题党课,梳理回顾党的百年历史、宝山发展历程,深刻阐述新时代新阶段新的历史使命和责任担当。

【区委党史学习教育系列会议】 6月21日,召开区委党史学习教育专题汇报会。市委党史学习教育第一巡回指导组组长钮晓鸣及全体组员到会指导。区委书记、区委党史学习教育领导小组组长陈杰汇报区党史学习教育开展情况。区领导赵懿、徐静出席。9月2日，召开区委党史学习教育领导小组（扩大）会议。陈杰主持会议并讲话。区委常委、组织部部长徐静汇报前阶段“我为群众办实事”实践活动开展情况并部署第二阶段重点工作。区领导赵懿出席会议。10月26日，召开区委党史学习教育第二阶段专题汇报会。钮晓鸣出席并讲话。陈杰出席并汇报全区党史学习教育情况。区领导胡宝国出席会议。

【党政负责干部会议】 6月23日召开。区委书记陈杰主持会议，传达十一届市委十一次全会精神并讲话，要求各单位要迅速组织专题学习，将市委全会精神传达到每一名党员干部，抓好面向群众的宣传宣讲，营造全区上下学习贯彻市委全会精神的浓厚氛围。区领导高奕奕、李萍、张义、杜松全、沈伟民、苏平、赵懿、钱樑、王益群、徐静出席会议。

【庆祝中国共产党成立100周年座谈会】 6月29日召开。区委书记陈杰出席会议并讲话。区委副书记、区长高奕奕主持会议。区委副书记张义宣读区委表彰决定、通报获奖名单。陈杰、高奕奕、李萍、张义为老党员代表颁发“光荣在党50年”纪念章。区领导沈伟民、苏平、赵懿、钱樑、王益群、陈永献、徐静出席会议。会上，为区“两优一先”和党支部建设示范点颁奖授牌。大场镇大华二村铂金华府居民区、上海机器人产业园、宝山公安分局顾村派出所分别作交流发言。

【全国市域社会治理现代化试点创建推进会】 7月13日召开。区委书记陈杰出席并讲话。区委副书记、区长高奕奕主持会议。区委常委、政法委书记杜松全通报宝山区市域社会治理现代化试点联合督查情况并对迎接中期评估工作做部署。区领导赵懿、徐静，区人大常委会副主任秦冰，区政协副主席沈天柱，区人民法院院长王国新出席会议。会上，区委组织部、区应急局、友谊路街道、庙行镇汇报有关工作情况。

【“庆祝中国共产党成立100周年·多党合作谱新篇”党外代表人士集体谈心会】 7月14日召开。区委书记陈杰出席会议并讲话。区委常委、统战部部长沈伟民主持会议。区领导徐静出席会议。会上，党外代表人士进行交流发言。

【区双拥工作领导小组全体（扩大）会议】 7月30日召开。区委书记陈杰出席并讲话。区委副书记、区长高奕奕主持会议。区委副书记张义传达学习孙春兰副总理在全国双拥工作领导小组第三十一次全体会议上的讲话精神及市双拥工作领导小组第十七次会议精神。区领导李萍、赵懿、陈永献、徐静、倪前龙出席会议。

【庆祝建军94周年军政座谈会暨最美退役军人表彰会】 7月30日召开。上海警备区副政委韦昌进、市退役军人事务局副局长屈新平、区委书记陈杰出席并讲话。区委副书记、区长高奕奕主持会议。区委副书记张义宣读2021年宝山区“最美退役军人”表彰决定。区领导李萍、赵懿、陈永献、徐静、倪前龙出席会议。会上，边海防退役军人、荣立一等功退役军人、军队离退休干部、烈士遗属作交流发言。

【区、镇两级人大换届选举工作动员会】 7月30日召开。区委书记陈杰，区人大常委会党组书记、主任李萍出席会议并讲话。区委副书记张义主持会议。区领导赵懿、徐静做具体工作部署。区人大常委会副主任王丽燕介绍总体安排。区领导秦冰、须华威、贡凤梅、蔡永平出席会议。会上，与会同志观看换届纪律“十严禁”宣传片。

【生态环境保护系列会议】 8月25日，召开生态环境保护委员会（扩大）会议暨生态环境保护工作推进会议。区委书记、区环保委主任陈杰出席并讲话。区委副书记、区长、区环保委主任高奕奕主持会议。区委常委、副区长、区环保委副主任王益群作具体工作部署。副区长、区环保委副主任陈云彬传达市委常委会扩大会议暨市生态文明建设领导小组会议精神。区领导苏平出席会议。会上，与会同志观看生态环境警示片。区生态环境局、区绿化市容局、淞南镇、罗店镇汇报相关工作情况。

10月18日，召开市第一生态环境保护督察组“回头看”督察宝山区工作汇报会。市第一生态环境保护督察组组长崔丽萍通报督察工作计划安排，并就做好督察工作提出要求。陈杰汇报工作情况并作表态发言。高奕奕主持会议。市第一生态环境保护督察组副组长阮仁良，区领导郑益川、包晓军、朱众伟参加会议。

12月23日，召开市第一生态环境保护督察组宝山区督察“回头看”意见反馈会。督察组组长崔丽萍通报督察“回头看”反馈意见，陈杰作表态发言。会上，督察组向宝山区移交督察“回头看”反馈意见及督察责任追究问题案卷。

【区创建全国文明城区推进大会】 9月2日召开。区委书记、区创全工作领导小组组长陈杰出席会议并讲话。区委副书记、区长、区创全工作领导小组第一副组长高奕奕主持会议。区委常委、宣传部部长、区创全工作领导小组常务副组长赵懿通报今年第一阶段测评情况并部署全国文明城区测评工作。区领导苏平、王益群、贡凤梅、陈云彬、翟磊、张晓静出席会议。

【纠“四风”树新风警示教育大会】 9月10日召开。区委书记陈杰出席会议并讲话。区委副书记、区长高奕奕主持会议。区委常委、区纪委书记、区监委代理主任钱樑通报相关工作情况。区领导李萍、杜松全、苏平、赵懿、王益群、陈永献、徐静出席会议。

【七届宝山区委巡察工作总结会议】 10月26日召开。区委书记陈杰出席会议并讲话。区委常委、区纪委书记、区监委代理主任钱樑主持会议并作七届区委巡察工作总结。会上，杨行镇党委、区教育工作党委、区委巡察组汇报有关工作情况。

【区人才工作领导小组会议】 11月29日召开。区委书记陈杰主持会议并讲话。区领导高奕奕、胡宝国、徐静、翟磊、薛飒飒出席会议。会议传达学习习近平总书记重要讲话和中央人才工作会议精神、上海市人才工作会议精神。

【区党政负责干部学习贯彻十一届市委十二次全会精神专题会】 12月1日召开。区委书记陈杰主持并讲话。会议传达十一届市委十二次全会精神。区领导高奕奕、李萍、凌惠康、沈伟民、徐静、孟庆源出席会议。

【2021年全国、市五一劳动奖和工人先锋号表彰会暨先进代表座谈会】 12月8日召开。区委书记陈杰出席会议并讲话。区人大常委会副主任、区总工会主

席王丽燕通报宝山区2021年全国、市五一劳动奖和工人先锋号获奖名单。区领导高奕奕、李萍、凌惠康、孟庆源、张晓静等领导和获得表彰的先进集体代表和个人出席会议。会前，区领导亲切接见全国、市五一劳动奖和工人先锋号的获奖代表并共同合影留念。会上，与会领导为获得全国工人先锋号、上海市五一劳动奖状、上海市五一劳动奖章、上海市工人先锋号的先进集体代表和个人颁奖。部分获奖代表作交流发言。

【区委专题学习讨论会】 12月17日—19日召开。围绕专题一"聚焦高质量发展，坚持以科技创新引领区域转型"，专题二"聚焦高品质生活，建设"五个人人"的人民城市聚焦高效能治理"，专题三"聚焦高效能治理，加快推动市域社会治理现代化"，专题四"聚焦高水平党建，坚定不移推进全面从严治党"由33家单位作交流发言，各分管区领导围绕各自领域发言并提出具体工作要求。12月19日，区四套班子主要领导陈杰、高奕奕、李萍、凌惠康先后发言。

【区委全面依法治区委员会全体会议】 12月20日召开。区委书记陈杰主持并讲话。区人大常委会党组书记、主任李萍对相关单位党政主要负责人专题述法情况进行点评。区委常委、政法委书记陈云彬作区委全面依法治区委员会2021年工作报告。区领导胡宝国、钱樑、陈永献、徐静出席会议。会上，区人力资源和社会保障局、区农业农村委、罗店镇、张庙街道进行专题述职。与会同志观看2021年宝山区法治建设"双十佳"项目成果汇报片。

【环上大科技园建设领导小组2021年第三次会议】 12月23日召开。上海大学党委书记成旦红，党委副书记、校长刘昌胜，宝山区委书记陈杰出席并讲话。副区长翟磊，上海大学党委常委、总设计师苟燕楠通报环上大科技园一周年建设情况及2022年工作计划。上海大学党委常委、副校长吴明红出席会议。

（宋　波）

重要活动

【市领导调研视察宝山工作】 1月28日，市委常委、市委秘书长诸葛宇杰赴友谊路街道社区事务受理服务中心检查窗口服务工作，并慰问宝林六村老党员徐慧敏；赴临江新村（一、二村）检查疫情防控工作。区领导陈杰、高奕奕陪同。

2月26日，副市长陈群调研上海大学上海美术学院有关工作。区领导陈杰陪同。

3月4日，市委常委、市委副书记于绍良赴罗泾镇海星村和塘湾村开展乡村振兴工作专题调研。区领导陈杰陪同。3月8日，市委常委、宣传部部长周慧琳赴上海万位数字技术有限公司、上海珑崧智能科技股份有限公司、三邻桥体育公园开展调研。区领导陈杰陪同。3月11日，市委常委、副市长吴清赴上药康希诺开展生产基地项目进展情况专题调研。区领导陈杰、高奕奕陪同。3月25日，副市长宗明赴宝山区开展疫苗接种、公共卫生体系建设工作专题调研。区领导陈杰、高奕奕陪同。

4月3日，副市长陈通赴顾村公园开展旅游市场发展工作专题调研。区领导陈杰、高奕奕陪同。4月23日，市人大常委会副主任高小玫赴宝山区开展《中华人民共和国长江保护法》执法检查工作专题调研。区领导陈杰、高奕奕陪同。

5月25日，副市长宗明赴宝山区开展疫苗接种工作专题调研。区领导陈杰、高奕奕陪同。5月26日，副市长陈通赴宝山区开展调研。区领导陈杰、高奕奕陪同。5月28日，民革中央副主席、民革上海市委主委、上海市人大常委会副主任高小玫带队赴宝山调研乡村振兴工作并召开座谈会，实地调研月浦镇聚源桥村、罗店镇天平村。区领导陈杰、高奕奕、张义、沈伟民、陈云彬陪同。

6月29日，中共中央政治局委员、市委书记李强，市委常委、市委秘书长诸葛宇杰到吴淞创新城、中国宝武钢铁会博中心调研创新转型工作。区领导陈杰、高奕奕陪同。

7月15日，市委常委、宣传部部长周慧琳赴中国宝武钢铁会博中心、上大美院主校区（不锈钢型钢厂地块）和上海玻璃博物馆开展调研。区领导陈杰陪同。

8月19日，市委常委、市纪委书记、市监委主任刘学新赴上海超碳石墨烯产业技术有限公司、上海上药康希诺生物制药有限公司、金色炉台·中国宝武钢铁会博中心开展调研。区领导陈杰陪同。8月19日，市人大常委会主任蒋卓庆赴吴淞工业区展示馆、金色炉台·中国宝武钢铁会博中心开展调研。区领导陈杰、高奕奕陪同。8月23日，市委常委、副市长吴清赴上海上药康希诺生物制药有限公司、欧冶云商股份有限公司、上海复控华龙微系统技术有限公司开展调研。区领导陈杰、高奕奕陪同。

9月9日，中共中央政治局委员、市委书记李强赴陶行知纪念馆，同"青陶工程"代表一起参观展览展示，与青年教师互动交流。区领导陈杰、高奕奕陪同。

【第二十七届"蓝天下的至爱"宝山区慈善系列活动启动仪式】 1月6日，仪式在区机关大楼举行。区委书记陈杰，区委副书记、代区长高奕奕，区人大常委会主任李萍，区政协主席丁大恒，区委常委、统战部部长沈伟民，区委常委、宣传部部长赵懿，区委常委、组织部部长徐静，副区长倪前龙，上海市慈善基金会宝山区代表处会长周德勋、上海市老年基金会宝山区代表处会长张培正等出席活动。

【建设全市科创中心主阵地推进大会】 1月28日，大会在中国宝武钢铁会博中心召开。区委书记陈杰、市科委副主任陆敏出席活动并致辞。区领导高奕奕、李萍、丁大恒、张义、苏平、赵懿、徐静出席活动，市发改委、市科委、市经信委、中国宝武集团、上海大学等相关部门领导出席活动。会上，正式发布《宝山区推进上海科创中心主阵地建设三年（2021—2023年）行动计划》，为科创主阵地建设首批载体命名授牌，街镇园区代表接受"目标任务责任书"。

【科创中心主阵地建设海内外揽才工程启动仪式】 1月7日，仪式在宝武集团高炉会博中心举行。市人力资源社会保障局副局长余成斌，区委书记陈杰出席仪式并致辞。区领导徐静、倪前龙，上海市欧美同学会、上海市留学人员联合会副会长王闽，市人社局相关处室领导等有关领导出席活动。会上，与会领导观看区科创中心主阵地建设揽才工程专题片。发布140多家企业的1000多个岗位。

【宝山区与复旦大学战略合作框架协议签约仪式】 2月1日，仪式在复旦大学举行。复旦大学党委书记焦扬，中科院院士、复旦大学校长许宁生，区委书记陈杰，区委副书记、区长高奕奕出席活动并讲话。复旦大学党委副书记许征主持仪式。区领导张义、苏平、徐静、陈尧水、陈筱洁，复旦大学有关领导出席活动。会上，宝山区与复旦大学签署战略合作框架协议。

【2021 年宝山区投资促进大会暨重大项目集中启动仪式】 2 月 18 日，仪式在吴淞创新城举行。区委书记陈杰出席活动并致辞。区领导高奕奕、李萍、丁大恒、苏平、赵懿、王益群，市发改委副主任朱民，市经信委副主任戎之勤，市建委副主任朱剑豪出席活动。会上，正式发布《宝山区进一步优化营商环境十大创新举措》，推出持续优化营商环境、全面加强企业服务和投资促进体系建设的十大惠企新政。宣布 30 个重大项目总投入 200 亿元投资落地、集中开工。

【国际集装箱道路运输企业大数据中心挂牌仪式】 3 月 3 日举行。区委书记陈杰出席活动并致辞。上海国际航运中心发展促进会常务副理事长兼秘书长郑在主持仪式。中国交通运输部原副部长徐祖远，"鸭嘴兽"董事长唐红斌出席活动。会上，徐祖远、陈杰共同为大数据中心挂牌。

【宝山区与华建集团战略合作框架协议签约仪式】 3 月 4 日，仪式在区级机关大楼举行。区委书记陈杰，华建集团党委书记、董事长顾伟华出席活动并讲话。副区长王益群主持仪式。区委副书记、区长高奕奕，华建集团党委副书记、总裁沈立东出席活动。会上，宝山区与华建集团签署战略合作框架协议。

【宝山区与北京北大科技园有限公司合作签约仪式】 4 月 15 日，仪式在区级机关大楼举行。区委书记陈杰，区委副书记、区长高奕奕，北大科技园总裁陈庚出席活动并讲话。会上，陈杰、陈庚共同为上海北大科技园揭牌。宝山区与北大科技园签署战略合作框架协议。

【2021 第二届中国(上海)工业品在线交易节开幕式】 4 月 28 日，开幕式在金色炉台·中国宝武钢铁会博中心举行。市委常委、副市长吴清出席开幕式并宣布交易节开幕。市政府副秘书长陈鸣波主持开幕式。市经济和信息化委主任吴金城、区委书记陈杰出席活动并致辞。中国工程院院士吴志强发表主旨演讲。区领导高奕奕、翟磊出席开幕式。

【区第二届"五五购物节"启动仪式】 4 月 28 日，仪式在智慧湾科创园启动。区委书记陈杰宣布宝山区第二届"五五购物节"启动并完成宝山数字人民币消费第一单。区领导高奕奕为 8 个"宝山消费新地标"授牌。市商务委副主任、中国进口博览局副局长孔福安，副区长翟磊参加活动。仪式上，发布"宝山区数字人民币应用新场景"和"上海首店"入驻仪式，区内六大银行与 6 个数字人民币应用商贸企业签约。与会领导察看对口帮扶地区农产品展示摊位、第二届"e 购市集"、早餐车、集装箱直播间等点位。

【共建上海退役军人创新创业示范园战略合作签约仪式】 6 月 9 日，仪式在上海宝山新业坊·源创举行。市退役军人事务局党组书记、局长黄冲，区委书记陈杰，临港集团党委书记、董事长袁国华出席仪式并讲话。会上，市退役军人事务局党组成员、副局长屈新平，宝山区副区长倪前龙，临港集团总裁吕鸣共同签署《共建上海退役军人创新创业示范园合作协议》。

【永远跟党走——"文明实践在上海"红色文化传播志愿服务主题活动】 6 月 18 日举行。市委宣传部副部长、市文明办主任、市志愿者协会会长潘敏出席活动并致辞。区领导陈杰、赵懿出席活动。活动成立上海市红色文化传播志愿服务联盟，发布"文明实践在上海"红色文化志愿服务游学路线，为上海市志愿服务基地(红色文化传播)代表授牌，为上海市大学生理论宣讲志愿服务队授旗。

【城市未来艺术节启动仪式】 6 月 25 日，仪式在智慧湾园区举行。区委书记陈杰，上海大学党委书记成旦红，宝山副区长陈筱洁，上海大学党委副书记、副校长龚思怡出席仪式。仪式上，陈杰、成旦红共同宣布宝山城市未来艺术节启动。

【上海大学上海美术学院主校区项目启动仪式】 6 月 30 日，仪式在吴淞创新城举行。副市长陈群、市政府副秘书长黄永平出席活动。市教委主任王平、上海大学党委书记成旦红、宝山区委书记陈杰出席活动并致辞。中国宝武党委常委魏尧主持仪式。中国宝武总经理、党委副书记胡望明，中国文联副主席、中央文史馆副馆长、中国美协名誉主席、上海美术学院名誉院长冯远，上海大学校长、中国科学院院士刘昌胜，宝山区委副书记、区长高奕奕，区委常委、副区长王益群出席活动。

【"庆祝建党一百周年"百首红色歌曲展演活动】 7 月 1 日，活动在宝山区体育馆举行。活动以"百年风华 逐梦前行"为主题。陈杰出席活动并讲话。区领导高奕奕、李萍、张义等出席活动。

6 月 18 日，永远跟党走——"文明实践在上海"红色文化传播志愿服务主题活动在上海淞沪抗战纪念馆举行 区委宣传部/提供

【第八届中国产业互联网高峰论坛】 7月7日，论坛在中国宝武钢铁会博中心开幕。论坛以“数字经济：产业升级新动能”为主题。宝山区委书记陈杰，中国信息通信研究院院长、党委副书记余晓晖出席论坛并致辞。其间，区委副书记、区长高奕奕、中国互联网协会副理事长高新民共同为宝山区数字化转型金融授信合作单位授牌。副区长翟磊作“宝山建设产业互联网创新实践区相关实践与探索”主题演讲。

【“基金＋科创”宝山专场投资推介会】 7月8日，推介会在南大智慧城举行。区委书记陈杰出席会议并致辞。区委常委、副区长苏平主持仪式。会上，副区长翟磊解读“科创宝山30条”政策。区国资委介绍“上海宝山科创产业股权投资基金”和“上海宝山城市更新发展基金”相关情况。

【区城市数字化转型推进大会】 7月14日，大会在中国宝武钢铁会博中心举行。市经信委主任吴金城、宝山区委书记陈杰出席会议并致辞。区领导高奕奕、张义、苏平、王益群、陈云彬、黄辉、翟磊出席大会。

【宝山区与武汉华工大学科技园发展有限公司签约仪式】 7月30日，仪式在区级机关大楼举行。区委书记陈杰、武汉华中科大资产管理有限公司董事长童俊出席仪式并讲话。区领导高奕奕、张义，武汉华工大学科技园发展有限公司总经理常学武出席会议。副区长翟磊主持会议。会上，宝山区与武汉华工大学科技园发展有限公司签署战略合作框架协议。

【区重大产业项目集中签约仪式】 8月26日，仪式在保集e智谷举行。区委书记陈杰，区委副书记、区长高奕奕出席仪式并致辞。副区长翟磊主持仪式。中国科学院院士、第三世界科学院院士、复旦大学党委常委、化学与材料学院院长赵东元，汉氏联合公司董事长、法国国家技术科学院、法国医学科学院双院院士韩忠朝，市经信委二级巡视员蒋玮，临港集团党委副书记、副总裁翁恺宁，复旦大学化学与材料学院党委书记唐晓林出席仪式。该次集中签约总计100个产业项目，总投资额超500亿元。

【“党心暖民心 满意在群众——宝山区办实事、评实事、见实效”活动】 8月27日，活动在淞南镇社区党群服务中心启动。市委党史学习教育第一指导组组长钮晓鸣、区委书记陈杰出席活动。其间，区委常委、宣传部部长赵懿，区委常委、组织部部长徐静共同揭晓“十佳金点子”。群众代表上台揭晓暖心项目、攻坚项目、创新项目、高效项目。淞南镇群众代表、区民政局、上药康希诺和区市场监管局发言。

【宝山区与上海市教委、上海师范大学合作举办上师大附中宝山分校签约仪式】 9月2日，仪式在区级机关大楼举行。上海市教委主任王平、上海师范大学党委书记林在勇、宝山区委书记陈杰出席仪式并讲话。区领导高奕奕、陈筱洁出席活动。会上，宝山区与上海市教委、上海师范大学签署合作举办上师大附中宝山分校的框架协议，上海市宝山区教育局、上海师范大学进一步深化合作办学的协议。

【MAX科技园（上海·美兰湖）项目开工仪式】 9月7日，开工仪式在罗店镇举行。区委书记陈杰宣布项目开工。区人大常委会主任李萍、天瑞金集团董事长张文生共同为北上海生物医药产业园展示馆揭牌。副区长翟磊、天瑞金集团总裁赵立东致辞。仪式上，9家企业现场签订意向合作协议。

【南大地区重大项目集中启动开工暨签约仪式】 9月26日，仪式在南大智慧城举行。临港集团党委书记、董事长袁国华，区委书记陈杰出席活动并讲话。中国科学院院士、上海交通大学生命科学技术学院院长邓子新，宝山区委副书记、区长高奕奕共同为南大合成生物产业园揭牌。临港集团党委副书记、总裁吕鸣，建工集团党委副书记、总裁卞家俊共同为南大科创人才社区揭牌。副区长翟磊出席。其间，总投资额400亿元的52个重大项目集中签约，17个项目开工。

【上海城市空间艺术季宝山展区开幕仪式】 9月29日，仪式在蕰藻浜河畔举行。副市长陈通，市政府副秘书长尚玉英出席仪式。宝山区委书记陈杰致辞。宝山区委副书记、区长高奕奕主持仪式。市规划和自然资源局党组书记、副局长韩志强，市文化和旅游局副局长程梅红，市水务局总工程师高昊旻，市文联副主席、市书法家协会主席丁申阳，市道路运输管理局党组成员、副局长戴敦伟，宝山区领导苏平出席仪式。仪式上，与会领导共同为2021上海城市空间艺术季（宝山）启动开幕。

【宝山代表团到云南省维西傈僳族自治县考察沪滇协作活动】 10月9日—11日，区委书记陈杰率领宝山区代表团到云南省迪庆藏族自治州维西傈僳族自治县考察沪滇协作工作。10日，2021年宝山—维西东西部协作高层联席会议在塔城镇启别村村委会召开，宝山、维西签订《宝山区与维西县2021年度东西部协作协议》，上海市、宝山区向维西援助资金6260万元。会后，陈杰慰问在维西的9名援滇干部人才。代表团实地考察塔城镇启别村旅游示范点，了解塔城镇特色乡村旅游产业。

【2021中国生物医药产业创新大会暨第七届生物药物创新及研发国际研讨会】 10月13日，研讨会在美兰湖国际会议中心举行。市政府副秘书长、市科创办常务副主任陈鸣波，宝山区委书记陈杰出席会议并致辞。市经信委副主任刘平作“坚持创新引领，加快打造世界级生物医药产业集聚”专题分享。宝山区副区长翟磊介绍“北上海生物医药产业园发展与产业生态共建”情况。市科创办专职副主任陈尧水出席会议。研讨会期间，成立北上海生物医药产业联盟，举办以临床价值为导向的生物医药创新为主题的圆桌会议。

【复旦大学附属中山医院吴淞医院托管一周年暨宝山区泛血管疾病诊治中心、宝山区创伤医学中心揭牌仪式】 10月13日，仪式在复旦大学附属中山医院吴淞医院举行。复旦大学常务副校长、复旦大学上海医学院院长金力院士，复旦大学附属中山医院党委书记汪昕，宝山区委书记陈杰出席会议并致辞。中山医院葛均波院士，中山医院副院长钱菊英，区委常委、副区长孟庆源出席仪式。其间，宝山区泛血管疾病诊治中心、宝山区创伤医学中心揭牌。

【纪念陶行知先生诞辰130周年主题活动】 10月18日，活动在宝山区行知实验中学举行。教育部副部长翁铁慧，上海市教卫工作党委副书记，上海市教委主任王平，宝山区委书记陈杰出席活动并致辞。上海市政协原副主席、上海市陶行知研究协会原会长、上海市教育发展基金会理事长王荣华，教育部思政司党建统战处处长蒋宏潮，民盟中央常委、民盟上海市委专职副主委丁光宏，上海世纪出版集团总裁阚宁辉，中国教育学会副会长、上海市教育学会会长尹后庆，上海市陶行知研究协会会长吕左尔，区委副书记、区长高奕奕，区领导胡宝国、孟庆源出席活动。会前，与会领导参观上海市行知实验中学求真馆、行知育才旧院，王荣华为行知育才旧院敲钟开馆，胡宝国、丁光宏为"中国民主同盟传统教育基地"揭牌。

【2021吴淞口论坛】 10月22日，论坛在上海吴淞口国际邮轮港T1航站楼外举行。副市长陈通，市政府副秘书长尚玉英，市文旅局局长方世忠，宝山区委书记陈杰，区领导孟庆源、苏平出席论坛。论坛期间，市文旅局与宝山区签订战略合作框架协议。发布上海国际邮轮旅游度假区规划方案，签约上海国际邮轮旅游度假区企业合作协议，成立中国旅游车船协会邮轮游船游艇分会。

【第二届中美经贸论坛】 10月29日，论坛在中国宝武钢铁会博中心举办。论坛以"中美经贸合作的新挑战与新机遇——赋能长三角一体化发展"为主题。市委常委、市委统战部部长郑钢淼，欧美同学会副会长、全国政协常委、民盟中央副主席、自然资源部原副部长曹卫星出席活动并致辞。欧美同学会秘书长王丕君主持开幕式。上海美国商会会长季恺文(Ker Gibbs)，中国市场研究集团创始人、董事总经理雷小山(Shaun Rein)，世界投资与经济企业商业联合会主席迈尔克·罗森塔尔(Michael Rosenthal)，汇隆实业创始人、总裁曾森林(Jacob Rothman)，交通银行副董事长、行长刘珺，中银国际证券股份有限公司全球首席经济学家、中国金融四十人论坛高级研究员管涛，欧美同学会商会副会长、阳光媒体集团董事长、阳光文化基金会主席杨澜，宝山区委书记陈杰，区委副书记、区长高奕奕，区领导李萍、凌惠康、沈伟民、翟磊出席论坛。

【宝山区与海创汇科技创业发展有限公司签署战略合作框架协议仪式】 10月31日，仪式在区级机关大楼举行。区委书记陈杰，区委副书记、区长高奕奕，海创汇科技创业发展有限公司董事长、总经理刘长文出席仪式并讲话。副区长翟磊主持仪式。仪式上，宝山区人民政府与海创汇科技创业发展有限公司签订战略合作框架协议。

【宝山区"揽才工程"走进复旦大学暨宝山高校人才工作联盟成立大会】 11月1日，大会在复旦大学光华楼举行。宝山区委书记陈杰、复旦大学党委副书记尹冬梅出席并致辞。副区长薛飒飒介绍宝山区人才政策。区领导徐静参加活动。会上，复旦智联网络与系统研究中心主任、加拿大国家工程院院士宋梁、上海飞凯材料科技股份有限公司总经理苏斌作交流发言。

【宝山区和上海理工大学战略合作框架协议签约仪式】 11月5日，仪式在上海理工大学举行。宝山区委书记陈杰、上海理工大学党委书记吴坚勇出席仪式并讲话。仪式上，区委副书记、区长高奕奕，上海理工大学党委副书记、校长丁晓东分别代表区、校双方签署战略合作框架协议。副区长翟磊作宝山区经济社会发展情况介绍。上海理工大学党委常委、副校长刘平作学校建设总体情况介绍。上海理工大学党委常委、副校长张道方主持仪式。上海理工大学领导赵明，宝山区领导徐静、郑益川出席签约仪式。

【2021(第八届)中国国际石墨烯创新大会】 11月12日—14日，大会在上海大学举行。会议以"聚力双碳 烯创未来"为主题。上海市政协主席董云虎、上海大学党委书记成旦红、宝山区委书记陈杰出席活动并致辞。会上，上海大学党委副书记、校长刘昌胜，宝山区委副书记、区长高奕奕为国际电工委员会(IEC)TC113国际标准工作组"AHG13晶圆级规模集成"揭牌。上海市政协副秘书长曹振全、宝山区政协党组书记凌惠康向上海鑫烯复合材料工程技术有限公司颁发2021年度石墨烯行业科技创新奖。市政协常委、经济委员会主任徐建民，市科委副主任陆敏，市教委副主任毛丽娟，市经信委总工程师张宏韬为宁波柔碳电子科技有限公司、烯旺新材料科技股份有限公司、杭州高烯科技有限公司、厦门凯纳石墨烯技术股份有限公司颁发2021年度石墨烯产业杰出贡献奖。

【科创产业基金和城市更新发展基金签约仪式】 11月18日，仪式在区级机关大楼举行。区委书记陈杰主持会议并讲话。会上，区委副书记、区长高奕奕介绍科创产业基金和城市更新发展基金情况。区委常委、副区长郑益川，上海宝冶集团有限公司党委书记、董事长高武久，中国二十冶集团有限公司党委书记、董事长樊金田，上海道禾长期投资管理有限公司董事长杨德红，欧盟浙江商会会长陈建男，浙江满坡栗资产管理有限公司总经理张征等出席会议。

【宝山复旦科创中心启用暨首批重大创新项目入驻仪式】 11月24日，仪式在吴淞创新城举行。复旦大学党委书记焦扬、区委书记陈杰共同为宝山复旦科创中心揭牌。复旦大学校长金力，区委副书记、区长高奕奕致辞。复旦大学化学与材料学院院长、中国科学院院士赵东元，宝武集团宝地资产总裁、党委副书记王语讲话。复旦大学党委副书记许征，市发改委副主任裘文进，区委常委、副区长郑益川，副区长翟磊等出席活动。仪式上，为首批入驻的8个复旦大学重大创新项目授牌。

【区代表团到新疆调研对口支援工作】 11月25日，区委书记陈杰率代表团到新疆维吾尔自治区调研对口支援工作。区委常委、副区长、上海市对口支援克拉玛依前方指挥部总指挥袁罡，区政府党组成员丁炯炯，上海市人民政府驻新疆办事处主任王从春等参加活动。代表团在乌鲁木齐与袁罡、王从春等座谈交流上海、宝山援疆相关工作，与上海援疆前方指挥部总指挥侯继军电话交流上海市对口支援新疆工作情况。通过视频连线与上海援疆叶城分指全体干部人才进行座谈交流。

【第三十三届陈伯吹国际儿童文学奖颁奖仪式暨文学奖设立40周年纪念活动】 12月8日，活动上海宝山国际民间艺术博物馆举行。市委宣传部副部长、市新闻出版局局长徐炯宣读贺信，宝山区委书记陈杰致辞并为百岁诗人圣野颁发特殊贡献奖。活动上，区委副书记、区长高奕奕，资深新闻媒体人、儿童文学作家、魔法童书会创办人张弘共同颁发年度作家奖。区人大常委会主任李萍、陈伯吹之孙陈星共同为上海陈伯吹国际儿童文学理论研究会揭牌。区政协党组书记凌惠康，作家、画家、中国原创绘本先锋熊亮共同颁发年度图书（绘本）奖。区委常委、宣传部部长胡宝国，著名儿童文学作家梅子涵、殷健灵共同启动陈伯吹儿童文学馆。区委常委、副区长孟庆源，上海世纪出版集团副总裁、上海出版社经营管理协会理事长彭卫国共同颁发年度图书（文字）奖。

【宝山区与申能集团战略合作框架协议签约仪式】 12月16日，仪式在区级机关大楼举行。申能集团党委书记、董事长黄迪南，宝山区委书记陈杰，宝山区委副书记、区长高奕奕出席仪式并讲话。申能集团党委副书记、总裁倪斌，区领导翟磊、朱众伟出席仪式。会上，宝山区政府与申能集团签署战略合作协议。

【复旦大学附属华山医院高质量一体化发展启动大会暨华山医院北院整建制并入华山医院仪式】 12月28日仪式举行。复旦大学党委书记焦扬、市卫健委主任邬惊雷、宝山区委书记陈杰出席仪式并致辞。市政府副秘书长顾洪辉，申康中心书记王兴鹏，区领导高奕奕、孟庆源，华山医院党委书记邹和健、院长毛颖等共同出席仪式。仪式上，华山医院与宝山区人民政府签署医联体合作协议。

【第二十八届“蓝天下的至爱”慈善系列活动启动仪式】 12月29日，仪式在区级机关大楼举行。活动主题为“帮助他人，阳光自己”。区领导陈杰、高奕奕、李萍、凌惠康、沈伟民、胡宝国、徐静、薛飒飒，上海市慈善基金会宝山区代表处会长周德勋等出席仪式。仪式表彰获得“上海市慈善之星”荣誉称号的个人和集体。 （宋 波）

组织工作

【概况】 2021年末，宝山区共有中国共产党党员104099名，年内新发展党员963名。共有基层党组织4342个，其中：党委78个、党总支531个、党支部3733个。2021年，区委组织部以习近平新时代中国特色社会主义思想为指导，深入贯彻新时代党的建设总要求和新时代党的组织路线，全力做好庆祝建党百年等重点任务，为宝山建设科创中心主阵地提供坚强组织保证。

【开展庆祝建党百年系列活动】 2021年，区委组织部召开庆祝建党100周年座谈会，指导各级党组织举行“永远跟党走”系列活动12000余次。创作“百年奋斗路 启航新征程”红色情景党课，巡演10场，6000余名党员现场受教育，5万余名党员线上同步学习。“红色快线”主题党日获第二届全国优秀主题党日品牌三等奖。顾村派出所党总支获“全国先进基层党组织”称号，16名党员和8个党组织获市“两优一先”表彰。“七一”前后为老党员颁发“光荣在党50年”纪念章1.2万余枚。

【开展“我为群众办实事”实践活动】 2021年，区委组织部将党史学习教育成效转化为服务民生的举措。各级党组织完成民生和发展项目4720项，全区处级以上领导干部赴支部联系点调研指导5996次，解决群众企业“急难愁盼”问题4255个。推出百件重点民生项目和发展项目邀请群众网络评议，评选产生“暖心、攻坚、创新、高效”4个TOP10榜单，案例入选市党史学习教育优秀案例。建立健全“民意直达”“服务直通站”等长效机制。

【开展“岗位大建功”行动】 2021年，区委组织部通过岗位创先争优活动，教育引导党员在本职岗位上履职尽责、争创先锋。围绕“党群服务、科技创新、招商稳商、城市建设、数字化转型、社会治理、民生工程”七大先锋榜单，在“宝山党建”微信公众号开设“比学赶超——岗位大建功”和“比学赶超展示周”专栏，共展出优秀案例286个，激发全区党员群众参与比学赶超活动的积极性。

【领导班子和干部队伍建设】 2021年，区委组织部统筹换届工作总体安排，平稳有序推进换届人事调整，完成区、镇换届各项任务。完善多渠道发现识别和选贤荐能机制，选优配强区级职能部门、街镇领导班子，注重从区属企事业单位、市级机关等单位交流引进干部，领导班子结构得到优化。指导各单位开展《2021—2023年干部队伍建设规划》编制，建立科级年轻干部配备目标责任分解机制，开发建设“宝山区干部配备监测预警系统”。年内，共出台干部调整方案23批次，涉及干部471人次。

【年轻干部培养】 2021年，区委组织部召开年轻干部座谈会12场，126名年轻干部参与座谈，掌握年轻干部工作状况和思想动态。实施年轻干部培养“四个一批”（到市级机关“进阶锻炼”一批、到大型企业“拓展训练”一批、到街镇一线“墩苗历练”一批、到重大工程“实践淬炼”一批）工程，选派年轻干部到重大项目、国有企业等开展实践锻炼。推动选调生在乡村振兴、疫情防控等重点任务中经受历练。注重上下联动、接续培养，发挥基层单位主体作用，探索建立针对年轻干部的协同培养机制。

【干部教育培训】 2021年，区委组织部出台《干部大培训行动实施方案》《宝山区新时代基层干部主题培训行动计划实施方案》。举办处级党政负责干部政治能力建设专题班、处级干部进修班、新任处级干部培训班等主体班次37期，开展2期线上专题班。加大与科研院所、高校及专业机构合作力度，举办“科技创新”“社会治理”等5期高端研修班，实现科处级干部一体化培养。采取多种教学方式，设置“两带来”（带来一个问题，带来一个案例）、考评考核等环节，确保培训效果。

【干部监督管理】 2021年，区委组织部围绕区、镇领导班子换届，抓好换届纪律宣传教育，加强换届风气督查，严把换届人选关，确保换届全过程风清气正。聚焦市委巡视发现问题，做好巡视问题逐条逐项整改。严格执行领导干部日常管理监督各项制度，深化个人有关事项报告工作，加强对基层单位选人用人工作的监督检查。突出激励保护，落实干部休假、体检等待遇保障措施，加强对援驻外干部、基层一线干部的关心关爱。

【构建科创大党建联盟】 2021年，区委组织部研究制定《宝山区推进科创大党建行动纲要》，落实十项年度重点任务，引领全域创新格局加快形成。深化与域内院校国企党建联建，探索成立吴淞创新城党建联合体，与上海大学开展“一街镇一学院”结对共建，搭建各类合作平台。成立生物医药等五大产业链党建联盟，完善产业链党建联盟组织体系和管理机制，推动联盟持续有效发挥作用。“产业链党建 铸造创新发展‘红色引擎’”获“百优庆百年”上海城市基层党建十佳创新案例。

【探索党建引领基层治理体制机制创新】 2021年，区委组织部出台《关于加强党建引领物业治理工作的实施意见》，完善居民区党组织领导下的“三驾马车”协同机制。深化网格党建，实施“赋能网格”行动，成立党员志愿者服务团队196支，配送各类服务600余场。制订《关于抓党建促乡村振兴的实施方案》，探索建立月浦、罗店“两镇八村”党建共同体，加快乡村治理学院建设，打造美丽乡村会客厅。构建党群服务阵地“四级服务矩阵”，120个已建阵地实现提标升级，下沉区级服务项目28项，形成共性项目清单40余项，实现与各种基层阵地、民生服务项目开放共享。

【加强各领域党建工作】 2021年，区委组织部健全区级“两新”组织党建工作联席会议运转机制，实现“园区通”平台服务全覆盖，做好“两个覆盖”动态排查和专项攻坚。紧盯城市新空间、新领域、新群体，推进楼宇党建、互联网企业党建工作，探索集卡司机党建工作新路径，推动“两新”领域党建。开展模范机关创建工作，推动国企党建35项重点任务落地落实，推进公立医院、中小学校事业单位党的建设。

【基层干部队伍建设】 2021年，区委组织部协同区民政局完成533个居（村）党组织和503个居（村）民委员会领导班子集中换届选举工作，实现年龄学历“一降一升”“一肩挑”比例等关键指标任务。实施居（村）党组织带头人整体优化提升行动，严格落实居（村）“两委”班子成员区级联审、居（村）党组织书记区级备案管理制度。深化“班长工程”，实施“604020”进阶式培养计划（全区遴选60名优秀居（村）书记“头雁矩阵”，通过三轮滚动递进式培养，最终培育选树20名书记作为“头雁标杆”），加强与浦干院、交大、上大等合作，建立居（村）干部培训课程资源库，形成立体化、多层次、全覆盖的培训体系。落实居民区书记事业岗位、事业待遇，出台《关于进一步做好居民区党组织书记人事管理及相关工作的实施办法》，健全基层干部职业发展体系。

【人才队伍建设】 2021年，区委组织部完成区人才发展“十四五”规划的编制和发布，召开宝山人才工作会议。深化人才工作体制机制改革，调整区人才工作领导小组架构。落实党委联系服务专家工作，开展各级走访慰问专家活动。加强人才工作调研，考察学习各地人才工作先进经验，“关于加强宝山区海外人才队伍建设，优化海外人才发展环境的情况调研及对策研究”课题研究成果获全市组织系统调研课题一等奖。创新人才引进机制，举办首届宝山“科创杯”创新创业大赛，选聘首批11名宝山引才大使，落实以赛引才、以才荐才。做好各级人才计划遴选推荐和组织申报工作，加大与周边高校合作，成立宝山高校人才工作联盟，与上海大学签订《深化区校合作三年行动方案》。开展第四批青年储备人才招聘，共招聘18人，实施“海聚英才，智聚科创”海内外揽才工程。健全完善人才政策体系，制定出台人才公寓、海外人才等多项人才政策，释放政策红利，全年共有2万余人获得各类专项激励资助。优化提升人才综合服务环境，优化樱花服务品牌，拓展樱花会员覆盖范围和樱花卡服务项目，成立3家“樱花会员之家”。落实“123”人才服务体系，实现人才驿站全区覆盖。稳步推进人才安居工程，建立区人才安居联席会议制度，打造“寓见科创”人才公寓品牌，开发“无人干预自动受理”选房系统，统筹区域人才租房补贴需求。推动科创人才港建设。

11月25日，2021年长三角创“融”十四五高峰论坛、首届宝山“科创杯”创新创业大赛暨第三届“宝山杯”大学生创新大赛颁奖仪式在环上大1号基地举行　　区委组织部/提供

【机构编制管理】 2021年，区委机构编制委员会办公室完成街镇管理体制改革，优化完善街镇机构设置，明确职能配置和人员编制配备，组建街镇综合行政执法机构，逐步推进执法权限和力量下沉，配强街镇工作力量，制定修订一系列配套文件，为街镇减负增能赋权。推进开发区规范管理，优化开发区管理机构设置，明确职能定位，牵头做好开发区管委会社会事务管理职能剥离工作。完善区、街镇投资促进体系建设和机构设置，理顺各层级职责关系，夯实投资促进工作力量，助力经济高质量发展。深化综合行政执法改革，推动各项执法资源下沉。推进“一业一证”、行政复议、政务服务、网信、文物管理、密码管理等相关领域体制机制建设。开展事业编制资源统筹，整合“小散弱”事业单位，推动教育系统事业编制挖潜，加强编制资源动态调整和统筹使用。研究制定机构编制管理评估实施办法及评估指标体系，开展机关、事业单位机构编制评估，推动评估成果运用。严格落实机构编制报告制度，完善区机构编制制度体系，汇编印制《机构编制应知应会手册》。强化监督检查，做好机构编制核查和“混编混岗”调研工作，推动机构编制联合督查常态化。

【公务员队伍建设】 2021年，区委组织部加强公务员源头建设，做好选调生、公务员考录工作，共招录选调生22人、公务员113人。通过转任、交流、调任、公开选拔等方式，优化公务员队伍结构。统筹抓好职务职级常态化管理，年内全区职级晋升共364人。依托“上海市公务员信息管理系统”和公务员管理“一件事”改革服务平台，提升公务员信息化管理水平。分级分类开展培训，组织实施新录用公务员入区培训班、科级领导干部轮训班、新任科级领导培训班、青年科级领导干部培训班等主体班次，着力

建设高素质专业化公务员队伍。加强与高校的日常沟通联系，定期组织优秀大学生到区级机关、街镇机关实习。做好工资福利、考核表彰等工作，28 人记三等功，543 人嘉奖。（崔　峰）

【区社会工作党委】 2021 年，区社会工作党委增强基层党组织政治功能和组织力，推动"两新"组织党建高质量发展，为宝山加快建设"上海科创中心主阵地"提供坚强组织保证。至年末，全区新经济组织在册党组织 752 个，在册党员 8452 人。新社会组织在册党组织 99 个，在册党员 687 人。

【增强"两个覆盖"有效性】 2021 年，区社会工作党委设立宝山区"两新"组织党建工作联席会议，加强统筹协调、明确工作职责，形成协同推进、齐抓共管的工作格局。按照"条块结合、分级管理、区域兜底、突出重点、齐抓共管"的原则，采取"单独建、联合建、挂靠建"等方式，推动党的组织覆盖和工作覆盖常态化。立足"科创大党建"，加强对高新技术企业党的组织覆盖工作，排摸梳理 89 家重点科创非公企业，摸清 800 多家高新技术企业"两个覆盖"工作底数，对符合建立党组织条件的，做到应建尽建。至年末，共新增"两新"组织党组织 59 家，发展党员 149 人。

【推进新兴领域党建】 2021 年，区社会工作党委指导成立生物医药、新材料、信息技术、节能环保、智能制造五大产业链党建联盟，以生物医药产业链为先导，形成企业、联盟、属地街镇、相关高校、委办局等构成的产业链党建运作模式。运用党群服务阵地、党群系列活动项目等载体，助力区域资源共享、行业专业交流、企业党建联建。结合楼宇党建 4.0（"善治理"模式）的新目标、新要求，指导各街镇、园区立足区域禀赋、经济发展侧重、载体运行情况等工作实际，因地制宜建立完善楼宇党建工作机制，推动楼宇党建工作迭代升级。推进互联网企业党建工作，互联网企业开展党史学习教育相关做法"宝山区抓实少数、带动多数、盯牢重点"被市互联网企业党建工作简报（2021 年第 3 期）收录刊登。探索集卡司机新就业群体党建工作有效路径，抓牢加油站、物流园区、网络货运平台等关键节点，扩大党在新兴领域的号召力和凝聚力。

11 月 26 日，宝山区新材料产业链党建联盟参观石墨烯产业技术功能型平台　于炉忠/摄影

【加强党群阵地建设】 2021 年，区社会工作党委线下加强"两新"组织党群服务阵地建设，开展年度"两新"组织党群服务阵地建设工作，细化新建、提标升级、示范引领三类阵地建设要求，围绕机制运作、功能体现、空间布局等指导街镇园区分层分类开展建设工作。表彰 4 家第四批"红帆港"党群服务站示范点和 10 家第五批"两新"组织党群阵地示范窗口。线上强化"园区通"平台服务功能，牵头推动新一批 22 家区级职能部门上线，进一步整合服务园区企业资源，发布政策解读、项目申报、办事指南、活动宣传等各类信息 1.2 万余条。开通"我为群众办实事"功能，集成"红色管家""人民信箱"等诉求建议征询板块，落实"资源整合、责任落实、问题收集、跟踪处置"四大工作机制，提升问题处置流转率。完成"园区通"服务全覆盖，同步落实区、街镇、园区各层级平台管理实务培训。党群服务项目激发阵地活力，围绕"扬帆筑梦　聚力前行"主题开展领航共进、聚力赋能、融合创新三大系列党群服务项目，立足党性教育、产业联动、企业孵化、人才培育等需求配送线上线下党群活动"加油包"，提升阵地影响力、知晓度和服务能级，紧扣产业链党建联盟建设需求、党群服务阵地活动需求和新就业群体服务需求，为不同主体策划举办线上线下党群活动 10 余场。

【夯实党建工作力量】 2021 年，区社会工作党委做好"两新"组织党组织换届工作，按照辖区内每 150～200 家非公有制经济组织、社会组织配备 1 名社区专职党群工作者规定加强专职党群工作者队伍力量，开展"两新"组织党建工作队伍建设情况排摸。组织百名"两新"组织党组织书记、骨干党员参加"服务群众强能力、党务干部大培训"。推荐 4 人参加市委组织部举办的"两新"组织党组织书记培训示范班，2 人参加第十八期民营企业家研修班，3 人参加年轻一代民营企业党员出资人示范培训班。（于炉忠）

宣传思想

【概况】 2021 年，宝山区宣传思想文化工作坚持以习近平新时代中国特色社会主义思想为指导，深入贯彻党的十九大和十九届二中、三中、四中、五中、六中全会精神，紧扣庆祝建党百年工作主线，把握开启新征程、开创新局面的主基调，聚焦宝山建设上海科创中心主阵地发展战略，坚定团结奋斗的主心骨，唱响共产党好的主旋律，牢牢掌握意识形态工作领导权，做深做实理论舆论，厚植厚培文化文明，为宝山建设上海科创中心主阵地提供思想保证、舆论支持、精神动力和文化条件。（1）理论学习。把学习宣传贯彻习近平新时代中国特色社会主义思想作为长期的重大政治任务，重点结合党史学习教育，深入学习贯彻习近平总书记"七一"重要讲话和党的十九届六中全会精神，制订《2021 年度区委中心组学习实施方案》，落实"一学一报"制度，建立以集中学习研讨为主，辅导报告、专题讲座，瞻仰参观、现场教学为辅的"1＋N"系统学习架构，采取"五学"（潜心自学、集体研学、领导领学、专家带学、党员互学)机制和“四味”(即聚焦“原味”抓实潜心自学、突出“党味”抓深专题学习、加足“鲜味”抓活读书培训、收获“甜味”抓好实践转化)学习法,开展区委中心组学习18次,征订党史学习教育指定学习用书33万余册,实现处级单位中心组学习巡听旁听全覆盖。探索建立区级信息化管理系统,推动全区学习强国工作一级抓一级。严把供稿质量,2021年度上海平台采录区稿件共计1500余篇,其中全国主站采录80余篇。(2)意识形态。召开区委宣传思想工作领导小组第一次会议,审议通过《2020年意识形态领域工作情况及2021年工作设想》。印发《宝山区防范化解意识形态领域风险实施方案》《关于当前宝山意识形态领域形势的通报》等文件,下发《2021年宝山区各级党组织意识形态工作责任制考核重点》,修订2021年度意识形态工作责任制目标管理绩效考核指标体系,专题审议2020年度“三个责任制”专项检查情况并在全区范围书面通报。推进网信机构实体化建设和网络应急指挥体系建设,成立近千人三级网评员队伍并组织进行正面跟评200余次,做好舆论引导近5万次。宝山区被评为2020年网评工作先进单位。成功组织协助处置突发事件和涉区负面舆情5起。制作“涉区媒体报道和网络舆情摘报”192期,向37家街镇及委办局下发356张涉区舆情告知单。(3)主题宣传。统筹推进庆祝建党百年主题宣传,开展百项“永远跟党走”主题教育和千场“百年百人讲党史”宣讲,在“宝山汇”App、“上海宝山”微信公众号、“上海宝山发布”微博、“上海宝山”视频号等平台开设“奋斗百年路　启航新征程”系列专栏。沪剧电影《挑山女人》入选全国“庆祝中国共产党成立100周年优秀舞台艺术作品展演”,罗店镇天平村《野战医院的故事》成为上海市唯一成功入选国家文旅部全国一百个乡村中的党史故事。在全社会广泛开展“四史”宣传教育,组织读书学史、红色家风传承等百余项活动。聚焦宝山打造上海科创中心主阵地、疫情防控、吴淞创新城、五五购物节等重大主题,开展新闻通气会、集中采访、专访等多种形式的宣传推介。在区内各媒体刊发、播出的新闻报道13790余篇(条),在市级以上新闻媒体组织刊播报道2456篇(条、幅),其中中央主流媒体刊播报道418篇(条、幅)。区融媒体中心主办的8小时“2021宝山云赏樱直播活动”,同步在人民网等主流媒体平台直播,吸引超百万海内外用户在线观看。(4)培育和践行社会主义核心价值观。贯彻落实“两个纲要”(即《新时代公民思想道德建设纲要》《新时代爱国主义教育纲要》),开展2019—2020年度宝山区道德模范评选表彰活动,王友农获评第八届全国道德模范提名奖、“2021感动上海年度人物”提名奖。推进道德模范工作室建设、完善关爱机制。举办“生命中的红色”微电影大赛并积极参与市级比赛,6部作品在上海市第七届市民微电影(微视频)主题活动中分获铜奖、专题奖、优秀影片及入围奖,区委宣传部获优秀组织奖。完成2019—2020年度市区两级文明单位、校园评选表彰工作,125家单位获评上海市文明单位,251家单位获评区级文明单位,20所学校获评上海市文明校园,92所学校获评区级文明校园。建立信息管理系统,加强文明单位分类管理和动态管理,370余家文明单位走进社区,积极参与文明城区创建活动。组织发动“讲红色百年”等五大年度文明实践主题活动,新增特色阵地63个。实施“文明实践在社区”行动,遴选48个小区巡回开展文明居住、文明餐饮等文明风尚引导活动。区级中心开展活动99场,接待参观2703人次。信息化平台全年完成条块联动项目3316个。4个精品阵地、6个品牌项目、6个优秀团队进入市级光荣榜。开展“志愿当先锋,党员在行动”等学雷锋志愿服务系列活动。新增上海陶行知纪念馆等5个市级志愿者服务基地。注册志愿者人数达到43.9万,志愿服务项目累计达32763个。“社区小先生制”等3个类别入围全国“四个100”志愿服务先进典型上海推优榜单。组织“童心向党　薪火传”——万名青少年祭悼革命先辈、“童心向党　致敬百年”——优秀童谣征集评选等系列活动。评选2020—2021年度宝山区“新时代好少年”10名。7.8万名“社区小先生”在暑期到社区报到,参与卫生清洁、堆物清理、垃圾分类等社区治理活动。(5)创建全国文明城区(以下简称创全)。组织召开2021宝山区精神文明建设暨创建全国文明城区动员会。制定2021—2023年宝山区创建全国文明城区三年行动计划及创全十大提升工程。开展创全工作大调研,启动创全“比学赶超”专项行动,制定2021年宝山区“同创全国文明城区　共建宝山美好家园”劳动竞赛方案。设计下发宝山区创建全国文明城区2021年视觉形象系统。开展创全工作大调研,赴12个街镇、10个委办局及其他相关单位开展面对面培训指导。开展“洁净宝山”等专项行动、道路综合专项整治等专项整治,创全创卫等专项督查。制订下发《宝山区创建全国文明城区工作问责办法》等文件,完善区领导联系创全点位、机关干部街巷包干、“门前四包”等工作机制。发动市民群众、文明单位志愿者等广泛参与,通过2021年全国文明城区创建“国考”测评。

【党史学习教育】　2021年,区委宣传部作为党史学习教育领导小组办公室,牵头推进全区党史学习教育,履行参谋助手职能,抓好组织动员,成立领导小组和工作机构,制定工作方案,组建区委巡回指导组,举办党史学习教育专题读书班集中学习研讨,领导干部带头强化理论武装,建立“五学”机制、“四味”学习法和巡听旁听机制,推动学习教育常态化制度化。全区共有84篇(条)信息动态、经验交流被市级简报、动态汇编录用,6个典型案例被市委党史学习教育领导小组办公室作为优秀案例印发。学习成果得到中央党史学习教育巡回指导组高度肯定,《上海宝山区:“互联网+”打通社区治理,办实事暖进群众心坎》作为中央指导组实地延伸指导发现案例上报中央党史学习教育领导小组办公室,并在“学习强国”主站平台作为经验做法宣传报道。

【庆祝中国共产党成立100周年系列活动】　2021年,区委宣传部把庆祝建党百年作为主基调,牵头制定并推进落实“宝山区庆祝中国共产党成立100周年活动方案”“宝山区‘永远跟党走’群众性主题宣传教育活动方案”,发布宝山区100个“永远跟党走”群众性主题宣传教育重点项目,组织“百姓百艺同庆百年盛典”、“童心向党”、“致敬了不起的人”道德模范事迹发布及宣传表彰、“生命中的红色”微电影(微视频)大赛等群众性宣传教育活动,开发“行走蕴藻浜　打卡科创湾”开放式实景党课,发布“红色对话·宝山”微党课和百姓微宣讲课件,举办庆祝上海解放72周年活动,组织“薪火传初心　建功新时代”宝山专场直播课堂,打造4条红色研学线路和“百个红色印记”人文行走旅游数字地图。2021年,超过50万人次瞻仰上海解放纪念馆、淞沪抗战纪念馆等场馆,接受红色教育。开展红色宣讲员大赛、红领巾讲党史、"社区小先生"学典型等活动。

【2019—2020 年度宝山区道德模范评选表彰活动】 2 月起，2019—2020 年度宝山区道德模范发布宣传活动在全区范围开展，展示在宝山经济发展、社会治理、精神文明建设等领域做出优异成绩和积极贡献的先进典型。3 月 30 日，在全区精神文明建设大会上，对评选出的 2019—2020 年度感动宝山道德模范 10 名、宝山好人道德模范 49 名进行表彰。

【"文明实践在上海"红色文化传播志愿服务主题活动】 6 月 18 日，永远跟党走——"文明实践在上海"红色文化传播志愿服务主题活动在宝山召开，现场宣布成立上海市红色文化传播志愿服务联盟，发布"文明实践在上海"红色文化志愿服务游学路线，并向上海市志愿服务基地(红色文化传播)代表授牌，向上海市大学生理论宣讲志愿服务队授旗。 （严伊莉）

3 月 30 日，区领导为 2019—2020 年度宝山区道德模范颁奖　　区委宣传部/提供

2021 年宝山区爱国主义教育基地

名称	地址	电话	开放时间	级别
南京路上好八连事迹展览馆	上大路 55 号	81808257	开放时间：工作日 8:00 至 12:00，14:00 至 18:00 免费参观(限团体预约参观)	全国
上海淞沪抗战纪念馆	友谊路 1 号	66786377	每周二至周日 9:00—16:00	市级
陈化成纪念馆	友谊路 1 号	66786377	每周二至周日 9:00—16:30	市级
宝钢股份宝山基地	富锦路 885 号	56109667	周一至周五开放	市级
上海市陶行知纪念馆	武威东路 76 号	66397768	周一闭馆，节假日照常开放　8:30—16:00	市级
上海解放纪念馆	宝杨路 599 号	36199981	每周二至周日 9:00—16:30	市级
宝山烈士陵园	宝杨路 599 号	56108277	8:30—16:00	市级
上海长江河口科技馆	塘后路 206 号吴淞炮台湾国家湿地公园内(近国际邮轮码头)	31275999	每周二至周日 9:00—16:00 15:00 停止入馆	市级
溯园：上海大学 1922—1927	上大路 99 号	66133465	周一至周日 8:30—16:30	市级
上海宝山国际民间艺术博览馆	沪太路 4788 号	56042007	每周二至周日　9:00—16:00	市级
上海战役月浦攻坚战纪念碑	龙镇路 6 号	36303371	全年 5:00—21:00	区级
罗店红十字纪念碑	罗店镇罗太路 352 弄 15 号	66867597	8:00—16:00	区级
陈伯吹公墓	罗店镇苗圃路 350 号	56861484	8:00—16:00	区级
徐克强烈士塑像(淞南公园)	淞良路 300 号	56490702	全天开放　夜公园 18:00—21:00 关闭	区级
吴淞开埠广场	同泰路淞兴路口	56844247	全天开放	区级
侵华日军罗泾大烧杀遇难同胞纪念碑	罗泾镇涵养林水杉大道附近	56871254	全天，免票	区级
藻北小学复名缘记碑	共富路 75 号	33702908	工作日上午 9:00—11:00　下午　13:00—15:00	区级
一·二八无名英雄纪念碑	爱辉路 198 号	56748464	周一至周五 8:00—16:00	区级
宝山区档案馆	淞宝路 104 号	56453273	工作日早 9:00 至下午 4:30 经电话预约后免费开放	区级

（严伊莉）

统一战线

【概况】 2021年，区委统战部着力推进党派、民族、宗教、对台、侨务和非公经济等方面工作。(1)多党合作。坚持并完善"高层次小范围谈心会""季度座谈会""区情通报会"等工作机制。协助区委召开统战工作领导小组(扩大)会议、统战工作会议、党外代表人士座谈会，形成2021年政党协商(会议)方案。与区政协联合举办4次党外人士区情通报会。支持和协助民主党派区级组织换届工作，7个民主党派区级组织委员全部高票当选。完成第九届区政协人事安排工作任务，产生政协委员360名，选举产生主席、副主席、常务委员65名。协调民革市委对宝山区乡村振兴工作的专项民主监督。协助区委制定委托民主党派区委(总支)对街镇、园区开展专项民主监督的方案，总结2020年专项民主监督工作，形成汇编材料。与区委组织部共同召开宝山区加强党外干部队伍建设会议，联合印发《关于进一步加强党外干部队伍建设的实施意见》。(2)民族宗教事务管理。开展中国共产党成立100周年庆祝活动。做好民族宗教政策法规培训，向各街镇(园区)发放《宗教工作应知应会手册》，实现非法宗教活动动态清零。贯彻落实中央民族工作会议精神，开展铸牢中华民族共同体意识进中小学工作。与区教育局共同制定《关于宝山区开展中小学校铸牢中华民族共同体意识教育工作的意见》，并在部分中小学中开展。落实全区800余名困难少数民族群众学生走访慰问工作。指导区宗教团体开展"爱党爱国爱社会主义"主题教育。推进文明和谐寺观教堂创建，制订《宝山区文明和谐寺观教堂等级评估方案》。妥善处置各类涉及宗教场所的信访投诉21起。做好常态化疫情防控和场所安全工作。(3)非公经济工作。开展庆祝中国共产党成立100周年主题图文征集活动。组织民营企业开展理想信念教育。组织企业家学习弘扬"爱国敬业　诚信　进取"的沪商精神，并开展大讨论。开展"与民营企业面对面"系列活动。深化"政会银企"(政府、行业协会商会、银行、企业)合作机制，为2100家企业贷款130亿元。开展政策宣讲及实务培训，培训企业员工超过1200人次。组织新通联等19家民企捐款100万元，在云南省宣威市开展"村企联建、助力乡村振兴"对口帮扶活动。组织民营企业家赴云南省曲靖市开展对口支援活动，捐赠物资355万元。完成区工商联(总商会)换届。推进所属商会"一会一品"建设工作，指导商会创建品牌工作项目。(4)对台、侨务工作。组织部分台胞集中接种疫苗。完成区台胞台属联谊会换届工作。协助召开欧美同学会第二届中美经贸论坛，做好2021年中欧企业暨海归领军企业家投资研讨会等活动。与上海大学侨联开展结对合作，推进落实"高校—侨联"工作机制。围绕"落实侨法，维护侨益"主题开展侨法宣传月活动，全区共制作宣传告知单和海报1000余张、易拉宝110块、小黑板200余块、横幅近90条，使用户外LED电子屏80余处，受众6万余人。开展"侨心向党"庆祝建党100周年系列活动。召开区侨联六届七次全委会，配合市侨联做好十二届二次全会有关工作。开展新一轮侨情调查，协调、指导相关街镇对5000余户家庭进行问卷调查；协助淞南镇对复旦软件园近4000家企业进行两轮调查。(5)社院工作。完成18个班次培训任务，培训人数800余人次。制定2021年度区统战理论研究和调研课题指南，征集年度统战理论与实践成果100余篇，完成优秀论文集汇编。召开全区统战信息宣传调研工作暨区统战理论研究会年会。组织开展中华传统文化体验、中华文化经典鉴赏等活动，推进中华优秀传统文化传承和统战联谊交友工作。

6月25日，庆祝中国共产党成立100周年陶瓷精品创作设计大展开幕　李敖明/摄影

【学习宣传贯彻《中国共产党统一战线工作条例》】 2021年，区委统战部协助区委召开全区统战工作领导小组会议，会议要求把学习贯彻《中国共产党统一战线工作条例》作为首要任务，各领导小组成员单位要把学习"条例"列入党委(党组)理论学习和中心组学习的重要内容，明确将"条例"和统一战线史的学习融入中共党史学习教育。3月，邀请市社院副院长马俊生作"条例"专题辅导，各民主党派区委(总支)、各统战团体、各街镇园区及大口单位参加。7月，邀请市委统战部副部长房剑森为区民主党派班子成员作"条例"专题辅导。10月，开展"思源致远、开拓进取"主题培训班，区委统战部常务副部长刘发林作"条例"专题培训。年内，全区共开展各类"条例"培训和专题学习等活动近200次，培训统战干部550余人次、统战成员2300余人次，购买"条例"单行本1000余本，制作相关"条例"宣传品发放统战成员。

【上海党外代表人士挂职锻炼基地建设】 2021年，区委统战部坚持"挂实职、行实权、干实事、出实效"的工作理念和"一条线分管，一把手带教，一线法工作"("一条线"分管：党委对挂职工作负总责；"一把手"带教：接收单位+行政主要领导进行带教指导；"一线法"工作：挂职干部深入基层一线，直面矛盾和困难)机制，完成第十二批党外挂职干部日常管理、考核鉴定和总结工作。开展第十三批8名党外干部挂职工作，并组织挂职干部参加区委书记与党外代表人

士集体谈心会。组织党外挂职干部参观淞沪抗战纪念馆、宝山规划展示馆、智慧湾科创园、金色炉台·中国宝武钢铁会博中心、发那科机器人公司等；举办“走进美丽乡村”“走进环上大”“走进宝山滨江”双月学习交流活动。

【“海上新力量·宝山宝”新的社会阶层人士工作品牌建设】 2021年，区委统战部开展庆祝中国共产党成立100周年陶瓷精品创作设计大展，承办市委统战部“唱支山歌给党听”新的社会阶层人士庆祝中国共产党成立100周年系列活动——陶瓷和书画作品展。举办“统战颂党恩 翰墨书华章——艺术家心中的宝山四季书画展”，展示宝山文化统战的工作成果。完成区新联会换届工作。

【区党外知识分子联谊会工作】 2021年，区知联会完成换届工作，选举产生新一届领导班子和理事会，全国政协委员、市知联会副会长、上海大学副校长汪小帆担任会长。以“聚知智 谋发展 助推科创主阵地建设”为主题，与上大知联会、宝钢知联会联合举办2021年“宝山知音论坛”。组织开展“走进系列”“亲子活动”“知音沙龙”等品牌活动。发动会员积极参政议政、撰写社情民意，区知联会获2021年度区政协反映社情民意先进集体。

【区中华职业教育社工作】 2021年，区中华职教社承办和参与第九届上海市“中华杯”教师职业技能竞赛，组织参加教师礼仪、泡芙制作等12个竞赛项目。联合上海市宝经技术培训学校承办茶艺项目，获市优秀组织奖。“关于建立‘培训就业联盟’调研情况的报告”“科创引领宝山职业教育高质量发展”分获2021年度上海职教社优秀课题调研成果二、三等奖。配合上海市中华职业教育社“中华助学金”助学活动，28名学生获得5.6万元市“中华助学金”。推广新型学徒制、自行培训、集中培训、线上培训等企业内培训项目，有3家团体社员企业开展新型学徒制培训，培养人数716人；4家企业参加集中服务培训，培训人数978人。与市职教社、宝山区人社局联合举行线下招聘专场。 （王 豪）

2021年宝山区社会主义学院办班情况

学习班名称	日期	培训人数
上海党外代表人士挂职锻炼基地（宝山）第十二批党外挂职干部赴福建学习考察	1月6日	19
民建宝山区委学习报告会	3月24日	80
宝山区统一战线建言献策骨干信息员培训班	3月31日	54
宝山区台侨知识专题培训班	4月1日	80
民盟区委全国“两会”精神传达学习报告会	4月28日	30
宝山区民族宗教政策法规培训班	5月7日	100
中华文化——第三期太极研讨班	4月30日起每周五下午	25
九三区委支社委员以上骨干培训班	6月16日	40
民盟区委“学党史、悟初心、强信念”主题教育报告会	6月24日	40
民进区委2021年度暑期骨干培训班	7月2日	60
2021年宝山区民主党派班子成员培训班	7月8日	77
中央民族工作会议精神学习报告会	9月9日	100
致公党宝山区总支部2021年骨干党员培训班	9月24日	35
2021年新社会阶层人士“思源致远开拓进取”培训班	10月21日	70
2021年宝山区党外知识分子联谊会培训班	11月25日	30
民革区委2021年度中青年骨干培训班	12月9日	55
九三区委新一届人大代表政协委员和骨干培训班	12月14日	40
农工区委全体党员代表大会暨十九届六中全会精神辅导报告会	12月17日	120
合计		1055

（桂 琳）

【宝山区社会主义学院】 2021年，宝山区社会主义学院（以下简称区社院）贯彻《社会主义学院工作条例》精神，发挥统一战线人才培养基地、理论研究基地、方针政策宣传基地作用，强化政治共识和意识形态工作，完成全年各项工作任务。（1）教育培训。完成区各民主党派班子成员培训班、区党外知识分子联谊会会员培训班、区统一战线建言献策骨干信息员培训班、区民族宗教政策法规培训班等共18期，培训学员1055人次。（2）理论研究。与宝山区工商联、上海钢联电子商务有限公司开展“宝山区民营科创企业人才现状及政策建议”课题研究，与复旦大学合作开展“基层统一战线理论研究会工作机制研究”课题研究，与普陀区社区治理研究院合作开展“构建大统战工作格局 推进基层社会治理——以宝山区为例”课题研究。（3）政策宣传。向参加区社院培训的统战成员配发《上海党史知识读本》《问道马克思》《伟大斗争与新时代共产党人的使命担当》等一批学习资料。及时为统战成员配发《中国共产党统一战线工作条例》单行本，与区委统战部联合举办专题讲座，邀请市委统战部、市社院领导作《条例》专题辅导报告。设计制作统战政策宣传册，编印《中国共产党统一战线条例》宣传手册。（4）深入开展党史学习教育。组织集中专题学习13次、交流研讨11次，撰写学习体会文章6篇，与区委办、区委党校、保集欧郡党总支联组学习2次。推进“比学赶超”和“我为群众办实事”活动，结合统战教育培训、结对帮困和大调研工作，为群众办实事6件。（5）队伍建设。制定《区社院“三重一大”事项会议决策暂行办法》《宝山区社会主义学院异地培训管理办法》等制度，全面落实区审计局对区社院2020年度预算执行和其他财政收支情况整改建议。

【强化政治共识教育】 2021年，区社院把学习习近平总书记“七一”重要讲话、党的十九届六中全会精神和“十四五”规划等作为重点培训内容，引导统战成员为宝山经济社会发展积极贡献力量。确保教育培训坚持正确的政治导向，政治理论教育不低于培训课时70%，发挥教育培训对学员的政治引领作用。

【推进政治交接】 2021年是民主党派区委换届年，区社院组织全区7个民主党派区级组织换届后的培训工作，推进政治交接，增强民主党派区委班子成员的政治意识、大局意识、核心意识、看齐意识，引导统战成员发扬光荣传统、坚定合作初心、提高履职水平。

【开展统战信息宣传调研工作】 3月31日，区社院召开区统战信息宣传调研工作暨区统战理论研究会年会，印发“2021年度宝山统战调研重点课题与参考选题”，推动研究会会员开展课题研究。收集全区统战理论和实践调研文章42篇，编印成年度统战理论研究论文集。加强统战信息和建言献策队伍建设，开展建言献策业务骨干培训，提升统战信息宣传工作水平。

【开展中华文化教育】 2021年，区社院“以文化育共识”，面向统战干部和统战成员，开展中华传统文化体验活动。4月30日起，每周五下午组织统战干部和统战成员开展中华传统文化体验活动，举办中华文化太极体验班。10月27日，开展中华文化经典鉴赏活动，组织区社院基层分院开展“论语·为政之德”专题讲座，推进中华传统文化传承和统战联谊交友工作。 （桂 琳）

机关党建

【概况】 2021年，区级机关工作党委系统党组织设置和党员数变动情况：37家机关党组织完成到期换届、缺额增补、延期换届等工作。截至12月底，区级机关工作党委下属有机关党委14个，直属机关党总支18个，直属机关党支部23个；全年共发展预备党员81人，党员转正54人，年末中共党员总数5190人。

【模范机关创建】 5月12日，区级机关工作党委下发《关于印发〈关于模范机关创建活动的实施方案〉的通知》，推动55家基层党组织结合中心工作制定模范机关创建举措，并以区纪委监委探索的“558”模范机关建设体系为示范，阶段性交流创建工作情况。11月26日，组织所属55家机关党组织书记重点围绕模范机关创建工作进行交流研讨。

【党史学习教育】 4月12日，区级机关工作党委党史学习教育领导小组成立，制定下发《区级机关工作党委党史学习教育实施方案》，以深化学习教育为基础，以服务中心大局为导向，以抓实调查研究为载体，以为民办实事、解难题为目标，扎实推进区级机关工作党委党史学习教育。4月—10月，组建4支机关青年干部学习队参与市级机关“学百年党史 聚奋进力量”阅读马拉松超级挑战赛青年理论学习活动，组织召开青年理论学习座谈交流会等活动。12月3日，组织4家单位20名青年参加区委宣传部举办的“讲红色百年”党史学习教育阅马挑战赛。推进“学习强国”平台使用，所属55家党组织日均参与度达91.82%，日人均积分达42.30分。

【庆祝中国共产党成立100周年活动】 4月13日，区级机关工作党委下发《关于开展“党旗在基层一线高高飘扬——以实际行动庆祝中国共产党成立100周年”活动的通知》，要求55家基层党组织结合各自单位实际，深入开展中国共产党成立100周年庆祝活动。6月25日，举办“鲜红的旗帜——致敬红色百年”主题党日活动。7月6日，下发《关于表彰宝山区区级机关优秀共产党员、优秀党务工作者、先进基层党组织的决定》，授予39名同志“宝山区区级机关优秀共产党员”称号，30名同志“宝山区区级机关优秀党务工作者”称号，6个基层党组织“宝山区区级机关先进基层党组织”称号。做好“七一”走访慰问和纪念章颁发工作，投入党费61.25万元，慰问1171名党员干部及烈属，完成627枚“光荣在党50年”纪念章的发放。

【“双在双争”活动】 2月22日，区级机关工作党委下发《区级机关落实“比学赶超当先锋，建设科创主阵地”活动要求 深化“双在双争”行动方案》，围绕区委“比学赶超当先锋，建设科创主阵地”活动要求，以“三对照（对照目标，作出承诺；对照标准，查找短板；对照任务，强化担当）”为抓手、以服务科创为内涵、以融入科创大党建格局为依托，发挥党组织战斗堡垒作用和党员先锋模范作用。各机关基层党组织共设置“党员先锋岗”355个，“党员责任区”312个。3月28日—4月30日，推进“让党徽在社区闪光”为主题的社区志愿服务，动员158名机关党员干部作为志愿者，为疫苗接种点做好志愿服务。组织发动区级机关党员干部职工1万余人完成新冠疫苗接种工作，应接尽接率达100%。8月3日，区级机关工作党委下发《助力提升科创中心主阵地城市软实力行动计划》，向区级机关党组织和全体党员发出倡议，发布6个机关党建服务项目，营造“人人参与软实力建设”氛围。

【机关党组织建设】 3月18日，区级机关工作党委为13家单位下拨阵地建设专项党费44.1万元，打造一批可推广、可复制、各具特色的党群服务阵地。4月29日，组织有发展党员计划的机关党委组织委员、党支部书记以及具体负责发展党员工作者50人进行培训，增强基层党务人员的业务素质。8月12日，下发《关于进一步规范党徽党旗的通知》，

11月24日—26日，2021年度区级机关党组织书记培训班举办，到浦东新区党员教育创新实践基地参观学习 魏子焱/摄影

要求55家基层党组织按照《中国共产党党徽党旗条例》,对党徽党旗规范使用进行一次全面的自查自纠,并配发党旗200面、党徽16枚。10月21日,组织完成区级机关出席区第八届党代表大会67名代表选举工作,11月16日组织完成区级机关系统11名人大代表选举工作。11月24日—26日,举办2021年度区级机关党组织书记培训班。12月14日,下发《关于对2021年度区级机关党建工作进行检查评估的通知》,推进责任落实。

【机关群团工作】 2021年,区级机关工会做好在职职工互助保障参保工作,各机关工会共为3121人办理投保;开展"职工互助一日捐"活动,参与人数达3119人,筹款32.6万元;全年为会员发放生日蛋糕券总额56.99万元、七大节日发放慰问品176.67万元。各机关工会投入共计113.9万元开展消费扶贫;响应上海妇联沪滇"春蕾计划",425人参与助力贫困女童顺利完成学业、点亮成才梦想,筹款2.3余万元。做好年度工会统计及扫码入会试点工作,全员完成电子会员卡的申领和激活工作。10月14日—15日接受并配合完成区总工会对区级机关工会2019、2020年度工会经费的审计工作。12月2日,区直机关团工委推荐6名青年骨干进入区团干部梯队。 (刘 杨)

老干部工作

【概况】 2021年,宝山区有供给关系在宝山区的离休干部117人,年内去世24人;外省市易地安置在宝山区的离休干部有9人,年内去世1人。李海文获"全国先进老干部工作者"称号。

【离退休干部党建工作】 2021年,区委老干部局以党史学习教育为主线,多措并举打造"三维学堂"。一是"红色学堂"。组织老同志寻访宝山"逐浪、绽放、锤炼、激扬、奋进、筑垒、振兴"7条红色线路。二是"宣讲学堂"。举办两期离退休支部书记培训班,共168人参加培训。三是"云上学堂"。组织离退休干部收看全国、全市在线报告会,收看宝山区打造的情景党课、"旗帜"系列专题片。全年共举办8场线上学习,3000余名老同志参加。开展"示范党支部"推荐、评选活动,评选出10个区级离退休干部"示范党支部"。发挥"离退休干部之家"功能,探索离退休干部参与社区兴趣团队、志愿服务团队、公益团队等路径,先后培育魏刚、朱志仁等先进典型。各街镇党群服务中心拓展"离退休干部之家"功能,全区离退休干部之家举办学习近百场次,宝山区街镇"社区离退休干部之家"体系功能建设经验得到"宝山党建"介绍推广,大场镇、友谊街道把"离退休干部之家"功能覆盖到社区党群服务站(点)。

【发挥离退休干部作用】 2021年,区委老干部局开展"盛赞百年辉煌,助力百年征程""六个一"活动。举办离退休干部"学习新思想、提升新能力"活动;组织观看红色主题剧《战上海》,举办"离退休干部话百年巨变"座谈会,"我看建党百年新成就调研座谈会",开展"我看建党百年新成就"调研等活动;参观长三角G60科创走廊规划展示馆、中共一大会址和中共一大纪念馆、青松城老干部活动中心,开展"红色印迹——离退休干部网上摄影展"作品征集等活动;组织离退休干部"争当志愿者、助力新发展"志愿服务队宣讲员和网宣员,进机关、进学校、进企业、进社区,讲好"四史",累计宣讲290场,受众23368人次;做实关心下一代。宝山区12个街镇关工委班子健全,104个村委会和375个居委会关工组织实现全覆盖,楼组关工组织覆盖率约85%。围绕"从石库门再出发——学习党史国史、传承红色基因、争做时代新人"主题教育,组织开展宣讲419场次,受众人数16267人次;组织开展暑期观影活动,共有4578人次参加,《中国火炬》等媒体宣传推广。举办"同心向党颂百年 薪火相传共奋进"——宝山区老少同台庆建党百年展演活动,推进传承红色基因工程和"五老关爱工程"。推进"乐龄申城·G生活"等志愿服务工作。招募29名能"懂网、善用网"的志愿者,围绕"就医、出行、亮码、扫码、缴费"等数字化应用场景进行培训,开展志愿服务,助力老年人跨越"数字鸿沟"。通过新时代文明实践平台,联手高境、顾村、大场等街镇,动员志愿者们深入"社区离退休干部之家"、新时代文明实践分中心、居民区活动室、移动、联通、电信、上海银行等网点对老年人进行智能手机运用辅导。累计开展志愿服务活动44次,服务时长174.5小时,帮助老年人701人次。

【生活服务】 2021年,区委老干部局落实离休干部生活待遇,做好提高离休干部生活补贴标准和增加本市离休人员离休费工作。完成提高抗战时期参加革命工作的部分离休干部医疗待遇工作,为16名符合条件离休干部办理提高医疗待遇相关手续。完成提高部分解放战争时期参加革命工作的离休干部医疗待遇工作,为符合条件的10位离休干部做好材料整理、上报审批、"红卡"办理和待遇落实工作。完善基础数据个性化服务。在上年离休干部"一人一册""一人一策"覆盖至区管离休干部基础上,年内扩大覆盖范围,增至居住在区内所有离休干部,覆盖率100%。落实老干部工作"两刊"发放任务,全区离休干部个人"两刊"发放实现全覆盖,退休干部党支部的"两刊"发放率100%。结合市委老干部局"暖心行动"在全区开展"乐龄申城五守护、五个百人实事项目进家庭"活动。通过精准化养老服务进家庭——助百人,完善区级"乐龄养老服务包"供给菜单,将全区医疗机构、养老机构、长者照护中心、助餐点、为老服务中心、养老顾问点等养老机构和设施汇编成册,为老同志就近就便获取服务提供参考。通过精细化健康管理进家庭——护百人,抓好全程健康管理和就医优先服务,推进社区保健医生进家庭,为老同志提供送医送药送健康等上门服务。通过专业化法律顾问进家庭——援百人,发挥"宝山区老干部工作法律顾问(服务)团"专家团队作用,开展《中华人民共和国民法典》《中华人民共和国老年人权益保障法》及防诈骗等上门法制宣传,并为老同志提供法律咨询、纠纷调解、遗嘱公证等法律服务。通过亲情化志愿服务进家庭——慰百人,公开招募100名在校大中学生和有心理工作经验的志愿者与独居、孤老离休干部结对,落实"定人定时定内容"结对措施,开展心理关爱和精神慰藉活动。通过信息化智慧养老进家庭——惠百人,利用覆盖全区的"银龄e生活"网络,推广使用为老服务一线通,通过"962899"热线平台预约维修、理发、紧急救助、叫车等50多个服务项目。

【文化宣传】 2021年,区委老干部局组织离退休干部开展庆祝建党100周年主题活动。开展"离退休干部话百年巨变"座谈会、"红歌献给党"——百首红歌征集活动、"百年荣光,党在我心中"——庆祝建党100周年主题征文活动、"百年奋斗启征程,不忘初心再扬

9月22日，区委老干部局举办“镜颂百年伟业，像记强国征程”——宝山老干部摄影展

区委老干部局/提供

帆”——建党百年宝山区离退休干部艺术作品展、“同心向党颂百年，薪火相传共奋进”——宝山区老少同台共庆建党百年展演活动、“镜颂百年伟业，像记强国征程”——宝山老干部摄影展、“翰墨丹心，爱满人间”——市慈善箴言书法巡展（宝山站）。加强离退休干部文化团队和兴趣组队建设。针对老干部文化团队和兴趣组队建设，坚持组织开展书画、摄影等兴趣团队线上线下活动。根据老干部生活居住、特长爱好、身体情况等不同特点，依托老干部大学、人大研究会、政协之友社等不同组织，新创办太极拳、象棋、语言文化、声乐、器乐、舞蹈、健身等兴趣团队。深化离退休干部活动阵地建设。依托上海市老干部活动中心（青松城），开展“三看”+“青松城一日”活动。宝山老干部活动中心丰富老干部活动室功能，举办离退休干部书画展、摄影展等活动，参与对象拓展到处级以下老干部。各街镇利用党群服务中心、市民文化中心等各类平台，组织广大老同志参加社区开展的文化活动。推广离退休干部学习精品课程。宝山区开发“四史”、思政、人文课程，结合党史学习教育打造“四史”、思政精品课程，首期学员共计100余人。结合宝山在上海市享有盛誉的瓷绘特色教育，打造出人文精品课程“瓷绘工艺”。（李梦寒）

区委党校

【概况】 2021年，中共上海市宝山区委党校、宝山区行政学院贯彻落实习近平总书记“七一”重要讲话精神和党的十九届六中全会精神，对标落实《中国共产党党校（行政学院）工作条例》，完成全年各项工作。党总支获得宝山区先进基层党组织称号，1名教师被评为上海市2021年新录用公务员初任培训优秀教师，1名党员获得区创建全国文明城区（2018—2020年）先进个人，2名党员分别获得区级机关优秀共产党员和先进党务工作者称号。（1）教学培训。全年举办各类培训班次40期，开展培训126天，培训学员2816人，培训班次、参训学员数比上年分别上升86%、27%。其中处级干部进修班及专题班22期。举办新录用公务员培训班、科级干部轮训班、科级干部新任培训班、青年科级培训班6期。构建“1+4+X+N”培训项目体系，即：“1”个宝山区党政负责干部政治能力建设培训班、“4”个科创系列专题培训班、“X”个融合科创课程的“2+X”专题班、“N”个新任干部的履职专题培训班。全年校外师资和领导授课144人次，综合评优率97.25%；开展现场教学共34次，综合评优率97.42%；教学组织和管理平均评优率99.6%，教学保障平均评优率97.5%。“从红色家书感悟中国共产党的建党精神”课程获2021年党校（行政学院）北部片区协作体优质课第二名。“从党章历程看中国共产党的成功之道”入选上海干部教育培训精品课程目录。“红色对话·宝山”——“以党之名”系列媒体党课在上海市第十四届党员教育电视片观摩交流活动中被评为系列片三等奖作品。（2）科研决咨。以精品科研为导向，落实“1+4”科研制度，打造基础科研成长平台、决咨成果功能平台、高端成果培育平台。全年共发表各类科研文章31篇，其中中国人文社会科学期刊AMI综合评价A刊扩展期刊（A扩）以上核心期刊9篇，在解放日报、学习时报、上观等核心报刊或网媒发表文章4篇。完成参编学术专著2本。立项1项市委党校课题，完成区委区政府重点课题2项。共提交决策咨询报告5篇，全部获区委、区政府主要领导肯定性批示。“一网通办第三方评估”课题研究成果得到区府办、区行政服务中心等部门认可。“邮轮港战‘疫’实现三个‘零’的党建密码”“园区出招‘四个一’ 复产跑出‘加速度’”入选上海干部教育培训案例目录。《开拓》杂志出版6期。（3）管理服务。保障全区26个部门办班办会及各类活动610场次，

2021年，宝山区委党校开发“党史学习教育”系列课程

区委党校/提供

宝山区委党校“党史学习教育”课程菜单

课程	主讲
◇ 坚定党员的理想信念	张鹭
◇ 不忘初心，牢记中国共产党的历史使命	张鹭
◇ 重温建党历史 牢记初心使命	石淼
◇ 新时代的新贡献——习近平新时代中国特色社会主义思想对马克思主义的历史性推进	崔澍
◇ 学习贯彻习近平新时代全面从严治党重要论述	聂茜
◇ 习总书记关于意识形态工作的重要论述	胡琴
◇ 学习贯彻习近平新时代中国特色社会主义经济思想	夏雅俐
◇ 学习基本经济制度 推动地方经济高质量发展	仓基武
◇ 深入学习习近平总书记关于全面依法治国重要论述	郝燕
◇ 领航新时代 创造新奇迹——学习贯彻习近平总书记考察上海重要讲话精神	郭琦
◇ 毛泽东思想与青年成才	钱超
◇ 习近平治国理政思想与实践	崔澍
◇ 党性修养的新时代要求	张鹭
◇ 传承共产党人的优良作风	梁浩
◇ 加强党性修养，永葆党的纯洁性	张鹭
◇ 毛泽东思想的核心价值观和根本方法论	钱超
◇ 党性分析的原则和方法	张鹭
◇ 实现国家治理体系和治理能力现代化的制度保证	夏雅俐、梁浩
◇ 高举“科创宝山”大旗，谱写“北转型”新篇章	梁浩
◇ 了解宝山战略 坚定发展信心	仓基武

共计50868人次，其中重大会议227场次、演出15场次。组织疫苗接种志愿服务7天3人次。参与杨行镇路口执勤文明交通劝导志愿活动4人次。组织全体党员开展“洁净宝山——绿化带清洁集中行动日”活动。全员全程参与创建全国文明城区包干路段志愿服务73人次。选派1位党员赴浦东机场开展为期21天的驻场防疫工作。4位党员分别收到来自上海青春在线青少年公共服务中心、区疫情防控工作指导组、友谊路街道的感谢信函。

【党史学习教育】 2021年，校院从4个方面开展党史学习教育：一是开发一张党史学习教育课程菜单。以学习百年党史为专题，形成总量40讲的“党史学习教育”主题菜单；以忠诚教育为核心，形成总量为86讲的课程菜单，全年课程菜单动态化更新率超过15%。二是出版一本党建专著。承接区委2021年党建重大课题“新时代基层党建创新体系化研究”，完成并出版专著《系统型基层党建工作法》。三是组织一次学术研讨会。会同宝山区委组织部、中共上海市委党校党建教研部共同举办“系统型党建：城市基层党建的经验与价值”研讨会，对“习近平系统思维与城市基层党建创新”和“党建引领城市基层治理的探索”展开研讨。四是开展一系列理论宣讲。围绕“党的十九届五中全会精神”“党史学习教育”“学习贯彻习近平总书记‘七一’重要讲话精神”“学习贯彻党的十九届六中全会和宝山区第八次党代会精神”等主题开展专题宣讲90场次，听众1.6万余人次。

【办学质量评估】 2021年，校院针对区级党校的五年一轮办学质量评估工作，联合区委组织部成立办学质量评估筹备领导小组和工作小组，对2016—2020年办学治校情况开展自评，对照10个一级指标、37个二级指标、63个评估要点准备评估材料。上海市区级党委党校（行政学院）办学质量评估工作组对校院开展办学质量实地评估，办学质量评估得分为187分，评估结果为“优秀”。

（张舒欣）

2021年宝山区委党校办班情况

班次名称	时间	参加人数
2021年宝山区第一期党员发展对象培训班（总第四十期）	1月19日—21日	240
宝山区基层干部能力培训班	1月22日—23日	36
宝山区领导干部“科技创新”专题班	2月4日—6日	40
宝山区处级党政负责干部政治能力建设专题班	2月25日—27日	140
2021年宝山区第二期党员发展对象培训班（总第四十一期）	3月3日—5日	240
2021年宝山区第三期党员发展对象培训班（总第四十二期）	3月10日—12日	240
新录用公务员双月轮训（一）	3月19日	100
2021年宝山区新一届居村党组织书记初任培训班	3月22日—25日	143
2021年宝山区处级干部进修班暨党性修养培训班	3月25日—4月28日	68
宝山区领导干部“国企改革”专题培训班	3月29日—31日	66
宝山区领导干部“社会治理”专题培训班	4月8日—10日	41
宝山区科长轮训班（第一期）	4月14日—16日	91
2021年宝山区“2+X”专题培训班（军转事务专题）	5月7日	69
宝山区领导干部“科技金融”专题培训班	5月7日—8日	30
2021年宝山区“2+X”专题培训班（城市数字化转型专题）	5月27日—28日	46
2021年宝山区“2+X”专题培训班（经济干部专题）	6月17日—18日	52
宝山区新任正处级领导干部培训班	6月23日—26日	12
宝山区新任副处级领导干部培训班	6月23日—26日	46
2021年宝山区“2+X”专题培训班（医疗保障制度改革与实践专题）	7月5日—6日	85
2021年宝山区“2+X”专题培训班（乡村治理专题）	7月15日—16日	97
宝山区2020级选调生公务员试用期满总结培训班	7月19日—21日	13
宝山区新任公务员入区培训班	8月27日—9月2日	95
2021年宝山区优秀女青年干部培训班	9月1日—3日	53
2021年宝山区处级领导干部培训班（综合专题）	9月1日—2日	73
2021年宝山区处级领导干部培训班（组织工作专题）	9月3日—4日	128
2021年宝山区处级领导干部培训班（政法专题）	9月7日—8日	71
2021年宝山区处级领导干部培训班（城市建设专题）	9月16日—18日	90
2021年宝山区处级领导干部培训班（经济专题）	9月23日—25日	76
2021年宝山区事业单位科级领导干部轮训班（第一期）	9月27日—29日	47
宝山区科级干部轮训班（第二期）	9月28日—30日	65

（续表）

班次名称	时间	参加人数
2021年宝山区处级领导干部培训班(社会治理专题)	10月8日—9日	46
2021年宝山区第四期党员发展对象培训班(总第43期)	10月13日—15日	245
2021年宝山区选调生培训班	10月20日	28
2021年宝山区处级领导干部培训班(意识形态工作专题)	10月21日—22日	70
2021年宝山区事业单位科级领导干部轮训班(第二期)	10月25日—27日	48
2021年度新任科级领导干部培训班	11月1日—5日	102
2021年度宝山区"2+X"系列"'一网统管'与城市精细化管理"专题培训班	11月18日—19日	45
2021年宝山区青年科级干部培训班	11月22日—26日	66
2021年宝山区河长制工作专题培训班	12月3日	110
宝山区2021级选调生基层锻炼岗前培训	12月29日—31日	29

（张舒欣）

档案工作

【概况】 2021年，宝山区共有档案全宗309个。其中，宝山区档案馆馆藏档案全宗286个，馆藏档案共392427卷、471305件（其中寄存档案199322卷），图书资料12897册，期刊1728册。全区共有档案一级指导单位81家。区档案局开展党史学习教育20余次，参与者400余人次；开展基层党史宣讲10余次，参与者800余人次。9月，宝山区档案馆成功创建"国家级数字档案馆"。区档案局连续第十一次获"上海市文明单位"称号。

【推进党史学习教育】 2021年，区档案局（馆）服务全区党史学习教育，公开出版《宝山记忆——上海市宝山区档案编研成果选编》，成为全区庆祝建党百年座谈和党史学习教育必备读本，向机关、社会发放近2000本。举办"红色印记 初心如磐"——庆祝中国共产党成立100周年红色档案展，采取线上线下展示方式，在企业与社区百姓中巡展。践行"我为群众办实事"活动，领导班子成员共建立党支部工作联系点7个、联系项目7个；完成重点发展项目和民生项目8个；区档案馆热心为民服务查档典型事例获区委主要领导批示，区委组织宣传部门作专题宣传，作为典型事例纳入"比学赶超"活动。

【重点档案收集进馆】 2021年，区档案局（馆）推进疫情防控档案和宝山对口帮扶中形成的脱贫攻坚档案"两类档案"归档，在全市率先完成脱贫攻坚档案1001件、疫情防控档案4504件移交进馆和数据归集。3月9日，接待中央档案馆副馆长、国家档案局副局长王绍忠，市档案局（馆）长徐未晚一行到宝山专题调研"两类档案"工作。

【区档案馆新馆项目建设】 2021年，宝山区档案馆新馆项目建设完成可研报告调整、评审和总体设计等前期工作。7月21日，桩基工程开工，9月24日完工。

【依法治档】 2021年，区档案局（馆）宣传贯彻新修订《中华人民共和国档案法》，开展档案工作目标管理考核；组织全区62名档案干部参加档案法知识竞赛，分别联合大场镇、罗泾镇举办"档案里的故事"法治宣教巡讲、"档案进社区"档案法治主题广场宣传活动，1000余人参加。落实依法行政。年内对20家一级指导单位进行实地行政执法检查，完成5家机构改革单位文书档案归档范围和保管期限表行政审批，以及11家单位批后监管。依法对2021年度宝山区4个重大工程建设项目、10个区政府实事项目档案备案登记。推进档案业务指导和教育培训，指导全区各单位按时完成2020年度归档，举行档案继续教育和实务操作培训，175人次参加。

【推进档案为民服务】 2021年，区档案局（馆）继续落实上海市"一网通办"，开展民生档案查询"全市通办"和长三角地区民生档案"异地查档、便民服务"。全年共接待18321人次、出证71119张，受理长三角"异地查档"107例、办理86例；完成52家单位政府信息主动公开材料纸质目录、全文各3216件，电子目录、全文各3210件的接收备案、装盒、上架等工作。完成1987年—1990年14955卷馆藏档案开放鉴定，向社会开放1038卷档案目录。

【档案接收进馆】 2021年，区档案局（馆）依法接收15家机构改革、民生重点单位档案8969卷13396件。与区国资委、区人保局联合印发《宝山区国有企业退休死亡五年以上人员人事档案接收规范》，完成17家区属国有企业死亡5年以上人员6640份人事档案移交。

【档案信息化建设】 2021年，区档案局（馆）推进虚拟档案室和电子档案移交接收系统信创项目改造，指导40余家单位电子文件归档，完成129个全宗500余万页馆藏档案数据核查。

【档案征集】 2021年，区档案局（馆）打造宝山"名人档案""红色档案""区域特色档案"三大品牌，局主要领导带队前往北京看望宝山名人及其后代，开展档案征集。年内，征集档案312件，包括"新中国成立后宝山县第一任县长易素之在解放之初带领全县人民共同修建宝山海塘"纪念影集，宝山籍新四军老战士、有"抗日一枝梅"之称的杨勇伟在革命战争年代阅读使用党内文献等珍贵物品、照片、资料,并在“学习强国”上海学习平台等主流媒体宣传报道。做好馆藏红色档案目录归集,梳理并上报红色档案120件。

【“国际档案日”系列宣传活动】 2021年,区档案局(馆)围绕“奋斗百年路 启航新征程——宝山档案里的百年风华”主题,在建党百年重要时间节点和“国际档案日”宣传活动之际,开展“九个一”活动,包括公开出版一本新书、征集一批档案史料、推出一部档案微视频、举办一场专题展览、开展一场主题宣讲暨微党课展示、举行一场档案进学校活动、举办一系列档案进社区活动、向社会开放一批馆藏档案,参加“上海市档案文化宣传月”系列活动,全区近千人次参与。 (许倩倩)

6月2日,历史的回声——2021年“档案里的故事”法治宣传教育全市巡讲在大场镇山海艺术馆剧场举行 区档案局/提供

党史工作

【概况】 2021年,中共上海市宝山区委党史研究室(以下简称区党研室)以庆祝中国共产党成立100周年为主线,紧盯“科创宝山”战略定位,及时跟进宝山发展步伐,记录宝山历史与现实,加强与各部门合作形成工作合力,助力党史学习教育开展,完成年度任务。

【做好党史书籍编纂】 2021年,区党研室按照市委部署和区委要求,完成《激荡百年——中国共产党在宝山图史》编纂工作。该书共有图片近600幅,文字10.55万字,由上海人民出版社、学林出版社出版。修订重印《中国共产党上海市宝山区历史大事记(1919—1995)》,共计95万字,由上海社会科学院出版社出版。编纂《中国共产党上海市宝山区历史大事记(1996—2021)》,共计50万字,由中共党史出版社出版。

【服务科创宝山发展】 2021年,区党研室开展宝钢与上大等单位在宝山的发展和吴淞工业区环境整治过程等历史研究,组织全体人员到上海大学等地调研,为服务宝山建设科创中心主阵地充实史料。启动撰写《新时代 新步伐——2017—2022年上海发展报告》宝山篇和《中共上海市宝山区历史实录(2016—2021)》,总结宝山区第七次党代会以来各领域新成就、新经验,展现宝山实施“北转型”战略工作成果。加强与市委党史研究室联系,定期上报党史信息双月报。参与“十四五”上海市党史事业规划修订,为编写中共宝山区历史做准备。结合市委党史宣传工作会议上报宝山特色党史宣传活动。通过电话、微信及信函,答复来自福建省、上海市虹口区、宝山区杨行镇等地区的单位和个人查询党史人物等事宜。做好“今古宝山”微信公众号等信息采编工作,发布党史相关文章。

12月,两部《中国共产党上海市宝山区历史大事记》出版 区委党史研究室/提供

【合力推动党史宣传】 2021年,区党研室与各机构部门、媒体平台密切协作,开展庆祝建党100周年相关活动。协同区教育局开展“‘陶语、青言、童话’共话百年党史”系列活动,参与项目策划把关,逐一审核100个党史故事史实,形成100节10分钟微党课。配合区委组织部、区融媒体中心、庙行镇等单位开展“踏浪百年潮 启航新征程”红色情景党课制作、“行走蕰藻浜 打卡科创湾”直播、庆祝建党100周年红色歌曲展演活动,提供史料、核实史实、现场指导,展现宝山本土红色经典。协助区融媒体中心在“上海宝山”微信公众号发布“奋斗百年路 启航新征程”系列文章,运用新媒体平台讲述100个红色故事。协助区融媒体中心现场探访红色遗址,参与制作微视频,推出“寻访半岛1919”“一德大药房”“少年村,忆少年”等5部微视频,通过微信、抖音等平台发布。

【助力党史学习教育】 2021年,区党研室围绕庆祝建党100周年,推动党史学习教育工作开展。参与“百年百人讲党史”学习教育宣传工作,到宝山区大场镇、宝山区吴淞街道牡丹江路居委、相宜本草化妆品股份有限公司等地宣讲宝山党史,推动党史理论在群众中传播。参加“中国梦·劳动美——人民城市奋斗有我”上海职工直播课程宝山专场策划筹备工作。参加宝山区“学党史、庆百年、迎七一”开放式实景党课协调会,现场调研指导,提出建议。参与宝山区12个革命文物或红色场馆点位消防安全检查工作,确保党史学习教育红色资源点

安全。做好“宝山可阅读建筑”稿件审核、校对工作。参与“上海第三次工人武装起义吴淞工人纠察队驻地遗址”“新四军1师兼苏中军区采办组遗址”“新四军吴淞情报组遗址”等一批革命遗址类区文物保护点研究、核实、认定工作。

（田翔辉）

保密工作

【概况】 2021年，宝山区保密工作坚持党管保密、依法治密、综合防范、精准管理原则，围绕保密工作责任制开展区委常规巡察，规范和加强工作秘密管理，强化保密自查自评工作规范化建设，开展各类保密宣传教育培训，保密基本防控能力初步形成。⑴制定区委保密委工作要点。区委保密办结合区实际情况，制定区委保密委工作要点，围绕保密工作（法规制度、宣传教育、指导管理、科技支撑、监督检查、服务保障）六大体系建设，对各项工作提出具体要求。⑵强化保密工作责任制。4月，召开区委保密委员会全体（扩大）会议，全区各单位分管保密工作的领导参会，会议传达中央、市委保密工作相关文件精神，区委保密委员会主任张义总结2021年度保密工作，并部署2022年保密工作，加快推进保密工作体系建设，压实责任，规范有序抓好日常管理。⑶加强信息系统建设和信息设备管理。完成相关保密信息系统建设，推进2年以上文件资料清理备份工作和违规私存涉密（标密）信息资料专项清理工作常态化开展。⑷加强保密宣传教育培训。各单位全年组织开展全员保密宣传教育不少于4次，重点解读本单位新修订的保密工作制度，并开展保密知识全员测试检验学习成效。为庆祝中国共产党成立100周年，结合党史教育，回顾党的百年保密工作发展历程，组织全区领导干部和涉密人员共725人参观“百年保密与上海”主题展。组织保密联络员培训班2期，组织全区领导干部和涉密人员集中观看保密警示教育片3次。在“4·15”全民国家安全教育日，组织各单位学习、收看保密宣传片。通过微信工作群推送“保密观”保密警示案例10余篇。⑸工作秘密管理。组织全区各单位开展工作秘密事项清单梳理确认工作，并选取重点单位开展专项调研，规范和加强全区工作秘密管理。⑹保密专项和基础工作。加强区域内国家秘密载体保密管理并开展专项检查。做好涉密载体回收和销毁工作，全年回收纸介质涉密载体90余吨、硬盘97个、硒鼓270个、存储介质173个。疫情防控常态化形势下，配合区各职能部门做好中高考保障工作。5月，配合市高招办、市教育考试中心、市国家保密局对区教育考试中心保密室进行专项检查。6月，派专人对中高考试卷运送、交接、保管、使用等环节落实全流程保密监督，并在中、高考当天在区教育考试指挥中心现场巡考，完成中、高考保密服务保障工作。

【区委常规巡察保密工作责任制】 4月—7月，区委保密办按照区委巡察工作统一部署，成立5人检查组，对4家单位以问卷调查、查阅台账、设备检查、现场访谈、集中反馈等方式开展进驻式保密检查。巡察结束后向各单位保密工作领导小组反馈问题清单，向区委巡察组报告检查结论。通过巡察，促进各单位保密工作领导小组职责发挥，强化保密工作责任制落实落细。年终考核被巡察单位问题已得到整改落实。

【信息系统和信息设备保密管理】 7月，区委保密办在涉密领域对全区73家单位机房的物理环境、布线，涉密信息专用设备开展自查，加强信息设备保密管理，防范保密要害部门、部位出现失泄密风险隐患。在非涉密领域，加强非涉密信息设备保密检查。自1月起，区委保密办对全区非涉密计算机开展新一轮全覆盖检查，并形成“关于2021年非涉密计算机检查情况的报告”。按照违规情节“轻微、较重、严重”三种形态对违规内容进行分析研判，对3个情节严重的单位与区纪委监委建立问责机制，共同组织约谈；对情节较重的6个单位开展集体约谈；对情节轻微的8个单位进行书面通报反馈。

【涉密会议、活动服务保障】 2021年，区委保密办严格落实保密管理工作要求，在举办会议或者其他活动涉及国家秘密、工作秘密的，均采取保密措施。为加强涉密会议保密管理，区委保密办采购手机信号屏蔽袋、手机信号屏蔽器，对所有区内涉密会议室均配备手机存放柜。全年共保障区委常委会、区政府常务会、区中心组学习、区党政负责干部会议等各类重要会议、重点培训班次30余场次。

【保密宣传教育工作】 2021年，区委保密办以庆祝中国共产党成立100周年为契机，通过组织开展专题培训、下基层宣讲，组织观看保密宣传片和观展等形式，落实保密宣传教育工作。组织全区各单位学习、参与中央保密办、国家保密局组织开展的“光辉历程 保密有我”知识竞赛活动，共11402人参赛。开展保密宣传教育作品征集活动，6件作品获市优秀作品奖并向中央保密办推送。参与拍摄制作4集保密系列情景短剧，全部被“学习强国”平台录用，并录入保密宣教资源库。全年下基层开展保密宣讲20余次。

（俞 琰）

4月1日，区委保密办做好涉密会议服务保障　　杨镇京/摄影

上海市宝山区人民代表大会

■ 编辑 文 文

综 述

【概况】 2021年，区人民代表大会及其常委会坚持以习近平新时代中国特色社会主义思想为指引，全面贯彻落实党的十九大及十九届历次全会精神和全国人大工作会议精神，坚持党的领导、人民当家做主与依法治国有机统一，围绕经济社会高质量发展，忠实履行宪法和法律赋予的各项职责。全年举行代表大会1次、常委会会议11次，听取和审议30项"一府一委两院"专项工作报告，形成12项决议决定，开展7项执法检查、6次专题视察、1次专题询问、33项专题调研，听取重大事项报告和加强计划、预决算审查监督，依法行使重大事项决定权。任免国家机关工作人员93人次。补选市第十五届人民代表大会代表2名，接受辞职市第十五届人民代表大会代表1名；根据区人大代表变动情况，依法确认区人大代表资格终止2名。至年末，全区有市十五届人大代表50名、区八届人大代表287名、各镇人大代表657名。全年共受理来信来访282件，接待来访190批213人次。

【依法履行监督职责】 2021年，区人民代表大会围绕区委"打造科创中心主阵地"的重大决策部署，对"推进科创中心主阵地建设三年行动计划"实施情况、科创中心主阵地建设成果转化、创新产业推进落实、"十四五"政府投资项目推进、科创财政扶持资金使用情况开展专题调研，推进科创配套政策落实。围绕《上海市公共卫生应急条例》《上海市养老服务条例》《关于促进和保障上海市做好长江流域禁捕工作若干问题的决定》《上海市优化营商环境条例》《上海市宗教事务条例》《中华人民共和国农民专业合作社法》《上海市实施〈农民专业合作社法〉办法》等法律法规贯彻落实情况开展监督检查，推动法律法规条款有效落实。围绕产业转型、社会事业发展、生态环境、交通、乡村振兴、社会治理等开展集中视察，推动人民城市建设。

【依法行使重大事项决定权】 2021年，区人大按照区委《关于本区健全人大讨论决定重大事项制度、各级政府重大决策出台前向本级人大报告的实施意见》的要求，加强调查研究，提高讨论决定重大事项的科学化、规范化水平。围绕贯彻落实习近平法治思想、做实法治宣传教育、提升城市法治精神、增强全民法治素养等方面，检查"七五"普法决议执行情况，对"八五"法治宣传教育作出决议。依法开展预决算审查，审查批准决算和预算调整方案。

【做好人大代表换届选举及人事任免工作】 2021年，区人大按照中央、市委和区委关于做好人大代表换届选举的有关要求，学习贯彻选举法、地方组织法和代表法，在区委统一领导下，加强对区、镇选举委员会的指导和监督，完成区、镇两级人大代表换届选举任务。坚持党管干部原则与人大依法行使人事任免权相统一，保证党组织推荐的人选通过法定程序成为国家机关工作人员。进一步规范人事初审、法律知识考试、任前发言、颁发任命书、宪法宣誓等环节，确保任免工作依法有序，督促任免人员恪尽职守。

【发挥代表主体作用】 2021年，区人大深入推进"三联系"制度，推进代表参与常委会及专工委工作常态化。落实"内容高质量、办理高质量"和"既要重结果、也要重过程"的要求，进一步完善代表建议办理机制，提高代表建议办理实效。紧扣履职重点和民生热点，拓宽代表知情知政渠道，丰富代表闭会期间的活动内容。做好市人大宝山代表组专题调研、视察等相关服务保障工作，继续组织市人大代表向区人大常委会报告履职情况。 （陈 杰）

区八届人大及其常委会会议

【区八届人大六次会议】 1月12日—14日在区委党校举行，应到代表289名，实到273名。会议听取和审议区政府、区人大常委会、区法院、区检察院工作报告，并分别表决通过。审查和批准宝山区"十四五"规划和二〇三五年远景目标纲要、宝山区2020年计划执行情况与2021年计划、宝山区2020年预算执行情况和2021年预算。大会选举高奕奕为宝山区区长，杨永勤为宝山区人民检察院检察长，选举产生宝山区第八届人民代表大会常务委员会委员3人。

【区八届人大常委会第四十一次会议】 1月11日举行。会议接受董学华辞去宝山区人民检察院检察长职务的请求，并经投票表决任命杨永勤为宝山区人民检察院副检察长，同时决定杨永勤为宝山区人民检察院代理检察长。通过区八届人大六次会议有关文件个别调整事项。

【区八届人大常委会第四十二次会议】 3月17日举行。会议听取副区长陈云彬关于法治政府建设情况的报告。审议通过区人大常委会2021年工作要点（草案）。听取和审议第七轮环保三年行动计划实施完成情况报告。审议表决有关人事任免案。书面审议区政府关于2020年环境状况和环境保护目标完成情况的报告和关于2020年宝山区城乡规划制定和实施情况的报告。

【区八届人大常委会第四十三次会议】 4月8日举行。会议经审议，决定任命翟磊为宝山区人民政府副区长，接受陈尧水因工作调动辞去宝山区人民政府副区长职务的请求。

【区八届人大常委会第四十四次会议】 5月26日举行。会议听取副区长倪前龙关于社区疫情防控与社区治理工作的报告。听取和审议区人民检察院关于适用认罪认罚从宽制度情况的报告。审议表决有关人事任免案。书面审议《宝山区罗店镇国土空间总体规划(2019—2035)(送审稿)》。书面审议区人大法制委关于2020年规范性文件备案审查工作情况的报告及区法院关于落实《区人大常委会关于刑事审判工作的审议意见》的情况报告。

【区八届人大常委会第四十五次会议】 6月28日举行。会议听取副区长王益群关于城市更新改造和动迁安置房建设工作推进情况的报告。听取和审议区政府关于宝山区国有资产管理情况的综合报告。决定许可对个别代表依法采取刑事强制措施。审议表决有关人事任免案。书面审议区政府关于落实《区人大常委会关于〈上海市生活垃圾管理条例〉执法检查报告》的情况报告。

【区八届人大常委会第四十六次会议】 7月26日举行。会议补选刘建忠为上海市第十五届人民代表大会代表,并将补选结果报市人大常委会代表资格审查委员会确认。审议关于代表变动情况的报告。

【区八届人大常委会第四十七次(扩大)会议】 7月28日—29日举行。会议听取并评议区政府上半年工作情况的报告。听取副区长翟磊关于重点特色产业园区建设情况的报告。听取和审议区政府关于区八届人大六次会议代表建议办理情况的报告。听取和审议区政府关于上半年国民经济和社会发展计划执行情况的报告。听取和审议区政府关于2020年本级决算及2021年上半年预算执行情况报告,审查和批准2020年本级财政决算。听取和审议区政府关于2020年度本级预算执行和其他财政收支审计工作的报告。审议表决通过《关于设立宝山区选举委员会的决定(草案)》《关于本区各镇人民代表大会换届选举时间和新一届镇人民代表大会代表名额的决定(草案)》《关于各镇设立镇选举委员会的决定(草案)》《关于中国人民解放军驻区部队代表名额的决定(草案)》。接受高飞辞去宝山区监察委员会主任职务的请求,并经投票表决任命钱樑为宝山区监察委员会副主任,同时决定钱樑为宝山区监察委员会代理主任。审议表决其他有关人事任免案。

【区八届人大常委会第四十八次会议】 9月28日举行。会议听取和审议宝山区贯彻实施《上海市公共卫生应急管理条例》情况及其执法检查的报告。听取和审议区政府关于开展全区生活垃圾管理工作情况的报告。听取和审议区监察委员会关于开展整治群众身边腐败问题工作情况的报告。听取和审议区人民政府关于提请审议《宝山区2021年区本级财政预算调整方案(草案)》的议案,审查批准2021年区本级财政预算调整方案。决定接受王益群因工作调动辞去宝山区人民政府副区长职务的请求。审议表决有关人事任免案。

【区八届人大常委会第四十九次会议】 10月18日举行。会议经审议决定,任命郑益川、孟庆源为宝山区人民政府副区长,任命包晓军为上海市公安局宝山分局局长,免去黄辉的上海市公安局宝山分局局长职务。接受陈筱洁、陈云彬、黄辉、倪前龙因工作变动辞去宝山区人民政府副区长职务的请求。

【区八届人大常委会第五十次会议】 11月24日举行。会议听取区政府关于"排堵保畅"工作的情况报告。听取和审议宝山区贯彻实施《上海市养老服务条例》情况及其执法检查的报告,并开展专题询问。听取和审议区政府关于实施乡村振兴战略促进农民生活富裕情况的报告。审议通过关于宝山区开展第八个五年法治宣传教育的决议。接受王国新辞去宝山区人民法院院长职务的请求,并经投票表决任命张晓立为宝山区人民法院副院长,同时决定张晓立为宝山区人民法院代理院长。审议通过关于召开区九届人大一次会议的决定。审议表决其他有关人事任免案。书面审议区检察院关于落实区人大常委会《关于区人民检察院适用认罪认罚从宽制度情况的审议意见》的情况报告。

【区八届人大常委会第五十一次会议】 12月24日举行。会议听取和讨论区政府关于推进科创中心主阵地建设三年行动计划实施进展情况的报告。听取和审议区政府关于提请审议《宝山区2021年区本级财政预算调整方案(草案)》的议案,审查批准2021年区本级财政预算调整方案。听取和审议区政府关于审计查出问题整改情况的报告。听取区人大财政经济委员会关于2021年区本级预算执行情况和2022年区本级预算草案(初步方案)的初步审查意见。审议通过区人大常委会工作报告,决定提请区九届人大一次会议审议。听取区选举委员会关于区、镇人大代表选举工作情况的报告。审议关于代表资格审查的报告,确认367名宝山区第九届人民代表大会代表资格有效。审议决定区九届人大一次会议有关事项。决定接受贡凤梅辞去上海市第十五届人民代表大会代表职务,并报市人大常委会备案、公告。补选刘昌胜为上海市第十五届人民代表大会代表,并将补选结果报市人大常委会代表资格审查委员会确认。审议表决有关人事任免案。书面审议区政府关于落实《区人大常委会关于本区2020年度国有资产管理情况的审议意见》的情况报告。 (陈　杰)

重要会议

【"十四五"规划纲要、2021年国民经济计划、预算(草案)解读会】 1月7日,区人大常委会举行"十四五"规划纲要、2021年国民经济计划(草案)、预算(草案)解读会。区人大常委会副主任须华威、各专工委负责同志、部分区人大代表等参加会议。区发改委、财政局分别对区"十四五"规划编制情况及主要内容、2021年国民经济和社会发展计划草案、预算草案进行解读。部分代表结合履职调研情况提出意见建议,政府部门现场作回应。

【区人大常委会机关学习讨论会】 1月18日,区人大常委会机关召开学习讨论会。区人大常委会主任李萍主持会议并讲话,常委会副主任秦冰、王丽燕、须华威、贡凤梅、蔡永平出席会议。与会人员围绕贯彻落实市、区人大工作会议精神,结合区委全会、区人代会对新一年工作的部署,作交流发言。

【区人大常委会党组与区人民政府党组举行双向沟通会】 2月22日,区人大常委会党组和区政府党组举行双向沟通会,就年度工作安排和近期重点工作进行通报和交流。区人大常委会领导李萍、秦冰、王丽燕、须华威、贡凤梅、蔡永平,区政府领导高奕奕、苏平、王益群、陈尧水、陈筱洁、陈云彬、倪前龙出席会议。

【街镇人大工作会议】 11月1日,区街镇人大工作会议在淞南镇召开。区人大常委会主任李萍,区人大领导吴志宏、王丽燕、顾瑾等出席会议。会议听取淞南镇经济社会发展情况和通报近阶段区、镇两级人大代表换届选举的工作情况。李萍传达中央人大工作会议及有关领导的讲话精神,并对做好下一阶段工作提出要求。各镇人大、街道人大工委就换届选举工作中加强党的领导、做好宣传发动工作、抓住换届选举中关键节点和任务等方面分别作交流发言。

【区人大常委会委员座谈会和代表座谈会】 12月3日、6日,区人大常委会主任李萍分别主持召开代表座谈会和委员座谈会,结合学习贯彻党的十九届六中全会、中央人大工作会议精神以及区党代会精神,听取区人大代表、部分镇人大负责人对区人大常委会工作报告的意见,以及对新一届区人大常委会工作的建议。区人大常委会党组副书记、副主任王丽燕,副主任贡凤梅,党组成员顾瑾出席。 (陈 杰)

重大事项决定和报告

【关于宝山区开展第八个五年法治宣传教育的决议】 10月—11月,区人大监察和司法委就宝山区第七个五年法治宣传教育执行情况和第八个五年法治宣传教育规划制定情况进行调研检查。11月24日,区八届人大常委会第五十次会议,审议通过《关于宝山区开展第八个五年法治宣传教育的决议》。

【关于推进科创中心主阵地建设专项监督工作】 4月22日,区人大常委会召开推进科创中心主阵地建设监督工作启动会。区人大常委会主任李萍出席会议并讲话,副主任须华威主持会议并就专项监督工作作工作部署,副区长翟磊出席会议。会议通报区人大常委会专项监督工作方案,听取区发改委、经委、科委有关工作情况汇报。5月8日,须华威带队赴超能新材料科创园调研科创中心主阵地建设、国有资产管理情况。5月20日,李萍和王丽燕、须华威、蔡永平带队开展大学科技园发展情况调研。6月10日,李萍、须华威带队赴北上海生物医药产业园开展科创中心主阵地建设专项调研。7月21日,须华威带队赴福斯特公司和上海影子智能科技有限公司开展调研,并召开科创中心主阵地建设专项监督座谈会。12月24日,区人大常委会会议专题听取和讨论区政府《关于新冠肺炎疫情防控工作的情况报告》。

【关于预决算的审议和决定】 7月15日,区人大财经委召开全体会议,初步审查《2020年度区本级财政决算(草案)》。7月29日,区八届人大常委会第四十七次会议作出决议,批准2020年区本级财政决算。9月10日,区人大财经委召开全体会议,初审《2021年度区本级预算调整方案(草案)》。9月28日,区八届人大常委会第四十八次会议作出决议,批准2021年区本级财政预算调整方案。12月24日,区八届人大常委会第五十一次会议作出决议,批准2021年区本级财政预算调整方案。 (陈 杰)

监督工作

【年终集中视察】 11月25日,区人大常委会开展年终集中视察活动。视察分两组。第一组代表,先后察看区精神卫生中心新中心、月狮村新农村、上药康希诺,S7沪崇高速和祁连山路陆翔路隧桥等建设情况,听取区卫健委、农业农村委、建管委、交通委和企业负责人有关情况介绍。第二组代表,先后察看临港新业坊、张庙街道公共客厅和阳光家园、北上海科创湾(南岸)等建设运行情况,听取区商务委、区民政局、区残联、区绿化市容局有关情况介绍。代表们提出相关意见建议。

【第七轮环保三年行动计划完成情况调研】 3月11日,区人大常委会专题调研宝山区第七轮环保三年行动计划完成情况。实地察看月浦城区排水系统工程建设情况,现场听取区生态环境局、区水务局、月浦镇有关环保工作情况的汇报。

【"一法一决定"专题监督调研】 4月7日,区人大常委会开展《中华人民共和国长江保护法》《上海市人民代表大会常务委员会关于促进和保障长江流域禁捕工作若干问题的决定》专题监督调研活动。实地调研宝杨路菜场、邻江一号酒店等处落实长江禁捕退捕工作,巡航察看长江水域(宝山段),召开座谈会听取相关部门情况汇报,并进行交流讨论。

【旧改相关工作调研】 4月23日,区人大常委会开展旧改相关工作专题调研。实地察看张庙街道泗塘一村北块成套改造情况、庙行康家村"城中村"改造情况。召开座谈会,听取区房管局、张庙街道、庙行镇汇报旧改相关工作情况,进行交流讨论。

【企业国有资产管理暨委托监管企业专项监督调研】 4月25日,区人大常委会开展企业国有资产管理暨委托监管企业专项监督调研。参观东晨市容公司陈霖劳模创新工作室等劳模先进事迹展览。听取区国资委关于企业国有资产基本情况和国有企业改革发展情况,区绿化市容局受托监管的国有企业、公共设施国有资产、国有自然资源资产管理情况,以及区农业农村委受托监管的国有企业情况介绍,进行交流讨论。

【区检察院适用认罪认罚从宽制度情况专题调研】 4月26日,区人大监察和司法委对区检察院适用认罪认罚从宽制度情况开展专项监督调研。听取区检察院工作汇报,分别走访区法院、公安分局、司法局等单位,听取意见和建议。

【罗店镇总体规划专题调研】 5月12日,区人大常委会开展罗店镇总体规划专题调研。实地调研中集金地美兰城项目、东方假日田园工作推进情况,现场听取区规划资源局、罗店镇相关情况介绍,进行交流讨论。

【体育产业发展情况专题调研】 5月13日,区人大常委会赴区体育局开展体育产业发展情况专题调研。听取区体育局介绍全区体育产业发展情况,进行交流讨论。

【基层立法联系点相关工作调研】 5月21日,区人大常委会赴区劳动人事争议仲裁院调研基层立法联系点相关工作。实地参观基层立法联系点工作室,听取区劳动人事争议仲裁院相关工作汇报,进行交流讨论。

【国有自然资源资产管理情况专项调研】 5月24日,区人大常委会开展国有自然资源资产管理情况专项调研。实地察看顾村镇老安村地块、顾村公园绿化工程，听取区规划资源局、绿化市容局、农业农村委相关情况汇报，进行交流讨论。

【嵌入式“体医结合”社区试点工作调研】 5月25日，区人大常委会开展嵌入式“体医结合”社区试点工作调研。实地察看罗店镇美罗家园文化活动中心和吴淞街道智慧健康活动中心，听取区体育局、卫健委、民政局、残联相关情况汇报，进行交流讨论。

【《中华人民共和国固体废物污染环境防治法》执法检查】 5月26日，区人大常委会开展《中华人民共和国固体废物污染环境防治法》执法检查。实地察看上海宝宁环保科技有限公司、宝钢股份有限公司原固废堆场等单位贯彻法律情况，现场听取区生态环境局、建管委、农业农村委、宝钢股份有限公司《中华人民共和国固体废物污染环境防治法》贯彻实施相关工作情况，进行交流讨论。7月8日，开展《固废法》执法检查暨生活垃圾管理专项监督调研。实地察看友谊路街道两网融合中转站、吴淞医院、上海展望物流有限公司，现场听取区绿化市容局、卫健委、商务委汇报贯彻实施《固废法》情况，进行交流讨论。

【红色资源传承弘扬和保护利用情况调研】 6月10日，区人大常委会副主任王丽燕、蔡永平带领教科文卫工委就宝山区红色资源传承弘扬和保护利用情况开展调研。实地察看上海解放纪念馆、淞沪抗战纪念馆、新四军吴淞情报组遗址、新四军第一师兼苏中军区采办组遗址，现场听取情况介绍。

【《上海市公共卫生应急管理条例》执法检查】 6月16日，区人大常委会召开《上海市公共卫生应急管理条例》执法检查启动会。听取区卫生健康委、应急管理局、民政局介绍贯彻实施《条例》情况，区发改委、市场监管局、财政局、教育局、人社局、商务委作书面汇报。7月7日，开展《条例》执法检查。实地察看友谊路街道社区卫生服务中心、区中西医结合医院发热门诊、区疾控中心，听取区卫健委、中西医结合医院、疾控中心、医疗急救中心、爱卫办以及长江路、罗店镇、杨行镇、友谊路街道社区卫生服务中心等介绍贯彻《条例》情况，进行交流讨论。

【防汛防台工作检查】 6月17日，区人大常委会副主任须华威带队开展防汛防台工作检查。实地察看区级防汛物资仓库、张华浜东排水系统等情况，听取区相关部门关于宝山区防汛防台工作的汇报。

【《上海市宗教事务条例》实施情况专项调研】 6月17日，区人大常委会开展《上海市宗教事务条例》实施情况专项调研。实地察看司古寺、在建基督教杨行堂、甘露寺，听取区民宗办、杨行镇、月浦镇关于《条例》贯彻落实情况，以及区宗教团体关于自身建设情况的介绍。

【加强商事审判依法服务保障优化营商环境情况调研】 6月30日，区人大监察和司法委赴区法院开展加强商事审判依法服务保障优化营商环境情况调研。听取区法院介绍商事审判优化营商环境工作概况。与会人员提出意见和建议。

【体育产业调研】 7月8日，区人大常委会社会工委组织部分委员及区人大代表开展体育产业发展情况专题调研。实地察看三邻桥华友智慧健康馆、张庙街道瑞宇健身休闲用品有限公司，听取区体育局关于宝山区体育企业总体情况、结构布局和主要特点的汇报，以及企业对自身经营情况的介绍。

【《上海市养老服务条例》执法检查】 7月22日，区人大常委会召开《上海市养老服务条例》执法检查启动会。通报执法检查方案，并作工作部署。区民政局、卫健委、医保局结合自身职能汇报《条例》的贯彻落实情况，区发改委、财政局、规划资源局、人社局做书面汇报。8月25日，区人大常委会主任李萍、副主任贡凤梅带队开展《条例》执法检查活动。实地察看张庙街道综合为老服务分中心、月浦镇马泾桥老年人日间照护中心，听取区民政局、卫健委、医保局相关专题工作汇报。

【消防安全管理工作调研】 9月1日，区人大常委会社会建设工委赴江杨水产市场调研消防安全管理工作情况。实地察看江杨水产市场消防安全隐患的整改落实情况。听取江杨水产市场负责人相关重点工作介绍，以及相关执法部门监管职能落实情况。

【货运堆场综合整治专题调研】 9月2日，区人大常委会副主任须华威带队开展货运堆场综合整治专题调研。实地察看上海海润物流发展有限公司、上海交运沪北物流发展有限公司精品钢加工中心等堆场整治情况，听取区交通委、区公安分局交警支队、淞南镇货运堆场综合整治工作的汇报。

【公证工作情况调研】 9月29日，区人大监察和司法委组织部分委员和代表赴宝山公证处调研公证工作情况。实地调

11月15日，区委书记陈杰专题调研人大基层立法联系点工作　　区人大办/提供

研宝山公证处接待大厅，听取公证工作情况汇报。与会人员进行座谈交流，并提出意见、建议。

【退役士兵安置工作专题调研】 9月29日，区人大常委会社会建设工委赴区退役军人局开展退役士兵安置工作专题调研。实地调研区退役军人服务大厅和信访接待室，听取区退役军人局介绍全区退役士兵安置工作的总体情况。

【义务教育“双减”工作调研】 10月21日，区人大常委会赴区教育局调研义务教育“双减”工作。听取区教育局就“双减”和课后服务落实推进情况、校外培训市场综合治理情况汇报，进行讨论交流。

【2022年预算编制情况调研】 11月，区人大常委会副主任须华威带领区人大财经委、常委会预算工委赴区滨江委、民政局调研部门预算。分别听取区滨江委2021年部门预算执行和2022年预算安排、滨江发展谋划与思考等情况的汇报，以及区民政局2021年部门预算执行和2022年预算安排、民政事业养老有关财政投入等情况的汇报，进行讨论交流。

（陈　杰）

重要活动

【区委书记陈杰调研人大工作】 2月19日，区委书记陈杰，区委副书记张义，区委常委、组织部部长徐静等到区人大常委会开展工作调研。区人大常委会党组书记、主任李萍汇报区人大常委会的基本情况及本届以来的工作体会、2021年区人大重点工作等。11月15日，区委书记陈杰专题调研人大工作。实地察看宝山区劳动人事争议仲裁院的基层立法联系点和友谊路街道代表之家宝林片代表联络站，并召开座谈会。

【市人大工作研究会到宝山调研】 4月23日，市人大工作研究会第三研究小组课题组组长陆凤妹带领课题组一行到宝山区开展工作调研。区委书记陈杰，区人大常委会主任李萍、副主任王丽燕陪同调研。实地视察顾村镇“人大代表之家”，现场参观智慧湾创意产业园，并召开座谈会。

【市人大常委会领导到宝山调研】 4月26日，市人大常委会副主任蔡威一行到宝山调研乡村振兴工作情况。区人大常委会主任李萍、副主任须华威，副区长陈云彬陪同调研。7月20日，市人大城建环保委主任崔明华一行到宝山开展《中华人民共和国固体废物污染环境防治法》贯彻实施情况和生活垃圾管理工作监督检查。区领导高奕奕、李萍、王益群、须华威陪同，部分市人大代表参加检查。实地察看宝山区建筑垃圾资源化利用中心、宝武环科产城融合示范中心运行管理等情况。召开座谈会进行交流讨论。

【市人大到宝山调研】 9月10日，市人大社会委主任委员阎祖强，副主任委员毛放一行到宝山开展《中华人民共和国消防法》《上海市养老服务条例》执法检查。区人大常委会副主任贡凤梅陪同。实地察看张庙街道综合为老服务分中心，听取养老服务机构负责人关于机构功能布局、运作方式和服务管理的情况介绍。赴江阳水产市场开展实地检查，察看市场消防控制室、电动车集中充电设施、集中住宿区等，听取市场消防安全管理、管理方履行消防安全管理职责、属地政府和执法部门落实监管职能的情况，并召开座谈会。

【外省市人大到宝山调研】 7月12日，云南省人大常委会党组成员、副主任罗红江一行在上海市人大社会委副主任委员周宏等陪同下，到宝山区调研养老服务工作。区人大常委会主任李萍、副主任贡凤梅，副区长倪前龙陪同调研。参观月浦恬逸养老院、张庙街道综合为老服务分中心，听取机构功能布局、运作方式和服务理念等方面的介绍。7月30日，海南省人大常委会副主任、省总工会主席陆志远一行在上海市人大常委会侨民宗委、外事委副主任委员林海平陪同下，到宝山区调研出入境管理和服务工作。区人大常委会主任李萍、副主任秦冰陪同调研。实地参观吴淞口国际邮轮港，听取区滨江委汇报吴淞口国际邮轮港出入境管理和服务有关情况。

【赴江苏省盐城市开展学习调研】 5月12日—13日，宝山区人大常委会主任李萍，副主任秦冰、王丽燕、蔡永平等调研组一行，赴江苏省盐城市人大学习交流人大工作。实地察看盐都区三官村“人大代表之家”建设和亭湖区特色乡村小镇建设等，详细了解“代表之家”运行、文化建设和司法监督、人大常委会自身建设等方面的情况。

（陈　杰）

代表工作

【市十五届人大宝山代表组活动】 5月—8月，市人大宝山组代表围绕“关于支持企业牵头组建创新联合体”专题进行调研。深入石墨烯研发与转化功能型平台、宝武集团等科技企业、科技园区和创新平台进行实地调研，收集企业技术创新、技术创新联盟等方面的文献资料，分析上海支持企业牵头组建创新联合体的基础和优势，提出上海支持企业组建创新联合体的基本思路及对策建议。

【代表建议办理】 2021年，区八届人大六次会议及闭会期间，共收到代表建议70件。已采纳或已解决58件，占比82.9%；正在研究或正在解决的3件，占总数的4.3%；留作参考或暂难解决的9件，占总数的12.8%；代表对办理结果表示满意或基本满意的68件，占总数的97.1%，表示理解的2件，占总数的2.9%。

【代表联系社区】 5月下旬至6月中旬、10月中旬至11月中旬，分别组织市、区人大代表联系社区，围绕市运行安全、“老小旧远”民生问题等，开展2次联系社区活动。320余名市、区人大代表参加联系活动，联系群众2700余名，共收集意见建议300条。围绕城市治理现代化、高质量发展、美丽家园、养老服务等课题，形成调研报告12篇。

【代表培训】 12月16日—17日，区人大常委会举办区九届人大代表培训班。区委书记陈杰出席会议并讲话。区人大常委会主任李萍，区领导胡宝国、徐静、陈云彬、秦冰、吴志宏、王丽燕、贡凤梅、顾瑾、蔡永平等出席。

【人大代表“家站点”平台建设】 2021年，区人大抓好“人大代表之家”和“人大代表联络站”平台建设，拓展延伸“代表联系点”。至年末，全区建成“人大代表之家”12家、“代表联络站”56个、“代表联系点”319个。

2021 年宝山区人大常委会任免干部

会议	任	免
区八届人大常委会第四十一次会议	杨永勤　区人民检察院副检察长、代理检察长、检察委员会委员、检察员	董学华　区人民检察院检察长(辞)
区八届人大常委会第四十二次会议	杨遇霖　区人大常委会办公室主任 叶　强　区人民政府办公室主任 王忠民　区规划和自然资源局局长 郑　恺　区生态环境局局长 雷　宏　区交通委员会主任 王晓林　区人民检察院副检察长、检察委员会委员、检察员 于　静　区人民检察院检察员 高秀梅　区人民检察院检察员	邓士萍　区人大常委会办公室主任 杨遇霖　区教育局局长 王　静　区规划和自然资源局局长 石　纯　区生态环境局局长 朱众伟　区交通委员会主任 叶　强　区商务委员会主任
区八届人大常委会第四十三次会议	翟　磊　区人民政府副区长	陈尧水　区人民政府副区长(辞)
区八届人大常委会第四十四次会议	蒋恬逸　区商务委员会主任 谢　斌　区人民法院刑事审判庭副庭长、审判员	朱志磊　区人民法院审判员 须丽红　区人民检察院检察员 夏陈婷　区人民检察院检察员
区八届人大常委会第四十五次会议	刘德安　区审计局局长 张　治　区教育局局长	张晓宁　区审计局局长 戴筱岚　区人民法院执行裁判庭副庭长
区八届人大常委会第四十七次会议	王大远　区水务局局长 钱　樑　区监察委员会副主任、代理主任 曲劲松　区人民法院月浦人民法庭副庭长 吴姗姗　区人民法院淞南人民法庭副庭长	高　飞　区监察委员会主任(辞) 徐　芃　区住房保障和房屋管理局局长 沈　强　区水务局局长 翁旻玥　区监察委员会委员 白　楠　区人民法院审判员
区八届人大常委会第四十八次会议	须庆峰　区住房保障和房屋管理局局长 孙　晋　区农业农村委员会主任	王益群　区人民政府副区长(辞) 张建平　区农业农村委员会主任 葛　荣　区监察委员会委员
区八届人大常委会第四十九次会议	郑益川　区人民政府副区长 孟庆源　区人民政府副区长 包晓军　上海市公安局宝山分局局长	陈筱洁　区人民政府副区长(辞) 陈云彬　区人民政府副区长(辞) 黄　辉　区人民政府副区长(辞) 倪前龙　区人民政府副区长(辞) 黄　辉　上海市公安局宝山分局局长
区八届人大常委会第五十次会议	张晓立　区人民法院副院长、代理院长、审判委员会委员、审判员 詹　军　区人大常委会教科文卫工作委员会主任 苏卫东　区人大常委会社会建设工作委员会主任 白　洋　区人大常委会华侨民族宗教事务工作委员会主任 王霞波　区人大常委会城建环保工作委员会主任 陈春娟　区人大常委会人事工作委员会副主任、代表工作委员会主任 孙红旺　区人大常委会研究室主任 陈春堡　区人大常委会预算工作委员会副主任 唐佩英　区人大常委会城建环保工作委员会副主任 唐春红　区人大常委会华侨民族宗教事务工作委员会副主任 王新民　区人大财政经济委员会副主任委员 李裕鹏　区人大常委会办公室副主任 陆曙东　区人大常委会研究室副主任 陈一岚　区人大常委会友谊路街道工作委员会主任 徐　芃　区人大常委会吴淞街道工作委员会主任 张　谊　区人大常委会友谊路街道工作委员会副主任 冯宗润　区人大常委会吴淞街道工作委员会副主任 陈　娇　区人大常委会张庙街道工作委员会副主任 高虹军　区发展和改革委员会主任 胡　广　区建设和管理委员会主任 姜玮枫　区民政局局长 张未劼　区绿化和市容管理局局长 董　义　区民防办公室主任 王　哲　区市场监督管理局局长 顾伟刚　区监察委员会副主任 徐文忠　区监察委员会委员 杨　燕　区监察委员会委员 张海涛　区监察委员会委员 赵　波　区监察委员会委员 杨利民　区人民法院民事审判庭副庭长 赵　晨　区人民法院执行裁判庭副庭长	蔡永平　区人大常委会教科文卫工作委员会主任 王国新　区人民法院院长(辞) 牛长海　区人大常委会人事工作委员会副主任、代表工作委员会主任 黄忠华　区人大常委会华侨民族宗教事务工作委员会主任 傅文荣　区人大常委会城建环保工作委员会主任 詹　军　区人大常委会社会建设工作委员会主任 徐　滨　区人大常委会研究室主任 白　洋　区人大常委会华侨民族宗教事务工作委员会副主任 王新民　区人大常委会预算工作委员会副主任 孙红旺　区人大常委会办公室副主任 陶华良　区人大常委会城建环保工作委员会副主任 姜玮枫　区人大常委会友谊路街道工作委员会主任 顾建斌　区人大常委会吴淞街道工作委员会主任 张建忠　区人大常委会友谊路街道工作委员会副主任 栾国强　区人大常委会吴淞街道工作委员会副主任 饶开清　区人大常委会张庙街道工作委员会副主任 丁炯炯　区发展和改革委员会主任 朱众伟　区建设和管理委员会主任 杨　辛　区绿化和市容管理局局长 张未劼　区民防办公室主任 邵　琦　区民政局局长 顾　瑾　区市场监督管理局局长 王俊捷　区人民检察院检察员 胥　白　区人民检察院检察员 盛　婧　区人民检察院检察员
区八届人大常委会第五十一次会议	丁　伟　区人民法院审判员 马　腾　区人民法院审判员 王珊珊　区人民法院审判员 龙梦灵　区人民法院审判员 李丝丹　区人民法院审判员 范鹤祥　区人民法院审判员 罗圣婕　区人民法院审判员 周璐珺　区人民法院审判员 鲍海跃　区人民法院审判员	汤宇军　区人民法院审判委员会委员、民事审判庭庭长、审判员 谷晓丽　区人民检察院检察委员会委员、检察员

（陈　杰）

上海市宝山区人民政府

■ 编辑 李宝利

综 述

【概况】 2021年,宝山区肩负建设上海科创中心主阵地新使命,推进经济社会平稳健康发展,开启宝山转型发展,完成"十三五"规划,顺利实现"十四五"良好开局。地区生产总值达到1673亿元,比上年增长6.5%;商品销售总额完成9800亿元,总量位列全市第五,增长25%,增速位列全市第一;社会消费品零售总额完成843亿元,总量位列全市第七,增长8%;城镇登记失业人数控制在1.22万人以内;居民人均可支配收入达7.7万元,增长8.5%。

【经济发展】 2021年,宝山区持续推进经济发展。一是经济增长。区级一般公共预算收入实现172.9亿元,总量位列全市第十,比上年增长13.0%,增速位列全市第八,上升7位;区级税收保持高位增长,完成146.3亿元,增长9%;规模以上工业总产值完成2600亿元,增长25%以上;属地工业总产值首次突破千亿元,同比和可比增速均为郊区第一。二是现代化产业体系。实施"南总部+北制造"全产业链提升计划,智能制造、新一代信息技术、生物医药产业分别增长34.8%、24.4%、13.6%,战略性新兴产业占规模以上工业产值比重达到26.9%。在科学研究技术服务业增长35.1%、信息技术服务业增长26.8%等重点服务业拉动下,规上服务业营业收入增长15%。完成认定外资总部和研发中心4家。三是招商投促工作。调整全区投资促进体制,依托特色园区载体、活动等渠道,吸引一批重大项目落地。全社会固定资产投资完成650亿元以上,总量位列全市第三。投资结构持续优化,工业投资占比稳步提高,完成130亿元,增长30%。福然德、索灵等一批产业项目开工,上药康希诺等一批项目投产,发那科三期等一批项目建设。四是营商环境。市场准入服务升级,落实优化营商环境十大创新举措,在全国率先实现"验登合一",联东机器人创新港等5个项目实现"拿地即开工"。实现开办企业"一个环节、当天发照",2.2万余户企业当天领取营业执照。贯彻"一业一证"改革,优化食品现制现售、便利店等7个行业准入流程。实施"代办专员"制度,全区代办服务工作平台上线试运行,建立"一次申请、专人服务、全程跟踪、办结为止"服务模式。

【科创中心主阵地建设】 2021年,宝山区打好"大学牌""大企业牌",出台建设科创中心主阵地实施意见、行动计划、专项政策等系列文件,以科技创新驱动产业转型和城市功能转型,构建科创中心主阵地"四梁八柱"。一是功能优势初步显现。围绕大学科技成果产业化功能,加快大学科技园和产业化载体建设,推动环上大科技园、宝山复旦科创中心、上海北大科技园、华中科大科技园等一批科技成果转化载体相继落地,形成集聚效应。围绕科创金融服务功能,设立50亿元科创产业基金和100亿元城市更新发展基金,国内最大双碳主题基金——宝武绿碳基金落地,与上交所共建上海科创金融服务中心。围绕国资国企科创转型,推动宝武、仪电、华谊、光明、锦江、久事、申能、东方国际、南山等一大批大型国企自主转型、二次投资,涉及存量产业用地800公顷。二是科创活力不断激发。实现3家企业成功上市,总数达14家。新增高新技术企业数248家,比上年增长29.2%,新增国家及市级企业技术中心4家、国家专精特新企业1家、科技小巨人企业10家,20个项目获国家、上海科学技术奖。建成新能源关键材料等一批功能型平台,8英寸石墨烯单晶晶圆研制成功,世界首条35千伏公里级高温超导电缆投入运营。深入实施海内外揽才工程,"樱花卡"集成教育、医疗等多项公共服务资源,营造良好科创生态。成功创建全国科普示范区。三是制度供给深化创新。聚焦科创型新兴产业培育和发展,集中出台大学科技园"黄金10条"、优化营商环境十大创新举措、"科创30条"等一系列产业新政,从上年起每年安排10亿元财政资金扶持产业,在全市首创扶持资金"当日申

2月28日,环上大科技园零号基地启用 大场镇/提供

请、次日拨付”、产业项目“拿地即开工”等审批模式。

【城市建设与综合管理】 2021年，宝山区加强城市建设管理。一是疫情防控。坚持“外防输入、内防反弹”总策略和“动态清零”总方针，做好社区防控、集中隔离、机场驻守、流调溯源等工作。落实疫情常态化防控，立足发现早、响应快，形成反应快速、部门协同应急响应与处置机制。推进疫苗接种，克服人口规模大和职住分离等困难，全区18岁以上成人全程接种率超98%。二是交通畅达工程。沪渝蓉沿江高铁（上海段）工可获批，高铁宝山站开展交通组织及配套设施规划研究，沪通铁路二期完成初步设计批复。轨道交通18号线二期开工。轨道交通19号线开展前期方案研究，完成动拆迁前期摸底。打通美丹路、友谊西路等一批断头路，完成国权北路公交车站改造等9个缓拥堵项目。优化调整11条公交线路，公交站点500米服务半径覆盖率达84.3%。新增共享泊位610个，公共泊位3035个。三是城市运行。智慧治理走出新路，城市运行实现“一网统管”，总计接入58个场景。建立健全安全隐患动态排查整治制度，创新实施社区消防安全评价指标体系，聚焦农村出租房、电瓶车充电、“三合一”场所、燃气管网、危化品储运等安全事故多发领域和薄弱环节，以查促改、铁腕治理，推动安全隐患动态清零。四是核心承载区开发。吴淞创新城建设规划和2个1平方千米先行启动区控详规划获批，完成外环以南9平方千米城市和景观设计国际方案征集。宝武集团首发转型项目加快建设，建成宝武钢铁会博中心等一批重要载体，上大美院项目实现开工。南大智慧城6平方千米土地整体收储，调整完成新一轮控详规划，南大科创绿洲等一批产业项目加快建设，百米双子塔楼实现结构封顶。

【社会治理】 2021年，宝山区社区新型基础设施建设全面加强，完善社区云“社区治理平台”信息数据库，引导居（村）委用好相关功能应用。开展社区公共服务，街镇打造“15分钟社区生活圈”。社区通、“活力楼组”品牌优化升级，社区通升级至3.0版，上线“我为群众办实事”栏目，累计解决群众问题21万余个。开展“社区民心项目”勾选，“自下而上”议事协商，获评全国城乡社区抗疫智能

2021年宝山区社会治理情况

项目	单位	数值
美丽街区	条(段)	19
高架及轨交涂装	万平方米	73.2
拆除违法建筑	万平方米	108.44
架空线入地和杆箱整治	千米	3.1
生活垃圾分类居住区达标率	%	95
新建绿地	公顷	70.04
立体绿化	平方米	30172.05
绿道	千米	12.5
加装住宅小区电梯	台	403
三星级以上“活力楼组”	个	284
关停货运堆场	家	104

2021年宝山区民生保障情况

项目	单位	数值
安置房基地竣工	万平方米	88.4
解决在外过渡居民	户	6673
多层住宅加装电梯	台	403
老旧住房成片区域更新改造	平方米	9635
旧住房修缮改造	万平方米	225
“城中村”改造公建配套项目	个	开工23、完工14
新改建标准化菜场	家	3
新增早餐工程网点	家	113
燃气内管改造	户	8239
长期失业青年就业创业人数	人	860
帮扶创业人数	人	792
职业技能培训	万人次	7.9
企业新型学徒制培训	人	2257
线上线下招聘	场	561
线上线下招聘提供岗位	万个	12.3
城乡居保月基础养老金同比增长	%	9
征地养老人员月生活费同比增长	%	7.6
发放区级统筹征地养老各项待遇	亿元	2.8
新增养老床位	张	372
老年助餐服务场所	家	25
改建认知症床位	张	185
老年家庭居家环境适老化改造	户	290
市场化租赁住房供应	套	4020
宿舍型租赁住房床位供应	张	2770
人才公寓房源	套	2316
社会救助	万人次	65.62
救助资金	亿元	3.72
军队转业干部、退役士兵、军休干部接收安置	人	329
退役士兵社保接续	人	2040
“长护险”累计支出	亿元	3.05
“长护险”惠及人数	万人	2.92

化手段抗疫十佳案例、入选上海市基层社会治理创新优秀典型案例。推行“社区小先生制”，获评第二届上海城市治理最佳实践案例。

【民生保障】 2021年，宝山区抓好就业技能培训、创业帮扶等，获评市优秀创业型城区。社会保障更加有力，城乡居民养老和征地农民养老待遇增幅均超60%。打造“五心”（放心、舒心、暖心、开心、安心）养老服务品牌，新建一批养老设施，在全市率先实施“银龄居家宝”“银龄e生活”项目。

【社会事业】 2021年，宝山区加快教育综合改革，建设陶行知教育创新发展区，办好每一所家门口学校。深化医疗卫生体制改革，引入中山、仁济等知名医院品牌，八大医联体（即5个综合医联体：中山、仁济、九院、华山、曙光；3个专科医联体：儿科、康复、肿瘤）协同运行，居民主要健康指标均优于全市平均水平。做优“春之樱、夏之邮、秋之艺、冬之阅”四季文化品牌。沪剧《挑山女人》屡获国家大奖，文化软实力显著提升。围绕“15分钟社区生活圈”，做实公共文化服务配送，推进区文化馆、杨行体育中心等一批文体场馆建设。妇女儿童、红十字、残疾人、慈善等事业稳步发展，民族、宗教、侨务、对台、档案、史志等工作持续加强。实现全国双拥模范城“八连冠”。入围全国文明城区提名名单。

2021年宝山区社会事业情况

项目	单位	数值
学校新建、改扩建	所	15
普惠性学前教育的在园幼儿	%	89
提供校内课后服务的义务教育学校	所	134
名师工作室	个	13
重点项目团队	个	93
干部带教基地	个	11
初中强校工程实验校	所	10
市劳动教育特色学校	所	13
接种新冠疫苗剂次	万	399.6
接种新冠疫苗人数	万人	198.9
医院互认覆盖率	%	100
人次互认率	%	95.42
全市医疗性中心建设	所	6
二级甲等医院升等级评审	所	2
家庭医生“1+1+1”签约	万人	78.98
智慧健康驿站	个	5
康复示范市区卫生服务中心完成验收	所	3
系列活动庆祝建党百年参与人数	万人次	300
各类线上线下文旅活动	万场	1.9
新（改）建市民球场	片	5
健身步道	条	3
益智健身苑点	个	40
宝山体育健儿在奥运会等国际国内大赛中斩获金牌	块	32

【加快城乡协调发展】 2021年，宝山区提升都市绿色农业发展，完成上海市对宝山区粮食安全党政同责和“菜篮子”市长负责制各项考核任务指标，永大菌业获上海市科学技术进步一等奖。4个第三批乡村振兴示范村（新陆村、洋桥村、沈杨村、月狮村）通过市级验收、复核。第四批乡村振兴示范村沈家桥村进入施工阶段。罗泾镇入选第一批全国乡村旅游重点镇，新增聚源桥村成为全国乡村旅游重点村。成立宝山区乡村治理学院，对乡村治理员开展常态化培训。年度乡村振兴指数居全市前列。宝山区获全国村庄清洁行动先进县。

【提升城市宜居水平】 2021年，宝山区做好大气污染防治生态环境建设。完成挥发性有机物综合治理65家，工业企业产业结构调整51家，易扬尘堆场治理6家，餐饮油烟集约化管理10家。深化扬尘污染防控“片长制”3.0版，道路扬尘移动监测系统得到优化。做细水环境治理。完成228家工业废水纳管企业（包括废水零排放）达标评估工作。5家一类污染物排放企业分质分流完成整改。完成长江沿岸主干河段入河排污口溯源以及镇村级河道入河排污口排查，被推荐为排查整治试点区。做实土壤和固废污染防治。加强7家重点单位拆除活动土壤污染防治工作。完成重点建设用地安全利用率核算。加强区级中小企业危废收集转运平台监管，为582家中小企业解决危废处置难题。 （张祖航）

重要政事和决策

【概况】 2021年，宝山区政府出台重要政事及决策涉及民生实事、医疗卫生改革、政务服务、城市基础建设、城市安全、全民建设等方面，坚持以习近平新时代中国特色社会主义思想为指导，全面贯彻落实党的十九大及十九届历次全会精神，深入学习贯彻习近平总书记考察上海重要讲话和在浦东开发开放30周年庆祝大会上的重要讲话精神，贯彻落实市委、市政府和区委的决策部署，坚决贯彻党的基本理论、基本路线、基本方略，坚持稳中求进工作总基调，全面贯彻新发展理念，按照高质量发展要求，推动宝山科创中心主阵地的建设，推进构建宝山空间新格局。

【推进完成与人民生活密切相关的实事】 1月9日，区政府办公室印发《2021年区政府要完成的与人民生活密切相关的实事》的通知，明确区住房保障房屋管理局、区水务局、区建设管理委等承担包括持续推进“美丽家园”建设、消除老旧小区及“三合一”场所消防隐患等在内10项区政府实事项目，并要求各牵头单位认真对照工作安排和任务分解，明确目标、细化方案、落实措施、全力推进，圆满完成各项目标任务。

【改革完善医疗卫生行业综合监管制度】 4月29日，区政府办公室转发区卫生健康委制订的《宝山区改革完善医疗卫生行业综合监管制度实施方案》，要求以习近平新时代中国特色社会主义思想为指导，认真贯彻落实党的十九大提出的“实施健康中国战略”部署及党中央、国务院关于深化医药卫生体制改革的决策部署，坚持以人民健康为中心，坚持政府主导、协同监管、社会共治、改革创新的基本原则，加快建立严格规范、科学有效的全行业、全要素、全过程、全方位医疗卫生行业综合监管制度。提出的总体目标是到2022年，构建比较完善的法治化、规范化、常态化的医疗卫生行业综合监管制度，建立专业高效、统一规范、文明公正的卫生健康监督执法队伍。到2030年，建成与超大城市公共卫生安全治理相适应、与宝山区社会和经济发展相匹配的医疗卫生行业综合监管制度。

【深化“一网通办”及行政审批制度改革工作】 6月10日，区政府办公室印发《2021年宝山区全面深化“一网通办”及行政审批制度改革工作要点》的通知，要求以更高效、更便捷、更精准为目标，继续深化业务流程革命性再造，全面落实“两个免于提交”，推动“一网通办”改革从政务服务领域向公共服务领域拓展，重点推进新一批“高效办成一件事”，探索一批“快办”“好办”和“不见面办理”服务。不断推动行政审批简政放权力度，推广实施“一业一证”行业综合许可改革，强化事中事后监管制度建设，降低群众和企业制度性交易成本。全面深化数据治理，持续改善用户体验，促进“一网通办”平台宝山区实际办件网办比例达到70%，努力将“一网通办”打造成为“宝山服务”的金字招牌。

【推广实施全市“一业一证”改革】 6月12日，区政府办公室印发《宝山区关于推广实施全市“一业一证”改革的工作方案》的通知，要求以最大程度利企便民为主线，以深入推进“一网通办”改革为抓手，在宝山区实施“一业一证”改革，探索建立行业综合许可制度和行业综合监管制度，将市场主体进入特定行业涉及的多张许可证整合为一张行业综合许可证，推动审批管理服务从“以政府部门供给为中心”向“以市场主体需求为中心”转变，大幅降低行业准入成本，打造一流营商环境，服务科创中心主阵地建设。明确从2021年5月1日起，结合宝山区实际，选取6个行业实施“一业一证”改革；从2021年6月至10月，按月度分批次对其余19个行业全面实施“一业一证”改革。

【托育服务三年行动计划】 6月17日，区政府办公室印发《宝山区托育服务三年行动计划（2021—2023年）》的通知，要求到2023年，全区逐步建设完善托育服务供给体系、管理体系、队伍建设体系和质量保障体系。扩大托幼一体规模，建立以社区为依托、机构为补充、公益普惠为主导的资源供给体系；完善规范有序、行业自律、合力共治的管理体制；打造一支素质优良、结构合理的托育服务队伍；深化教养医结合的专业化服务模式，提供多种形式的高质量科学育儿指导，稳步优化区域托育工作新格局，让人民群众获得普惠、安全、优质的托育服务。

【深化农村公路管理养护体制改革】 7月23日，区政府办公室转发区交通委制订的《宝山区深化农村公路管理养护体制改革实施方案》。提出的总体目标是到2022年，基本建立区、镇各级农村公路管理养护体制机制，区、镇财政持续投入，农村公路路长制全面落实，管理站规范设置，农村公路治理能力明显提高，治理体系基本形成。农村公路列养率保持100%，县道和乡村道年均养护工程比例分别不低于13%和8%，路面技术状况指数（PQI）中等及以上农村公路占比不低于90%。到2035年，全面建成体系完备、运转高效的农村公路管理养护体制机制。明确修订《宝山区农村公路管理养护办法》，全面推行农村公路路长制，强化农村公路管理站管理职责，加强宣传引导，继续用好市级公路养护经费，保持区级财政资金保障，加大镇、园区财政资金投入，落实农村公路养护市场化，加强安全管理和质量考核9项重点任务。

【进一步加强城市安全风险防控】 11月25日，区政府印发《宝山区人民政府关于进一步加强城市安全风险防控的意见》。明确发展目标是，到2025年，建立完善覆盖各街镇园区、各行业、各领域、各重点单位的城市安全风险防控体系，健全优化安全风险防控机制，基本形成“政府分级负责、相关部门分类管理、责任主体认真履责、社会公众积极参与”的城市安全风险防控格局，不断提高城市安全风险防控工作常态化、标准化、规范化、智慧化水平，做到风险防控更加科学、源头治理更加有效。到2035年，基本实现城市安全治理体系和治理能力现代化，城市运行安全保障能力显著增强，市民安全素质明显提升。明确建立健全完善防控责任体系、建立健全综合协调机制、全面推进风险排摸、动态更新风险信息、定期开展城市安全评估、强化安全风险防控、加强源头管理、开展重点治理、提升灾害监测预警能力、健全应急救援工作机制10项重点任务。

【深入推进爱国卫生运动】 11月29日，区政府印发《宝山区人民政府关于深入推进爱国卫生运动的实施意见》，提出到2025年，宝山区人均预期寿命继续保持高于上海平均水平；居民健康素养水平超过40%，成人吸烟率降至19%以下；经常参加体育锻炼的人数达45%以上，人均体育场地面积达2.6平方米，市民体质达标率不低于96%；环境空气质量优良率达85%以上，生活垃圾回收利用率达45%以上，农村生活污水处理率达100%以上，病媒生物密度控制水平达到国家标准C级以上。

【全民健身实施计划（2021—2025年）】 12月31日，区政府印发《宝山区全民健身实施计划（2021—2025年）》的通知，提出完善全民健身公共服务体系，实现“15分钟社区体育生活圈”全覆盖，营造“处处可健身、天天想健身、人人会健身”的全民健身城市环境，为各类人群提供均等的全民健身公共服务。加强科学健身指导服务，深化“体医养融合”，强化全民健身智慧管理，提高全民健身治理水平。到2025年，全区经常参加体育锻炼的人数比例达到47%，人均体育场地面积达到2.6平方米，市民体质达标率不低于97%，市民体质健康水平和健康素养处于全市前列，建成国家全民运动健身模范区，让市民的获得感更足、幸福感更浓、安全感更强。 （张祖航）

政府实事项目

【概况】 2021年，宝山区政府坚持“以人民为中心”发展理念，在吸纳社会公开征集征询意见和建议基础上，突出“当年立项、当年完成、当年见效”特点，于1月9日区政府办公室印发《2021年区政府要完成的与人民生活密切相关的实事》，至年末全部完成。

【改善老旧小区】 2021年，宝山区持续推进"美丽家园"建设，既有多层住宅加装电梯新增403台、完工201台。

【公共安全】 2021年，宝山区消除老旧小区及"三合一"场所消防隐患，为19个老旧小区实施消防设施改造，为35个保留保护村配置微型消防车，完成8239户老旧公房燃气内管改造。

【健康养老服务】 2021年，宝山区关注弱势群体健康，提高早期肿瘤检出率，为16163名退休和生活困难妇女免费安排妇科病、乳腺病筛查，为5650名有体检需求的持证残疾人提供健康体检；新建5家智慧健康驿站；全覆盖完成公办学校儿童青少年屈光发育建档137969份。新增372张养老床位，新增180张认知症床位；新增6家社区综合为老服务中心，新建25家老年助餐服务场所。

【教育服务】 2021年，宝山区回应"最柔软群体"看护需求，新增托育点5个，开设36个小学生"爱心暑托班"办班点，全区134所义务教育学校校内课后服务工作实现全覆盖。

【就业保障】 2021年，宝山区完善公共就业服务，帮助860名长期失业青年实现就业创业，为约15万名职工送专项基本保障。

【民生保障】 2021年，宝山区布全布齐商业布点，公共资源配置到位，新(改)建3家标准化菜市场；完成18个早餐工程市级示范点建设。

【文化体育】 2021年，宝山区提升百姓文化获得感，累计为全区居村综合文化活动室配送2300场公共文化活动。加快"15分钟体育生活圈"建设，新建5片市民球场，新(改)建3条市民健身步道、40个益智健身苑点。

【交通出行】 2021年，宝山区不断满足市民出行需求，新建82个公交候车亭，新增3035个公共停车泊位；呼玛路共和新路路口及水产路铁山路路口排堵保畅工程竣工，沪太路潘广路西进口增设可变车道工程竣工。

2021年宝山区政府常务会议

常务会议	议　题	召开时间
第134次	一、听取关于《宝山区国民经济和社会发展第十四个五年规划和二〇三五年远景目标纲要》(草案)的情况汇报 二、听取关于宝山区人民政府与复旦大学签订深化战略合作框架协议的情况汇报	1月7日
第135次	播放短片并听取关于区安全生产和城市运行工作情况汇报	1月19日
第136次	听取关于2020年度市民服务热线工作的情况汇报	2月3日
第137次	听取关于2020年度区政府党组民主生活会召开情况的通报	3月3日
第138次	一、播放短片并听取关于区安全生产和城市运行安全工作情况的汇报 二、听取关于宝山区2021年教育工作的情况汇报 三、听取关于新一轮宝山区产业扶持政策的情况汇报	3月17日
第139次	传达学习贯彻全国"两会"精神	3月24日
第140次	一、传达学习贯彻上海警示教育大会精神 二、通报宝山区疫苗接种推进情况 三、听取关于宝山区食品药品安全工作的情况汇报	3月31日
第141次	通报宝山区疫苗接种推进情况	4月15日
第142次	一、播放短片并听取关于区安全生产和城市运行安全工作情况的汇报 二、听取关于2幅土地储备成本认定、11幅拟出让地块底价及出让方案的情况汇报 三、听取关于宝山区人民政府与上海证券交易所签订深化战略合作协议的情况汇报	4月21日
第143次	传达学习贯彻国务院第四次廉政工作会议和上海市党风廉政建设工作会议精神	4月28日
第144次	一、关于行政协议的法制专题学习 二、听取关于传达学习中央和上海市信访工作联席会议精神暨本区贯彻落实情况的汇报 三、听取关于国家卫生区迎复审工作情况的汇报 四、听取关于国家统计督察反馈意见整改工作的情况汇报	5月12日
第145次	一、播放短片并听取关于区安全生产和城市运行安全工作情况的汇报 二、通报宝山区疫苗接种推进情况 三、听取关于宝山区2021—2023年国土资源利用联动计划编制的情况汇报	5月19日
第146次	听取关于"大棚房"问题专项整治行动"回头看"工作的情况汇报	5月27日
第147次	一、播放警示片并听取关于本区生态环境保护工作的情况汇报 二、听取关于宝山区减量化工作、农民相对集中居住工作及农村乱占耕地建房专项整治工作的情况汇报 三、听取关于修订《宝山区产业园区开发平台公司认定管理办法》的情况汇报	6月9日
第148次	一、听取关于编制《宝山区综合交通"十四五"规划》的情况汇报 二、听取关于编制《宝山区生态环境保护"十四五"规划》的情况汇报 三、听取关于制订《支持海外人才到宝山参与科创中心主阵地建设的若干措施(试行)》《宝山区人才公寓管理暂行办法》的情况汇报 四、播放短片并传达学习贯彻中央和市委、市政府领导批示精神，听取关于区安全生产和城市运行安全、燃气安全监管工作情况的汇报	6月17日

（续表）

常务会议	议　题	召开时间
第149次	一、通报宝山区疫苗接种推进情况 二、听取关于编制《宝山区先进制造业"十四五"规划》的情况汇报	6月23日
第150次	一、听取关于宝山区疫苗接种推进情况的汇报 二、听取关于编制《宝山区科技创新"十四五"规划》的情况汇报 三、听取关于设立"上海宝山科创产业股权投资基金"和"上海宝山城市更新发展基金"的情况汇报	6月30日
第151次	一、听取关于宝山区重点区域城市品质提升工程推进情况的汇报 二、听取关于编制《宝山区现代服务业"十四五"规划》的情况汇报 三、听取关于编制《宝山区推进城市数字化转型三年行动计划（2021—2023年）》的情况汇报 四、听取关于上海市宝山区人民政府与上海华谊（集团）公司签订战略合作协议的情况汇报	7月7日
第152次	一、听取关于2021年上半年区政府重点工作目标任务推进情况的汇报 二、听取关于2021年宝山区市、区两级建议提案办理工作情况的汇报 三、听取关于宝山区2021年上半年国民经济和社会发展计划执行的情况汇报	7月15日
第153次	一、播放短片并听取关于区安全生产和城市运行安全工作情况的汇报 二、听取关于第6号台风"烟花"防御准备工作的情况汇报 三、听取关于编制《宝山区应急管理"十四五"规划》的情况汇报	7月22日
第154次	一、听取关于近期疫情防控和疫苗接种推进工作的情况汇报 二、听取关于2021年上半年市民服务热线情况分析的汇报 三、听取关于堆场综合整治推进情况的汇报	8月18日
第155次	传达学习贯彻国务院关于坚决遏制"两高"项目盲目发展电视电话会议精神	8月26日
第156次	一、听取关于起草《宝山区健身设施补短板五年行动计划（2021—2025年）》的情况汇报 二、听取关于起草《宝山区2021年区本级财政预算调整方案》的情况汇报 三、听取关于制订《宝山区产业项目准入评估办法2021版》的情况汇报	9月1日
第157次	一、听取关于张江高新区宝山园空间优化调整方案的情况汇报 二、听取关于2021年区级政府投资项目建设进展及计划调整的情况汇报 三、听取关于编制《宝山区基本公共服务"十四五"规划》的情况汇报	9月8日
第158次	一、《行政处罚法》解读 二、听取关于编制《宝山滨江地区暨上海国际邮轮旅游度假区发展"十四五"规划》的情况汇报	9月16日
第159次	听取关于制订《关于宝山区城运中心建设的建议方案》的情况汇报	9月28日
第160次	一、播放宝山区第二期生态环境警示片并听取关于迎接上海市生态环境保护督察"回头看"工作情况的汇报 二、传达近期市对口支援与合作交流工作会议精神并听取我区贯彻落实情况的汇报	10月12日
第161次	播放短片并听取关于区安全生产和城市运行安全工作情况的汇报	10月27日
第162次	听取关于南大111—01（科创绿洲二期项目）、宝工园41－07（垒知项目）、淞南镇N2—04B—A幅地块底价及出让方案的情况汇报	11月4日
第163次	一、听取关于编制宝山区2021—2023年生态环境保护和建设三年行动计划的情况汇报 二、听取关于推进落实社区消防安全评价指标的情况汇报	11月17日
第164次	一、播放短片并听取关于区安全生产和城市运行安全工作情况的汇报 二、听取关于宝山区近期疫情防控工作情况的汇报 三、听取关于宝山区减量化工作推进情况的汇报	12月1日
第165次	一、播放短片并听取关于河长制近期重点工作的情况汇报 二、听取关于2020年度区级预算执行和其他财政收支审计整改的情况汇报	12月8日
第166次	一、听取关于2022年度政府投资项目计划编制的情况汇报 二、听取关于宝山区2021年预算执行情况和2022年预算（草案）的情况汇报 三、听取关于起草《宝山区2021年区本级财政预算调整方案》（第二次）的情况汇报	12月16日
第167次	一、听取关于《政府工作报告》起草的情况汇报 二、听取关于2021年区政府实事项目完成情况及2022年区政府实事项目立项工作的情况汇报	12月22日

（张祖航）

政务服务

【概况】 2021年,宝山区行政服务中心(以下简称中心)共有入驻部门31个、中介服务机构3个。设对外服务窗口100个,进驻政务服务事项共计660项(含986个事项情形)。线下大厅设综合业务、市场准入、工程建设项目、税务新设企业及统一出件(出证)5类综合窗口,以及"AI+一网通办"线上办理专区、"一窗通"服务专区、"一网通办"帮办服务专区及24小时自助服务区4个专区;线上平台包括"一网通办"宝山频道(电脑端)、"随申办"宝山旗舰店(移动端)、"1+N"智能自助服务圈(自助端)。中心按照《上海市全面深化"一网通办"改革工作要点》《宝山区"一网通办"及政府改革任务清单》,落实"两个免交"(凡是本市政府部门核发的材料,原则上一律免于提交;凡是能够提供电子证照的,原则上一律免于提交实体证照),推进"两个转变"(从以政务服务为主向以公共服务为主转变,从以技术驱动为主向以制度驱动为主转变),实现"两个覆盖"("一网通办"覆盖基本公共服务领域,"一件事"基本覆盖高频事项),推出"一件事一次办""宝你HUI"系列应用及"好办""快办"等服务功能,推动"一网通办"从"能办"向"好办"转变。年内共接待21.55万人次,受理申请18.87万件,办结18.24万件。开展网上预约服务26601次,申请材料上门揽收服务4337次,证照寄送服务27635次。提供帮办服务14544次,答复各渠道咨询30550次。收到"好差评"评价13.88万条,好评率99.99%。获2021年度上海市"五一劳动奖状"。

【开展"一网通办"专项立功竞赛活动】 2021年,中心按照上海市《2021年度"一网通办"专项立功竞赛活动实施方案(区级层面)》《区级机关落实"比学赶超当先锋,建设科创主阵地"活动要求 深化"双在双争"行动方案》工作要求,以"建设一流队伍、展示一流服务、争创一流业绩、塑造一流形象"为目标,组织开展窗口工作人员业绩大比拼、"好差评"典型案例警示、业务知识竞答、心理培训讲座、团队建设活动,营造"比业务、学技能、拼干劲、优服务"氛围。在10月21日"我为群众办实事——我有招"宝山区"两网一线"专项立功竞赛活动中,获得展示环节集体一等奖、竞技环节个人第一名。

【首创"宝你HUI"系列应用】 2021年,中心全市首创"宝你HUI"系列应用品牌。"宝你慧"智能填表应用以"系统预填+人工补填"方式,实现18类高频事项情形申请表智能填写,平均系统预填率达80%,覆盖线上线下各服务渠道。"宝你会"一件事申报系统实现"股权变更""企业名称变更""招工退工""用人单位补贴申请"等48项"一件事"申请表要素自动录入、信息复用,让申请人"只填一张表、只交一套材料、最多跑一次"。"宝你惠"政策直通车自动校验企业信用数据并推送至职能部门,建立"企业不必申报,资金自动到账""免申即享"模式,实现区产业扶持政策精准兑现。配合区经济委员会、区科学技术委员会,共为598家企业及319位个人拨付扶持资金1.6亿元。

【拓展"随申码"应用场景】 2021年,中心在全市首创"长三角"多码融合应用。通过"随申码"与安徽省"安康码"、江苏省"苏服码"、浙江省"浙里办"实现"多码互认"及长三角区域内电子证照"一键调取"。全市首创政务快递"随申码"签收功能。借助"随申码"统一身份认证能力,在政务快递寄递签收场景中,通过出示本人"随申码"即可完成物流签收。推出"随申码"扫码签到功能。通过电子扫码技术,自动比对人员身份、健康等信息,避免人员线下聚集,给安全、秩序带来隐患。

【打造"好办""快办"服务模式】 2021年,中心运用"用户画像""多人网签""电子签章"等多项信息化技术对办事全场景实施再造,推出以"个性指南+智能申报"为标准的"好办"服务事项情形15个,涉及区市场监督管理局、区人力资源和社会保障局、区卫生健康委员会、区交通委员会4个部门5个领域。其中"企业集体合同审查""好办"服务案例,获2021年上海市"'好办''快办''一件事'工作评审会"第一名。推出以"三分钟填报,零材料提交"为标准的"快办"服务事项4个,涉及区科学技术委员会、区绿化和市容管理局、区残疾人联合会、区人力资源和社会保障局4个部门。其中,"装修垃圾预约清运"事项的"快办"是"一网通办"与"一网统管"融合应用创新探索,为全市首创。

【推进"一业一证"改革】 2021年,中心复制浦东新区"一业一证"(将市场主体进入特定行业涉及的多张许可证整合为一张行业综合许可证)改革试点经验,落实"六个一"(一次告知、一表申请、一口受理、一网办理、一证准营、一体管理)运行机制,建立"一业一证"线下服务专窗和线上申报专区,使企业群众"入一张网、到一扇窗、办多张证、一次办好"。经区政务办授权,由中心加盖统一"宝山区行业综合许可专用章",颁发"行业综合许可证"313张,涵盖市"一业一证"改革行业目录中13个业态。

【优化企业专属网页】 2021年,中心推出"免登录版"企业专属网页。梳理"宝山区科技'小巨人'企业"等48类特色标签,构建宝山用户标签库;归集18类企业档案,丰富"一企一档"内容,将辖区内所有重点企业对"标"、按"类"入库。开发"高新技术企业认定"等3类"政策体检"功能和7类证照到期提醒功能。向全区4000余家企业推送相关信息96项。

【深化帮办代办服务】 2021年,中心按照上海市《建立完善帮办制度 提高"一网通办"便携度的工作方案》要求,牵头推进市线上帮办试点。建立"1+N"(中心+审批部门)联动工作机制,由中心负责"首次人工答复1分钟响应"环节,相关部门负责专业答复环节。通过"智能客服+人工客服"双向互补,"常规解答+专业解答"双轨服务,做好答疑解惑。经市府办公厅推荐,"中心帮办"于11月18日走进上海广播电台直播间,于11月30日走进上海电视台"民生一网通"栏目,向全市宣传推广宝山经验做法。中心配合区工程建设项目审批审查中心,做好重点项目帮办代办。制定"帮办代办实施管理办法",组建20人帮办代办队伍,将区20个重点项目纳入中心帮办系统,为14家区重点企业提供帮办。中心还对"一网通办"帮办服务专区进行功能升级,推出为老服务"绿色通道"。

【提升综合窗口运行效能】 2021年,中心对综合窗口服务流程进行修订,设置"业务科长+业务主管+窗口事务官"三级协调管理机制,结合AB角工作制、

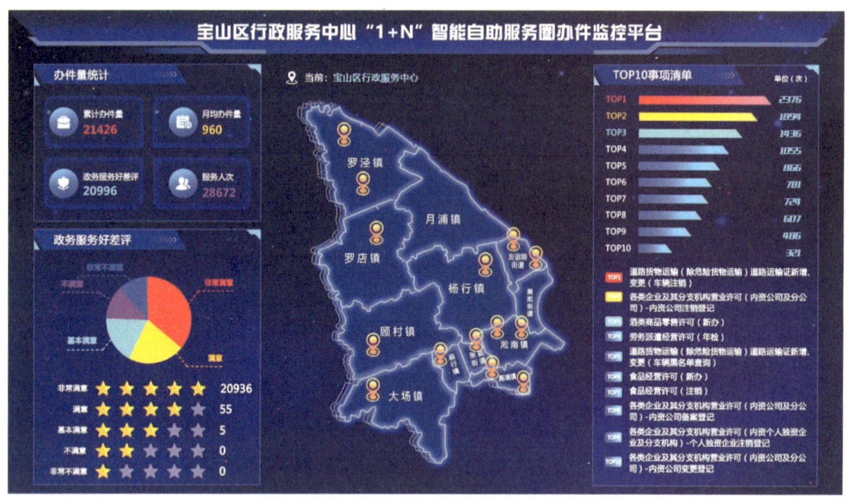

宝山区行政服务中心“1＋N”智能自助服务圈办件监控平台　　金晓虎/摄影

值班轮换制、轮岗培训制，实现各业务环节衔接有序；开设“一业一证”“一件事”“长三角＋跨省通办”“产业政策咨询”等特色专窗；实现47项高频即办件事项在综合窗口“当场办结”；落实区纪委关于开展服务窗口问题专项整治工作要求，组织入驻部门窗口及全体中心工作人员开展自查自纠，梳理归并突出问题3项，形成整改举措6条。

【搭建“1＋N”智能自助服务圈】　2021年，中心以“AI”技术赋能自助终端，在完善中心“AI＋一网通办”线上办理专区功能同时，推动自助终端向镇、园区及银行等中心外延伸，搭建覆盖重点服务区域、关键服务对象“1＋N”智能自助服务圈。通过“终端收件、在线预审、短信告知、自助查阅”方式，实现69个涉企服务类及市级赋能的103个为民服务类高频事项情形“AI自助办”，累计办理28515件。相关成果刊登于“上海市‘一网通办’工作简报”（2021年第19期）。

【构建“跨省通办”服务圈】　2021年，中心与江苏省苏州市、无锡市、常州市、南通市、盐城市，浙江省嘉兴市、湖州市，安徽省安庆市等42家外省政务服务机构签订“跨区域通办合作协议”，基本完成宝山区跨区域政务服务圈从点到线、从线到网布局。线上建立“长三角＋跨省通办”平台，推出26项跨区域“当场办结”事项；线下设置“通办专窗”，通过“异地收件、两地联办、相互监督、责任可溯”服务机制，借助远程协办、在线预审、快递服务等手段，为33家企业办结“跨省通办”申请。　（陆　薇）

信　访

【概况】　2021年，区信访办接收群众信访总量8668件，比上年上升1.6%。其中：来信1396件，比上年下降40%；来访1891件，上升12.7%；网上信访5381件，上升18.9%，出具信访复查告知和意见书15件。全区信访事项按期转送交办率、按期受理告知率、按期办结率均为100%。

【落实信访工作责任制】　2021年，区信访办认真落实领导干部接访、信访稳定工作例会、分级分责等工作机制，年内，区领导共在信访工作专报上批示42次，协调处理各类突出矛盾50余件，推动疑难信访矛盾化解或缓解，协调解决群众“急难愁盼”问题。

【开展“全国信访工作示范区”创建活动】　2021年，区信访办创建“全国信访工作示范区”，在全区103个村委会和382个居委会设立信访工作服务点，方便群众就近反映问题。优化区、街镇（园区）、居（村）三级信访服务清单，建立由律师、人民调解员、心理咨询师、信访代理员组成基层多元化解工作队伍。2021年，宝山区获评“全国信访工作示范区”。

【规范信访基础业务】　2021年，区信访办举办全区信访系统信访工作业务培训班，聚焦人民群众“急难愁盼”问题，明确目标任务，规范基础业务，强化工作措施，提高业务办理能力和信访系统操作水平，及时就地解决群众合理诉求。

【协调化解突出矛盾】　2021年，区信访办加强信访稳定工作，及时调处化解推进区重大工程建设、校外培训机构关闭、涉众型投资受损、企业停工停产劳动争议等群体信访矛盾，确保突出矛盾平稳可控。做好全国“两会”、庆祝中国共产党成立100周年、党的十九届六中全会、第四届进博会、区第八次党代会等节点期间信访稳定保障工作。

【人民建议征集工作】　2021年，区信访办设立宝山区人民建议征集工作站，在“征民意、集智慧、聚民心”平台，以“线上有平台、线下有站点”相结合方式征集人民建议，区编委办批复区信访办增设人民建议征集科。区信访办在全区范围开展人民建议征集“宣传日”活动“人民城市，建言有我——庆祝上海市人民建议征集办公室成立一周年暨《上海市人民建议征集若干规定》颁布实施”宣传日活动。年内，全区共征集人民建议1100余件，得到市领导批示4件，区委、区政府主要领导批示6件、专项征集4件。宝山区人民建议征集办被市人民建议征集办授予“2021年度人民建议征集工作先进单位”。

【推进重复信访专项治理】　2021年，区信访办对中央信访工作联席办、市信访工作联席办下发宝山区202件重复信访件，实行区和责任单位两级包案领导，成立“涉法涉诉”“城镇房屋征收”等9个领域信访突出问题化解攻坚专班，建立工作台账，开展现场督办，办结一批时间跨度长、化解难度大、政策要求高的案件。2021年申报化解率100%，市信访工作联席办审核认定化解率超95%。

【信访宣传和理论研究】　2021年，区信访办用好政务头条号新媒体，加强正面宣传，在“宝山信访”今日头条号动态发布信访工作信息12篇，宣传“最美信访干部”事迹。2021年第4期国家信访局《人民信访》宣传宝山区基层信访工作经验——联合接待实现矛盾纠纷就地化解。区信访系统申报“新时代社会治理体系下信访工作智能化的创新研究”课题被列为2021年度国家信访局信访系统内部理论研究课题并结项通过。

【开展"我为群众办实事"实践活动】 2021年,区信访办结合大调研等活动,开展"我为群众办实事"活动,累计采集并办理完成各类问题18个、建议10个,问题解决率100%。完成重点民生项目4项、重点发展项目3项。

(陆健伟)

外事工作

【概况】 2021年,宝山区外事工作围绕服务国家总体外交和市委、市政府中心工作,做好涉外疫情防控和经济社会发展,保持对外交流,提高涉外事务处置能力,形成对外工作合力。

【帮助宝山企业复工复产】 2021年,区外事办协调区相关部门,到区各镇、街道和园区调研,做好外国人入境复工复产工作。2021年共受理企业外籍人士入境邀请函申请132批252人次。

【对外文化交流活动】 2021年11月18日—2022年1月16日,"2021年陈伯吹国际儿童奖原创插画展"在宝山国际民间艺术博览馆举办。插画展共收到来自中国、意大利、英国、葡萄牙、德国、罗马尼亚、美国、墨西哥、韩国、菲律宾等30余个国家160余位插画师近600件作品。

【维护同国外友好交流】 2021年,区外事办先后与因新冠肺炎疫情影响导致来往不便的韩国首尔特别市衿川区、日本泉佐野市、毛里求斯蓝坝河区进行书信、微信交流,了解彼此社会经济发展、疫情防控以及对未来交流期待。日本泉佐野市市长、韩国首尔特别市衿川区区长,在疫情期间都给区领导发来慰问信,区长高奕奕及时回复。双方表示,疫情结束后继续开展交流。 (方 培)

民族与宗教

【概况】 2021年,宝山区常住少数民族人口总数43641人,有51个少数民族成分。其中,户籍少数民族人口18440人,有49个少数民族成分。少数民族人员分布在宝山区各镇、街道,呈散居状态。有区级少数民族组织1个,街镇层面少数民族组织12个。宝山区有佛教、天主教、基督教3个宗教团体,有宗教场所24处、宗教教职人员68人、信教群众约9.3万人。

【民族宗教法制宣传】 6月,宝山区民族宗教法制宣传学习月在各街镇(园区)开展。全区举行政策咨询59场,参与群众4402人,发放法律法规宣传资料4675份,培训党政干部、村(居)干部852人次,培训宗教教职人员156人次。

【民族工作】 6月16日,区民族联举办"民族团结心向党,我与祖国共奋进"庆祝中国共产党成立100周年文艺汇演活动;7月5日,全国脱贫攻坚先进个人、少数民族干部韦秀勇作《感党恩·听党话·跟党走》专题报告;9月9日,华东师范大学硕士生导师、中国法学会民族法学研究会理事、宝山统战智库中心专家李伟民,作"把握新时代民族工作主线,铸牢中华民族共同体意识——学习领会习近平总书记在中央民族工作会议上讲话精神"专题讲座;9月15日,上海市社会主义学院兼职教授彭高成传达习近平总书记在中央民族工作会议上讲话精神,并就铸牢中华民族共同体意识等问题作专题讲座;10月,区委常委会专题学习习近平、汪洋在中央民族工作会议上讲话精神。年内,落实全区1000余名困难少数民族群众、高龄少数民族群众、少数民族学生走访慰问工作,发放慰问金(包括慰问品)合计36余万元;敬老节为全区48位90岁以上少数民族人员送上重阳糕、长寿面。10月,区民族联赴云南省维西傈僳族自治县开展扶贫协助、爱心助学活动,共捐赠8万元用于帮助维西傈僳族自治县建档立卡贫困学生。

【开展铸牢中华民族共同体意识进中小学工作】 2021年,区民宗办与区教育局共同制定《关于宝山区开展中小学校铸牢中华民族共同体意识教育工作的意见》,并在大华第二小学、罗店中学、上海大学附属中学开展铸牢中华民族共同体意识主题教育实践活动。6月7日,市民宗局副局长杜宇平、市委统战部民宗处李迅到宝山区调研铸牢中华民族共同体意识进学校工作。6月下旬,大华第二小学结合"铸牢中华民族共同体意识"教育系列活动,开展"庆百年华诞,传红色基因"双百感言活动。9月30日,宝山区第一中心小学举办"一脉中华情 赓续百年心"铸牢中华民族共同体意识教育活动。

【宗教事务管理】 2021年,宝山区佛教永福庵等6家宗教场所获上海市文明和谐寺观教堂四星场所称号,佛教淞南寺等2家宗教场所获宝山区文明和谐寺观教堂四星场所称号,基督教刘行聚会点等2家宗教场所获宝山区文明和谐寺观教堂三星场所称号。

【民族宗教团体建设】 2021年,区民宗办引导宗教界人士坚持宗教中国化方向,指导区宗教团体开展"爱党爱国爱社会主义"主题教育。区佛协全体理事监事参观二大会址和毛泽东旧居,区天主教爱国会常委和中青年骨干教友及神父参观中共一大纪念馆,区基督教两会常委、场所负责人及全体教职人员参观矛盾纪念堂和王会悟纪念馆;指导团体、场所积极参与市委统战部、市民族宗教局第二届"海上论道"讲经交流,获得1个二等奖、1个三等级及6个优胜奖;萧泾古寺如旭法师参加市佛协2021讲经交流会获三等奖。引导宗教界人士参与区委统战部"感悟党史光荣,同心携手前行"统战征文活动,各团体报送1篇征文材料。国庆节当天,全区宗教场所升挂国旗,欢庆中华人民共和国成立72周年。鼓励民族宗教界团体参与社区慈善公益服务,区佛协与上海大学开展助学帮困活动,落实帮扶资金13.65万元,各类慈善捐赠共计117余万元。

【区人大专项调研】 6月17日,区人大常委会主任李萍、副主任秦冰一行就区贯彻落实《上海市宗教事务条例》实施情况开展专项调研。李萍肯定区贯彻落实《条例》、宗教工作"三级网络两级责任制"、宗教团体自身建设等工作。

(潘轶菲)

2021 年宝山区清真供应网点

类目	网点名称	地址	所属街道、镇
副食品（4 家）	顾村集贸市场清真专柜	顾太路 350 号	顾村镇
	上海为民商行清真专柜	南大路 164 号	大场镇
	豫东清真牛羊肉经营部	淞兴西路 110 号	吴淞街道
	清真牛羊肉专卖店	淞良路菜市场	淞南镇
饮食（4 家）	上海为民清真饮食店	南大路 162 号	大场镇
	耶里夏丽（顾村店）	正大缤纷 1 楼 8 号 103—106	顾村镇
	上海宁马餐饮管理有限公司	共和新路 4957 号	高境镇
	面千年	共康路 74 号	庙行镇

2021 年宝山区宗教活动场所

教别	宗教场所	地　址	联系电话
佛教	宝山寺	罗店镇罗溪路 518 号	56862411
	宝山太平禅寺	顾村镇富联路 328 弄 28 号	56181655
	宝山永福庵	大场镇南陈路 351 弄 2 号	56139137
	大场金皇讲寺	大场镇丰宝路 350 号	36386669
	杨行察司古寺	杨行镇泰和支路 87 弄 50 号	56495616
	杨行宝隆古寺	杨行镇杨宗路 558 号	36210981
	罗泾萧泾古寺	罗泾镇沪太路 8872 弄 50 号	56873775
	月浦甘露寺	月浦镇练祁路 688 号	33852102
	淞南寺	淞南镇淞南路 459 弄 27 号	66781335
道　教	财神庙	庙行镇共康路 999 号乙	—
天主教	孟家宅天主堂	高境镇阳泉路 1295 号	66972249
	北姚湾天主堂	大场镇南大村老宅生产队	62505506
基督教	宝山区基督教吴淞堂	宝杨路 74 号	56101766
	宝山区基督教施恩堂	泗塘一村 7 号	56993462
	宝山区基督教杨行堂	杨行镇通达路 151 号	暂无
	宝山区基督教月浦堂	月浦镇北安路 103 弄 15 号	56937980
	宝山区基督教罗店堂	罗店镇西界泾村 63 号	56862059
	宝山区基督教大场堂	大场镇沪太支路 1225 号	56681596
	宝山区基督教谢恩堂	大场镇丰宝路 54 号	63637833
	宝山区基督教葑塘聚会点	大场镇锦秋路 2320 号	56133351
	宝山区基督教宝山聚会点	漠河路 28 号东门	56780467
	宝山区基督教刘行聚会点	顾村镇潘泾路 625 号—1	56028789
	宝山区基督教盛桥聚会点	月浦镇盛桥路 90 号	56153128
	宝山区基督教罗泾堂	罗泾镇陈川路 350 弄 91 临	56870690

（潘轶菲）

侨　务

【概况】　2021年，区侨办坚持以习近平新时代中国特色社会主义思想为指导，认真落实中央和市委、市政府决策部署，围绕服务宝山经济社会发展，坚持胸怀全局、坚持为侨服务、坚持创新发展，确保年度工作有序有力推进。

【"唱支山歌给党听"——陶瓷和书画作品展】　3月6日，区委统战部等协办的"唱支山歌给党听"——陶瓷和书画作品展在上音歌剧院开幕。该展由中央统战部六局、市委统战部指导，新的社会阶层人士服务团、市新联会主办，新的社会阶层人士服务团16分团、自由职业3分团、市新联会自由职业者联盟、"海上新力量·宝山宝"艺术家联盟、上海陶瓷科技艺术馆承办。中共中央统战部相关部门负责同志，市委统战部二级巡视员、市欧美同学会党组书记李霞，区委常委、统战部部长沈伟民等出席开幕式。宝山区组织100名新的社会阶层人士、宝山区海外联谊会会员代表参加音乐会，共同唱响《没有共产党就没有新中国》，展示爱党爱国情怀。

【"侨法宣传月"活动】　3月3日，区"侨法宣传月"活动在全区各街镇(园区)全面展开。区委统战部副部长、区台侨办主任吴华朗，区人大侨民宗工委主任黄忠华，区侨联党组书记、主席阎丽伦及部分区人大代表先后赴高境镇、淞南镇调研"侨法宣传月"推进情况。3月，共举行政策咨询会、讲座184次，发放宣传资料9212件，共组织志愿者活动106场，志愿者参与2260人次，全区侨法宣传受众达60258人。

【侨情调查工作】　3月15日，区侨办、区侨联根据市委统战部、市侨联关于基本侨情调查工作统一部署，坚持以问题为导向，以任务为牵引，上下协同抓落实、共推进。宝山区3个镇、1个街道，共6个居委会5525户参与侨情调查，涉侨家庭近400户。年内，完成近三分之一调查。侨资企业调查点淞南镇复旦软件园完成"双在"(注册在宝山，落地在宝山)企业调查，同时加快推进4051家注册在园区但不在园区经营的企业调查。

【留学生专场"樱才"主题沙龙活动】　3月19日，欧美同学会宝山分会举办"樱才"主题沙龙之"愿景·融入"留学生专场活动。该活动邀请市人社局、区就促中心、区劳动人事争议仲裁院、欧美同学会宝山分会相关人士为近20名区内企业内新招归国留学生、海外人才，就职业生涯规划、留学生人才政策、劳动关系、创业经历感悟等关注内容开展分享与交流。

【侨界民生帮困活动】　2021年，区侨办关注侨界民生，开展帮困送温暖活动。年内，走访慰问全区困难归侨侨眷120户，送上慰问品及8万余元慰问金。稳妥处置矛盾纠纷，处理来电、来信、来访50余件，做到件件有着落。　(唐立力)

台湾事务

【概述】　2021年，宝山区对台工作坚决贯彻落实中央对台大政方针，围绕宝山推进科创中心主阵地建设奋斗目标，凝心聚力，在涉台疫情防控、对台经贸合作、线上线下交流交往、涉台宣传教育、服务台胞台属、困难台胞关心补助等领域取得新成绩。在新冠疫情常态化形势下，组织部分台胞集中接种疫苗，做好台胞接种疫苗咨询、宣传、登记、审核、信访等工作。对涉台社团建设进行分类指导，做好区台联会换届工作。加强调研，解决台胞台企关心问题，促进台企转型发展。加大宣传力度，落实好国台办"31条"、市台办"55条"及《中华人民共和国台湾同胞投资保护法》《中华人民共和国台湾同胞投资保护法实施细则》等政策法规，依法维护台商合法权益，保护和鼓励台胞投资宝山。发挥宝山淞沪抗战资源优势，推动两岸历史人文交流，加深两岸沟通交往；拓展交流活动载体，组织开展线上线下交流。按照"讲政治、讲法治、讲情理"工作要求，认真处理涉台信访案件。

【组织参观沪台交流回眸展】　1月7日，区台办组织市台协宝山工委会、区台联会赴上海市档案馆(外滩新馆)，参观"阳光总在风雨后——沪台交流回眸"展。参观大政方针、开启交流、经贸合作、人文交流、人员往来、实现"三通"、乐业安居等展览版块660幅图片、12部240分钟视频和120件实物，展示沪台30余年来交流成果。

【调研宝山区台企】　2月25日，市人大常委会原副主任、市人民对外友好协会会长沙海林带领市台办副主任王立新及市台办交流处一行到宝山区上海鸿文国际职业高级中学调研沪台合作办学学校发展情况。区委常委、统战部部长沈伟民，区台办、区教育局负责人陪同调研。调研中，沙海林与学校负责人交流，了解学校经营发展有关情况和困难问题，肯定学校为两岸交流、上海职业教育发展作出的努力，勉励学校继续提高办学质量，为沪台合作、上海教育事业作出新贡献。

【组织台胞集中接种新冠疫苗】　4月19日起，区台办做好区域内有关台胞接种新冠疫苗工作。5月10日、6月1日，组织部分台胞于区体育中心、大场镇文海路等疫苗接种点集中接种疫苗，受到台胞好评并赠送锦旗。

【市台联会领导赴宝山调研】　5月31日，上海市台湾同胞联谊会专职副会长庄振文赴宝山区调研。区委常委、统战部部长沈伟民，区委统战部副部长、区台办主任吴华朗，区台办副主任范耀良，区台联会会长刘祖辰等参加调研，就宝山区台胞台属有关工作情况进行座谈交流。

【区台联会和芜湖市台联会签订友好共建协议】　6月18日—19日，区委统战部副部长、区台办主任吴华朗，区台联会会长刘祖辰率区台联会到浙江省建德市考察，调研当地经济社会发展概况和台联会建设发展情况。

【区台联会第八次会员代表大会召开】　10月26日，区台胞台属联谊会第八次会员代表大会召开。区委常委、统战部部长沈伟民，市台联会专职副会长庄振文出席会议并讲话。会议听取区台联会第七届理事会工作报告，选举产生新一届理事会班子，刘祖辰连任区台联会会长。

【市台协宝山工委会走访慰问友谊路街道】　12月16日，市台协常务副会长、市台协宝山区工委会主委李德治、上海鸿文国际职业高级中学副校长、市台协宝山区工委会会员代表张翼，市台协宝山区工委会荣誉主委马海龙，市台协常务理事郑俊彦等到友谊路街道办事处，走访慰问青年学生，并捐赠5万元助学金。友谊路街道办事处党工委副书记杨颖代表街道接受捐赠。区委统战部副部长、区台办主任吴华朗，区台办副主任王炳东，友谊路街道社区党群办主任黄启群及有关居委干部参加活动。座谈会上，黄启群介绍街道概况，并就有关青年学生情况作说明。李德治、张翼分别代表市台协宝山区工委会和上海鸿文国际职业高级中学向青年学生捐赠助学金，杨颖代表友谊路街道敬献锦旗。

（沈竞春）

机关事务管理

【概况】 2021年，宝山区机关事务管理局完成办公用房、公务用车、资源节约、政府采购、安全保卫、服务保障等各项工作任务。全年，会务保障约2300场次；文件复印约425万面、装订约23万份；保障用餐约88万人次；安全行车约29万千米；政府集中采购金额6.72亿元。完成区两会、区第八次党代会、宝山区投资促进大会暨重大项目集中启动仪式等重要会议、重大活动后勤保障工作。年内，获2019—2020年度上海市文明单位、2018—2020年度上海市花园单位等荣誉。

【办公用房管理】 2021年，区机管局推进党政机关房屋统一管理工作，召开宝山区区级机关及部分事业单位房屋集中统一管理工作会议。完成全区党政机关及部分事业单位（除学校、医院）房屋摸底调查工作。吴淞街道、区财政局等10处办公用房权属转移登记至区机管局名下统一管理。完成区委巡察办、区审计局等8家单位办公用房调配及面积核定。实地检查淞南镇、区市场监管局等13家单位办公用房配备使用情况。年内，实施全区机关事业单位办公用房维修改造计划，按期完成区档案局、区红十字会等27项维修改造项目，并完成区劳动执法大队、区医保局等16项抢修工程。

【公务用车管理】 2021年，宝山区经市车改办核定机关、事业单位保留车辆共计728辆，其中，机关、参公事业单位258辆，事业单位470辆。北斗监控总平台1个，分平台276个（机关、参公事业单位分平台31个，事业单位分平台245个）。年内，牵头制定《党政机关公务用车管理规范》区标准化指导性技术文件。实施全区机关事业单位更新预算计划，办理车辆更新、报废审批46件。“宝山区综合行政执法用车管理平台”跨部门调度使用综合行政执法车约2.4万车次。

【资源节约管理】 2021年，区机管局以合同能源管理模式完成友谊路969号机关办公场所节能技改项目。委托第三方节能服务公司对109个公共机构生活垃圾分类情况开展督导检查。指导大场镇、区教育局等69家单位创建“节约型机关”。以“节能降碳　绿色发展”为主题，在区公共机构中开展节能宣传周系列活动。以“光盘，我们在行动”为主题，在各机关食堂开展制止餐饮浪费主题宣传周活动。

【后勤管理服务保障】 2021年，区机管局完成区政府所属33个行政单位2020年度机关运行成本统计调查工作。根据各机关办公场所各部门需求，配置更新固定资产9254件，处置11046件，其中报废956件、无偿调拨10090件。在密山路5号机关办公场所出入口安装人脸识别系统。以“寻味传统美食　助力乡村振兴”为主题，举办2021年度宝山区机关美食节。

（仇凯来）

对口支援

【概况】 2021年，宝山区完成市级统筹财政资金对口支援项目76个，资金89715万元。其中：新疆维吾尔自治区叶城县19个项目，资金62835万元；云南省维西傈僳族自治县11个项目，资金5000万元；云南省曲靖市及下辖“一市四县”（宣威市、会泽县、富源县、师宗县、罗平县）共46个项目，资金21880万元。完成区对口支援“自选动作”项目50个，资金3592万元。其中：新疆叶城10个项目，资金740万元；云南维西13个项目，资金832万元；云南曲靖及下辖“一市四县”共27个项目，资金2020万元。动员向对口帮扶地区援助社会帮扶资金（实物）2281.6万元，其中新疆叶城64.3万元、云南维西489.7万元、云南曲靖1727.6万元。承办对口帮扶地区人力资源培训项目38批次、2015人。区委、区政府主要领导率队分赴7个结对县（市）开展调研对接，与7个结对县（市）分别召开联席会议。宝山区动员15个街镇园区、5家区属企业、73个村（居）、133家企业和1个社会组织与对口帮扶地区开展结对活动。举办“2021年宝山·维西青少年手拉手”等交流交往交融活动。

【宝山区代表团赴云南调研东西部协作工作】 10月9日—11日，区委书记陈

10月23日，宝山区代表团在云南省罗平县大水井乡棠梨凹走访慰问贫困户

区合作交流办/提供

杰率区代表团赴云南维西调研东西部协作工作。10月10日,在塔城镇启别村村委会召开2021年宝山—维西东西部协作高层联席会议,签订《宝山区与维西县2021年度东西部协作协议》,上海市、宝山区向维西援助资金6260万元。会后,代表团调研塔城镇启别村乡村旅游示范点项目,走访慰问1户困难群众家庭。同时慰问在维西的9名援滇干部、人才。10月20日—23日,区委副书记、区长高奕奕率区代表团赴云南省宣威市、富源县、会泽县、师宗县、罗平县调研东西部协作工作。10月20日,在曲靖市召开宝山—曲靖沪滇协作第七次高层联席会议。宝山区分别与宣威市、富源县、会泽县、师宗县、罗平县签订《2021年度东西部协作协议》,举行2021年上海市、宝山区援助曲靖市项目资金举牌仪式。代表团考察曲靖市南海子工业园区、会泽县规划展示馆、富源县起铺红色党性教育基地考察,调研师宗县电子商务创意园,会泽县老厂乡雅地窝村、壹笃电子科技(上海)有限公司、以礼街道卫生服务中心,宣威市落水镇中药材种植示范基地、复兴街道农业科技园,富源县大河镇起铺黄桃种植基地,师宗县大同街道跑午村重楼种植基地,罗平县多依村沃柑种植基地、棠梨凹村文旅项目等沪滇协作项目,区委副书记、区长高奕奕,曲靖市委副书记、市长李石松共同为上海宝山·云南曲靖共建农业产业园宣威复兴示范园揭牌。代表团走访慰问会泽县、宣威市、富源县、师宗县、罗平县各1户困难群众家庭,慰问28名援曲靖干部、人才。

【宝山区代表团赴新疆叶城开展对口支援工作】 11月25日,区委书记陈杰率区代表团赴新疆调研对口支援叶城工作。因受疫情影响,代表团与上海市政府驻疆办事处在乌鲁木齐座谈交流上海市、宝山区援疆相关工作,与上海援疆前方指挥部总指挥侯继军电话交流上海市对口支援新疆喀什工作情况,通过视频连线与上海援疆叶城分指全体干部人才进行交流。

【智力支援】 2021年,宝山区开展对口帮扶地区人力资源培训班38批次,培训2015人。其中:举办党政干部培训班25批次,培训1409人;专业技术人才培训班13批次,培训606人。选派4名干部分赴云南省曲靖市罗平县、富源县、师宗县、宣威市挂职;计划外增派4名区国资委年轻干部分赴维西傈僳族自治县、曲靖市、会泽县、宣威市挂职;选派3名医生、3名教师赴维西傈僳族自治县支医支教;在罗平县、师宗县、富源县各选派1名医生、1名教师支医支教;选派3名医生、4名教师赴宣威市支医支教;选派3名医生、2名教师赴会泽县支医支教。选派14名医生、66名教师赴新疆叶城支医支教。

【产业合作】 2021年,宝山区引导企业到新疆叶城县(国家乡村振兴重点县)投资产业项目13个,实际投资额3.25亿元,吸纳农村劳动力就业916人,其中吸纳脱贫劳动力349人。到云南省曲靖市投资产业项目12个,其中在国家乡村振兴重点县(宣威市、会泽县)落地7个;实际投资额0.1285亿元,其中在国家乡村振兴重点县(宣威市、会泽县)投资额0.0682亿元;吸纳农村劳动力就业365人(其中脱贫劳动力150人),共建产业园区2个(其中农业产业园1个);援建帮扶车间9个,吸纳农村劳动力就业1180人(其中脱贫劳动力399人)。到云南维西(国家乡村振兴重点县)投资产业项目1个,实际投资额0.1亿元,吸纳农村劳动力就业3人,援建帮扶车间2个,吸纳农村劳动力就业22人(其中脱贫劳动力5人)。

【举办对口地区农特产品进机关活动】 9月10日—17日,宝山区举办对口帮扶地区农特产品进机关活动,上海市机管局副局长张晓卯、宝山区副区长陈云彬到宝山区机关第一食堂,现场指导活动开展。活动先后在9个区级机关食堂举行,区合作交流办组织区内16家销售对口帮扶地区农特产品企业参加,产品来自宝山对口帮扶6县1市,以及上海市其他区对口帮扶地区,销售额约20万元。

【消费协作】 1月,以"数融科创·零售新生态"为主题的上海宝山自助零售产业生态发布会暨消费协作(上海)西有好物体验中心启动仪式在宝山区长江软件园举办;3月,宝山区对口支援新疆叶城县农特产品展示展销中心上海店在上海西郊国际农特产品展示直销中心开业;5月,宝山区组织对口帮扶地区农特产品参加"消费助农 乐享五五"展销会;9月,宝山区·源味门消费协作体验馆正式开业,来自宝山对口帮扶6县1市200余种农特产品常年展销。引导机关事业单位干部职工347人到云南疗休养,引导市民3280人参加"包机游"到新疆叶城县游览。

【开展携手振兴乡村】 2021年,宝山区动员4个街镇园区与对口帮扶地区3个重点帮扶县结对;15个街镇园区、5家区属企业与对口帮扶地区24个乡镇园区结对;73个村(居)、133家企业和2个社会组织与对口帮扶地区13个村结对,合计投入帮扶资金2890.5万元。新疆叶城县:组织动员6个街镇园区(高境镇、罗店镇、杨行镇、大场镇、淞南镇、宝山工业园区)分别与6个乡镇(伯西热克乡、恰尔巴格镇、依提木孔乡、恰萨美其特乡、宗朗乡、铁提乡)结对,每个街镇园区捐赠50万元;共计捐赠帮扶资金300万元。云南维西傈僳族自治县:组织动员月浦与维西建立镇县结对关系;组织动员8个街镇园区(庙行镇、顾村镇、月浦镇、高境镇、张庙街道、宝山城市工业园区、友谊路街道、吴淞街道)分别与8个乡镇园区(白济汛乡、康普乡、塔城镇、保和镇、巴迪乡、县工业园区、攀天阁乡、叶枝镇)结对;组织动员3个区属国企(宝房集团、北翼集团、宝建集团)分别与3个乡镇(维登乡、永春乡、中路乡)结对。每个结对街镇园区捐赠50万元;组织动员10个村(月浦镇长春村、沈巷村、段泾村、梅园村、勤丰村、新丰村、盛星村、钱潘村、友谊村、月狮村)与永春乡拖枝村结对,每个村捐赠5万元;组织动员上海冯源建设发展有限公司、上海海泰钢管(集团)有限公司等38家企业与永春乡拖枝村结对,捐赠300.3万元;组织动员上海相宜公益基金会与康普乡阿尼比村结对,捐赠10.2万元;共计捐赠帮扶资金960.5万元。云南曲靖市:组织动员庙行镇、顾村镇与会泽县,区航运经济发展区与宣威市建立镇县结对关系;组织动员5个街镇园区(罗泾镇、区航运经济发展区、罗店镇、杨行镇、大场镇)分别与5个乡镇(罗平县大水井乡、会泽县大桥乡、师宗县五龙乡、富源县黄泥河镇、会泽县娜姑镇)结对,每个街镇园区捐赠50万元;组织动员63个村(顾村镇陈家行村、顾村镇谭杨村等)与会泽县钟屏街道渔洞社区、师宗县五龙乡法岗村、富源县中安街道海坪社区、罗平县板桥镇安勒村结对，捐赠290万元；组织动员94家企业（罗南房产公司、罗店房产公司等）与师宗县五龙乡法岗村、富源县中安街道海坪社区、宣威市复兴街道锦秀居委会、会泽县钟屏街道鱼洞社区、罗平县板桥镇安勒村结对，捐赠915万元；组织动员上海市宝山区餐饮卫生管理协会与复兴街道锦秀居委会结对，捐赠5万元；组织动员6家企业（凯泰阀门（集团）有限公司、上海兰凯机械制造有限公司等）与曲靖市经济开发区结对，捐赠20万元，共计捐赠帮扶资金1630万元。

【开展就业援滇】 2021年，区人社局针对对口帮扶地区云南曲靖市会泽县、宣威市、富源县、师宗县、罗平县以及迪庆藏族自治州维西傈僳族自治县，组织就业招聘活动23次，帮助解决就近就地就业18543人（含脱贫劳动力18468人）；转移就业4941人（含脱贫劳动力3539人），其中来沪就业494人（含脱贫劳动力290人）。3月5日，宝山区人社局举办“援滇援鄂、春风送岗”就业扶贫直播带岗活动，会泽县人力资源和社会保障局组织2200余名劳动力参加；10月12日，宝山区人社局组织举办会泽县2021年东西部劳务协作暨大中专毕业生专场招聘会；11月10日，宝山区人社局组织举办会泽县2021年易地搬迁安置区沪滇就业帮扶协作专场招聘会，现场达成就业意向140余人，有意向到上海企业务工30余人。

【交流交往交融】 2021年，组织云南维西交流交往交融活动11次，企业家、青少年、医生、农业专技人员等246人参加。6月17日—24日，维西青年企业家代表团到宝山学习考察创意产业，开展互动交流活动。6月18日—22日，维西文旅局到宝山开展“世界的香格里拉”维西生态之旅推介活动。7月19日—23日，宝山区农业农村专家团到维西交流指导农产品质量安全管理工作。7月28日—8月3日，维西88名师生到宝山参加宝山—维西青少年“手拉手”活动。10月18日—22日，宝山区民族联专家团到维西开展民族团结工作。10月20日—25日，宝山区妇联组织女企业家到维西开展交流活动。10月24日—29日，宝山区体育局到维西开展体育送教活动。10月26日—31日，宝山区组织医务工作人员到维西开展义诊活动。10月31日—11月6日，维西组织26名基层党员到上海开展庆祝建党100周年“不忘初心，追本溯源”红色文化交流活动。11月10日—15日，维西组织妇联社团到宝山开展交流活动。11月17日—22日，维西组织21家企业到宝山考察学习交流活动。

组织新疆叶城交流交往交融活动8次，青少年、企业家、专技人员等128人参加。4月15日—10月15日，叶城县组织22名一线专技人员分别在宝山区发改委（1人）、吴淞医院（17人）、融媒体中心（3人）、政府采购中心（1人），开展为期6个月进修学习。7月2日—8日，叶城县组织优秀学生赴宝山区高境科创实验小学参加首届上海市民跳绳节暨2021第二期沪叶青少年校园跳绳交流项目。7月21日—28日，叶城县教育局组织30名师生赴宝山区参加宝叶篮球交流活动。9月22日—27日，宝山区组织女企业家赴叶城县开展考察交流活动。10月11日—16日，宝山区组织农业农村专家赴叶城县开展对口帮扶工作。10月18日—23日，宝山区青联组织企业家代表赴叶城县开展考察交流活动。11月3日—8日，宝山区民建组织企业家代表赴叶城县开展考察交流活动。11月22日—26日，宝山区国资委组织国企代表赴叶城县开展帮扶活动，并签订上海宝山—新疆叶城供销系统战略合作协议。

（徐梦娇）

合作交流

【概况】 2021年，区合作交流办接待外省市来访团组19批314人。完成第四届进博会河北省、广西壮族自治区省部级团组接待工作。

【天津市考察团到访宝山】 3月10日，天津市副市长李树起率考察团到访宝山。区委副书记、区长高奕奕，副区长陈云彬与代表团座谈交流，并陪同考察罗泾镇塘湾村顾家宅睦邻点、馨月汇母婴康养中心和村民服务中心。

【云南省迪庆藏族自治州考察团到访宝山】 4月13日，云南省迪庆藏族自治州扶贫协作领导小组办公室主任、州扶贫办主任施春德率考察团到访宝山。副区长陈云彬会见考察团。代表团考察第一食品宝山万达店、西有好物消费协作中心，并就年度东西部协作进行工作对接交流。

【辽宁省大连市考察团到访宝山】 7月9日，辽宁省大连市副市长方铁林率考察团到访宝山。副区长陈云彬陪同代表团考察庙行镇康家村城中村改造项目。

【云南省会泽县代表团到访宝山】 7月22日，云南省会泽县委副书记王正宇率代表团到访宝山。副区长陈云彬与代表团座谈交流，并与王正宇共同为“云南省曲靖市会泽县驻上海劳务工作站”揭牌。代表团考察上海市乡村振兴示范村——月浦镇聚源桥村。12月8日，会泽县委书记谭力华率代表团到访宝山。区委书记陈杰、区领导丁炯炯会见。代表团参观淞沪抗战纪念馆。

【云南省师宗县代表团到访宝山】 9月18日，云南省师宗县委书记李志伟率代表团到访宝山。区委书记陈杰，区委副书记、区长高奕奕，副区长陈云彬会见代表团。代表团考察罗店镇美兰西湖文化中心和远景村，与罗店镇就结对携手兴乡村工作座谈交流。

2021年宝山区友好结对地区

友好地区名称	建立日期	备注
江苏省滨海县	1992年5月（2018年9月签订深化战略合作协议）	战略合作
江苏省太仓市	2018年10月	战略合作
浙江省庆元县	2019年9月	战略合作
浙江省龙泉市	2019年9月	战略合作
天津市河东区	2021年6月	战略合作

（徐梦娇）

【云南省宣威市代表团到访宝山】 10月25日，云南省宣威市委书记朱开荣率代表团到访宝山。区委书记陈杰、区领导丁炯炯会见。代表团考察大码头影视基地和淞沪抗战纪念馆二期，与吴淞口开发有限公司就结对帮扶工作座谈交流。

【云南省维西傈僳族自治县代表团到访宝山】 10月25日—26日，云南省维西傈僳族自治县委书记马盛春率代表团到访宝山。区委副书记、区长高奕奕会见，区领导丁炯炯与代表团座谈交流，陪同考察月浦镇聚源桥村、月狮村，并举行月浦支援维西防疫储备物资18万元援助仪式。

【云南省罗平县代表团到访宝山】 11月3日，云南省罗平县委书记海建才率代表团到访宝山。区领导丁炯炯与代表团座谈交流。代表团考察罗泾镇“五村联动”乡村振兴示范片区。

【接待参加第四届进博会河北省、广西壮族自治区省部级团组】 11月4日，河北省、广西壮族自治区省部级领导来沪。5日，进博会广西交易团重点项目采购签约仪式和广西综合馆开馆仪式举行，区领导丁炯炯参加活动。

【云南省曲靖市富源县代表团到访宝山】 11月19日—20日，云南省富源县委副书记、县长侯开苑率代表团到访宝山。区领导丁炯炯与代表团座谈交流。代表团考察罗泾镇“五村联动”乡村振兴示范村和杨行工业园区，与杨行镇就结对携手兴乡村工作座谈交流。

【云南省曲靖市党政代表团到访宝山】 12月9日—10日，云南省委常委、曲靖市委书记李石松率曲靖市代表团到访宝山，召开宝山—曲靖第八次高层联席会议，签订上海宝山工业园区与曲靖经济技术开发区合作共建产业园框架协议，区委书记陈杰，区委副书记、区长高奕奕，区领导丁炯炯参加，并陪同代表团参观调研淞沪抗战纪念馆二期、吴淞工业园区展示馆、上海石墨烯平台、申和热磁电子有限公司。 （徐梦娇）

地方史志

【概况】 2021年，区地方志办公室秉持“修志问道，以启未来”工作理念，落实《地方志工作条例》职责，发挥史志工作“存史、资政、育人”作用，推进宝山历史文化研究，宣传普及宝山历史知识。完成《宝山年鉴（2021）》编纂出版。推进街镇修志及专业志编纂工作，《吴淞街道志》完成出版；宝山区村志编纂工作启动，指导罗泾镇海星村编写村志，完成资料整理，完善大纲。开展地方志法规宣传活动。完成《上海年鉴（2021）》宝山区分目组稿和编纂任务，配合市方志办完成《上海市志·区县简况　档案方志分卷（1978—2010）》宝山区相关内容编纂与校核。会办区政协“关于更正吴淞炮台、淞沪铁路等不当宣传内容的建议”“关于讲好吴淞创新城历史与创新兼容并蓄的故事”提案2件，按期办结率100%。

【深挖宝山地情史料】 2021年，区地方志办公室深入挖掘宝山地情史料，参与庆祝中国共产党成立100周年系列活动。配合区委组织部、融媒体中心、庙行镇等单位提供“行走蕰藻浜　打卡科创湾”、短片“踏浪百年潮　启航新征程”“百年风华　逐梦前行”庆祝建党100周年红色歌曲展演活动解说词等史料素材，以小故事、声像音频等形式，展现百年来宝山区在党的领导下取得成就。

【《宝山年鉴（2021）》出版发行】 12月，《宝山年鉴（2021）》由上海辞书出版社出版发行。《宝山年鉴（2021）》是《宝山年鉴》创刊以来连续出版的第三十二卷。全书近97万字，设置9个篇目、43个类目、195个分目、1357个条目，串文图片90幅，表格108张，并附主题词索引、表格索引、随文图片索引，记载宝山区2020年度政治、经济、文化、社会、生态等方面基本情况。卷首图照设有“宝山区打造上海科创中心主阵地”“宝山区开展‘四史’学习教育”“宝山区助力脱贫攻坚战取得胜利”“宝山区推进乡村振兴战略”“宝山区打赢新冠肺炎疫情防控战”以及2020年宝山区政府实事项目等年度专题。《宝山年鉴（2021）》在宝山区政府门户网（http://www.shbsq.gov.cn/shbs/bsnj/index.html）全文发布电子版，并送往宝山区图书馆供市民查阅相关资料。 （吴嫣妮）

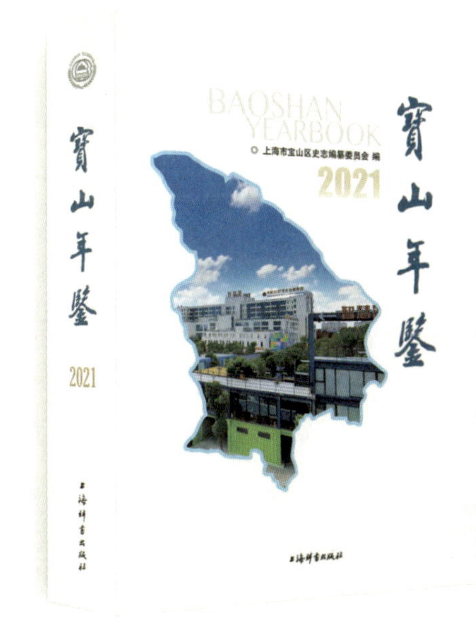

12月，《宝山年鉴（2021）》由上海辞书出版社出版　区方志办/提供

中国人民政治协商会议上海市宝山区委员会

编辑　文　文

综　述

【概况】　2021 年,区政协把握团结和民主两大主题,坚持建言资政和凝聚共识双向发力,发挥专门协商机构作用,为助力全区经济社会发展履职尽责。共征集提案 178 件,其中委员个人提案 112 件,委员联名提案 31 件,各民主党派、工商联、有关团体、政协各专委会、政协委员街镇(园区)联络组提案 35 件。经提案委员会审查,归并提案 2 件,转社情民意 20 件,撤销提案 10 件,立案 146 件。至年末,所立提案均办复。全年提交疫情防控、助推经济社会发展等相关社情民意信息 1004 件,其中,被全国政协录用 8 件、市领导批示 10 件、市政协录用 52 件,编发社情民意专报 3 期,其中区领导批示 1 期。

【加强思想政治引领】　2021 年,区政协坚持把思想政治引领、广泛凝聚共识贯穿工作全过程,树牢"四个意识"、坚定"四个自信"、做到"两个维护",确保区委各项决策部署要求在政协得到有效贯彻。巩固拓展党史学习教育成果,建立线上"学海书院"读书群组、线下"学海沙龙"等组成的多层次立体化委员读书矩阵,教育引导政协委员、机关干部、界别群众赓续红色血脉。

【发挥专门协商机构作用】　2021 年,区政协围绕党委政府中心工作和群众关心的热点、难点问题开展各类协商活动。聚焦"对口支援建设情况"等组织专题协商,听取"推进城市数字化转型"等 3 次专题通报。以"优化美化环境,增强人民群众获得感满意度""建好建强科技园,推动产城人融合发展"为主题,组织 2 次界别协商。围绕"加强科创与金融的深度融合,助力宝山科创中心主阵地建设"等议题,组织 14 次对口协商。邀请区委常委领衔重点提案办理,扩大区领导参与提案办理协商范围,深入推进"1 + X"(1 件重点提案 + 若干件相关提案)重点提案办理协商模式,全年区领导领衔重点协商办理提案共 28 件。举办"培育经济新动能,助推上海科创中心主阵地建设"主题论坛。围绕"'创全'工作""建筑施工安全""冷链食品安全"等方面开展 16 次专项监督。围绕"构建高质量区域创新生态系统、传统制造业数字化转型、水生态环境保护、科创体系指数构建、科技兴农助农"等内容,形成 20 篇调研报告,其中《关于宝山区构建高质量区域创新生态系统的建议》作为主席会议建议案,提交区委、区政府决策参考。

【健全协商联络机制】　2021 年,区政协发挥团结统战功能,加强政协专委会与各民主党派、工商联的合作共事,健全联动调研、联合监督、联谊交流、联络沟通等机制,促进各民主党派、工商联和无党派人士在政协更好履职。深化"三联系"(主席会议成员联系政协常委和专委会主任、政协常委和专委会主任联系委员、委员联系界别群众和社区群众)工作制度,加强党员委员与党外委员的联系。发挥政协委员街镇(园区)联络组平台作用,深化"协商于民"政协委员工作站建设,加强与基层协商相衔接。主动接受市政协工作指导,加强同本市及外省市政协的横向联系与合作,促进交流学习,年内共接待 10 批次市内外政协学习考察团。　(王少涵)

主要会议

【区政协八届五次会议】　1 月 11 日—14 日,政协宝山区第八届委员会第五次会议在区委党校举行。会议应出席委员 289 名,实到 248 名。会议审议通过八届区政协常务委员会工作报告、八届区政协常务委员会关于八届四次会议以来提案工作情况的报告及大会决议。与会委员列席区八届人大五次会议,讨论区政府工作报告、区法院工作报告、区检察院工作报告和其他报告。区委书记陈杰出席开幕式并讲话,区委副书记、代区长高奕奕听取大会发言并讲话。10 名委员作大会发言,书面发言 16 篇。

【区政协八届常委会会议】　2021 年,区政协共召开 5 次常委会会议。第 26 次常委会会议于 1 月 13 日召开,听取秘书处汇报各组讨论区委书记讲话、区政协常委会工作报告、提案工作报告、区政府工作报告等情况;通过区政协八届五次会议决议(草案),提请大会通过;通过区政协关于八届五次会议期间提案征集情况的报告(草案);讨论通过区政协 2021 年度协商工作计划(草案)情况。第 27 次常委会会议于 3 月 4 日召开,听取区政协主席丁大恒传达市政协十三届四次会议精神和区委书记陈杰调研政协工作的讲话精神;听取 2020 年度区政协党组民主生活会情况以及区政协八届五次会议提案立案情况通报;审议通过区政协 2021 年度工作要点等文件。第 28 次常委会(扩大)会议于 6 月 3 日召开,听取区委常委、政法委书记杜松全专题通报"市域社会治理现代化试点工作"相关情况和副区长陈筱洁通报"健康宝山行动"推进情况。第 29 次常委会(扩大)会议于 9 月 27 日召开,听取副区长翟磊通报"产学研深度融合,推动科技成果转化应用和产业化发展"工作情况。第 30 次常委会(扩大)会议于 12 月 13 日召开,协商决定九届区政协委员名单,审议通过关于区政协九届一次会议日期等有关事项;表彰 2021 年度优秀提案和反映社情民意信息工作先进集体、先进个人。　(王少涵)

重要活动

【市政协领导到宝山调研】 3月8日，市政协副主席金兴明率市政协民宗委到宝山寺、月浦镇聚源桥村走访调研。区政协主席丁大恒陪同。8月18日，市政协副主席黄震率市政协提案委到宝山区开展“既有多层住宅加装电梯工程实施情况”专题视察监督，并与区委副书记、区长高奕奕共同揭牌宝山区首批4家“协商于民”政协委员工作站。区政协副主席沈天柱陪同。9月29日，市政协副主席寿子琪率市政协经济委实地调研宝山城市工业园区。区委书记陈杰，区政协党组书记凌惠康，区政协副主席张晓静陪同。10月21日，市政协副主席虞丽娟率市政协地区政协联络指导组走访宝山区政协，实地考察月浦镇乡村振兴及“协商于民”政协委员工作站相关情况。区政协党组书记凌惠康，区政协副主席张晓静、沈天柱陪同。

【区委领导调研政协工作】 2月24日，区委书记陈杰，区委副书记张义，区委常委、组织部部长徐静等一行调研政协工作，区政协领导丁大恒、沈伟民、张晓静、沈天柱、罗文杰、李岚等参加。丁大恒通报2021年度工作要点以及年度协商工作计划。

【区政府、区政协召开领导班子工作协商会】 2月23日，区政府、区政协召开2021年领导班子工作协商会，区委副书记、区长高奕奕出席会议并讲话，区政协主席丁大恒通报2021年度协商工作计划。区政府领导苏平、陈尧水、陈筱洁、陈云彬、倪前龙，区政协领导沈伟民、张晓静、沈天柱、蒋碧艳、罗文杰、李岚、李明等参加。

【开展2021年度年中视察】 6月23日—24日，区政协围绕“园区发展与科技创新”专题组织年中视察，区政协副主席沈天柱参加。来自9个专委会的80名委员实地察看上海飞凯光电材料股份有限公司、金地威新宝山智造园、上海北昂医药科技股份有限公司、上海北郊未来产业园、上海蔚建科技有限公司、上海盘点食品科技有限公司以及上海玛瑞斯三维打印技术有限公司、禹智天工（上海）环境工程技术有限公司、南大智慧城规划展示馆、临港南大首发项目、南大土壤修复工厂等。视察中，委员们结合各自专业、关注焦点，从完善招商引资和服务企业的体制机制等方面积极建言。区经委、商务委、南大指挥部分别通报相关工作情况。

10月21日，市政协地区政协联络指导组到宝山实地考察月浦镇乡村振兴及“协商于民”政协委员工作站 区政协办/提供

【开展2021年度年末视察】 11月4日，区政协围绕“科技创新与产业发展”主题，组织政协委员年末视察，实地察看费勉仪器科技（上海）有限公司、赛赫智能设备（上海）股份有限公司、宝山区青少年活动中心、亚系自动化系统（中国）有限公司和宝山科创中心会客厅。区政协党组书记凌惠康，副主席张晓静、沈天柱参加。委员们就建立健全科创企业孵化机制、注重科技成果转化、促进科技资本融合、加快重大工程项目落地建设、加大青少年活动中心宣传力度和最大化利用中心教育资源、加强社会服务等方面提出意见建议。区经委、区商务委、区科委、区教育局等领导分别通报相关工作情况，顾村镇、高境镇、上海宝山大学科技园有限公司等相关领导陪同。

【举办“培育经济新动能，助推上海科创中心主阵地建设”政协论坛】 9月28日，区政协举办“培育经济新动能，助推上海科创中心主阵地建设”论坛，为助力打造上海科创中心主阵地、书写宝山“北转型”新篇章贡献智慧和力量。区委书记陈杰出席并讲话，区政协党组书记凌惠康主持并致辞，区政协副主席张晓静、沈天柱、蒋碧艳、罗文杰、李岚出席会议。8位政协委员和民主党派、团体代表从发展要素、营商环境、产业升级等方面建言献策，并提出相关措施和解决方案。多位政协委员围绕如何加快建设科创中心主阵地、蕰藻浜沿岸知识经济创新街区、深化“一网通办”改革、提升优化园区建设等方面作交流发言。

【市政协在宝山召开反映社情民意信息工作例会】 12月9日，市政协在宝山召开2021年第三季度反映社情民意信息工作例会，总结部署相关信息工作。市政协机关党组成员、办公厅副主任、一级巡视员杨峥出席并讲话，区政协党组书记凌惠康出席并致辞。

【开展“宝山区构建高质量区域创新生态系统”重点课题调研】 2021年，区政协成立课题小组，赴区内相关街镇（园区）、企业开展调研，全面分析宝山创新生态体系发展现状、存在问题，结合国内创新型城市的成功经验，形成《关于宝山区构建高质量区域创新生态系统的建议》主席会议建议案，从打造信息交流平台、打造创新服务载体、打造创新文化、培育风险投资、创新体制机制等方面提出具体建议，为宝山高质量建设科创中心主阵地献计献策。

【开展界别协商】 5月13日，区政协围绕“优化美化环境，增强人民群众获得感满意度”组织界别协商，区政协副主席张晓静出席并讲话。区绿化市容局负责人介绍全区环境美化工作情况，区建管委和区住房保障局负责人回应委员关切的问题。民盟、民进、致公党等界别代表，区政协人资环委、农业和农村委的委员代表，从加强区域总体规划、蕰藻浜岸线贯通、构建城市绿化生态链、优化绿化植被管理、老旧小区外立面修缮、体现本土文化特色等方面协商交流、积极建言。7月22日，区政协围绕“建好建强科技园，推动产城人融合发展”主题开展界别协商，区政协副主席张晓静出席并讲话。农工党、九三学社、无党派（知联会）、科技科协等界别区政协委员和界别代表，就协商主题与区科委负责人交流，并就完善体制机制、加大资金投入、加强与高校合作、优化营商环境等方面提出意见建议。与会人员参观上海第二工业大学智慧七立方科技园。区政协专委办、教科卫体委、经济委、二工大科技园公司、宝山大学科技园公司、环上大科技园公司、（上海）北大科技园公司相关负责人出席会议。

【开展专项民主监督】 2021年，区政协聚焦民生保障和社会治理等领域中的困难、短板和薄弱环节，组织6个专委会围绕“‘创全’工作”“建筑施工安全”“冷链食品安全”3项专题，开展16次学习培训、明察暗访、调研监督等活动，形成专项监督情况通报，报区委、区政府参考。 （王少涵）

提案办理

【概况】 2021年，区政协八届五次会议以来，共征集提案178件，其中委员个人提案112件，委员联名提案31件，各民主党派、工商联、有关团体、政协各专委会、政协委员街镇（园区）联络组提案35件。经提案委员会审查，归并提案2件，转社情民意20件，撤销提案10件，立案146件。至2021年底，所立提案均办复。其中：提案办理结果为“已采纳”“已解决”的有134件，占91.78%；“正在研究”“正在解决”的有4件，占2.74%；“留作参考”“暂难解决”的有8件，占5.48%。委员对办理结果表示“满意”或“基本满意”的有145件，占99.32%；表示“理解”的有1件，占0.68%。

【推进经济转型升级和推动重点地区功能提升】 2021年，区政协共提出相关提案51件，占34.93%。主要有：九三学社区委“关于促进宝山制造业数字化转型与高质量发展的建议”，民革区委关于“以乡村振兴为契机，助力宝山三农高质量发展”的建议，杨兴华委员“对推动宝山区民营企业‘总部型经济’发展模式的建议”，区政协教科卫体委关于“探索科创体系指数推动宝山科创中心主阵地建设”的建议，区知联会关于“金融助力科创企业发展，资本助推科创中心主阵地建设”的建议，民进区委关于“激发区属国资国企活力，助推宝山科创主阵地建设”的建议。

【改善民生】 2021年，区政协共提出相关提案36件，占24.66%。主要有：农工党区委“关于成立宝山区老年医学中心的建议”，民建区委关于“着眼‘康养旅居’，探索宝山‘银发经济’新路子”的建议，朱燕委员“关于完善宝山区人才落户政策跟上海市人才引进政策配套细则的提议”。

【推动社会治理】 2021年，区政协共提出相关提案38件，占26.03%。主要有：刘金明委员“关于在宝山城乡安装电动自行车充电桩的建议”，苏雯委员“关于调整通河四村北大门口前绿化带的建议”，民盟区委“关于打造复合型高铁枢纽，推动科创中心主阵地建设建议”。

【促进生态发展和提升文化软实力】 2021年，区政协共提出相关提案21件，占14.38%。主要有：区政协农业和农村委、民革区委“关于推进罗泾美丽乡村文化建设的建议”，汤剑鸣等6位委员“对发展文化创意产业的建议”，丁顺强委员“关于促进宝山碳达峰和碳中和的建议”，致公党区总支“关于建设上海文旅新名片赋能宝山邮轮港既有产业改善周边文商旅现状的建议”。 （王少涵）

专委会工作

【提案委员会】 2021年，该专委会组织修订《政协宝山区委员会关于提案工作的意见》，探索“三个相结合”（主办单位相同的提案办理协商与对口协商相结合，内容相近的重要提案办理与领导领衔办理提案相结合，同一领导督办的提案与人大相关建议相结合）协商方法，探索提案办理协商与基层协商的有效衔接方式，深度协商率达68.49%。《人民政协报》《联合时报》及“政协头条”等先后多次报道宝山提案及提案办理协商工作。提案办理协商“面对面”成为上海政协系统优秀工作品牌。组织社情民意工作会议、社情民意沙龙和小型座谈会。完成“关于宝山区构建高质量区域创新生态系统的建议”“解决电动自行车充电安全问题的对策建议”调研报告，前者被选为主席会议建议案。与区消防救援支队就“关于在宝山城乡建设电动自行车充电桩的建议”重点提案开展办理协商，围绕“解决电动自行车充电安全隐患”主题开展对口协商。组织委员参加政协论坛，完成《大力培育科技成果转化中介人才，助力宝山科创中心主阵地建设》等论文。

【经济委员会】 2021年，该专委会完成“关于促进企业地区总部落户宝山的对策研究”“传统制造业数字化转型的瓶颈和出路”调研报告。与区经委、区科委、区信息委就“关于促进宝山制造业数字化转型与高质量发展的建议”重点提案开展办理协商。组织委员参加政协论坛，完成《关于促进宝山外资外贸发展的对策思考》等论文。与区房管局、区人社局、区人才办围绕“宝山区人才公寓供给和需求的对策研究”主题开展对口协商。联合企业发展委，围绕“宝山企业技术中心、研发中心和工程技术中心发展”开展对口协商。

【人口资源环境委员会】 2021年，该专委会完成“吴淞创新城水环境调研报告”“加强宝山区水生态环境保护的建议”调研报告。联合企业发展委，与区生态环境局、区水务局就“关于实施好宝山转型区域环境调查、土壤治理和修复的建议”重点提案开展办理协商，围绕“吴淞创新城水环境治理和生态环境改善”主题开展对口协商。组织委员参加政协论坛，完成《抓住“碳中和”发展机遇，助推科创中心主阵地建设》论文。联合教科卫体委，与区市场监督局、吴淞街道就“加强科创与金融的深度融合，助力宝山科创中心主阵地建设”主题开展对口协商。联合文化文史和学习委，开展“建筑施工安全生产”专项民主监督。

【教科卫体委员会】 2021年，该专委会完成“探索宝山科创体系指数构建，助推科创中心主阵地建设”“科技金融助力宝山科创中心主阵地建设”“促进和规范社会体育组织发展，进一步提升宝山体育运动质量”“关于加持北斗技术的罗平乡村振兴思路”调研报告。与区发改委就“探索科创体系指数，推动宝山科创中心主阵地建设”重点提案开展办理协商。与区市场监管局就“助力科创企业孵化发展，拓展宝山知识产权融资抵押通道的建议”开展提案办理协商。与区科委围绕“提高科创成果转化效率，赋能宝山科创中心主阵地”开展提案办理协商。联合农业和农村委，与区农业农村委就“以乡村振兴为契机，助力宝山三农高质量发展”重点提案开展办理协商，围绕“科技兴农，助力宝山乡村振兴”主题开展对口协商。组织委员参加政协论坛，完成《打造上海科创主阵地，构建“宝山创新指数体系”》等论文。与区发改委、区经委、区科委、区统计局围绕“探索科创体系建设，推动宝山科创中心主阵地建设”主题开展对口协商。联合民族宗教和港澳台侨委，与区体育局围绕“健身与健康融合发展”主题开展对口协商。联合文化文史和学习委，与区教育局、区人社局围绕“发挥区域职业教育作用，助力宝山科创中心主阵地建设”主题开展对口协商。联合人口资源环境委，与区市场监督局、吴淞街道就“加强科创与金融的深度融合，助力宝山科创中心主阵地建设”主题开展对口协商。

【社会和法制委员会】 2021 年，该专委会完成“乐学集众智，助力宝山科创发展”调研报告。与区文旅局就“着眼‘康养旅居’，探索宝山‘银发经济’新路子”重点提案开展办理协商。组织委员参加政协论坛，完成《优化法治环境，为打造科创中心主阵地助力》论文。联合提案委，与区消防支队围绕“解决电动自行车充电安全隐患”主题开展对口协商。与区检察院围绕“推进我区民事检察监督工作”主题开展对口协商。联合农业和农村委，开展“创建全国文明城区”专项民主监督。

【文化文史和学习委员会】 2021 年，该专委会完成“推进宝山区非物质文化遗产产业化”“发挥区域职业教育作用助力科创中心主阵地建设”等调研报告。与区教育局、区文旅局就“关于创建宝山区青少年‘文化自信’主题教育基地的建议”“关于加强宝山区青少年主流意识形态教育的建议”“关于合理推进 0～3 岁幼托体系的建议”开展重点提案办理协商。组织委员参加政协论坛，完成《坚持“文创＋非遗”打造宝山特色文化产业》论文。联合教科卫体委，与区教育局、区人保局围绕“发挥区域职业教育作用，助力宝山科创中心主阵地建设”主题开展对口协商。与区文旅局围绕“关于推进宝山区非物质文化遗产产业化的思考”主题开展对口协商。联合人口资源环境委，开展“建筑施工安全生产”专项民主监督。

【企业发展委员会】 2021 年，该专委会联合人口资源环境委，与区生态环境局、区水务局围绕“吴淞创新城水生态环境保护”主题开展对口协商，就“关于实施好宝山转型区域环境调查、土壤治理和修复的建议”开展重点提案办理协商。与国资委就“激发区属国资国企活力，助推宝山科创主阵地建设”开展重点提案办理协商。组织委员参加政协论坛，完成《关于促进宝山数字经济发展的建议》《关于促进宝山企业技术中心、工程技术研究中心和外资研发中心发展的对策思考》等论文。联合经济委，围绕“宝山企业技术中心、研发中心和工程技术中心发展”开展对口协商。联合民族宗教和港澳台侨委，开展“冷链食品安全”专项民主监督。

【农业和农村委员会】 2021 年，该专委会完成“关于推动科技兴农助农，助力宝山乡村振兴的几点建议”等调研报告。与罗泾镇政府、区文旅局就“关于推进罗泾美丽乡村文化建设的建议”开展重点提案办理协商。组织委员参加政协论坛，完成《关于筹建宝山公共数据服务中心提升科创主阵地成色的建议》论文。与区卫健委围绕“推进市民便民就医工程建设”主题开展对口协商。与区农业农村委围绕“推进科技兴农”主题开展对口协商。联合企业发展委，开展“创建全国文明城区”专项民主监督。

【民族宗教和港澳台侨委员会】 2021 年，该专委会完成“健全宝山科技创新考核评价与激励机制”“促进宝山文创产业发展，助力上海科创中心主阵地建设”等调研报告。与区经委、宝工园、罗店镇等部门就“统筹谋划‘十四五’，引领北上海生物医药产业高质量发展”开展重点提案办理协商。组织委员参加政协论坛，完成《文创助力科创产业，创造新的利润增长点》等论文。联合教科卫体委，与区体育局围绕“健身与健康融合发展”主题开展对口协商。与区台侨办围绕“助力海归企业创新发展”主题开展对口协商。联合企业发展委，开展“冷链食品安全”专项民主监督。 （王少涵）

2021 年宝山区政协优秀提案

提案号	提案者	案　由
8E009	农工党区委	关于成立宝山区老年医学中心的建议
8E011	九三学社区委	关于促进宝山制造业数字化转型与高质量发展的建议
8E024	区政协农业和农村委员会 民革区委	关于推进罗泾美丽乡村文化建设的建议
8E025	民革区委	以乡村振兴为契机，助力宝山三农高质量发展
8E037	汤剑鸣、刘祖辰、陈江、徐刚、秦俊杰、周杰	对发展文化创意产业的建议
8E042	刘金明	关于在宝山城乡安装电动自行车充电桩的建议
8E048	杨兴华	对推动宝山区民营企业“总部型经济”发展模式的建议
8E066	区政协教科卫体委员会	探索科创体系指数推动宝山科创中心主阵地建设
8E080	苏雯	关于调整通河四村北大门口前绿化带的建议
8E083	区知联会	金融助力科创企业发展，资本助推科创中心主阵地建设
8E084	民盟区委	关于打造复合型高铁枢纽，推动科创中心主阵地建设建议
8E095	民进区委	激发区属国资国企活力，助推宝山科创主阵地建设

（续表）

提案号	提案者	案　由
8E100	民建区委	着眼“康养旅居”，探索宝山“银发经济”新路子
8E112	朱燕	关于完善宝山区人才落户政策跟上海市人才引进政策配套细则的提议
8E125	丁顺强	关于促进宝山碳达峰和碳中和的建议
8E131	致公党区总支	关于建设上海文旅新名片赋能宝山邮轮港既有产业改善周边文商旅现状的建议

2021 年宝山区政协八届五次会议大会发言题目

发言者	代表界别、专委会	题　目
陈斌寅	民革区委	加强宝山知识产权质押工作，助力科创中心主阵地建设
张　蕾	民盟区委	关于进一步提升宝山区医疗急救服务能级的建议
顾险峰	民建区委	关于将宝山打造成科创项目实践主阵地的建议
贾丽琼	民进区委	激发区属国资国企活力，助推宝山科创中心主阵地建设
马菁雯	农工党区委	关于促进北上海生物医药产业高质量发展的建议
杨　炀	致公党区总支	关于宝山区推进农业机械化发展的建议
李　芳	九三学社区委	关于上海宝山站及相关交通配套的建议
朱军红	区工商联、区政协经济委员会	关于打造宝山区万亿级钢铁金融产业的建议
施泽淞	区知联会	金融助力科创企业发展，资本助推科创中心主阵地建设
黄德鸽	区政协人口资源环境委员会	关于促进吴淞创新城实现“产城融合，创新发展”的建议

2021 年宝山区政协论坛论文题目

代表界别、专委会	题　目
民革区委	关于短波紫外线空气消毒技术在宝山落地与转化的建议
区政协农业和农村委员会 民革区委	关于筹建宝山公共数据服务中心提升科创主阵地成色的建议
民盟区委	关于依托吴淞创新城轨道交通节点打造蕰藻浜沿岸知识经济创新街区的建议
民建区委	关于促进宝山人工智能行业发展的对策思考
民进区委	深化“一网通办”改革，提升城市软实力建设
农工党区委	融合海洋气象观测技术创新助力宝山科创中心主阵地建设
	关于吴淞创新城发展“智慧＋低碳”产业的建议
	关于进一步推进我区文化创意产业创新发展的建议
致公党区总支部	从制造业产业需求出发，打造宝山科创产业化主阵地
九三学社区委	对标北京海淀科技转型，助力宝山科创主阵地建设
	提升工业园区建设水平，助力科创中心主阵地建设
	加快推进宝山区“政产学研用”建设的建议
	关于促进宝山区新型节能环保产业发展的建议
区政协企业发展委员会 九三学社区委	关于促进宝山数字经济发展的建议
区知联会	关于构建宝山特色科技成果转化体系的相关建议
区政协提案委员会	大力培育科技成果转化中介人才，助力宝山科创中心主阵地建设
区政协经济委员会	关于促进企业地区总部落户宝山的对策研究
区政协人口资源环境委员会	抓住“碳中和”发展机遇，助推科创中心主阵地建设
区政协教科卫体委员会	打造上海科创主阵地，构建“宝山创新指数体系”
区政协社会和法制委员会	优化法治环境，为打造科创中心主阵地助力
区政协文化文史和学习委员会	坚持“文创＋非遗”打造宝山特色文化产业
区政协企业发展委员会	关于促进宝山企业技术中心、工程技术研究中心和外资研发中心发展的对策思考
区政协民族宗教和港澳台侨委员会	文创助力科创产业，创造新的利润增长点

（王少涵）

中共上海市宝山区纪律检查委员会（上海市宝山区监察委员会）

■ 编辑 文 文

纪检监察

【概况】 2021年，区纪委监委始终坚持以习近平新时代中国特色社会主义思想为指导，全面落实区委工作部署和市纪委工作要求，忠实履行党章和宪法赋予的职责，坚持稳中求进工作总基调，深入贯彻全面从严治党战略方针。

【正风肃纪反腐】 2021年，区纪委监委始终保持正风肃纪反腐的战略定力，围绕现代化建设大局发挥监督保障执行、促进完善发展作用，以宝山纪检监察工作高质量发展，为宝山改革发展稳定提供坚强保障。 （蒲佳丹）

监督执纪执法

【政治监督】 2021年，区纪委监委聚焦"两个维护"强化政治监督，保持工作韧劲常态化开展疫情防控监督，推动筑牢疫情防控各级防线。开展长江经济带生态环境保护专项治理，对长江经济带警示片涉及的问题开展责任追究，问责1家处级单位党组和2名干部。开展防汛防台、安全生产、乡村振兴等10余项专项监督，加强对重大决策部署落实情况的监督检查。协助区委做好巡视反馈问题整改工作，牵头完成12项整改事项，监督推动全区层面巡视反馈问题整改到位。开展换届工作全过程监督，建立换届期间信访举报联查快办工作机制，制订《宝山区纪委监委关于强化关口监督规范廉情审核的实施意见（试行）》，完成各类廉政意见回复12503人次，进一步加强对选人用人、评优评先的"五关"（政治关、品行关、能力关、作风关、廉洁关）监督。制订《宝山区纪委监委关于在宝山科创中心主阵地建设中推动构建亲清政商关系的指导意见》，对政府招商人员政商交往、招商平台开展招商亲商稳商活动等划清底线红线，推动构建亲而有度、清而有为的政商关系。制订《宝山区纪委监委关于建立"三个区分开来"研判平台容错纠错的实施办法（试行）》，把要求干部讲政治、懂规矩、守纪律同激励干部抓改革、搞创新、提效率统一起来。

【日常监督】 2021年，区纪委监委做深做实日常监督，出台《关于深化"四项监督"加强统筹衔接 高质量推动日常监督工作的实施意见（试行）》及6个配套细则，解决各类监督之间信息共享不顺畅、协调衔接不充分等问题，推动"四项监督"从"背靠背"走向"肩并肩"。落实日常监督办公室实体化运作，探索完善"室组地"协作配合机制。制定检查督查年度工作要点开展项目化监督，综合运用约谈、抄告、廉政意见回复、专题调研等措施，抓实近距离常态化监督。全年共约谈362人次，形成专项检查（治理）报告214份，监督工作调研报告253份，向区四套班子廉情抄告91份，推动形成全区性的规范管理制度43项。加强与人大、政协、审计、司法机关等单位的沟通协调，推动各类监督形成合力。

【执纪执法】 2021年，区纪委监委始终保持反腐败高压态势，坚持无禁区、全覆盖、零容忍，有案必查，有腐必反。全区各级纪检监察组织共处置问题线索986件，运用第一种形态批评教育帮助686人次；运用第二种形态处理137人次；运用第三种形态处理17人次；运用第四种形态处理65人次。严肃查处宝山第一房屋征收事务所金某等人贪腐窝串案，15人被立案审查调查，其中8人被移送检察机关。严肃查处宝钢钢构公司乐某等多名国企工作人员贪污公款、造成企业重大损失的系列案件。与市纪委监委

11月，区纪委监委开展粮食购销领域专项监督检查　　区纪委监委/提供

相关派驻纪检监察组共同查处浦发银行鲁某等人行受贿窝案,东方网电子商务有限公司赵某、徐某严重违法案。查办政法干警从某收受涉案人员家属贿赂,为请托人打探案情、说情打招呼等案件8件,留置5人,移送检察机关5人。加强审查调查安全管理,开展保密工作专项检查。

【四责协同】 2021年,区纪委监委协助区委深化细化全面从严治党"四责协同"(党委主体责任、纪委监督责任、党委书记第一责任人责任和班子成员"一岗双责")机制。组织全区处级单位党组织制订党风廉政建设任务清单、监督清单和责任风险清单,对全区75家区管处级单位开展年中"体检式"督查指导,会同区委组织部和区委宣传部组成联合检查组,由区委常委带队对10家处级单位党委(党组)开展全面从严治党"三项责任制"(党风廉政建设责任制、基层党建工作责任制、意识形态工作责任制)专项检查,进一步压实管党治党政治责任。协助区委制订《关于宝山区各级党委(党组)落实全面从严治党主体责任的工作方案》,进一步强化主体责任。将知责明责履责落实情况纳入日常监督、专项检查、区委巡察范围,对落实不到位的党员领导干部开展约谈,对问题严重、需要承担领导责任的党员领导干部进行问责,严肃处理相关责任人(含党组织)20人,给予党纪政务处分15人,组织处理5人,以问责倒逼责任落实。

【机制建设】 2021年,区纪委监委进一步优化纪检监察工作运行机制,推动纪检监察制度优势转化为治理效能。制定区纪委监委向市纪委监委和区委请示报告的相关工作规定,制定全区纪检监察组织监督执纪执法工作规范。与检察院、法院、公安分局共同制订加强和完善监察执法与刑事司法衔接机制的意见,召开18次监、检、法三方联席会议。推动并实现街道纪工委书记专职化,把人员与工作力量进一步聚焦到主责主业上。进一步调整规范区纪委监委牵头或参与的议事协调机构,建立完善专家咨询委员会制度,打造专业智库。根据《中华人民共和国宪法》《中华人民共和国监察法》相关规定和市纪委监委工作部署,围绕整治群众身边腐败问题工作情况,区监委首次向区人大常委会报告专项工作,自觉接受人大监督。

【廉政警示教育】 2021年,区纪委监委加大警示教育力度,协助区委召开两次警示教育大会,全区科级以上领导干部、村居"两委"班子成员等近万人参加,产生良好教育警示效果。通过《宝山廉政动态》定期对全区党员干部立案处理情况"无差别"通报,每季度针对全区60余家单位开展家风助廉、廉政知识测试活动,根据典型案例拍摄制作两部警示教育片。积极发挥"滨江清风"讲师团和"青年说"讲师团的作用,开展90余场宣讲活动,6000余名党员干部接受教育。深化廉政文化建设,开展"一地双品",打造"廉政地图",拍摄制作18部廉政微视频,通过"滨江清风"微信公众号、宝山汇App等及时传递党风廉政建设和反腐败斗争的最新动态,营造崇廉尚德良好氛围。注重宣传宝山区党风廉政建设和反腐败斗争的亮点做法及取得成效,市级以上媒体录用刊登新闻稿件、工作信息166篇。升级更新区反腐倡廉教育基地,共接待市、区各级党政机关、事业单位、人民团体250余批次万余人参观。

(蒲佳丹)

巡察工作

【完成巡察全覆盖任务】 2021年,区委紧扣"两个维护"根本任务,开展七届区委第十二轮、十三轮对16家单位的常规巡察,开展对10个街镇(园区)24个村、193个社区党组织的巡察,完成七届区委巡察全覆盖工作任务,并对五年巡察工作进行全面总结。巡察期间对被巡察党组织进行"把脉""画像",共发现问题3913个,移交问题线索469条,已立案67件,巡察利剑作用充分发挥。作为全市3个试点区之一,扎实组织开展交叉巡察工作,积极破解"熟人社会"监督难题。

【加强巡察规范化建设】 2021年,区委巡察办修订《关于深化巡察制度的实施办法》,完善区委巡察机构工作制度汇编,进一步推动巡察工作制度化和规范化。建立健全巡察机构与纪检监察、组织、宣传、信访、审计等部门的协作配合机制,加强横向联动,增强巡察工作合力。深化巡察移交问题线索研判机制,对巡察发现问题进行多部门会商分析,实施闭环管理,巡察发现问题线索成案率不断提高。

【深化巡察整改落实】 2021年,区委巡察办牵头建立与派驻派出机构跟进监督的巡察整改监督工作模式,提高巡察整改质量。坚持"综述+通报"制度,综合分析汇总七届区委巡察发现的普遍性、典型性问题,形成共性问题情况分析在全区通报,推动开展自查自纠、"未巡先改"。做好巡察"后半篇文章",以"自查+抽查"的形式,对9个镇、52家处级单位党组织以及14个街镇(园区)的村社区党组织开展巡察整改评估,对发现的反弹回潮、整改不到位情况,持续督促整改落实,并推动责任追究。 (蒲佳丹)

作风建设

【纠治"四风"】 2021年,区纪委监委严肃查处违规吃喝、违规收受礼品礼金等突出问题,在重要节假日期间明察暗访,精准挖掘问题线索,严肃查处顶风违纪行为,共处置违反中央八项规定精神问题线索281件,立案100件,组织处理280人,党纪政务处分92人,公开曝光4起典型案件。制订实施"四个坚持四个深化"(对违反中央八项规定精神问题做到坚持查处不降格,深化严查快办;坚持通报不例外,深化警示教育;坚持教育不遗漏,深化政治自觉、思想自觉、行动自觉;坚持纠建不放松,深化举一反三)工作举措,加强对违反中央八项规定精神问题的通报。开展百余场"八项规定清风讲堂"进机关、进企业、进基层活动,推动纠"四风"、树新风并举。

【整治形式主义、官僚主义】 2021年,区纪委监委把整治形式主义、官僚主义与常态化惩治涉黑涉恶腐败、各类监督检查结合起来,深化治理贯彻中央决策部署只表态不落实、维护群众利益不担当不作为等突出问题。以开展"12345"市民热线工单联合督办为切入口,严肃纠治对群众关心的利益问题漠然处之、推诿扯皮等行为,共完成7件不属实工单、4件重复不满意工单督办工作,并向相关单位制发4份纪律检查建议书,督促职能部门履职尽责。全年共查处各类形式主义、官僚主义问题24件,给予党纪政务处分24人次。

【整治群众身边腐败和不正之风】 2021年,区纪委监委紧盯与群众切身利益密切相关的领域,开展公务接待中"吃公函"问题排查整治、为民服务办事窗口问题整治、农民工欠薪监督等专项治理。开展粮食购销领域腐败问题专项治理，依托专项巡察和专项审计，坚决惩治涉粮领域腐败问题，年内党纪政务立案 6 人，对其中 1 人采取留置措施。常态化开展惩治涉黑涉恶腐败和“保护伞”工作，推动在线索清仓、伞网清除上再发力、再突破。　（蒲佳丹）

重要会议

【七届区纪委六次全会】　2 月 7 日，中国共产党上海市宝山区第七届纪律检查委员会第六次全体会议召开。区委书记陈杰出席会议并对当前和今后一个时期全面从严治党、党风廉政建设和反腐败斗争作出战略部署、提出要求。全会审议通过区委常委、区纪委书记、区监委主任高飞代表区纪委常委会作的《贯彻新发展理念　服务新发展格局　推动全面从严治党在新发展阶段迈上新征程》工作报告。区四套班子领导，局级干部，区法院院长，区检察院检察长，区纪委委员，区纪委监委班子成员，区委巡察办主任，区委巡察组组长、副组长，各派驻纪检监察组组长，区监委特约监察员代表参加会议。

【纠“四风”树新风警示教育大会】　9 月 10 日，区纪委监委协助区委召开宝山区纠“四风”树新风警示教育大会。区委书记陈杰出席会议并讲话，要求全区各单位要深入贯彻落实习近平总书记重要讲话精神以及市委纠“四风”树新风警示教育大会精神，强化以案示警、以案为戒，全区各级领导干部始终保持政治上的清醒，自觉遵守党的纪律和规矩，切实做到警钟长鸣，进一步推进全面从严治党、党风廉政建设和反腐败斗争向纵深发展。区委副书记、区长高奕奕主持会议。区委常委、区纪委书记、区监委代理主任钱樑通报十九大以来宝山区查处纠治违反中央八项规定精神问题情况。全区处级及以上领导干部，有关企业单位的党政主要负责同志、纪委书记等在主会场出席会议。全区各单位及下属单位科级干部以及所属村居两委班子等以视频会议形式在各单位分会场参加会议。

【七届区纪委七次全会】　10 月 29 日，中国共产党上海市宝山区第七届纪律检查委员会第七次全体会议召开，区纪委委员参加。全会审议并通过《中共上海市宝山区第七届纪律检查委员会向中共上海市宝山区第八次代表大会的工作报告》，同意将报告提请中国共产党上海市宝山区第七届委员会第十四次全体会议审议。

【八届区纪委一次全会】　11 月 11 日，中国共产党上海市宝山区第八届纪律检查委员会第一次全体会议召开。会议选举中国共产党上海市宝山区第八届纪律检查委员会书记、副书记和常务委员会委员。　（蒲佳丹）

9 月 10 日，宝山区纠“四风”树新风警示教育大会召开　区纪委监委/提供

民主党派与工商联

■ 编辑　文　文

民主党派

【中国国民党革命委员会上海市宝山区委员会】　2021年，中国国民党革命委员会上海市宝山区委员会（以下简称民革宝山区委）有支部12个，党员309人。年内，发展党员22人，去世1人。完成民革区委领导班子换届，陆军当选为主任委员，张静、施美芳当选为副主任委员。举办"不忘初心　继往开来"第四届全国新钢笔画学术展。民革宝山区委获民革中央助力脱贫攻坚工作先进集体，2021年度《团结报》发行征订工作先进集体（地市级组织）二等奖，民革上海市委会2017—2021年思想宣传、参政议政、社会服务、祖统工作先进集体称号，2021年度区政协反映社情民意信息工作先进集体，"百年中国梦，风雨同舟情"民革中央庆祝中国共产党成立100周年网络知识竞赛市级优秀组织奖。民革宝山区委二支部获"民革中央第二批民革示范支部"称号，民革宝山区委二支部党员之家获"民革中央第二批优秀民革党员之家"称号，民革宝山区委八支部获"民革市委会示范支部"称号，民革宝山区委三支部党员之家获"民革市委会优秀民革党员之家"称号；金洪宝、刘以敏、庄心冰获民革中央助力脱贫攻坚工作先进个人；宋田斌、姜庆旺获民革上海市委会2017—2021年组织工作先进个人称号；张金兴、龚春平获民革上海市委会2017—2021年思想宣传先进个人称号；王娟、陈斌寅获民革上海市委会2017—2021年参政议政先进个人称号；李强、王立莉获民革上海市委会2017—2021年社会服务优秀个人称号；陈斌寅、顾旭辉、朱加银获2021年度区政协反映社情民意信息工作先进个人；龚春平获民革中央短视频大赛二等奖和优秀奖，杨烨获民革中央短视频大赛优秀奖；马鄂云《心语诉真情》获民革中央"百年中国梦，风雨同舟情"——庆祝中国共产党成立100周年征文活动优秀征文。

参政议政。2021年，民革宝山区委进一步健全参政议政制度，制定《民革宝山区委2021年参政议政工作计划》。年内向民革市委会、区委统战部、区政协等单位报送社情民意信息173篇，其中，全国政协录用1篇、市政协录用7篇。民革宝山区委提交的提案"以乡村振兴为契机，助力宝山三农高质量发展""关于推进罗泾美丽乡村文化建设的建议"被评为2021年度区政协优秀提案。

民主监督。2021年，民革宝山区委八届二次会议上通过《中国国民党革命委员会上海市宝山区委员会内部监督暂行条例》，建立民革上海市宝山区委员会监督委员会，并讨论通过监委会组成人员。八届三次会议通过《民革宝山区委关于加强组织发展工作的实施意见》，完善区委联合支部面审、背景审查、外调机制，确立"凡入（加入民革申请人员）必查、凡推（向人大、政协、社会团体推荐的民革党员）必查"。八届四次会议上通过《民革上海市宝山区委员会关于加强民革界别区政协委员履职尽责的意见》，进一步加强对民革界别政协委员的履职尽责工作要求。

社会服务。2021年，民革宝山区委按照民革市委会安排，结对贵州纳雍县锅圈岩乡下辖的一个村小组，继续做好各项帮扶工作；继续开展各类公益法律咨询援助服务，为广大群众提供法律服务；继续承办民革市委"博爱—牵手"——国家宪法日法律服务活动宝山分会场活动，开展法律服务进园区；开展共建、捐资助学、救助老兵以及精准扶贫等公益服务。一、六支部继续定点捐助宝钢新世纪学校品学兼优、家境贫寒的困难学生；金洪宝代表民革宝山区委持续资助两名湖南抗战老兵；陆志德向湖南省山背小学捐助图书馆，并开展自闭症儿童罗店采风活动；丁俊明为山西省闻喜县灾区开展捐赠活动等。

（顾旭辉）

【中国民主同盟上海市宝山区委员会】

2021年，中国民主同盟上海市宝山区委员会（以下简称民盟区委）共有盟员338人。全年共发展盟员17人，转入2人，转出2人，去世5人。5月27日，民盟区委召开民盟宝山区第八次代表大会，王勇、王薇（女）、关敬树、孙玉梅（女）、张蕾（女）、杨小琴（女）、杨荣、陈凤玲（女）、杨定明、陶侃、徐刚、徐海音（女）、彭铁禄当选为八届区委委员；王勇、杨广林、杨怀琴（女）、张蕾（女）、陈凡、赵辉、陶侃当选为民盟上海市第十六次代表大会代表。八届一次会议选举王勇为主任委员，张蕾、杨小琴、王薇为副主任委员，任命张蕾为秘书长。10月18日，成立民盟宝山区委新一届青年工作委员会，张国富任主任，刘筱磊、葛斐尔、雍松任副主任。6月24日，联合区社院开展"学党史、悟初心、强信念"主题教育，邀请知名学者潘大明教授作"峥嵘岁月见真情——救国会七君子与共产党、民盟"专题讲座。陶行知先生曾孙、盟员陶侃所著《我的曾祖父陶行知先生》一书发布。全年共推送微信公众号104篇。民盟区委获民盟中央思想政治建设和宣传工作先进集体；张蕾获民盟中央思想政治建设和宣传工作先进个人；杨广林获民盟中央社会服务工作先进个人；华雯主演的沪剧《挑山女人》入选"庆祝中国共产党成立100周年红色经典剧目展演"；陈凡获"2021年度张江国家自主创新示范区杰出创新创业人才"。

参政议政。民盟区委受中共宝山区委委托，对杨行镇和顾村镇就"践行'人民城市人民建，人民城市为人民'重要理念，集中力量解决'老小旧远'问题"推进落实情况开展专项民主监督，年终分别形成对杨行镇、顾村镇的专项民主监督报告。市"两会"期间，市人大代表王勇提交3份建议；区"两会"期间，民盟区委共提交区政协大会发言1篇、书面交流材料1篇、集体提案3件、人大代表建议3件、政协委员提案23件。张蕾代表民盟区委在区政协八届五次会议上作《关于进一步提升宝山区医疗急救服务能级的建议》大会发言。全年共收到盟员上报社情民意信息130件,其中,被全国政协采用2件、被市政协采用5件、被市领导批示2件。

社会服务。民盟区委与民盟市委共同开展对口帮扶工作,通过民盟基金会“起航书屋项目”,为杨行镇民工学校——杨东小学捐赠图书共计5万元。响应沪滇扶贫协作项目,通过消费扶贫的方式购买云南扶贫产品,共计15930元。司法支部王丽君参与民盟市委宣传短片《公益普法在线说》。陆宝华赴新疆喀什叶城县人民医院,开展为期一年半的医疗援助工作;胡文龙赴新疆喀什六中开展为期一年半的支教工作。

(张　蕾)

8月5日,民建宝山区委“民建会员之家”揭牌　民建宝山区委/提供

【中国民主建国会上海市宝山区委员会】　2021年,中国民主建国会上海市宝山区委员会(以下简称民建区委)下属基层总支4个,支部12个,新会员暂编支部1个,总数374人。全年发展会员15人,转入会员7人,转出3人,去世会员1人。完成换届选举工作。选举产生民建宝山区第九届委员会,王华、叶欣、李岚、何祖章、沈学忠、陆茵、陆建东、顾鸿、顾险峰、唐丹、曹文浩、谭士清当选为民建宝山区第九届委员会委员,李岚当选为主任委员,沈学忠、陆茵、王华当选为副主任委员。民建区委获民建上海市委2020年度宣传思想工作先进组织一等奖、2020年度参政议政工作先进组织二等奖;获宝山区政协2020年度反映社情民意信息工作先进集体,集体提案“着眼‘康养旅居’,探索宝山‘银发经济’新路子”被评为2021年度宝山区政协优秀提案;获2020年度宝山区统战信息工作先进集体一等奖;获2020年度“薪火相传铭历史　砥砺奋进谱新篇”统战征文活动优秀组织奖。陈正祥获民建中央参与脱贫攻坚先进个人;沈学忠、茆永生、顾俊杰获2020—2021年度民建上海市委社会服务工作先进个人;刘正佳获民建上海市委2020年度参政议政工作先进个人;王裔获民建上海市委2020年度宣传思想工作先进个人、2020年度宝山区统战信息工作先进个人一等奖;梁长玉获宝山区政协2020年度反映社情民意信息工作先进个人;方智、姜宇尧、顾险峰、柳一汶获宝山区政协2021年度反映社情民意信息工作先进个人。2020年度“薪火相传铭历史　砥砺奋进谱新篇”统战征文活动中,王平华作品获一等奖,蒋惠琴、王迎昱作品获二等奖,叶芳、刘祖辰作品获三等奖。

参政议政。2021年,区“两会”期间,民建区委共提交集体提案2件、委员个人提案16件。顾险峰代表民建区委在区政协八届五次会议上作《关于将宝山打造成科创项目实践主阵地的建议》大会发言。开展民建市委课题调研工作,完成“关于使用互联网技术强化多方参与合作,提高社区现代化智能化综合治理的建议”“以科技赋能智慧养老　探索银发经济线上线下融合　逐步形成信息消费‘浦东模式’”2项课题成果;围绕区政协论坛“培育经济新动能,助推上海科创中心主阵地建设”主题,完成论文《关于促进宝山区AI人工智能行业发展的对策思考》。全年组织上报社情民意85篇,其中1篇被全国政协采用,4篇被市政协采用,23篇被民建市委采用。

民主监督。2021年,民建区委完善专项民主监督工作机制,将专项民主监督工作作为年度重点工作,落实对罗店镇、月浦镇专项民主监督工作。10月28日,实地调研罗店镇祁南二村加装电梯项目实施进展情况、美兰西湖文化中心养老服务和青少年工作设施、远景村乡村振兴工作。11月16日,实地调研月浦镇聚源桥村乡村振兴工作、阳光锦园悦家园建设工作,着重就养老设施、加装电梯项目等方面深入研讨,提出建议。年终形成2篇专项监督工作报告。

社会服务。8月5日,民建中央副主席、上海市政协副主席、民建上海市委主委周汉民与中共宝山区委常委、统战部部长沈伟民共同为民建宝山区委“民建会员之家”揭牌。民建区委响应民建上海市委驰援河南的倡议,为河南暴雨灾区捐款捐物,价值14万元。6月30日,赴上海千公投资管理(集团)有限责任公司走访调研;8月5日,赴上海飞和实业集团有限公司走访调研;8月11日,赴上海经正堂健康管理有限公司走访调研;11月23日,赴上海问道酒店管理有限公司走访调研;12月16日,赴上海妃鱼网络科技有限公司走访调研。开展民建市委“春节送温暖”“暑期送清凉”及暖心活动,春节、重阳节前夕,组织走访慰问老会员,寄送有民建特色的新春贺卡、台历。

(王　裔)

【中国民主促进会上海市宝山区委员会】　2021年,中国民主促进会上海市宝山区委员会(以下简称民进区委)共有会员363人。年内，发展会员20人。5月18日，召开民进区委第八次代表大会，选举金江波为区委主委，陆进生、崔晋、臧波为副主委，邹甫文、沈志芳、蔡素文、陈海东、朱立华、杨正波、孙云鹏、顾敏霞为区委委员，区委班子新增80后2人。协助统战部做好新一届政协委员、人大代表的推荐工作。6名会员当选区人大代表，18名会员当选区政协委员。民进区委获民进上海宣传报道先进集体、宝山区信息工作二等奖，崔晋获宣传报道先进个人、信息工作先进个人三等奖。“薪火相传铭历史　砥砺奋进谱新篇”统战征文活动中，民进区委获优秀组织奖，黄范荣《美哉长江尾》获一等奖，陈萍《人生的归宿》获二等奖。民进区委获民进全国反映社情民意先进集体，杨正波获民进全国反映社情民意先进个人，奚雪明、崔晋被区政协评为反映社情民意先进个人。区委委员邹甫文获全国优秀律师称号，朱立华、张晔、陈海东、居婵英获上海市园丁奖。

参政议政。2021年，金江波代表民进区委班子先后参加中共宝山区委书记陈杰与党外代表人士集体谈心会、政协党派负责人座谈会、八次党代会征求意见会、区政府工作报告意见征求会，就宝山科创中心主阵地建设建言献策。年内，联合上海大学上海美术学院、宝山区文旅局共同主办“2021创享未来——上海科创　艺术与城市高峰论坛”。开展“一网通办”“挖掘宝山教育资源　解决师资发展瓶颈”“优化双减后的校内课后服务水平”“教育的数字化转型”等课题调研。先后联合民进交大委员会、民进中医药委员会、民进上大委员会调研“加强产教融合型青年人才队伍建设”“加强中医药标准化人才体系建设”“改革基础教育学校评价的研究”“加强数字化场景应用，推动数字之都社区治理效能”4个课题入选民进市委年度课题。“激发区属国资国企活力，助推宝山科创主阵地建设”被评为优秀提案。广泛发动会员撰写社情民意，累计收到社情民意近百篇，其中市政协录用近10篇。

社会服务。2021年，河南暴雨灾情期间，民进区委72名会员参与捐款。宝山区培智学校“欣悦小站”利用学校专业资源积极服务社会，做好“适应期”辅导，开展“家有小儿初入学”等专题辅导，研发“开学一周新问答”系列微课。开展“共生性”辅导，开展“青衿读书会”“心悦圆桌会”“行至活动会”系列活动，被上海人民广播电台等主流媒体报道，微课被“学习强国”上海平台录用。与宝山区教育学院合作创办《行至会客厅》短视频对话节目，邀请各界人士畅谈教育话题，联动社会资源为教育支招。民进区委获民进上海2021年度公益群星奖。宝山卿云论坛获民进全国社会服务工作优秀成果奖。　（崔　晋）

【中国农工民主党上海市宝山区委员会】　2021年，中国农工民主党上海市宝山区委员会（以下简称农工党区委）有总支1个，支部12个，党员总数408人。年内新发展党员19人，转入3人，转出1人，去世4人。完成农工党区委换届工作。选举产生农工党宝山区第九届委员会，王涛、龙云辉、吴存有、吴清峰、张秋琴（女）、陆伟群（女）、罗文杰、徐敏（女）、葛明泉、雷作胜当选为区委委员。罗文杰当选为主任委员，陆伟群、雷作胜当选为副主任委员，任命陆伟群为区委秘书长。选举产生出席农工党上海市第十四次代表大会的代表，马菁雯（女）、乔智、吴清峰、陆豪、陆伟群（女）、罗文杰、周远航、雷作胜当选为出席中国农工民主党上海市第十四次代表大会代表。年内召开“新老委员迎春座谈会和新老委员座谈会”，通报区委有关工作并组织新老委员参观上海木文化博物馆。开展春节及高温期间的走访慰问活动，关心离退休及困难、生病住院的党员20余人次。在“薪火相传铭历史　砥砺奋进谱新篇”统战征文活动中，农工党区委获优秀组织奖，中西医结合支部王锋《重温援疆路　续写大爱情》获二等奖、仁和支部郭佳庆《巍巍宝山，一眼万年》获三等奖。在农工党中央开展的庆祝中国共产党成立100周年征文活动中，陆伟群《心中有信仰　行动有方向》、李晓燕《从新民主主义革命时期农工党的发展看其与中国共产党的合作历程》获二等奖，徐敏《论中国新型政党制度的历史必然性和现实优越性》、朱健《风雨同舟履职能　不忘初心谋发展》获三等奖。农工党区委获2020年度宝山区统战信息工作先进集体二等奖，王君婷、沈瑜获信息工作先进个人二等奖。农工党区委获农工党脱贫攻坚工作先进集体和农工党脱贫攻坚民主监督工作先进集体；罗文杰获农工党脱贫攻坚工作先进个人；陆伟群获农工党脱贫攻坚民主监督工作先进个人；援疆党员马志伟被评为“2017—2020年度上海市助力脱贫攻坚先进个人”。农工党区委获“农工党上海市委员会抗击新冠肺炎疫情先进集体”，窦文霞、孙春卫、金凯、朱一冰、堵一乔、杨文林、王虹艳、周松、艾志勇、周燕华10位党员获“农工党上海市委员会抗击新冠肺炎疫情先进个人”。农工党区委副主委雷作胜获上海市自然科学奖一等奖。区委委员吴存有获2021年中国钢铁工业协会、中国金属学会冶金科学技术奖

5月9日，农工党宝山区中西医结合医院支部到崇明区长兴镇光荣村开展义诊

农工党宝山区委/提供

三等奖。吴中心支部曹阳获“宝山区创建全国文明城区（2018—2020 年）先进个人”和“2019—2020 年度宝山好人”称号。

参政议政。2021 年，在区“两会”期间，农工党宝山区人大代表共递交书面意见 5 件，政协委员共递交集体提案 5 件、政协委员个人提案 13 件。马菁雯代表区委作《关于促进北上海生物医药产业高质量发展的建议》政协大会发言，并被列为重点提案。区委集体提案“加强学生体质健康数据管理，促进学生身体素质全面提升”作为大会书面交流。农工党区委“关于成立宝山区老年医学中心的建议”获 2021 年度区政协优秀提案；农工党区委获 2021 年度宝山区政协反映社情民意信息工作先进集体，陆伟群、徐敏、周松获先进个人。11 月，区委召开参政议政工作会议，围绕区委、区政府中心工作，从卫生、教育、养老、科创中心主阵地建设、老小区改造等方面提出意见建议。全年向区政协报送社情民意 149 件，向区委统战部报送社情民意 149 件，向农工党市委报送社情民意 141 件。其中，区政协采用 110 件，农工党上海市委采用 60 件，市政协采用 5 件，获市领导批示 1 件，市统战信息专报采用 1 篇，农工中央信息专报采用 2 件。

民主监督。10 月 11 日、22 日，农工党区委民主监督小组成员分别到友谊路街道和大场镇就“践行‘人民城市人民建，人民城市为人民’重要理念”推进落实情况开展专项民主监督，采用实地察看、座谈交流、明察暗访等形式，促进解决“老小旧远”问题。

社会服务。“3·5”学雷锋日，党员参加各级部门组织的“学雷锋”便民服务活动，为群众提供医疗咨询。3 月，主委罗文杰带队赴云南曲靖会泽县娜姑镇大闸小学、云峰小学察看捐赠的价值 7 万余元的课桌椅使用情况，并捐赠爱心书包、文具 5 件套各 135 套。焦冉旭和彭超捐赠面屏、口罩和免洗消毒液等防疫物资。5 月 9 日，宝山中西医结合医院支部开展“送医上岛”活动，为长兴岛光荣村 200 余名村民提供义诊咨询和困难女村民上门义诊服务。“5·12”护士节，中冶支部联合医院南丁格尔护理志愿服务队连续第四年为月浦 2 个敬老院护工及老人开展护理讲座、提供医疗支持；重阳节赴结对养老院月浦乐业敬老院开展敬老慰问活动。5 月 28 日，二康支部组织党员在医院“康宝”志愿者服务基地“天使之翼”俱乐部开展“博爱申城　关爱患儿”志愿者服务活动。11 月 11 日，农工党党员、顾村镇菊泉新城社区卫生服务中心副主任金凯到友谊路街道社会组织服务中心大厅为友谊地区党员群众 80 余人作“新型肺炎科普知识及预防控制”专题讲座。仁和医院支部普外科主治医师黄琦、大场医院支部妇产科主治医师代爱霞开展为期两年的援摩医疗服务工作。　（王　芳）

【中国致公党上海市宝山区总支部委员会】 2021 年，中国致公党上海市宝山区总支部委员会（以下简称致公党宝山总支）有支部 6 个，党员 101 人，全年发展新党员 4 人。完成换届工作，选举产生致公党宝山区第三届总支部委员会。年内，通过《上海致公》、“上海宝山致公”微信公众号等平台及时推送信息 40 余篇，反映致公党宝山总支工作动态。致公党宝山总支获中国致公党脱贫攻坚先进集体、2021 年度致公党上海市委反映社情民意信息工作先进集体二等奖、2020 年度宝山区政协反映社情民意信息工作先进集体、2020 年度宝山区统战信息工作先进集体二等奖。陈姝获致公党上海市委脱贫攻坚优秀组织工作者、2020 年度宝山区统战信息工作先进个人二等奖。陈亚萍、华宜、侯艳、杨炀获致公党上海市委脱贫攻坚先进个人。张樑“关于修订完善和严格执行集中空调通风系统管理办法的建议”获 2020 年度上海市优秀人民建议；施翹赟获 2021 年度致公党上海市委反映社情民意信息工作先进个人一等奖，胡晟、严爱佳分获三等奖；施翹赟、严爱佳、张樑分获 2020 年度宝山区政协反映社情民意工作先进个人，施翹赟获 2021 年度宝山区政协反映社情民意工作先进个人。汪义生《情系宝山邮轮港》、王瑞红《薪火相传　铭记历史　砥砺奋进　谱出新篇》分获“薪火相传铭历史　砥砺奋进谱新篇”统战征文活动一、三等奖。

参政议政。2021 年，致公党宝山总支在区“两会”期间，共提交集体提案 2 件，委员个人提案 8 件。集体提案“关于建设上海文旅新名片，赋能宝山邮轮港既有产业、改善周边文商旅现状的建议”被评为 2021 年度宝山区政协优秀提案。杨炀代表致公党宝山总支作《关于宝山区推进农业机械化发展的建议》大会发言。杨炀代表致公党宝山总支参加区政协“培育经济新动能，助推上海科创中心主阵地”论坛，论文《从制造业产业需求出发，打造宝山科创产业化主阵地》编入书面交流材料。全年共形成调研课题 6 项，配合致公党青岛市委会在沪就邮轮经济、经济转型发展开展的调研。年内共收到党员递交的社情民意 61 篇，全国政协采用 2 篇、上海市政协采用 5 篇、《每日社情》采用 1 篇、致公党上海市委采用 25 篇、宝山区政协采用 41 篇。严爱佳、张樑、陈姝、胡晟、施翹赟被宝山区委统战部聘为宝山区统一战线建言献策

5 月 23 日，致公党宝山区委参加 2021 致公党上海市委爱心义卖活动　致公党宝山区委/提供

特约信息员。

民主监督。2021 年，致公党宝山总支就践行"人民城市人民建，人民城市为人民"重要理念，集中力量解决"老小旧远"问题推进落实情况，对庙行镇开展专项监督。致公党宝山总支实地调研庙行镇"一号湾"改造工作，包括智力公园、龙盛活力小镇等贯通点的提升改造，了解镇城运中心平台应急指挥体系等情况，对"一号湾"改造后运维管理、绿地风尚天地等地块的品质提升提出建议。在开展专项民主监督的基础上，助推庙行镇与同济大学城市规划设计院签署合作共建协议。年底，完成 1 篇专项民主监督报告。

社会服务。5 月 23 日，参与致公党上海市委举办的"爱心义卖"活动。由致公党宝山总支社会服务专项组牵头，各专项工作组分工合作，做好义卖物品筹集、志愿者组织等工作，受疫情防控影响，无法抵达义卖现场的党员通过线上捐助及购买等方式参与活动。9 月 13 日，"致爱公益"项目小组赴山东省微山县南阳镇中心小学教学点，对音乐教室部分设备进行更新调试，并对学校教师开展业务指导和培训工作。10 月 14 日，与共建单位庙行镇共同开展"情暖侨心"结对助侨活动，赴部分归侨家中走访慰问，为归侨侨眷代表送上重阳节祝福。年内，《中国致公党脱贫攻坚总结表彰获奖先进集体、个人事迹汇编》出版发行，收录致公党宝山总支社会服务工作先进集体事迹。（陈　姝）

【九三学社宝山区委员会】 2021 年，九三学社宝山区委员会（以下简称社区委）有支社 8 个，专委会 8 个，参政议政专家组 1 个，社员 517 人，其中具有中高级职称的社员 477 人、离退休社员 179 人；年内发展新社员 37 人，转入 16 人，转出 1 人，去世社员 2 人。完成社区委换届工作，选举产生 13 位委员，选举王培华为主任委员，全先国、沈勇民和李芳为副主任委员，沈勇民为秘书长。社区委开展"感悟党史荣光，同心携手前行"征文活动，共提交 10 篇征文。完成社市委统战理论和社史研究课题"做好参政议政工作的经验启示与实践探索"。完成社区委简史的撰写工作。联合区社会主义学院举办社区委新一届人大代表、政协委员和骨干社员培训班。社区委在社中央交叉检查工作中取得 98.9 + 129 分。社区委获社市委 2020 年参政议政工作先进集体二等奖，信息工作先进集体一等奖，贾旭、沈勇民和黄钢祥获信息个人二等奖，林琳、苏雯和全先国获信息工作个人三等奖，沈勇民获优秀信息联络员奖，沈勇民"关于进一步加强黄浦江岸线开发和工业遗存保护的建议"获优秀调研成果三等奖。社区委获九三学社上海市委 2021 年度思想政治和宣传工作先进集体，沈勇民获先进个人。社区委获九三学社上海市委机关建设先进集体和九三学社上海市委 2021 年度组织工作先进集体。王晓英、李芳、黄兴峰、王蓉、苏斌、李骞、张志萍、范宜峰 8 位社员获社中央"五史"知识竞赛优胜奖。"薪火相传铭历史　砥砺奋进谱新篇"统战征文活动中，社区委获优秀组织奖，沈勇民《社宝山区委为共圆邮轮梦积极建言》获一等奖，社区委原主委曾文忠《为"宝钢——上钢大联合"建言献策的回顾》获三等奖。

3 月 5 日，九三学社宝山区委组织社员参加淞南镇"3·5 学雷锋，服务在心，志愿在行"大型为民服务活动

九三学社宝山区委/提供

参政议政。1 月 11 日—14 日，区"两会"期间，社区委共提交集体提案 7 件，个人提案 36 件，人大建议案 5 件。李芳代表社区委作《关于高铁上海宝山站及相关交通配套研究的建议》大会发言。吴英彦"关于尽快延伸宝山 11 路，更好发挥公共交通作用的建议"被评为优秀提案，社区委获区政协 2020 年度反映社情民意信息工作先进集体，贾旭、黄钢祥、沈勇民、苏雯、秦景香、王培华获区政协 2020 年度反映社情民意信息工作先进个人。社区委向社市委申报 13 个课题，3 个课题被社市委立项。各支社和专委会申报社区委课题 25 个，17 个课题立项，6 个课题作为提交 2022 年政协大会的大会发言和集体提案备选课题。社区委上报社市委、区政协和区委统战部社情民意 400 余条，其中被市政协以上录用 40 余条，被社中央录用 2 条，被全国政协录用 3 条。宝山政协论坛上，吴英彦和苏雯分别代表社区委和政协企业发展委作《对标北京海淀科技转型，助力宝山科创主阵地建设》《关于促进宝山企业技术中心、工程技术研究中心和外资研发中心发展的对策建议》的发言；社区委有 4 篇论文入选论文集。

民主监督。6 月 25 日，赴宝山工业园区和淞南镇，对"老小旧远"开展专项民主监督，形成社情民意等信息上报区政协和有关部门，协助推进"老小旧远"工作的开展。12 月 7 日，再次赴宝山工业园区和淞南镇，对"老小旧远"开展专项民主监督，完成专项民主监督报告。

社会服务。3 月 5 日，社区委社会服务专委会组织社员参加淞南镇举办的"3·5 学雷锋，服务在心，志愿在行"大型为民服务活动。河南水灾期间，捐献消毒用品和抗灾物资至河南省鹤壁市淇县卫健委，价值 91750 元。联合淞南镇政府开展社市委科普进社区活动，邀请华东医院副主任医师郑治渊社员作"关注房颤、预防卒中"科普报告。举办主题

为"九三淞南、社区共建、为民服务、百姓实惠"的法律、医疗咨询服务,为淞南镇社区居民服务近200人次。联合社市委和淞南镇共同开展"参观彩虹鱼、领科技创新——科普之旅"活动。　(沈勇民)

工商联

【概况】 2021年,宝山区工商业联合会(以下简称区工商联)有会员企业4420家,镇商会9家,街道商会3家,园区商会2家,团体会员10家(钢结构商会、物流商会、餐饮商会、信息服务业商会、温州商会、萧山商会、仪陇华东商会、食品生产企业联合会、仪征商会、青年创业者联谊会)。年内,完成换届工作。抓好巡察整改落实,3个方面9项30条问题全部整改到位,形成整改措施36条,修订完善《宝山区工商业联合会福利费的使用规定》等7项制度。区工商联被评为全国"五好"县级工商联和全国工商联调查点工作先进基层单位,主席曹文洁获"全国巾帼建功标兵""上海市质量金奖(个人)"称号。上海相宜本草化妆品股份有限公司获"全国巾帼建功先进集体"称号,物流商会获全国"四好"商会,2家商会被评为上海市民营经济人士理想信念教育示范点。宝山青创联"地缘政治和国防主题教育系列活动"被市工商联评为理想信念教育优秀案例。曹文洁、许宏伟获上海市民营经济代表人士建言献策先进个人称号。3家企业入选2021中国民营经济500强企业。"宝山区物流行业现状分析与建议""健全上市挂牌企业服务机制,优化区域营商环境——宝山区上市挂牌企业现状分析与建议"被市工商联评为优秀调研成果二等奖。

【塑造企业精神】 区工商联组织企业学习习近平总书记在庆祝中国共产党成立100周年大会上的讲话精神和市委书记李强在市工商联建会70周年大会上的讲话精神,40余名企业家撰写学习体会,在"上海工商联"微信公众号刊出。开展热烈庆祝中国共产党成立100周年主题图文征集活动,评选出50家企业的优秀征文并编印成册。6月,组织民营企业赴四川南充、广安开展理想信念教育活动。8月,组织企业家学习弘扬"爱国　敬业　诚信　进取"的沪商精神,开展"沪商精神"大讨论,曹文洁等9名企业家的"沪商精神"学习感悟在"宝山工商联"微信公众号"沪商精神大家谈"专栏刊出并报送市委统战部,8篇入选市委统战部、市工商联联合编印的《沪商精神百人谈》。

【服务企业发展】 区工商联以营造一流营商环境为主线,依托全联民营企业调查系统开展4次企业经营情况调查,近300家(次)企业参与调研。动员、鼓励民营企业家通过社情民意反映诉求、参政议政,共上报社情民意50余篇,其中全国工商联采用12篇、市委办公厅采用1篇、市工商联采用16篇。联合钢联研究院、区社院共同开展"宝山区民营经济人才引进现状及政策建议"专题调研。开展"与民营企业面对面"系列活动,推动建立多层次政企沟通平台,服务宝山科创惠企政策落地。深化"政会银企"合作机制,在14个所属商会建立金融服务站,为2177家企业贷款134.84亿元。与区司法局合作探索法律服务行业、工商联及所属商会长效合作机制,组织14家所属商会与所在地司法所签订共建合作协议;建立并落实"百所联百会"机制,组织22家所属商会和团体会员与律所签订合作共建协议。依托工商联钢结构商会培训平台,持续开展以税务、社保、劳动法、人才引进等为主题的政策宣讲及实务培训,1200余人次企业员工参加培训。与区税务局合作,推进落实"春雨润苗"专项行动,在所属商会中成立税收志愿者队伍,举办3次以企业所得税优惠、增值税优惠等为主题的税务专项培训,开展税收志愿者服务之新办企业专场活动,让纳税服务进商会、进企业。加大与区人社局、总工会的沟通协作,代表企业方共同参与研究解决如美钻集团的劳资纠纷等企业劳动关系问题。

【履行社会责任】 区工商联积极响应宝山区新一轮对口支援工作,支持云南乡村振兴重点县建设,组织新通联等9家民企捐款100万元,在宣威开展"村企联建、助力乡村振兴"对口帮扶活动。赴云南曲靖开展对口支援活动,组织民营企业家捐赠物资238万元。新通联与师宗县签订林木业产业矿帮扶项目合作意向书,在师宗植树造林、投资建厂,完善产业链和耗林还林经济循环可持续发展战略;开展福然德"百人千万计划",定向资助师宗当地的贫困大学生。相宜本草、亿阁教育、万位数字在会泽、罗平等地设立奖助学金,捐赠5294张优志愿"升学卡",为当地学校捐赠教学物资,实现当地贫困小学生100个微心愿。相宜本草扶贫产品入选上海市历史博物馆"纪录小康工程"。

【创建企业品牌】 区工商联以"四好"商会评比申报为抓手,做好所属商会规范化、制度化建设指导工作。推进所属商会"一会一品牌"建设工作。推动所属商会树立品牌思维,通过创建商会品牌工作项目,服务企业、活跃商会,提升商会吸引力、影响力、竞争力。定期召开商会工作会议,组织商会工作人员到松江区、浙江省富阳区工商联学习。

(吴立早)

群众团体

■ 编辑 文 文

工 会

【概况】 2021年,宝山区总工会辖有直属工会42家,基层工会2145个,覆盖单位11698家、会员350003人(其中女会员134349人,农民工会员102858人)。区总工会有直属事业单位2家和民办非企业单位1家。年内,完成机关党总支和支部换届选举工作。指导直属工会完成换届选举和届中调整,推动工会委员会、经审委员会、女职工委员会同步组建、同步报批。推出"百年工运五个一"(一堂课·红色基因代代传,一条路·永远跟党走,一个展·红色档案主题展,一本书·红色记忆永不忘,一台戏·红色工运职工演)系列活动,纳入上海"永远跟党走"群众性主题宣传教育重点项目。开展五大劳动竞赛("聚力新科技、奋进新时代"加快科创中心主阵地建设劳动竞赛,优化营商环境劳动竞赛,重大工程建设劳动竞赛,"迎世赛、稳就业、促发展"职工职业技能竞赛,"同创全国文明城区、共建宝山美好家园"劳动竞赛),全区各直属工会组织共开展各类竞赛活动53场。承办市"12345"市民服务热线以及"一网通办、一网统管"技能竞赛项目。创建1家中国长三角地区劳模工匠创新工作室和7家市创新工作室,评审命名36家区职工创新工作室。开展"劳模工匠讲党史"系列党课20场。各级工会共开展各类劳模先进报告会29场,拍摄劳模宣传微视频21部。开展"宝连登——乐学在宝山"项目,面向基层职工免费配送课程上门。宝山区总工会获评城市困难职工解困脱困工作中作出重要贡献集体、全国科技周先进单位;宝山区政府重大工程建设项目管理中心获评全国工人先锋号;获评市五一劳动奖状、奖章、先锋号33个。宝山工会社工队伍获第四届上海市社会化工会工作者技能比武交流活动二等奖。

【深化工会改革实践创新】 2021年,区总工会召开宝山区深化非公企业工会改革加强基层工会组织建设大会,运用非公企业工会改革评估体系指导改革实践,对全区所有街镇园区总工会开展走访指导。选树"顾村经验"优秀实践者50人,形成"一会一品"改革特色。举办区非公企业工会改革主题展。全区4个街镇总工会获得上海市非公企业工会改革优秀案例,4个"小二级"工会示范点获得上海市非公企业工会改革服务职工优秀项目。制定《关于进一步加强宝山工会组织体系建设激发基层活力的工作意见》,推进"双实"企业建会。全区"双实"企业工会组织共1784家,覆盖企业6557家,50人以上建会率达90.03%。开展两库升级和扫码入会试点工作,吸收新就业形态劳动者等会员6万余人。开展区科创30条产业扶持政策、和谐劳动关系达标企业、政治身份、工匠评选等审核企业建会400余次,将企业建会审核纳入区政府扶持资金审核信息化平台。强化"小二级"工会组织建设,推进成立7家街镇园区级餐饮、建筑行业工会。推动召开深化产业工人队伍建设改革推进会,牵头制定宝山区五年专项行动方案。实施"百千万"(百家职工技能团队、千名职工技能比武、万名职工技能培训)职工技能提升,获评上海工匠3人,获全国、市技能竞赛奖项共18个,选树第四届宝山工匠和提名奖各20名。7名工匠入选市工匠服务队。1名职工获评第六届全国职工优秀技术创新成果二等奖。

【健全维权机制】 2021年,区总工会指导区劳动监察大队设立工会法律援助服务站,推动工会案后援助向案前预防协调化解转变。强化"1+1+1"(各街镇、园区层面配备1名专门从事劳动关系工作的社工,即劳动关系协调员;区层面每个街镇对应有1名劳动关系指导员;各街镇、园区对应有1名工会律师)人员配备,重点推行非公有制企业民主管理,对物流货运、教育培训、新就业形态劳动者开展职业队伍稳定风险排查化解工作。召开宝山区持续深化顾村经验暨全面开展非公企业工会改革评估工作大会,为全国和市级先进代表及宝山工会十大民主管理集体协商示范案例、十大法律援助优秀案例等获奖代表颁奖。开展定向劳动法律监督16次,监督检查企业60余家;对30家企业开展劳动关系法律体检服务;参与法律援助案件499起,生效法律文书涉及金额2672.46万元。1名镇物流货运行业工会副主席获评全国"七五"普法先进个人。区厂务公开工作领导小组等3家单位获评市级厂务公开民主管理先进单位。

【保障帮扶扩大受益面】 2021年,区总工会开展帮扶综合改革试点,与医保部门合作,探索建立"大病大额支出预警预防机制",通过大数据平台主动发现潜在困难职工,发放帮扶金15.5万元。组织开展微心愿、困难职工家庭看花博等活动。结合医师节、教师节、环卫节、警察节,开展专项帮扶。开展"爱心一日捐"活动月,全区8.11万名职工募集善款447.27万元。元旦、春节期间,向驻守机场防疫人员、困难职工、农民工、灵活就业人员发放慰问品和慰问金58.28万元,各级工会关心关爱外来建设者2.56万人次,投入资金639.3万元。开展"查隐患、保安全"专项行动、"安全领航、科创宝山"一线职工安全意识提升计划,组织1000余名职工进行急救志愿者培训。2家基层单位蝉联"安康杯"竞赛全国优胜单位。

【推进实事项目】 2021年,区总工会大力推进园区(楼宇)健康服务点和10万职工疗休养2个市政府实事项目,建成6家健康服务点,组织4089名职工疗休养。扩大"为十万职工送专享基本保障"区政府实事项目影响力,集中参保单位达1875家,覆盖14.27万人,理赔近598万元。开展"喜迎百年 宝山有你"

2021年区总工会实事项目，惠及职工32.68万人次。其中："高温慰问送清凉"项目组织各级工会开展防暑降温专项检查884次，发放用品涉及费用2595.83万元。"维权服务送援助"项目，打造"劳动关系月月讲堂""小宝话维权"微信专栏，开展监督维权咨询5000余人次。"工会服务送岗位"项目，共开展67期就业服务，提供1.35万个就业岗位，服务4万余人次，与区就业促进中心合作开展劳模先进工会专场直播带岗活动；"文化惠职工"项目，开展"新春送春联、留沪过大年""微旅游、微视频、微征文"等活动；"劳动光荣送健康"项目，组织疫苗接种一线工作人员开展疗休养，"安全健康大篷车"(提供六项服务：一次工会午间服务日活动、一场职工急救知识培训、一批提升安全意识宣传品、一场安全讲座或培训、一套安全生产主题宣传展板、一部安全生产教育警示短视频)进企业园区商圈，开展53场心理讲座、团建，78家户外职工爱心接力站服务职工20余万人次；"关爱惠女工"项目，对区域内14家企业开展女职工权益保护专项检查，新建19家爱心妈咪小屋；"卡卡惠职工"项目，宝山工会会员服务卡合作商户达到58家共238家门店；"老助所养"项目，为91名70岁以上劳模提供定向家政服务，上门服务1355人次。"一网通办"办件7878件，好评率100%。

【中华全国总工会法律工作部到宝山调研】 4月9日，中华全国总工会法律工作部副部长黄龙、劳动争议处理处处长龚小玲、综合处副处长齐轶杰等一行到宝山开展工会法律工作调研。其间，参观宝山区职工服务中心、杨行镇物流货运行业工会联合会、中集园区职工之家，了解职工法律援助工作运作情况，并召开座谈会。

【与劳动报社签订战略合作协议】 4月13日，区总工会与劳动报社签订"2021年度战略合作协议"。市总工会副主席、劳动报社社长桂晓燕，区人大常委会副主任、区总工会党组书记、主席王丽燕，劳动报社总编辑王厚富等出席签约仪式。根据协议，双方在宣传报道、活动策划和新媒体支持等方面开展合作，特别是在非公企业工会改革、"比学赶超"劳动技能竞赛和"幸福宝山路"活动等项目上深入沟通交流，推动双方影响力共同提升。

【首批园区(楼宇)健康服务点上线】 5月19日，宝山区园区(楼宇)健康服务点工作推进大会举行。会上，为宝莲城楼宇、长江软件园、上海移动互联网创新园、大场党群服务基地、顾村保集e智谷、宝山工业园区6家园区(楼宇)健康服务点授牌。6家园区(楼宇)健康服务点可惠及周边1000余家单位的职工逾2万人。

【上海职工直播课堂"薪火传初心　建功新时代"宝山专场开讲】 5月27日，"中国梦·劳动美——人民城市　奋斗有我"上海职工直播课堂"薪火传初心　建功新时代"宝山专场在上海解放纪念馆开讲。区总工会组织劳模工匠同步启动党史、工运史以及个人奋斗史"一堂课"系列宣讲。

【举办"两网一线"专项立功竞赛活动】 10月21日，区总工会、区政府办公室和区城市运行管理中心共同举办"为群众办实事——我有招"宝山区"两网一线"专项立功竞赛活动，将先进集体展示、个人知识竞赛、"两网一线"融合情景剧和颁奖表彰相融合。现场评选10个先进集体、26个先进个人以及6个个人一等奖、10个个人二等奖。

【建筑行业工会联合会成立】 11月26日，来自100家会员单位的107名建筑职工代表全区1.3万名建筑职工会员投票选举产生宝山区建筑行业工会联合会第一届委员会，区建管委副主任何飞当选为主席。

【全国、市五一劳动奖和工人先锋号表彰会暨先进代表座谈会召开】 12月8日，宝山区召开"百年风华茂　奋斗正当时"2021年全国、市五一劳动奖和工人先锋号表彰会暨先进代表座谈会。会上

12月8日，"百年风华茂　奋斗正当时"宝山区2021年全国、市五一劳动奖和工人先锋号表彰会暨先进代表座谈会召开　庄轶凡/摄影

为获得全国工人先锋号、上海市五一劳动奖状、上海市五一劳动奖章、上海市工人先锋号的先进集体代表和个人颁奖。宝山区政府重大工程建设项目管理中心工程管理科、宝山区疾病预防控制中心、上海宝山美兰金苑养老院院长滕玉凤、费勉仪器科技(上海)有限公司研发团队作为获奖代表分别作交流发言。

(朱　艳)

共青团

【概况】 2021年,宝山区共有各级基层团组织2222个、团委(团工委)63个、团总支183个、团支部1617个,全区注册团员数20682人。团区委深入持续开展青年大学习,组织开展庆祝建党百年主题活动,扎实开展党史学习教育。组建成立"青年讲师团",常态化开展宣讲236场,覆盖青少年6600余人次。成立区青年企业家协会,为科创发展聚力。吸纳包括17名长三角城市优秀青年企业家在内的133名会员,实施青年企业家"牵手服务",成立"上海青年创业学院宝山分院",培养和引领青年科创人才共同参与和助力科创中心主阵地建设。推行"社区小先生制",全区7.8万余名少先队员到487个社区报到,参加各项闯关任务,带动约11万名家长参与社区治理,其中9774名家长成为社区骨干志愿者,累计看望孤老和独居老人3090户,清理家门口堆物近2万处,优化社区参与结构,提升基层组织力、号召力、动员力。聚焦困难和特殊青少年群体,精准维护困难学生数据库,启动"成长约定计划",为100名困难学生提供奖学金和陪伴服务。组织青少年、社工、社区居民开展各类禁毒宣传活动37场。

【"社区小先生制"】 2021年,团区委为回应社区动员"缺人"和少年儿童实践教育"缺项目"两方面需求,推进党团一体化建设,推出"社区小先生制"。发布《"社区小先生"学习活动场所大全(2021版)》,精心组织"社区小先生"假期系列体验营,涵盖红色文化、家乡故事、科创发展等多主题研学点,满足少先队员和家长"双减"周末活动服务需求。"社区小先生制"被人民日报、新华社、中国青年报(头版)、中国社区报、解放日报、共青团中央等报刊媒体报道,被评为"上海市城市治理最佳实践案例评选"最佳案例奖。

【小学生爱心暑托班】 2021年,团区委组织实施"爱心暑托班"实事项目,招收宝山区在读小学生2337人,共17个办班点位、36个班级,街镇覆盖率100%。通过市级配送、团区委采购、街镇自配、区内职能部门提供、区域化共建党委支持等多种渠道为暑托班输送1300余课时优质公益课。课程内容包括党史学习、身心健康、安全自护、成长导航、环境保护、科学普及、读书赏析、手工实验、素质拓展、文体锻炼、益智游戏、理论实践等。编印《党史小故事读本》统一下发暑托班,在每天中午开设"红领巾广播站"栏目,由班里的少先队员轮流宣讲党史小故事。团区委选取优秀宣讲作品在"青春宝山"微信公众号上展演,向区少工委推荐宣讲队员加入区红领巾党史宣讲团。

【宝山区中学生共产主义学校开班】 7月7日,宝山区中学生共产主义学校揭牌暨开班仪式在区教育学院举行。区委副书记张义接受校长聘书。团市委副书记邬斌为区中学生共产主义学校临时团总支授旗,班长韦润雨带领全体学员宣誓。区委组织部副部长、区委老干部局局长朱显武,区委党校常务副校长朱少雯为讲师代表颁发聘书。宝山区中学生党史巡访教育活动启动。宝山团区委与复旦大学团委、上海大学团委签署区校联建协议。仪式后,市委党史研究室讲师周奕韵为全体学员做《赓续红色血脉,凝聚青年力量》专题授课。全区21所高中(中职)100名学生参加为期5天的集中培训。

【打造"eYoung青年社群"平台】 2021年,团区委以落实县域共青团基层组织改革为契机,创新推出"eYoung青年社群"平台,强化资源整合、改善服务供给、完善服务模式、提升服务准度。10月上线后,入驻30余个青年社群,注册用户近5000人,涵盖创新创业、文学艺术、体育活动、乡村振兴、求职就业、婚恋交友、子女教育、志愿服务等内容。结合"我为青年做件事"项目,依托线上社群平台,要求社群定期开展活动,常态化联系青年,建立青年志愿者数据库,吸纳1000余名区内各领域青年加入,并按照服务意愿、自身特长、空闲时间等进行细分,确保与志愿服务项目精准对接。

【推出"两新"团组织"聚力赋能"服务计划】 2021年,团区委组织实施"两新"(新经济组织和新社会组织)团组织"聚力赋能"服务计划。计划分为"两新"组织团干部能力提升培训和"两新"组织团组织活动服务助力2个子项目。"两新"组织团干部能力提升培训项目主要包括集中培训和现场教学两部分,集中培训涵盖理论学习(主要学习习近平新时代中国特色社会主义思想、习近平总书记"七一"重要讲话精神、习近平总书记关于青少年工作论述等)、实操培训(涉及团的基本知识、团员发展和管理、团务工作实操、"三会两课一制"开展、"青年社群"基本内容等)和思辨课程(以世界咖啡馆等形式,根据培训内容组织学员开展项目策划、研讨、辩论赛,引导学员就"两新"共青团工作中遇到的问题提出解决方案,进行分享交流);现场教学主要包括参观区内重点项目(如南大、吴淞创新城、一号湾、北上海生物医药产业园等)、参访市区红色教学点(团中央机关旧址、多伦路红色教学线路等)、调研市区"两新"党团建优秀企业(如相宜本草、红星美凯龙等)。"两新"团组织活动服务助力项目,集中提供红色教育、城市融入、公益志愿、相亲交友、应急安全、亲子教育、兴趣爱好、能力提升等服务,共计开展活动25场。

【宝山区青年企业家协会成立】 7月22日,宝山区青年企业家协会在环上大科技园1号基地成立。青企协以发展壮大科创产业为导向,面向科创前沿领域、面向青年企业领军人才、面向服务长三角,搭建科创类青年企业家交流合作平台。与京津冀城市群、长三角城市群、粤港澳大湾区、成渝城市群4个城市群部分城市深化团建合作,推进各层面青企协交流联动。协会3月启动筹备,团区委先后到安徽合肥,江苏南京、苏州、南通,浙江嘉兴、金华等长三角城市开展洽谈,重点聚焦科创类企业,主要吸纳先进材料、机器人及智能制造、人工智能、生物医药、在线新经济等领域优秀青年企业家,并适当吸纳金融、风投、法律等领域优秀青年企业家,助力科创企业更好发展。经过审核与筛选,形成会员候选人名单共133名,其中博士7名、硕士51名。同时吸纳17

7月22日，上海市宝山区青年企业家协会第一届第一次全员大会在环上大科技园1号基地成立　　团区委/提供

名长三角兄弟城市优秀青年企业家加入。　　（陆　祎）

妇　联

【概况】　2021年，全区街、镇妇联12个，居（村）妇联492个，园区、委办局成立妇女工作委员会23个。年内，以党史学习教育为主线，以"千名妇联执委走基层"活动为抓手，以"百年党史宣讲员"队伍为载体，动员各级妇联执委落实"七个一"（诵读一本红色经典书籍、参加一次巾帼大学堂百场宣讲活动、报送一篇为民办实事案例、参加一天巾帼志愿服务、主办一场"妇女之家"活动、巡访一处宝山红色景点、走访一户困难妇女儿童家庭）行动。全区三级妇联执委2.8万人次参与学党史、感党恩活动，以专题党课、主题分享、经典领读、家风诵读等多种形式将116场"党史学习教育——巾帼大学堂"送到3700余人次身边，为妇女群众办实事、解难题1287件次。聚焦"巾帼向党"，组织全区妇女群众参与党史学习教育、"四史"宣传教育和庆祝建党100周年群众性活动等，线上推出"巾帼学党史""我为妇女群众办实事"等特色专版，线下开展"巾声有约""童心向党　阳光成长""红色故事代代传""红色家风家训诵读""红色滨江线路寻访打卡"等主题活动。聚焦"巾帼建功"，评选推荐全国巾帼建功标兵、先进集体、巾帼文明岗及市三八红旗手（集体）等先进女性及班组，以"微心语、微视频"形式展示先进风采、献礼建党100周年；组织各领域巾帼先进围绕"妇女干部话治理""先进女性话发展""女企业家话转型""女带头人话振兴"4个专题，开展"比学赶超当先锋，建设科创主阵地"巾帼大讨论。成立宝山女性创新学校，实施B－WOMEN女性成长计划。举办第九期宝山区优秀女青年干部培训班、新任居村妇联主席"领头雁"培训班、妇联系统能力培训班。指导全区492个居（村）妇联与居（村）"两委"同步换届，各街镇顺利实现"五项比例"目标。完善妇联执委工作机制，形成《宝山区基层妇联执委工作指导意见》。推进社区家庭文明建设指导服务中心（简称家中心）示范点建设，新培育市级示范性"家中心"3个、市"亲子阅读示范点"3个。持续联动各女性社会组织，完善"妇女之家"和"家中心"的社会化、项目化运行，通过"i－women社区女主人成长计划"妇女议事会等项目，引导妇女群众参与基层治理。强化"妇女之家""妇女微家"机制建设，成功创建上海市示范级"妇女之家"6个，友谊路街道住友宝莲"妇女之家"被评为市提高级"妇女之家"，月浦八村"妇女之家"被市妇干校挂牌为妇女之家现场教学点。

【维护妇女儿童合法权益】　2021年，区妇联完成对家庭矛盾纠纷入户排查673112户，调处化解个案纠纷80件。举办"宝家护航"妇儿维权联盟4周年庆主题活动，以发布联盟总结白皮书、法官授课打卡等形式，巩固深化妇女儿童维权成果。推出"樱花寄语"第二季线上讲堂，组建"巾帼律师《中华人民共和国民法典》宣讲员"队伍，创新采用"云"课堂形式进行线上直播。联合区检察院、教育局等单位拍摄反家暴主题微电影《骇人的甜蜜》《护航》。在2020年化解2名长信访女性的基础上，再成功实现1人息诉罢访，完成本轮"知心妈妈"项目目标的75%。推进妇女儿童民生实事工程，优化升级"两病筛查"政府实事项目，提前完成筛查任务，共惠及16163名妇女。

【帮困助学】　2021年，区妇联组织各级妇联执委、妇工委主任、女企业家协会、巾帼志愿者开展"暖心行动""恒爱行动""春蕾计划募捐活动"，为宝山区305名困难妇女儿童、老三八红旗手等送上39.9万余元慰问金，为边远山区女童送去慰问金20余万元和百余件毛衣。为全区1687名困境家庭儿童送文具大礼包，并为每个困境儿童送1份图书券。组织女企业家协会会员赴新疆维吾尔自治区叶城县、云南省维西傈僳族自治县开展交流，探索对口支援地区妇女就业创业、困难儿童帮扶的长效机制。

【实施妇女儿童发展规划】　2021年，区妇联全面完成妇女儿童工作"十三五"规划终期监测评估，编制完成《宝山区妇女儿童发展"十四五"规划》，将"儿童友好社区创建覆盖率达100%""建立侵害未成年人案件强制报告制度"等写入指标。在巩固张庙街道、大场镇、罗泾镇3个先行创建街镇的基础上，指导淞南镇、友谊路街道成功完成儿童友好社区创建工作，其中淞南镇获评"优秀"。

（吕敏子　张　栎）

红十字会

【概况】　2021年，宝山区有区、街镇、居（村）三级红十字组织618个，全区红十字会有团体会员单位262家，成人会员8370人，青少年会员33020人，注册志愿服务者5645人，志愿服务组织149个。全区建有街镇红十字服务中心12所，社区红十字服务站492个；红十字救护培训站（点）12个，区级红十字冠名医疗机构3家。全年收到捐款118.3万元，支出163.18万元，年末累计结余243.73万元。

【备灾救灾】 2021年,区、街镇红十字会累计收到河南抗洪救灾专项捐款198笔,共71.5651万元;收到青海、云南两地地震专项捐款2.1万元;山西抗洪救灾专项捐款1笔共200元,及时上缴市红十字会。帮助区内爱心企业向河南灾区捐赠10万瓶免洗洗手液。区红十字会收到新冠肺炎抗疫社会捐赠260元,接收捐赠物资1批次。划拨专项捐款34.981万元至区疾控中心,用于抗击新冠肺炎疫情专项工作。向火灾家庭发放救助款0.9万元及火灾救助包。

【救助关爱】 2021年,区红十字会开展"千万人帮万家"迎春募捐帮困送温暖活动,为1000户困难家庭发放帮困款50万元。会同区教育局、团区委开展"为大病青少年献爱心"活动,为84名大病患儿发放慰问金29.2万元。为符合条件的社区重度失智困难老人配送护理用品,全年受益对象3635人次,价值64.74万元。开展明旸法师救助项目,为区内43名困难家庭学生发放9.8万元助学金和价值4.3万元的牛奶卡。对14名大病困难职工发放救助款4.1万元。对辖区内首批老年友善医疗机构的4家医院捐赠价值6万元的轮椅车等助医设备。救助15名居家麻风病致残者,金额1.05万元。对10名造血干细胞移植者发放救助金34万元。为2名白血病患儿成功申请红十字基金会"小天使救助项目",获批6万元救助款;分别拨付救助款1万元至区癌症俱乐部、区精神卫生中心,用于区内癌症患者及特殊精神病患者救助。

【救护培训】 2021年,区红十字会全年培训救护员1901人,完成指标166%,普及培训42868人,完成指标209.7%。持续推进自动体外除颤器(AED)设置工作,在宝山区新时代文明实践中心、淞南镇红十字服务中心、吴淞街道办事处信访办和罗店镇党群服务中心等处新设置7台仪器。联合区教育局将应急救护知识技能纳入高一学生军训,与街镇红会、冠名红十字医院共同为全区17所学校、1所高校的123名学生开展救护员培训,近万名学生开展普及培训。

【少儿住院互助基金】 2021年,区红十字会为200612名学生、儿童办理参保手续,比上学年增加0.3个百分点,参保费2749.61万元;为2674人次住院或大病儿童报销医疗费,基金支付415.5万元(不包括三级医院就诊报销费用);受理少儿医疗保障基金医疗费报销2666人次,少儿居保支付金额1110.9万元;资助1390名低保家庭及残障儿童参加少儿住院互助基金。

【志愿捐献】 2021年,区红十字会与团区委、区内高校红十字会和各街镇党团组织协作,开展造血干细胞捐献知识宣传和集中采血活动。年内开展造血干细胞宣讲活动24次、入库活动24次,共动员征募入库志愿者1119人,完成指标370%。年内1名造血干细胞志愿者成功实现捐献。区和街镇两级红十字会全年为241名市民办理遗体(角膜)捐献手续(全部登记120人,遗体登记120人,角膜登记1人),另有58人实现遗体捐献意愿。4月,举办"生命的乐章"遗体器官(遗体、角膜)捐献缅怀纪念月活动。5月,举办"关爱生命·救在身边"人体器官捐献志愿服务月活动。

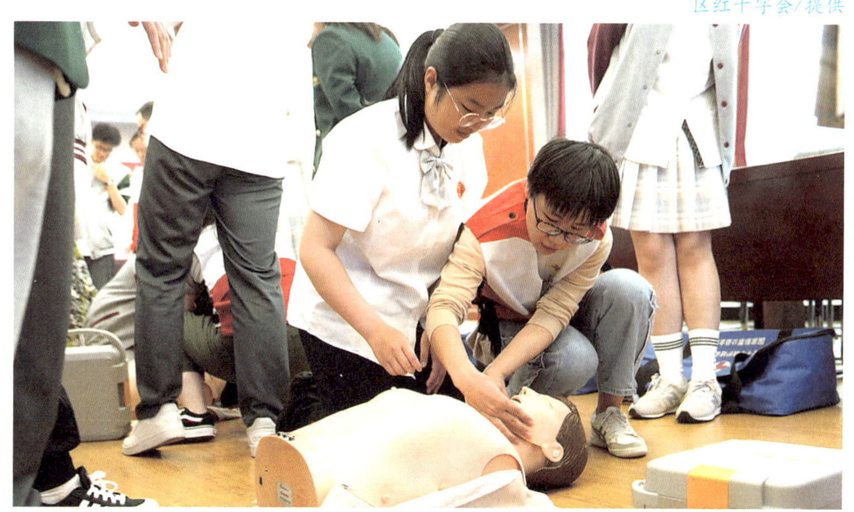

5月24日,"救在身边·校园守护——心肺复苏进校园系列宣讲活动"在吴淞中学举行　区红十字会/提供

【红十字宣传】 2021年,区红十字会利用网站报道区红十字会工作信息64条;利用微信公众号发布各类信息78篇;向上海市红十字会报送工作信息117条,录用115条;向区政府门户网站报送工作信息2条。利用"社区通"平台,做好"博爱讲坛"每月知识推送,发布少儿基金参保缴费工作及救护培训信息等内容,方便居民了解红会相关政策及救护知识。结合"5·8"世界红十字日、"5·12"防灾减灾日、世界急救日等时间节点,区、街镇红十字会线上线下同步开展宣传,向广大市民积极宣传国际红十字运动的基本知识和红十字会工作。（马冬霞）

黄埔军校同学会

【概况】 2021年,上海市黄埔军校同学会宝山区工作委员会(以下简称工委会)有同学3人,平均年龄为94岁,其中95岁(含)以上1人。区黄埔军校同学会亲友联谊会由工委会后代及亲属为主体组成,共21人。

【服务会员】 2021年,工委会关心和服务黄埔会员,做好"新春送温暖""高温送清凉""中秋国庆重阳送关爱"工作,参与上海市黄埔军校同学会开展的"我为会员送温暖"专项慰问工作。疫情期间,以电话沟通等形式开展好"云慰问"工作。

【学习活动】 2021年,工委会共完成4期《上海黄埔》刊物信息撰写报送工作,参加市同学会组织的全国"两会"精神传达学习会、纪念谢晋元将军逝世80周年座谈会等会议及活动。组织黄埔亲属后代赴党史学习教育红色场馆——杨浦滨江人民城市建设规划展示馆、宝山区城市规划展示馆开展学习活动。组织花艺学习展示活动,丰富黄埔亲属后代文化生活。向黄埔亲属后代发放《中国共产党历史通览》学习书籍、订阅《黄埔》内部刊物。（陈　姝）

归国华侨联合会

【概况】 2021年,宝山区归国华侨联合会(以下简称区侨联)第六届委员会共

有委员48名。至年末，全区有街镇侨联12个，街镇侨之家13个（其中五星级侨之家2个，四星级侨之家7个，三星级侨之家4个），社区“微侨之家”64个，建立新侨驿站6处。大场镇侨联主席陆为平获评上海市统战系统优秀共产党员。

【健全工作机制】 3月3日，市侨联、上海大学侨联和区侨联在宝山区“侨沙龙”滨江基地举行工作座谈会，就市侨联贯彻落实《关于新时代上海实施人才引领发展战略的若干意见》行动方案、新侨数据整合、推动华商会与侨商会融合等方面开展座谈，对区校侨联开展交流合作提出具体建议，建好“地方侨联＋高校侨联＋校友会”工作机制，建立常态化的多方联系机制。11日，区侨联召开基层侨联工作例会，传达学习宝山区七届区委十一次全会和上海市侨联十二届二次全委会精神。23日，区侨联召开第六届委员会第七次全体会议，第六届全体委员出席会议。会议接受曲国莉辞去区侨联主席的请求，选举阎丽伦为区侨联第六届委员会主席。12月28日，宝山区侨联召开学习传达十九届六中全会精神暨2022年工作务虚会，提出2022年侨联工作“六个加强”（加强学习宣传贯彻落实十九届六中全会精神，加强形成“大统战”“大侨务”工作合力，加强基层侨联队伍建设，加强新生代侨资源的培育和运用，加强平台载体建设，加强为侨服务工作）工作思路。

【特色活动】 1月8日，区侨联、张庙街道侨联在智航红色共享空间（侨之家）举办中国共产党建党100周年暨英雄城市上海专题讲座，由张庙街道侨联文化顾问土菊如主讲。5月12日，区侨联、张庙街道侨联举办庆祝建党100周年文艺演出。6月，区侨联组织各街镇侨联以“侨心向党”为主题开展系列活动。友谊路街道侨联举办庆祝建党100周年文艺汇演，顾村镇侨联参与协办“建党百年光辉历程，迎七一上海诗画会”，张庙街道侨联开展党史学习主题宣讲活动，吴淞街道侨联组织侨界人士观看影片——《建党伟业》。6月16日，宝山区侨联开展“侨帮侨”——早期归侨及困难侨眷帮扶活动，市、区侨联领导带头走访部分早期归侨，各街镇侨联在区侨联的组织安排下为全区105名早期归侨和困难侨界人士送去“金龙鱼大礼包”和侨联组织的慰问信。

【走访调研】 2月4日，区侨联开展侨界春节走访，看望慰问加拿大江浙沪华侨联谊会会长马君强、挪威华人联谊会会长高丹的国内眷属。4月16日，区侨联牵头邀请市侨联、上海大学侨联共赴环上大科技园走访调研、商洽对接产学研合作事宜。9月23日，市侨联齐全胜主席一行到位于上海尊木汇新侨创业实践基地，走访调研宝山侨企，围绕“侨心向党开新局——助力转型发展”座谈交流。11月4日，“为侨办实事 送医到上大”中山医院专家为宝山侨界人士咨询服务活动在环上大科技园举行，8位来自中山医院的专家为上海大学新侨和海外归国教职员工、科技园创新创业新侨企业家及宝山区侨界人士40余人送上健康讲座和现场问诊。12月28日，宝山区侨联与各街镇侨联共同举行宝山区侨界2022年度新春走访慰问启动仪式。

（施　马）

青年联合会

【概况】 2021年，宝山区青年联合会（以下简称区青联）是上海市青联的会员团体、宝山区政协的组成团体，有委员275人。

【健全创新创业机制】 2021年，区青联开展“国旗下成长”“清明祭英烈”等活动。依托“eYoung青年社群”平台，持续推进“网上青联”建设。实施青年企业家“牵手服务”，发布《优化青年创新创业环境 服务科创中心主阵地建设的九项措施》，建立“长三角部分共青团组织团建合作平台”，与市相关部门、科研院所团组织共同组建“科创团建合作平台”，成立上海青年创业学院宝山分院。与区人才办对接，推进实施区级青年企业家培养计划。开展青年企业家“走进”系列活动，搭建长三角毗邻地区青年交流平台。制定实施《关于落实“社区青春行动方案”进一步引导青少年参与社区治理的若干措施》，开展“青联委员走进社区”专项活动，推进区青联6个工委和各街镇园区深度对接，打通委员走进社区“最后一公里”，形成对接机制。

【“青联组织服务千村”计划】 2021年，区青联实施“青联组织服务千村”计划，建立“美丽乡村规划建设”“产业振兴”“电商助农”3个青联服务团，分别与云南省维西傈僳族自治县等对口支援地区结对。开展“共青团与人大代表、政协委员面对面”等活动，鼓励青联委员把调研中了解到的青年意见建议、利益诉求转化为人大建议、政协提案和人民建议。

【助推青少年发展】 2021年，区青联实施“筑梦计划”，发挥青联组织资源集群优势，为新兴领域青年成长发展的关键环节和普遍需求助力。加强对困境青少年的有效帮扶和关爱服务，在青年就业辅导、见习实习、岗位对接等方面持续发力，在青年创业指导、实践孵化、资金扶持等方面积极作为。针对家庭贫困青少年，依托“成长约定计划”，实施结对帮扶行动。

（陆　祎）

6月11日，友谊路街道侨联举办侨心向党——友谊路街道侨界人士庆祝中国共产党成立100周年文艺汇演

区侨联/提供

学生联合会

【概况】 2021年，宝山区学生联合会（以下简称区学联）以“打造魅力型学联组织”为目标，完善工作机制，培养学生干部，加大宣传力度。组织、引导学生干部参加各类培训，提高理论水平，加强工作能力。

【学生活动】 2021年，区学联组织学生开展“学史明理　青春向党　行走的团课”党史学习定向赛，在“行走”中接受党史学习教育、团课教育，体验属于新时代的红色文化。暑假期间，举办中学骨干训练营，38人参加为期3天的实践学习和素质锻炼。

【参加上海市学联第十七次代表大会】 2021年，区学联推选6名学生作为正式代表参加上海市学联第十七次代表大会，共提交6个提案，其中吴淞中学“关于加强上海红色文化遗址遗迹保护与宣传的提案”入选市学联第十七次代表大会十大提案候选，上海市宝山职业技术学校学生会当选为主席团成员单位。

（陆　祎）

文学艺术界联合会

【概况】 2021年，宝山区文学艺术界联合会有团体会员11个，会员84人，特邀艺术指导27人。

【文学艺术活动】 3月28日，“樱花陌上红——诗意栖居”活动在“科创宝山——2021年上海市民文化节宝山文化服务日活动”启动。顾村公园现场的“樱画书艺”主题展览邀请丁申阳、刘小晴、乐震文等10余名沪上知名书画家参加。同日，“樱花红陌上，法书盛世逢”——宝山书法家协会换届大会举行。大会审议通过成立5个专业委员会，选举马双喜继续担任协会主席，选举产生10名协会副主席；经理事会表决，聘请刘小晴、张伟生、宣家鑫、田文惠、张卫东、汪家芳担任协会艺术顾问；聘任丁申阳、刘小晴为宝山区文联特邀艺术指导。“樱花陌上红”宝山首届海上名家书法作品邀请展在龙现代艺术中心同期展出。8月2日，百年丰碑——庆祝中国共产党成立100周年系列书法展（上海篇）在龙现代艺术中心开幕。9月8日，“国粹凝新荟国潮”——上海国货品牌助力宝山艺术名家合作仪式在宝山智慧湾“依弘剧场”举行，将国货品牌带到国粹剧场，用京剧元素创新打造经典与潮流兼顾的产品和系列文商旅活动。10月6日，“音悦漫步　我在一号湾的秋天等你”宝山国庆专场系列音乐会在宝山智慧湾艺术码头闭幕，国庆节期间区共举办4场专场音乐会。

（余汉琴）

科学技术协会

【概况】 2021年，宝山区科学技术协会（以下简称区科协）围绕市科创中心主阵地战略，发挥党和政府联系科技工作者的桥梁纽带作用，为科技工作者服务、为创新驱动发展服务、为提高公民科学素质服务、为党和政府科学决策服务。获2021年全国科普日优秀活动、全国科普先进工作者、长三角优秀科技志愿组织和个人等称号。

【健全组织机制】 2021年，区科协第七次代表大会及七届一次常务委员会召开，选举产生科协代表198人、委员90人、常委38人、副主席14人、主席1人。制定《加强科协自身建设　凝聚澎湃科技力量　服务宝山科创中心主阵地建设的实施意见》《上海市宝山科学技术协会专门委员会工作条例（试行）》，成立产学研服务、科创服务、科普传播3个专委会。推进企业（园区）科协组织建设，新增环上大科技园等4家园区科协。

【发挥社会力量】 2021年，区科协指导9家学（协）会、企业科协等开展学术交流活动，其中遗传与分子诊断产学研大会等2项学术交流项目被列入上海科技论坛项目。强化社区书院、科普教育基地等建设，以“七彩蒲公英”为统领，实施“播种　追光　盛放”行动计划，发布宝山科普生物地图，创新“走近科协　走近科学”等活动形式，拓宽“医直播”线下渠道，承办“好奇喵”在线科学教育论坛。年内，智慧盒子共推送科普资源逾32万条，播放总量近965万次；“医直播”线上科普播出390余期，观看点击量近41万人次，宝山区获各类科普奖项超300项，创历史新高。

【加强科普示范建设】 2021年，区科协建设以科普基地、创新屋、社区书院等科普大众化载体为支撑，青少年科学活动中心、社区家庭创客、企业园区科创等科普垂直化服务为目标的科普示范创建体系，重点推进“社区书院＋党群中心”全融合、全覆盖，实现社区书院站点在各街镇全覆盖。推进实施“科创中国”试点培育计划。积极与市科协、少年儿童出版社、上海科普作家协会等机构合作，开展宝山区未来大学科普传播行动计划。未来大学举办“仰望星空　强国有我”“解读2021年诺贝尔奖系列”2堂公开课，线上观看量共计超过5万人次。

（陈　翔）

9月12日，2021全国科普日宝山区活动启动，举办联合国《生物多样性公约》COP15“多样的生命　多彩的世界”暨长三角生物多样性与生态文明教育论坛　　区科委/提供

法　治

■ 编辑　文　文

警　务

【概况】 2021年，区公安分局坚持围绕中心、服务大局，全力维护社会稳定，加强社会面打防管控，完成各项公安保卫任务，保障城市安全。完成建党100周年、第四届进博会、“2021上海樱花节”、市“两会”及各级领导到宝山考察调研等安保任务221批次，警卫任务21批次。妥善处置不安定因素38起600余人次。受理群众来信来访1884件，比上年减少401件，减少17.5%，办结率为100%。完成上级部门交办的重点信访案件61件，化解率为100%。区看守所全年收押各类违法犯罪嫌疑人4328人，深挖各类线索200条，查破案件1起。区拘留所全年收押各类违法嫌疑人4303人，深挖各类线索11条。至年末，全区实有人口总数2397782人；户籍人口总人数986781，减少41411人，减少4.03%。年内加强公安队伍建设，策划“向警旗致敬”“我的从警故事”首届中国人民警察节书画摄影展，开展建党100周年、举办第四届“唱响从警路　建功新时代”——庆祝中国共产党建党100周年合唱比赛、“学党史、强信念、跟党走”主题演讲。开展政法队伍教育整顿、队伍隐患动态排查清零工作。构建“5+1”表彰奖励体系，落实工会慰问、医疗补助等爱警惠警措施。全年共有293个集体、715名民警受到通报表扬，有30个集体、1013名民警受到记功嘉奖。刊播新闻报道1112篇次，被央视新闻、新华每日电讯、光明日报、人民公安报等国家级主流媒体报道55篇。4部短视频在“警民直通车——上海”“警民携手同行”等公安新闻媒体平台发布。微电影《守望者》获“第四届警务视频展播”年度优秀公安微电影；微电影《我是谁》获上海市第十四届党员教育电视片观摩交流活动二等奖、第七届上海市民微电影“优秀影片”。年内，共发放慰问金109万余元，走访慰问563余人次。6月28日，顾村派出所党总支被中共中央授予“全国先进基层党组织”称号。

【刑事案件侦破】 2021年，区公安分局严厉打击违法犯罪，立刑事案件8447起，比上年减少7.0%。破获刑事案件5561起，比上年增加2.2%，破案率65.8%。其中，侦破八类案件193起，破案率100%；侦破“两抢”案件6起，破案率100%；侦破盗窃案件722起，破案率73.8%；侦破毒品案件20起，破案率48.8%；侦破故意杀人和伤害致死案件9起，破案率100%；侦破诈骗案件2378起，破案率53.4%。侦破经济案件195起，破案率51.0%。

【社会治安管理】 2021年，区公安分局查处违反治安管理案件11235起，比上年减少56.5%；行政拘留4139人，比上年增加7.2%。其中“黄赌毒”案件1315起，减少11.5%。收缴各类枪支242支、管制刀具1029把。检查剧毒化学品从业单位210家次、放射性同位素从业单位133家次，提出整改意见135条。

【公安行政管理】 2021年，区公安分局受理群众申领、换领、补领第二代居民身份证103360张，制发临时身份证3145张。登记来沪人员总数1017947人，比上年减少2.89%；登记人户分离净流入393027人，比上年增加15.76%；办理上海市居住证总数378728张，比上年增加10.25%。受理各类出国（境）材料申报14007份，减少9.52%；境外人员申报临时住宿登记13728人次（含港、澳、台、华侨人员），减少21.2%。侦破组织他人偷越国（边）境案件19起，抓获违法犯罪嫌疑人员35人；查处境外人员违章住宿案件204起，减少37.23%；查处“三非”（非法入境、非法居留、非法就业）外国人50人，减少27.54%。办理上海市养犬许可证25257张，比上年增加5527张，增加28.03%。捕捉无证犬737条。

11月4日，宝山区公安分局举行“护航进博出征仪式”　区公安分局/提供

【深化公安改革】 2021年,区公安分局推进交通管理勤务机制改革,调整交警支队与派出所职责边界,发挥交警专业优势和派出所属地优势。持续深化智慧公安建设,建立反诈中心,实现预警、防范、打击一体化作战。推进新型现代警务机制改革,建立健全"1+N+26"("1"为一个平台,"N"为各业务部门,"26"为26家派出所)联动工作机制,搭建在逃人员比对、精神障碍患者管控、吸毒人员危险驾驶查控等60个数据模型。

【保障城市公共安全】 2021年,区公安分局形成"交警为主,属地协同"的交通管理警务机制,深化推进道路交通事故预防"减量控大"专项行动。全年共查处交通违法行为612593起,其中查处机动车"三乱一逆"违法330712起,"客载货"违法70396起,酒醉驾811起,行人、非机动车违法210674起。整改事故多发路口、路段、单位出入口等隐患点位236处。完成30个路口、43处点位"右转必停"配套交通设施。全年共发生交通事故(上报)43起,比上年减少12.2%;造成43人死亡,减少2.3%。对全区250家物业服务企业、586个居(村)委进行检查,发现整改消防隐患4556处;推进5000余家沿街商铺安装"约外报警";推动商业体、社区安装设置"智能梯控"和集中充电柜共3651处。

【完成第四届进博会安保】 2021年,区公安分局成立由党委书记、局长任组长的安保领导小组,领导小组下设"一室、一部、十三组",制定第四届进博会保安工作方案,落实各项安保工作措施。建立应急处突体系,制定18项重大突发事件应急指挥预案和拉动演练预案,组建5支特警最小作战单元,增设22个派出所处突作战单元。10月19日—11月6日,设置巡线83条,检查旅馆业单位407家、娱乐场所127家、危爆品从业单位180家、学校358家、加油站83家、便利店178家、寄递业208家、沿街商铺689家次。加大刑事案件、涉黄涉赌、夜间酒驾等查缉力度。加强陆路通道、水路卡口和水域管控查控力度,10月1日—11月6日累计刑事拘留463人,逮捕122人,行政拘留360人。

【完成建党100周年安保】 2021年,区公安分局由主要领导总负责,其他党委成员按各自分工职责分兵把口,各派出

2021年上海市公安局宝山分局及部分所属机构

单 位	地 址	电 话	邮 编
宝山公安分局	友谊路999号	56608111	201999
经侦支队	友谊路999号	56608111	201999
治安支队	友谊路999号	56608111	201999
刑侦支队	友谊路999号	56608111	201999
出入境办	友谊路1688号	28959333	201999
交警支队	铁山路1088号	28959121	201999
人口办	铁通路516号	56608111	201999
友谊路派出所	宝杨路628号	56600808	201999
通河新村派出所	通河路689号	56995808	200431
吴淞派出所	淞兴西路201号	56671069	200940
海滨新村派出所	同济支路55号	56172615	200940
泗塘新村派出所	虎林路236号	56994166	200431
淞南派出所	淞良路188号	56140391	200443
高境派出所	新二路101号	66180110	200439
大华新村派出所	真大路303号	66390092	200436
杨行派出所	杨泰路198号	56492022	201901
宝钢治安派出所	牡丹江路向2000号	56602110	201999
庙行派出所	康宁路2299号	56416610	200443
罗泾派出所	陈川路299号	56871808	200949
大场派出所	上大路500号	66134277	200436
祁连派出所	锦秋路1238号	56131110	200444
双城派出所	淞宝路1101号	56167110	200940
顾村派出所	电台南路2号	56042284	201906
刘行派出所	沪太路5200号	56022003	201907
宝杨派出所	铁通路518号	28959425	201999
罗店派出所	罗太路232号	56863630	201908
罗南派出所	美健路599号	56010108	201908
月浦派出所	月罗路168号	56646482	200941
月新派出所	塔虹路166号	56920110	200941
盛桥派出所	塔源路288弄1号	56150250	200942
水上治安派出所	淞浦路650号	28950735	200940
滨江治安派出所	吴淞口路318号	56585101	200940
区看守所	月罗路2101号	66860219	201908
区拘留所	月罗路2101号	66860605	201908
洋桥检查站	沪太路9912号	56870863	200949
宝山保安公司	宝林路277号	56170508	201999
宝江保安公司	方正路10号	66788695	201999

所、各部门对照分局模式成立工作专班。强化动态隐患清零，采集录入风险隐患1.3万条，化解清零1.2万起，打通与区、街镇城运中心“双轨”分流渠道，隐患分流率达8.7%，率先实现290支个人持有在册民用枪支全域清零。推进隐患清零、基础建设、顽症治理、监管自治、宣传教育等道路交通安全生命防护工程“五大战役”，28家事故高发货运企业被限制运营许可，213个事故多发路口加装物理隔离，141家仓储运输企业出入口完成防护设施改造。勤务等级启动期间，针对全区“1、2、3、5分钟”点位做好快速响应工作；开展公安武警联合武装巡逻；叠加力量投入面上巡逻防控工作，全区61个责任区每个责任区巡逻线路不少于1条，每日投放警力1500人次，最大限度把警力摆上街面。5月21日—7月20日，累计破案1953起，决定起诉1382人。

【疫情防控】 2021年，区公安分局成立防疫防控工作领导小组，制定工作方案。出动1.2万人次警力，配合封控门洞108个，流调溯源457人。开展入境人员闭环转运工作，1月20日—12月31日，累计完成入境人员2907人转运隔离点。开展集中隔离管控工作，对全区16处集中隔离点安装红外探测报警装置，建立每日2次巡查、每2小时巡逻签到；对集中隔离点进行安全管理，建立每日2次巡查、每2小时巡逻签到、隔离人员到达驻守等工作制度。配合做好封控管理工作，加强封控区内部、核酸检测点以及周边秩序维护管控。配合区卫健委等部门开展流调溯源工作，会同“12345”热线开展电话回访。开展内部高风险岗位人员安全防范工作，常态开展核酸检测工作，执行“日报告”“零报告”机制。

【助力宝山区道路交通三年畅达计划】 2021年，区公安分局开展货运交通专项整治，配合区交通委关停146家货运堆场，对全区425条道路实施全时段或早晚高峰（早7时—10时，晚16时—19时）禁货措施，对江杨北路、蕰川公路、沪太公路实施客货分道措施，客车通行效率提高24.6%。推进道路交通安全专项整治，“共享头盔”驿站累计投放2000余个安全头盔；宣传告知“右转必停”车辆1.1万余辆，接入第三方平台动态监管重点运输车辆5000余辆，溯源追责主体责任不落实等企业单位89家，推进道路排堵保畅，早晚高峰时段交警全员上岗，内设大队警力叠加增援，重要点位牵引施救力量常态泊点，视频巡逻，高架与地面道路联动，逸仙高架早高峰时段拥堵指数较2019年下降3.2%。

【开展长江禁捕工作】 3月5日，区公安分局成立工作专班，实行7×24小时实体化运作，制定工作方案、考核细则，与区市场监管局、渔政、海事等职能部门建立行刑衔接机制，与长航公安上海分局建立联合打击机制，破获“3·25”“4·9”跨省市非法捕运销售长江流域渔获物案等一批大要案件，抓获违法犯罪嫌疑人35人，查获长江野生渔获物3500千克，查扣运赃厢式货车、轿车及大量渔网、木桶等非法捕捞工具和赃款3万元。至年底，共破获非法捕捞违法犯罪案件472起，抓获违法犯罪嫌疑人532人，行政处罚468人。开展“涉渔百日走访”活动，民警共走访居民2800余户，发放宣传品2000余份，会同区市场监管局、农业农村委等职能部门在江杨水产品批发市场内开展宣传活动共8场次，张贴宣传资料500余张。

【防范电信网络诈骗宣传】 2021年，区公安分局与区文旅局合作摄制、自制“反诈连连看”“怪我过分相信”等系列反诈图文、视频共308条，通过反诈微信群等平台进行推送。组建“社区反诈志愿者”队伍，深入社区、园区企业、建筑工地、商圈楼宇、学校、轨交站点等开展反诈意识问卷测评，全年开设讲座415场；在轨交站点早晚高峰期间开展不间断、滚动式宣传；在全区中小学、幼儿园招募32名“小小反诈宣传员”，推动形成“小手拉大手”的宣传模式。全年在全区范围推广“国家反诈中心”App，全区万人注册率达30%。

【大场镇区域性城市联动运行中心建设】 2021年，区公安分局成立以分管副局长牵头，相关业务职能部门共同参与的建设领导小组，下设工作专班实体化运作。发挥公安机关24小时运作机制优势，对信息核查、协助执法、人员保障等需求提供全方位支撑，对不同紧急程度任务，开展关注、策应、协同、托底。通过在派出所指挥室大屏展示地区前端感知、研判分析、流转处置等状态，对街镇地区重点单位、重要部位和人员密集场所开展远程巡控。全年，大场辖区偷盗类案件比上年减少47.3%。

【政法队伍教育整顿】 区公安分局制定分局队伍教育整顿工作总体实施方案，针对教育整顿各环节目标任务、工作重点、具体措施等方面部署，充分运用组织生活会、单位例会、沟通交心会等形式持续进行深化发动，明确3个环节10项举措、20条具体要求、36项具体措施，制定查纠整改“1+3”（1是对标工作要求；3是完成学习教育、查纠整改、总结提升3个环节的任务）工作方案，创建每周五政治理论学习日、误学补课、逐级批阅笔记等制度。启动“先锋耀警营、忠诚铸警魂”宝山公安岗位先锋个人评选宣传活动；组织全局民警收看钱海军先进事迹报告会录像、电影《平安中国之守护者》；拍摄《叩问初心找差距》视频教育片。开展三轮自查工作，累计开展谈心谈话9042人次，组织干警填写“自查事项报告表”2941人次，覆盖率达100%。

【构建民警智能化绩效考核模型】 2021年，区公安分局专班在前期建设四大类11项指标项基础上，完成第二批五大类18项涉及“110接处警”“交通执法”“防范电讯网络诈骗”“圈群工作”“执法规范”等民警工作绩效梳理，并与市公安局接口对接。二级单位层面，分局各派出所按照“1+X”（1是市局考核模型，X是基层特色创新）建设模式，在市公安局社区警务通用考核模板基础上，选取市局一线综合执法民警V3.0指标库及区公安分局自主特色指标库指标项，构建考核模板。业务职能部门在各自条线总队指导下，通过岗位类别设置模板、分配指标权重，构建考核模板。

【侦破部目标“2021—347”毒品专案】 7月初，区公安分局工作中发现，一可疑邮包从安徽安庆寄递至上海，即对可疑邮包开展核查，发现内有一袋黄色粉末，经检测均为科纳唑仑（新型毒品，2021年7月1日“合成大麻素类物质和氟胺酮等18类物质”被列管），随即成立专案组开展工作。经查，该邮包系安庆润科生物医药科技有限公司寄出，历史上明显存在专门寄递国外列管但中国非列管化学品出境的“打擦边球”行为。8月13日，要求将该邮包发往美国。9月13日，专案组会同海关相关部门，在江苏省警方的配合下，抓获犯罪嫌疑人汤某某（男，38岁，江苏省宜兴市人），缴获毒品科纳唑仑600克，成功侦破全国首例涉及走私新型毒品案件。该案侦破工作被评为2021年度“刑警803破案奖”金奖。

【侦破宝山“2021·8·23”网络虚假投资诈骗案】 8月23日，区公安分局接报警人邱某某报案称：其在6月17日使用微信关注“易克时代”公众号，下载“信源豆豆”聊天软件，通过扫描二维码进入聊天室，并下载聊天室发送的“老虎财经”App和“W. W. C. T环球数字交易平台”App，平台指导受害人在交易平台内做虚拟货币交易和股指期货交易。7月1日—8月18日，受害人在交易平台内充值2500万元。8月23日—9月3日，专案组先后在上海、广东、福建、江西、黑龙江、辽宁、湖北、河南等地成功捣毁为境外电信网络诈骗团伙提供推广引流、技术维护、收贩“两卡”、跑分洗钱等服务的上下游产业链犯罪团伙窝点4个，抓获张某某（男，32岁，广东省广州市人）、张某某（男，32岁，湖南省祁东县人）等涉案犯罪嫌疑人41人，冻结查获涉案赃款500余万元。该案侦破工作被评为2021年度“刑警803破案奖”铜奖。

【侦破万某等人非法经营外汇案】 7月，区公安分局工作中发现，以万某、黄某为首的团伙从2015年以来，以“恒则恩信”等多个境内外公司为掩护，在境外架设“1721. com”等3个网站，通过关联游戏点卡回收与代充值业务，在境内境外构建资金池平衡条件，赋予游戏点卡货币属性，实施非法汇兑业务，遂立案侦查。10月，专案组在市局经侦等部门支持下，先后抓获万某（女，38岁，湖北省武汉市人）、黄某（男，34岁，福建省龙岩市人）等犯罪嫌疑人22人，捣毁网络非法汇兑平台3个、犯罪窝点4个，涉案金额达250余亿元，收缴笔记本电脑、硬盘、手机等一大批作案工具。该案侦破工作被评为2021年度上海经侦系统“经济犯罪案件侦破精品案例”的“分局组十大精品案例”。

【侦破“1999·4·27”部督命案】 1999年4月27日，宝山某工厂内发生故意杀人案，作案人逃逸。2021年，区公安分局成立命案积案专案组，对该案重新梳理，对其中的线索、物证再次开展逐一研判，锁定逃犯藏匿地。2021年9月8日，分局在市公安局刑侦总队等部门支持及当地警方配合下，在四川省仁寿县抓获潜逃22年的部督命案逃犯黄某（男，57岁，四川省仁寿县人）。 （黄忠才）

检 察

【概况】 2021年，区人民检察院着力推动“四大检察”（刑事检察、民事检察、行政检察、公益诉讼检察）全面协调充分发展，为宝山打造“全市科创中心主阵地”护航助力。全年受理提请批准逮捕案件1424件2587人，经审查依法批准逮捕案件1024件1654人；受理移送审查起诉案件1911件2946人，经审查依法提起公诉案件1579件2430人。监督公安机关立案98人，撤案145人，追捕25人，追诉75人，不批准逮捕938人、不起诉449人。加强审判程序违法监督，制发检察建议153件。办理公益诉讼案件55件，制发检察建议17份。获“2019—2020年度上海市先进检察院”称号。1人获评“上海市三八红旗手”，2人获评第五届“宝山区平安英雄”，2人入选最高检检察人才库，2人入选市检察院核心办案团队。办理的11件案件获评市检察院以上优秀或典型案（事）例。区检察院坚持以公开促公正，邀请代表委员、人民监督员136人次参加公开听证、听庭评议等活动。落实“谁执法谁普法”普法责任制，通过检察官授课、拍摄宣传片等形式，深入推进法治进校园、进社区、进企业。持续打造“法律网课”“察案进行时”等品牌栏目，创作的微电影《零口供盗窃案》获评最高检优秀作品奖。拍摄录制《案件聚焦》《检察官说法》《检察官在线》等节目8部，在中央及上海电视广播媒体上播放新闻60余部（条），开展刑事案件庭审直播1次。获全国检察宣传先进单位称号，策划拍摄的纪录片《一枚院章的变迁》，获“建党百年履职有我”检察新媒体作品评选一等奖、全国检察新媒体月度优秀作品奖。在《检察日报》《解放日报》《新民晚报》《文汇报》《上海法治报》及澎湃新闻等各类报刊媒体上发表新闻稿280余篇。在官方微信公众号、微博、今日头条等新媒体上发布推送1600余条。

【打击各类刑事犯罪】 2021年，区检察院开展扫黑除恶斗争，坚决打击涉黑涉恶犯罪，共受理批准逮捕案件4件10人，受理移送审查起诉案件7件18人，妥善办理一起市委政法委挂牌督办的因“黑车”非法营运引发的涉恶案。与区公安分局签订《关于暴恐类案件开展专职检察官联络工作的实施办法》等4份协议，进一步健全专职检察官办案联络机制。增强依法反腐合力，强化与区监委办案衔接和配合，共受理监察机关移送审查起诉职务犯罪案件15件19人。与区监委、公安分局签署《关于建立洗钱罪案件线索移送工作机制的意见（试行）》，落实一案双查、同步审查工作机制，做好反洗钱工作。

【优化法治化营商环境】 2021年，区检察院开展“比学赶超当先锋，建设科创主阵地”活动，正副检察长带头赴街镇委办局和企业园区等生产一线调研，充分听取意见建议，针对性制定构筑知识产权保护新高地等16条意见。探索推进企

4月16日，宝山区人民检察院召开相对不起诉案件公开听证会 程 玲/摄影

业合规试点工作,联合区财政局、工商联等10个部门成立第三方监督评估机制管理委员会,对涉案企业的合规承诺进行调查、评估、监督和考察,有效惩治预防企业违法犯罪,办理的一起虚开增值税发票案入选最高检企业合规改革试点典型案例。扎实推进涉民营企业刑事案件立而不侦、侦而不结等"挂案"专项清理,监督撤案54件,发挥检察机关服务保障和促进非公有制经济健康发展的积极作用。深耕"助力企业合规经营"一院一品项目,做精做细法律服务工作站、"@企业家"法治宣传专栏等拳头产品,为企业生产经营提供更加便捷高效的法律服务。

【融入市域社会综合治理】 2021年,区检察院针对执法办案中发现的社会治理类问题,共制发堵漏建制检察建议13份。针对安全生产责任事故频发的问题,依托专职检察官办案联络组,与区公安分局、应急管理局签订《关于办理危害生产安全犯罪案件中加强协作配合的实施办法(试行)》,强化安全生产领域行刑衔接。针对区域内钢材加工企业多、业态粗放、重大责任事故频发的顽疾,向上海市工商联钢铁贸易商会仓储分会制发检察建议,并联合区应急管理局、安全生产协会召开区综合治理会议,邀请市政协委员及70余家企业负责人参加,现场宣读检察建议书,介绍行业协会内整改经验,建立预防事故的长效机制。严厉打击电信网络诈骗及上下游犯罪,强化与侦查机关、行政监管部门协作配合,深入开展"断卡"专项行动,坚持金融及网络犯罪与上下游犯罪"同步审查、一体打击"。发布《网络经济犯罪检察白皮书》,通报办案情况、分析存在问题、提出防范对策。

【公益检察】 2021年,区检察院将公益检察作为"我为群众办实事"的重要载体,开展"公益诉讼守护美好生活"等专项工作。在生态环境领域,督促治理河道约11.23千米,清除固体废弃物2180.08吨,整治排放废气企业5家,整治不规范使用塑料制品商户136户;在食品安全领域,督促整治非法销售保健食品企业2家。针对房地产经纪企业存在从业人员买卖、交换公民个人信息的问题,与区公安分局、网信办、消保委共同签署宝山区《个人信息保护协作意见》,全方位打击侵犯公民个人信息的违法犯罪行为,办理的一起个人信息刑事附带民事公益诉讼案入选最高检发布检察机关个人信息保护公益诉讼典型案例。深化河长制湖长制,与区河长制办公室联合会签合力推进河湖治理工作的意见,促进提升区域水环境面貌。立足建党百年重大节点,开展"红色历史文化遗产保护"专项监督活动,督促相关部门加强无名英雄纪念墓遗址等红色遗产保护。设立公益检察室,探索推进技术调查官制度,相关经验做法获评最高检首批检察改革典型案例。

【检察为民】 2021年,区检察院落实"七日内程序性回复、三个月内办理过程或结果答复"要求,共计受理来信500件,信访案件总量1383件,深化落实"群众信访件件有回复"工作。推进集中治理重复信访专项工作,落实院领导包案制度,化解信访积案12件,成功化解历时8年的宋结梅信访积案。着力提升司法救助智能化水平,主动对接"一网通办"平台,依托"12309"检察服务中心提供一站式司法救助服务,共发放救助金28.1万元。贯彻新修订的《中华人民共和国未成年人保护法》《中华人民共和国预防未成年人犯罪法》,妥善办理全国首例性侵未成年人案件刑事附带民事精神损害赔偿支持起诉案。开展亲职教育348人次,对24名符合条件的未成年被害人开展心理救助,用心守护未成年人健康成长。对44名罪错未成年人及其家长开展家庭教育指导工作,反馈满意率100%。与区教育局会签《关于共同推进未成年学生权益保护工作的意见》,共同推动未成年人司法保护制度落实。

【法律监督】 2021年,区检察院强化侦查和刑事审判监督,制发《纠正违法意见书》140份,提出抗诉8件。加强民事和行政检察监督,依法保护公民、法人和其他组织的合法权益,共受理民事诉讼监督案件59件。以教育整顿案件交叉评查为契机,对区法院250件民事案件进行评查,并针对发现的同类问题、多发问题制发类案检察建议6件。稳步完善虚假诉讼发现、惩治、纠正和预防机制,依法提请抗诉2件。受理并审结行政诉讼监督127件,推进实质性化解行政争议11件。发挥行政检察支持、监督和促进依法行政的制度优势,在区委全面依法治区委员会下增设行政检察协调小组,形成检察机关与行政执法机关良性互动。

【教育整顿】 2021年,区检察院围绕政治学习、党史学习、警示教育、英模教育四项内容,通过专家辅导、检察长专题党课等形式,促进教育"走深走实"。针对顽瘴痼疾可能存在的表现形式,抓实查纠整改,梳理出"6+N"共75条个性化问题项目,组织全体干警深入细致查摆对照,采用监督执纪第一种形态进行提醒谈话10人次。抓好总结提升,坚持"当下治"与"长久立"相结合,及时总结教育整顿工作经验,形成《关于执行"三个规定"等重大事项记录报告制度的若干规定》等长效机制。

(王韵怡)

法 院

【概况】 2021年,区法院全年共受理各类案件43014件,比上年上升5.11%,审结42396件,上升3.59%,诉讼标的金额93.57亿余元,审判、执行工作保持良好运行态势,质量效率持续提升。扎实推进法院队伍教育整顿。开展习近平法治思想轮训培训,以习近平法治思想武装头脑、指导实践、推动工作。进一步完善党组"首学制度",开展"深入学习贯彻党的十九届六中全会精神专题学习会"等各类集中学习活动13次。精心谋划开展党史学习教育,开展"行走的党史课""青春心向党,一起学党史"青年干警党史故事演说比赛、庆祝建党百年对话活动暨"光荣在党50年"纪念章、荣誉天平纪念章颁发仪式等活动。巩固和拓展"不忘初心、牢记使命"主题教育和"四史"学习教育成果,开展庆祝建党100周年宣传教育活动。落实责任强化机制,大力开展"我为群众办实事"活动68次。加强青年人才培养,继续举行"启航计划"第三期培训班,通过青年党史故事演说会、青年座谈会、法检辩论赛和红色景点参观等培训项目,提升青年干警的政治素养和综合素质。依托普法青年先锋队、调研先锋社等平台,着力培育精品调研成果。加强党风廉政建设,制定《落实全面从严治党主体责任的工作方案》,形成院党组、院党组书记和院党组成员落实全面从严治党主体责任清单。加强日常审务督查,综合运用审判执行风险预警系统,对重要工作节点做到早提醒、早预警。通过查看庭审系统、实地督察等方式进行全方位监督检查，每月做出实名通报并督促整改。严格落实防止干预司法"三个规定"，进一步优化司法办案环境。充分发挥廉政监察员作用，定期开展业务培训，及时沟通问题，将风险防控延伸至审执工作一线，促使廉政教育和风险防控日常化、常态化。执行局立集体二等功、民事审判庭立集体三等功。办公室及大场人民法庭获上海法院嘉奖集体，立案庭获上海法院诉讼服务工作先进集体，刑事审判庭获人民法院扫黑除恶专项斗争先进集体，司法警察大队获上海法院司法警察"优秀警队"。区法院100余人次获得市级以上表彰奖励，月浦人民法庭王国侠获评全国法院先进个人，办公室乐韵华获评人民法院保密工作先进个人。持续打造调研精品战略，3篇论文在全国征文比赛中获得一等奖，9篇论文在上海法院学术讨论会上获奖；1篇案例入选最高人民法院公报案例，1篇案例入选最高人民法院年度案例，1篇案例在全国案例分析评比中获一等奖；2篇课题获2021年上海法院报批调研课题优秀奖；区法院获上海法院学术讨论会论文组织工作先进奖等荣誉。编发各类简报、专报200余篇，获全市法院信息工作先进单位(二等奖)，上海法院司法改革案例和信息工作先进集体等荣誉。

【刑事审判】 2021年，区法院全年共受理各类刑事案件1577件，比上年下降29.82%。在受理的案件中，危害公共安全罪案件364件，下降32.47%，其中危险驾驶罪案件304件，下降38.21%；交通肇事罪案件47件，比上年上升42.42%。共受理侵犯公民人身权利、民主权利罪案件109件，下降19.85%，其中故意杀人罪案件6件，上升20%；故意伤害罪案件66件，下降24.14%；侵犯公民个人信息罪案件4件，上升33.33%。共受理侵犯财产罪案件402件，下降35.78%，其中盗窃罪案件214件，下降44.13%；抢劫罪案件3件，与上年持平；诈骗罪案件149件，下降23.59%；抢夺罪案件0件；敲诈勒索罪案件7件，下降22.22%。共受理破坏社会主义市场经济秩序罪案件141件，下降20.79%。共受理妨害社会管理秩序罪案件546件，下降28.35%。共受理贪污、贿赂、渎职罪案件11件，上升83.33%。全年共审结一审刑事案件1632件，下降27.53%。在1592件审理结案的案件中，当庭结案1213件，当庭裁判率为76.19%。适用简易程序审结1240件，简易程序适用率77.89%。审结刑事附带民事诉讼案件55件，结案标的金额人民币445.3071万元。依法惩治各类刑事犯罪，深化扫黑除恶长效机制建设。依法妥善审理"阜兴集团案"等涉众型经济犯罪案件。一起猥亵儿童案获评上海法院未成年人司法保护优秀案例。积极适用认罪认罚从宽制度，深化检法协作，提高认罪认罚案件审判质效。适用认罪认罚从宽制度审结刑事案件1418件2131人，占同期审结案件数的89.07%，其中381件案件适用简易(速裁)程序审理，占适用认罪认罚制度案件的26.87%。积极延伸审判职能。先后就公证程序内部监督、金融交易安全、黑车非法营运等社会治理问题提出司法建议，获得积极回复。开展"树立规矩意识、防范职务犯罪"专题讲座，提升区国有企业法律风险防控水平。

【民商事审判】 2021年，区法院全年受理各类民事案件(含商事案件)31945件，比上年上升7.86%。共受理婚姻家庭、继承纠纷案件2604件，上升27.40%，其中，离婚纠纷案件1382件，上升29.04%；离婚后财产纠纷案件140件，上升18.64%；抚养纠纷案件164件，上升17.99%；赡养纠纷案件18件，上升5.88%；法定继承纠纷案件663件，上升34.76%；分家析产案件35件，比上年下降37.50%；探望权纠纷案件28件，上升75.00%；遗嘱继承案件102件，上升14.61%。共受理合同纠纷案件24208件，上升3.79%，其中，买卖合同纠纷案件2702件，上升12.82%；房屋买卖合同纠纷案件744件，上升30.30%；借款合同纠纷案件8549件，上升33.08%；建设工程合同纠纷案件474件，上升41.92%；租赁合同纠纷案件1982件，下降6.90%；承揽合同纠纷案件319件，上升9.62%；服务合同纠纷案件1766件，上升7.95%；银行卡纠纷案件1062件，下降62.91%。共受理物权纠纷、侵权责任纠纷案件2207件，上升17.33%，其中，物权保护纠纷案件372件，上升18.85%；物权确认纠纷案件77件，上升5.48%；财产损害赔偿纠纷案件146件，下降3.31%；排除妨害纠纷案件128件，上升100%；所有权纠纷案件428件，上升50.18%；相邻关系纠纷案件68件，上升54.55%；产品责任纠纷案件9件，上升50.00%；机动车交通事故责任纠纷案件1074件，下降1.47%；提供劳务者受害责任纠纷案件74件，上升42.31%；医疗损害责任纠纷案件13件，下降64.86%。共受理劳动争议、人事纠纷案件862件，上升44.63%。共审结一审民商事案件31356件，上升5.89%。民商事案件简易程序适用率为91.18%，民商事案件调解撤诉率57.60%，平均审理天数59.53天/件，一审服判息诉率92.80%，审限内结案率99.02%。强化民生司法保障。依法审理好事关群众切身利益的案件，一起生命权纠纷案例入选《最高人民法院公报》，成为对全国法院具有指导意义的案例。妥善审结婚姻家庭、赡养抚养、继承等家事纠纷案件2546件，促进和谐家庭建设。联合区人社局发布《宝山区"十三五"劳动人事争议仲裁审判白皮书》，并召开新闻发布会，维护劳动关系和谐。加强商事案件审判。审结各类商事案件11446件，制裁合同违约、商业欺诈行为，维护合同效力和诚信交易。坚持促进与规范并重，依法审结涉新能源汽车、光伏设备等新类型案件，保障区域市场健康运行。妥善处理各类群体性诉讼案件。积极应对房地产案件、借款合同案件、涉大型超市供零关系案件、涉教育机构案件等特定类型纠纷大幅增多态势，依法妥善采取应对措施，做好相关稳控工作。

【案件执行】 2021年，区法院全年共受理各类执行案件14178件，比上年上升9.78%。其中，首次执行案件8759件，恢复执行案件1669件，执行异议案件428件，执行保全案件3322件。申请执行标的总金额为61.71亿元。初执案件中，刑事类案件286件，上升16.26%；民事类案件7617件，上升8.92%；行政类案件84件，比上年下降44.00%；仲裁类案件741件，下降10.07%；公证债权文书类案件31件，下降56.34%。共执结各类执行案件13974件，上升8.23%。其中，首次执行案件结案8673件，恢复执行案件结案1550件，执行异议案件结案426件，执行保全案件结案3325件，累计执行到位金额8.62亿元。持续巩固"基本解决执行难"成效，一起居住权执行案件入选2021年度上海法院"十大破解执行难典型案例"。继续保持执行工作狠抓不懈态势。依法向社会公布失信被执行人5496人次，限制高消费6970人次，对拒不履行义务的被执行人司法

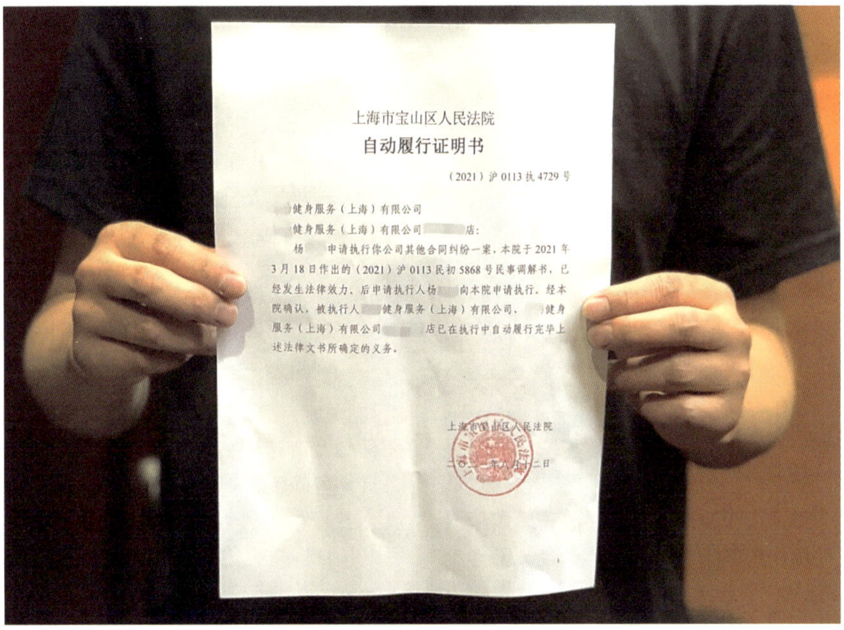

8 月 12 日，宝山区人民法院发出上海法院首份“自动履行证明书”　胡明冬/摄影

拘留 60 人次，切实提升执行威慑力，一起案例入选 2021 年度上海法院“五个执行失信联合惩戒典型案例”。开展涉居民区“垃圾清运”专场执行，被上海电视台、澎湃新闻等多家媒体报道。春节前开展涉民生案件集中执行活动，中央电视台等媒体予以报道。积极贯彻善意文明执行理念。制定《关于进一步规范执行行为提升执行工作水平的若干意见》《关于办理执行信访案件的若干规定》等制度文件，持续推进执行工作高质量发展。高效办理涉上市公司票据追索权执行案件，拍卖被执行人持有股票 3.6 亿余元，有效维护各方利益。发出上海法院首份自动履行证明书，对鼓励市场主体主动修复诚信状况起到积极作用。不断完善执行联动机制建设。与检察机关建立协作机制，妥善做好涉环保类行政非诉执行等案件的审查和执行工作。进一步优化异地委托执行工作机制，办结来自全国各级法院事项委托 4938 件，期限内办结率位于全市法院前列。大力开展智慧执行。依托法院信息化建设成果，在执行全流程深度融合信息技术，推动执行工作高效常态化，受到区委主要领导批示肯定。

【司法服务保障】　2021 年，区法院立足审执工作，全面做好疫情防控司法服务保障。严抓防疫工作。根据疫情形势变化和上级统一部署，严格落实疫情防控常态化措施，确保干警安全、当事人安全、法院工作正常运转、司法职能充分发挥。坚持在线诉讼服务常态化建设。办理网上立案 22848 件，网上立案成功率位居全市法院前列。开展在线庭审、远程庭审 3517 件次，确保法院审判执行不停摆。妥善处理涉疫情防控常态化案件。发挥审判职能作用，妥善处理疫情防控常态化背景下涉及中小企业经营、长租公寓、劳动争议等矛盾纠纷，切实维护经济社会平稳运行。服务经济发展，持续优化法治化营商环境。在 2020—2021 年度区法院营商环境建设工作考核中，位于全市法院前列。持续完善机制建设。设立涉法治化营商环境建设工作领导小组，统筹推进专项工作。设立保险纠纷等特定类型案件快处小组，确保简单案件及时调解、复杂案件尽快评估。一起涉外商事案件入选上海法院服务保障“一带一路”建设典型案例。持续推进“六稳”“六保”工作。加大涉民生类案件的审判执行力度，妥善执结涉市政重大工程 S7 高速公路建设的房屋腾退案件及南大地区土地腾退案件，保障城市发展大局。助力营造良好法治环境氛围。制发《涉宝山区街镇园区招商平台企业合同纠纷案件审判白皮书》，开展“比学赶超当先锋，建设科创主阵地”活动，组织审判骨干深入园区企业开展普法讲座。延伸审判职能，提升社会治理法治化水平。深化“枫桥式人民法庭”建设。建立“法官巡回工作室”“园区工作联系站”“社区工作联系站”，发挥人民法庭前沿阵地作用，被评为中国（上海）社会治理创新实践“提名案例”。人民法庭至辖区工作点接待群众 200 余人次，组织巡回审判、开展普法活动 40 余次，接待人民调解员旁听庭审及指导调解 100 余人次。教育整顿期间，中央第六督导组对月浦人民法庭积极参与诉源治理、纠纷多元化解等各项相关工作给予高度评价。持续开展“枫桥经验在宝山，法官社区普法行”活动。积极响应“八五”普法，前往各街镇园区开展普法讲座，加强《中华人民共和国民法典》宣传教育。打造法治宣传品牌阵地，每季度向社会发送普法手册 1600 册，普法品牌被评为“宝山区国家机关‘谁执法谁普法’十佳项目”。广泛开展青少年法治宣传教育工作。成立少年法庭工作办公室，加强指导涉未成年人审判、法治宣传教育等工作。选派 24 名优秀干警担任区中小学法治副校长，举办送法进校园等各类活动 50 余场次。组织干警参加上海法院青少年法治讲师团并开展“百校百讲”法治宣讲 7 场，2 名干警获奖。区法院干警参与指导的多个模拟法庭、法律故事在 2021 年“春天的蒲公英——小法官网上行”活动中获奖，其中 1 个模拟法庭获一等奖。

【司法改革】　2021 年，区法院建立全流程网上办案体系，提升智慧法院建设水平。深入推进庭审记录改革，实现所有法庭均配置智能化语音转换记录设备，为改革推进提供硬件保障。制定《关于深入推进庭审记录改革的实施意见》，进一步扩大适用范围、提升工作规范。适用庭审记录改革的庭审数 20979 件，占总庭审数的 66.95%，位列上海法院第一。落实在线庭审常态化，优化机制、强化考核，将“在线模式”全面对接涉外地当事人的民商事及执行案件的庭审、听证、谈话等程序，进一步方便外地当事人参与诉讼。有序开展电子档案单套制改革试点，持续加强宣传引导、技能培训及软件调试，定期制作改革情况专报，通报全院数据，逐步实现“全员参与、全面铺开、全局覆盖”的改革目标。

【完善审判权力制约监督体系】　2021 年，区法院加强对审判流程运行情况的管理力度，严格落实法官办案主体责任。制定关于专业法官会议的规定，进一步发挥专业法官会议总结审判经验、统一适法标准、指导司法实践的职能作用。发挥院庭长办理重大疑难复杂案件的示范引领作用，院庭长共办理案件 10331

件，占全院结案数的24.37%，其中重大疑难复杂案件数比上年上升趋势显著。加强长期未结诉讼案件审限管理，制定《关于加强长期未结诉讼案件审限管理的办法》，完善预警、通报和督办机制。推进民事诉讼程序繁简分流改革试点。优化小额诉讼审理模式，完善团队人员配置，扩大团队收案范围，推行小额诉讼案件全流程网上办案。适用小额诉讼程序受理案件6007件，审结5691件，小额程序适用率18.45%，平均审理期限大幅下降。积极推进要素式审判试点工作，选取事实清楚、权利义务关系明确的股东知情权纠纷在商事审判团队开展试点，设置审判要素表条目，规划审判流程，简化裁判文书制作。做好改革试点总结评估工作，编写司法改革专刊、繁简分流月报等20余期，推动形成可复制可推广的宝山制度经验。

【深化便民利民举措】　2021年，区法院提升网上立案工作质效，受理律师服务、当事人平台网上立案申请28932件，审核通过并登记立案22848件。成功办理民事案件跨境网上立案，让中外当事人享受到同等便捷高效的立案服务。积极引进诉讼服务"智慧舱"，满足当事人多元司法需要。为老年人等特殊群体提供绿色通道服务，确保立案途径通畅。推进"胜诉退费"专项整改，设置咨询专窗，依法、足额、主动、及时退还胜诉当事人预交的诉讼费用。完善应急处置工作机制，做好建党100周年、第十届中国花卉博览会及十九届六中全会等重大节点稳控工作。健全诉调对接机制，建立健全先行调解平台，依托司法局智慧调解平台，引导当事人申请先行调解。注重整合、对接全区调解资源，成功办结首起由区调解事务所人民调解委员会先行调解的非诉案件。发挥诉前调解功能，完善调解人员的激励考核及培训机制。优化诉前调解人员配置，推动各类纠纷高效率、低成本解决，减轻当事人诉累。深入推进司法确认，依托智慧法院建设成果，打通"人民调解+出具法律文书"绿色通道，满足当事人即时申请、即时确认的司法需求。共收到司法确认案件申请107件，受理107件，其中确认有效107件。持续推进阳光司法，高质量推进审判流程、裁判文书、执行信息、庭审直播司法公开平台建设。进一步规范裁判文书制作，推进社会主义核心价值观融入裁判文书释法说理。上网各类裁判文书15027篇，开展网络庭审直播5481件次。持续提升法治宣传力度，在《人民法院报》《上海法治报》及人民网等媒体上发布文字类报道254篇，在中央电视台、上海电视台等电视上报道专题片、法治新闻45部，微信公众号发布文章255篇。召开人民陪审员工作会议，加强业务培训。持续完善陪审员参审机制，人民陪审员参与陪审案件1246件，陪审率98.04%。《人民法院报》对宝山区法院人民陪审员工作予以报道。　（李　彤）

司法行政和政府法治

【概况】　2021年，宝山区司法局聚焦科创宝山核心任务，健全法治为民工作机制。年内，举办全区习近平法治思想专题培训班，持续推动各部门、各单位把习近平法治思想作为党委（党组）中心组和机关学习的中心内容。出台《法治宝山建设行动方案（2021—2025年）》《宝山区法治社会建设行动方案（2021—2025年）》《宝山区全面推进法治政府建设"十四五"规划》。持续优化法治化营商环境，结合宝山区优化营商环境"十大"创新举措，"免罚清单"实现一键查询，全市一至三批实行告知承诺制的证明事项落地，各行政机关行使执法裁量权更加规范。推动全区行政执法单位共适用"免罚清单"免罚、轻罚各类案件242件。开展"法律明白人""法治带头人"培养工程，全区产生"法律明白人"2000余名、"法治带头人"1000余名。举办"乡村振兴　法治同行"活动，以党建共建引领法治创建。发布宝山区"八五"普法规划，成立"八五"普法志愿团，启动实施"八五"普法。举办"党建引领法治　民法'典'亮生活"主题活动，组织宪法开展宣传周活动，年内共计开展普法活动上百场。健全法治副校长工作机制，全区146所中小学（含职校）法治副校长配备率达100%。拓宽法律服务专业力量参与调解渠道，参与化解"启文教育员工维权案"等重大矛盾纠纷。2021年，全区受理各类矛盾纠纷8155件，调解成功率为98.48%；接收处置110非警务警情类纠纷20784件，及时就地处置率为96.96%。律师行业全年创收2.6亿元，比上年增长18%。加强法律服务执业监管，开展律师、公证、司法鉴定行业专项清理整治，行业生态有序好转。成立社区矫正委员会和社区矫正机构，牵头成立平安宝山协调小组重点人群组，制定工作规则，强化服务管控。截至12月底，全区累计接收社区矫正对象1939人，在册社区矫正对象842人，重犯率0.10%；全区五年期刑释人员3951人，当年重新违法犯罪率为0.86%。两类人员年度重犯率均低于全市平均水平。组织庆祝建党100周年系列活动，开展党史学习教育，举办"我与榜样面对面""司法行政青年讲党的百年""百年峥嵘　律心向党"朗诵比赛、"建党百年征文"等系列活动。"两新组织"党建走向深入，利歌律师事务所党支部获上海市律师行业先进基层党组织。高质量完成队伍教育整顿和法律服务行业突出问题专项治理，建立完善规章制度10项，选树宣传先进集体26个、先进个人43名。集中推出"我为群众办实事"重点项目36项，其中"优化公证咨询"项目获评宝山区"为民办实事"高效项目前十。区司法局月浦司法所竺冬森被评为2021年度全国司法所模范个人，区司法局孙玉梅被评为2016—2020年全国普法工作先进个人，宝山区法律援助中心石智伟被评为司法部"法援惠民生　扶贫奔小康"品牌活动表现突出个人，罗泾镇塘湾村被评为第八批"全国民主法治示范村"。

【法治政府创建】　2021年，区司法局完成全国第二轮"法治政府建设示范区"、全市首轮"法治街镇"创建申报，张庙街道入选上海市"法治建设示范街镇"。持续开展"全国民主法治示范村"创建培育。组织"十大法治为民实事项目""十大基层法治建设示范项目"评选，构建示范引领、以点带面、整体推进的法治建设格局。深化行政执法协调监督机制，配合推进街镇综合执法改革，首批423项行政执法事项下沉街镇。建立基层行政执法联合协调机制，指导各街镇开展重大行政执法决定法制审核工作。开展行政执法"三项制度"专项调研，完成行政处罚案卷评查，覆盖案卷3万余件。

【行政复议应诉工作】　2021年，区司法局推动成立宝山区行政复议体制改革领导小组，出台行政复议体制改革实施方案。区行政复议局于7月30日挂牌成立，顺利衔接统一受理后的办案工作。年内，共收到区政府行政复议申请601件，依法受理573件，审结509件，纠错15件，下发行政复议意见书6件。通过复议程序化解行政争议案件 258 件，化解率 50.69%。全区行政负责人出庭率提升至 85.6%。

【公共法律服务体系建设】 2021 年，宝山区公共法律网上服务平台上线，试点成立科创法律服务驿站，联合街镇商会签订法治营商环境合作共建协议，公共法律服务进一步向园区、企业延伸。年内，区公共法律服务中心接听“12348”公共法律服务热线咨询 15027 个，办理法律援助案件和法律帮助案件 5481 件。

【退役军人法律援助工作站揭牌运行】 1 月 21 日，区退役军人事务局和区司法局联合召开宝山区退役军人法律服务工作推进会。其间，区退役军人法律援助工作站揭牌。区退役军人事务局党组书记、局长丁连俊，区司法局局长沈海敏、副局长李晓平等出席会议；区退役军人服务中心、区法律援助中心、区律工委、区退役军人律师团等负责人和代表参加会议。

【“法治副校长”送法进校园】 3 月 23 日，宝山区司法局“法治副校长”工作推进会暨大场中学“法治宣教示范点”揭牌仪式在大场中学举行。宝山区司法局局长沈海敏受聘担任上海市大场中学法治副校长。

【新增工商联基层立法联系点】 3 月 25 日，区司法局联合区工商联召开宝山区基层立法联系点工作推进会暨中小企业法治环境促进会。区司法局局长沈海敏、副局长吴劲，区工商联党组书记潘卫国，副主席朱建超、金钦英出席会议，各街镇司法所、商会、企业、法律顾问代表参加会议。

【区委全面依法治区委员会全体会议召开】 4 月 16 日，宝山区委召开全面依法治区委员会全体会议暨依法治区工作会议，深入学习贯彻习近平法治思想，以更高站位、更高质量抓好全面依法治区任务落实。区领导陈杰、高奕奕、李萍、张义、杜松全、高飞、陈永献、徐静等出席。

【法治宣传教育领导小组会议召开】 5 月 31 日，宝山区召开 2021 年法治宣传教育领导小组会议暨区委全面依法治区委员会守法普法协调小组第四次（扩大）会议，区委常委、区委政法委书记、区法治宣传教育领导小组组长杜松全，区委常委、区委宣传部部长、区委依法治区委守法普法协调小组组长赵懿，区委宣传部副部长、区委网信办主任、区政府新闻办主任、区委依法治区委守法普法协调小组副组长孙晋出席会议。区司法局局长、区法宣办主任、区委依法治区委守法普法协调小组副组长沈海敏主持会议。

【法治政府建设工作推进会暨执法协调小组（扩大）会议召开】 6 月 22 日，宝山区召开法治政府建设工作推进会暨执法协调小组（扩大）会议。副区长、区委全面依法治区委员会执法协调小组组长、区法治政府建设工作领导小组副组长陈云彬出席会议并讲话，区纪委副书记、区监察委副主任、执法协调小组副组长陈健主持会议，区司法局局长、执法协调小组副组长沈海敏，执法协调小组成员单位、各街镇、相关单位法治政府建设分管领导及各街镇司法所所长、区政府法律顾问全体成员等 70 余人参加会议。

【法治文艺作品展演活动举办】 6 月 25 日，“党建引领法治　民法‘典’亮生活——宝山区庆祝建党 100 周年法治文艺作品展演”在区新时代文明实践中心举办。活动由区文明办、区司法局、区教育局共同主办。区委常委、宣传部部长赵懿出席活动并致辞。

【行政机关负责人出庭、旁听、讲评“三合一”活动举办】 11 月 30 日，宝山区 2021 年度行政机关负责人出庭、旁听、讲评“三合一”活动在杨浦区人民法院举行。区政府党组成员丁炯炯、区市场监管局局长王哲作为被告单位行政负责人出庭应诉。该次庭审以视频直播方式进行，宝山区各委办局法治工作分管领导、部门负责人等旁听庭审。

【开展党政主要负责人专题述法评议】 12 月 20 日，区委书记陈杰主持召开宝山区委全面依法治区委员会全体会议，深入学习贯彻习近平法治思想，开展专题述法评议，并对下一步全面依法治区工作进行安排部署。区人大常委会主任李萍，区委常委胡宝国、钱樑、陈永献、徐静、陈云彬出席会议。

【社区矫正委员会第一次全体会议召开】 12 月 22 日，宝山区社区矫正委员会召开第一次全体会议。区委常委、区委政法委书记、区社区矫正委员会主任陈云彬出席会议并讲话，区社区矫正委员会各成员单位分管领导和各司法所长参加会议。会议由区政府党组成员、区社区矫正委员会副主任丁炯炯主持。　（夏　青）

3 月 25 日，宝山区基层立法联系点工作推进会暨中小企业法治环境促进会召开，宝山区工商联基层立法联系点揭牌　区司法局/提供

军 事

■ 编辑　李宝利

人民武装

【概况】 2021年，宝山区人民武装部以习近平新时代中国特色社会主义思想为指导，深入贯彻军委扩大会议、军委基层建设会议精神，按照警备区党委决策部署，学习贯彻党的十九大精神，抓实战化训练，守住安全，铸军魂、练打赢、严治军，完成上级赋予的各项任务。宝山区被上海市政府、上海警备区评为征兵工作先进单位。加强军事训练。区人武部军事工作坚持以《关于贯彻落实习主席在中央军委军事训练会议上重要讲话精神的措施》精神为指导，紧紧围绕2021年开训动员令，贯彻落实警备区年度军事训练转型具体要求，提升应急作战能力和应急动员能力，推进全区国防后备力量建设又好又快发展，完成民兵训练任务数共数千人天（含学生军训骨干训练），先后组织应急连集训、役前训练、进博会安保训练、群众性练兵比武集训、全市民兵交通运输专业大联训等；参加上级在金山、闵行、浦东、静安、青浦、杨行基地等牵头组织的工程抢修、应急、海上、网络、无人机、通信、防化等专业骨干大联训，参与现役军官和文职人员第二协作区编组训练，完成年度训练任务。加强国防动员准备。年内，按照"一年两季征兵"要求，做好兵员潜力数据核查和常态化疫情防控下的征兵工作，加大征兵宣传力度，严把征集质量关口，为部队输送高质量兵员。做好民兵整组工作，依据潜力调整优化结构布局，把编兵方式从集中在一个单位编兵转变到相对分散编兵上来，关注党员比例、退伍军人比例、专业对口率等问题，做好党组织预建、档案整理、装备预征预储等工作。推进国防教育。结合建党百年，落实《深化全民国防教育改革意见》要求，继续组织中青年干部进行"国家安全形势"专题教育，联合区人防办组织"国防教育日"活动。利用宝山驻军多、兵种全、红色资源丰富等优势，开展读书演讲、事迹报告、"微课"展播等活动。用好宝山红色资源，用活广播电视、报纸网络等媒体，重点培养、宣传具有鲜明时代特色的武装工作先进典型，讴歌伟大祖国和人民军队的巨大变化，宣扬和学习革命英雄、抗战老兵和参战支前民兵先进事迹，运用国防教育基地淞沪抗战纪念馆等红色资源，开展形象直观的教育活动。加强安全管理。贯彻落实"外防输入、内防反弹"总体防控策略，落实常态化疫情防控措施要求，做好防疫防控必备的物资储备，摸清人员底数，掌握人员动态信息，在源头上消除疫情防控安全隐患。落实装备管理规定，落实日常保养、管理、检查、登记等制度，定人定岗，严防失管失控，做到有人管、管到位。做好装备实力会审和报废处置等工作，确保装备管理规范有序。突出训练基地、车辆管理和食堂管理3个重点，做好季节性事故预防工作，坚持巡查检查制度，定期排查隐患。加强对涉军涉恐、涉稳情报信息研判掌握，调整节假日民兵应急值班备勤力量，完善武器库人防、物防、技防措施。开展"百日安全活动"，坚持每周安全检查报告制度，全年安全稳定无责任事故。加强后勤建设。结合新形势下军队财务工作新特点，落实经费"收支两条线"，认真编报年度财经预算，严格落实财经管理、审计检查制度，严把经费开支、核算、报销等关口，加强物资集中采购管理，落实"资产一体化管理"和"公务卡"结算制度，各项业务经费开支均控制在预算范围内，完成行政消耗性开支压减指标；落实银行账户"双控双管"和财务"四分开"制度，银行账户资金管理安全。规范车辆派遣、报批、登记、检查和保养手续，全年累计行驶8.2万千米安全无事故。加强军民共建。围绕新一轮"双拥模范城"考核验收要求，协调区领导走访慰问部队官兵，协调驻沪十大部队领导和驻区部队领导参加军政座谈会，协同区文明办开展创建精神文明活动，联合区双拥办协调相关部门到驻区部队调研，落实双拥实事项目，为官兵解决军事训练、信息化建设、官兵生活困难等实际需求，组织驻区部队和民兵积极参加驻地经济社会和公益事业建设，在维护社会治安、协助处突维稳以及支援重大工程建设中发挥积极作用，继续争创"上海市双拥模范区"和"全国双拥模范城"。

【党管武装】 2021年，宝山区学习贯彻习近平强军思想、党的十九届六中全会和中央军委基层建设会议精神，抓好党管武装制度落实，推动党管武装要求深入思想、融入日常、成为标准、指导实践。一季度组织召开武装工作会议，组织街道武装部第一书记述职，部署明确新年度武装工作任务。三季度，组织区"四套班子"过军事日，开展针对性国防教育。推动落实党委议军会等制度，学习了解国际国内安全形势，研究筹划重大军事任务和民兵调整改革等措施办法。

【学习教育】 2021年，区人武部按照上级要求，划分层级、区分对象筹划主题教育安排，抓好专武干部和基干民兵教育引导工作。结合主题教育，每季度一个专题组织街道专武干部跟学跟训。结合整组，组织基干民兵集体宣誓，指导各街道和编兵单位开展入队教育，用活用好街道"青年民兵之家"等平台，利用集中训练和值班备勤落实民兵年度教育内容。区分4个季度、4个专题抓好党委机关理论学习。结合民兵整组点验、专业队伍集训和比武竞赛，讲创新理论、学优良传统。持续抓好党章党纪党规和《准则》《条例》学习教育，组织党员干部经常对照上级有关问题通报进行检视反思，参观宝山区淞沪抗战纪念馆，认真过好组织生活。纠治官兵身边不正之风，抓好廉政教育。研究制定落实党风廉政建设措施，纯正政治生态和机关风气。围绕习近平主席军事战略思想，深入领悟思想观点，开展讨论交流，着力搞清"建成什么样、怎样建好建强"等一系列根本性问题，牢牢把握国防动员根本职能向"应急应战、协调军地、面向三军"回归的重要导向。

【民兵整组】 2021年，区人武部按照民兵建设"全面转型、提质增效"和从"实起来"向"强起来"转型发展要求，重点做好4个方面工作：一是突出政治上可靠。强化党对民兵工作的领导，加强民兵预编党组织建设，预编民兵各分队党支部、党小组。落实普通民兵连长、指导员全部为“两委”成员。二是优化结构力量布局。巩固驻区大型央属企业以及区属国有骨干企业编兵的主体地位，发挥政府和行业主管部门和社会团体作用，在微盟、富驰高科等一批创新型民营企业中开展民兵工作，民兵工作广度深度进一步拓展。区编组的医疗、海上、工程、气象、物流、油料等分队实现专业对口。三是规范编建管理秩序。坚持武装工作例会制度，定期会商研究民兵工作重大问题。推进民兵编组向属地编组转变，将委办局民兵纳入街镇属地管理，避免“争抢兵源”和“重复编兵”情况。规范民兵干部推荐任务程序，建立专武干部、基干民兵档案分级管理制度。四是提高综合保障水平。将民兵应急装备保障纳入区政府应急保障体系，与宝山区水务局、合德食品有限公司等签订军民通用装备预征预储保障协议，投入经费配齐综合应急连任务类型装备，为新入队民兵和年度参训对象进行体检。

【征兵工作】 2021年，宝山区通过网上报名参军，18周岁男性公民登记率100%，大学生预征对象上站率100%，直招士官完成率100%，网上咨询举报回复率100%，任务完成率100%，大学生率99%，大学毕业生率42%，兵员结构优化，完成年度新兵征集任务。区人武部落实上海警备区、市征兵办防疫工作指示，要求各单位对所属的应征青年需建立双向联系制度，加强跟踪管理，特别对外地返沪人员实行专人负责管理，落实医学检测。加强体检工作人员业务培训，对传染病、慢性病、精神病的检查和心理检测，以及可能会影响训练的情况，认真细致复检。把好政治考核关。重点对应征公民的政治思想、家庭背景、文化程度、个人经历、现实表现、入伍态度、病史情况7个方面内容摸排。组织新兵政治考核，落实征兵政治考核工作由各级征兵办统一组织，同级公安机关具体负责实施，政考组组长由公安机关负责人担任的规定要求，加强工作统筹对接协调，坚持“谁考核、谁签字、谁负责”，切实把好新兵入伍政治考核关。把好审批定兵关。坚持集体定兵、择优定兵原则，依据应征青年政治、身体、文化、专业等条件，综合衡量，按优排序，应届毕业生优先、条件兵优先、学历高的优先、家长支持和本人意愿坚定的优先，确保公平、公正，切实把文化程度高、身体素质好、有专业特长的优秀青年征入部队。针对“五率”（报名率、上站率、合格率、择优率、退兵率）考评新要求，围绕提升“五率”开展工作研究。落实“以大学毕业生为重点征集对象，突出各级各类学校毕业生征集”的政策规定，持续畅通大学毕业生入伍“绿色通道”，优先上站体检，优先审批定兵，做到“合格1个、征集1个”。2021年秋季征兵应届毕业生率达到54%。各高校按照任务指标要求，抓好预征对象的跟踪管理。各镇、街道和宝武集团，优先征集大学毕业生，让符合条件、想当兵的大学毕业生都能有机会参军入伍。坚持各级聘请廉洁征兵监督员制度（实时监督征兵工作开展情况），研究廉洁征兵常态监督机制。在征兵阶段区征兵办将征兵政策规定、征兵标准条件、征兵工作程序、征兵纪律、定兵人员名单5个方面进行公示。区征兵办多次对征兵工作人员进行廉洁征兵教育和考核，保证工作人员及征兵负责人贯彻落实廉洁征兵制度。

【全民国防教育日活动】 2021年，区人武部将全民国防教育日系列宣传教育活动与庆祝建党100周年纪念活动融合，发挥宝山红色资源丰富的优势，开展形式多样的宣传教育活动，增强广大干部群众安全意识、忧患意识和国防意识。12个街镇集中开展“三个一”活动（上一堂国防教育课、组织一次国防教育主题活动、开展一次防空疏散演练），通过国防教育板报展评、国防教育签名、发放国防教育宣传资料、进行国防知识现场问答等形式开展互动活动，利用宣传横幅、大型电子屏、社区锣鼓队，秧歌队等渲染气氛。区委、区政府分管国防教育的领导和区人武部的领导到相关教育点检查指导，并参与宣传活动。 （黄天昊）

驻　军

【概况】 2021年，宝山区域内驻有陆海空三军、战略支援、武警部队。有军用机场、港口、靶场、码头、电台、雷达站、军用仓库等军事设施。驻区部队深入贯彻落实军队改革方针和军民融合发展要求，紧紧围绕听党指挥、能打胜仗、作风优良的强军目标，围绕完成大规模作战和多样化任务，全力做好军事斗争准备工作。

【拥政爱民】 2021年，宝山区驻区部队官兵把驻地当故乡，视人民为父母，以开展“同学创新理论、同树文明新风、同建和谐平安”“百连万兵进社区、扶贫帮困献爱心”“百连百区共建社会主义精神文明”活动为平台，积极开展拥政爱民活动，当驻地有急、难、险、重任务时，驻区部队给予最大支持和帮助，维护宝山经济社会和谐发展。支持地方经济建设。驻区部队与区公安、安全等部门建立健全联防联控机制，为宝山提供可靠的安全保障。全年，驻区部队共出动官兵数万人次、车辆千余台次，参加抢险救灾26次，抢救遇险群众28人。驻区部队派出官兵参加进博会安保、“樱花节”安保巡逻、武装押运、军警民联防联治等任务。参与精神文明建设。2021年，驻区部队官兵积极参加宝山文明城区、文明社区创建工作，积极参与环境卫生整治、截污纳管工程改造、志愿者服务等活动，定期组织官兵开展为民便民服务活动，受益群众达6000余人次。驻区部队先后派出军训教官军训学生10余万人次；协助地方开展国防教育和军营一日活动，累计接待群众2.1万余人次。开展“扶贫帮困献爱心”活动。驻区部队官兵与141名困难学生长期结对助学，帮助他们顺利完成学业。驻区部队与36个敬老院和436名社区困难老人长期结对，经常派出官兵赴敬老院开展精神慰藉、为老服务活动，慰问帮助困难老人。 （黄天昊）

人民防空

【概况】 2021年，区民防办紧扣“十四五”开局年的民防工作目标，履行“战时防空、平时服务、应急支援”职能使命，推进组织指挥、通信警报、防护工程、宣传教育、依法行政、队伍建设等工作。年内落实宝山先试先行民防宣传教育任务，开展“科创宝山、强盾固防”民防工作进高校系列活动。探索民防工程面向社会的公益服务，无偿提供1座民防工程给街道使用。完成全市首次在工作日组织的“9·18”防空警报试鸣任务。

【人防指挥所建设】　2021年，区民防办完成区级人防专业规划。南大地区98—01地块防空专业队工程和庙行镇镇级指挥所推进建设；前期规划2座防空专业队工程、1座地下医院、2座街镇指挥所建设，“十四五”期间落实。

【人防组织指挥训练演练】　2021年，区民防办以“科创宝山，强盾固防”为主题组织开展“比学赶超”活动，提高人防战备整体能力。开展防空袭疏散及对口接收演练、人防专业队业务训练，各专业队骨干与基层民防干事参加集训。5月，组织庙行镇、友谊路街道、罗店镇、罗泾镇4个街镇的6个部门相关人员参加人口对口接收演练。其间，按照市防办民防演练年要求，会同杨浦、虹口、嘉定、崇明区民防办联合开展联演联训。

【人防通信警报信息建设】　2021年，区民防办完成区级防空警报器建设规划编制，全区共有警报器97台，城区警报覆盖率100%，更新电声防空警报器4台，电声警报器比率进一步提升，新增2套防空警报太阳能应急供电设备。定期完成卫星通信、视频会议、800兆数字集群、短波电台、有线通信的联调测试，及时排除设备故障隐患。召开防空警报技术保障培训会，现场培训、现场考核，确保专管员队伍稳定、专业技能达标。完成防空警报器检测和维护保养，组织防空警报试鸣活动，参加试鸣的警报器鸣响率100%，完好率100%，确保无误鸣、误响现象发生。

【应急抢险救援】　2021年，区民防办充分发挥拉曼光谱分析仪、救灾无人机等高新装备的效能，提升应急救援能力，民防特种救援队伍成功处置突发事故27起。专职救援队伍全年开展各项训练70余次，全年对社会兼职救援队伍上门指导训练4次，组织民防核化专业队伍拉动训练，参与“宝山区处置危险化学品事故桌面推演”，参加市民防化救队伍集训2次。

【应急避难场所建设】　2021年，区民防办完成应急避难场所和疏散基地建设规划，下发《区应急避难场所建设方案》《宝山区人民防空建设专业规划（2021—2035）》，制定统计表468份，报市防办备案。完成宝职校Ⅱ类应急避难场所的建设，通河中学Ⅱ类应急避难场所施工，庙行实验应急避难场所建设推进。对全区10个应急避难场所开展日常维护和安全检查。开展应急避难场所维护检查，共排查隐患26起，整改26起，确保应急避难场所设施设备完好。

9月18日，区民防办开展“全民国防教育日”民防集中宣传和防空演练活动　区民防办/提供

【民防演习】　5月13日，区民防办牵头组织2021年度宝山区地下空间（民防工程）防汛防台及消防综合演练，参演人数80余人，全区14个街镇（园区）地下空间安全负责人和120余家物业公司负责人以及小区居民共计200余人现场观摩。9月18日，区民防办开展“全民国防教育日”民防集中宣传和防空演练活动。全区14个街道、镇和工业园区的151个民防规范化建设社区14.61万余名居民、在校师生参加全过程、全要素的防空演练。

【重点民防工程建设】　2021年，区民防办聚焦重点地区、重大项目和城市更新，紧跟南大和吴淞创新城整体规划建设，将民防专业规划有效衔接、有机融合。修改完善《宝山区地下空间暨人防开发利用“十四五”规划》，调整完善《南大地区地下空间专项规划》《吴淞创新城地下空间和民防工程专项规划》。完成“十四五”骨干工程建设规划编制内容，南大地区1号地块落实防空专业队工程，有序推进白玉兰广场民防工程、区民防科普教育馆等重点民防工程的建设，打造成宝山核心区域的标志性项目。

【民防工程维护管理】　2021年，区民防办开展行政处罚案件7起，完成1起适用免罚清单不予处罚案件。深化行政审批改革，完善“一网通办”相关工作，完成103项协助平台意见审核，竣工验收完成38家，档案接收完成23项。对数百座民防工程及49座退出序列民防工程制定普查方案，退出序列民防工程建筑面积9700平方米，共计检查490次。完成地下空间网格化管理信息平台升级工作，建设智慧型民防工程，有效纳入城市运行“一网统管”，落实好地下空间日常安全检查，全年出动检查人员5775人次，检查工程39666座次，开具隐患整改通知书808份，向街镇安全事务所及使用单位发送安全建议书28份。

【民防宣传与教育】　2021年，区民防办开展“科创宝山，强盾固防”民防进高校系列活动，时间从7月持续至9月，组织开展启动仪式、国防教育及民防知识讲座、核生化及急救技能训练、上大国防杯作品征集及颁奖仪式等活动，共2200余名师生参加。与上海大学武装部签约，成立大学生民防志愿者队伍。9月18日，围绕“迈向强国新征程、军民共筑强军梦、铸盾强防为人民”主题开展人民防空集中宣传教育活动。杨行镇天馨花园作为主会场，现场向社区居民宣传人民防空知识和自救互救技能。区民防办拓展民防宣传教育渠道，放大民防宣传教育效应，联合区应急局承办“5·12”防灾减灾宣传活动，现场发放宣传资料800余份、展示装备器材4台套；新闻素材被国家级媒体平台录用1篇，市级媒体平台录用12篇次。　（李　言）

经济篇

- 农业
- 工业
- 商贸业
- 建筑业・房地产业
- 交通・港务・邮政
- 园区（创新）经济
- 开放型经济
- 经济管理
- 财政・税务・审计
- 金融服务

农　业

■ 编辑　吴思敏

种植业

【概况】　2021年，宝山区种植粮食面积700.4公顷，产量5732吨，比上年增长3.8%；蔬菜面积456.2公顷，产量25749吨，增长1.21%；水果面积211.6公顷，产量3150.8吨，比上年下降11%。实施高标准农田建设40.89公顷，全区各类农业规模经营组织58家，农业产业化重点龙头企业7家。

【种质资源普查和收集】　2021年，区农业农村委根据《关于加强农业种质资源保护开展农业种质资源登记工作的通知》，成立宝山区农作物种质资源普查与收集行动领导小组，工作小组成员通过档案查询、走访离职老专家和年长农民等形式，对全区的农作物种质资源进行排摸和征集。全区共挖掘可征集农作物3类、38种，其中包括粮食作物4种、菌菇3种、蔬菜31种。同时，加大对农作物种质资源普查征集工作的宣传，在"宝山三农"微信公众号先后发布《关于征集宝山区古、稀、特、优农作物种质资源的公告》《守好粮食安全底线，宝山区农作物种质资源普查征集工作取得积极进展》等推文。

【病虫预测预报】　2021年，区农业农村委开展麦子、水稻和蔬菜等主要经济作物的病虫预测测报工作，全年发布粮食、蔬菜等主要农作物病虫情报24期，推动各项绿色生产措施，全年绿色防控覆盖面积448.8公顷。

【农资经营企业监管】　2021年，区农业农村委共检查区域内农资经营企业96家次，出动执法人员570人次。检查种子、农药、水溶性肥料标签1126个；抽查5家农资经营企业经销的农药产品15个；发放《农药经营监管告知书》33份，查处违法案件一般程序1起；投诉举报事件2起；开具"责令改正通知书"15张，做到"四个百分百"（农资经营单位现场检查覆盖率达到100%，违法农资经营行为查处率达到100%，投诉举报事件处置率达到100%，上级交办事项完成率100%）。

【农产品生产基地监管】　2021年，区农业农村委累计检查生产基地358家次，出动执法人员1203人次，执法车辆358车次，开展监督抽样45次，共抽检样品180个，其中178个合格、2个草莓样品不合格，合格率为98.9%。立案查处案件2起，共罚没款11390元。签订《生产环节农业投入品使用承诺书》428份，覆盖率100%。发放《食用农产品合格证制度》《农产品安全告知书》各98份。

【农业面源污染防治】　2021年，区农业农村委根据绿农行动方案要求，继续实施农药化肥双减和节水节肥等工作措施。全区共完成绿肥种植382公顷和深耕晒垡270公顷；推广有机肥4600吨、缓释肥310公顷次、配方肥1230公顷次；巩固绿色防控基地170公顷；开展设施菜田土壤培育和改良50公顷；落实90公顷次的水肥一体化和300公顷侧深施肥面积。完成罗店镇生态循环农业示范基地创建任务，启动罗泾镇花红村同新粮食专业合作社生态循环农业示范基地和杨行镇生态循环农业示范基地创建。监测复垦耕地土壤质量，完成2020年的89块（面积75.96公顷）减量化复垦耕地土壤质量监测。健全全区6个农业废弃物集中回收点，加强技术指导，落实属地化管理责任。组织田间农业废弃物检查和配合有关部门开展农膜经营市场执法检查。区内农药等包装废弃物基本实现100%回收处置。（褚夫华）

动物疫病防控

【概况】　2021年，宝山区无规模化畜牧场。禽类养殖户510户共12312羽；羊养殖户9户70只；马养殖户4户125匹；2个犬场430条犬。

【动物免疫】　2021年，区农业农村委做好重大动物疾病春、秋季免疫工作，全年共免疫3.23万羽次，并确保免疫密度和免疫质量；开展狂犬病免疫，全年免疫2.79万条；配合执法部门加强对非洲猪瘟的防控工作。组织防控专项督查6次。重大动物疫病免疫抗体共监测3146份。

【畜牧执法管理】　2021年，区农业农村委共没收、无害化处理活禽426羽、动物产品202千克。分销换证42875单，涉及动物产品7866吨。抽检瘦肉精等违禁药物20头次，第三方检测2次，兽药产品抽检4批次，饲料产品抽检5批次，全部合格。加强北王、新陈非指定道口检查力度，严格落实查验制度，逢车必检，累计检查车辆9108车次。严格落实环境清洁消杀，对区内涉及动物产品储存、经营企业开展全覆盖检查4次，向相关企业发放医用口罩、防护服、消毒药等各类消毒物资，并加强防疫应急物资储备，持续做好外防输入、内防反弹各项工作。全力做好动物卫生监管工作，开设培训班3期，发放宣传材料137份；开展扫雷行动、"两节"道口行动等各类专项整治2次，检查各类企业226家次。

（褚夫华）

渔　业

【概况】　2021年，宝山区有持证水产养殖场9家，养殖面积70公顷，养殖水面积50公顷。全年全区水产品产量164吨左右，年产值1300万元。

【水产养殖】 2021年,区农业农村委根据《关于印发〈上海市水产养殖绿色生产操作规程(试行)〉的通知》,对照《上海市水产养殖绿色生产考核表》,实施各项水产养殖绿色生产措施,绿色养殖面积47.2公顷。做好减排减药、水质检测、生产日志记录、投入品管理等工作,完善各项管理制度。

【渔业执法管理】 2021年,区农业农村委以"四清""四无"(清江、清湖、清船、清网,无渔船、无渔民、无网具、无生产)为目标,保护长江水生生物资源,保护长江生态环境,开展长江禁捕退捕工作,与市场监管、公安、海事等相关部门整合资源、联勤联动,全年开展长江联合执法16次、长江巡查154次,巡航里程4530海里,清理非法捕捞网具20余件,长江涉渔船舶持续清零。做好渔业资源保护,强化内陆水域禁渔期管理,开展联合执法行动10余次;严查水生野生生物交易,成功处置国家重点水生野生保护动物3只;组织地产养殖水产品安全质量监管检查42次、水产品批发市场督查48次,送检样品42件,抽样合格率100%;开展渔业资源增殖放流活动,放流长吻鮠、细鳞鲴、黄颡鱼等鱼种共计18万尾;长江禁捕指挥系统基本建设完成,42路高清夜视监控设备全面铺开,并接入区城运中心"一网统管"平台,做到全天候广覆盖监控,同时新增1艘长江高速执法快艇,无人机和单兵设备也落地使用,提高渔政执法能力。 (褚夫华)

农业综合管理

【概况】 2021年,区农业农村委推进绿色食品认证、绿色生产基地建设,继续加强数字农业发展,推进信息进村入户、加强益农社建设,进一步加强农产品生产质量安全的监管水平。年内运用多种形式完成新型农民培训,罗店镇上海永大菌业有限公司总经理黄国标被农业农村部推介为第五批全国农业创业创新优秀带头人。罗泾镇海星村获批"第十批全国'一村一品'示范村"。

【农产品绿色认证】 2021年,区农业农村委以增加优质农产品供给为导向,推进绿色食品认证、绿色生产基地建设,完成261.31公顷绿色基地建设,绿色食品认证率19.39%。

【数字农业发展】 2021年,区农业农村委继续推进信息进村入户、加强益农社建设。宝山区地产农产品质量安全追溯系统利用信息化手段、互联网技术,从源头上解决宝山区农产品质量安全监管手段不足、覆盖面不广、执法成本高、监管效率不高的问题,加强监管水平,促进当地农产品向优质安全方向发展。

【新型农民培训】 2021年,区农业农村委运用"区县联动""学校授课+基地实习""田间培训+生产指导"等形式,完成高素质农民培训175人,新型职业农民认定统计593人,实用技术培训100人,引导性培训1085人次。全年农业科技人员知识更新培训200人次,组织57名农业中高级科技人员参加宝山区都市现代绿色农业发展高级研修班学习。

【构建特色优势产业集群和村镇】 2021年,罗泾镇海星村以绿色水产养殖为主导,以沪宝水产养殖合作社为龙头,构建一、二、三产业融合发展体系,获批"第十批全国'一村一品'示范村"。组建宝山区农业产业化联合体,发布"花果宝山"乡村区域公用品牌。 (褚夫华)

10月24日,"花果宝山"2021年农民丰收节暨宝山湖大闸蟹品鲜节开幕 罗泾镇/提供

工　业

■ 编辑　金　毅

综　述

【概况】　2021年，宝山区工业经济运行情况总体呈现"总量规模不断扩大，产业结构不断优化，工业投资持续加大"态势。全区工业总产值完成2789.2亿元，比上年增长27.5%，增速为全市第二，郊区第一。规模以上工业总产值完成2577.16亿元，增长25.2%，平均增速10.1%。属地工业总产值总量首次突破千亿元，增速郊区第一。人工智能及新一代信息技术规模增长13.6%，信息传输、软件和信息技术服务业实现营业收入131.46亿元，增长20.8%。工业、软件和信息服务业增加值对全区GDP贡献率超40%。规模以上战略性新兴产业完成工业总产值678.13亿元，可比增长14.7%，可比增速高于规上工业总产值增速6.8个百分点，占规上工业总产值比重达26.3%，为历年最高。"2+4"（宝山工业园区、城市工业园区、罗店工业园区、顾村工业园区、杨行工业园区、月浦工业园区）工业园区单位土地主营收入150.2亿元/平方千米，增长38.9%。盘活低效产业用地面积134公顷。新增市在线新经济50强企业6家，市级企业技术中心4家，区级企业技术中心107家。

【推进工业稳增长】　2021年，区经委成立稳增长工作专班，抓目标管理，细化分解工业稳增长目标到各镇（园区）；抓重点企业，跟踪了解173家产值亿元以上企业订单和生产情况，协调解决影响企业生产的制约因素；抓统计业务指导，协调琥崧智能等新企业纳入工业统计，指导富乐华半导体、韦航装备等18家战略性新兴企业新增入库，协调中冶宝钢技术等在地企业总部做大产值规模。

【推进重大产业项目建设】　2021年，区经委围绕生物医药、机器人及高端装备、先进材料等主导产业，推动重大产业项目按计划、按节点开工竣工投产。上药康希诺等7个项目开工建设，光驰科技等5个项目竣工或投产。

【推进国企地块转型】　2021年，区经委梳理形成国资国企存量用地基础库，围绕年度40个重点推进转型地块，逐一对接。其中华谊集团5个地块，已启动长江西路地块提升方案设计工作，依托现状进行局部拆除、重建改造，适当提升容积率。上硫区域、中远—TDI区域、中远—合成氨等地块视周边土地整理情况适时启动地块研究。申能集团5个地块均停产待转型，吴淞煤气厂控规为备用地。东方集团2个地块，上海吾灵创意文化艺术发展有限公司地块转型为半岛1919文化创意产业园，二期转型项目推进中；上海智力产业园按照区域功能和定位及自身转型意愿形成转型方案。仪电集团中节能地块，7月完成产业定位研究，启动概念方案设计工作，拟基本指标确定后推进城市设计。

【推进产业政策落地见效】　2021年，区经委牵头制定《宝山加快建设科创中心主阵地促进产业高质量发展政策》《宝山加快建设科创中心主阵地促进产业高质量发展政策管理办法》和配套实施细则，5月18日政策申报系统正式在宝山区一网通办平台"宝你惠政策直通车"上线。涉及区经委、区科委、区商务委等8个部门条款完成申报，扶持资金约4.2亿元。其中，拨付金额超3.7亿元，扶持企业和个人1739家。

【推进产业集聚发展】　2021年，区经委制定《宝山区区级特色产业园区认定管理办法》，遴选一批区级特色园区，加快打造区域主导产业集群。生物医药：举办2021中国生物医药创新大会，组建北上海生物医药产业联盟，形成疫苗产业园、医疗器械产业园建设方案。机器人和智能制造：推进发那科三期年内结构封顶，快仓完成桩基工程。先进材料：推动超导产业功能型平台建设，35千伏公里级超导电缆示范工程通电运行，创建上海超导制造业创新中心。新一代信息技术、在线新经济：制定《宝山区经济数字化转型三年行动计划（2021—2023年）》，举办2021中国产业互联网高峰论坛、2021零碳上海高峰论坛。（王　洁）

钢铁业

【概况】　宝山是上海的钢铁工业基地。20世纪50年代形成的吴淞工业区内有上钢一厂、上钢五厂、铁合金厂、钢管厂等一批钢铁企业。上海宝山钢铁总厂始建于1978年，经过一系列的重组合并，2016年12月1日，中国宝武钢铁集团有限公司揭牌。由原宝钢集团有限公司和武汉钢铁（集团）公司重组而成。宝钢股份有限公司是宝武集团在宝山区内主要钢铁生产基地，企业利润总额保持国内行业第一。2021年，宝山区钢铁业稳定健康发展。宝山区依托宝钢股份有限公司、宝钢工程技术集团有限公司、宝钢发展有限公司等重点钢铁企业集群优势，发挥钢铁基地的辐射功能，发展特色经济，形成一系列钢铁衍生产品和服务，为全区经济社会发展提供重要支持。

（金　毅）

【宝山钢铁股份有限公司】　2021年，宝山钢铁股份有限公司（以下简称宝钢股份）生产铁4726万吨、钢4787万吨、商品锭坯材4659万吨，销售商品坯材4656万吨；实现营业收入3653亿元，利润总额307.1亿元；耗能总量3175万吨标准煤，吨钢综合能耗568千克标准煤。研发投入率3.16%，新产品试制量314.50万吨，实现13项产品全球首发，申请专利1292件，其中发明专利占96%，科技新增效益37.30亿元。年内，宝钢股份获国务院国资委国有重点企业管理标杆创建行动"标杆企业"称号；入围"央企ESG·先锋50"榜，位列第七；入围《财富》中国500强排行榜，位列第四十；世界三大评级机构之一穆迪投资者服务公司将宝钢股份的评级由A3上调为A2，评级展望继续维持"稳定"。"特高压高能效输变电装备用超低损耗取向硅钢开发与应用”获国家科技进步奖二等奖；“热轧无缝钢管在线组织性能调控关键技术、装备开发及应用”获冶金科学技术奖特等奖，“环境友好型搪瓷用钢关键技术研究及应用”等6个项目获冶金科学技术奖一等奖；“倾斜式滚筒法高温熔渣处理工艺及装置”获第二十二届中国专利奖优秀奖。宝钢股份“湛江钢铁5G工业远程控制应用创新”项目获全国第四届“绽放杯”5G应用征集大赛标杆赛金奖，武钢有限“5G+全连接工厂的创新应用与实践”获全国第四届“绽放杯”5G应用征集大赛全国总决赛一等奖。

深化“一公司多基地”管理。2021年，宝钢股份推进“经营中心”建设，优化总部与基地间业务界面，初步建立跨基地、跨专业、跨终端一体化经营管控及决策支持体系。12月24日，“宝钢股份运行中心”挂牌成立。深化营销中心建设，全年小炉次（一个月订货量不到一炉牌号）比上年下降52%，实现效益5834万元；近地化销售占比75%。深化采购中心建设，推进“阳光”采购。深化研发中心建设，构建面向市场研发体系。深化产品和工序专业化改革，硅钢事业部“产销研实体化、基地一体化”模式运行良好，完成钢管条钢事业部、厚板事业部的专业化整合和管理变革；深化工序管理部变革，强化多基地同工序技术统筹管理，加速各基地制造能力提升。

科技创新。2021年，宝钢股份加速“三性技术”（颠覆性技术、前瞻性技术、突破性技术）研发，加速全球首发产品研发与市场拓展。硅钢品种首发3个顶级牌号，耐热刻痕中试产线实现月达产，批量生产B23HS080、B23HS085；深水钢悬链X65QO立管国产化研制工作通过中国海洋石油集团有限公司中期评审；开发具有世界先进水平的低残余应力高强度油缸无缝钢管。推进面向未来的应用基础研究，顶煤气循环氧气高炉实现工业试验，喷吹富氢实现工业化应用。板坯连铸连轧技术、热轧精准调温、全废钢高效电炉冶炼技术等31项标志性技术取得突破。第四轮“金苹果”计划取得年度经济效益超5亿元。

市场营销。2021年，宝钢股份聚焦高市场占有率、高盈利，策划“百千十”（体量规模百万吨级，单位毛利达千元，毛利总额十亿元以上）产品经营战略，明确“1+1+N”（1个千万吨级、1个五百万吨级、N个百万吨级）产品族群战略，推动取向硅钢、彩涂、镀锡产品商业模式创新。销售冷轧汽车板837万吨，保持55%以上市场份额，其中冷轧汽车板超高强钢销量67.40万吨，比上年增长17%。取向硅钢期货销售量97.60万吨，在国内头部变压器企业的市场占有率接近80%，变压器核心企业市场占有率达100%。

智慧制造。2021年，宝钢股份4个基地14座高炉实现档案建立、远程监视、高炉画像、智能对标、炉况远程智能诊断等。实现各基地每日主要生产数据和指标自动采集并在运行中心管控大屏展示。实现宝山基地五大专业深度协同，推动柔性制造及算账生产。围绕“三流一态一点”（物流、能源流、价值流、状态、排放监控点），实现生产计划和确定年修计划联动响应，柔性结合和动态调整。跨基地管理的铁水智能管理系统基本版上线试运行。宝钢股份直属厂部热轧1580“1+N”智能产线，硅钢事业部第一、第二、第三、第四智慧工厂，湛江钢铁三号高炉系统智能化产线群、梅钢公司二炼钢智能产线等一批智能工厂相继投入运行。武钢有限推动“第五代移动通信技术（5G）+钢铁应用”，建成国内最大规模的5G企业核心专网。智慧经营决策系统、宝山基地工序一贯质量系统、硅钢智慧决策系统、智慧设备管理系统（IEQMS）等完成功能开发并上线投运。全面布局数字化升级，大数据中心形成应用功能（页面级）超过1100个，用户点击量达3.50万次/月，数据应用接口（API）共享服务780个。2021年数据网络建设延伸至生态圈、产业链，营销体系数字钢卷实现宝钢股份数据与用户数据的智能交互，升级供应链服务。

绿色低碳。2021年，宝钢股份重点污染源在线排放100%达标，二氧化硫、氮氧化物排放量分别比上年下降17%、20%，创同口径历史最好水平。在废气超低排方面，全面启动A级企业创建，湛江钢铁率先取得广东省涉工业炉窑A级企业认定。在废水零排放方面，各基地明确废水零排放实施方案，按照“雨污分流、源头减量、废水零排放”思路，宝日汽车板冷轧废水零排放示范工程建成投运，武钢有限推进雨污分离、废水深度处理与回用，湛江钢铁率先具备并稳定保持废水零排放能力，梅钢公司实现冲渣区域零排放。在固体废物不出厂方面，宝山基地、湛江钢铁实现100%固体废物不出厂，武钢有限99.55%，梅钢公司99.51%。提升“四化”（洁化、绿化、美化、文化）水平，实施宝山基地景观提升改造等重点项目；打造第十届中国花卉博览会“宝钢花园”，获第十届中国花卉博览会卓越贡献奖。推进碳达峰、碳中和工作，建立宝钢股份碳中和工作推进体系，实施《宝钢股份碳达峰与减排行动方案》，与云南省普洱市签订林业碳汇合作框架协议，宝钢碳中和钢铁产品第一单——高钢级直缝埋弧焊管1700余吨发运，武钢有限托管的武汉钢电股份有限公司完成电力行业全国碳市场中国宝武首笔碳排放配额交易。

国际化项目。2021年，宝钢股份推进海外全流程基地的并购和建设工作，重点推进沙特阿拉伯项目。9月，宝钢股份与石油企业沙特阿拉伯国家石油公司（Saudi Arabian Oil Company）以“云签约”方式签署谅解备忘录，协商在沙特阿拉伯合作建设一座全流程厚板工厂。至年末，项目完成前端工程设计招标，并正式开展前端工程设计工作。全年纳入公司项目池管理的项目19个。

对标找差。2021年，宝钢股份建立并优化对标找差工作机制，常态化开展“走出去”对标交流，公司领导带队赴石横特钢集团有限公司、北京建龙重工集团有限公司、河北普阳钢铁集团和山东莱钢永锋钢铁有限公司等开展实地对标；精细化组织开展四基地同工序“比学赶帮超”，系统化应用对标找差成果。通过对标找差，提升净资产收益率达到行业55分位值，“两金”（两金指存货和应收账款）周转天数74.4天，钢铁主业员工人均钢产量达1516吨/人·年。

深化改革。2021年，宝钢股份推进改革三年行动方案落地，74项任务完成59项，完成率79.70%。深化三项制度改革（三项制度改革指国务院针对国企劳动、人事、分配三项制度改革），公司经理层全部实施任期制管理，84家独立法人主体187名经理层成员签订任期目标绩效责任书。推进子公司压减和“参股瘦身”工作，完成法人压减3户，参股公司“瘦身”2户。推进基层组织变革，以硅钢事业部为试点，实现“1个决策中枢+N个智慧工厂”模式切换；制定《宝钢股份基层组织变革实施指导意见》，推动宝钢股份直属厂部炼铁厂、炼钢厂、热轧厂、能源环保部、设备部等单位实施基层组织变革。推进协力管理变革，协力向协作转变比例达91%，其中高质量协作比例达75%，战略协同度达69%，协力劳动效率提升8%，“低小散”供应商减少46家。推进设备管理变革，“操维（操作维护）一体”项目197项，启动率92.50%；16个“检维（点检维护）、检修（点检维修）”项目支撑维修成本削减；设备故障实绩下降20%。

生态圈建设。2021年，宝钢股份加大对宝武铝业支撑力度。宝武铝业完成配套辅作业线建设，110吨熔铸线、1+3热轧、2500毫米冷轧、气垫炉等机组实现日达产，主作业线43条机组设备状态基本稳定。做好对中国宝武钢铁主业支撑，完成马钢股份第一批15个协同支撑项目和全厂信息化建设项目；助推销售、金融业务“应上尽上”，全年在欧冶云商平台实现产品预售804万吨。（孙荣祥）

【宝钢工程技术集团有限公司（中国宝武设计院）】 2021年，宝钢工程技术集团有限公司（以下简称宝钢工程）实现营业收入86.25亿元，在册员工1968人、在岗员工1924人，业务范围涵盖规划咨询、测绘勘察、设计施工、项目管理、招标监理等工程技术服务和节能环保、绿色建筑、高端钢结构、特种车辆等专业化产品服务领域，主要涉及全流程钢铁工程技术、城市建设、节能环保、智慧制造等方面。

打造中国宝武钢铁业智库。2021年，宝钢工程为中国宝武钢铁主业提供高端规划咨询服务，完成中国宝武产能布局与产品结构调整优化规划修改与完善；完成八一钢铁“十四五”产线绿色发展规划编制，聚力打造全球绿色低碳冶金示范基地；开展百万吨级氢冶金绿色智慧示范钢厂研究。履行低碳冶金技术工程化主要承担者职责，拟定《绿色低碳技术策划方案》，探索钢铁工业实现碳中和的技术路线，明确技术发展目标与重点方向；为韶钢松山、红钢公司、玉钢公司、梅钢公司等提供“十四五”节能规划和能效提升方案等咨询服务；推进数智低碳能效平台建设，以指标库、技术库和场景库为基础，引入数字化、可视化、智能化技术，从能源系统、碳排放管理、工厂能效、工序能效和设备能效不同层级实施能效低碳管控。推动构建中国宝武总图空间数字化管理体系，与各基地密切协作，共建智慧总图空间同信息服务云平台，实时掌握数字化动态总图数据，分阶段实现多基地总图数据跨空间互联，提供高质、高效的总图管理与咨询服务，构建智慧总图数字孪生基座，支撑中国宝武总图规划决策。

融入产业生态圈建设。2021年，宝钢工程下属工程技术事业本部先后实施宝钢股份无取向硅钢产品结构优化项目、湛江钢铁三号高炉系统项目、武钢有限镀铝锌生产能力改造、梅钢公司酸洗线改造、广州JFE钢板系列重大改造、宝钢德盛绿色产业基地系列项目、重庆钢铁中板线升级改造等一大批生态圈工程新建及改造项目。马钢设计院承接的马钢股份港料总厂2号C型棚、长江钢铁140吨电炉、马钢股份南区厂容整治、北区雨污分流等EPC项目（对工程建设项目设计、采购、施工、试运行等实行全过

宝钢股份宝山基地全景　　刘继鸣/摄影

程承包)顺利投产、投用。新疆钢铁设计院完成首个 EPC 总承包项目——新疆八钢金属制品有限公司生产线改造。宝钢节能为宝钢股份、重庆钢铁、宝武环科等单位提供高炉矿渣微粉、转炉渣一次处理、钢渣二次处理、渣场环保综合改造等方面再生资源工程技术服务。宝钢建筑装配式钢结构建筑业务稳步拓展,各项经营指标实现跨越式增长,中国宝武内部市场订单增幅 80%,以亚东边境小康村建设为代表的西藏市场快速增长并赢得地方政府赞誉,与中央研究院共同组建"钢结构建筑设计研究院"。宝华招标实施"三统一、一穿透"("三统一"是指宝华招标总部与各区域分部使用统一业务管理体系、资源共享体系、招投标信息化系统;"一穿透"是指宝华招标对各区域分部进行横向到边、纵向到底,全过程、全方位"穿透式"职能管理)管理模式,完善智慧招标采购共享平台,业务拓展至昆钢公司、重庆钢铁、太钢集团等区域,全年项目中标金额与利润总额实现台阶式增长。苏州大方中标俄罗斯某造船厂 4 台动力平板车订单。博力监理服务飞马智科智能装备及大数据工业产业园数据中心项目投产,宝申咨询拓展宝地资产现代产业园 1 号地块项目和奥浦迈公共服务生物医药产业链平台项目等大型审图项目。

强化技术创新体系能力。2021 年,宝钢工程筹划构建以"总工办 + 专家委员会 + 技术(专业)委员会"为核心技术创新咨询机构,召开 11 个技术(专业)领域专家座谈会,邀请公司总工程师、各技术(专业)领域专家参加专题研讨、重点项目及科技成果评审,突出专家在公司技术创新决策上咨询作用。修订《技术创新管理办法》《技术创新奖励管理办法》《科研项目管理办法》《政府科技项目管理办法》,全面规范技术创新管理流程。优化技术创新绩效指标框架,将直接研发投入从观察项调整为考核项,推动各单位资源配置更多向科技创新倾斜,加大战略性、前瞻性技术研发投入。

加快"宝数云"工业互联网平台建设。2021 年,宝钢工程与中国宝武和宝钢股份围绕"交什么、交给谁、怎么用"开展探索创新。完成 10 个数字化设计标准和 1 个数字化交付标准,规范多专业协同设计、交付标准和流程。打造"宝数云"工程软件中心,宝钢股份直属厂部、湛江钢铁、马钢设计院、新疆钢铁设计院 4 个节点完成分布式部署并上线试运行,为数字化设计提供超强图形算力,实现软件云端共享,满足异地、移动等差异化设计与办公需求。加强管理信息系统建设工作,保证经营管理系统和项目管理系统高效顺行。运用信息与通信技术(ICT),建立贯穿"销产供财税融"全流程的数字化智慧工程平台,实现工程企业项目全周期价值化管理。

开展专业化整合。2021 年,宝钢工程调整马钢设计院等资产整合方案,推进宝武重工、宝钢工程轧辊资产整合后续工作。完成马钢集团招标咨询有限公司股权并购和公司清算注销。完成马钢矿山岩土工程勘察联合公司联营方退出及公司制改制,制定并组织推进马钢矿山岩土工程勘察联合公司与马钢设计院吸收合并方案。组织对安徽马钢利民建筑安装有限公司开展尽职调查,开展昆钢公司区域专业化整合。完成太钢集团招标业务专业化整合,整合太原钢铁(集团)国际经济贸易有限公司招标事业部,宝华招标设立华北分公司,完成业务对接、非股权资产转让和人员切换。

优化"一总部多基地"管理模式。2021 年,宝钢工程按照"管理上建服务型平台,推扁平化管理;业务上推一体化运营,促穿透式协同"工作目标,优化"一总部多基地"管理。策划完成《宝钢工程职能配置及机构设置优化方案》。设立云南分公司,在属地全方位支撑昆钢区域工程技术业务专业化整合。设立新疆分公司,与新疆钢铁设计院合署办公且一体化运营。 (赵 莹)

2021 年宝钢工程下属子公司(含托管单位)

名 称	地 址	注册资金	主要经营范围	控股比例	在岗员工(人)
马钢集团设计研究院有限责任公司	安徽省马鞍山经济技术开发区太白大道 3 号、太白大道 1889 号	1651.50 万元	工程项目前期咨询,资质证书范围内(冶金矿山和金属材料等)工程设计、工程总承包、项目管理服务等	托管	270
上海宝钢节能环保技术有限公司	上海市宝山区克山路 550 弄 7 号楼	5 亿元	钢铁、有色、化工等传统产业的绿色升级,提供高技术含量、高可靠性要求、高附加值特性绿色制造关键工艺技术装备研发设计与改造优化的系统解决方案等	100%	93
宝钢钢构有限公司	上海市宝山区宝杨路 2001 号	3.20 亿元	设计、制造、安装各种钢结构,销售自产产品;承包境外钢结构工程和境内国际招标工程等	100%	71
上海宝钢建筑工程设计有限公司	上海市宝山区同济路 999 号 13 号楼	3 亿元	建筑工程设计、咨询和总承包,房地产开发等	100%	88
上海宝申建筑工程技术咨询有限公司	上海市长宁区定西路 1118 号	300 万元	公建、住宅及工业项目施工图设计文件审查	100%	25
上海宝华国际招标有限公司	上海市宝山区克山路 550 弄 8 号楼	1000 万元	招标代理、招标采购管理咨询和网上招投标公共平台建设	中国宝武全资公司(托管)	155
马鞍山博力建设监理有限责任公司	安徽省马鞍山经济技术开发区阳湖路 499 号	300 万元	开展专业范围内工程监理服务和技术咨询	托管	33
苏州大方特种车股份有限公司	江苏省苏州市高新区浒关工业园浒杨路 71 号	1.11 亿元	设计、制造液压动力平板运输车、模块式液压全挂车、半挂车、轮胎式提梁机以及其他重型特种运输设备	51%	143

（续表）

名　称	地　址	注册资金	主要经营范围	控股比例	在岗员工（人）
新疆钢铁设计院有限责任公司	新疆维吾尔自治区乌鲁木齐市头屯河区八一路578号	500万元	工程咨询、城乡规划编制、工程设计、对外承包工程，特种设备设计等	51%	55
马鞍山云起工程勘察有限责任公司	安徽省马鞍山经济技术开发区太白大道3号	133.484万元	矿山、水文、边坡、尾矿坝基础、工业与民用建筑基础勘察设计与处理等	托管	4
上海马钢机电科技有限责任公司	上海市杨浦区大连路990号	665万元	机电科技技术领域内技术开发、技术咨询、技术转让、技术服务，货物及技术的进出口业务等	托管	13
宝钢工程印度有限公司	印度马哈拉施特拉邦	94.50万美元	冶金工程，成套设备、备件贸易、技术服务贸易	66.70%	0
宝钢工程（越南）有限责任公司	越南胡志明市	100万美元	冶金工程，成套设备、备件贸易、技术服务贸易	100%	1
云南益民投资集团有限公司	云南省安宁市昆钢郎家庄	23136万元	不动产出租	托管	23
昆钢集团设计院有限公司	云南省安宁市昆钢公司内	650万元	工程项目前期咨询，资质证书范围内（冶金矿山和金属材料等）工程设计、工程总承包、项目管理服务等	托管	49
云南昆钢集团山河工程建设监理有限公司	云南省安宁市昆钢公司内	350万元	开展专业范围内工程监理服务和技术咨询	托管	45
云南昆钢松本建筑集成有限公司	云南省安宁市昆钢工程技术有限公司办公楼	3000万元	建筑材料生产	托管	2
云南昆钢蓝天钢构有限公司	云南省安宁市太平社区桥钢厂内	1600万元	钢结构加工	托管	0
云南众智招标代理有限公司	云南省昆明经开区经开路3号科技创新园C23室	1000万元	招标代理	托管	29

（赵　莹）

【上海宝地不动产资产管理有限公司/上海宝钢不锈钢有限公司/宝钢特钢有限公司】　上海宝地不动产资产管理有限公司（以下简称宝地资产）前身为2005年成立上海宝地置业有限公司，2018年7月更名。上海宝钢不锈钢有限公司/宝钢特钢有限公司（以下简称宝地吴淞）前身是起源于1938年上海第一钢铁厂和创建于1958年上海第五钢铁厂。2021年2月22日，宝地资产与宝地吴淞整合运作。2021年，全年实现营业收入50.06亿元，实现利润总额10.99亿元。年末总资产和净资产分别为537.6亿元和278.1亿元。

运营服务。2021年，宝地资产与宝地吴淞出租面积净增24.80万平方米，稳定项目出租率达95.50%，产业空间运营规模比上年提升17%。现代服务产业园事业部实现签约面积14.70万平方米，商办事业部实现签约面积22.35万平方米。金色炉台·中国宝武钢铁会博中心举办65场商业活动及会议，接待团体参观304场、15036人次；寓舍事业部四平路门店纳入上海市人才公寓和虹口区“海归驿站”定点项目，宁国路二期门店纳入上海市、杨浦区两级人才公寓。

专业化整合。2月22日，宝地资产与宝地吴淞整合运作。8月10日，托管宝地山西。至年末，完成同类职能、业务专业化整合，形成“5+2+3+N”业务架构（5个产品事业部：智慧制造园区事业部、现代服务产业园事业部、寓舍事业部、文商旅事业部、宝地资源事业部；2个服务平台：物业管理平台、宝地创新中心；3个配套服务事业：园区服务事业部、园区技术事业部、园区能源事业部；N个项目组/部和专业/辅助业务单元）；通过“三重一大”决策流程、董事会议事规则等授权优化，全面实现一套机构（公司总部）统一运营、统一决策、统一文化。

项目建设。完成长期投资8亿元；完成固定资产投资超50亿元，完成率91%；建设项目25项，建设规模158.60万平方米。其中，年内新开工10项，涉及建设规模28.50万平方米；建成12项，建成面积规模38.10万平方米。新设合肥宝地产城发展有限公司，收购上海宝钢住商汽车贸易有限公司外方股权，增资宝钢集团（上海）置业有限公司和重庆工业博物馆置业有限公司4个项目。上海十钢有限公司新华路街道HI—18地块项目（简称宝地新华项目）获“2021年长三角城市更新奖励”；杨浦区C090202单元R—04/7—02/7—04商办项目001（互联宝地产业园二期项目）、宝山区月浦镇BSP0—2401单元Hf块租赁住房项目（月浦炮库租赁住房项目）获评“上海市文明工地”；宝山杨行东社区05—08A地块湄浦路智慧制造研发总部产业园项目获评“宝山区文明工地"。

四网融合。加快数智化升级，基本建成面向主要业态、支持多终端的园区智慧运营平台，包含管理驾驶舱、宝武不动产管理、招商运营管理、物业管理、工程管理、设备设施管理等系统，初步实现"足不出沪，掌控全国"；推进业务财务深度融合，实现商业管理系统、公寓系统、物业管理系统、项目管理系统与财务管理平台实时对接；完成"宝地乐园"App建设开发，互联宝地宝山园、宝山宝乐汇、宝钢大厦作为首批应用场景投入运行，面向C端客户（终端消费者）的会员积分管理系统覆盖到宝山宾馆、宝乐汇等商业项目。

落实国企改革三年行动计划。启动国企改革三年行动，制定形成59项改革专项推进任务；梳理、修订"三重一大"决策事项清单；开展法人压减与管理层级压缩，通过"部室化运作"实现下属业务单元所辖法人单位管理层级压缩；完成上海沪昌佘山度假村、上海开拓磁选金属有限公司、上海宝钢汽车检测修复有限公司、上海宝乐汽车销售服务有限公司、上海宝荣汽车销售服务有限公司、上海宝钢新宝工贸实业有限公司、上海宝地物业管理有限公司7家法人退出。年内完成总裁办公会议事规则、总部去机关化、法制建设、"两非"清理、加强党的建设、强化监督问责机制等50余项任务，完成率85%。

完善合规管理体系。编制《宝地资产法治建设"十四五"规划》，推行总法律顾问制度，成立公司合规管理委员会，召开法治工作暨合规委员会年度会议。推动公司所属业务单元建立合规管理体系，出台公司《合规管理办法》，提出公司级管理文件合规复查意见146条，审查公司重大决策及子公司章程草案或修正案的合法合规性。发布不动产租赁类合同示范文本178份，非不动产类合同示范文本35份。

建设宝地乐园。推进"乐园指数行动计划"，建设乐园指数工作体系，建立包括评价指标与机制、强化项目现场品质监督、深度开展大客户访谈、满意度调查等工作评价体系；探索实践"成为租户'工会主席''团委书记'"工作机制；开展品质"飞检"，发现问题261项，整改率97.80%以上；开展满意度调查工作，访谈15家大客户，汇总问题和需求43项；完成产品事业部177份网上调查问卷，整体客户满意度为91.61%。

安全管理。逐级分解安全生产目标责任，13家直管业务单元、5家存续单位、12个职能部门、14个项目组签订《2021年度安全生产工作责任书》；对接广东宝地南华产城发展有限公司、南京宝地梅山产城发展有限公司、宝地山西等沪外托管单位开展安全管理；推进重要节点安全保障工作，组织各类安全生产隐患排查与专项整治，辨识危险有害因素3145条；修订完善岗位安全操作规程；开展"安全生产月"活动；组织898名员工参加全国安全知识网络竞赛活动；培训安全负责人30人、安全管理人员157人，组织596人次参加消防、危险化学品、特种设备及特种作业相关取证培训。

绿色发展。签订节能环保责任书，分解目标指标，落实碳达峰行动方案，重点推进园区能源供给低碳化、清洁能源车辆替代、建筑节能及智慧楼宇建设等7个碳减排项目，推进碳中和产业园建设；以"点长制"为抓手，开展环境风险辨识及管控；建立完善能源统计报送制度。重点策划开展光伏绿电园区屋顶情况前期调研，为2022年光伏项目上马提供保障。（严　革）

智能制造

【概况】 2021年，宝山区推动区内企业开展智能工厂评测工作，排摸区内智能工厂储备项目，推动建设智能工厂，搭建垂直行业工业互联网平台，推动区域机器人、智能制造以及人工智能重点企业融合发展，聚焦柔性制造、云制造、共享制造等新制造模式，强化柔性化生产能力和数字化基础支撑，加大工业机器人、仓储机器人应用推广力度，加快传统行业智能化转型。

【重大项目开工建设】 2021年，宝山区推动发那科三期项目完成生产区钢结构主体安装，研发区基础施工。推动快仓（宝山）全球智能机器人产业化基地项目开展主体施工，计划2022年完成主体工程施工。推动中交数据中心项目完成竣工验收，联东U谷机器人创新港、福然德自动化系统及新材料研发中心等项目开工建设。（王　洁）

7月15日，联东U谷·宝山机器人创新港开工仪式举行　　顾村镇/提供

商贸业

■ 编辑　田翔辉

商　业

【概况】　2021年,宝山区实现商品销售总额10110.44亿元,比上年增长25.0%,增速位列全市第一、规模位列全市第五。其中金属材料类商品销售额8188.71亿元,占全区商品销售总额81.1%。实现社会消费品零售总额850.39亿元,增长8.9%,规模位列全市第七。

【打响"上海购物"品牌】　4月28日,宝山区第二届"五五购物节"在智慧湾科创园启动。购物节围绕"爱生活·AI消费·聚宝山"主题,聚焦科创转型,以数字赋能为基础、品质消费为导向,推出"品味宝山、惠驰宝山、易捷宝山、E购宝山、畅购宝山、夜享宝山"6个主题板块系列活动共258项。6月6日,以"醉美北上海　邂逅夜宝山"为主题的第二届"六六夜生活节"在吾品田风尚天地启动,推出"吾品田·申夜魔市"、宝山U天地重点打造邻里型市集——月亮湾夜市、"好湾好玩·智慧湾夜生活节""国潮文化节·虎城巴蜀篇""高境·夜来香""宝杨宝龙·潮in音乐节"六大主题特色活动。购物节期间(4月28日—6月30日),宝山区12家样本企业累计实现销售额23.48亿元,比上年同期增长30.14%。

4月28日,宝山区第二届五五购物节在智慧湾科创园正式启动　区商务委/提供

【商业综合体项目建设】　2021年,宝山区新开业和在建商业综合体项目10个。12月18日,2021年上海建设国际消费中心城市重点消费地标项目——宝山日月光商业广场开业,建筑面积17.5万平方米。

【政府实事项目建设】　2021年,宝山区商务委推进政府实事项目建设,新(改)建标准化菜市场3家,建设平价菜(肉)专柜79个;新(改)建早餐网点119家,其中新(改)建网订店取早餐网点66个、复合型早餐网点46个、无人早餐车7辆,网点遍布所有街镇(园区)。其中19家门店列为2021年上海市为民办实事项目早餐工程示范点。

2021年宝山区商业综合体项目

属地	项目名称	建筑面积(万平方米)	备注
新开业项目			
大场镇	宝山日月光商业广场	17.5	2021年12月18日开业
杨行镇	中铁北城时代(商业项目)	5.7	商业项目2021年底陆续开业
在建项目			
友谊路街道	上海长滩(商办项目)	36.65(商业16.7、酒店4.7、办公6.7)	计划2023年商业项目开业
友谊路街道	临江商业商务中心(阅江汇)	24.38(商业6.6、酒店2.8、办公6.3)	计划2023年开业
友谊路街道	金富门改造项目	8.0(商业3.08)	计划2023年开业
淞南镇	上海芳草地B地块商业商务项目	17.3(商业4.7、办公3.7、精品酒店1.2、公寓式办公4.5)	计划2024年开业
月浦镇	融创精彩天地项目	4	计划2023年开业
罗店镇	罗店中集金地美兰城商办项目	34.4(商业14.9、办公19.5)	计划2024年商业项目开业
罗泾镇	上海东虹国际商城	9.2	计划2023年开业
大场镇	南大智慧城首发地块商业商务项目	8.8(商业4.4、办公4.4)	计划2023年开业

2021 年宝山区改(扩)建标准化菜市场

所在街镇	菜场名称	地　址
友谊路街道	翼海上菜市场	采江路 78 号
友谊路街道	宝林二村菜市场	宝林路 251 号
罗店镇	年吉菜市场	年吉路 100 弄 12 号

2021 年宝山区早餐工程示范点

企业	网点	地址	新/改建	所属街道	备注
Tims	沪太路第一分公司	沪太路 2999 号	新建	大场镇	
	纪蕰路店	纪蕰路 38 号一层	新建	庙行镇	
大富贵	长逸路店	长逸路 258 号 A6	改建	淞南镇	网订柜取
汉堡王	野桥广场餐厅	纪蕰路 38 号 F1022	新建	庙行镇	网订柜取
	宝山万达 2 餐厅	一二八纪念路 936 号一楼 1001 号	改建	高境镇	网订柜取
	宝山正大乐城餐厅	陆翔路 111 弄正大乐城购物中心一层	改建	顾村镇	网订柜取
鸿瑞兴	宝山店	永清路 700 号	改建	友谊路街道	网订柜取
肯德基	共富新村店	蕰川路 516 号	新建	顾村镇	
	顾北路店	顾北东路 12 号	新建	杨行镇	
	共江路店	共江路 1208 号一层	新建	张庙镇	
老盛昌	潘新店	潘新路 134 号一层	新建	罗泾镇	
良友金伴	聚丰园路店	聚丰园路 9 弄 3 号	新建	罗泾镇	
罗森	场联路店	场联路 76 号	新建	大场镇	
	殷高路店	殷高路 27 号 4 幢一层	新建	高境镇	
麦当劳	蕰川路店	蕰川路 6 号	新建	顾村镇	
逸刻	真大路店	真大路 520 号 3 幢 1 层	新建	大场镇	
	同泰北路店	同泰北路 101 号	新建	吴淞街道	
永和大王	聚丰园路店	聚丰园路 205 号一层 F1F0089A 号铺位	新建	大场镇	
	逸仙路店	逸仙路 1328 号 8 栋一层	新建	高境镇	

【创建上海钢铁领域平台经济示范区】 2021 年,宝山区商务委围绕推进平台经济、电子商务发展,创建上海钢铁领域平台经济示范区,打造双千亿级钢铁电商平台。完善创建上海钢铁领域平台经济示范区方案,推进商务部关于上海市宝山区推动钢铁领域平台经济发展试点工作。支持推荐及韵物流科技、上海钢联物联网、欧冶工业品等示范区,鸭嘴兽供应链、钢联物流股份等企业申报商务部商贸物流重点联系企业遴选工作;支持上海钢联“大宗商品行业资讯与数据服务标准化试点”获得国家标准化管理委员会认定,钢银电商及韵互联网物流管理平台获得国家网络货运资质;支持欧冶云商成为商务部等 8 部门评审第一批全国供应链创新与应用示范企业、欧冶云商钢铁产业互联网数智化平台入选上海市首批商务领域数字化转型(2021—2023 年)重点项目、欧冶云商参加商务部数字商务企业综合评价工作、欧冶云商获 2021 上海新兴产业企业百强榜第二名;支持跟踪服务示范区载体企业欧冶云商系和上海钢联系(钢银电商)平台企业,完善平台供应链生态,打造双千亿级钢铁电商平台。

【推进总部经济发展】 2021 年,宝山区商务委结合全区产业发展导向,会同街镇(园区)在实力民营企业和贸易型企业中优中选优,遴选候选对象,完成市级贸易型总部和市级民营企业总部推荐申报工作,共有宝钢商贸、尤安建筑设计等 5 家企业被新认定为市级贸易型总部和市级民营企业总部。年内完成新认定市级总部经济企业支持政策项目网上申报工作,15 家市级民营企业总部项目获区总部经济政策资金支持。 (卞宇江)

服务业

【概况】 2021年,宝山区纳入统计监测范围91个商务载体总税收收入实现89.70亿元,总税收单位面积产出为每平方米2427.43元,比上年增幅43.65%;总体入驻率81.1%,落地型企业注册率70.3%,税收收入1亿元以上载体21个。91个商务载体共有缴税企业12006户,新增缴税企业1849户,增加缴税额3.48亿元。

2021年宝山区亿元楼

载体名称	所属街镇	总税收收入(万元)	重点企业	
			企业名称	总税收收入(万元)
上海移动互联网创新园	淞南镇	102211.59	瑞冶联	47424
海纳大楼	大场镇	96776.46	华旺地产	27059
上海宝山钢铁物流商务区	杨行镇	74036.63	钢银电子	18618
大华虎城嘉年华商务楼(一期)	大场镇	60113.36	睿华地产	46964
上海市移动互联网产业基地海宝示范园	顾村镇	47842.17	顾华地产	40630
上海钢铁金融产业园(宝莲城)	友谊路街道	45596.25	欧冶材料	10905
宝钢综合大楼	友谊路街道	41554.17	宝钢钢材	26970
上海智力产业园一期	庙行镇	40647.24	华行地产	26349
半岛1919(西)	吴淞街道	24798.4	汐泰投资	21957
东太路商业广场	罗店镇	24141.29	智飞置业	12644
上海智力产业园二期	庙行镇	19101.5	中保投双创	10961
上海移动商务产业园(新陆国际大厦)	高境镇	16441.97	万达投资	4926
东鼎国际商务大厦	杨行镇	16227.77	欧冶云商	8979
复旦软件园高新技术产业基地	淞南镇	15627.39	瑞钢联	4846
中成智谷创意园区	淞南镇	13586.08	微盟	6873
中设科技园	高境镇	13161.53	尤安设计	12167
智航创新园	张庙街道	13105.25	世拓实业	3219
新业坊源创	高境镇	11836.53	申创股权投资	3522
安信商业广场D栋	友谊路街道	11505.17	利宏发展	2515
同济创园	淞南镇	10998.23	同济建设	4241
未来已来智造社	月浦镇	10693.19	睿秀电子	2014
合计		710002.17		343783

【发挥政策引导效应】 2021年,区商务委完成2020年度"租税联动"最终核算和资金拨付工作,做好专项资金使用后续跟踪和监督管理。完成对现代服务业发展专项政策实施细则修订工作,依托线上线下多渠道方式扩大新修订政策宣传面,提升政策在企业、载体、园区中知晓度,强化企业和项目申报工作规范性。开展2021年度两批市级服务业引导资金申报、评审工作,6家企业获市级引导资金扶持。

【电子商务交易额稳步增长】 2021年,宝山区电子商务企业实现电子商务交易额7858.9亿元,比上年增长35.3%。其中B2B交易额7721.9亿元,增长35.2%;B2C交易额137亿元,增长45.4%。欧冶云商股份有限公司、上海钢银电子商务有限公司和宝钢新日铁汽车板有限公司3家重点B2B企业电子商务交易额达7388.3亿元,占全部电子交易额94.0%。 (卞宇江)

粮食管理

【概况】 2021年,宝山区完成收购粮食3.442万吨。其中:晚粳谷3.346万吨,小麦0.096万吨。落实区级粮食储备7.10万吨核定规模,全年按区级储备粮轮换计划组织实施,通过动态管粮,确保储备粮质量良好、数量真实、常储常新。

【落实粮食安全区长责任制】 2021年,宝山区推进粮食安全信息化建设,提高智慧储粮水平,加强安全监管力度。9月26日,区政府召开专题会议,动员部署粮食安全责任制考核。区粮食和物资储备局对照《2021年度上海市粮食安全责任制考核评分表》查找问题,完善制度建设,落实整改措施,从粮食生产、流通、消费等各环节做实做细粮食安全工作。宝山区在年度考核中无扣分,被市粮安考核办评为"优秀"。

【防疫物资保障】 2021年,区粮食和物资储备局通过完善防疫物资发放各项规章制度和疫情防控物资出入库等7本基础台账,做到台账日清日结,确保各衔接环节和收发、库存数量"零差错",有效应对新冠疫情常态化。对保质期在1年之内的3.93万件、价值107万元防疫物资进行调拨处理，改善防疫物资储存结构，确保防疫物资安全有效。

【粮食安全监管】　2021年，区粮食和物资储备局根据粮食安全区长责任制考核工作要求，结合市局储备粮在线监管机制实施具体细则，邀请市局领导、设计建设单位工程师到宝山实地商讨建立符合宝山实际的储备粮在线监管平台。年内实现在线监管网络平台与市局互联互通，提升宝山储备粮在线监管水平。

【粮食购销领域腐败问题专项整治】　2021年，宝山区召开由区有关职能部门和区粮油购销公司党政领导及下属分公司主要领导参加的粮食购销领域腐败问题专项整治工作动员部署会。区粮食和物资储备局按照专项整治工作要求，查找粮食购销领域存在隐患，建立健全规章制度，配合纪检部门检查，根除粮食购销领域存在腐败问题。　（卞宇江）

烟草专卖

【概况】　2021年，上海市宝山区烟草专卖局、上海烟草集团宝山烟草糖酒有限公司（以下简称宝山烟草区局、宝山烟草公司）按照“以党建为引领，推动营销一体化运行升级、推动新型专卖体系监管力度升级，强化成本管控、队伍建设、规范监督、基础管理，实现高质量可持续发展”目标，坚持“发展、改革、规范”工作主线，聚焦卷烟营销和专卖管理两大核心职能，促进各项基础管理工作水平提升。

【卷烟营销一体化】　2021年，宝山烟草公司建立业务、财务融合协同运行机制，以日税利为导向，对经营税利目标进行精准管控，动态分析经济运行质量。发展现代终端356户，加盟终端及建设对象15户，评选示范终端23户。

【提升行政许可办证效能】　至11月末，烟草专卖许可证行政审批平均办结时间0.29天，零售户发证至首次可订货时间缩短至7.2个工作日。

【破获网络案件、假私案件】　2021年，宝山烟草区局与海警、公安联合，接连破获“上海宝山‘9·19’跨境转运走私普通货物网络案”和“上海宝山‘4·24’运销走私烟、假烟网络案”。

【建立海上烟警巡查机制】　2021年，宝山烟草区局联合宝山海警局开展“海鸥”海上专项巡查，巡航全程历时3.5小时，里程33海里，累计巡视各类船舶11艘，收集水上运输渠道、沿岸停靠码头、可疑沿岸仓库等目标数据。

（蒋卓俪）

市　场

【概况】　2021年，宝山区有商品交易市场150家（经营中126家，实际不经营24家）。市场类型：农副产品市场107家，其他消费品市场1家，工业消费品市场29家，工业生产资料市场13家。细分市场类型：农副产品综合市场99家，茶叶市场4家，花鸟市场1家，水产市场2家，农产品市场1家；食品市场1家；小商品服饰市场11家，建材市场13家，家居市场4家，电子市场1家；钢材市场6家，机动车配件市场3家，木材市场1家，机电设备市场1家，旧机动车市场1家，其他工业生产资料专业市场1家。

2021年宝山区商品交易市场

市场名称	地　址	市场类型	细分类型	场内经营户数	经济性质		属地	是否经营
					国有集体	私营		
上海江杨农产品市场经营管理有限公司	江杨北路98号	农副产品专业市场	农产品市场	1502	√		杨行镇	是
上海江阳水产品批发交易市场经营管理有限公司	泰和路1700号	农副产品专业市场	水产市场	1391		√	杨行镇	是
上海江杨水产品批发市场经营管理有限公司	铁城路1555号	农副产品专业市场	水产市场	803	√		杨行镇	是
上海京沪汽车配件用品市场经营管理有限公司	沪太路3258号	工业生产资料专业市场	机动车配件市场	82		√	大场镇	否
上海联东石材陶瓷市场经营管理有限公司	沪太路3198—3223号	工业生产资料专业市场	其他工业生产资料专业市场	52		√	大场镇	否
上海场南建材市场经营管理有限公司	沪太路2019弄58号	工业消费品专业市场	建材市场	54		√	大场镇	否
上海福人林产品批发市场经营管理有限公司	沪太路2695—2699号	工业生产资料专业市场	木材红木家具市场	81		√	大场镇	是
上海红星美凯龙家居市场经营管理有限公司	沪太路1801号	工业消费品专业市场	家居市场	621		√	大场镇	是
上海乾溪小商品市场经营管理有限公司	场联路142号	工业消费品专业市场	小商品服饰市场	30	√		大场镇	是
上海霓虹儿童用品市场经营管理有限公司	大华路518号1—1.5层	工业消费品专业市场	小商品服饰市场	70		√	大场镇	是
上海龙珠集贸市场经营管理有限公司	行知路251弄61—64号	农副产品综合市场	定点活禽交易市场	55	√		大场镇	是
上海场联集贸市场经营管理有限公司	场联路139号1—2层	农副产品综合市场		60	√		大场镇	是

（续表一）

市场名称	地　址	市场类型	细分类型	场内经营户数	经济性质		属地	是否经营
					国有集体	私营		
上海真华集贸市场经营管理有限公司	行知路833号1楼	农副产品综合市场		54	√		大场镇	是
上海环镇集贸市场经营管理有限公司	环镇北路789号1层	农副产品综合市场		65	√		大场镇	是
上海乾中集贸市场经营管理有限公司	南大路158号	农副产品综合市场		20	√		大场镇	是
上海大华二村集贸市场经营管理有限公司	新沪路327号	农副产品综合市场		76	√		大场镇	是
上海华欣集贸市场经营管理有限公司	真华路1057号	农副产品综合市场		1			大场镇	是
上海鑫力农副产品市场经营管理有限公司	新沪路48号	农副产品综合市场		105		√	大场镇	是
上海华和集贸市场经营管理有限公司	真大路360号	农副产品综合市场		1		√	大场镇	是
上海高境金属交易市场管理有限公司	新二路168号	工业生产资料专业市场	钢材市场	29		√	高境镇	否
上海中规钢材电子交易市场经营管理有限公司	殷高西路101号603室甲	工业消费品专业市场	电子市场	4		√	高境镇	是
上海宝山好百年家居市场经营管理有限公司	殷高西路700号1—4层	工业消费品专业市场	家居市场	163		√	高境镇	是
上海盛须建材市场经营管理有限公司	新二路168号	工业消费品专业市场	建材市场	36		√	高境镇	是
上海飞洪百货市场经营管理有限公司	共和新路4856、4868、4731、4733、4735、4737号	工业消费品专业市场	小商品服饰市场	21		√	高境镇	是
上海程居茶叶市场经营管理有限公司	新二路168号	农副产品专业市场	茶叶市场	6		√	高境镇	是
上海大不同新江湾茶城市场经营管理有限公司	逸仙路1808号1—6层	农副产品专业市场	茶叶市场	138		√	高境镇	是
上海岭南集贸市场经营管理有限公司	岭南路1028号	农副产品综合市场		21		√	高境镇	是
上海高跃农贸市场经营管理有限公司	高境路56号1层	农副产品综合市场		90		√	高境镇	是
上海苏特仑农副产品市场经营管理有限公司	共和新路4701弄1号	农副产品综合市场		10		√	高境镇	是
上海国江农贸市场经营管理有限公司	国权北路65号	农副产品综合市场		80		√	高境镇	是
上海和佳农贸市场经营管理有限公司	国权北路829弄1号1层	农副产品综合市场		16		√	高境镇	是
上海三门农贸市场经营管理有限公司	三门路497号2幢1—2层、4幢2层	农副产品综合市场		60		√	高境镇	是
上海逸骅集贸市场经营管理服务部	殷高西路88号	农副产品综合市场		40	√		高境镇	是
上海东明家具市场经营管理有限公司	沪太路4301号	工业消费品专业市场	家居市场	259		√	顾村镇	是
上海绿饰汇家居市场经营管理有限公司	顾太路98号—6	工业消费品专业市场	建材市场	122		√	顾村镇	是
上海兴明建材市场经营管理有限公司	沪太路4332号	工业消费品专业市场	建材市场	523		√	顾村镇	是
上海顾村集贸市场经营管理有限公司	顾太路350号	农副产品综合市场	定点活禽交易市场	85	√		顾村镇	是
上海共富副食品市场经营管理有限公司	共富路305弄	农副产品综合市场		50		√	顾村镇	是
上海富弘农副产品集贸市场经营管理有限公司	共富路568号	农副产品综合市场		82	√		顾村镇	是
上海富弘农副产品集贸市场经营管理有限公司顾北东路市场分公司	顾北东路575弄	农副产品综合市场		16	√		顾村镇	否

（续表二）

市场名称	地 址	市场类型	细分类型	场内经营户数	经济性质		属地	是否经营
					国有集体	私营		
上海顾北农贸市场经营管理有限公司	顾荻路 332—348 号	农副产品综合市场		52		√	顾村镇	是
上海润通集贸市场经营管理有限公司	水产西路 938 号	农副产品综合市场		68		√	顾村镇	是
上海富弘农副产品集贸市场经营管理有限公司泰和西路市场分公司	泰和西路 3389 号	农副产品综合市场		24	√		顾村镇	是
上海广大机电设备市场经营管理有限公司	沪太路 5788 号	工业生产资料专业市场	机电设备市场	16		√	顾村镇	是
上海文宝苑农副产品市场经营管理有限公司	菊联路 169 号 1 层	农副产品综合市场		44		√	顾村镇	是
上海翼家菜市场经营管理有限公司	菊盛路 882 号	农副产品综合市场		65	√		顾村镇	是
上海绿欣投资管理有限公司菊太集贸市场经营管理分公司	菊太路 308 号	农副产品综合市场		43	√		顾村镇	是
上海弘保集贸市场经营管理有限公司	联杨路 1052、1054 号 1 层	农副产品综合市场		28		√	顾村镇	是
上海众宝农副产品市场经营管理有限公司	联杨路 1309 号 1 楼	农副产品综合市场		43		√	顾村镇	是
上海宝菊农贸市场经营管理有限公司	宝菊路 655 号	农副产品综合市场		1		√	顾村镇	是
上海天平农贸市场经营管理有限公司	石太路罗东路口	农副产品综合市场		0		√	罗店镇	否
上海宝罗居建材市场经营管理有限公司	沪太路 7266 号	工业消费品专业市场	建材市场	99		√	罗店镇	否
上海佰旺建材市场经营管理有限公司	月罗路 1116 号	工业消费品专业市场	建材市场	23		√	罗店镇	否
上海罗溪农贸市场经营管理有限公司	罗溪路 800 号	农副产品综合市场		57		√	罗店镇	否
上海金罗店集贸市场经营管理有限公司	新街 29 号	农副产品综合市场		65		√	罗店镇	否
上海罗安建材市场经营管理有限公司	沪太路 7690 号	工业消费品专业市场	建材市场	60		√	罗店镇	是
上海金罗店装饰材料市场经营管理有限公司	月罗路 2375 号	工业消费品专业市场	建材市场	65		√	罗店镇	是
上海罗泉建材市场经营管理有限公司	月罗路 2500 号 3—12 幢	工业消费品专业市场	建材市场	103		√	罗店镇	是
上海罗店小商品市场经营管理有限公司	塘西街 169 号	工业消费品专业市场	小商品服饰市场	132	√		罗店镇	否
上海罗南农副产品批发市场经营管理有限公司	东太路 239 号	农副产品综合市场		61		√	罗店镇	是
上海祁北农贸市场经营管理有限公司	祁北东路 85 弄 10 号	农副产品综合市场		24		√	罗店镇	是
上海罗安农副产品市场经营管理有限公司	沪太路 7690 号 3 幢	农副产品综合市场		254	√		罗店镇	是
上海宝山居美农贸市场经营管理有限公司	美文路 569 号 1 层	农副产品综合市场		9		√	罗店镇	是
上海台逸农副产品市场经营管理有限公司	年喜路 737 号 1—2 层	农副产品综合市场		26		√	罗店镇	是
上海罗美农贸市场经营管理有限公司	美平路 675 号	农副产品综合市场		55		√	罗店镇	是
上海祺熹菜市场经营管理有限公司	年吉路 100 弄 12 号 113 室 1 层—6	农副产品综合市场				√	罗店镇	是
上海瀚广农产品市场经营管理有限公司	潘泾路 4571 号 1—2 层	农副产品综合市场		1		√	罗泾镇	是
上海远航服饰市场经营管理有限公司	新川沙路 512 号	工业消费品专业市场	小商品服饰市场	0		√	罗泾镇	否

（续表三）

市场名称	地　址	市场类型	细分类型	场内经营户数	经济性质		属地	是否经营
					国有集体	私营		
上海罗泾农贸市场经营管理有限公司	陈镇路158号	农副产品综合市场		136	√		罗泾镇	是
上海佳易集贸市场经营管理有限公司	潘新路96—108号	农副产品综合市场		1		√	罗泾镇	是
上海长临建材装饰交易市场经营管理有限公司	长临路889—957号	工业消费品专业市场	建材市场	67	√		庙行镇	是
上海共康服饰市场经营管理有限公司	长临路800号	工业消费品专业市场	小商品服饰市场	556		√	庙行镇	是
上海庙行菜市场经营管理有限公司	场北路360号	农副产品综合市场		45	√		庙行镇	是
上海野桥集贸市场经营管理有限公司	三泉路1451号	农副产品综合市场		161	√		庙行镇	是
上海掘驰市场经营管理有限公司	场北路660号1楼	农副产品综合市场		31	√		庙行镇	是
上海云峰钢材市场经营管理有限公司	长江西路778号	工业生产资料专业市场	钢材市场	50	√		淞南镇	否
上海淞发农贸市场经营管理有限公司	淞发路61号	农副产品综合市场		13		√	淞南镇	否
上海振新市场经营管理有限公司	新二路1111号	农副产品综合市场		50		√	淞南镇	是
上海逸兴农贸市场经营管理有限公司	逸仙路3456弄19号	农副产品综合市场		8	√		淞南镇	否
上海江杨钢材现货市场经营管理有限公司	江杨南路1518号	工业生产资料专业市场	钢材市场	73		√	淞南镇	是
上海建配龙建材市场经营管理有限公司	长逸路99号	工业消费品专业市场	家居市场	228		√	淞南镇	是
上海弘皇建材家居市场经营管理有限公司	淞发路936—950号	工业消费品专业市场	建材市场	80		√	淞南镇	是
上海大昌集贸市场经营管理有限公司	长江南路579号	农副产品综合市场	定点活禽交易市场	85		√	淞南镇	是
上海淞南农副产品市场经营管理有限公司	淞良路525号	农副产品综合市场		80	√		淞南镇	是
上海全而廉农贸市场经营管理有限公司	泗东路37号	农副产品综合市场		35		√	吴淞街道	是
上海西朱集贸市场经营管理有限公司	同济路200号	农副产品综合市场		0		√	吴淞街道	否
上海海滨集贸市场经营管理有限公司	同济支路1号	农副产品综合市场		0		√	吴淞街道	否
上海沪客隆招商市场有限公司	淞兴路157—165号	工业消费品专业市场	小商品服饰市场	102	√		吴淞街道	是
上海沪客隆招商市场有限公司沪客隆服饰市场分公司	淞兴路157—165号	工业消费品专业市场	小商品服饰市场	123	√		吴淞街道	是
上海隆生茶叶市场经营管理有限公司	淞兴路163号	农副产品专业市场	茶叶市场	20		√	吴淞街道	是
上海东江集贸市场经营管理有限公司	水产路5号	农副产品综合市场		26		√	吴淞街道	是
上海绿叶农副产品市场经营管理有限公司	淞兴路163号1楼	农副产品综合市场		51	√		吴淞街道	是
上海绿叶农副产品市场经营管理有限公司同泰北路市场分公司	同泰北路449号	农副产品综合市场		57	√		吴淞街道	是
上海绿叶农副产品市场经营管理有限公司步云农副产品市场经营管理分公司	永清路211号	农副产品综合市场		56	√		吴淞街道	否
上海中唐钢材市场经营管理有限公司	铁山路1071—1079号	工业生产资料专业市场	钢材市场	36		√	杨行镇	否
上海东智钢铁市场经营管理有限公司	友谊路1502号	工业生产资料专业市场	钢材市场	16		√	杨行镇	否

（续表四）

市场名称	地　址	市场类型	细分类型	场内经营户数	经济性质		属地	是否经营
					国有集体	私营		
上海亿海茶叶市场经营管理有限公司	友谊路 1899 弄 58 号 205—207 室	农副产品专业市场	茶叶市场	24		√	杨行镇	否
上海邦手集贸市场经营管理有限公司	铁峰路 2041 号	农副产品综合市场		19		√	杨行镇	是
上海杨鑫集贸市场经营管理有限公司	杨泰路 258 号	农副产品综合市场		42	√		杨行镇	是
上海金阳光汽配市场经营管理有限公司	水产路 1699 号	工业生产资料专业市场	机动车配件市场	84		√	杨行镇	是
上海宝山吴淞国际汽车配件市场经营管理有限公司	友谊路 1500 号	工业生产资料专业市场	机动车配件市场	88		√	杨行镇	是
上海建名美饰家建筑装饰材料市场经营管理有限公司	宝杨路 2231 号	工业消费品专业市场	建材市场	123	√		杨行镇	是
上海美仑建材市场经营管理有限公司	蕰川路 1638 号	工业消费品专业市场	建材市场	220		√	杨行镇	是
上海振宝集贸市场经营管理有限公司	富锦路 1588 号	农副产品综合市场	农村自产自销简易市场	13		√	杨行镇	是
上海红林农副产品市场经营管理有限公司	红林路 528 弄 37 号 1 层	农副产品综合市场		63		√	杨行镇	是
上海香逸湾农副产品市场经营管理有限公司	莲花山路 517 弄 128 号 1 层	农副产品综合市场		42		√	杨行镇	是
上海翼杨菜市场经营管理有限公司	梅林路 768 号	农副产品综合市场		20	√		杨行镇	是
上海万远农副产品市场经营管理有限公司	盘古路 1848 号 1 层	农副产品综合市场		13		√	杨行镇	是
上海天馨集贸市场经营管理有限公司	水产西路 200 号	农副产品综合市场		20		√	杨行镇	是
上海杨行农贸市场经营管理有限公司	松兰路 846 号	农副产品综合市场		51	√		杨行镇	是
上海东街农副产品市场经营管理有限公司	镇新路 377 号	农副产品综合市场		45		√	杨行镇	是
上海北翼商业街市场经营管理有限公司	牡丹江路 1599 号	工业消费品专业市场	小商品服饰市场	486	√		友谊路街道	是
上海宝林二村市场经营管理有限公司	宝林二村 107 号	农副产品综合市场		55		√	友谊路街道	是
上海宝山集贸市场经营管理有限公司宝杨路市场分公司	宝杨路 250 号	农副产品综合市场		295		√	友谊路街道	是
上海宝山集贸市场经营管理有限公司	密山路 101 号	农副产品综合市场		81		√	友谊路街道	是
上海绿叶农副产品市场经营管理有限公司盘古路市场分公司	盘古路 486 号	农副产品综合市场		0	√		友谊路街道	是
上海绿叶农副产品市场经营管理有限公司团结路分公司	团结路 4—6 号 1 楼	农副产品综合市场		35	√		友谊路街道	是
上海淞宝市场经营管理有限公司	永乐路 388 号	农副产品综合市场		61		√	友谊路街道	是
上海宝山青鲜集贸市场经营管理有限公司	友谊支路 265—275 号	农副产品综合市场		30		√	友谊路街道	是
上海宝山上蔬永辉中心菜场有限公司	东林路 201 号	农副产品综合市场		1		√	友谊路街道	是
上海翼家菜市场经营管理有限公司采江路分公司	采江路 78 号 1 层	农副产品综合市场			√		友谊路街道	是
上海东方国贸新城市场经营管理有限公司	沪太路 3999 号	工业消费品专业市场	小商品服饰市场	530		√	大场镇	是
上海宝山聚丰集贸市场经营管理有限公司	聚丰园路 300 号	农副产品综合市场	定点活禽交易市场	55	√		大场镇	否
上海虹腾农副产品市场经营管理有限公司	沪太路 3633 号	农副产品综合市场		200		√	大场镇	是

（续表五）

市场名称	地　址	市场类型	细分类型	场内经营户数	经济性质		属地	是否经营
					国有集体	私营		
上海祁众集贸市场经营管理有限公司	锦秋路 1360 号	农副产品综合市场		92	√		大场镇	是
上海锦秋集贸市场经营管理有限公司	锦秋路 809 弄 118 号	农副产品综合市场		45		√	大场镇	是
上海允豪农贸市场经营管理有限公司	祁华路 324 号 1—2 层	农副产品综合市场		10		√	大场镇	是
上海宴芸农贸市场经营管理有限公司	市台路 515 弄 52 号 1 层	农副产品综合市场		40		√	大场镇	是
上海祁祥集贸市场经营管理有限公司	锦秋路 699 弄 17 区 113 号 1 层	农副产品综合市场				√	大场镇	是
上海上蔬永辉生鲜食品有限公司经地路分公司	经地路 99 弄 1 幢 3 号 208—1A	农副产品综合市场		1		√	大场镇	是
上海凯红食品市场经营管理有限公司	沪太路 3663 号 1 楼 D1	其他消费品市场	食品市场	137		√	大场镇	是
上海海钢天隆钢材经营管理有限公司	联水路 168 号 1—11 号	工业生产资料专业市场	钢材市场	60		√	月浦镇	是
上海月盛百货市场经营管理有限公司	龙镇路 53 号	工业消费品专业市场	小商品服饰市场	149		√	月浦镇	是
上海月盛百货市场经营管理有限公司春雷路农副产品市场分公司	春雷路 445 号—1 室	农副产品综合市场	农村自产自销简易市场	25		√	月浦镇	是
上海宝江集贸市场经营管理有限公司	月罗路 277 号	农副产品综合市场	农村自产自销简易市场	28	√		月浦镇	是
上海月春集贸市场经营管理有限公司	长春村圆和路 10 号	农副产品综合市场	农村自产自销简易市场	23	√		月浦镇	是
上海宝山鱼塘市场经营管理有限公司	德都路 255 号	农副产品综合市场		94		√	月浦镇	是
上海盛桥农贸市场经营管理有限公司	古莲路 328 号 201 室	农副产品综合市场		156		√	月浦镇	是
上海庆安集贸市场经营管理有限公司	绥化路 52 弄 62 号	农副产品综合市场		33	√		月浦镇	是
上海宝山勤宇农副产品市场经营管理有限公司	月罗路 888 弄 27 号	农副产品综合市场		83	√		月浦镇	是
上海绿叶农副产品市场经营管理有限公司月浦三村市场分公司	月浦三村 40 号	农副产品综合市场		72	√		月浦镇	是
上海月浦蔬菜交易市场经营管理有限公司	蕰川路 2767 号	农副产品综合市场		216	√		月浦镇	是
上海宝山泗塘市场经营管理有限公司	爱辉路 599 弄内	农副产品综合市场		215	√		张庙街道	否
上海呼兰二手车交易市场经营管理有限公司	呼兰路 525 号	工业生产资料专业市场	旧机动车市场	13	√		张庙街道	是
上海上房绿建花鸟市场经营管理有限公司	爱辉路 358—500 号	农副产品专业市场	花鸟鱼虫市场	103	√		张庙街道	是
上海爱辉农副产品市场经营管理有限公司	爱辉路 61 号	农副产品综合市场		85		√	张庙街道	是
上海呼玛商品交易市场经营管理有限公司	呼玛二村 1 号	农副产品综合市场		242	√		张庙街道	是
上海新星农副产品市场经营管理有限公司	虎林路 239 号	农副产品综合市场		170	√		张庙街道	是
上海共江集贸市场经营管理有限公司	通河路 107 号	农副产品综合市场		76		√	张庙街道	是
上海翼家菜市场经营管理有限公司翼新菜市场经营管理分公司	通河路 411 号	农副产品综合市场		43	√		张庙街道	否

（徐　杰）

供销合作

【概况】 2021年，宝山供销社全系统实现主营业务收入36.04亿元，归属母公司净利润8626万元，上缴税额1.09亿元。区供销社拥有36家企业，包括：全资企业20家，绝对控股企业4家，相对控股企业3家，实际控制参股企业3家，财务投资型企业6家。

【持续推动产业升级】 2021年，区供销社全系统实现资产经营收入2.77亿元。月浦翼项目定位为商务办公中心，采用与北翼复客创享中心相同的“房东＋股东”模式运营，首批客户已进场装修。国权北路地铁上盖项目完成结构封顶。全系统实现商品销售收入32.89亿元，服务业收入2247万元，金融业收入1645万元。其中：长兴公司进一步拓展成品油访销业务，年销售收入16.90亿元；南方公司成功进入工信部废钢铁加工行业准入条件企业名单，抓住废不锈钢单价上涨利好，实现商品销售收入13.43亿元；医药公司夯实销售服务，拓展创新业务，翼康门诊部及OTO业务两大板块销售双双突破千万元。月浦恬逸养老院克服疫情影响，提升服务品质，至年末入住床位数达到281张，入住率突破50%。

【巩固扶贫成果】 2021年，区供销社坚持巩固脱贫与乡村振兴有效衔接，发扬新时代供销“背篓精神”，累计配送云南、新疆等地协作礼包2.9万份，实现消费协作商品销售1561万元，派出第三批2名援滇骨干继续助力当地建设发展，获“全国脱贫攻坚先进集体”称号。北翼集团公司旗下源味门·宝山区消费协作体验馆于第三季度开业，完善供销社东西部协作业务中展示、批发和零售功能。

【开展建社70周年系列活动】 2021年，区供销社结合建党100周年和宝山供销社建社70周年开展系列活动。3月—6月，开展“建社70周年座谈会”“供销寄语”“供销印象”“唱红歌、忆供销”系列活动。七一前夕，举办“奋斗百年路 启航新征程”庆祝中国共产党成立100周年职工文艺汇演。

（郁　悦）

9月3日，源味门·上海市宝山区消费协作体验馆在友谊支路225号开业　　区供销社/提供

电子商务

【概况】 2021年，宝山区电子商务企业实现电子商务交易额7858.9亿元，比上年增长35.3%，其中企业对企业（B2B）交易额7721.9亿元，增长35.2%；企业对消费者（B2C）交易额137亿元，增长45.4%。依托钢银电商、欧冶云商、我的钢铁网等重点互联网平台，建成全国最大钢铁电商交易中心，平台结算交易量占全国总量60%以上。

【电子商务头部企业】 2021年，宝山电子商务产业B2B类型，主要有上海钢联（在钢铁行业大数据板块位居全国第一）、欧冶云商（全国钢铁电商头部企业）、实力民营企业钢银电商（全国钢铁电商头部企业）重点钢铁电商服务平台。欧冶云商和钢银电商作为全国钢铁领域电商头部企业，平台交易结算额销售额均超两千亿元，成为国家级钢铁电商平台。宝山电子商务产业B2C类型，主要有能良电子、京东世纪、波司登、笑涵阁、睿秀服饰、宝唯电子、悦亿网络、叮当智慧药房、相宜云商等一批互联网零售企业。智能手机（能良系和京东）零售额67.11亿元，比上年增长61.7%，拉动宝山区社会消费品零售总额增长3.3个百分点。服装类商品（波司登、笑涵阁、内外等）零售额63.95亿元，增长16.1%，拉动宝山区社会消费品零售总额增长1.1个百分点。2021年度上海市在线新经济50强评选中，宝山区6家企业上榜，分别是上海钢银电子商务股份有限公司（钢银电子）、猎上网科技（上海）有限公司（猎上网）、上海云砺信息科技有限公司（票易通）、上海随易网络有限公司（食行生鲜）、上海微盟企业发展有限公司（微盟）、上海掌小门教育科技有限公司（掌门教育）。

【推进专业服务平台发展】 2021年，宝山区专业服务平台主要有云管理专业服务平台和共享物流平台。云管理专业服务平台：安畅云平台（上海安畅网络科技有限公司）是国内市场领先的云管理服务商，借助多云统一管理平台、云连接网络和认证技术专家团队，为2万余家企业客户提供云管理软件和行业解决方案。优尔蓝平台（上海优尔蓝信息科技股份有限公司）是中国蓝领招聘垂直服务移动互联网平台，利用大数据和人工智能AI技术驱动人岗精准匹配，提供“信息＋服务＋数据”深度垂直招聘服务。发网平台（上海发网供应链管理有限公司）是国内最早电子商务物流运营管理综合服务平台，自主研发OMS、WMS、TMS、CMP实现企业供应链系统集成及数据交换。共享物流平台：鸭嘴兽平台（上海鸭嘴兽供应链管理有限公司）其主营业务是基于互联网，整合社会闲散集装箱卡车个体运力，打造以互联网科技驱动的轻资产型无车承运人平台，为货主企业提供集装箱卡车运输服务，平台注册运力占上海市场总量70%以上。运钢网（上海运钢网络科技有限公司）以“智能化绿色物流＋云计算现代化”为核心，专注于打造大宗商品领域互联网供应链，提供一站式物流解决方案服务。

（卞宇江）

建筑业·房地产业

■ 编辑 田翔辉

建筑业

【概况】 2021年,宝山区建筑业增加值70.76亿元,比上年增长0.7%。区域内三级资质及以上建筑业企业完成建筑业总产值1176.86亿元,增长13.3%,其中在外省市完成产值901.63亿元,增长23.6%;房屋建筑施工面积6875万平方米,下降5.0%;竣工面积1286万平方米,增长5.9%。 (田翔辉)

【上海宝冶集团有限公司】 2021年,上海宝冶集团有限公司合同签约额1201亿元,营业收入603亿元,利润总额11.3亿元。公司承建高炉大中修9座,新建高炉6座,4座炼钢、7条连铸、8条轧线;建成全流程、全工艺,从原料到轧钢一个完整350万吨系统冶金工厂——永锋钢铁;中标低碳冶炼标志性项目、国内首座年产100万吨氢冶炼试验生产线——宝钢湛江氢基竖炉项目,中标双碳减排行业引领与示范项目、采用热回收环保工艺项目——安钢周口焦化脱硫脱硝项目等;承揽厦门新会展中心、茂名市奥林匹克体育中心,建设泉州台商投资区文旅场馆、许昌体育会展中心综合馆项目、金沙洲商业楼、恒力苏州湾环球企业中心超高层、浙江省中医院等项目;全年完成杭州富春湾新城春南片区开发、阳新县长江大保护、深圳秀峰工业城等投融建项目。公司与属地政府、上级单位对接,建立国内、外工作小组,在八大区域建立疫情防控指挥部,统筹管理区域疫情防控。完成雪车雪橇运动场馆450余天运维工作,保障来自30余个国家400余名运动员生命健康,确保超过5000次赛道滑行。年内,获中国建设工程鲁班奖、国家优质工程奖等国家级奖项30余项,获中国五矿"科技进步一等奖""突出贡献奖"等称号,获中冶集团"突出贡献奖""市场开发奖""管理提升奖""科技创新奖""中冶集团科技创新先进单位"等称号。公司获全国工人先锋号集体、全国模范职工小家。 (许 静)

上海宝冶承建北京2022冬奥会国家雪车雪橇中心项目 上海宝冶/提供

【五冶集团上海有限公司】 至2021年末,五冶集团上海有限公司注册资本10亿元,总资产75.92亿元;拥有冶炼、房屋建筑工程施工总承包壹级资质、市政公用工程施工总承包等贰级资质;具有地基与基础、钢结构、机电设备安装、炉窑工程等多项专业承包资质;拥有甲级建筑工程设计、检测机构、房地产开发及多项特种资质。公司在册职工2550人,专业技术人员1836人,中级以上技术职称占比超50%。围绕"项目投资、工程总承包、钢结构及装备制造、房地产开发"四大主业,加大对BIM系统综合应用、冶金工程技术研发等新兴产业和领域技术储备,全年实现营业收入109.63亿元,利润总额3.89亿元。蝉联上海市100强企业、上海市施工企业30强,先后获省部级及以上优质工程奖32项。其中首钢京唐二期一步炼焦工程获国家鲁班奖;宝钢炼铁厂原料区域环保提升改造工程获国家优质工程奖;宝钢股份一二烧结整合大修改造工程获冶金行业工程质量成果;首钢股份公司迁安钢铁公司北区新建厂房及配套设施项目、新建梅陇550街坊初中工程教学楼A/B等5个项目获上海市"金钢奖";山东兖矿国际焦化有限公司2#干熄焦项目等7个项目获上海市"申安杯";宝山区美罗家园大型居住社区04单元0414—01地块动迁安置房项目等2个项目获得宝山区"长江杯"优质工程奖。通过"高新技术企业"认定。共申请专利423件,其中发明类专利330件,新获得授权专利157件,其中发明57件;新增部级工法20项;8项科技成果鉴定,其中3项成果达到国际先进水平;获中国专利优秀奖1项,中施企协技术发明二等奖1项;获中冶集团科学技术奖二等奖1项,中国安装协会科学技术进步奖二等奖1项;获省部级以上各类BIM奖项22项。全年获省部级优秀QC成果31篇。打造一流精品工程,罗店A9项目获上海市文明工地、上海市绿色达标工地。 (王成栋)

【上海二十冶建设有限公司】 2021年,上海二十冶建设有限公司在册职工1898人,其中专业技术人员989人,管理人员596人,具有中高级职称757人。公司隶属于世界500强企业中国冶金科工集团,由中国二十冶集团全资控股,以承建大型工业与民用工程为主国有综合性大型施工总承包企业,注册资本6.3亿元,总资产60.70亿元。公司拥有建

上海五冶承建罗店镇美罗家园大型居住社区动迁安置房项目　费　虎/摄影

筑工程施工总承包特级资质，冶金、机电施工总承包等一级资质及钢结构、地基基础、消防设施等施工专业承包一级资质。2021 年，公司通过公投获取订单 229 亿元，占新签合同额 84.43%。年内，公司获北京理工大学长三角研究生院项目、盐城小马沟组团基础设施项目、桂林永福养生主题小镇项目等一批优质订单，获省部级科技奖 6 项，9 项科技研发课题通过科技成果鉴定，其中，国际领先 1 项、国际先进 5 项；形成省部级工法 18 篇；在编国家及行业标准 12 项，发布 2 项；省部级新技术应用示范工程立项 7 项，通过验收 3 项；新获授权专利 151 件、软著 6 件。全年获省部级以上质量奖项 12 项。其中，襄阳图书馆工程、宝钢三期混匀料场改造工程获评国家优质工程奖；获省部级以上安全环保类奖项 13 项，上海临港新业坊工程、铜仁碧江区棚改工程等 9 项获评省部级安全文明标化工地，上海顾村保障房 04 地块工程、泗涂现代产业园工程等 4 项获建筑工程绿色施工水平评价国家级奖项。

（王健欢）

土地储备与供应

【概况】 2021 年，区土地储备中心完成土地储备 10 幅，总面积 26.84 公顷。其中：经营性用地 6 幅，面积 18.76 公顷；动迁安置房用地 1 幅，面积 5.18 公顷；民生保障类用地 3 幅，面积 16.56 公顷；罗店大居 2 幅，面积 0.71 公顷；顾村拓展区 1 幅，面积 2.19 公顷。完成出让 32 幅地块，总面积 89 公顷，出让金额 161.65 亿元。其中经营性项目 11 幅，土地面积 25.53 公顷，出让金额 125.18 亿元；产业项目 11 幅，土地面积 29.79 公顷，出让金额 12.42 亿元；动迁房及租赁住房 10 幅，土地面积 33.9 公顷，出让金额 24.04 亿元；“城中村”项目 4 幅，土地面积 7.39 公顷，出让金额 27.74 亿元。完成市政公建配套划拨 49.02 公顷。

2021 年宝山区出让地块

公告号	地块名称	行政区划	规划土地用途	土地面积（平方米）	综合容积率（%）	出让总价（万元）	楼面价（元/平方米）	土地单价（万/亩）	成交日期	竞得人
202027501	宝山区罗店新镇 BSPO—2202 单元 H—06 地块	罗店镇	普通商品房	47141.1	1.6	196500	315	42	2021 年 2 月 2 日	绍兴光逸房地产开发有限公司
202027901	宝山区罗店老镇 BSPO—1901 单元 B9—03 地块	罗店镇	区属动迁房	33544.9	1.8	19159	1696	147	2021 年 1 月 20 日	上海宝熙置业有限公司
202027902	宝山区罗店老镇 BSPO—1901 单元 B8—07 地块	罗店镇	区属动迁房	30276.2	1.4	15217	1408	122	2021 年 1 月 20 日	上海宝熙置业有限公司
202027903	宝山区罗泾镇区 BSPO—1701 单元 02—04 地块	罗泾镇	区属动迁房	57806.5	1.8	19198	3424	210	2021 年 1 月 20 日	上海泾翔置业有限公司
B202001401	宝山区月杨工业园区顾村园 201702 号地块（大陆汽配）	顾村镇	工业	21465.4	2	3864	2008	174	2021 年 2 月 26 日	上海宝山大陆汽车配件股份有限公司
202105206	宝山区大场镇 W12—1301 单元 103—02 地块	大场镇	租赁住房	10441.4	3	20361	1735	161.9	2021 年 6 月 18 日	上海西九企业管理合伙企业（有限合伙） 上海临港南大智慧城市发展有限公司

（续表一）

公告号	地块名称	行政区划	规划土地用途	土地面积（平方米）	综合容积率（%）	出让总价（万元）	楼面价（元/平方米）	土地单价（万/亩）	成交日期	竞得人
202105205	宝山区大场镇 W12—1301 单元 103—01 地块	大场镇	租赁住房	8749.7	3	17062	2571	156	2021 年 6 月 18 日	上海西九企业管理合伙企业(有限合伙) 上海临港南大智慧城市发展有限公司
202105006	宝山区大场镇联东村等“城中村”改造区域 Q1—09 地块	大场镇	商业住宅地块	20180.9	2.5	136419	2067	248	2021 年 6 月 18 日	上海睿华房地产开发有限公司
202105005	宝山区大场镇联东村等“城中村”改造区域 S1—04 地块	大场镇	商业住宅地块	6910.7	2	10245	1889	170	2021 年 6 月 18 日	上海睿华房地产开发有限公司
202105326	宝山区新江湾社区 N091101 单元 A3—01A 地块	淞南镇	普通商品房	33924	2	332770	2000	180	2021 年 6 月 25 日	启东碧泾置业有限公司(碧桂园)
202105325	宝山区美罗家园大型居住社区 01 单元 0110—02 地块	罗店镇	普通商品房	41076.7	2	183530	2222	200	2021 年 6 月 25 日	太仓锦意置业有限公司(保利)
202106301	宝山区顾村潘泾社区 BSP0—0302 单元 35—03 地块(联东 U 谷)	顾村镇	工业	28638.1	2.6	5587	2200	220	2021 年 7 月 7 日	上海金羡实业有限公司
202106601	宝山区 W12—1301 单元 97—01、98—01、104—01 地块	大场镇	科研设计用地	32243.8	3.0、3.5	35376	417	50	2021 年 7 月 13 日	上海临港南大智慧城市发展有限公司
B202001402	月杨工业园区顾村园 201703 号 A 地块(福然得)	顾村镇	工业	13631.6	2.5	2556	1500	220	2021 年 7 月 28 日	福然德股份有限公司
202108801	宝山区美罗家园大型居住社区 0403—01 地块	罗店镇	科研设计用地	30491.4	2.5	10000	1807	200	2021 年 9 月 2 日	上海银瑞天智置业有限公司
202110902	宝山区顾村镇 BSP0—1501 单元 15A—02 地块(“城中村”改造项目—顾村老集镇)	顾村镇	普通商品房	15297.4	1.6	9056	1641	175	2021 年 10 月 11 日	上海顾华房地产开发有限公司
202110901	宝山区顾村镇 BSP0—1501 单元 15B—02 地块(“城中村”改造项目—顾村老集镇)	顾村镇	普通商品房	31461.8	1.8	121656	2077	180	2021 年 10 月 11 日	上海顾华房地产开发有限公司
202110812	宝山区顾村大型居住社区 BSP0—0104 单元 0405—02 地块	顾村镇	区属动迁房	54436.2	2.2	50359	3840	128	2021 年 10 月 11 日	上海顾村房地产开发(集团)有限公司
202110809	宝山区顾村大型居住社区 BSP0—0103 单元 0312—01 地块	顾村镇	征收安置房	25945.2	2.2	23973	3900	130	2021 年 10 月 11 日	上海顾村房地产开发(集团)有限公司
202110706	宝山区美罗家园大型居住社区 0402—04 地块	罗店镇	科研设计 + 租赁	35603.6	2.5	16738	4839	100	2021 年 10 月 11 日	上海银瑞天智置业有限公司
202110702	宝山区月浦镇 BSP0—2401 单元 C1—11 地块(保障性租赁住房)	月浦镇	租赁住房	6822.9	2.7	7000	2442	268.7	2021 年 10 月 11 日	中冶宝钢技术服务有限公司
202112001	宝山区大场镇 W12—1301 单元 02—08 地块	大场镇	加油站	2432	0.5	3308	294	45	2021 年 11 月 3 日	中国石化销售股份有限公司上海石油分公司
B202001403	宝山区月杨工业园区顾村园 201801 号 B 地块	顾村镇	工业	3550.9	2	640	2133	192	2021 年 10 月 20 日	上海科斯包装机械有限公司
B202100304	宝山区月杨工业园区顾村园 201801 号 A 地块	顾村镇	工业	5106.4	2.6	958	2259	241	2021 年 10 月 28 日	上海章臣机械(集团)有限公司
202112601	宝山区顾村潘泾社区 BSP0—0301 单元 06A—02 地块	顾村镇	征收安置房	59141.9	2	50862	2464	230	2021 年 11 月 29 日	上海顾泰房地产开发有限公司
202112615	宝山区罗泾镇 BSP0—1701 单元 06—05 地块	罗泾镇	征收安置房	51836.5	1.8	17215	1662	205	2021 年 11 月 29 日	上海飞士房地产开发经营有限公司

（续表二）

公告号	地块名称	行政区划	规划土地用途	土地面积（平方米）	综合容积率（%）	出让总价（万元）	楼面价（元/平方米）	土地单价（万/亩）	成交日期	竞得人
202112923	宝山区顾村大型居住社区BSP0—0103单元0302—02地块	顾村镇	普通商品房	41077.1	2	214850	2086	305.9	2021年11月29日	苏州兆坤房地产开发有限公司
202114801	宝山区杨行中心社区BSP0—0501单元17—0102地块	杨行镇	商办地块	5548.8	2.5	11056	712	53.2	2021年12月22日	上海宝山益城实业公司
202115002	宝山区W12—1301单元111—01地块	大场镇	科研设计用地	32021.1	2	27666	1920	192	2021年12月21日	上海临港南大智慧城市发展有限公司
202115501	宝山区宝山工业园区BSP0—1801单元41—07地块	宝山工业园区	科研设计用地	30221.4	2.5	9143	1688	180	2021年12月28日	上海垒知企业管理有限公司
202115401	宝山区宝山工业园区BSP0—1801单元58—04地块	宝山工业园区	工业	64971.4	2	11695	972	116.6	2021年12月28日	上海希诺赛尔生命科学发展有限公司
202116301	宝山区淞南社区N12—0402单元N2—04B—A地块	淞南镇	商办地块	10250.3	3.8	32448	782	83.5	2022年1月10日	上海微盟企业发展有限公司
合计				892247.3		1616467				

（张若凡）

住宅建设管理

【概况】 2021年，区住房保障和房屋管理局（以下简称区房管局）重点抓好住宅配套设施建设任务，打造住宅民心工程，推进节能省地型住宅建设。全年新开工住宅面积144万平方米，其中，保障性住房66.4万平方米（区属配套商品房49.8万平方米、配建保障房16.6万平方米），超额完成年初制定住宅新开工面积100万平方米目标；竣工住宅面积167.9万平方米，保障性住房143.5万平方（区属配套商品房88.4万平方米、共有产权保障房47.5万平方米、公共租赁住房7.6万平方米）。

【住宅小区配套建设】 2021年，宝山区实现住宅公建配套新开工面积15.5万平方米，竣工公建33.7万平方米。征收城市基础设施配套费84560万元（含建设分摊费和轨道交通费），其中区统筹配套费18955.5万元、市统筹配套费3505.7万元、罗店大居建设分摊费38516.2万元、顾村拓展区建设分摊费16830.2万元、南大地区建设分摊费4058.2万元、轨道交通费2694.2万元。安排市城市基础设施配套费投资建设市政、公建配套设施资金19823.4万元，其中，市政设施配套建设资金18162万元、公建配套建设补贴资金1661.4万元、区政府投资项目计划配套建设资金43146万元。2021年各类投资计划安排资金61308万元，执行资金55051万元，其中区37518万元，执行率87%；市17534万元，执行率96%。在建市政配套项目共15个，2021年前三季度竣工项目10个并完成移交接管，开工项目8个，办理前期手续项目21个。在建公建项目共4个，基本竣工项目5个，2021年开工项目1个，办理前期手续项目7个，工作重点是南大、罗店和上港军工路地块配套公建项目。

【住宅全装修管理】 2021年，区房管局根据《关于进一步加强本市新建全装修住宅建设管理的通知》《关于本市全装修住宅建设管理有关操作事项的通知》精神，落实外环线以内达到100%，外环线以外达到50%全装修住宅比例要求，完善局相关科室联动机制，在事前、事中、事后做好全装修管理工作。全年竣工交付全装修住宅16.82万平方米。

【装配式住宅落地情况】 2021年，区房管局根据《上海市住房和城乡建设管理委员会关于进一步明确装配式建筑实施范围和相关工作要求的通知》《关于装配式住宅项目预售许可管理有关问题的通知》要求，做好三方面管理工作。一是在住宅用地出让意见征询环节，明确提出年度装配式住宅比例要求；二是装配式住宅落地后，做好基础台账及新开工装配式住宅登记工作；三是预售前做好开发企业申请装配式住宅认定工作。2021年装配式住宅备案面积152万平方米。（田晨珺）

房产管理

【概况】 2021年，区房管局共核发“商品房预售许可证”32张，批准预售面积95.88万平方米；核发“商品房销售方案备案证明”15张，建筑面积61.2万平方米；核发“新建住宅交付使用许可证”30张，建筑面积225.49万平方米。

【征收管理】 2021年，区房管局完成征收基地2个，签约企业3家；受理征收补偿决定报请8证，作出征收补偿决定7件。拆除房屋工地备案6个，拆除房屋33万平方米。推进南大地区国有企业剩余地块征收签约工作；顾村“城中村”征收项目、南陈路拓宽征收项目完成签约工作;南大地区综合整治国有土地居住房屋征收补偿项目签约458证。

【房产测绘】 2021年,区房管局重点完成大康豪璟苑、罗青湾新苑、馨雅佳苑、新顾城广福苑等保障房和动迁房地块,以及瑞祥佳苑、宝山日月光中心、中建锦绣佳苑、卓置名邸等商品房实测任务,上港滨江城振东苑、荣万月城名邸、红星铂雅名都、美慧城等商品房预测项目。共完成房产测绘216项:其中单位发证测量94项,测算建筑面积132.5万平方米;商品房预测65项,建筑面积375.1万平方米;商品房实测57项,建筑面积347.4万平方米。

【房地产档案管理】 2021年,区房管局接收各类档案共3533件。其中,文书档案1553件、维修资金归集档案51件、维修资金划转档案31件、成果档案186件、照片档案15张、公租房档案696件、廉租房档案1001件。全年提供对外查阅档案共2058件,完成全文扫描1922件,共63925页。

【行政许可】 2021年,区房管局共办理受理审批件977件,咨询答复25件。

2021年宝山区房地产市场

项目名称	面积/金额	比上年增减(%)
房地产开发投资	395.69亿元	-3.9
商品房新开工面积	147.89万平方米	-38.26
商品房预售批准	95.88万平方米	72.06
商品住房销售面积	180.19万平方米	25.93
商品住房销售金额	702.55亿元	71.73
商品住房平均单价	38989元/平方米	36.36
存量住房成交面积	251.96万平方米	16.4
存量住房成交金额	793.78亿元	21.29
存量住房平均单价	31504元/平方米	4.2

2021年宝山区房地产开发企业

资质等级	企业名称
一级	大华(集团)有限公司
	经纬置地有限公司
二级	上海罗店房地产有限责任公司
	上海罗南房地产有限公司
	上海飞士房地产开发经营有限公司
	上海住联实业发展(集团)有限公司
	上海凯通置业有限公司
	上海市宝山区房产经营公司
	上海乾溪置业总公司
	上海宝冶集团有限公司
	中国二十冶集团有限公司
	上海顾村房地产开发(集团)有限公司
三级	上海庙行房地产开发经营公司
	上海祁连房地产开发总公司
	上海祁华房地产开发有限公司
	上海万业企业宝山新城建设开发有限公司
	上海锦和置业有限公司
	中冶宝钢技术服务有限公司
	上海保集置业有限公司
	上海华神置业发展有限公司
	上港集团瑞泰发展有限责任公司

【住房改革管理(公有住房代售)】 2021年,区房管局完成78户售后公房出售,面积4188.2平方米,实收房款1128979元;有限产权接轨29户,建筑面积2274.83平方米。公房租赁凭证换发164户(系统公房);外地退休职工以及军人配偶在沪住房证明62户。

【商品房维修基金管理】 2021年,区房管局加强商品房维修资金管理,组织"三审"(审核、审价、审计)工作。全年归集维修资金1.65亿元,其中归集开发企业项目16个,金额0.96亿元。维修资金专户划转至28个业主大会账户,共划转资金2.04亿元。审核73个业主大会议事规则、业主公约,审价224个项目,审核资金7060.99万元,核减387.99万元,完成64个业委会换届审计工作。

【私房落实政策工作】 2021年,区房管局落实私房政策,处理私房遗留问题。按"申请一户,处理一户"原则,对8户社改产进行复查,经过复查属正常范围内改造,不属于落政范围。

【房地产开发企业、经纪企业备案、年检情况】 2021年,区房管局受理房地产经纪企业备案申请新增326家、注销119家,梳理超过有效期房地产经纪企业,至年末,全区备案房地产经纪企业共1035家。 (田晨珺)

住房保障

【概况】 2021年,区房管局做好保障性住房建设与配套同步推进工作,落实"四位一体"(廉租住房、共有产权房、公共租赁住房和征收安置房)住房保障体系,努力实现"住有所居"目标。推进廉租住房工作,推动共有产权保障住房供应及供后管理工作,推进公共租赁住房供应实施进度。

【廉租房管理】 2021年,区房管局按照廉租政策,完成受理审核及廉租租金发放工作,全年新增廉租租金配租家庭366户。廉租在保家庭2234户,其中租金配租家庭1804户、实物配租家庭430户。

【共有产权保障住房供应管理】 2021年,区房管局完成第九批次沪籍及第三批次非沪籍共有产权保障申请审核、摇号选房工作,助力388户家庭实现"安居梦"。会同属地政府利用宣传栏、电子屏等载体,加大对共有产权保障性住房违规使用相关政策的宣传力度。全年完成政府优先回购3户,使用财政资金368.6万元;完成购买政府产权申请审核480户,已缴款447户,共计上缴区财政4.09亿元;完成共有产权保障家庭再购商品住房审核169户;完成办理人员变更159户。

【公共租赁住房管理】 2021年,区房管局筹集公租房拆套床位559张、新增供应公租房187套,完成市局下达523张床位筹措目标及131套公租房用于人才安居计划量。全年,共计92户家庭取得市筹公共租赁住房准入资格,3938户家庭取得区筹公共租赁住房准入资格。

【保障性住房配套建设管理】 2021年,宝山区新增配建项目10个,房源768套,面积4.5万平方米,产权车位334个,均实施装修。建立健全配建保障性住房月报及每季度定期巡查制度;对配建房源装修标准进行升级改造,制作装修设计导则。完成473套商品房配建房源用作公共租赁住房使用。

【区属动迁安置用房供应管理】 2021年,宝山区区属动迁安置房累计建成交付121.03万平方米。安置在外过渡动迁居民2771户(含第三轮787户)。按照"新一轮解决在外过渡动迁居民安置计划",全区涉及三轮在外过渡安置居民已累计解决13408户。

【罗店大型居住社区】 2021年,住宅建设方面,总计196万平方米市属保障房全部竣工交付。配套设施建设方面,按照"一带两组团"(以美兰湖轨交为起点,依托美兰湖大道向西延展公共服务设施带,两边布局商务功能、地区级配套、商业街及公共服务区等公共设施)公建城市设计,竣工交付24条道路、12条水系、20个绿化项目和1个污水泵站;建成启用1所小学、1所初中、1所九年一贯制学校、6所幼托、2个公交车首末站、1个派出所、4个菜市场、1个社区事务中心、2个综合服务中心(行政、卫生、文化、养老等功能)等设施;2条道路和1个环卫停车场按计划建设;9个项目(1个道班房、1个幼托、1个福利院、2个绿化公园项目、4条道路)办理前期手续。

【顾村大型居住社区】 2021年,住宅建设方面,顾村拓展区9个市属保障房地块合计68.3万平方米推进建设。其中,2018年开工5个地块共计45.5万平方米全面竣工交付,纳入市第六、七、八、九批次及非沪籍第一、二、三批次共有产权房房源;2019年4个开工地块共计22.7万平方米完成主体结构施工,纳入市第七、八、九批次及非沪籍第三批次共有产权房房源。配套建设方面,一期10条市政道路完成移交接管;二期7条市政道路开工;第一批3条河道移交,第二批3条河道完工,第三批2条河道推进施工;1所幼儿园竣工,1所小学开工;1个邻里中心开工;3个市政设施中污水泵站、公交首末站完成接管,燃气调压站竣工;一期绿化项目竣工。

【市属经适房基地】 2021年,祁连、胜通、共康等市属共有产权房基地保障房约100万平方米推进建设。庙行共康基地和高境胜通基地住宅和配套全部竣工交付。大场祁连基地40万平方米保障性住房和配套全面竣工交付,其中因动迁影响的1.3万平方米,216套房屋于12月全部完成交付工作。 (田晨珺)

老镇旧区改造

【概况】 2021年,区房管局以改善民生为重点,推进老镇旧区改造工作,做好住宅修缮、成套改造、旧里改造、城中村改造和既有多层住宅加装电梯。

【住宅修缮】 2021年,宝山区共竣工38个项目约294万平方米。区房管局开展住宅修缮防汛防台应急演练,对在建工地进行全覆盖检查,对发现的问题全部落实整改。

【成套改造】 2021年,竣工5幢房屋,面积约0.96万平方米。

【旧里改造】 2021年,吴淞西块改造范围为90号(八棉新村)和91号(八棉一村)地块。90号地块353证全部完成签约,回搬安置房已交付,居民可回搬。91号地块共383证动迁全面完成,商品房按节点有序推进。

【"城中村"改造】 2021年,宝山区启动6个"城中村"改造项目,涉及土地326公顷,累计完成3053户村(居)民签约,占总量99.71%;累计完成341家企业签约,占总量99.71%,出让土地26块,共缴纳土地出让金384.62亿元。动迁安置房全面开工,86个公建配套项目按照"分类推进、配套先行"和"保障优先、配套同建"原则有序推进。

【既有多层住宅加装电梯】 2021年,宝山区新增电梯410台,完工201台,完成加装电梯可行性评估全覆盖及绘制"一张蓝图"工作,形成"一门受理、两项举措、三个平台"(开设一门式受理窗口;成立区、镇两级加装电梯工作领导小组和出台《宝山区既有多层住宅增设电梯实施意见》等政策文件;建立社区服务、专业技术和电梯选型3个服务平台)宝山加梯模式,推动电梯加装由零星加装向规模化加装转变。 (田晨珺)

物业管理

【概况】 至2021年末,宝山区共有物业小区822个,总建筑面积7256.46万平方米。有697个小区组建业主大会(业主委员会),组建率97%。发放2021年上半年售后房物业管理费考评奖励资金2048.25万元,涉及售后房小区284个,售后房面积1137.92万平方米。

【房屋应急维修】 2021年,"962121"物业呼叫中心共受理案件10450件,其中报修7151件,投诉3299件,共处置10096件,其中报修7131件,投诉2965件,处置率96.6%。"962121"呼叫中心转派"12345"市民热线6645件,处置6573件,处置率98.9%。受理老干部应急维修3件,受理手机App派单4件,外墙渗漏认定26件,均得到处置。

【城镇房屋安全隐患排查】 2021年,区房管局全面完成城镇房屋安全隐患排查工作,共排查城镇房屋57848幢,初步排查结果,一般损坏房1049幢,需专业评估和鉴定34幢。

2021年宝山区商品房预售许可证

预售证号	公司名称	项目名称	所属区域	批准日期	批准面积（平方米）
2021—0000028	经纬置地有限公司	经纬城市绿洲家园	大场镇	2021年2月6日	33474.54
2021—0000042	上海诚卫兴置业发展有限公司	荣万悦宁苑	杨行镇	2021年3月18日	36603.38
2021—0000043	上海顾华房地产开发有限公司	大华四季园	顾村镇	2021年3月21日	50997.36
2021—0000069	上海华杨房地产开发有限公司	春樾湾华庭	杨行镇	2021年3月30日	32225.80
2021—0000083	上海江瀚房地产开发经营有限公司	吴淞口阅江汇	吴淞街道	2021年4月26日	24819.20
2021—0000088	上海卓置房地产开发有限公司	卓置名邸	罗店镇	2021年4月27日	37695.94
2021—0000089	上海华行房地产开发有限公司	璟翠华庭	庙行镇	2021年4月28日	73156.93
2021—0000090	上海睿华房地产开发有限公司	华泰新苑	大场镇	2021年5月2日	58358.09
2021—0000098	上海洛昶企业管理有限公司	红星铂雅名都	罗店镇	2021年5月3日	22489.80
2021—0000099	上海洛昶企业管理有限公司	红星铂雅名都	罗店镇	2021年5月3日	10844.36
2021—0000100	上海兆仁房地产开发有限公司	美罗家园宝润雅苑	罗店镇	2021年5月5日	41035.62
2021—0000101	上海宝绘房地产有限公司	新顾城海上馨苑	顾村镇	2021年5月6日	49943.56
2021—0000144	上海诚卫兴置业发展有限公司	荣万月城名邸	杨行镇	2021年6月5日	33183.14
2021—0000154	上海睿华房地产开发有限公司	华泰新苑	大场镇	2021年6月9日	24929.48
2021—0000159	上海众承房地产开发有限公司	润园	顾村镇	2021年6月14日	43479.50
2021—0000167	上海坤安置业有限公司	信达泰禾雅苑	顾村镇	2021年6月15日	58735.21
2021—0000193	上海睿华房地产开发有限公司	祁真华苑	大场镇	2021年7月6日	11345.72
2021—0000194	上海兆仁房地产开发有限公司	美罗家园宝润雅苑	罗店镇	2021年7月7日	56799.49
2021—0000208	上海智飞置业有限公司	美罗家园宝润澜都	罗店镇	2021年7月28日	1624.06
2021—0000209	上海智飞置业有限公司	美罗家园宝润澜都	罗店镇	2021年7月28日	6019.91
2021—0000210	上海智飞置业有限公司	美罗家园宝润澜都	罗店镇	2021年7月28日	3574.73
2021—0000211	上海智飞置业有限公司	美罗家园宝润澜都	罗店镇	2021年7月28日	2935.01
2021—0000231	上海赛睿房地产开发有限公司	巧悦轩	顾村镇	2021年9月7日	12533.70
2021—0000267	上海美兰湖房地产开发有限公司	美兰湖硅谷中心	罗店镇	2021年9月29日	22672.62
2021—0000273	上海碧罗房地产开发有限公司	云雅新苑	罗店镇	2021年9月28日	9093.79
2021—0000252	上海万业企业宝山新城建设开发有限公司	紫辰苑	杨行镇	2021年10月4日	19252.43
2021—0000310	上海润钻房地产开发有限公司	新顾城中企珺庭	顾村镇	2021年10月28日	31994.42
2021—0000322	上海顾华房地产开发有限公司	玖盛湾名邸	顾村镇	2021年11月11日	36215.85
2021—0000330	上海华桐房地产开发有限公司	大华瑧悦轩	大场镇	2021年11月16日	12885.10
2021—0000371	上海诚卫兴置业发展有限公司	荣万月城名邸	杨行镇	2021年12月13日	32305.80
2021—0000395	上海华桐房地产开发有限公司	悦水雅庭	大场镇	2021年12月28日	53305.36
2021—0000396	上海华杨房地产开发有限公司	春樾湾华庭	杨行镇	2021年12月29日	14261.95

（田晨珺）

交通·港务·邮政

■ 编辑　田翔辉

交通运输管理

【概况】　2021年,宝山区域内道路货物运输企业有2495户,比上年减少332户;拥有运输车辆58037辆,比上年增加3184辆,其中道路危险货物运输企业39户,运输车辆1939辆;集装箱运输企业1142户,集装箱运输车辆40782辆。机动车维修企业238户,其中一类汽车维修企业16户、二类汽车维修企业127户、三类汽车维修业户90户、综合性能检测站5户。全区有公交线路146条,运营公交车辆1846辆。公交站点1455个,新增12个。公交候车亭总数达760个,新增21个。共有宝山公共自行车1.5万辆,网点597个。公共停车场(库)196户,增加40户;停车泊位50129个,增加8413个。内河港口经营企业42户、作业点45个,其中,蕰藻浜23个、练祁河8个、杨盛河4个、潘泾河5个、北泗塘3个、顾泾河2个。全区共有水路运输企业18家,船舶管理企业3家,营运船舶74艘。

【道路运输管理】　2021年,宝山区对39户危险品运输企业加强监管并按要求完成诚信考核。做好新冠疫情人、物同防工作,对辖区内冷链运输企业发放告知书162份,开展冷链运输企业抽查121户次。加强国Ⅲ货运车辆限行和补贴政策宣传,引导企业报废国Ⅲ货运车辆。

【汽车维修管理】　2021年,宝山辖区内维修行业电子健康档案对接工作完成率100%。年内,向辖区内一、二类维修企业进行汽修行业环保专项整治及水性漆推广动员。组织开展维修企业废气分析仪、烟度计年度检验工作,合格率100%。完成辖区内所有一、二类维修企业诚信考核工作,共计151户。加强环保专项整治工作,要求企业将废机油、废铅酸蓄电池等重污染物交由正规回收单位处置并签订回收协议;严禁在露天场所进行喷涂、干燥作业。

【公交客运行业管理】　2021年,宝山区改善市民公共交通出行条件,完善公共交通网络,增能、扩能、提效:新辟线路1条(宝山38路),填补塘祁路、祁连山大桥、祁连山路隧道公交空白,方便顾村、大场居民出行;优化调整线路11条(宝山31路、宝山81路、1605路、宝山92路、宝山37路、738路、宝山32路、宝山82路、1602路、1606路、1608路)。新建公交候车亭80座。

【公共停车场管理】　2021年,宝山区共受理公共停车场(库)经营备案登记196户,总泊位数50129个,其中新增经营性公共停车场21户,新增泊位3879个;道路停车场102个路段,停车泊位5004个,其中:大场镇20个路段,泊位数887个;中心城区82个路段,泊位数4117个。完成151户企业质量信誉考核以及质量信誉分级考核信息采集、输入、汇总工作,拟评定AAA级10户、AA级94户、A级47户。建成淞宝地区公共停车场(库)诱导系统。

【内河港口企业管理】　2021年,宝山区完成国内水路运输及其辅助业核查工作,辖区18家水路运输企业和3家船舶管理企业接受核查,上门核查做到全覆盖,2家水运企业未通过核查,开具3份责令改正通知书;年内移送案件1件。推进内河码头岸线使用证、港口经营许可证换发,严把审核标准,规范审批发证程序,对申请企业硬件设施、环保措施、管理状况和相关材料进行现场核查。共换发港口经营许可证39户,换发临时岸线使用证4户。推进宝山内河码头低压岸电系统标准化建设,根据《上海市内河港口标准化技术规范》,鼓励和督促码头企业建设和应用港口码头岸电设施。推进宝山区水路运输市场信用体系建设,将港口码头岸电标准化建设和应用情况纳入信用信息归集。加强对码头企业岸电建设和应用宣贯和培训,推广绿色标杆企业经验和做法,促进宝山区港口码头污染防治水平提升。

【交通运输行业安全监管】　2021年,宝山区开展行业安全生产大检查等专项整治行动。结合日常监管,开展"春运、两会期间行业安全检查""疫情防控专项检查""消防安全专项治理行动""安全生产月""平安交通专项整治行动"等安全生产专项治理活动,做好春运、汛期、高温、重要活动、重大节日等期间安全保障工作,确保人防、物防、技防措施和服务供应及运行保障工作落到实处。开展贯穿全年各项安全专项整治活动,严把隐患排查关、跟踪督办关、整改验收关。全年,共开展区域道路交通运输企业各类检查979户次,出动检查人员1971人次;检查道口800只次,出动巡查人员2740人次,实现连续9326天(27年)安全监护无事故目标。强化行业稳定舆情预警机制建设。密切关注集装箱运输行业、堆场行业、出租车行业等矛盾易发突发重点领域,建立双向沟通机制,及时掌握行业动态信息,坚持上门走访制度,走进货运企业、出租企业一线,共计走访各类运输企业900余户次。　(徐丽君)

交通行政执法

【概况】　2021年,宝山区交通委员会执法大队(以下简称大队)以整治非法客运和确保行业安全为抓手,兼顾疫情防控、交通保障及水上救援,完成年度目标任务。大队全年共出动执法人员15259人次,出动执法车辆4191辆次,检查交通营运车辆1911辆次,出动巡逻艇2405艘次,检查船舶2082艘次,检查交通运输企业978户次,共立案2341件,其中非法客运714件、普通货运719件、出租车114件、停车场17件、省际客运30

件、危险品货运 167 件、汽修 23 件、驾培 21 件、网约车平台 27 件、海事 130 件、港口 10 件、公路路政 94 件、公安移交案件（三轮车、电力助动车、摩托车）275 件。全年共结案 2015 件，罚款 1276 万元。

【整治非法客运】 2021 年，大队开展“清顽”系列非法客运整治行动，保持与各职能部门联勤联动机制，聚焦非法客运重点区域及信访举报高发路段，针对城区、杨行地区、“三罗”等非法客运重点区域开展重点整治，结合“我为群众办实事”活动，共查处非法营运车辆 714 辆。对滴滴、美团等平台相关违法行为立案查处，共立案 27 件，其中美团 7 起、滴滴 19 起、首约1 起。

【加强行业监管】 2021 年，大队加强危运行业检查力度，7 月专项整治期间共开展危运企业户检 44 次，路检危运车辆 11 辆次，立案 20 起，打击非法加油专项整治。开展错时飞行检查、公安联合检查等行动 31 起，立案 19 起，扣车 13 辆。全年检查危运业户 187 户次，检车危运车辆 103 辆次，共立案 167 件。开展货运堆场综合整治行动，共检查堆场 200 余户，对涉嫌违章建筑搭建、堆存危险品、集装箱住人等情况列出抄告单 80 余份。开展集装箱车辆锁扣未扣、货运车辆未采取有效措施防止货物脱落专项整治行动，检查各类货运车辆 73 辆次，立案 63 起，其中未采取必要措施防止货物脱落扬撒 10 起。开展道路旅客运输行业专项整治行动，检查道路客运企业 57 户次，检查道路客运车辆 37 辆次，立案 27 件。开展“护航”（水上交通安全）、“守望”（码头）等系列专项整治行动，共检查船舶 2035 艘次，立案 129 起；检查码头 273 户次，立案 10 起。加强港口扬尘控制检查、船用燃油硫含量检测和船舶水污染防治执法，对船舶燃油取样检测 481 艘次，立案查处 3 件；对船舶偷排污水行为立案查处 6 件；对码头企业生活污水纳管情况全面检查，督促企业通过第三方回收船舶生活垃圾 137.49 立方米、生活污水 640.18 立方米、油污水 56.48 立方米；对码头扬尘污染防治工作全面检查，共检查码头企业 81 户次，立案 9 件。开展“天网”系列路政治超专项整治行动，共检查货运车辆 196 辆，查处超载超限行为 84 起，卸货 1203.2 吨。

【疫情防控】 2021 年，大队深入公交枢纽、长途客运、内河码头、冷链运输企业等场所开展疫情常态化防控检查，共出动执法人员 632 人次，执法车辆 286 辆次，检查船舶 405 艘次，港口企业 230 户次、汽修 35 户次、公交枢纽 20 户次、约谈企业 5 户次。根据上级部署，组织执法人员随车护送青鲜菜场相关人员往返集中隔离点，在交通运输行业发动从业人员及其家属接种疫苗。

【交通保障】 2021 年，大队部署实施春运保障工作，开展吴淞客运中心、美兰湖客运站执法检查，共出动执法人员 1037 人次，执法车辆 320 辆次，检查各类运输车辆 272 辆次，检查业户 12 户次，共查处各类违章 115 件。开展重大节假日专项勤务保障行动，清明期间加强对沪太路、潘泾路、宝罗冥园周边区域交通管控；上海樱花节期间加强对沪太路沿线、顾村公园出入口执法检查；中、高考期间做好考点周边交通秩序维护。建立创全志愿者服务队，包干点位清扫垃圾，整理非机动车辆，对乱穿马路、闯红灯等交通不文明行为进行劝导，巡查点位全覆盖。

【水上救援】 2021 年，大队做好水上应急抢险救援，共处置各类水上突发事件 67 起，其中处置水上交通事故 28 起，救助船舶 22 艘，处置水上堵航事件 15 起，消除线缆下垂隐患 2 起，成功及时处置 2 起蕰藻浜沉船事故，完成台风“烟花”防台防汛任务。 （陆李燕）

水陆客运

【概况】 2021 年，宝山区有公交线路 146 条，运营公交车辆 1846 辆。公交站点 1455 个，比上年新增 12 个。2021 年新增公交候车亭 21 个，总数达 760 个。共有宝山公共自行车 1.5 万辆，网点 597 个。2021 年，宝山区共有水路运输企业 18 家，船舶管理企业 3 家，营运船舶 74 艘。 （田翔辉）

【上海巴士第五公共交通有限公司】 2021 年，上海巴士第五公共交通有限公司发挥公共交通保障作用，推进线网优化调整，合理配置公交资源，改善市民出行条件。全年新辟宝山 38 路，填补郊区交通空白，落实惠及百姓公交实事工程，对 17 条线路实施延时营运、延伸走向、微调站点、变更为环线或定班线等措施，满足市民出行需求。年内，公司围绕营运保障、应急保障、防疫防控拟定工作方案、细化管理举措，对承担服务保障任务人员进行筛选和选配，对营运车辆车容车况开展专项整治，完成“花博会”“进博会”等重大任务营运保障工作。 （田 湉）

【上海市客运轮船有限公司】 2021 年，上海市客运轮船有限公司（以下简称客轮公司）完成主业营收 1.2 亿元，比上年增长 17.44%；全年投入航班 7.53 万次，

9 月，区交通执法大队在江杨北路开展“天网 9 号”路政治超专项整治行动

区交通执法大队/提供

增长7.83%；完成客运量425.74万人次，增长19.31%；完成车运量120.88万辆次，增长19.46%；完成危险品车辆运输任务813航次，增长45.18%；完成海葬运输任务101航次，增长18.82%。服务保障第十届中国花卉博览会。客轮公司下属南门、新河、石洞口客运站场站提升项目按时完工，新建趸船浮码头、402客位双体高速船“新征程”轮按时投入运营。吴淞—新河、石洞口—新河2条花博专线共计执行789航次。恢复南门—石洞口高速船航线以疏散来崇观花博客流。实现花博会水陆联运指挥无失误、保障无差错、安全无事故、运营无纠纷、船舶无故障、服务无投诉“六无”目标。推进智慧交通与服务质量。客轮公司开发并推进线上预约售票、自动售取票、电子证照场景应用等信息化项目，打造“智慧交通”服务体系。开发应用智能随行码项目以便利疫情防控常态化条件下旅客过江出行。客轮公司启动“上海品牌”创建工作，在安全管理体系与安全生产标准化基础上新建服务质量体系，并会同中国船级社上海分社共同编写团体标准《T. STIC120048—2021内河渡船旅客运输服务规范》，填补国内水路客运服务质量标准空白。12月19日，客轮公司获中国船级社质量认证公司颁发“上海品牌”认证及“内河渡船旅客运输服务认证”，为上海市首家获得认证水路运输企业。承担社会责任。2021年，客轮公司完成春运航班8006次，运送旅客39.18万人次，车辆12.09万辆次；完成“五一”航班1425次，运送旅客11.03万人次，车辆2.35万辆次；“中秋”航班875次，运送旅客6.01万人次，车辆1.44万辆次；“国庆”航班2396次，运送旅客19.31万人次，车辆4.11万辆次。客轮公司长横对江渡分公司为崇明区横沙乡群众执行夜间出岛急救航班23次。

（於海波）

港 务

【概况】 宝山区有张华浜、军工路、罗泾三大港区，岸线总长6061.3米。1993年成立上海国际港务（集团）有限公司张华浜分公司。1993年成立上海国际港务（集团）有限公司军工路分公司，2008年9月由集团新华分公司接管并保留军工路分公司名称。1996年成立罗泾散货码头有限公司，2005年改称上海国际港务（集团）有限公司罗泾分公司。2007年9月1日，原上港集团军工路分公司整体搬迁至罗泾，续用上海国际港务（集团）有限公司罗泾分公司名。2014年4月1日，张华浜、军工路两个件散货码头实施资源整合，合并成立上海国际港务（集团）股份有限公司张华浜分公司。2021年，宝山区港务方面主要有上海国际港务（集团）股份有限公司张华浜分公司、上海国际港务（集团）有限公司罗泾分公司等。

（田翔辉）

【上海国际港务（集团）股份有限公司张华浜分公司】 2021年，张华浜分公司全年完成件杂货吞吐量607.38万吨，完成件杂货接卸量444.66万吨，完成内贸集装箱作业10.12万20英尺集装箱（TEU）。总收入4.17亿元，实现利润总额6928.79万元。年内，张华浜分公司坚持常态化疫情防控，自8月14日起执行上船作业人员专班（集中管理）模式，推进第三方（绑扎人员）专班管理及锦江管理人员专班模式正常运转工作。张华浜分公司定期召开货运专题会议，转变经营理念，制定营销策略。统筹两边码头资源，加快货物周转速度，减少车辆、驳船等待时间。关注节假日进出栈服务工作，提高现场指挥力和执行力。张华浜分公司与各部门签订安全生产工作责任书、消防责任书，与全体职工签订安全生产承诺书、疫情防控承诺书，明确安全管理职责与义务，落实安全生产、消防、防疫责任制。开展年度“安全生产月”活动，每季度召开安委会、消防安全委员会；每月召开安全质量例会，布置、落实各项安全工作要求和措施，查找关键环节中存在问题。开展专题安全教育培训，做好一线生产保障工作，落实季节性机械设施设备检查、维护和抢修排故工作。在冬季落实设备设施防冻保暖措施；在夏季开展电气设备、设施专项检查及维修保养；在防台防汛期间对潜水泵、潮门窨井等防汛设备设施进行检查和维护保养。推进实施包括军工路快速路施工配套工程、雨污分流污水纳管工程等施工项目。严守网络安全防线，开展网络安全自查，采购堡垒机、APT预警系统、内网准入系统和上网行为管理系统，优化防火墙配置。安装应急核酸检测点视频监控系统，实现应急核酸检测点Wi－Fi全覆盖；实现专班管理区域移动Wi－Fi全覆盖；安装船舶梯口视频监控系统。

（黄伊文）

【上海国际港务（集团）股份有限公司罗泾分公司】 2021年，上海国际港务（集团）股份有限公司罗泾分公司完成货物吞吐量1830.13万吨，为年度计划1700万吨的107.65%，比上年减少4.20%。完成货物接卸量1490.31万吨，比上年增长2.95%，其中：完成外贸接卸量702.47万吨，增长23.15%；完成内贸接卸量787.84万吨，减少10.18%。完成营业收入53481.22万元，为年度计划51493.15万元的103.86%，增长9.88%。其中：完成主营收入52621.55万元，增长10.53%；完成其他业务收入859.67万元，减少18.99%。实现利润5375.32万元（扣除退休统筹等计提因素后），为年度计划4300万元的125.01%，增长45.98%。市场业务不断拓展。年内接待走访中车集团、哈尔滨电气、南钢、杭州进口钢材贸易等重要客户，加大和船公司之间交流沟通，八大主要航线中除东南亚、中东线外均取得增长，开辟黑海线、香港线等新航线市场。三大货种逆势增长。做强纸浆战略货种，稳定北美浆，开拓东南亚市场、做大南美浆市场，丰富纸浆货源结构，全年完成进口纸浆接卸量112.5万吨，增长196.8%，创开港新纪录。做精设备及车辆项目等高费率高附加值货种，全年共完成132.44万吨，增长28%。做实钢材“打底”货种，公司外贸出口钢材接卸量稳中有升，全年完成363.99万吨，增长24%；外贸进口钢材全年完成47.67万吨；内贸钢材全年完成782.79万吨。片区联动发挥效应。在推进集团散杂货码头协作一体化进程中，作为片区牵头单位及纸浆、钢材项目组组长单位，公司全年超额完成年初目标。片区全年完成利润8344万元，比上年－6716万元绝对数增长15060万元（未计提防疫成本）；吞吐量完成7366.2万吨，增长19.4%。

（陈颖雯）

邮 政

【概况】 2021年，中国邮政集团有限公司上海市宝山区分公司（以下简称区分公司）下辖13个支局、27个邮政所、15个营业部。投递线路648条，线路单程总长8781千米，其中机动车投递线路21条，单程长626千米；电动车投递线路626条，单程长8147千米；自行车投递线路1条，单程长8千米；外包邮路575条，单程长

7867千米。专职开箱邮路16条,单程长320千米。设信箱(筒)168个、自动取款机(ATM)67台。年末在册员工994人。全年完成业务收入4.3亿元,其中代理金融业务收入17690.87万元、寄递业务收入15793.22万元、邮务类业务收入7950.8万元、其他业务收入1506.2万元。用户综合满意度94.97分。

【发行"2021辛丑新年"主题封】 2021年,区分公司设计制作"2021辛丑新年"邮资机纪念戳记主题套封,发行500套,同步发行邮资机图案1枚,实现收入2.6万元。

【拓展同城即配市场】 2月,区分公司开发"拼多多"旗下社区团购平台"多多买菜"项目,实行仓到站、点到点配送模式,全年形成特快业务收入257.3万元,项目整体毛利率8.2%。

【做好"双十一"工作】 11月1日—16日,区分公司进口邮件量240.74万件,比上年同期增加85.5万件,增幅55.07%,妥投邮件量236.47万件。特快及时妥投率88.38%,排名全市第五,快包当日妥投率99.01%,排名全市第三。

【开拓国际业务新模式】 2021年,区分公司引进国际进口业务"倍加福"项目,实现"境外运输+清关+国内端投递承包服务"业务模式。区分公司承担客户全程境内外运输及清关,全年累计形成业务收入258.3万元。

【参与上海邮政首届书信文化节】 2021年,区分公司组织区内103所小学、75所中学参与上海邮政首届书信文化大赛,累计收到参赛作品448幅,获大会优秀组织奖。

【参加代理金融跨年度竞赛】 2021年,区分公司在2020—2021年度上海邮政代理金融跨年度竞赛活动中,累计新增日均余额10.1亿元,必保目标完成率排名全市第一,挑战目标完成率排名全市第一;非货币基金完成8239万元,完成跨赛目标的111%;手机银行新增激活4536户,跨赛目标完成率排名全市第三;信用卡发卡995张,跨赛完成率排名全市第二。新增收单商户3462户,加权完成率排名全市第一。

2021年中国邮政集团有限公司上海市宝山区分公司各支局、所

局所	地址	邮政编码	联系电话	局所	地址	邮政编码	联系电话
泗塘邮政支局	长江西路1599号	200431	56990245	杨行邮政支局	月城路231号	201901	56800614
张庙邮政所	长江西路1451号	200431	56992205	杨泰路邮政所	杨泰路190弄2号	201901	56808322
淞南邮政所	淞南路351号	200441	56826211	天馨花园邮政所	蕰川路1498弄102号	201901	56801436
大场邮政支局	沪太支路1316号	200436	56681429	顾村邮政支局	泰和西路3381弄300号	201906	66040141
南大路邮政所	祁连山路1989号	200436	56512658	新贸路邮政所	新贸路5号	201906	56046024
乾溪邮政所	环镇北路340号	200436	56501064	共富新村邮政所	共富路178—180号	201906	33711265
高境邮政支局	殷高西路100号	200439	56823014	刘行邮政支局	菊泉街618号	201907	56023260
长江南路邮政所	长江南路530弄192号	200439	56823359	菊盛路邮政所	菊盛路877号	201907	56122021
三门路邮政所	三门路515号	200439	55034181	罗店邮政支局	市一路166号	201908	66862667
阳曲路邮政所	阳曲路1073号	200435	56796102	长浜邮政所	南东路65弄12号	201908	36518913
大华邮政支局	真华路1108—2号	200442	66352341	罗泾邮政支局	陈镇路51号	200949	56870645
华灵路邮政所	大华三路2号	200442	66350994	潘沪路邮政所	潘沪路205号	200949	56150181
大华二路邮政所	大华二路139号	200442	66350094	美平邮政所	美平路809号	201908	56860326
庙行邮政支局	三泉路1711号	200443	56419212	吴淞邮政支局	淞滨路815号	200940	56673554
共康邮政所	长临路568号	200443	56402756	海滨新村邮政所	青岗路12号	200940	56174380
聚丰园路邮政支局	聚丰园路127号	200444	66120733	淞青路邮政所	永清路291号	200940	56176850
锦秋邮政所	锦秋路1298号	200444	56134144	三阳路邮政所	三阳路8号	200940	56841952
友谊路邮政支局	牡丹江路1745号	201999	56692922	月浦邮政支局	龙镇路71号	200941	56649114
宝林八村邮政所	密山东路237号	201999	36100154	绥化路邮政所	绥化路72号	200941	56649961
海江路邮政所	海江路303号	201999	56115122	盛桥邮政支局	蕰川路5542号	200942	56150454

(唐珺旸)

园区（创新）经济

■ 编辑　金　毅

上海宝山工业园区

【概况】　2021年，上海宝山工业园区（以下简称园区）完成规模以上工业总产值298亿元，战略性新兴产业占比30.6%；完成总税收30亿元；完成财政收入9.88亿元。单位亩产产值297.2万元，亩产税收29.7万元。园区围绕宝山科创中心主阵地建设、上海“北转型”战略，聚焦“一区（上海宝山工业园区）、两园（超能新材料科创园、北上海生物医药产业园）、三大主导产业（新材料、生物医药、智能制造）”，以高水平转型推动园区高质量发展，建设成宝山科创中心主阵地重要承载区。9月18日，宝山区印发《关于宝山区规范开发区管理机构设置促进开发区创新发展的实施方案》《关于调整上海宝山工业园区党工委、管委会机构编制事项的通知》。9月末，整合原上海宝山工业园区和上海宝山城市工业园区，重新组建上海宝山工业园区管委会，并加挂上海宝山高新技术产业园区管委会牌子。12月10日，与相关职能部门、属地镇完成社会管理职能移交签约。

【聚焦科技创新】　2021年，园区发挥科创宝山机遇，集聚创新资源，坚持科技创新和制度创新“双轮驱动”，做实上海市石墨烯产业功能型平台、上海高温超导产业基地、生物医药产业平台，推动科技成果产业化，不断提高科创强度和广度。石墨烯平台通过中试、检测、信息、中介等服务功能，依托园区院士专家服务中心，有序推进13个重点中试项目成果转化和7个项目场景应用对接。平台累计引入42家产业相关企业，其中孵化企业6家，入驻企业36家，逐步形成产业集聚。做强北上海生物医药产业园，园区成立生物医药指导站，加大招大引强工作力度，引入上海康希诺疫苗，实现当年建设、当年投产、当年达产，引入汉氏联合干细胞、上药集团“超级工厂”、上药口腔医疗器械、金济咸恒等龙头项目。至年末，园区新增高新技术企业56家，比上年增长80%。市级高新技术成果转化项目12个，增加200%，区级18个。新增1家“全球研发中心”（光驰），新增2家“外资研发中心”（申克、富驰），新增1家“跨国公司地区总部”（霍富）。积极助力辅导国缆检测、长伟锦磁等企业上市。

1月27日，上药康希诺新冠疫苗量产上市　　宝山工业园区/提供

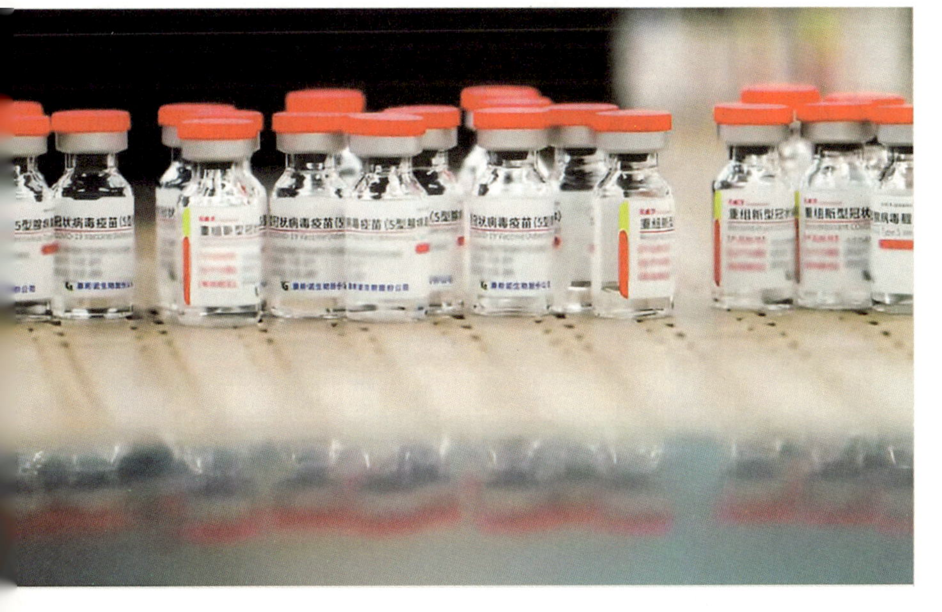

【紧盯产业发展】　2021年，园区在地企业1989家，其中规模以上企业354家，亿元产值企业68家、千万税收企业23家（与亿元产值企业去重）、成长潜力企业57家。注册企业11552家。园区新引进上药康希诺、汉氏联合、上药医疗器械、垒知集团、施沃泰半导体科技、迪派生物、美立谱医疗、赛源环境检测、素水新材料等多个优质项目。至年末，上药康希诺举办产品上市仪式；索灵医疗、药苑两项目进场装修；申和二期项目完成桩基开工；垒知集团、汉氏项目、中慧元通、悍马建筑科技、康碳新材料项目参加区集中签约。

【优化营商环境】　2021年，园区优化企业走访调研机制，园区领导班子分片包干，定期带队走访辖区企业；完善企业服务体系，着力增强企业服务能力、人才服务水平、科技创新服务三大方面，主动送服务上门，为企业加速发展保驾护航；出台园区重点扶持企业骨干人才专项激励办法，加大人才扶持力度，助力企业快速发展；启动宝山首个税务共建共治点，打通宝山北部地区企业办税服务“最后一公里”；成立园区“政会银企”综合金融服务点，为企业提供专业金融解决方案；设立生物医药指导站，为生物医药产业快速发展出谋划策；深化第三方监管服务，抓牢垃圾分类、河道治理、扬尘控制等生态环保工作。

【开展各类整治】　2021年，园区成立平安建设协调小组，制定方案、明确职责，切实落实平安建设各项工作措施；制定园区安全生产专项整治行动实施方案，开展“百日安全行动”、危化企业专项整治、工贸行业全覆盖监管；完成新一轮绿

地规划和规划环评的编制及审批工作,为园区产业导入提供更有力支撑。

(任　华)

宝山区科技创新开发委(宝山区投资促进办公室)

【概况】 1月—3月,宝山区航运经济发展区主要承担3个街道区域招商引资职能。4月,航运经济发展区剥离街道招商引资职能,承接全区投资促进职能,作为区投资促进工作领导小组下设办公室,增设投促中心。9月,航运经济发展区更名为宝山科技创新开发委(以下简称区科创委)。10月,区科创委下属招商公司宝恒公司剥离,全年共经历3次体制机制调整,现聚焦宝山区科创中心主阵地建设,承担招大引强职能。

【主要经济指标】 2021年第一季度,宝山区航运经济发展区完成一般公共预算收入5.8亿元,比上年同期增长58.55%,绝对量排名全区第一,增幅排名全区第二;新引进注册企业568户,其中5000万元以上项目38个。第二季度至年末,区科创委新引进固投类重点项目数53个,投资规模471.5亿元,项目数、投资规模均提前超额完成全年指标。其中,招引投资规模1亿元以上项目中符合区域产业定位、特色产业园区项目36个,占比68%,高于市投促要求的比重不低于60%的考核要求。27个2020年引进项目在年内实现100%开工;举办各类招商引资活动351场。

【推进重大项目】 至2021年末,区科创委在库统计重点项目共185个(含洽谈、签约、开工、竣工类项目,不含停滞类项目),合计总投资额1367亿元。其中用地类项目85个、二次转型开发类项目30个、租购楼宇厂房类项目65个、注册类项目5个,全部竣工。按五大主导产业(五大主导产业指生物医药、先进材料、新一代信息技术、机器人及智能制造、现代服务业)细分,生物医药类项目居多,共49个,新一代信息技术29个,产业园及其他项目70个。区科创委加速外联内引,加大活动招商力度,先后筹办宝山区代表团赴北京市、天津市、长沙市、西安市、昆明市等地外出招商,主动"走出去"招商;举办"基金+科创"投资推介会,吸引一批企业落户宝山;策划组织第二届中美经贸论坛参会嘉宾商务考察,宣传推介宝山,并通过论坛招商对接近30家意向企业;牵头举办"进博会"宝山专场推介会,组织街镇、园区及平台公司驻场招商,共派出60余组超400人招商队伍登陆展厅,接洽200余家客商。加速洽谈签约,举办重大产业项目集中签约,推动博沃创新疫苗及制造基地、优卡迪免疫技术创新中心、妃鱼网络等50个总投资500亿项目签约落地。加大一批重大项目的洽谈跟踪,推动重大项目尽快落地。加速准入开工,牵头做好汉氏联合、慧云数字港、南大科创绿洲(一期、二期)、微盟总部、优卡迪等19个项目准入,其中供地类项目11个,总投资额113亿元;租赁厂房类项目8个,总投资额14.4亿元。协调推进MAX科技园、上药康希诺疫苗、福然德研发中心、南大科创绿洲一期、国盛生物医药产业园、申和二期等15个项目开工建设。

12月15日,区科创委举办宝山区"金牌特战员"大比武活动决赛　区科创委/提供

【构建投促格局】 2021年,区科创委成立区分管领导牵头、条条联合考核小组,分解落实市投促下达考核指标,制定4大类24项考核指标,涉及投资促进基础工作落实情况、招商成效完成情况和日常工作配合情况,加强部署推进,压实主体责任。建立每周项目汇总分析会、双周项目研判会、双月区级投促专题推进会、季度"四片区"(南部片区、北部片区、中部片区、街道片区)项目协调会,以及常态化项目专家研判制度,畅通条块沟通,合力推动重大项目落地;启动"张江、北京驻点招商工作",建立组团驻点招商管理机制,拓展项目来源。推出"投促'岗位大建功'排行榜",从重大项目招引、新增注册企业数、税收贡献等8方面对各街镇(园区)每月排名,建立每双月线上展示招商成绩单机制。深化资源统筹,精准服务招商,以建设数字招商生态系统为抓手,一方面摸家底,排摸出土地116块,可用面积311万平方米;单体楼宇355幢,可用面积181.65万平方米;厂房386个,可租可售面积77.88万平方米;另一方面建功能,基本实现精准招商和绩效评估管理两大功能。至年末,各街镇园区全面启用系统,数字赋能招商功能初见成效。

(宋雨沁)

开放型经济

■ 编辑 金 毅

吸收外资

【概况】 2021年,宝山区引进外资指标稳步上升,超额完成外资能级提升任务,外资经济运行保持稳中有进。全区新增外资项目(新设+增资)共计388个,比上年增长10.5%;吸收合同外资146978万美元,增长5.1%;实到外资57001万美元,增长26.8%,增速全市第二。

【推进外资企业能级提升项目认定】 2021年,宝山区优质外企——上海霍富汽车锁具有限公司获跨国公司地区总部认定,希亚思(上海)信息技术有限公司获跨国公司总部型机构认定;上海申克机械有限公司获外资研发中心认定;光驰科技(上海)有限公司获"全球研发中心"正式认定,是全市第五家经认定"外资全球研发中心"。

【推进外资项目参与市政府项目签约】 2021年,宝山区先后组织快仓智能科技、掌学教育、申克机械、宝济药业、森碧欧等符合区产业导向外资项目参加"上海市外资项目集中签约仪式",签约项目投资总额近1.7亿美元,刷新外资显示度。11月6日,上海大界机器人科技有限公司参加2021上海城市推介大会,就设立外资研发中心项目与宝山区签署合作协议。

【加强对外投资宣传推介】 2021年,宝山区根据产业功能新定位,形成《2021上海外商投资指南》宝山区相关内容,推介宝山投资环境、产业政策,拓展外资招商渠道。以宝山区"两城三园"(两城指南大智慧城、吴淞创新城,三园指生物医药、新材料、机器人三大特色产业园)为重点,结合宝山区科创产业、绿色生态等推出"宝山科创之河""上海超能新材料科创园路线""北上海生物医药产业园路线""宝山机器人及智能制造路线"4条特色经贸考察路线。

【安商稳商新举措】 2021年,宝山区建立政企合作圆桌会议机制和外商投资企业投诉工作联席会议制度。7月21日,举行首场政企圆桌会议,发掘光驰半导体项目信息,促进项目落地;推进亚系中国总部项目支持政策加快兑现;协调海关指导索灵开展特殊物品进口申请等,帮助企业解决急难愁问题11个。

【欧美同学会第二届中美经贸论坛】 10月29日,由欧美同学会(中国留学人员联谊会)主办,欧美同学会留美分会、上海市欧美同学会协办,上海市宝山区人民政府承办的欧美同学会第二届中美经贸论坛举行。论坛包含主题演讲、圆桌对话、平行论坛、商务考察等单元,演讲围绕"全球新格局下中美经贸合作"展开,3场平行论坛分别聚焦"国际贸易规则下中美经贸合作新趋势""后疫情时代生物医药产业合作""数字经济时代中美经贸合作"主题展开,与会嘉宾为新时代下中国贸易发展、上海产业升级和宝山科创转型等建言献策。

(卞宇江)

对外贸易

【概况】 2021年,宝山区实现进出口总额1377.53亿元,比上年增长57.25%,完成年度计划168%。进出口总额和增速分别位列全市第五和第一,分别高于全国35.85个百分点和全市40.8个百分点。其中出口总额392.18亿元,增长52.75%,增速位列全市第一,分别高于全国31.55个百分点和全市38.19个百分点;进口总额985.36亿元,增长59.12%,进口增速位列全市第三,分别高于全国37.62个百分点和全市41.44个百分点。

【推进贸易多元化发展】 2021年,宝山区服务贸易进出口额1.38亿美元。其中技术进出口合同金额1亿美元,技术出口合同金额比上年增长65.4%;服务外包进出口额3738.44万美元,服务外包执行金额3414.33万美元。宝山区上海万位数字技术股份有限公司被认定为上海市服务贸易示范项目(创新类)。

【拓宽对外投资领域】 2021年,宝山区企业经核准赴境外新设立企业9

10月29日,欧美同学会第二届中美经贸论坛举行 区商务委/提供

家，增资3家，并购3家，投资总额2848.04万美元，投资国家（地区）主要包括中国香港、美国、新加坡等。对外投资主要流向汽车制造业、批发业、医药行业等。

【进博会溢出效应持续扩大】 2021年，宝山分团共有13家企业在第四届中国国际进口博览会上参展，参展数超第三届进博会。宝山分团登记单位数914家，其中企业数828家，注册人数3527人、企业数占比90.4%。宝山分团采购商分别与10个国家和地区三大展区达成采购成交，累计意向成交金额达2.55亿美元，折合人民币16.34亿元。

【亮相中国国际服务贸易交易会】 2021年，宝山区组织34家具有代表性服务贸易企业参展参会2021年服贸会，达成意向成交金额1000万元，全方位宣传展示宝山区在数字贸易、生物医药、邮轮服务贸易等方面发展特色及成功案例，积极推进邮轮服务贸易新业态发展，案例被列入中国服务贸易发展成就展重点案例展示。

2021年宝山区对外投资

设立方式	境外企业名称	境内投资主体	国家（地区）	直接投资总额（万美元）	经营范围
新设	快仓韩国股份公司	上海快仓智能科技有限公司	韩国	9.06	自动化及智能技术开发，技术咨询，技术服务，技术转让，计算机系统集成服务，软件开发，仓储服务，自动化设备，机电设备，计算机软硬件销售，从事货物及技术进出口业务
并购	亚妍（国际）贸易有限公司	墨虹（上海）电子商务有限公司	中国香港	6.425	电商、销售品类：母婴、化妆品
新设	诺德股份有限公司	上海栈道信息科技有限公司	新加坡	60	从事信息科技、计算机科技、网络科技、电子科技领域内技术服务、技术咨询；平面设计；计算机系统集成；计算机软硬件及辅助设备（除计算机信息系统安全专用产品）、办公自动化产品、办公用品销售
新设	易源株式会社	上海熠搜电力工程有限公司	日本	35.85	能源科学技术，太阳能发电科学技术，网络科学技术以及信息科学技术相关设备和机器研发、销售以及技术咨询业务；上述所述设备建筑作业，上述机器调试安装作业设计、施工以及监理承包业务；各种商品进出口、销售以及代理业务；仓库业务；海外投资、商品交易、技术合作、招商、其他企业和团体之间各种合作相关调查和信息提供以及咨询业务；旧货买卖业务；上述各项业务的一切附带业务
新设	畅联网络科技有限公司	上海安畅网络科技股份有限公司	中国香港	160	数据中心，互联网接入业务，技术服务，软件研发，系统集成
并购	广堃建筑股份有限公司	上海广堃建筑工程有限公司	越南	46.15	建筑材料和金属材料销售
增资	飞凯香港有限公司	上海飞凯光电材料股份有限公司	中国香港	130	化工产品的批发和进出口，并提供相关的技术咨询和售后服务
增资	捷思英达制药香港有限公司	上海骑纪投资中心（有限合伙）	中国香港	1796.875	新药研发
新设	天威（欧洲）展示展览有限公司	上海天威展示展览有限公司	葡萄牙	35.4	提供商业居间服务；展陈道具，装置，展示橱窗设计服务及制造；现场安装，维护，及相关的货物进出口，销售等。（根据葡萄牙法律，主要经营范围标准表述为：代理销售涉及家具、家居用品、五金器件等；办公及商店家具制造；专业设计活动及设计相关活动）
新设	香港凯创有限公司	上海飞凯材料科技股份有限公司	中国香港	250	化工产品批发和进出口，并提供相关技术咨询和售后服务
新设	美国丰禾科技有限公司	上海丰禾精密机械有限公司	美国	30	高压水清洗机及其零部件销售
新设	辉岭（加拿大）有限责任公司	上海岛昌医学科技股份有限公司	加拿大	30	医疗信息化软件销售及医疗机构（诊所）的经营
新设	馥海（新加坡）食品有限公司	馥海（上海）食品科技有限公司	新加坡	74.127	食品（如谷物、糖、食用油、调味酱和乳制品）杂货（种类繁多）批发；其他食品零售
减资	华伟汽车部件（北美）股份有限公司	上海华伟汽车部件股份有限公司	美国	-160	进口和销售汽车部件、国内公司出口货物仓储管理、新项目开发跟踪、客户信息反馈与服务
增资	华伟汽车部件（北美）股份有限公司	上海华伟汽车部件股份有限公司	美国	250	进口和销售汽车部件、国内公司出口货物仓储管理、新项目开发跟踪、客户信息反馈与服务
并购	威格商贸有限公司	上海亿电通网络科技有限公司	巴西	120	工业用机械和设备及零件批发贸易，机械设备船舶和飞机贸易商业代理，专业和职业安全用服装和配件批发贸易

（续表）

设立方式	境外企业名称	境内投资主体	国家（地区）	直接投资总额（万美元）	经营范围
减资	易源株式会社	上海熠搜电力工程有限公司	日本	-25.85	能源科学技术，太阳能发电科学技术，网络科学技术以及信息科学技术相关设备和机器研发、销售以及技术咨询业务；上述所述设备建筑作业，上述机器的调试安装作业设计、施工以及监理承包业务；各种商品进出口、销售以及代理业务；仓库业务；海外投资、商品交易、技术合作、招商、其他企业和团体之间各种合作相关调查和信息提供以及咨询业务；旧货买卖业务；上述各项业务的一切附带业务
总计				2848.04	

（卞宇江）

民营经济

【概况】 2021年，宝山区民营经济健康发展。全区共有民营企业16万户，占全区企业总数95.6%。2021年全区年新增民营企业2.5万户，占全区新增企业总数98.9%。民营企业实现税收277亿元，占全区76.3%，其中区级税收95.92亿元，占比72%。民营企业从业人员占全区就业总人口80%以上，成为宝山就业主要渠道。至年末，全区成功创建国家级企业技术中心3家、市级43家、区级161家，其中民营企业占比近八成。129家民营企业申报成为市级“专精特新”中小企业。宝山区民营经济健康发展。

【构建“科创30条”政策体系】 2021年，宝山区出台“科创30条”政策，区财政每年拨款10亿元对企业科技创新、先进制造、现代服务、金融服务等行业予以扶持。鼓励和支持有需求中小制造业的企业通过技术改造扩大产能，2021年，共扶持战略性新兴产业、企业技术改造项目26个，扶持金额达5773万元；扶持国家级、市级企业技术中心7家，扶持金额510万元；扶持国家级、市级“专精特新”企业72个项目，扶持金额730万元。

【完善人才政策供给体系】 2021年，宝山区出台《宝山区新引进优秀人才安居资助办法》《宝山区关于柔性引进人才的实施办法》《宝山区鼓励社会力量引荐高层次人才奖励办法》等一系列相关政策。助推企业人才成长，推行民营企业高层次人才服务“樱花卡”制度，为高端人才提供就医、就学等多项“绿色通道”。利用“互联网+”，建立“‘满意100’人才集聚工程”网上信息申报平台，实现人才政策推介、在线申报、人才培训等功能“零时差”响应。助力企业人才队伍建设，依托市区各类资源，为中小微民营企业免费提供“专精特新”企业家、财务总监、百家中小企业改制上市等七大类培训。

【拓展民营企业经贸合作渠道】 2021年，宝山区支持区内民营企业参加中国国际进口博览会、中国国际工业博览会、中国中部投资贸易博览会、亚太经合组织（APEC）中小企业技术交流暨展览会、中国产业互联网高峰论坛等各类国内外展会。其中，组织30余家重点民营企业（园区）参展工博会，集中展示宝山区在新材料、机器人及高端装备、科技创新等领域科技创新项目成果，总参展面积超800平方米。

【降低民营企业经营成本】 2021年，宝山区通过“全面覆盖”深化宣传、“快速反馈”优化沟通、“就户分析”强化指导等服务手段，加强税收优惠政策宣传、辅导、执行，落实国家和上海市有关税收优惠政策。年内，全区累计新增减税降费26.9亿元，减税降费政策效应逐步显现。创新推出“租税联动”政策，降低初创优质民营中小企业租金负担，2021年底共投入2505万元。至年末，宝山区共建成16个亿元载体，单位面积产出超1600元/平方米。 （王 洁）

经济管理

■ 编辑 金 毅

综合经济管理

【概况】 2021年，宝山区实现地区生产总值1725.56亿元，比上年增长6.5%。全社会固定资产投资657.07亿元，增长1.8%，其中：工业投资127.97亿元，增长29.2%；房地产开发投资395.69亿元，比上年下降3.9%。规模以上工业总产值完成2577.16亿元，增长25.2%。商品销售总额完成10110.44亿元，增长25%，增速位列全市第一。社会消费品零售总额完成850.39亿元，增长8.9%。

【打造创新发展新引擎】 2021年，宝山区发挥"大学牌"智力源优势，聚焦环上大科技园，加快布局创业街区、众创空间、中试基地、特色产业园中园，建设成果转化"首站"，5个基地形成全链条创新孵化功能，3个产业技术研究院初步形成建设方案，成果转化项目24项。做大复旦、同济、北大等高校朋友圈，启用宝山复旦科创中心，首批入驻8个重大创新项目。引入北大、华中科大、上海理工等大学科技园，上海第二工业大学科技园（智慧七立方）获批国家级大学科技园。激发"企业牌"创新力，深化与国家技术转移东部中心合作，打造"数字科创港"线下平台和"科创宝"线上平台，促进成果转化落地。完成市高新技术成果转化项目61个，比上年增长69.4%。技术合同成交额32.75亿元，增长1.6倍。与宝武、华谊等大型国企紧密合作，培育壮大宝锐特气体等一批具有突破"卡脖子"技术能力的科技型企业。探索"以先投后股方式支持科技成果转化"，作为上海市唯一一个以区为主体创新改革任务入选。新增高新技术企业380家，总数达1106家，增长31.66%。获上海市科学技术奖20项，增长1.5倍。

【提升科创核心承载区形象功能】 2021年，宝山区南大智慧城推进全域高品质开发，加快布局合成生物、电子材料等新兴产业，打造硬核科技集聚新高地。举办"重大项目集中启动开工暨签约仪式"，52个重大项目签约，南大合成生物产业园和科创人才社区挂牌成立。吴淞创新城加快新材料、新经济、新能源、新基建等"四新"方向产业导入，依托复旦省部级工程技术研究中心，形成科技服务业完整体系。推动上海美院加快开工，加快两个1平方千米先行区出功能、出形象，启动外环以南9平方千米开发。蕰藻浜"科创之河"先发区"1号湾"成为创新创业、休闲活动新空间，宝山"智慧湾科创园"入选第四批国家文化和科技融合示范基地。

【强化金融服务科创功能】 2021年，宝山区与上交所签订深化合作战略协议，共同建设"上海（宝山）科创金融服务中心"。推动拟上市合规审查"一件事"全程网办落地，整体用时缩短至2个工作日，申报材料减少至1份。新增尤安设计等3家上市企业。推进自由贸易账户复制推广，34家企业成为宝山区自由贸易账户拓展对象。"金融链"招商动能继续加强，引入惠每基金、厚朴基金等生物医药、信息技术领域优质投资机构落户宝山，开展"基金+科创"宝山专场投资推介会，引导优质金融资源注入科技创新创业一线。银政合作加快推进，共同深化政府、协会、银行、企业四方联动，签署合作协议，举行"政会银企"综合金融服务点暨金融服务驿站揭牌仪式。

【集聚各类科创人才】 2021年，宝山区坚持人才引领发展战略，出台海内外引才新政，启动揽才重点工程，累计发布1.4万个岗位，涉及企业790家。申报国家级、市级海内外高层次人才14人，外国高端人才和专业人才占外籍来沪工作者之比达99.6%。依托科技园区、优秀科技企业、院士专家工作站等，引进顶尖科学家、高水平创新团队等，形成以才引才、以才聚才抱团效应。加大人才举荐力度，放大"樱花"人才服务品牌优势，新发樱花卡696张，办理人才引进1141人，完成靶向引才项目17个。优化科技人才落户和居住证政策，培育一批拥有科研创新能力、科技成果转化能力和创业潜力人才。

【营造科创环境氛围】 2021年，宝山区出台《宝山区推进上海科创中心主阵地建设三年行动计划》《宝山区加快建设上海科创中心主阵地促进产业高质量发展政策》《环上大科技园专项政策》等多项支持科创发展政策。举办欧美同学会第二届中美经贸论坛、碳中和创新发展论坛、中国产业互联网高峰论坛、长三角创"融"十四五高峰论坛，开展"与民营企业面对面"、宝山科技节等系列活动。举办首届宝山"科创杯"创新创业大赛，吸引412家企业参赛，68个项目获市科技创新资金立项，28个项目入选国赛。区域内社会各界科创发展速度和浓度不断提高，研发支出占地区生产总值之比达3.08%。

【完善现代化产业体系】 2021年，宝山区实施"南总部+北制造"全产业链提升计划，智能制造新一代信息技术、生物医药产业分别比上年增长34.8%、24.4%、13.6%，战略性新兴产业占规模以上工业产值比重达26.9%。在科学研究技术服务业增长35.1%、信息技术服务业增长26.8%等重点服务业拉动下，规上服务业营业收入增长15%。做强"特色园"承载地，以超能新材料、机器人、生物医药3个市级特色园为载体，布局超碳超硅超导等前沿领域，推动孵化成熟企业向园区集聚。举办中国国际石墨烯创新大会和中国生物医药创新大会，组建北上海生物医药产业联盟。推动超导产业功能型平台建设，35千伏公里级超导电缆示范工程通电运行。宝山机器人产业园转型升级试点有序推进。

“双碳”产业率先布局，宝武绿碳私募投资基金设立运行，推动上海碳中和产业园建设，智能光伏、嵌入式电源等技术加快落地。平台经济和总部经济发展壮大，开展钢铁服务产业链拓展和钢铁产业供应链创新应用试点，建设国家级平台经济创新实践区，钢铁电商平台交易结算量占全国六成。完成认定外资总部和研发中心4家。

【融入国际消费中心城市建设】 2021年，宝山区开展各类特色促消费活动，第二届“五五购物节”期间，11家企业累计实现销售额11.4亿元，比上年增长21.1%。“六六夜生活节”围绕打造具有宝山特色夜间经济，开展“醉美北上海·邂逅夜宝山”系列活动。大场山姆城市中心店签约落地。宝山日月光中心作为“日月光中心”在上海体量最大纯商业综合体开业。

【优化营商环境】 2021年，宝山区落实优化营商环境十大创新举措，在全国率先实现“验登合一”，联东机器人创新港等5个项目实现“拿地即开工”。实现开办企业“一个环节、当天发照”，2.2万余户企业当天领取营业执照。贯彻“一业一证”改革，优化食品现制现售、便利店等7个行业准入流程。实施“代办专员”制度，宝山区代办服务工作平台上线试运行，建立“一次申请、专人服务、全程跟踪、办结为止”服务模式。知识产权服务进一步优化，与上海大学知识产权学院签订合作协议，发挥高校支撑作用。浦发银行等4家金融机构与上海机器人产业园等4家企业签订金融合作协议，促进知识产权成果转化。助力企业商标质押获贷5000万元，成为上海历年知识产权质押融资评估金额最高、放贷金额最高、纯商标质押融资金额最高一单。新一轮产业政策落地见效，产业扶持资金均适用简易申报程序，做到“当日申请，次日拨付”，全年拨付产业扶持资金近4亿元，扶持企业近2000家。

【提高对外开放水平】 2021年，宝山区外资引入逐渐向好，全年实现合同外资14.1亿美元，实到外资5.7亿美元，外贸质量不断提升。进博会溢出效应持续放大，10家企业报名参展，22家企业意向报名观展采购，意向采购金额约3亿美元。加快融入长三角一体化发展，先后赴南京、南通、杭州等地开展交流活动，在智能制造、生物医药和数字经济等产业领域进行考察研究，与全拓科技等企业签订战略合作协议。 （安昱旻）

统　计

【概况】 2021年，区统计局统筹推进国家统计督察整改、经济社会运行监测、统计现代化改革、统计质量季等各项工作，发挥统计服务宏观决策“数库”“智库”作用，为政府和社会各界提供统计信息咨询服务。年内，区统计局普查中心徐辉获第七次全国人口普查先进个人。

【创建科创中心主阵地指标体系】 2021年，区统计局深入街镇、企业、院校和职能部门调查研究，制定由3个一级指标、7个二级指标和23个三级指标组成的科创指标体系，制作《数说宝山科创中心主阵地建设》可视化统计产品，形成《宝山区科创中心主阵地指标体系研究》课题研究成果。

【监测经济社会运行】 2021年，区统计局开展常态化疫情防控条件下经济监测分析，关注生产总值、服务业、房地产、固定资产投资等方面重点热点问题，密切跟踪“五型经济”（创新型经济、服务型经济、总部型经济、开放型经济、流量型经济）、“三大先导产业”（集成电路、生物医药、人工智能）等新经济新业态，针对全区和各街镇（园区）主要经济指标数据进行预警预测和趋势分析，全年完成统计简报72篇，获区领导批示37篇。

【加强统计执法监督】 2021年，区统计局与区市场监督管理局开展跨部门“双随机”（随机抽取检查对象、随机选派执法检查人员）联合执法检查，实地检查20家在地统计批发业企业经营行为，实现执法互助、监管互动、信息互通、经验互鉴。开展“双随机”统计执法检查，走访70余家企业，重点涉及工业、建筑业等。严肃查处统计违法行为，对200余家单位发放法律告知书，依法规范企业统计行为。

【落实国家统计督察整改】 2021年，宝山区严格落实国家统计督察整改要求，推动38项区级整改措施落地见效，出台《加强基层统计工作实施意见》《宝山区党政领导干部防范和惩治统计造假、弄虚作假责任制规定》两个规范性文件。

【应统尽统促稳增长】 2021年，宝山区建立加强统计应统尽统工作联席会议制度，建立部门间信息共享、会商、协同工作机制，组织对全区7351家“准四上”（规模以上）单位和3953家重点单位进行统计数据质量专项核查和抽查工作，完成相关入退库工作。 （周世强）

国有资产管理

【概况】 至2021年末，宝山区国有及国有控股企业共162户，比上年减少9户；国有企业资产总额561.32亿元，比上年增加6.70%；负债总额296.80亿元，增加7.26%；所有者权益264.52亿元，增加6.08%；2021年度完成国有资产保值增值率100.14%。全区城镇集体企业65户；城镇集体企业资产总额46.15亿元，增加10.41%；负债总额25.62亿元，增加17.09%；所有者权益为20.53亿元，提高3.06%；2021年度完成集体资产保值增值率105.48%。

【国资、国企改革发展】 2021年，宝山区研究制定《宝山区国资（集资）国企（集企）综合改革实施方案》，调整区属国资国企版块布局和功能定位，形成“1+5+X”战略布局（“1”是资产管理平台；“5”是指“科创产业、文化旅游、商业商务、城市建设、公共服务”五大功能版块，分别对应成立集团公司；“X”是指各版块对应若干家企业），推进“一个平台、两项基金、三大公司”（“一个平台”是区属国有投融资平台；“两项基金”是设立总规模150亿元科创产业基金和城市更新发展基金；“三大公司”是南大公司、吴淞开发公司、大学科技园公司三大科创公司)建设。围绕国资国企发展重大战略任务,优化创新资源配置,制订并启动《国资国企产业转型升级三年行动方案》。组建成立宝山区国有(集体)企业党建指导服务中心。

【国资监管体系建设】 2021年,区国资委根据区委《关于加快推进宝山区委托监管企业规范有效监管工作实施方案》,有序推进32家委托监管企业资产清查、股权划转等规范整合工作,修订完善投融资监督管理办法、董监事履职目录等监管制度。完成2021年度国资经营预算收益统计审核和收缴,用于社保金额1256.81万元,占全部国资经营收缴数30%。开展直管企业月报、季报、年报及财务预算工作,利用财务风险预警信息系统,实现动态监测,每季度形成分析报告。完善资产监管平台,对出租出借平台大数据进行分析,实时掌握资产动态和运营情况,实现全系统4539户出租出借经营网点安全稳定运营。指导企业行政审批事项,2021年受理各类行政审批事项共137项,其中审批、审核122项,备案9项,资产评估核准、鉴证6项,办结率100%。

【区域重点项目推进落实】 2021年,区国资委搭建平台,抓好重点项目建设。完成迁建顾村粮库新址土地规划调整审批和启动调整地块动拆迁工作;宝康老年公寓,宝钢红十字护理院5#、7#楼装修改造项目建成投入使用;区供销社"新月坊"2210平方米旧房改造项目、轨道18号线国权北路565和573号改扩建项目(地铁国权北路站出口上盖商业设施)、宝建集团罗泾动迁配套房建设项目、区粮油购销有限公司顾村储备粮库迁建项目、上海市宝钢地区轻工业公司改扩建项目等一批企业发展重点工程投入全面实施。

【疫情防控】 2021年,区国资委在疫情防控工作中充分彰显国资国企使命担当,区供销合作总社、吴淞口投资集团提供保障应急隔离场所;国资产业公司、区供销合作总社保障口罩、消毒水等防疫物资,保障米、面粉、食用油等农副产品供应,平稳商品价格;做好区管企业公司内部、农贸市场、商超、酒店公寓等人员密集场所疫情防控工作。

【产权交易鉴证项目】 2021年,区国资委完成产权经纪项目9宗,其中资产转让项目3宗、资产受让项目1宗、股权转让项目2宗、股权受让项目2宗、增资项目1宗。总成交价63434.767504万元。

(李　莉)

【长江口投资控股集团】 2021年,长江口投控集团实现营业收入2.53亿元,净利润3568万元,上缴税金2459万元,资产保值增值率104.03%。年内,集团获2020年度宝山区"平安示范单位"、民兵工作先进单位。集团下属上海长江口置业有限公司获2019—2020年度宝山区文明单位,上海绿叶农副产品市场经营管理有限公司获2019—2020年度宝山区文明单位;上海绿叶农副产品市场经营管理有限公司淞兴店获宝山区创建全国文明城区(2018—2020年)先进集体;上海长江口商城股份有限公司黄金广场获2019—2020年度上海市文明单位、2020年第二十九届"百花杯"优质服务竞赛活动先进企业;上海长江口商城股份有限公司元尚物业管理分公司获上海市和谐劳动关系达标企业、宝山区和谐劳动关系达标企业、2019—2020年度宝山区文明单位。年内,集团围绕宝山区打造科创中心主阵地战略目标,开展"比学赶超当先锋,建设科创主阵地"活动,结合集团转型发展规划,制定年度重点工作目标12项。加强对外合作,先后签约顾北东路、菊太路累计6000余平方米大型居住片区商业配套项目,做好整体招商规划,打造社区商业新场景。与红露圆餐饮公司合资成立合兴馆餐饮公司,激活和重塑"合兴馆"老字号品牌。优化存量资产规划定位,年内累计完成空置网点招商推介14家,共计4015平方米,合同到期网点续签率达95.6%,确保公司商业资产不断增效。稳定传统销售,黄金广场加强营销活动开展,年内开展营销活动36次,做好现有品牌商户稳定。绿叶菜市场在落实疫情防控同时,继续做好平价菜、平价肉专柜供应,确保菜价稳定。加快传统业态转型,完成黄金广场、绿叶菜市场转型论证、可行性分析、客户洽谈等,为后续转型奠定基础。规范码头管理,做好罗泾码头动迁腾地工作,季家桥码头对接蕰藻浜沿线统一规划,做好租户清退。配合宝山区创建全国文明城区,下属单位对标《点位测评标准及工作要求》,对沿街商铺、菜市场等重要创建点位集中自查整改。开展对口帮扶,与云南会泽县五星乡等签订对口帮扶合作框架协议,年内累计划拨帮扶资金100万元,采购对口帮扶地区农副产品900余份。开展助老事业,向宝山区老年基金会捐赠20万元,向宝山区红十字人道救助基金捐赠3.5万元。

(张　芸)

【上海吴淞口投资(集团)有限公司】 2021年,上海吴淞口投资(集团)有限公司受新冠疫情持续影响,邮轮未恢复运营。公司立足"服务于滨江开发建设,服务于邮轮产业发展,服务于宝山城市转型"战略定位,应对经营形势严峻考验,克服疫情重大影响,提升经济发展新动能,于11月提前完成既定经营目标。加快推进上海邮轮旅游度假区建设。在

9月8日,区领导到长江口投控集团下属绿叶菜市场检查"创全"工作　长江口投控集团/提供

"吴淞口论坛"上正式对外发布上海国际邮轮旅游度假区规划，启动旅游度假区水域规划研究。稳步推进各项重点项目建设。完成邮轮港"东方之睛"客运楼改造工程交工预验收、项目竣工图编制和资料整理；完成邮轮港海事交管中心项目建筑主体玻璃幕墙安装；实现宝杨路道路改扩建工程项目主体工程完工并通车；编制吴淞滨江示范段二期工程可行性研究报告，完成新建驿站土建和外立面装修。2021 年，获 4 项区级以上荣誉，包括上海市文明单位、上海市建设工程"检测奖"、宝山区党支部建设示范点等称号。（宋莹慧）

市场监督管理

【概况】 2021，全区共有各类市场主体 215785 户，比上年增长 4.99%；注册资本 1.29 万亿元，增长 8.69%。其中：企业合计 176322 户，注册资本 1.29 万亿元；个体工商户 39361 户，资金数额 21.71 亿元；农民专业合作社 102 户，资金数额 2.05 亿元。全区新增企业 25846 户，新增企业注册资本 1166.01 亿元；迁入企业 5392 户。年内，区市场监管局食品安全工作连续五年考核名列 A 级，药品安全工作名列 A 级，质量考核保持 A 类，在全区考核中被评为"优秀单位"。被国家人力资源和社会保障部、市场监管总局授予"2021 年清理整顿人力资源市场秩序专项执法行动取得突出成绩单位"，被国家市场监管总局评为"扫黑除恶专项斗争工作成绩突出集体"，被区委、区政府授予"宝山区创建全国文明城区（2018—2020 年）突出贡献奖"称号。特监科被国家市场监督管理总局授予"全国市场监管卫士"集体荣誉称号。50 余个（次）单位、个人分别获"巾帼文明岗"等荣誉。

【推动准入服务更高效】 2021 年，宝山区新设企业 25846 户，比上年增长 13.38%，日均新设 103 户。落实优化营商环境十大创新举措，实现开办企业"一个环节、当天发照"，2.2 万余户企业当天领取营业执照。推出"远程身份核验"小程序，立等可取注册登记许可备案事项扩容至 71 项。优化医疗器械经营许可流程，对集中入驻医疗器械经营场所进行统一验收，验收 8 个集中入驻场所，办理医疗器械经营许可（备案）227 件。

【优化办事流程】 2021 年，区市场监管局持续落实"两个免于提交"（凡是本市政府部门核发材料，原则上一律免于提交；凡是能够提供电子证照，原则上一律免于提交实体证照），加强营业执照、食品经营许可证、居民身份证等电子证照调用，对企业开办、变更过程中房产信息材料进行内部查验。贯彻"一业一证"改革要求，优化行业准入流程，已覆盖食品现制现售、便利店、咖啡馆等 10 个行业，配合发放行业综合许可证 280 张。

【深化质量强区建设】 2021 年，区市场监管局出台《深入开展质量提升行动，助推宝山科创中心主阵地建设十条措施》，从机制、人才、环境等方面推动创新资源向企业集聚。推出市场监管"服务直通站"升级版，扩容服务站点，梳理形成市场监管服务清单，为企业提供个性化、组团式服务。与上海大学管理学院签订合作协议，设立质量教学课程，成立上海大学质量与标准化研究中心，打造质量发展智库。延伸宝山质量服务联盟触角，在机器人产业园设立"质量基础服务站"，为企业提供质量技术基础"一站式"服务。开展包括四大类 119 项质量月系列活动，发布《宝山区质量提升三年行动计划（2021—2023 年）》《宝山区质量状况白皮书（2021 年）》以及 2021 年宝山创新园区服务质量指数，深化质量共治，弘扬质量文化。

【优化知识产权服务】 2021 年，区市场监管局与上海大学知识产权学院签订合作协议，组建由大学生组成的知识产权维权援助志愿者队伍。开展知识产权金融服务"入园惠企"活动，组织浦发银行等 4 家金融机构与上海机器人产业园等 4 家园区、企业签订金融合作协议，促进知识产权成果转化。助力上海延中饮料有限公司商标质押获贷 5000 万元，成为上海历年知识产权质押融资评估金额最高、放贷金额最高、纯商标质押融资金额最高一单。

【持续开展疫情防控】 2021 年，区市场监管局对进口冷链食品贮存、经营、生产企业开展常态化、全覆盖排摸检查，重点加大对 4 家中转查验库落实防疫措施监管力度，督促企业落实疫情防控主体责任。成立疫情防控专班，每周开展飞行检查，跟踪督促企业整改。建立进口冷链食品应急处置机制，处置应急事件 50 起。

【严守重点领域安全防线】 2021 年，区市场监管局组织开展学校食堂、养老机构食堂、"夜鹰"一号等专项检查 20 次，开展"樱花节""五五购物节""欧美同学会第二届中美经贸论坛"等各类保障 22 次，检查食品生产经营单位 4.7 万余户次，消除安全隐患 10000 余个。举办首届食品从业人员快检技能竞赛暨"你点我检"专项活动，组织"餐饮安全你我同查"视频直播活动；开展区人大代表、政协委员共同参与的食品行业"自律互查"，形成食品安全社会共治格局。加大对特种设备使用单位监管力度，开展压力管道普查试点、起重机及场内车辆专项整治等专项检查 13 项，检查单位 900 余户，特种设备 1000 余台套，消除安全隐患 200 余个。持续推进智慧电梯建设，电梯备案率达 99%、电梯智慧码贴码率达 97%、无纸化维保达 96%、住宅

11 月，区市场监管局到区行政服务中心受理窗口开展政务"帮办服务"　区市场监管局/提供

电梯物联网接入率达21%，全面实现年度目标。

【推进柔性监管】 2021年，区市场监管局联合区府办制定市场监管领域部门联合抽查事项清单，开展联合“双随机、一公开”（随机抽取检查对象、随机选派检查人员，抽查情况及查处结果及时向社会公开）抽查32次，抽查市场主体478户次，发现问题17户，立案1户。继续对生物医药企业开展柔性服务指导，上门指导帮助20家企业解决经营中遇到的难题。

【注重针对性执法】 2021年，区市场监管局建立公众诉求风险预警机制，将群众呼声作为执法监管风向标。对危害人民群众生命财产安全行为保持高压态势，开展“铁拳”行动、长江禁捕、非法加油、货运堆场等整治行动，严厉打击虚假宣传、反不正当竞争等违法行为，全年立案查处案件2111件，罚没款2300.9万元，移送涉嫌犯罪案件13件。（徐 杰）

知识产权管理

【概况】 2021，宝山区受疫情影响，年专利申请、授权总数及发明、实用新型、外观专利申请及授权数较上年有所下降，但全市排名仍呈上升趋势。至年末，宝山区专利授权总量累计为9517件，比上年增长21%，在上海各区排名第七。其中发明专利授权量为1741件，在上海各区排名第七。实用新型专利授权量为6893件，在上海各区排名第八。外观设计专利授权量为882件，在上海各区排名第十三。地理标志方面，宝山区协同区农业农村委推进“宝山鮰鱼”地理标志产品保护申请。

【构建知识产权维权机制】 2021年，宝山区发挥社会公益维权援助作用，增强维权针对性和实效性。一方面加大政校合作力度，与上海大学知识产权学院签订知识产权维权援助工作合作备忘录，达成成立知识产权维权援助志愿者队伍、建立知识产权维权援助智库、开展知识产权课题研究及调研统计工作等六大合作意向，探索政府部门与属地高校合作新模式，引导社会力量积极投身知识产权维权工作。另一方面健全维权服务载体，联合上海知识产权维权援助中心，在长江软件园设立中国（上海）知识产权维权援助中心工作站，并举办知识产权维权保险知识讲座。

【推进区域知识产权质押融资工作】 2021年，宝山区围绕科创中心主阵地建设，深入开展知识产权金融服务，通过知识产权质押融资等方式，以“知产”引来“资产”，为企业解难题引活水赋新能。借助服务直通站、商标品牌指导站等载体，开展知识产权金融服务宣传，组织各类宣传培训10余场，提高企业对相关政策知晓率。开展“入园惠企”活动，加强政企银对接合作，引导银行提供信贷支持，提高知识产权金融服务普及度和惠益面，有5家银行与企业签订金融服务协议。出台相关补助政策，对企业通过质押知识产权融资进行贴息贴费。宝山区企业上海延中饮料有限公司成功取得国家知识产权局颁发商标专用权质权登记证，该公司“延中”商标被担保的债权数额达9.8亿元，获上海银行5000万元贷款。同时，宝山区初步梳理有融资需求企业25家。

【打击侵权假冒行为】 2021年，宝山区发挥知识产权联席会议、“双打”（打击侵犯知识产权和制售假冒伪劣产品）工作领导小组等工作机制，加大侵权假冒行为打击力度，畅通知识产权多元保护和侵权假冒执法协作渠道，构建“严保护、大保护、同保护”闭环保护体系。开展民生领域铁拳行动、保护进博会知识产权百日行动等专项执法行动，对重点民生领域加大知识产权侵权行为打击力度，至年末，立案43件；结案49件，比上年增长22.5%；罚没款184.49万元，增长27.01%。2021年区市场监管局共移送公安侵犯simt校准证书及WeedEX除草剂商标案件2件。（徐 杰）

口岸管理

【概况】 2021年，宝山区口岸管理相关单位主要包括中华人民共和国宝山海关、中华人民共和国吴淞海关、中华人民共和国吴淞出入境边防检查站、中华人民共和国浦江出入境边防检查站、中华人民共和国宝山海事局、中华人民共和国吴淞海事局、长江航运公安局上海分局吴淞所等。负责辖区内监管场所各项海关业务、出入境人员及其行李物品、交通运输工具和其载运货物边防检查，维护出境、入境秩序，保障水上交通安全和水域环境清洁及水域刑事、治安、消防、反恐等工作。（全 毅）

【中华人民共和国宝山海关】 2021年，中华人民共和国宝山海关坚持“一船一方案”原则，完善常态化邮轮口岸疫情防控体系。7月29日—30日，完成“蓝梦号”邮轮回靠检疫监管任务，监管出境外籍船员5名，受理船供物资申报2批次，共7.94万元。组织吴淞口国际邮轮口岸新冠肺炎疫情防控突发事件应急处置演练，协调宝山区滨江委持续强化邮轮港及办公场所防控要求，落实“四方责任”（属地、单位、部门、个人）；紧抓邮轮休整期，着力建设智慧监管邮轮模块，利用邮轮港航站楼适配性改建机会，开展邮轮监管区硬件设施改造；利用支援机场机会，学习远程先期机检先进经验，提高审图判图综合能力，确保“人物同防两手硬”；靠前站位服务邮轮经济发展，与各方一起研究邮轮复航复产工作与邮轮旅游度假区建设，调研国际国内邮轮产业复苏情况及全球邮轮疫情防控先进经验，建议结合邮轮检疫监管指数（CQI）设立邮轮复航运营准入条件，联系指导各邮轮公司完善各自疫情防控处置体系和软硬件设施改造，夯实常态化疫情防控下邮轮复航基础；推进邮轮海上游所涉船供物资（特别是危化品、药品等特殊物品）监管专题研究，探讨船供境外物资以“保税货物”方式供船；建立保税仓库仓储货物存放到期提醒制度，在货物到期前一个月提醒企业及时办理保税货物延期手续；主动靠前支持邮轮港免税店复工复产，调研“线上+线下”“免税+保税”等多种销售模式可行性，年内帮助深圳免税集团完成3批次5383件共44.46万元（完税7.63万元）积压免税品内销完税处置，减少企业因疫情带来损失；共实施实蝇监测6次、共计56头，主要种类为具条实蝇、橘小实蝇、南瓜实蝇、三点棍腹实蝇；实施舞毒蛾监测4次，监测到蛾类32头；实施杂草监测1次，监测到杂草18种次。1月，宝山海关选派旅检、查验等3个科室共29人整建制支援浦东机场疫情防控一线，单人累计支援时间最长达19个月，5人主动参加“14+7+7”工作模式，为机场疫情防控贡献宝山力量。高军、顾立乾、曾淑媛获疫情防控个人三等功、刘茂华获2020年全国海关系统抗击新冠肺炎疫情先进个人。（袁婧文）

【中华人民共和国上海吴淞海关】 2021年，中华人民共和国上海吴淞海关业务涵盖通关、查检、物流监控、船舶监管、保税、企管、稽查、法制、技术等方面。共有21个监管场所，其中有6个海关监管码头（张华浜码头、军工路码头、罗泾钢杂件码头、宝钢专用码头、石洞口第一电厂燃煤码头、石洞口第二电厂燃煤码头）、4家集装箱监管站（德祥、泛成、新贸海、上远）、2家新造集装箱监管点（中集宝伟、宝山太平）、4家公共型保税仓库（上海船舶服务罗泾、中商兴盛、东浩外服、罗森宝）、5个锚地（吴淞、宝山、长江口、横沙、江亚）。2021年，共受理进出口报关单申报20.5万份，比上年增加11.5%，征税入库188.8亿元，增加26.8%；保税仓库进库货物2万吨，货物总值3.5亿元，分别增加9.7%和减少15.9%；出库货物1.2万吨，货物总值3.6亿元，分别比上年减少92.4%和61.9%；完成入境船舶登临检查964艘次，检疫入境人员1.8万人次，核酸采样送检3229人次。年内，吴淞海关连续第九次被授予“上海市文明单位”称号。吴淞海关主动融入宝山区“十四五”发展战略，推出《吴淞海关2021年稳外贸稳外资、优化营商环境12项措施》，结合宝山区“双百”企业名单和科创中心主阵地建设需求，推动属地重点企业“一企一策”监管服务试点工作。推动海关“两步申报”“两段准入”及入境货物检验检疫证明电子化等通关便利化措施，全年进出口整体通关时间分别为60.2小时和3.4小时，较2017年同期分别压缩62%和65%。发挥“多证合一”“单一窗口”“互联网+海关”等平台优势，引导企业线上办理企业注册登记等事宜，全年完成区内企业注册登记720家，注销210家，信息变更430次。引导企业适用海关主动披露政策，促进企业守法自律，全年办结主动披露作业52起，补税433.5万元。加强监管，年内监管散杂货2963.9万吨，增加8.5%；监管分拨货物28.6万批次，增加9.7%；查检货物3.3万批次，增加14.5%；监管“苏州号”“新鉴真号”进出口集装箱3.4万标箱，增加29.9%。推进综合治税，通过推行“一企一策”精准服务模式，提高企业营商环境优化感受度来吸引税源集聚，全年税收入库188.8亿元，增加26.8%。加强检验检疫，封存国际航行船舶非洲猪瘟疫区肉类产品1650千克，在罗泾口岸发现并处置入侵野莴苣，在入境货物包装中截获松材线虫，检出进口不合格食品108批次，不合格化妆品24批次，查获进口危化品不合格2275批次。强化稽查作业，全年办结稽查作业173起，追补税款10.8亿元，增加68.4%，发现并移交缉私部门立案58起，增加1.6倍。完成第四届进博会海关监管服务工作，设置进博会专窗、进箱专用通道及专用存储区域，提供全天候通关服务。进博会期间，共计为15批次进境展品提供高效监管通关服务。疫情期间，吴淞海关加强入境船舶登临检疫，构建与区卫健委、吴淞海事局、吴淞边检站协同配合机制。做好上海口岸外籍船员换班监管，通过实施“一船一档案”“一船一研判”工作机制，监管外籍换班船员23艘次466人次。（薛思远）

【中华人民共和国吴淞出入境边防检查站】 2021年，中华人民共和国吴淞出入境边防检查站有24个对外开放口岸，其中厂矿专用码头13个、修造船厂4个、5个锚地（宝山锚地、吴淞口锚地、江亚锚地、横沙锚地、长江口锚地20个锚位）和2段浮筒。至年末，检查入出境（港）船舶4286余艘次，检查入出境（港）人员82921余人次，签发各类证件11426余份，办理行政处罚案件1起，扰乱口岸限定区域管理秩序1起，累计收到服务对象锦旗和感谢信15面（封）。年内，吴淞边检站形成专项安保体系，提升突发事件处置能力，完成建党100周年、党的十九届六中全会、第四届进博会等重大安保任务。搭建勤务运作体系，用警效能提升9.3%。创新锚地监管，先后11次派遣边检3166艇开展锚地巡检，并开展“护航2021”执法巡逻艇联合巡检行动和吴淞太仓联合巡航行动。抓好疫情防控，筑牢外防输入防控线，实现船员闭环管理，做到船员换班“一事一方案”。开启紧急救助绿色通道为36名船员提供救助。加强与口岸联检单位、卫健委等部门协作，落实“四查四通报”机制。（钱金春）

【中华人民共和国浦江出入境边防检查站】 2021年，中华人民共和国浦江出入境边防检查站主要执勤区域为吴淞口国际邮轮港、上海港国际客运中心2个国家对外开放旅检口岸，辖区内含2座码头、9个泊位，承担邮轮、游艇、军舰、帆船等船舶边防检查任务，共检查出入境船舶30艘次（入境14艘次、出境16艘次）；出入境员工1032人次（出境584人次、入境448人次）。年内，浦江边检站提升邮轮港智能管控效能，推进智慧邮轮港项目升级换代，升级口岸限定区域智能管控系统，增加母港邮轮旅客出境核查面像识别和访问港旅客边验边放智能化管控功能，为邮轮产业复苏后“无接触”式快速查验通关做好充分准备。5月22日，浦江边检站“星耀浦江”警务组服务2021上海邮轮港国际帆船赛赛事安保，维护口岸秩序，确保比赛顺利完成。参与宝山区政府邮轮产业工作会议，将边检对邮轮口岸防疫管控要求纳入地方政府部署。10月22日，浦江边检站受邀参加“2021吴淞口论坛”，为培育宝山区“三游”产业集群建言献策。（张唯聪）

9月16日，吴淞海关到宝山太平货柜有限公司调研新造集装箱工作　奚振华/摄影

【中华人民共和国宝山海事局】 2021年，中华人民共和国宝山海事局开展船旗国检查(FSC)668艘次，滞留111艘次，港口国检查(PSC)28艘次，滞留4艘次。实施行政处罚4125件，罚款9438.02万元，其中271件通过综合服务平台自助处罚，网上缴纳罚款78.3万元，共实施船员违法记分824人次。辖区共发生一般等级以上水上交通事故2起，沉船1艘、死亡失踪4人、直接经济损失500万元；发生等级以下事故、险情83起，与上年持平。年内，宝山海事局优化“三防三控”(错峰控流防叠加、重点监控防对冲、精准预控防堵塞)举措，对接“双峰双流”(进口出口高峰时期双向船舶流)措施，对宝山北航道79#灯浮附近水域(77#—81#灯浮段)参照警戒区管理，督促各方严格落实船舶错峰靠离泊安全管理措施。针对黄浦江出口船舶在66#灯浮附近水域反航道行为开展综合治理，采用“陆域+水域+电子”立体监管模式，引导船舶按推荐航路航行。与客轮公司共商优化安全航路，联合兄弟单位、长航公安对该水域开展联合监管，督促码头、引航、客轮公司落实主体责任；助力“水上巴士”运行，便捷锚地水域船员安全出行“最后一公里”。宝山海事局持续推进“护航长江口”专项治理，共开展联合执法行动65次，拦截扣押疑似涉海运输内河船至宝山南锚地待查452艘，完成处罚415艘，查处涉海运输内河船346艘，罚款金额达9765.6万元，移送公安机关10艘次，通报船籍港351艘次。完成“三无”(无船名船号、无船舶证书、无船籍港)船舶清零任务，联合公安、海警、渔政、检察院等部门开展联合执法行动19次，处置“三无”船舶15艘次，强制拖离涉渔“三无”船舶4艘，吊至岸上集中扣押“三无”船舶3艘，督促船舶所有人自行拆解1艘。全力做好“可持续交通大会”水上交通安全风险防控，开展无预案应急演习，检测各巡逻艇应急出动及时性，完成大会期间水上安保。联合长航公安成立“进博党员先锋队”，对入沪船舶全面开展专项安检，组建“进博会水路查控联合信息处理中心”，并选派业务骨干进驻，结合“净海卫士”与现场巡逻艇联动，保障“进博会”顺利进行。成立“党员先锋岗”水上客运监控专台，定点执勤，派员进驻交通保障指挥部，共保障客运航班5514班次，运送旅客340577人次，车辆66949辆次，保障“花博会”水上通航顺畅。

(杨进信)

【中华人民共和国吴淞海事局】 2021年，中华人民共和国吴淞海事局管辖区域包括长江上海段吴淞口以下深水航道及北侧小型船舶航道、主要锚地和长江口水域，黄浦江101灯浮至107灯浮约4.7海里水域，交管中心覆盖4000平方千米水域。拥有执法船只11艘，其中12.5米级巡逻艇1艘、30米级巡逻艇7艘、40米级巡逻艇2艘、60米级巡逻艇1艘。聚焦辖区通航秩序管理，重点强化密集交通流管控。在黄浦江水域，创新保峰控流、错峰分流“双峰双流”管控，实施环境分区、预警分级、船舶分类、管控分时“四分”管理，基本实现黄浦江吴淞段船舶单排航行，大小船错峰进口。调整长江口水域航路，在长江口船舶定线制东侧设定南北向推荐航路，促进南北通道和进槽船舶有效分离，利用南槽水深分流，提升长江口整体通航效率。强化动静联动能力，以船舶交通管理系统(VTS)全天候监控、巡逻艇网格巡航、定点值守、无人机辅助巡航为基础，构建“陆海空”立体监管雏形，发布安全信息广播36800余条，水域巡航16200余小时，航行里程78000余海里，接收船舶报告140万艘次，VTS监控船舶93万艘次，实施船旗国监督检查初查589艘次，复查492艘次；港口国监督检查初查14艘次，复查9艘次，实施现场监督检查1687艘次，实施船检质量检查102艘次。强化应急处置能力，有效应对“烟花、灿都”等极端灾害天气，实施应急处置479次，伤病救助59人次，搜救成功率99.37%。做好水上疫情防控，充分掌握辖区国际航行船舶动态、船员信息、船员换班信息，妥善处置船员核酸阳性事件，完成船员换班2479人次。面对问题隐患，扎实开展商渔共治2021、黄浦江通航安全大整治、在航机电故障船舶、水上无线电秩序、“三无”(无船名船号、无船舶证书、无船籍港)船舶等专项整治活动，开具违反通讯秩序违章510件，开展机电故障船安检33艘次，滞留29艘次，清理“三无”船28艘次，实现盘亘辖区多年“三无”船历史性动态清零。联合公安、海警等部门开展“护航长江口”专项行动，查处涉海运输内河船18艘次。发挥位于绿华山长江口安检站区位优势，加强长江口水域事故险情船、机电故障船安检力度，倒逼船舶在进入通航密集水域前做好自查。运行以来，检查船舶16艘次，滞留16艘次。开发内贸危险品集装箱监管平台1.0版，查处17起谎报瞒报案件，比上年增加183%。打好污染防治攻坚战，落实黄浦江下游内河船污染物免费接收政策，开展燃油取样检查530艘次，生活污水作业检查74艘次，开展长江经济带生态环境警示片披露问题专项检查837艘次，查处违法案件119起。加强源头管理，开展航运公司检查19艘次，查处问题96件，开展事故险情调查94件。发挥海事专业特长，升级长江口深水航道交通管控申报平台3.0版，促进深水航道通航资源合理使用，提高通航效能。推广网上远程自助处罚，让群众少“跑腿”，让数据多“跑路”，开具行政处罚3059件，其中网上行政处罚502件。完成一站式执法、互联网+安检复查、水上安全知识五进活动等5项“我为群众办实事”项目。为电煤、天然气、液化气、液化石油气(LPG)等民生物资运输船开辟绿色通道。完成花博会、第四届进博会、第二届联合国全球可持续交通大会等重大活动期间水上安全保障工作。2021年，吴淞海事局获评上海市文明单位、上海市建设交通系统平安单位，吴淞交管中心获评2016—2020年度上海市应急管理工作先进集体。

(黄琳洁)

【长江航运公安局上海分局吴淞所】 2021年，长江航运公安局上海分局吴淞所隶属于公安部长江航运公安局上海分局，地址位于上海市宝山区宝杨路1弄2号零点广场，专司上海吴淞口国际邮轮港港区内及长江上海宝山段水域刑事、治安、消防、反恐等日常公安管理工作。2021年，接处警121起(比上年下降4.69%)，其中调处各类纠纷26起、接受群众求助48起。受理各类治安案件49起(下降20.97%)，处罚各类违法人员54人(下降11.48%)，其中行政拘留42人。刑事立破案8起，打击处理54人。吴淞所针对辖区水域实行警组责任制，年内共侦破非法捕捞水产品犯罪案件5起，掩饰、隐瞒犯罪所得案件1起，累计涉案金额达15万余元，打击处理11人。“3·21”非法捕捞水产品案中27名犯罪嫌疑人于2021年6月被公开宣判，27人被判有罪，5人移交渔政部门做行政处罚，涉案渔获物价值55万余元。开展打击非法采砂工作，侦破公安部督办案件“2·20”非法采矿案，抓获犯罪嫌疑人14人，涉案70万元。开展“利剑”系列专项行动，利用“一船一档”“船舶靠港平台”等软件采集船舶、船员等基本信

8月4日，长航吴淞所民警在长江上海段宝山水域开展防疫宣传　　长航吴淞所/提供

息，建立船舶信息数据库，为辖区水域执法提供支撑，以此作为常态化开展水域整治行动。共采集录入"一船一档"信息船舶244艘，船员信息600条，查处无证驾驶案件47起，行政拘留40人。吴淞所对照长江航运公安局上海分局"6+1"顽瘴痼疾专项整治方案，自行核查2018年以来涉及经济纠纷警情55起，填写"警情核查表"589份；排查2020年以来接处警180起、各类案件28起。开展警务公开工作，全年共发布各类警务公开信息12条。疫情期间，吴淞口邮轮港暂停运营，但仍有邮轮需停靠补给，吴淞所与其他相关口岸单位积极协调，保障邮轮"技术性"停靠3艘次，安全保障10余名服务超期中国船员下船回国，并主导邮轮补给工作有序开展，保障1000余名留船外籍船员生活必需品补给，实现"零感染、零输入、零输出"防疫目标。　　（滕力威）

电力、燃气与自来水

【概况】　2021年，宝山区电力、燃气与自来水相关单位主要包括华能上海石洞口第一电厂、华能上海石洞口第二电厂、华能上海燃机电厂、上海石洞口煤气制气有限公司、上海城投原水有限公司长江原水厂、上海城投水务（集团）有限公司制水分公司吴淞水厂、上海城投水务（集团）有限公司制水分公司月浦水厂、上海城投水务（集团）有限公司制水分公司泰和水厂等。负责区域内电力发电、各类油品液化气业务及供水相关工作，全年运行健康稳定。

【华能上海石洞口第一电厂】　2021年，电厂完成发电量57.58亿千瓦时；生产厂用电率完成6.66%；生产供电煤耗完成344.07克/千瓦时。全年安全无事故365天，累计达到连续安全无事故记录4708天，全年未发生机组非计划停运事件。年内共开展季节性和各类专项安全检查33次。全年二氧化硫排放绩效0.027克/千瓦时，氮氧化物排放绩效0.075克/千瓦时，烟尘排放绩效0.005克/千瓦时，各项数据基本保持同期水平。严控标煤单价，做到实时调整采购策略，合理安排采购节奏，不断完善应急保供预案；在确保机组安全环保运行前提下，灵活调整掺烧比例，完成标煤单价1212.73元/吨。电厂连续8年获全国"安康杯"竞赛优胜单位。检修部青年文明号被命名为全国第二十届青年文明号；检修部党支部获上海市先进基层党组织称号；石洞口一厂被评为2019—2020年度上海市文明单位；石洞口一厂被评为2017—2019年度上海市厂务公开管理工作先进单位；运行部团支部被评为2020年度上海市基层团组织典型集体；燃料部《欧罗仓钢丝绳张力优化调整方法》获上海市职工先进操作法创新奖；石洞口一厂获2020年度上海市社区、企事业单位献血工作考核优秀集体等多项荣誉。　　（胡鸿婕）

【华能上海石洞口第二电厂】　2021年，电厂合计完成发电量142.97亿千瓦时，完成年度发电量计划114.21%，比上年增长23.79%；完成税前利润－0.86亿元，减少9.11亿元。完成全厂生产供电煤耗297.03克/千瓦时，比上年下降0.45克/千瓦时；完成全厂生产厂用电率4.37%，下降0.09个百分点。全年未发生一般及以上安全事故，未发生非计划停运。至年末，实现当年连续安全日记录365天，跨年度连续安全日记录5674天。年内，电厂在大气污染物排放达标基础上，进一步优化降低排放浓度，提升电厂机组环保排序水平，2号机组环保综合排序位列上海市公用燃煤机组第一梯队，其余机组均位列第二梯队，实现年初预定目标。电厂获评华能集团文明单位、第四届国际进口博览会电力行业立功竞赛优秀保障奖等多项荣誉，电厂党委被集团公司授予"先进基层党组织"称号，燃料设备技术创新工作室获得2021年"上海市工人先锋号"荣誉称号。　　（吴翌焕）

【华能上海燃机电厂】　2021年，电厂累计完成发电量13.19亿千瓦时，机组全年启停321台次，累计安全运行达6283天，实现全年安全无事故、"零非停"目标。至年末，电厂完成31项技改和7台次检修任务，其中1号燃机大修+汽轮机中低压模块改造，历时105天，最终实现点火、冲转、并网3个"一次成功"，修后联合循环出力420兆瓦（冬季工况）、氮氧化合物（NOX）平均排放浓度12.2毫克/立方米，均达国内同类机组领先水平。完成2号机一键启停（APS）及智能监盘项目，提升智能化水平。完成新能源项目实际备案280兆瓦。年内，电厂首获"2021年度集团公司先进企业""2021年度集团公司安全生产先进单位"；连续8届获评上海市文明单位；运行部获上海市"工人先锋号"称号；瞿虹剑获集团公司"华能创客"称号。　　（陈雅爽）

【上海石洞口煤气制气有限公司】　2021年，上海石洞口煤气制气有限公司各类油品、液化气累计进301船，出110船，发车70949次，日均发车约194次；累计吞吐量159.6万吨，仓储收入5540万元。年内，公司重点实施危险化学品3年安全专项整治行动方案，按期完成"生产监控系统模转数改造""高低压电气系统改造""油罐大修""工控系统升级改造"4个安全整改项目。　　（贝　蓉）

【上海城投原水有限公司长江原水厂】　2021年，长江原水厂全年实现供水量5.83亿吨，平均日出水量159.75万吨，最大日供水193.5万吨（10月10日）。年内，陈行水库取水口未受到咸潮入侵

影响，但有一次取水口氯化物浓度升高情况，自3月5日12时起，陈行取水口氯化物超过150毫克/升，至3月8日9时期间共经历44小时，共遭遇上游浏河排水累计125潮。加强水质监测，科学取水调度，全年出厂水氨氮值严格控制在0.5×10^{-6}ppm以下；水库藻类生态治理良好，通过增强水库生态力量、水库水位差技术、水位控制与风流场结合排藻以及拦藻网实施等技术，控制水库藻类生长，出厂水叶绿素月平均在5～7微克/升之间；取水口共发生3起外来突发性水质事件，应急处置到位，出厂水质均达标。水厂探索生态水库建设，不断丰富水质保障手段，与太湖局合作共同推进娄陆水文站数据共享工作，通过实时获知水文、水质信息，提前掌握浏河中游水域水质情况，提早应对浏河排水所带来水质氨氮超标事件；与气象局合作，完成小型水库雨水情预报设施建设；继续做好陈行水库鱼类资源调查、底泥监测及健康评估工作，掌握陈行水库的生态变化情况和发展趋势，总结生态治理成果，借鉴金泽和青草沙水库生态治理经验，结合《陈行水库总氮原位消减关键技术研究和应用》科研项目实施探索水库生态化途径，在库中央布设2组生态河床，完成推进生态岛科普基地大修，推进陈行水库生态化建设。（魏巧芬）

【上海城投水务（集团）有限公司制水分公司吴淞水厂】 2021年，吴淞水厂完成总供水量3260.7304万吨，比上年减少5.01%；日平均供水量8.93万吨，减少4.70%；最大日供水量9.7708万吨。全年以安全优质供水为根本，以三标整合型管理体系建立和运行为抓手，强化内部管理，着力提升制水生产专业能力。结合工艺条件及运行情况，对制水工艺各个环节进行多级防控，保证各环节水质处于受控状态，保证出厂水质全部达标。按照年度生产设备检修计划，组织实施主辅设备大修，共检修机泵设备11项、变配电设备4项、净水设施14项、净水设备11项、加药系统3项、特种设备7项、其他设备8项，完成率100%，确保设备在最佳状态下运行。建立质量、职业健康安全和环境整合性标准化管理体系，与提高日常工作管理水平有机结合。（陈　勇）

【上海城投水务（集团）有限公司制水分公司月浦水厂】 2021年，月浦水厂完成供水量7140.38万立方米，比上年增加342万立方米；日平均供水量20万立方米；最大日出水量26.06万立方米。年平均出厂水浊度0.04NTU，优于国家规定标准（国标为≤1NTU），出厂水水质九项主要指标合格率、调度指令执行率均达到百分之百。8月，月浦水厂对现有制水一线岗位进行优化整合，设置中央集控室，将制水一线包括调度、泵房、滤池、加药等岗位合并，集中生产管理。年内，月浦水厂被评为宝山区反恐怖主义工作先进集体；水厂“水润一方”志愿服务队被评为2021年度上海供水行业“治水管海（供水保障）先锋”示范服务点；水厂连续多年被评为“上海市平安示范单位”称号。（董　顺）

【上海城投水务（集团）有限公司制水分公司泰和水厂】 2021年，泰和水厂完成供水总量24400.6125万立方米，平均日供水量66.99万立方米，最大日供水量78.64万立方米。出厂水平均浊度0.05NTU，优于国家规定标准（国标为≤1NTU），出厂水四项合格率达100%。水厂原水取自长江水源，主要净水设备有10座平流式沉淀池、56格V型滤池、40格活性炭滤池、7座清水库、3座出水泵房等，供水能力达到100万立方米/日。2021年，水厂深度处理改造工艺正式投入使用，出厂水质得到进一步提升。水厂加强原水水质监测，通过及时调整药剂加注量、严格控制沉淀池、滤后水浊度和余氯等措施，实现加药精准化，确保优质供水；加强与监控平台沟通，确保最大供水能力出水；加强巡检力度，及时消除隐患；通过合理调配沉淀池排泥及滤池冲洗时间，以确保污泥处理系统正常运行。（严　鹂）

陈行水库取水口　　长江原水厂/提供

财政·税务·审计

■ 编辑 金 毅

财 政

【概况】 2021年,宝山区一般公共预算收入1729001万元,比上年增加13.03%,完成调整预算的100%,加上市对区税收返还及补助收入1164317万元、地方政府一般债券转贷收入140000万元、动用预算稳定调节基金110000万元,全区一般公共预算总财力3143318万元。全区一般公共预算支出2784473万元,完成调整预算96.37%,加上地方政府一般债务还本支出90363万元、结转下年支出112925万元、补充预算稳定调节基金155557万元,全区一般公共预算支出总量3143318万元。全区当年一般公共预算收支执行平衡。

【区本级一般公共预算收支】 2021年,宝山区区本级一般公共预算收入990953万元,完成调整预算99.14%,加上市对区税收返还及补助收入1164317万元、地方政府一般债券转贷收入140000万元、动用预算稳定调节基金110000万元,区本级一般公共预算总财力为2405270万元。区本级一般公共预算支出1899619万元,完成调整预算94.78%,加上区对镇税收返还和转移支付支出146952万元、地方政府一般债务还本支出90363万元、结转下年支出112925万元、补充预算稳定调节基金155411万元,区本级一般公共预算支出总量2405270万元。区本级当年一般公共预算收支执行平衡。

【教育支出】 2021年,宝山区教育支出369335万元。主要用于教育管理部门及所属事业单位基本支出254208万元,城市教育费附加等市拨专项支出111563万元。

【科学技术支出】 2021年,宝山区科学技术支出65155万元。主要用于科学技术等管理部门及所属事业单位基本支出1034万元,科普经费、长江河口科技馆运行费1480万元,科技创新、人才发展、产业配套、张江宝山园以及扶持企业发展资金45456万元。

【社会保障和就业支出】 2021年,宝山区社会保障和就业支出246208万元。主要用于社会保障管理部门及所属事业单位基本支出和行政事业单位职工社保缴费等基本支出66949万元,公益性岗位、自主就业、社会保险等促进就业经费42012万元,居家养老、老年综合津贴等老年福利经费48689万元,城乡居民最低生活保障、支内回沪人员生活补助等各类帮困救助经费34197万元,残疾人康复、就业、补助等各项经费20642万元,伤残抚恤、义务兵优待、退役安置、军休干部安置等经费33637万元,城乡居民基本养老保险补助3341万元。

【卫生健康支出】 2021年,宝山区卫生健康支出158442万元。主要用于医疗卫生行政管理部门及所属事业单位基本支出和行政事业单位职工医保缴费等基本支出102236万元,卫生医疗实施设备、信息设备等经费8357万元,医疗综合改革、人才培养激励、科研、医联体等经费2315万元,疫情防控、公共卫生体系建设、计划生育等经费5094万元,医疗救助、市民社区医疗互助帮困等经费27102万元。

【文化旅游体育与传媒支出】 2021年,宝山区文化旅游体育与传媒支出27368万元。主要用于文体广等管理部门及所属事业单位基本支出9821万元,文化创意发展和公共文化事业发展资金1432万元,图书馆、文化活动中心运行以及开展体育赛事、群众文化体育活动等经费4165万元。

【公共安全支出】 2021年,宝山区公共安全支出143271万元。主要用于公共安全管理部门基本支出94293万元,公共安全视频监控共享平台租赁、智能化集成应用系统、城市图像监控等经费16248万元,公安勤务辅警、文职、特保队伍等经费15921万元,涉案财物存放管理、司法鉴定及物证保管、交通信号灯日常维护等经费10335万元。

【节能环保支出】 2021年,宝山区节能环保支出19718万元。主要用于环保管理部门及所属事业单位基本支出3305万元,排水系统工程建设经费11056万元,环境监测、地块修复、能源利用等经费3995万元。

【城乡社区支出】 2021年,宝山区城乡社区支出218146万元。主要用于城乡社区管理部门及所属事业单位基本支出27764万元,市容养护、垃圾分类处置等经费39901万元,绿化养护、花卉街景布置等经费15750万元,市政道路桥梁、标志标线等设施养护、掘路修复、管道泵站养护等经费23747万元,老旧电梯维修改造、美丽街区建设等经费4110万元,环境品质提升经费19617万元,市拨大型居住社区市政公建配套建设补助36539万元,街道社区工作者、居委会工作、服务群众、社区管理等各项经费34800万元。

【农林水支出】 2021年,宝山区农林水支出58078万元。主要用于农林水管理部门及所属事业单位基本支出10810万元,美丽乡村示范村、达标村建设1896万元,农业规模经营、农业保险、农业绿色生产发展、农产品安全项目等经费7729万元,河道综合整治及管理养护、污水收集管网建设、水闸管理、水文水质监测等支出32242万元。

【住房保障支出】 2021年,宝山区住房保障支出84257万元。主要用于房屋管理部门所属事业单位基本支出和行政事业单位职工住房公积金、住房补贴等基本支出62962万元，市拨旧住房修缮改造补助14800万元。

【交通运输支出】 2021年，宝山区交通运输支出119751万元。主要用于交通运输管理部门及所属事业单位基本支出3295万元，区管公路、农村公路大中修、日常养护等经费26089万元，南大地区等道路建设经费30000万元，公交运营补贴、公共自行车租赁运行维护经费3407万元，补偿轨道交通运营收支缺口支出50220万元。

【资源勘探工业信息支出】 2021年，宝山区资源勘探工业信息等支出163758万元。主要用于资源勘探信息管理部门及所属事业单位基本支出2392万元，园区建设、市政设施养护、社区服务管理等支出57659万元，扶持产业发展专项资金等支出89895万元。

【灾害防治及应急管理支出】 2021年，宝山区灾害防治及应急管理支出18725万元。主要用于灾害防治及应急管理部门基本支出6922万元，消防设施、设备更新、生产安全监管等业务经费106961万元。

【商业服务业支出】 2021年，宝山区商业服务业等支出7207万元。主要用于支持发展现代服务业。

【自然资源海洋气象支出】 2021年，宝山区自然资源海洋气象等支出877万元。主要用于土地管理部门所属事业单位基本支出413万元，气象事业工作经费342万元。

【粮油物资储备支出】 2021年，粮油物资储备支出3647万元。主要用于储备粮补贴、粮油价格补贴。

【区对镇转移支付执行情况】 2021年，宝山区对镇财政转移支付164416万元，其中：一般性转移支付92600万元，专项转移支付71816万元。主要用于加强镇级教育、“三农”、医疗卫生、社会保障、生态补偿、文化体育、城乡社区建设等方面均衡保障，以及支持镇级生态环境综合整治等项目建设，促进区域城乡一体化发展。

【政府性基金预算收支】 2021年，宝山区全区政府性基金预算收入994738万元，完成调整预算102.14%，加上市对区政府性基金补助收入98908万元、地方政府专项债券转贷收入64000万元、动用历年结转收入283214万元，全区政府性基金预算总财力1440860万元。全区政府性基金预算支出1410860万元，完成调整预算97.56%，加上地方政府专项债务还本支出30000万元，全区政府性基金预算支出总量1440860万元。全区当年政府性基金预算收支执行平衡。

【区本级政府性基金预算收支】 2021年，宝山区本级政府性基金预算收入994738万元，完成调整预算102.14%，加上市对区政府性基金补助收入98908万元、地方政府专项债券转贷收入64000万元、动用历年结转收入283214万元，区本级政府性基金预算总财力1440860万元。区本级政府性基金预算支出1408472万元，完成调整预算97.56%，加上区对镇政府性基金转移支付2388万元、地方政府专项债务还本支出30000万元，区本级政府性基金预算支出总量1440860万元。区本级当年政府性基金预算收支执行平衡。

【区本级国有资本经营预算收支】 2021年，宝山区本级国有资本经营预算收入4903万元，完成预算130.22%，加上市对区国有资本经营预算补助收入188万元、历年结转收入1004万元，区本级国有资本经营预算总财力6095万元。区本级国有资本经营预算支出3682万元，结转下年支出2413万元。

【政府债务余额】 2021年，上海市财政局核定宝山区债务限额为211.50亿元（其中：一般债务限额115.00亿元，专项债务限额96.50亿元）。至年末，宝山区政府债务余额169.22亿元（其中：一般债务余额88.52亿元，专项债务余额80.70亿元）。债务规模适度，风险可控。

【支持科创中心主阵地建设】 2021年，宝山区财政局出台实施意见、行动计划和专项政策等一系列政策文件支持科创中心主阵地建设，加大对关键核心领域投入力度，推进区校联动、创新载体打造和科技成果转化。推进吴淞、南大核心承载区、蕰藻浜“科创之河”首发区建设。统筹安排各项产业扶持资金近4亿元，推动生物医药、机器人、新材料等战略性新兴产业发展壮大。贯彻落实提高小规模纳税人增值税起征点、对符合条件小微企业和个体工商户在现行政策基础上再减半征收所得税等结构性减税政策。制定行动方案，实施企业全生命周期扶持政策，对高新技术企业扶持等认定类和配套类项目补贴，实现收到企业申请后1个工作日内完成资金拨付。

【支持城市更新改造】 2021年，宝山区财政局聚焦创建全国文明城区，推进旧住房成套改造、老旧小区修缮和“城中村”改造。支持架空线入地和合杆整治，支持多层住宅加装电梯201台。支持各类保障性住房建设，解决在外过渡动迁居民首套房安置。支持保障性租赁住房建设。

【推进乡村振兴】 2021年，宝山区坚持农业农村优先发展，推进“绿色田园、美丽家园、幸福乐园”工程。安排资金1.44亿元，推进乡村振兴示范片区建设。支持推进农民相对集中居住，支持农村人居环境优化工程，提升农村人居环境品质。

【推进财政改革】 2021年，宝山区财政局做好直达资金管理工作，扩大直达资金使用范围，发挥直达资金作用。完成政府采购平台新老更替和2020年度国有资产管理综合报告和行政事业性国有资产专项报告编制。加强限额以下小型建设工程和政府购买服务管理。推进预算一体化建设，提升预算管理水平。

【推进预算绩效管理】 2021年，宝山区财政局对覆盖面广、关注度高、持续时间长的17个重大项目开展财政重点绩效评价。推动绩效评价结果运用，建立绩效评价结果与预算安排相衔接挂钩机制。规范委托第三方机构参与预算绩效管理行为，推动宝山区预算绩效管理提质增效。 （郑金良）

税　务

【概况】 2021年，区税务局完成区级税收146.8亿元，增收14.9亿元，比上年增长11.3%，双剔结转收入、免抵调库、土增清算、土地契税等一次性收入，增长

26.1%。与2019年同期（不受疫情影响）比较，还原增值税税率调整等减税降费翘尾因素影响，增长36.6%，年均增速16.9%。2021年，区税务局1名党员获评“全国税务系统百佳税务所长（书记）”，1名党员获2021年度上海市税务系统“优秀党务工作者”，3名党员获评“宝山区优秀共产党员”，1名党员获评“宝山区优秀党务工作者”，1个集体获评“2019—2020年度上海市三八红旗集体”，区税务局团委获评“上海市市级机关先进基层团组织”，1个党组织获评“上海市先进基层党组织”，2个党组织获评“宝山区先进基层党组织”，1个党支部获评“党支部建设示范点”。拍摄1个微团课视频，登上总局微信公众号。全年被“学习强国”平台采录稿件25篇。

【税收特点】　2021年，宝山区税收呈现以下特点：（1）全面增收。全区税收总收入比上年增长16%，中央级、市级、区级三级收入分别完成195.1亿元、79.3亿元、146.8亿元，三级收入分别增长22.9%、9.5%、11.3%。其中，属地户管剔除免抵调因素后，中央级、市级、区级三级收入分别增长27.6%、18.6%、12.7%。（2）收入体量前高后低，9月—12月呈负增长。2021年四个季度区级税收分别完成40.3亿元、39.4亿元、40.8亿元、26.4亿元，上下半年分别完成79.7亿元、67.2亿元。上半年增长17.9%，下半年增长4.5%，主要是同期上半年疫情影响基数较低。下半年在历年收入结构、中小微制造业缓税、结转收入等因素影响下，9月—12月呈现负增长。（3）五大税种“三增二减”，地方税种有所波动。区级五大税种共完成税收124.7亿元，占比84.9%，增收12亿元，增长10.6%。五大税种呈现“三增二减”分布（“三增”是流转税、企业所得税、个人所得税；“二减”为土地增值税、契税）。地方税种中，房产税增收5216万元，增长7.9%，主要是加大专项核查力度；土地使用税减收359万元，减收主要是受综合申报影响；印花税增收源于企业自主规范申报，增收1.4亿元。（4）三产业呈二八分布，六大行业“五增一减”。2021年二、三产业在同期疫情影响基数较低情况下均有所增收，剔除免抵调增后，二产区级占比20.9%，三产区级占比79.1%。六大行业共计完成区级税收127.6亿元，占比86.9%，增收8.5亿元，增长7.1%，剔除免抵调后同比增长8.6%，呈现“五增一减”（“五增”分别是工业、建筑业、批发和零售业、交仓邮业、租赁商务服务业，分别增长3.2%、13.8%、34.7%、19.2%、31.1%；“一减”是房地产业减收）分布，主要是土增清算和土地契税减收所致。

【税收法治】　2021年，区税务局加强“三项制度”（行政执法公示制度、执法全过程记录制度、重大执法决定法制审核制度）与税收业务衔接融合，实现清单内公示事项及时准确维护，通过自查发现“三项制度”在具体执行中的问题并对整改情况持续跟踪。全年组织法制员对1500余份案卷开展交叉检查，提升案卷制作质量。严格落实“首违不罚”清单，明确痕迹化管理要求，探索实行说理式教育、台账式管理，实现“一事一登记”“一案一辅导”。司法行政衔接顺畅实施。一方面，推进市政府2021年十大法治为民实事项目“优化企业破产涉税事项办理”落地，全年共完成44户破产企业税务债权申报工作。另一方面，根据区税务局财产处置类协助司法执行工作机制，处理6户企业房产司法拍卖事宜，做到及时流转、顺畅衔接。

【税种管理】　2021年，区税务局加强各类税收管理。（1）所得税管理。企业所得税方面，落实小微企业税收减免新政，将小型微利企业等各项普惠性优惠政策落实到底，及时下发差错数据辅导纳税人更正享受。推进创新研发优惠助力科创，制定日常“沟通—提醒—反馈—通报”管理机制，做好政策宣传辅导。提前了解区内大型制造业、重点税源企业政策享受情况，预估增长总体趋势情况。着重对未享受企业逐户核实，做好点对点辅导。排摸落实非居民递延纳税政策。联合税源管理所利用“互联网+税务”模式宣传非居民递延政策。个人所得税方面，完成首次常态化年度汇算。全面落实“四分”（分类、分批、分策、分责）引导方案和网格化管理责任制，做好申报受理、退税审核、补税提醒等重点工作。至年末，累计申报449368人，补税1.21亿元，退税1.48亿元，申报进度全市排名第五。审核退税255569条，其中人工审核10348条，年末完成退库率100%。（2）流转税管理。做好保民生、稳就业、保主体各项优惠政策，持续发挥货物劳务税在保障和改善社会民生、促进产业结构优化方面职能作用。围绕宝山区科创中心主阵地建设，重点对智能制造企业和软件开发企业开展政策辅导。2021年完成软件及嵌入式软件产品退税10821.76万元，户月均退税额从7.65万元提升至11.85万元。（3）财产行为税管理。协同区人社、区医保、残联等部门建立联络机制，通过批扣后定期逐户提示、深入企业走访调研等方式，确保社保费及时足额入库。做好非税收入征收工作。完善残保金征收工作机制，完成残保金征收入库2.83亿元，征收率列全市第二。顺利实现五项非税收入征收平稳划转。

【纳税服务】　2021年，区税务局加强办税服务厅智慧化、规范化管理。依托“纳税服务智慧分析平台”，提升线下办税服务能力。组建工作团队开展业务标准化建设，协同各业务科室对24项“非标”业务制定办税标准，明确指导窗口单位统一、规范办税。落实税费政策措施精准推送机制。科所联动开展提醒，运用线上线下多渠道，提示纳税人及时查看推送内容。以数据分析、精准推广、定期督办为手段，提升增值税发票“非接触式”比例，优化纳税人办税体验。2021年全区“非接触式”发票领用户次占比75.79%，份数占比90.11%，成为纳税人领用发票最主要途径。创新服务形式，打造“税智惠”云课堂，依托腾讯会议、腾讯课堂等交流媒介，开展九期云课堂培训。开展企业纳税缴费“一件事”工作，引导纳税人在“一网通办”平台综合申报个人所得税、社保费以及公积金基数调整。

【税收征管】　2021年，区税务局在门户主页开设“进一步深化税收征管改革”专栏，集中展示《关于进一步深化税收征管改革的意见》落实的制度文件、学习资料和工作动态等。对照《意见》6个方面24类重点任务，制定《宝山实施方案》，将任务分工细化为138项。作为牵头单位，立项市局贯彻落实《意见》类创先争优项目1项，在开发利用电子税源地图、运用税收大数据为纳税人精准画像、补强企业全生命周期征管服务链等方面均取得阶段性工作成果。倡导柔性执法，先后完成税务行政处罚“首违不罚”操作流程、长三角税务轻微违法行为“首违不罚”清单、明晰行政处罚案卷制作要点等6项精确执法工作。从纳税人出发，先后完成“春风行动进园区，问计问需优服务”“携手宝山法院为民‘办好一件事’”等72项精细服务工作，解决纳税人的急难愁盼问题。践行“以数治税”理念，通过“采取‘3×3’网格化监控，全面提升预缴申报质量”、健全“数据集成+提醒纠错+依法查处”监管体系、“多管齐下，开展‘一户式’风险应对”等12项措施，实现精准监管。创新思维，采取“‘一盘棋’整体协同，实现长三角涉税事项跨省通办”、打造“税智惠”服务品牌，建设“宝山税务·宝工园”和“宝山税务·环上大”共建共治点等5项措施，探索精诚共治新格局。

【大企业税收管理】 2021年，区税务局依托开展重点企业“三张表”（资产负债表、利润表、现金流量表）报送、千户集团涉税数据采集等考核工作，聚焦大企业数据采集质量，为开展大企业服务和管理提供精准数据保障。组建工作团队，按两批次分类分级开展年度税收风险分析工作，提升风险管理成效。

【国际税收管理】 2021年，区税务局推进税收服务“一带一路”建设。年内走访4户企业，开展1场座谈会；举办各类宣讲、座谈等活动2场；发放纸质宣传册1400册；制作宣传视频，将服务举措推向“一带一路”纳税人。加强境外税收风险管理。排摸辖区内“走出去”企业，共对54户“走出去”企业基础信息的真实性、完整性、准确性进行核实；整理对外支付信息，抽取境外劳务不予征税的支付项目，以及大额、向避税地及低税率地区支付项目，制作自动情报交换数据79条。

【风险管理】 2021年，区税务局践行“以数治税”，发挥数据精确制导作用。全年共推送总局、市局和区局风险任务366批次，涉及企业9329户，查补入库税款5.00亿元，其中加收滞纳金或处罚4.80亿元。深化管理发票风险。以数据驱动为抓手，结合电子专票扩围等发票方面重点工作，快速精准管控发票风险。至年末已下发781户发票风险应对任务，核实问题199户，对无法联系问题企业采取认定风险纳税人措施。强化税警联合查处，移交公安机关破获13起发票虚开案件。

【纪检监督】 2021年，区税务局立足主责主业，综合发挥惩治震慑、教育警醒的作用。全年共收到信访举报8件，全年谈话调查22人，经研判处置问题线索2件，立案1件，运用“第一种形态”提醒谈话3人、批评教育2人，党纪处分3人并按规定通报。严格落实税收违法案件“一案双查”制度。牵头召开联席会议6次，协同参与职能部门8个，开展“一案双查”2件，通过主责部门职能监督和纪检机构专责监督同向发力，形成区局党委统一领导、各司其责、全面覆盖、集成高效、贯通协同监督网。严格落实党风廉政意见回复制度。在职务职级晋升、干部选拔任用和评先评优等工作中，审慎出具廉政评价意见98份。严格落实纪检建议转办制度。结合查信办案发现问题线索向职能部门制发转办单12件，并持续做好跟踪问效。每季度组织警示教育学习，编发12期纪检专刊，局领导深入基层开展党风廉政宣讲，纪检干部到22个税务所开展领学督学。

（周　全）

审　计

【概况】 2021年，区审计局共开展审计项目18个、审计调查项目5个。查出主要问题金额118171.95万元，审计发现非金额计量问题81个。出具审计报告和专项审计调查报告27篇。审计处理处罚金额107909万元，移送有关部门处理事项2件。审计促进整改落实有关问题金额123403万元，其中增收节支74997.09万元，移送处理落实事项1件。全年审计提出建议86条，历年累计被采纳110条；推动被审计单位制定整改措施178项；促进被审计单位建立、健全规章制度32项；提交审计综合性报告、审计专报、信息简报等47篇。提供的审计报告、综合性报告、专报等审计成果获得区领导批示25篇次。向社会公告审计结果13篇。罗店镇经济责任审计和罗泾镇自然资源资产审计项目分别获2021年度市局优秀审计项目评选一等奖和三等奖；区审计局获得2020年度全市审计机关审计“质量优胜单位”；选送演讲节目获得市局“党旗在审计一线飘扬”主题演讲比赛二等奖，1篇征文被《上海审计》杂志“建党百年”专栏刊用，1篇论文获得第四届上海审计青年论坛优秀论文奖。

【政策跟踪审计】 2021年，区审计局聚焦“科创宝山”建设，加强对产业发展区域统筹政策、乡村振兴战略规划、“两张网（一网通办、一网统管）”运行情况等方面政策措施落实情况，组织开展5项专项审计调查。在完善政策措施、健全机制制度、堵塞管理漏洞等方面提出对策建议。

【财政审计】 2021年，区审计局聚焦财政政策提质增效，加大对支出预算统筹使用、财政引导性资金绩效审计力度，促进强化预算约束、严肃财经纪律、盘活存量资金、完善绩效管理。

【经济责任审计】 2021年，区审计局对8家党政机关和1家国有企业领导干部（人员）开展经济责任审计，促进领导干部（人员）更好履职尽责。

【政府投资审计】 8月，区审计局起草《宝山区政府投资项目审计监督办法》经区委审计委员会和区政府常务会审议通过，以区政府名义印发，进一步规范投资审计工作。此外，区审计局关注重点地区开发建设情况，开展审计调查。

【推动审计闭环管理】 2021年，区审计局持续推行“问题清单”“整改清单”“督查清单”对账销号制度，逐条逐项督办审计整改；坚持跟踪回访全覆盖，对2015年以来199个审计项目查出的1148个问题整改情况再次进行“回头看”，针对经多轮督促后整改推进仍有困难问题，以及2021年审计项目中需多部门协调推进问题，在区领导牵头下，联合区两办及区纪委监委开展专项督查，推动历史遗留问题整改落实。

【探索推行研究型审计】 2021年，区审计局以研究型审计贯穿审计立项、项目实施、质量控制、结果利用等全过程，提升审计工作水平。

（张秀敏）

金融服务

■ 编辑　田翔辉

综　述

【概况】　2021年，宝山区金融业增加值107.16亿元，比上年增长6.7%，共有银行29家、证券分支机构32家、保险分支公司14家、小额贷款公司5家、融资担保公司1家、融资租赁公司2家；银行业贷款余额2754.27亿元，新增439.79亿元，增长19%。至年末，全区共实现上市挂牌企业167家，年度通过市政策性融资担保中心担保贷款总额24.94亿元。

【推进上市服务体系建设】　2021年，宝山区与上交所深化战略合作，共同设立“上海(宝山)科创金融服务中心”，为企业提供挖掘培育、资本对接、辅导培训等全生命周期专业服务，同时吸引专业化、市场化金融机构及中介服务团队集聚宝山、聚焦科创，创新产品支持加速形成“上交所指导＋政府引导＋市场支持”科创企业上市服务新模式。截至年末，全区拟上市培育企业73家。宝山区契合城市数字化转型新要求，全市首创“一网通办”上市合规审查“一件事”，为优尔蓝、欧冶云商、阿为特精密等企业出具近240份上市合规证明协调函。宝山区优化服务平台建设，引导优质市场化金融机构为科创企业提供金融解决方案，宝山区云砺信息等15家企业获得海内外各类风险投资。

【优化投资类企业结构】　2021年，宝山区完善投资类企业沟通机制，推动股权基金、证券基金等投资机构良性集聚。成功引入惠每基金、厚朴基金等37家投资类企业。探索国资国企在科创中心主阵地中引领作用，推动科创产业基金和城市更新基金等国资基金设立，出资参与推进“宝武绿碳股权投资基金”＋“上海碳中和产业园”落地宝山。

【优化金融生态建设】　2021年，宝山区深耕普惠金融服务，全区740家中小微企业获得24.94亿元担保基金融资担保贷款支持。探索推广“信易贷”工作，实现增信组合拳，“宝信贷”平台成功上线16家银行、56个普惠金融产品。通过“宝山金融大讲堂”开展多场银企对接直播活动，围绕“稳增长、促投资”主题，以“线下直接对接＋线上产品交流”新模式，拉近小微企业与金融机构距离，在高境镇、淞南镇、宝工园等区域组织活动5场，辐射企业上百家。推广自贸账户可复制，帮助企业拓展海外融资渠道，通过银行收集上报，共形成4批36家实需企业名单，适用自由贸易账户企业规模达到486家。

【缓解金融风险】　2021年，宝山区加强防范非法集资宣传阵地建设，开展防范非法集资系列活动12场。在教育“双减”政策推广背景下，开展“宝山金融大讲堂进校园”系列活动，以“党建＋金融＋教育”形式丰富学生课外研学实践活动，调动金融机构党建服务基层热情，拓宽宣传受益群体范围，维护区域经济秩序和社会稳定。　（夏　梦）

上市企业

【概况】　2021年，宝山区围绕金融支持打造科创主阵地建设任务及宝山“十四五”规划方向，构建“科创金融＋科创产业”融合高质量发展格局，推动宝山“北转型”建设。全年实现企业上市挂牌18家，尤安设计、掌门教育在创业板和纽交所成功上市。截至年末，宝山区上市挂牌企业达到167家，其中上市企业14家(主板5家、创业板3家、港交所5家、纽交所1家)、新三板挂牌企业55家、上股交科创板挂牌企业57家、E板挂牌企业41家。

【上海尤安建筑设计股份有限公司】　4月20日，尤安设计在深交所创业板上市，股票代码300983。该公司主要从事建筑设计业务研发、咨询与技术服务。全年实现营业收入9.55亿元，比上年增长3.22%。

【上海掌学教育科技有限公司】　6月8日，掌门教育在纽约证券交易所上市，股票代码ZME.US。该公司主要从事在线教育、专属定制化辅导。全年实现营业收入44.04亿元，比上年增长9.6%。（夏　梦）

4月20日，尤安设计在深交所创业板上市　　高境镇/提供

2021 年宝山区新增上市企业

上市板块	企业名称	上市时间	募集资金
深交所创业板	尤安设计	4 月 20 日	24.16 亿元
纽约证券交易所	掌门教育	6 月 8 日	4166 万美元

2021 年宝山区中小企业在新三板及上股交新增挂牌

上市板块	企业名称
新三板	律云(上海)数据科技股份有限公司
	爱用科技股份有限公司
	上海铁德医疗科技股份有限公司
	上海惠而顺精密工具股份有限公司
上股交科创板	云洞(上海)科技股份有限公司
	上海仲速网络科技股份有限公司
	上海渊设科技股份有限公司
	上海宇砼建筑科技股份有限公司
	上海公孚机动车检测股份有限公司
	上海久华信息科技股份有限公司
	上海开海新能源科技股份有限公司
	忆伯网络科技(上海)股份有限公司
	上海千帆科技股份有限公司
	上海美致臻生物医学科技股份有限公司
	上海众岳信息科技股份有限公司

(夏　梦)

2021 年中国银行股份有限公司上海市宝山支行网点

网点名称	地　址	电　话
友谊路支行	牡丹江路 1755 号	66786532 66786534
祁连山路支行	聚丰园路 165 号	56131652
大华支行	真华路 1106 号—1	66360317
灵石路支行	华灵路 6 号	66352714
高境支行	逸仙路 1328 号 1 号楼 102A 室	36327625
通河路支行	长江西路 1777—1779 号	66217855
顾北路支行	顾北路 580 号 102—106 室	66630265
罗店支行	市一路 199 号	56390586
杨行支行	水产路 2609 号	36580191
共康支行	一二八纪念路 878 弄 1—3 号	66281262
庙行支行	纪蕰路 320 弄 3 号	55150911

(刘　琼)

银　行

【概况】　2021 年,宝山区银行业贷款余额 2754.27 亿元,新增 439.79 亿元,增长 19%。全区有银行 26 家,本外币存款余额 5164.06 亿元,比年初新增 659.62 亿元,增长 14.6%;贷款余额 2754.27 亿元,比年初新增 439.79 亿元,增长 19%;公积金贷款余额 335.05 亿元,比年初下降 4.29 亿元,下降 1.3%。(田翔辉)

【中国银行股份有限公司上海市宝山支行】　2021 年,支行下设友谊路支行、高境支行、通河路支行、灵石路支行、大华支行、祁连山路支行、罗店支行、杨行支行、顾北路支行、共康支行、庙行支行共 11 个二级支行营业网点,员工 259 人,人民币时点储蓄存款 1147662 万元,比上年增加 12.83%;人民币个人贷款 1701396 万元,增加 3.71%;人民币企业存款 1024514 万元;人民币公司贷款 1216751 万元。年内,支行推动教育场景建设,带动银校合作,探索金融支持教育发展模式和方向,签署《上大—中银讲座项目合作备忘录》,签署"青春起航"合作协议,依托"中银慧谷"平台,推进银校双方融通。支行响应政府推动惠民事业发展政策,推进既有多层住宅加装电梯项目实施,加强与住建房管部门、街道等政府机构合作关系,拓展市政项目普惠金融客户,联合区房管局向辖内加装电梯代建单位宣传支行"中银安梯贷"场景模式,排摸代建企业融资需求,匹配授信方案,拓展加装电梯业务。支行发挥前三届对接服务经验与优势,与宝山区商务委员会、上海吴淞海关举办进博会客户专题宣讲会,为进博企业提供综合服务支持。支行落实国家减费让利工作要求,通过减免融资费用、落实延期还本付息、增加信用贷款和中长期贷款投放等措施,降低小微企业综合融资成本。(刘　琼)

【中国工商银行股份有限公司上海市宝山支行】　2021 年,支行下设营业网点 29 家,人民币各项贷款时点余额 388 亿元,较年初增长 26 亿元,日均余额 390 亿元,较年初增长 38 亿元。其中公司贷款时点增量 8 亿元,日均增量 22 亿元;个人住房贷款时点增量 17 亿元,日均增量 12 亿元。人民币各项存款期末余额 597 亿元,较年初增长 46 亿元,其中:储蓄存款期末余额 443 亿元,较年初增长 41 亿;对公存款期末余额152亿元，较年初增加4亿元。实现中间业务收入5.2亿元。年内，支行加大制造业及民营企业融资支持，实现多条供应链同时运作。深耕"普惠全行做"战略，组建普惠专职客户经理，成立"专家柔性团队"，为区域内小微企业提供金融服务。立足宝山科创中心主阵地，为新兴产业、先进制造业、科创企业等提供信贷支持。个人住房坚持一、二手房渠道双推进，平衡信贷款规模紧缺与业务发展之间矛盾。坚持网格化营销，开展区内重点项目对接，助推区域经济发展。各营业网点通过各类多元化金融宣传，持续开展"我为群众办实事"活动，为全区客户提供金融服务，构建和谐金融关系和良好金融生态。 （周 云）

【中国农业银行股份有限公司上海宝山支行】 2021年，支行下设26家营业网点、11个离行式自助设备（银行）、26个附行式自助设备（银行），金融服务网络覆盖宝山区所有乡镇、街道、经济园区和社区。至年末，人民币存贷规模超1200亿元，存贷款日均增量地区市场份额四大行排名首位。年内，支行立足区域经济发展建设需求，参与政府实事工程项目建设，为宝山区各类客户提供金融服务。支行作为区财政国库行，承担国家金库代理国库工作，做好办理预算收支、支持财税体制改革、服务社会民生等方面工作。支行自2015年起蝉联全国文明单位称号。2021年，支行党委被评为总行级"先进基层党组织"。 （倪勤捷）

2021年中国工商银行股份有限公司上海市宝山支行网点

网点名称	地址	电话	网点名称	地址	电话
大华支行	华灵路688号	66391275	顾村支行	菊盛路895号	66017059
宝山支行营业厅	淞滨路318号	56845858	共江路支行	共江路1168号	36090144
宝钢支行	牡丹江路1701号	56609567	沪太路支行	纬地路90—94号	60940009
杨行支行	杨鑫路447号	36020239	新村路支行	新村路681号	36525618
共康支行	场北路704号110室	56060103	高境支行	吉浦路521号	65201609
大场支行	洛场路101号	56501970	共富路支行	共富路355号	36190639
长江支行	长江南路99弄4号楼106室	56672903	呼玛路支行	呼玛路607号	56766385
月浦支行	龙镇路85号	66680815	永清路支行	永清路387号	66650144
罗店支行	罗溪路22号	56466793	场中路支行	场中路2922号	66691259
工业园区支行	真陈路1000号	36160742	淞南支行	长江南路528号	66143022
行知路支行	行知路299号	66670680	罗泾支行	潘新路130号	60255905
长江西路支行	长江西路2293号	36353909	聚丰园路支行	聚丰园路458号	61017510
殷高西路支行	殷高西路319—325号	36322818	顾村公园支行	陆翔路111弄商场1层1F005号	61295509
张庙支行	长江西路1431号	56993332	年吉路支行	年吉路100弄12号	61017505
水产西路支行	水产西路1041—1047号	36400577			

（周 云）

2021年中国农业银行有限公司上海宝山支行网点

网点名称	地址	电话	网点名称	地址	电话
机关大楼	同济路131号	56670868	张庙支行	长江西路1182号	56993584
友谊支行	友谊路134号	56695142	宝山支行营业室	同济路131号	56673933
杨行支行	水产路2399号	56802413	高境支行	高境一村204号	65919995
月浦支行	龙镇路78号	56646916	水产路支行	牡丹江路359号	56561200
盛桥支行	古莲路187号	66033092	宝德路支行	共和新路4717号	56791312
罗泾支行	陈行街25号	56871154	大华支行	华灵路1088号	66375308
罗店支行	集贤路618号	20730751	牡丹江路支行	牡丹江路1337号	56129227
罗南支行	南东路65弄9号	56011955	共富路支行	共富路373号	36518377
刘行支行	菊泉街638号	56023473	真华路支行	真华路1099号	66670338
顾村支行	电台路500号	56041727	长江南路支行	长江南路685号	56828843
宝山工业区支行	锦秋路1250号	56137286	市一路支行	市一路251号	56863075
大场支行	上大路1号102室	56680115	顾村公园支行	陆翔路133号	36620075
庙行支行	纪蕰路50号	33873754	蕰川路支行	友谊路2994号	20730833
淞南支行	淞南路350号	56147668			

（倪勤捷）

【中国建设银行股份有限公司上海宝钢宝山支行】 2021年，支行下辖网点28个，有各类员工584人。至年末，支行一般性时点存款余额1037.6亿元，较年初新增71.8亿元，宝山区内银行业存款余额总量占比20.4%。一般性日均存款余额969.3亿元，较年初新增67.1亿元。本外币各项贷款时点余额588.2亿元，较年初新增70.4亿元，宝山区内银行业贷款余额总量占比21.4%。中间业务收入7.2亿元，比上年增加1.21亿元，增长20%；拨备前利润超19亿元，增加1.77亿元，增长10.25%。年内，支行支持宝山区重大项目、重点企业，在长江软件园设立上海市首个"创业者港湾"，设立建信合翼股权投资基金，"上海宝山大学科技园创业者港湾"成功挂牌。发挥全网点动能，使用建行各类产品，普惠贷款余额55.82亿元，比年初新增18.68亿元。为宝山区房管局开发数字化平台"宝山区租赁住房大数据管理系统"，为江杨市场开辟线上"江杨优选"平台，与吴淞中心医院共同建设医疗付费一件事项目。发挥"劳动者港湾"公益惠民服务品牌纽带作用。开展谈心谈话、家访、案防检查、员工异常行为排查等工作，成功堵截电信诈骗4笔，其中张庙支行堵截案例由上海主流媒体予以报道。

（吴叶锋）

2021年中国建设银行股份有限公司上海宝钢宝山支行网点

网点名称	地址	电话	网点名称	地址	电话
营业部	牡丹江路1398号	56125612＊5108 56125612＊5228	双城路支行	双城路374号	56563340
			淞南支行	长江南路538号	56145514
宝武大厦支行	浦东新区世博大道1859号1号楼106单元	58921216	长逸路支行	长逸路373—375号	56148681
			三门路支行	三门路505弄519号	55034490
月浦支行	四元路307号	56938852	呼玛路支行	呼玛路690—1号	56749265
罗店支行	市一路169号	56864867	共康路支行	共康东路333号	56715085
陆翔路支行	陆翔路111弄6号104—105室	56732975	庙行支行	共康路320号	56489967
高境支行	殷高西路301号	36331561	大华支行	新沪路451号	66406508
大场支行	环镇北路680弄703号	56503088	真华路支行	大华二路316号	66400881
张庙支行	长江西路1768号	56733052	华灵路支行	华灵路1688号	66351154
杨行支行	杨桃路155号	56802823	华和路支行	华和路254、256、258号	65210050
团结路支行	团结路41号	56788117	锦秋路支行	锦秋路717号	66161998
吴淞支行	淞滨路137号	56671348	水产路支行	水产路2449号118室	56575377
海江路支行	海江路368号	36515076	顾北东路支行	顾北东路142号	56047230
东林路支行	东林路263号	56103559	绥化路支行	月浦镇绥化路160—164号	36301075

（吴叶锋）

【交通银行股份有限公司上海宝山支行】 2021年，支行下设营业网点11家，在册人员231人。人民币总负债时点余额295.4亿元，人民币总资产时点余额170.6亿元。支行加快业务结构改革，对宝山区重点产业空间布局进行对接，完成主导产业业务合作，提升金融资源配置到实体经济服务转型升级力度。持续加强风险管控，定期开展员工警示教育、"行长讲合规"活动，开展各条线专项治理排查，每季度开展员工失范行为排查。在"断卡"行动中，支行上报1笔可疑线索协助公安捣毁收贩银行卡犯罪团伙1个，抓获3名违法犯罪嫌疑人。年内，支行推进"我为群众办实事"重点民生项目。一是与区内部分医院对接系统上线，组织个金志愿者团队，进驻医院为患者开通信用就医，助力上海市市民工程"医疗付费一件事"。二是携手区发改委、区金融业联合会开展金融知识宣传、专题消保宣教活动；每月开展企业行社区行，向企业员工和周边小区居民宣传反假、反金融诈骗等知识。三是组织全体党员参加志愿者服务，宣传金融安全知识，协助开展疫苗接种工作，维护纪念币兑换秩序等。四是针对不同岗位、不同资质、不同层级员工设定分层分类培养目标规划，以技能比拼、劳动竞赛考量青年员工理论转化实践力度。年内，支行获评交通银行五一劳动奖状；创建"书香满宝山，阅读在身边"读书品牌，入围上海金融系统首批读书活动品牌。 （谢慧丽）

2021年交通银行股份有限公司上海宝山支行网点

网点名称	地址	电话	网点名称	地址	电话
营业部	淞滨路138—146号	56849670	共康支行	共康路345—363号	56413003
牡丹江路支行	牡丹江路1577号底层	56608395	罗店支行	市一路199号1501室	56862785
真华路支行	大华二路281—295号	66405837	杨行支行	水产路2566号、2568号	56931051
场中路支行	新市北路1529号	65615580	顾村支行	顾北路683、685号	36418976
三门路支行	三门路488号	55061763	大场支行	纬地路338号1层A	65871089
长江西路支行	长江西路2231—2235号	33875741			

（谢慧丽）

【上海浦东发展银行宝山支行】 2021年,上海浦东发展银行宝山支行共有在册员工180人,下设营业网点9个。支行本外币一般存款余额430.8亿元,比上年增长98.7亿元;一般贷款余额275亿元,增长66.5亿元;全年实现营业净收入11.08亿元、中间业务收入3.2亿元;不良贷款率0.09%。支行自由贸易(FT)存款日均131亿元。支行集团资金池26家。结售汇业务量428亿元人民币,FT账户数近500户,实现FT营收3201万元。支行获上海市文明单位、2020年度上海金融系统立功竞赛集体奖二等奖、2020年度上海市金调之星评选"优秀工作站"、浦发银行"先进基层党组织""五星党支部"、百强网点、青年文明号以及上海分行"先进职工之家"等称号。年内,支行为宝山区内大型央企发行上海地区首单可持续绿色挂钩债券,规模50亿元。与某央企钢铁集团达成战略合作,提供并购融资;加大债券承销合作力度,全年累计实现承销规模270亿元;推进企业电商平台结算及线上供应链融资项目,投放在线融资贷款551笔,投放金额15.5亿元,服务企业客户116家。年内支行为区内科技普惠企业发放信贷超50亿元,扶持科技企业近130家。支行参与宝山区域"城中村"改造等民生项目,提供综合授信支持87.3亿元,惠及居民6000户。对接建筑施工企业提供农民工工资监管、支付、上门办理等服务,累计代发超3500户。支持区属国企发展,为企业提供超过10亿元信贷资金支持。参与宝山区辖内医院信息化改造项目,为区域医疗系统揉入专项资金300万元,引入最新一代银医通设备。利用区域网点布局,结合电话银行、网上银行,构筑综合客户金融服务网络,为区域内50余万零售客户提供金融服务。 (金 帆)

2021年上海浦东发展银行宝山支行网点

网点名称	地 址	电 话	网点名称	地 址	电 话
宝山支行营业部	牡丹江路1283号	56111666(总机)	大华支行	武威东路90号	66362692
牡丹江路支行	牡丹江路1718号	56826803	顾村支行	顾北东路377号	56110259
月浦支行	龙镇路95号	56936507	锦秋路支行	华秋路58弄15、16号	56163605
高境支行	殷高西路231—253号	56140794	经纬绿洲社区支行	纬地路338号	56983159
长江西路支行	长江西路1929号	56990484			

(金 帆)

【中国农业发展银行上海市宝山区支行】 2021年,支行下设1个经营网点,在册职工14人。至年末,支行各项存款余额20407.21万元,各项贷款余额134802.35万元。全年共支持市级储备粮规模10.97万吨,区级储备粮5.81万吨。支行作为宝山区内唯一一家农业政策性银行,以党建为引领,聚焦"三农"重点领域和短板弱项,服务乡村振兴战略,立足宝山区辐射全上海,除对储备粮贷款外,对大华集团、光明集团、中林集团、国家开发投资集团等客户提供信贷支持。 (顾 玮)

2021年中国农业发展银行上海市宝山区支行网点

网点名称	地 址	电 话
宝山区支行	友谊路1518弄4号	56786413

(顾 玮)

【中国民生银行股份有限公司上海宝山支行】 2021年,支行在宝山区内有营业网点3个和社区网点1个,金融从业人员65人。经营机构年末各项存款余额129.11亿元,各项贷款余额43.13亿元。业务范围包括:负债业务、资产业务、中间业务,在大华、月浦、罗店、共康、吴淞、泗塘等区域设有离行式ATM自助服务机15台。民生银行以"服务大众情系民生"为使命,年内开展普惠金融业务支持实体经济。开展"案防"活动、反诈骗反洗钱等宣传教育活动,全年无上访、无纠纷、无各类既遂、未遂案件和事故发生。 (胡逸祺)

2021年中国民生银行股份有限公司上海宝山支行网点

网点名称	地 址	电 话
宝山支行	牡丹江路1272号	56113285
大华支行	大华路352号	56318387
顾村支行	陆翔路1018弄7号楼128室	56691075
大华支行阳城花园社区支行	阳城路246—248号	63066829

(胡逸祺)

【上海农商银行宝山支行】 2021年,支行在册员工414人。至年末,各项期末存款余额633.65亿元,各项期末贷款余额303.64亿元。支行下辖网点共27个,共有各类自助设备202台,网点分布区域覆盖宝山区"三街九镇"。除个人储蓄业务与"鑫意"系列理财业务外,支行推出"个人助业贷款""个人住房按揭贷款""农户联保贷款"等特色产品。公

2021 年上海农商银行宝山支行网点

网点名称	地址	电话	网点名称	地址	电话
宝山支行	牡丹江路 1198 号	56675212	高境支行	殷高路 65 号 4 幢 104、105 室	56827617
吴淞支行	淞宝路 74 号	56175654	顾北路分理处	顾北路 574、576、578 号	56042879
杨行支行	杨鑫路 328 号	56801370	友谊分理处	友谊路 1913—1917 号	66750591
月浦支行	月罗路 251 号	36388625	杏林分理处	菊太路 1223—1227 号	36388653
盛桥支行	鹤林路 78 弄 2 号	56151795	市一分理处	市一路 253 号	56863671
罗泾支行	潘沪路 200 号、202—204 号、208 号	56875700	陈行分理处	陈行街 66 号	56871037
罗店支行	集贤路 602—612 号	66711968	共富分理处	共富路 353 号	33709892
罗南支行	东太路 118 号	56011951	大华分理处	行知路 339 号	56703326
刘行支行	菊泉街 628 号	56023661	长江西路分理处	长江西路 1818 号	56990943
顾村支行	水产西路 1098 号	33718742	长江南路分理处	长江南路 695 号	66799628
祁连支行	聚丰园路 588 号	56130250	杨泰路分理处	镇新路 188 号	66037679
大场支行	界华路 82—90 号	66620152	美安路分理处	美安路 211 号	56451591
庙行支行	共康路 430 号	56486112	四元路分理处	四元路 151 号	66930021
淞南支行	淞南路 399 号	36140610			

（严心悦）

司为各类企业提供各项融资服务，针对“乡村振兴”指引，参与月浦、罗店“蝴蝶兰花”等示范片区开工建设；针对“小散”客户，给予金融支持；针对高新产业客户，提供企业发展建议等。

（严心悦）

【中国邮政储蓄银行股份有限公司上海宝山区支行】 2021 年，支行内设 4 个部门，下辖 1 个直属营业部、7 个二级支行，业务管理 30 个代理网点。宝山支行在册员工 171 人，其中合同工 151 人、劳务工 21 人。2021 年，支行全年累计完成业务收入 2.01 亿元，完成率 121.42%，比上年增长 27%；累计完成利润总额 9538.45 万元，完成率 126.1%，增长 54%；2021 年，宝山区支行人均创收 117.38 万元，人均创利 55.78 万元。支行个人年末储蓄时点余额 61.10 亿元

2021 年中国邮政储蓄银行股份有限公司上海宝山区支行网点

网点名称	地址	电话	网点名称	地址	电话
宝山支行营业部（自营）	牡丹江路 1317 号	66793101	长江西路营业所（代理）	长江西路 1599 号	56698082
双庆路支行（自营）	双城路 803 弄 9 号楼 101 室	60950050	淞南路营业所（代理）	淞南路 351—353 号	56826211
塘西街支行（自营）	塘西街 90 号	56862905	共富路营业所（代理）	共富路 178—180 号	33711265
美兰湖支行（自营）	罗芬路 989 弄 3 号	36622728	张庙营业所（代理）	长江西路 1451 号	56992205
泗塘支行（自营）	呼玛路 690—2 号	66216058	永清路营业所（代理）	永清路 291 号	56176605
罗泾支行（自营）	新川沙路 516 号	56871779	长江南路营业所（代理）	长江南路 530 弄 192—194 号	56823359
月浦支行（自营）	德都路 52—4 号	66931798	潘沪路营业所（代理）	潘沪路 205 号	56150181
锦秋路支行（自营）	锦秋路 765—769 号	56569331	新贸路营业所（代理）	新贸路 5 号	56046024
宝林八村营业所（代理）	宝林八村 85 号	36100154	聚丰园路营业所（代理）	聚丰园路 127 号	36140720
月城路营业所（代理）	月城路 231 号	56800614	阳曲路营业所（代理）	阳曲路 1073 号	56796102
罗店营业所（代理）	市一路 166 号	56863054	龙镇路营业所（代理）	龙镇路 71 号	56123068
南东路营业所（代理）	南东路 65 弄 11—16 号	36518979	顾村营业所（代理）	泰和西路 3381 弄 300 号	66040141
大场营业所（代理）	沪太支路 1316 号	56681429	杨泰路营业所（代理）	杨泰路 198 号	56808322
高境营业所（代理）	殷高西路 100 号	56823014	大华营业所（代理）	真华路 1108 号 1 楼	66352341
海滨营业所（代理）	青岗路 12 号	56174380	刘行营业所（代理）	菊泉街 618 号	56022028
吴淞营业所（代理）	淞滨路 811 号	56673554	大华二路营业所（代理）	大华二路 139 号	66367124
盛桥营业所（代理）	蕴川路 5542 号	56157771	三门路营业所（代理）	三门路 505 弄 515—517 号	55034181
共康新村营业所（代理）	长临路 568 号	56402756	庙行营业所（代理）	三泉路 1711 号	56419212
牡丹江路营业所（代理）	牡丹江路 1745 号	56692840	馨佳园社区营业所（代理）	菊盛路 877 号 1 楼	56122021

（潘宇清）

（不含邮政代理网点），零售信贷结余余额46.86亿元；公司存款时点余额12.46亿元。各项业务保持“零案件”态势。配合上海市养老金社会化发放，其中宝山地区代发量超过10万人次，每月代发金额近3亿元。支行辖内网点全部提供代发养老金服务，并根据老年客户特殊要求，为困难老人提供上门服务。

（潘宇清）

【上海银行宝山支行】 上海银行宝山支行成立于1996年5月30日，地处牡丹江路1528号。下设公司业务部、零售业务部以及综合部，下辖营业网点11个，在职员工139人。至2021年年末，各项本外币存款时点余额229.74亿元，本外币贷款时点余额41亿元，同业投资业务时点余额83.49亿元，全年累计实现净营业收入3.64亿元。上海银行宝山支行深耕区域发展主线，开拓金融、零售金融等各项业务，推进区域经济发展。通过推进专业化经营和精细化管理，在中小企业、财富管理和养老金融、金融市场、跨境金融、在线金融等领域培育和塑造经营特色。其中，普惠金融业务作为特色业务，紧贴宝山“一区两城三园”定位，对接园区内优质企业，致力于宝山注册企业经济扶持。

（薛 佐）

2021年上海银行宝山支行网点

网点名称	地址	电话	网点名称	地址	电话
宝山支行营业部	牡丹江路1528号	56116660	岭南路支行	岭南路1251号	56816018
吴淞支行	淞滨路153号	56675500	淞南支行	长逸路371号	56675070
张庙支行	长江西路1555号	56732738	共康支行	共康路289号	56408245
月浦支行	安家路19号	36303106	祁连支行	聚丰园路357号	56136771
杨行支行	杨鑫路443号	56493659	罗店支行	美安路201—1号	36210023
顾村支行	菊联路28号	36381171			

（薛 佐）

保 险

【概况】 2021年，宝山区有各类保险分支机构14家。

（夏 梦）

【中国人寿保险股份有限公司上海市宝山支公司】 2021年，支公司下设淞滨路营业部、爱辉路营销服务部、爱辉路第二营销服务部、德都路营销服务部、牡丹江路营业部5个营业网点。支公司共有从业人数236人，其中：签订劳动合同26人，签订劳务派遣合同13人，签订保险代理协议197人。全年完成总保费8935万元。年内，支公司开展党史学习教育主题活动，全年形成活动简报近40期；与区各镇、街道开展党建共建活动，组织志愿者参与社会公益动30余次；关注重点风险领域，推进合规文化和诚信文化建设，全年活动宣传233次，辐射人群6000余人。

（施小花）

【中国人民财产保险股份有限公司上海市宝山支公司】 2021年，支公司内设8个机构，下辖大场营业部网点。全年完成车险、企财险、责任险、货运险等各类保险费收入3.18亿元。

（雷晓燕）

证 券

【概况】 2021年，宝山区有证券分支机构32家。

（夏 梦）

2021年宝山区保险分支机构及网点

街镇	网点名称	地址
张庙街道	中国人寿保险股份有限公司上海市宝山支公司	爱辉路201号7、8、9楼
吴淞街道	中国人民财产保险股份有限公司上海市宝山支公司	淞滨路145号
	中国太平洋财产保险股份有限公司上海市宝山支公司	化成路366弄8号15楼
淞南镇	中国大地财产保险股份有限公司上海市宝山支公司	逸仙路2816号A栋701室
友谊路街道	太平洋安信农业保险股份有限公司上海宝山支公司	牡丹江路1323号
顾村镇	国任财产保险股份有限公司上海市宝山支公司	蕰川路516号3幢3023室
吴淞街道	太平财产保险有限公司上海市宝山支公司	淞桥东路111号1701、1702、1703、1705室
杨行镇	中国人寿财产保险股份有限公司上海市宝山支公司	宝杨路1231号1—2层
淞南镇	太平人寿保险有限公司上海市宝山支公司	逸仙路2816号1幢10层A1004、A1005室
友谊路街道	新华人寿保险股份有限公司上海市宝山支公司	同济路宝龙广场2号1001室、1002室、1005B室、1006室、1007室、1008室、1009室
淞南镇	英大泰和财产保险股份有限公司上海市宝山支公司	逸仙路2816号A栋608室
顾村镇	浙商财产保险股份有限公司上海市宝山支公司	沪太路5355弄17号626室
吴淞街道	中华联合财产保险股份有限公司上海市宝山支公司	牡丹江路50号
高境镇	众诚汽车保险股份有限公司上海分公司	殷高路1号1号楼1705、1707室

2021 年宝山区部分证券经营机构及网点

网点名称	地址	电话
东方证券股份有限公司上海宝山区淞南路证券营业部	淞南路 427—1 号	66228600
东方证券股份有限公司上海宝山区殷高西路证券营业部	殷高西路 638 号	36327711
东方证券股份有限公司上海宝山区长江西路证券营业部	长江西路 1788 号	56750997
方正证券股份有限公司上海行知路证券营业部	行知路 443 号—1	13916117453
光大证券股份有限公司上海宝山华和路证券营业部	华和路 280 号	36527888
光大证券股份有限公司上海牡丹江路证券营业部	牡丹江路 1248 号	66593811
广发证券股份有限公司上海顾北路证券营业部	顾北路 586 号	66036651
国融证券股份有限公司上海长江西路证券营业部	长江西路 2341 号 2343 号	61735915
国泰君安证券股份有限公司上海团结路证券营业部	团结路 41 号	56698707
国信证券股份有限公司上海高逸路证券营业部	殷高路 159 号	56500789
海通证券股份有限公司上海宝山区牡丹江路证券营业部	牡丹江路 265 号	56566480
华林证券股份有限公司上海宝山蕰川路证券营业部	蕰川路 516 号 3 幢 A2—20	66185702
华泰证券股份有限公司上海牡丹江路证券营业部	牡丹江路 1508 号	56106665
华泰证券股份有限公司上海共和新路证券营业部	共和新路 5199 号	56761228
华鑫证券有限责任公司上海淞滨路证券营业部	淞滨路 600 号 2 楼 A 区	56672424
上海证券有限责任公司宝山华秋路证券营业部	华秋路 58 弄 8 号	66782290
上海证券有限责任公司宝山友谊路证券营业部	友谊路 1506 号	56932799
上海证券有限责任公司宝山区月罗路证券营业部	月罗路 253 号	56870833
申万宏源证券有限公司上海宝山区同泰路证券营业部	同泰路 88 号	56678288
申万宏源证券有限公司上海宝山区长江南路证券营业部	长江南路 681 号	66181850
首创证券股份有限公司上海宝山区殷高路证券营业部	殷高路 65 号 4 号楼 108 室	65687673
长江证券股份有限公司上海一二八纪念路证券营业部	一二八纪念路 785 号	56870756
招商证券股份有限公司上海牡丹江路证券营业部	牡丹江路 1228 号	66022388
中国银河证券股份有限公司上海共康路证券营业部	共康路 358 号	56433830
中国银河证券股份有限公司上海宝山区陆翔路证券营业部	陆翔路 111 弄 2 号	66035551
中泰证券股份有限公司上海真华路证券营业部	真华路 1165 号	56511998
中信建投证券股份有限公司上海华灵路证券营业部	华灵路 849 号	66343332
中信证券股份有限公司上海牡丹江路证券营业部	牡丹江路 1508 号	66861257
东方财富证券股份有限公司上海宝山区共和新路证券营业部	一二八纪念路 968 号 901 室—2、902 室	
国融证券股份有限公司上海市一路证券营业部	市一路 199 号 2 楼 2001A	
江海证券创业投资(上海)有限公司	沪太路 8885 号 6 幢 A 楼 1452 室	
中原证券股份有限公司上海牡丹江路证券营业部	牡丹江路 318 号 C404 单元	

（夏　梦）

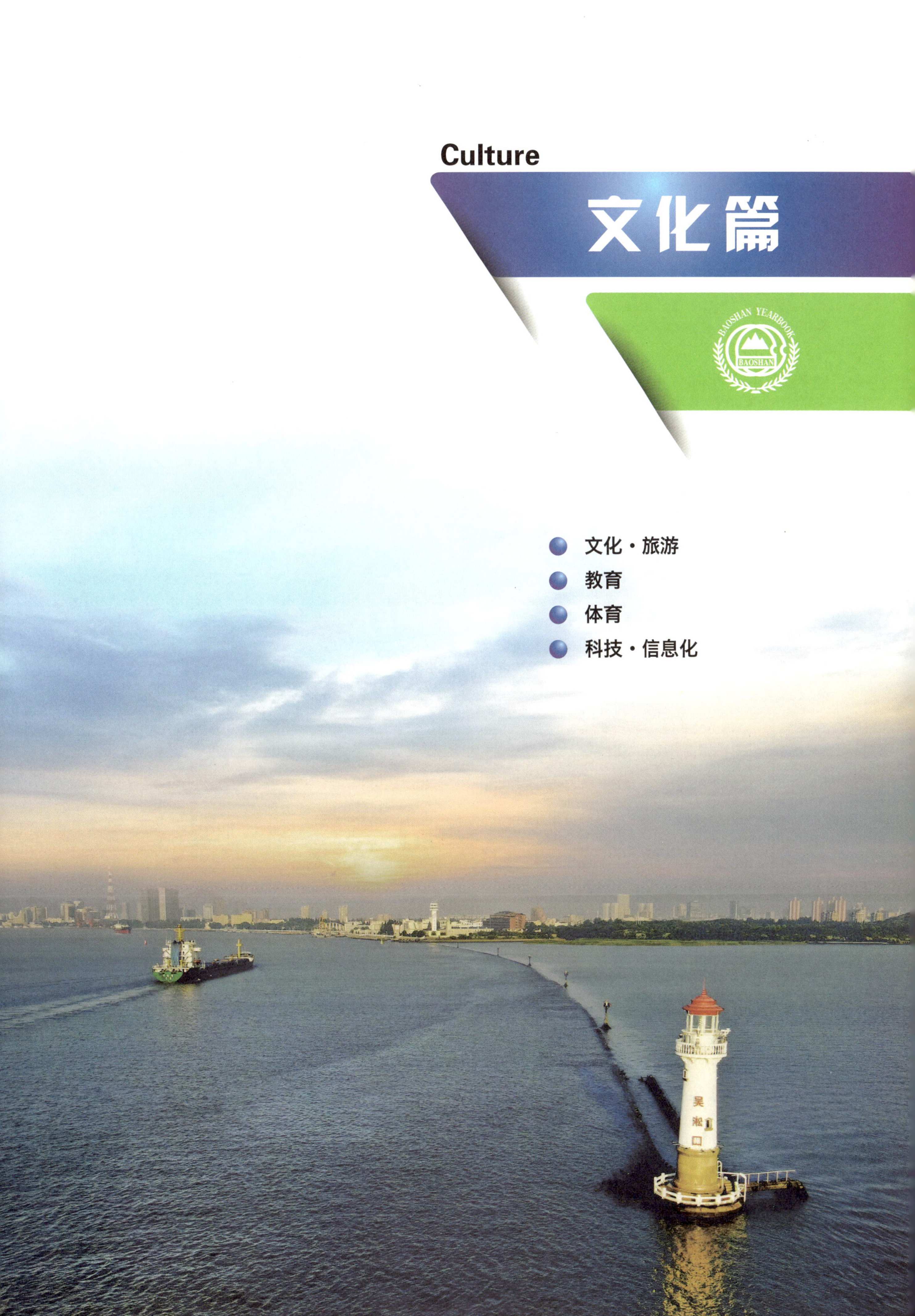
Culture
文化篇
BAOSHAN YEARBOOK
BAOSHAN
文化·旅游
教育
体育
科技·信息化
吴淞口

文化·旅游

■ 编辑 吴嫣妮

文 化

【概况】 2021年,宝山区有文化馆(站)19家,其中区属文化馆1家、街镇社区文化活动中心18家;图书馆(站)25家,其中区级图书馆1家、街镇图书馆24家,共有纸质书及电子书311.9万册。区级公共文化基础设施主要有区融媒体中心、上海淞沪抗战纪念馆、上海宝山国际民间艺术博览馆、区文化馆、区图书馆、上海解放纪念馆等,总面积约7万平方米。社会文化娱乐场所131家(棋牌室取消审批),网吧95家,电影院29家;印刷类151家,出版物零售80家,表演团体19个,剧场3个,艺术品4家。区内各级不可移动文物90处,其中上海市文物保护单位9处、宝山区文物保护单位8处、宝山区文物保护点73处。提质公共文化服务,全年举办各类线上线下文旅活动20300场,参与人数1881万人次,完成四级配送点单数量2776场。罗店镇(罗店龙船)、顾村镇(民间诗歌)、杨行镇(吹塑纸版画)、罗泾镇(罗泾十字挑花)被评为2021—2023年度"上海民间文化艺术之乡"。其中,罗店镇蝉联2021—2023年度"中国民间文化艺术之乡"称号。

【文创产业发展】 2021年,宝山区以政策引导文创产业新发展。48个企业(项目)获产业资金扶持1292.74万元;26个在建类、成果类项目获市级文创资金扶持。特色园区平台引领产业集聚效应逐步显现,2021年市级文创园区(楼宇)增至12个,位于全市前列。其中智慧湾获评"国家文化和科技融合示范基地"称号。组织企业参与市文旅局"建筑可阅读"文创市集、"五五购物节"等活动,推荐优质文化企业参展长三角文博会;结合市级层面"文金惠"政策,帮助5家企业解决融资困难;参与上海唯一视觉企业发展有限公司回迁宝山、上海仙梓文化传播有限公司和上海润立美术设计有限公司等迁入宝山的招商服务工作。

2021年宝山区社区文化活动中心

总分馆名	地址	总分馆名	地址
高境镇社区文化活动中心(西片)	共康东路129号	罗店镇社区文化活动中心(美兰湖中心)	美诺路131号
高境镇社区文化活动中心(中片)	高境路371号	罗店镇社区文化活动中心(塘西街馆)	塘西街366—370号
罗泾镇社区文化活动中心(总馆)	陈行街123号(修缮关闭中)	罗店镇社区文化活动中心(美兰西湖中心)	美文路211号
罗泾镇社区文化活动中心(分馆)	陈功路799号	淞南镇社区文化活动中心	淞发路528号
杨行镇社区文化活动中心	松兰路826号	庙行镇社区文化活动中心	长江西路2697号
顾村镇社区文化活动中心	富联路368号	大场镇社区文化活动中心	沪太路2010—1号
顾村镇菊泉文体中心	菊盛路99弄70号	张庙街道社区文化活动中心	通河路590号
顾村镇馨佳园社区文化活动中心	潘广路1455号	吴淞街道社区文化活动中心	淞浦路470号
月浦镇社区文化活动中心	龙镇路88号	友谊路街道社区文化活动中心	永清路899号

2021年宝山区图书馆

总分馆名	地址	总分馆名	地址
宝山区图书馆	海江路600号	淞南镇图书馆淞南十村分馆	淞南十村195号(暂停开放)
月浦镇图书馆总馆	安家路3号	淞南镇图书馆老龄委分馆	一二八纪念路55弄盛达家园(暂停开放)
月浦镇图书馆龙镇路分馆	龙镇路88号	大场镇图书馆	沪太路2010号—1号
月浦镇图书馆盛桥分馆	盛桥三村48号	大场镇图书馆乾溪分馆	场联路139号
月浦镇图书馆马泾桥分馆	蕰川路4051号	罗泾镇图书馆	陈功路799号
顾村镇图书馆	共富二路122号2楼	罗泾镇众文空间图书馆	西塘湾宅12号旁
顾村镇图书馆菊泉分馆	菊盛路99弄70号菊泉文体中心1楼	高境镇图书馆	高境路371号
顾村镇图书馆广场分馆	富联路368号诗乡文化广场2楼	庙行镇图书馆	长江西路2697号2楼
顾村镇图书馆馨佳园分馆	潘广路1445号馨佳园社区文化活动中心2楼	杨行镇图书馆	松兰路826号
罗店镇图书馆总馆	美诺路131号	吴淞街道图书馆	淞浦路492号3楼
罗店镇图书馆塘西街分馆	塘西街366—370号	友谊路街道图书馆	密山路131号2楼
罗店镇图书馆美兰西湖分馆	美文路211号	张庙街道图书馆	通河路590号
淞南镇图书馆总馆	淞发路528号活动中心3楼		

2021 年宝山区不可移动文物

级别	名称	现地址
上海市文物保护单位（9 处）	罗店红十字纪念碑	罗店镇罗太路 352 弄 15 号(陈伯吹中学内)
	宝山孔庙大成殿	友谊路街道友谊路 1 号(上海淞沪抗战纪念公园内)
	姚子青营抗日牺牲处	友谊路街道友谊路 1 号(上海淞沪抗战纪念公园内)
	山海工学团遗址	大场镇大华路龙珠苑 200 号
	吴淞炮台抗日遗址	友谊路街道塘后路 109 号
	吴淞炮台遗址	吴淞街道塘后支路 27 号内
	无名英雄纪念墓遗址	张庙街道爱辉路 198 号(上海市泗塘第二中学内)
	侵华日军小川沙登陆地点	罗泾镇川纪路(罗泾水源涵养林内)
	大中华纱厂和华丰纱厂旧址	吴淞街道淞兴西路 258 号
宝山区文物保护单位（8 处）	大通桥	罗店镇新桥居委亭前街弄口
	丰德桥	罗店镇新桥居委布长街南端(韩家湾路与竹巷街衔接处)
	钱世桢墓	罗店镇毛家弄村三树南路以东，圃南路以南
	梵王宫	罗店镇罗溪路 518 号
	宝山古城墙遗址	友谊路街道友谊路 1 号(上海淞沪抗战纪念公园东南侧)；友谊路街道(增加：盘古路)247 弄 20 号宝山中学西北角
	上海少年村旧址	大场镇少年村路 500 号
	行知育才学校旧址	大场镇行知路 180 号(上海市行知实验中学内)
	吴淞海港检疫所(小白楼)	吴淞街道三营房居委民康路 95 号
宝山区文物保护点（73 处）	来龙桥	罗店镇市一路 130 号(罗溪公园内)
	积福桥	罗店镇潘泾路 1201 号以东 500 米
	宝善桥	友谊路街道友谊路 1 号(上海淞沪抗战纪念公园内)
	花神堂	罗店镇赵巷西街 136 号
	石家桥碉堡	罗店镇拾年村石家桥 27 号以北 2 米
	拾年宅碉堡	罗店镇拾年村拾年宅(聚嘉源制管剪切厂以东 50 米，富锦路以北 300 米的农田里)
	张家桥碉堡	罗店镇拾年村张家桥 29 号(村民宅院里)
	丝网村碉堡	罗店镇王家村丝网村 11 号以南 20 米(丝网村 9 号住宅后墙以北 3 米)
	五房桥	罗店镇王家村五房桥 9 号东南侧 7 米
	东小宅碉堡	罗店镇远景村东小宅 41 号院后西北侧 3 米
	利用锁厂	罗店镇向阳居委东西巷街 128 号
	潘家门楼	罗店镇向阳居委西西巷街 49 号
	三桥宅碉堡	杨行镇盘古路 1158 号西侧
	沙浦河	顾村镇广福村老卢宅至杨行镇八字桥村八字桥
	随塘河	罗泾镇新陆村杨家宅至月浦镇老石洞口
	走马塘	大场镇五星村胡家村至大场镇场中村
	衣周塘遗址	吴淞街道吴淞三村居委蕰藻浜东口至杨浦区五角场镇虬江口
	狮子林炮台遗址	月浦镇宝山钢铁股份有限公司厂区内
	胡公塘遗址	吴淞街道海江新村居委吴淞口至罗泾镇新陆村王家宅
	胡庄村碉堡	顾村镇胡庄村李家老宅(泰和西路富长路西南侧)
	西浜村碉堡	杨行镇泰和路 1788 号西南侧 10 米
	宝杨路防空洞	友谊路街道宝杨支路宝杨路交叉口东侧 100 米
	友谊路碉堡	友谊路街道友谊路 36 号
	宝山十村碉堡	友谊路街道宝山十村 102—103 号楼之间

（续表）

级别	名称	现地址
宝山区文物保护点（73 处）	共和公园碉堡	庙行镇场北路 238 号共和公园西北侧
	庙行公园碉堡	庙行镇庙行公园内
	聚源桥村碉堡	月浦镇聚源桥村
	万年桥	大场镇祁连公园内
	秦家店烽墩遗址	宝山工业园区红柳路山连路以东南，外环绿化带内
	东南水关遗址	友谊路街道友谊路 1 号（上海淞沪抗战纪念公园东南侧）
	梦熊桥	顾村镇白杨村白杨宅东 10 号
	大场烽墩遗址	大场镇洛场路 100 号
	大场公墓遗址	大场镇东方红村南大路 18 弄 1—2 号南对面
	大场石牌坊	大场镇（修缮中）
	圆瑛大师纪念塔	大场镇葑村村丰宝路 350 号金皇讲寺内
	顾村节孝坊	顾村镇（修缮中）
	杨行石牌坊	杨行镇（修缮中）
	庙行纪念村牌坊	张庙街道一二八纪念路 703 号西侧
	高境庙纪念村牌坊	高境镇殷高西路逸仙路口
	马桥纪念村牌坊	宝山工业园区五星村真陈路 818 号对面约 150 米，五星村马三 13 号内
	顾太路 435 号住宅	顾村镇顾太路 435 号
	小白桥	吴淞街道民康路 95 号
	宝钢水库碉堡	罗泾镇花红村宝钢水库南侧
	瑞方桥	罗泾镇潘川路潘泾路路口东北侧
	长春桥	罗泾镇肖泾村长春宅 14 号
	太平桥	罗泾镇牌楼村石墙宅 21 号前面
	张华浜工场旧址	吴淞街道吴淞三村居委逸仙路 3945 号（修缮中）
	上海第一钢铁厂旧址	淞南镇长江路一居委长江路 735 号（一号门）
	上海宝山钢铁总厂	杨行镇泗塘村富锦路 800 号（办公楼）、月浦镇（厂区）月浦镇（厂区）
	上海第五钢铁厂旧址	友谊路街道水产路 1269 号
	吴淞煤气厂旧址	淞南镇长江路一居委长江路 555 号
	鸿昌面粉厂旧址	顾村镇教育路 22 号
	顾村轧花厂旧址	顾村镇街 44 号
	俭丰织染厂	顾村镇街 6 号
	杨娥桥	顾村镇广福村北街，跨杨泾支流
	聚龙桥	顾村镇（修缮中）
	牌楼宅碉堡	杨行镇泗塘村牌楼宅 224 号西侧 50 米
	王质彬门楼	罗店镇向阳居委东西巷街 118 号屋后
	潘氏墙门	罗店镇新桥居委塘西街 8—10 号间
	敦友堂	罗店镇向阳居委亭前街 284 号；亭前街 288 弄 5 号
	承恩堂	罗店镇向阳居委亭前街 294 号
	朱履谦墙门	罗店镇向阳居委亭前街 300 弄 11 号楼下
	金家墙门	罗店镇新桥居委市河街 2 弄 2 号宅院内
	沈氏旧宅	罗店镇新桥居委布长街 26 弄 1、2、5 号
	罗店三官堂旧址	罗店镇罗太路 428 号
	万寿桥	杨行镇杨宗路 268 号
	西街村碉堡	杨行镇宝杨路 3366 号华亿包装有限公司仓库南侧
	宝杨路碉堡	杨行镇宝杨路 3366 号华亿包装有限公司厂房内
	杨行中学碉堡	杨行镇宝杨路 2888 号
	远景村王宅	罗店镇远景村东小路西小塘子 2 号
	新四军吴淞情报组遗址	吴淞街道淞浦路和丰路附近、淞兴路 117 号、北兴路 76 号
	新四军 1 师兼苏中军区采办组遗址	吴淞街道吴淞新城居委吴淞新城西区近开埠广场（淞浦路）
	上海第三次工人武装起义吴淞工人纠察队驻地遗址	吴淞街道吴淞三村居委淞兴路 299 号、海滨新村居委泰和路 99 号（吴淞中学内）

2021 年宝山区非物质文化遗产名录

项目名称	项目类别	名录级别
第一批		
端午节——罗店划龙船习俗	民俗	国家级
月浦锣鼓	传统音乐	市级
罗店彩灯	传统美术	市级
杨行吹塑版画	传统美术	市级
罗泾十字挑花技艺	传统技艺	市级
第二批		
大场江南丝竹	传统音乐	市级
顾村民歌民谣	民间文学	区级
庙行江南丝竹	传统音乐	区级
刘行白切羊肉制作技艺	传统技艺	区级
第三批		
无		
第四批		
萧泾寺传说	民间文学	市级
第五批		
沪剧	传统戏剧	市级
大场微雕微刻	传统技艺	区级
友谊民间剪纸	传统技艺	区级
淞南蛋雕技艺	传统技艺	区级
大场棕编	传统技艺	区级
罗店天花玉露霜制作技艺	传统技艺	区级
罗店公大酱制品制作技艺	传统技艺	区级
高境布艺堆画	传统美术	区级
大场易拉罐画	传统美术	区级
第六批		
宝山寺木结构营造技艺	传统技艺	市级
宝山鮰鱼烹饪技艺	传统技艺	市级
花格榫卯制作技艺	传统美术	市级
宝山"鞋底"年糕制作技艺	传统技艺	区级
罗泾四喜风糕点制作技艺	传统技艺	区级
罗店鱼圆制作技艺	传统技艺	区级
蔡氏剪纸技艺	传统技艺	区级
月浦竹编制作技艺	传统技艺	区级
吴淞面塑制作技艺	传统技艺	区级
俞氏百宝镶嵌制作技艺	传统技艺	区级
淞南树根造型技艺	传统技艺	区级
大场白切羊肉技艺	传统技艺	区级
顾村内劲一指禅	传统体育、游艺与杂技	区级
白癜风、脱发中医药特色治疗	传统医药	区级
第七批		
宝山谚语	民间文学	区级
吴淞万盛号白玫瑰酒		
制作技艺	传统技艺	区级
老香斋茶点制作技艺	传统技艺	区级
顾村结艺制作技艺	传统技艺	区级
第八批		
古法末茶制作技艺	传统技艺	区级
骨科杞柳支具固定法	传统医药	区级
罗店版画	传统美术	区级
莫派魔术	传统体育、游艺与杂技	区级

（李永红）

红色文化

【概况】 2021年,宝山区聚焦红色主线,围绕庆祝中国共产党成立100周年开展系列活动。上海淞沪抗战纪念馆"艰苦卓绝——上海抗战与世界反法西斯战争主题展"获全国博物馆十大陈列展览精品推介优胜奖。举办纪念一·二八淞沪抗战89周年、纪念八一三淞沪会战爆发84周年、中国人民抗日战争暨世界反法西斯战争胜利76周年、烈士纪念日、国家公祭日、中华人民共和国恢复联合国合法席位50周年活动、庆祝上海解放72周年等系列活动共15场。在央级市级媒体发布超130篇报道,8月15日"淞沪抗战爆发84周年纪念活动"在央视一套"新闻联播"栏目中报道播出。

【庆祝中国共产党成立100周年系列活动】 2021年,区文旅局推出庆祝中国共产党建党100周年"百姓百艺同庆百年盛典"十个百系列文旅活动,参与量超过300万人次。承办由文旅部和市政府主办的"百年百艺·薪火相传"——中国传统工艺邀请展,展出全国1200余位传承人创作1500余件(套)精品。全区百余支合唱队参与百首红色歌曲展演活动,线上征集近万条云上歌汇视频。"百年丰碑——庆祝中国共产党成立100周年系列书法展(上海篇)"集中展示100幅沪上中国书法家协会会员作品。"党旗飘扬·最美宝山"百个红色记忆摄影展系列活动征集超过4800幅摄影作品,用照片墙形式讲述宝山发展变化新故事。"百年历史·星火永续"——百个红色故事征文活动和"铭记历史·传史育人"——百名红色故事宣讲员大赛确定100个红色文化故事和100名红色故事宣讲员;"寻踪觅迹·赓续精神"——百个红色文化符号评选活动评选出113个红色文化符号;"书蕴芳华 丹心永驻"——百封红色家书诵读活动征集家书300余封;"纪念百年·红色百影"——百场红色电影展映活动在宝山区56个农村活动室、8个流动放映点位放映200余场红色电影;"传家国情 承中国梦"——百个红色心愿传递活动通过线上线下平台共计收到心愿卡3000余张。

【《挑山女人》再获佳绩】 2021年,沪剧《挑山女人》入选中宣部、中国文联、文旅部举办的"庆祝中国共产党成立100周年优秀舞台艺术作品展演",是上海4部舞台艺术作品之一、唯一一部沪剧艺术作品,并于5月—7月在浙江杭州、安徽黄山、广西桂林展演。同时入选市委宣传部主办"庆祝中国共产党成立100周年红色经典剧目展演",并于3月30日—31日在美琪大戏院上演。3月末,沪剧电影《挑山女人》长三角巡回演映系列活动启动,3个多月内在沪苏浙皖12个城市展映20余场。

【红色故事传播】 2021年,罗店镇天平村《野战医院的故事》入选文旅部"寻找乡村印迹 学习党史故事——100个乡村中的党史故事",是上海市唯一一个。上海淞沪抗战纪念馆和上海解放纪念馆被推荐为首批全市党史学习教育革命红色场馆,推出25节特制专家党课和30节"烽火讲堂"红色经典故事,以"参观展览+烽火讲堂"形式,打造"看得见文物、听得到历史、悟得到精神"党史宣讲品牌,共接待观众近40万人次,提供讲解服务800余批次。

(李永红)

文化品牌

【概况】 2021年,宝山区拓展滨江建设,用融合发展激发品牌生机,举办以陈伯吹儿童文学为主题的系列活动。

【打造上海国际邮轮旅游度假区】 2021年,宝山区与市文旅局签订《赋能长江门户 助力宝山转型战略合作框架协议》;会同区滨江委、吴淞口投资集团、华东师范大学,研究编制《上海国际邮轮旅游度假区总体规划》,推动上海国际邮轮旅游度假区申报上海市级旅游度假区。10月22日,宝山区举办2021吴淞口论坛,吴淞口论坛logo正式亮相,上海国际邮轮旅游度假区企业合作签约,中国旅游车船协会邮轮游船游艇分会成立。

【举办陈伯吹国际儿童文学奖创立40周年系列纪念活动】 12月8日,第三十三届陈伯吹国际儿童文学奖颁奖仪式举行。该届陈伯吹国际儿童文学奖共收到文字类图书108种和来自28个国家和地区的绘本图书347种,其中国外作品190种,评选出获奖作品10种。中国诗人圣野获特殊贡献奖,英国作家迈克尔·莫波格获年度作家奖,澳大利亚学乐出版社《大流行》(文字作者:杰姬·弗兰奇,绘图作者:布鲁斯·沃特利)等5种图书获图书(绘本)奖,少年儿童出版社《和平方舟的孩子》(作者:简平)等5种图书获年度图书(文字)奖。颁奖仪式上,全市首个以陈伯吹儿童文学为主题的陈伯吹儿童文学馆项目启动,陈伯吹国际儿童文学理论研究会成立。12月12日,第三十三届陈伯吹国际儿童文学奖系列活动暨长三角阅读联盟文学沙龙在上海中心52层朵云书院·旗舰店举办,举行"笔尖上的童心"——第七届陈伯吹儿童文学创作大赛颁奖仪式,《凤凰飞过梧桐树——"笔尖上的童心"陈伯吹儿童文学创作大赛获奖作品精选》首发。年内,开展2021陈伯吹国际儿童文学奖原创插画展,中外儿童文学名家进校园活动,"诵读经典 点亮童心"陈伯吹国际儿童文学奖经典作品诵读活动等。

(李永红)

文化服务

【概况】 2021年,宝山区升级打造10个"一村一居一舞台"设施。推进公共文化新空间建设,与上海市创意工作者协会合作成立宝山创意城市艺术社区设计专家库,上大美院副院长金江波、同济建筑学院院长李翔宁等首批15位设计师为宝山城市微更新注入专业力量。与街镇共同打造吴淞街道海滨新村、淞南镇新梅淞南苑2个点位,打造社区文化空间样板,提升基层文化活动室设施功能。完成上海淞沪抗战纪念馆、上海解放纪念馆、上海宝山国际民间艺术博览馆、龙现代艺术中心、陈伯吹纪念馆、上海玻璃博物馆6家文博场馆艺术云码建设,助力艺术场馆数字化转型。

【非遗文化】 2021年,宝山区开展第十五届上海宝山罗店龙船文化节、2021年宝山非遗购物节展示活动、"百年百艺·薪火相传"非遗市集等活动。古法末茶制作技艺、骨科杞柳支具固定法、罗店版画、莫派魔术列入宝山区第八批非遗项目。全年开展"非遗进社区"系列活动400余次,辐射人群近2万人次。罗店划龙船习俗和罗泾十字挑花获2019—2021年度上海市"非遗在社区"示范项目。吴淞中学、宝山中学、罗店中学、泗塘二中和高境科创实验小学被评为非遗传习基地。

【上海樱花节系列文旅活动】 3月12日—4月12日，“樱花陌上红”——2021上海樱花节系列文旅活动举办。“阅樱之美、赏樱之乐、赏樱之春、品樱之漫”四大类活动吸引超100万人次参加。3月28日，上海市民文化节宝山文化服务日活动启动，开展“樱花树下数春秋”人文雅集活动、“读经典神话绘本《金斧头银斧头》和中国非遗皮影戏零距离”亲子互动阅读活动、经典名著樱阅荟《竖琴和长笛的天作之合》、“樱画书艺”名人书画沙龙、评弹导赏、儿童剧《爱吃糖果的大老虎》等13场文旅活动。推出“趣”宝山四季微游线路，汇聚建党百年、建筑阅读、工业记忆、滨江风情、美丽乡村等主题。推出“春日花中曲”“夏日逐梦记”“秋日宝藏图”“冬日慢生活”为主题的12条线路。

【城市未来艺术节】 6月25日，宝山城市未来艺术节启动仪式举行，宝山区和上海大学联合举办江南美术节、海派音乐节、文艺电影节、科技文化节、非遗生活节5项重点活动。仪式上，“智慧之树”雕塑揭幕。10月3日—6日，“音悦漫步　我在一号湾的秋天等你”——2021宝山城市未来艺术节国庆专场音乐会在智慧湾科创园举行。音乐会以“秋”为主题，汇聚史依弘、黄蒙拉、夏小曹、力量之声组合以及宋思衡等工作室落户宝山的艺术名家，近800张门票在“文化云”开放预约10余分钟内售空，央级、市级等主流媒体推出活动报道近10篇。

10月3日—6日，2021宝山城市未来艺术节国庆专场音乐会在智慧湾科创园举行

区文旅局/提供

【上海城市空间艺术季(宝山)】 9月29日，2021上海城市空间艺术季(宝山)开幕式在蕰藻浜1号湾南桥下空间举行。宝山区首创“一墙美术馆”，是沪上首座“有艺术作品展示，但没有围墙的美术馆”，并迎来首展——《风生水起》精品展。仪式后，举行“科技与艺术的先锋演绎”文艺汇演。国庆期间，“一墙美术馆”推出《于一墙　见无疆》世界名画艺术展等展览。 (李永红)

旅游事业

【概况】 2021年，区文旅局坚持常态化防疫与旅游发展两手抓，旅游精品线路开发取得新突破，旅游公共服务提质增效，旅游市场环境安全有序。区内纳入统计范围旅行社、旅游饭店和旅游景区全年共接待境内外游客900.77万人次，全年营业总收入20亿元。旅游宣推影响力显著提升，与腾讯合作，依托大数据平台优势拓展朋友圈、App等宣传渠道，全年线上推广浏览量超620万人次。旅游线路加快迭代更新，全年开发“趣”宝山四季微游、宝山建筑可阅读人文漫游等24条主题旅游线路。区内全年共举办旅游活动236场次，游客线上点击近247万人次，线下参与超166万人次。

【上海旅游节宝山系列活动】 2021年，宝山区首度开启旅游节“趣游+惠游”掌上新玩法，上线“趣游宝山　云上嘉年华”腾讯平台，推出“建筑可阅读　宝山人文漫游”线路，发布人文旅拍，整体浏览量超600万人次，人文旅拍板块观看人次近90万人次，两大在线互动游戏访问量近2万次。推出旅游节门票半价享、寻密码游宝山、农场联盟三大惠民举措及“用玻璃艺术链接世界”共享艺术季、金秋游园会、上海木文化节等六大主题活动，超24万人次参与。

【宝山精品旅游主题产品】 2021年，区文旅局在“筑梦、初心、振兴、文复”4条红色研学游主题线路基础上，拓展新增“追忆”“传承”2条线路，开发“百年印记，红心向党”宝山人文旅游数字地图，首创“声动印迹 · 漫漫行知路”声音文化微旅。推出“长三角百车自驾寻访之旅”。智慧湾科创园、中成智谷、新业坊 · 源创和大黄村生态园获评2021上海市民“家门口的好去处”；三邻桥体育文化公园获评“上海三星级体育旅游休闲基地”；吴淞炮台湾国家湿地公园入选“一江一河”潮玩地；宝山寺入选“上海最受关注二十大优秀建筑”。在上海旅游商品设计大赛中，罗泾十字挑花新文房四宝和月浦竹编平安扣挂件获得优秀作品奖，高境“牛气冲天”纪念美妆镜获得最佳实用奖。

【旅游数字化转型】 2021年，区文旅局开展宝山区景区、酒店数字化场景及情况调研，助力旅游企业打造个性化应用场景。区内38家酒店纳入2021年市文旅局600家数字酒店名单，上海玻璃博物馆和顾村公园被评为首批上海市数字景区。完善乐游宝山小程序，上线寻宝小游戏和积分福利。

【重点地区项目资源开发】 2021年，罗泾镇和月浦镇聚源桥村分别获评全国乡村旅游重点镇、村。乡村民宿实现“零突破”，月浦镇“一水间”获宝山乡村民宿首张备案登记证。“花果宝山休闲游”“活力月浦动感乡村游”2条线路成为上海美丽乡村休闲旅游行推荐线路。

3月12日—4月12日，上海樱花节系列文旅活动举办，孩子们畅想未来，画下心中的科创之城

区文旅局/提供

【旅游相关企业等级评定与复核】 2021年，宝山区有金盘级旅游餐馆12家，银盘级旅游餐馆6家。智慧湾科创园被评为上海市工业旅游景点服务质量达标单位。有国家A级旅游厕所42座(3A级3座、2A级11座、1A级28座)，新增国家A级旅游厕所8座(3A级1座、2A级3座、1A级4座)，爱辉路公厕、月狮众文空间公厕获评上海“最美厕所”。

【旅游公共服务】 2021年，区文旅局联合东方信息苑开展“码”上游宝山、应景塑宝山、文明览宝山系列活动，覆盖11个街镇。开展“送上门”公共服务，包括6场非遗手作互动、9场文明旅游宣讲。开展“公共文化配送文化微旅”项目，征集遴选出6家旅行社共计20条文化微旅线路。宝山区旅游咨询服务中心、宝山国际邮轮港(零点广场)旅游综合服务中心2个旅游服务中心全年接待游客咨询7100人次。宝山国际邮轮港(零点广场)旅游综合服务中心创建上海市文化和旅游公共服务机构功能融合试点单位。

【旅游行业监管】 2021年，区文旅局开展常态化疫情防控和针对恶劣天气、寒暑假期、节假日等专项安全大检查，出动近300人次，检查旅游企业600余家次。按照强化旅游投诉属地管理要求，年内处理各类旅游投诉和问题约400件。结合宝山区创建全国文明城区工作要求，开展宾旅馆行业文明创建提升专项行动。

【旅游行业培训】 2021年，区文旅局开展2次旅游住宿业前台工作人员岗位培训、1次旅行社行业专题培训班及1次进博会住宿服务保障专项培训，参训企业约750家次，惠及旅游从业人员近1000人次。组织从业人员参加2021年上海市文化旅游行业系统安全生产知识竞答活动，宝山区总分排名第一。

2021年宝山区旅游企业经营情况

项目	单位	2021年	2020年	增减(%)
旅行社				
接待人数	人次	210398	78310	168.67
组团人数	人次	418371	176902	136.50
营业收入	万元	108919.9	215703.39	-49.50
饭店				
接待国内游客	人次	1146736	913981	25.47
接待海外游客	人次	4395	4660	-5.69
主要饭店营业收入	万元	60704.2	43167.26	40.63
客房率	百分点	54	50	8
景点				
接待游客	人次	7646154	3497267	118.63
营业收入	万元	30406.71	16120.2	88.62

2021年宝山区新增旅行社

经营许可证号	名　称	注册地址	电话
L-SH-00016	上海申江国际旅行社有限公司	一二八纪念路928号1303室	51697552
L-SH-100390	上海悠学国际旅行社有限责任公司	陆翔路111弄1号1004室	56569918
L-SH-100401	上海星晓国际旅行社有限公司	共和新路4965号2601室	66615139
L-SH-100409	上海飞展旅行社有限公司	共和新路4965号509室	60832509
L-SH-100414	上海福途国际旅行社有限公司	共和新路5000弄4号1108室	32143219

（续表）

经营许可证号	名　　称	注册地址	电话
L－SH－100423	上海为通旅游有限公司	蕰川路 6 号 9 幢 109 室	66220755
L－SH－100429	随程国际旅行社(上海)有限公司	春雷路 455 号 7 室	80370705
L－SH－100430	上海新领屹旅行社有限公司	陆翔路 1018 弄 1 号 210 室	66876361
L－SH－100431	上海帆顺国际旅行社有限公司	一二八纪念路 968 号 702 室	56797066
L－SH－100432	上海杰之鑫旅行社有限公司	市一路 199 号 1—4 楼	56166620
L－SH－01850	皇家加勒比游轮旅行社(上海)有限公司	永乐路 388 号 333 室	25011845
L－SH－100451	上海变色龙国际旅行社有限公司	共和新路 4965 号 1601 室	66272877
L－SH－100452	上海湘宏文化旅游发展集团有限公司	淞兴路 163 号 1 幢 5 层 B 区 5126 室	60770266
L－SH－100457	上海皓签国际旅行社有限公司	南蕰藻路 669 号 1 幢 2 层 229 室	56335028

2021 年宝山区星级旅游饭店

星级	单位	地址	电话	星级	单位	地址	电话
四星	上海衡山北郊宾馆	沪太路 4788 号	56040088	三星	维也纳精品酒店	淞滨路 600 号	56676868
四星	上海金仓永华大酒店	水产路 2659 号	36306550	三星	宁江大酒店	友谊路 40 号	56608777
四星	共康美仑酒店	共康路 555 号	56408555	三星	全季翼生活广场酒店	水产路 2449 号	56935063

2021 年上海市社会旅馆优质服务达标单位(宝山区)

单位	地址	电话	单位	地址	电话
锦江之星(逸仙路店)	逸仙路 1339 号	65609988	上海共康智选假日酒店	南蕰藻路 10 号	26079333
锦江之星(宝杨路店)	宝杨路 580 号	56111189	全季(友谊店)	同济路 999 号 1 号楼	66188866
锦江之星(场中路店)	洛场路 118 号	36562200	上海邻江壹号国际邮轮精品酒店	淞宝路 65 号	66220101
锦江之星(盛桥店)	蕰川路 5575 弄 3 号	66036818	美兰湖国际会议中心	罗芬路 888 号	61851388
临江壹号国际邮轮酒店	友谊路 33 号	56780101	维也纳顾村公园店	沪太路 5018 号	59579888

2021 年上海市社会旅馆规范服务达标单位(宝山区)

单位	地址	电话	单位	地址	电话
汉庭锦秋路店	锦秋路 839 号	66036768	蓝波万时尚精品酒店吴淞店	同济路 311 号	56586268
汉庭星空(海友)	南华苑路 152 号	65875335	莱思莉宾馆	牡丹江路 1771 号	56609977
格林豪泰电台路店	电台路 324 号	56040898	紫凌轩大酒店	古莲路 200 号	56159188
博泾宾馆	新川沙路 518 号	36551018	格林豪泰殷高西路店	殷高西路 506 号	60820288
共富大酒店	共富路 268 号	33711038	法莱德大酒店	逸仙路 1600 弄 61 号	66186666
鑫辉大酒店	市一路 188 号	56863131	富春居精品连锁酒店	电台路 547 号	56117677
格林豪泰共康店	共康路 555 号乙座	56480099	格林豪泰杨行水产路店	水产路 2399 号	36558998
知青时代酒店	沪太路 3777 号	61397168	通莹酒店	水产西路 308 号	56805766
吉泰连锁酒店(上海吴淞码头店)	同济支路 88 号	56168820	锦江之星顾村公园店	沪太路 4988 号	56187999
格林豪泰蕰川路店	蕰川路 889 号	66769028	成帆酒店	月罗公路 2106 号	66863399
蓝波万酒店长江南路店	长江南路 475 号	66186000	锦怡酒店	蕰川路 5569 号	51622188
万紫千红宾馆环镇北路店	环镇北路 555 号	66554431	永吉宾馆	德都路 285 号	66931188

（续表）

单位	地址	电话	单位	地址	电话
星岛假日酒店	淞宝路 368 号	56561188	城市便捷中环店	华和路 333 号	66978788
新长江大酒店	淞宝路 96 号	56162222	全季殷高西路店	殷高西路 677 弄 1 号 7—10 层	56885668
锦江之星共富店	蕰川路 6 号 2 号楼	60716071	全季宝山吴淞国际邮轮码头店	长江路 180 号	66150808
汉庭美兰湖酒店	沪太路 6497 号	56017001	锦江之星品尚杨行店	宝杨路 3090 号	39881888
锦江之星友谊店	盘古路 711 号	60255500	全季顾村菊联店	菊联路 150 号	56182266
美丽豪酒店	松兰路 879 号	66016699	全季殷高路店	殷高路 65 号	55895799
维也纳美兰湖店	罗芬路 1688 弄	36551666	橘子水晶酒店三门路店	三门路 497 弄 6 号	60778298
上海联泰假日酒店	联谊路 477 号	33706409	邻江壹号国际邮轮码头店	宝杨路 1 弄 3 号 1 幢	56580101
格林豪泰江杨南路店	江杨南路 1646 号	66186628			

2021 宝山区国家 A 级旅游景区

等级	单位	地址	电话
AAAA	上海炮台湾景区（吴淞炮台湾国家湿地公园·上海长江河口科技馆）	塘后路 206 号	56579009　31275999
AAAA	顾村公园	沪太路 4788 号	56045199
AAAA	上海宝山国际民间艺术博览馆	沪太路 4788 号（近顾村公园）	56042007
AAAA	闻道园	潘泾路 2888 号	56670503
AAAA	上海玻璃博物馆	长江西路 685 号	66181970
AAA	东方假日田园	罗恒路 3888 号	66018590
AAA	上海半岛 1919 文创园	淞兴西路 258 号	56840702
AAA	上海木文化博物馆	沪太路 2751 号	56652661

2021 年宝山区旅行社

单位	地址	电话	备注
上海通达国际旅行社有限公司	泰和路 5 号	56575198	上海市 AAAA 级旅行社
上海龙廷国际旅行社有限公司	淞桥东路 111 号 1519 室	56841583	上海市 AAAA 级旅行社
上海泰申国际旅行社有限公司	水产路 2669 号 2102 室	36713741	上海市 AAA 级旅行社
上海锦程国际旅行社有限公司	东林路 401 号	56609705	上海市 AAA 级旅行社
上海诚华国际旅行社有限公司	友谊路 37 号 5A 室	56674488	上海市 AAA 级旅行社
上海辰亿国际旅行社有限公司	淞青路 133 号 2 幢 1 楼	66795096	上海市 AAA 级旅行社
上海天盛国际旅行社有限公司	月罗路 241 号 4 幢 B 座 101 室	56562555	上海市 AAA 级旅行社
上海新浦江商务假期旅行社有限公司	长临路 913 号 5022 室	56420607	上海市 AAA 级旅行社
上海日月行国际旅行社有限公司	东林路 395 弄 8 号 201 室	36586788	上海市 AAA 级旅行社
上海吴淞口国际旅行社有限公司	宝杨路 1 号 11 幢 301、302 室	56120623	
真旅国际旅行社（上海）有限公司	南蕰藻路 393 号 4 号	31087779	
上海腾阳国际旅行社有限公司	宝杨路 1 号零点广场钟楼 2 楼	31103300	
上海大昂天海邮轮旅游有限公司	双城路 803 弄 11 号 1601B 室	34064880	
上海吴淞口水上旅行社有限公司	宝杨路 1 弄 2 号 108 室	56170116	

（续表）

单位	地址	电话	备注
游大大国际旅行社(上海)有限公司	呼兰西路 60 号 9 号楼 1002	66972330	
上海天翼国际旅行社有限公司	沪太路 5018 号 3 栋 1 层 B1258	51672052	
上海大新华运通国际旅行社有限公司	园和路 235 号 3 幢 A1125	60900122	
上海环洲国际旅行社有限公司	同济支路 65 号 A997 室	62589636	
上海唯一视觉国际旅行社有限公司	长江南路 99 弄 2 号 103 室—132	56568758	
上海桔园旅行社有限公司	高逸路 103 号	55044289	
上海世豪观光国际旅行社有限公司	同泰路 68 号 2 楼	56845561	
上海中辉国际旅行社有限公司	高跃路 176 号 5 楼	31603883	
上海明曙国际旅行社有限公司	通河路 508 号—3	56380065	
上海春和景国际旅行社有限责任公司	真陈路 1000 号 406—1	64281961	
上海三胜旅行社有限公司	罗芬路 555 弄 48 号 2 楼	56590595	
上海远华国际旅行社有限公司	长临路 913 号 1017 室	56778258	
上海鑫海国际旅行社有限公司	沪太路 1717 号 1 幢 406 室	64166030	
上海宝盛旅行社有限公司	淞兴路 304 号	56677386	
上海跃达国际旅行社有限公司	共康路 151 号 511 室	56413663	
上海华艺国际旅行社有限公司	友谊路 13 号	66781708	
上海远阳国际旅行社有限公司	共康七村 136 号 101 室	52043051	
上海上那国际旅行社有限公司	呼兰西路 911 号 3 号楼 513 室	56968705	
上海国力旅行社有限公司	新沪路 689 号 3 号楼 410 室	36150346	
上海锦城旅行社有限公司	盘古路 135 号	56601369	
上海宝览国际旅行社有限公司	牡丹江路 1678 号	56608666	
上海宝恒旅行社有限公司	长逸路 128 号	66182718	
上海亿游国际旅行社有限公司	殷高西路 101 号 1006 室	36396869	
上海静虹国际旅行社有限公司	德都路 389 号	61996818	
上海金罗店国际旅行社有限公司	罗芬路 555 弄 21 号	56591260	
上海为为国际旅行社有限公司	长逸路 15 号	56456891	
上海天伟旅行社有限公司	顾陈路 1288 号 5 幢	60642689	
上海泰怡然国际旅行社有限公司	沪太路 2999 弄 1 号楼 301—305 室	60705767	
上海幸福国际旅行社有限公司	泰和路 2038 号 2 幢 1 层 45 室	36337701	
上海凯福国际旅行社有限公司	陆翔路 111 弄 2 号 1709	66251873	
上海莲花之旅旅行社有限公司	南卫路 39 号 1 幢 2 号	55580883	
上海杰达国际旅行社有限公司	祁北东路 221 号 A 室	36517962	
上海妙途国际旅行社有限公司	盘古路 388 弄 6 号 423	61812719	
游轮海(上海)国际旅行社有限公司	宝杨路 1 号零点广场钟楼 2 楼	31103300	
上海漫道国际旅行社有限公司	淞发路 901 弄 9 号 1203 室	56500065	
上海春色国际旅行社有限公司	真华路 942 号第三空间 B118 室	66500208	
上海音谱旅行社有限公司	呼兰西路 60 号 9 号楼 1107 室	56625211	
上海背包国际旅行社有限公司	水产路 2609 号 336 室	60716387	
上海乐学营国际旅行社有限公司	一二八纪念路 968 号 1 号楼 1506 室	33713023	
上海新视界国际旅行社有限公司	双城路 803 弄 10 号 1901	61014366	
上海众帝国际旅行社有限公司	共和新路 4965 号 1308 室	58552225	
上海航悦国际旅行社有限公司	环镇南路 858 弄 12 号 903 室	60297267	

（续表）

单位	地址	电话	备注
上海新高度旅游有限公司	顾北东路575弄1—17号A区107—2	54592220	
上海启越国际旅行社有限公司	呼兰西路60弄9号楼912	60303933	
上海游然国际旅行社有限公司	陆翔路111弄5号楼1809室	66782780	
上海北半球国际旅行社有限公司	爱辉路201号3幢3024—1室	50909903	
新方向(上海)旅行社有限公司	新沪路689号3号楼407	52908306	
上海伊间旅行社有限公司	恒高路85号1—2层	62121610	
上海瑞莱宝国际旅行社有限公司	呼兰路799号4号楼432—1	56760108	
上海欣程国际旅行社有限公司	市一路199号1楼1374A	58607272	
上海归燕旅游服务有限公司	郁江巷路87号	66165811	
上海丰翼国际旅行社有限公司	友谊路1588弄3号楼708室	51672051	
上海至尚国际旅行社有限公司	呼兰西路100号17号楼—7	52913393	
上海光仔国际旅行社有限责任公司	沙浦路163号2层	66273328	
上海与衡旅行社有限公司	爱辉路201号1幢1506室	56569395	
中船邮轮国际旅游发展(上海)有限公司	金石路1688号7—111	51768930	
上海亚亨国际旅行社有限公司	行知路605号—1	66271452	
上海嗨游国际旅行社有限公司	共和新路5000弄6号楼1001室	56043367	
上海墨鱼旅行社有限公司	真大路520号12号楼329	66276185	
上海宝维三江旅行社有限公司	长江南路180号C413室	36210359	
上海天卓国际旅行社有限公司	一二八纪念路968号906室	51840050	
子俊国际旅行社(上海)有限公司	梅林路358号11幢A220室	56519719	
上海北极星国际旅行社有限公司	陆翔路1018弄6号2909室	31261020	
宝武集团上海宝山宾馆有限公司	牡丹江路1813号	36010936	
上海燕新杰杰旅行社有限公司	市一路199号1楼2324A	56860265	
上海亿帆国际旅行社有限公司	淞桥东路111号505室	56875938	
上海航盛国际旅行社有限公司	沪太路5018号2幢5层505室	65166881	
上海博创国际旅行社有限公司	上大路678号309室	61676226	
上海驵和国际旅行社有限公司	蕰川路6号2幢370室	56110877	
上海梧桐树国际旅行社有限公司	环镇南路858弄9号楼12层03—12	62499003	
上海申江国际旅行社有限公司	一二八纪念路928号1303室	51697552	
上海悠学国际旅行社有限责任公司	陆翔路111弄1号1004室	56569918	
上海星晓国际旅行社有限公司	共和新路4965号2601室	66615139	
上海飞展旅行社有限公司	共和新路4965号509室	60832509	
上海福途国际旅行社有限公司	共和新路5000弄4号1108室	32143219	
上海为通旅游有限公司	蕰川路6号9幢109室	66220755	
随程国际旅行社(上海)有限公司	春雷路455号7室	80370705	
上海新领屹旅行社有限公司	陆翔路1018弄1号210室	66876361	
上海帆顺国际旅行社有限公司	一二八纪念路968号702室	56797066	
上海杰之鑫旅行社有限公司	市一路199号1—4楼	56166620	
皇家加勒比游轮旅行社(上海)有限公司	永乐路388号333室	25011845	
上海变色龙国际旅行社有限公司	共和新路4965号1601室	66272877	
上海湘宏文化旅游发展集团有限公司	淞兴路163号1幢5层B区5126室	60770266	
上海皓签国际旅行社有限公司	南蕰藻路669号1幢2层229室	56335028	

（李永红）

上海国际邮轮旅游度假区建设

【概况】 2021年，宝山区启动建设上海国际邮轮旅游度假区，编制总体规划，形成“四港一心、两带三园、五大组团”发展布局。推动成立中国旅游车船协会邮轮游船游艇分会，举办首届吴淞口论坛，搭建行业交流合作平台，集聚“三游”产业资源。举办上海邮轮港国际帆船赛，带动滨江水域开发和腹地转型。加快重点项目建设，实现滨江岸线5千米全面贯通，“东方之睛”改造、智慧邮轮港项目基本完成，长滩音乐厅、长滩观光塔建设和滨江公共空间品质提升工程持续推进。

【《上海国际邮轮旅游度假区总体规划》发布】 10月22日，以“潮起三江、聚力三游”为主题的“2021吴淞口论坛”在上海吴淞口国际邮轮港举行。论坛重点聚焦“三游”产业发展，推动水上旅游行业国内大循环。市文旅局与宝山区签署《赋能长江门户　助力宝山转型战略合作框架协议》，中国旅游车船协会邮轮游船游艇分会揭牌成立，“吴淞口论坛”品牌对外发布。与会嘉宾围绕“三游”产业发展进行主旨演讲和互动交流。论坛上，《上海国际邮轮旅游度假区总体规划》发布。度假区规划总面积约15.46平方千米，待开发区2.98平方千米，涉及岸线9.9千米。规划形成“四港一心、两带三园、五大组团”功能布局，即：国际邮轮码头、近海沿江游轮码头、“一江一河”观光码头、帆船游艇码头4个码头；1个邮轮旅游中心区；北部长江口休闲观光带、南部吴淞口文化体验带两带联动；长江口文化公园、炮台湾湿地公园、百年军港博览园3个主题旅游园区；吴淞记忆服务组团、塘后老街服务组团、时尚长滩服务组团、科创宝钢服务组团、半岛1919服务组团五大特色服务组团。建成后的度假区集聚邮轮、游船、游艇（帆船）以及水上运动等以水上消费供给为主业的市场主体，打造水上产品首发基地，包括长江口水上运动体验中心、邮轮文化体验中心、中国海军爱国主义教育基地、阅江汇奥特莱斯购物中心、长三角水上产品首发基地、长江口水上科技应用集聚区等。

5月22日，2021上海邮轮港国际帆船赛在上海吴淞口国际邮轮港开幕　区滨江委/提供

【滨江功能配套完善】 2021年，宝山滨江打通“小沙背—上海长滩”段，实现宝山滨江岸线5千米全面贯通，启动度假区环境品质提升工程前期工作。加快阅江汇、上海长滩等商业商务配套项目建设，阅江汇项目B4地块幕墙总体完成90%，B3地块继续推进钢结构施工；长滩项目完成总体建设85%，推进市政公建配套移交接管。吴淞口国际邮轮码头船舶交通管理中心幕墙施工完成，“东方之睛”改造、智慧邮轮港项目基本完工。（沈沁怡）

【国际邮轮非经营性停靠】 1月19日—23日、2月9日—10日、7月29日—30日，上海吴淞口国际邮轮港完成3次国际邮轮非经营性停靠，为邮轮提供船员换班、物资补给等工作。全年累计完成船员换班5人次。

【推进智慧邮轮港项目建设】 2021年，上海吴淞口国际邮轮港与区政府和邮轮中心配合完成智慧邮轮港项目验收及软硬件交接，做好智慧邮轮港项目调试和试运行，推动智慧邮轮港项目正式上线运行。“智慧邮轮港”系统投入使用，进一步提高上海吴淞口国际邮轮港运营效率、改善游客出入境体验，形成港口运营新模式，建设国内邮轮港口运营新标准，提升上海吴淞口国际邮轮港行业影响力。在新运营模式下，完善港区商业配套设施，利用港区现有资源，充分提升港区商业价值。

【王友农获第八届全国道德模范提名奖】 11月5日，第八届全国道德模范表彰活动在人民大会堂举行，王友农获第八届全国道德模范提名奖。王友农，男，汉族，1969年生，中共党员，生前系上海吴淞口国际邮轮港发展有限公司党委书记，致力推动上海吴淞口国际邮轮港的跨越式发展，为上海国际航运中心建设、打响邮轮领域上海品牌作出重要贡献。2020年，王友农因公殉职，年仅51岁。（童方婷）

教　育

■ 编辑　吴嫣妮

基础教育

【概况】 2021 学年，宝山区共有教育机构 339 所，其中高中 8 所（含民办 1 所）、完中 6 所（含民办 1 所）、初中 28 所（含民办 2 所）、九年一贯制学校 34 所（含民办 5 所）、十二年一贯制民办学校 1 所、小学 69 所（含民办 9 所）、幼儿园 173 所（含民办园 73 所）、中职学校 4 所（含民办 2 所）、特殊教育和工读学校各 1 所、其他教育机构 14 所。成人教育学校 1 所。中学在校学生 50138 人，小学在校学生 75920 人；幼儿园在园幼儿 53508 人。全区在校学生 182261 人，教职员工 18877 人。

推进学龄前儿童善育工程。超额 40% 完成实事项目，新增 7 个普惠性托育点，其中 1 个民办托育点。接受普惠性学前教育的在园幼儿达到 89%。增加馨佳苑幼儿园和月浦四村幼儿园 2 所市一级园。建设校内课后服务课程平台。9 月，全区 134 所义务教育学校同步提供校内课后服务，实现全覆盖。全区 85 所学校体育场地开放工程做到应开尽开。做好招生考试工作，全年安排小学入学 15811 人，初中入学 11245 人。

注重顶层设计。市教委、上师大、宝山区政府合作举办上海师范大学附属中学宝山分校；与上海爱立诚教育合作托管高境四中、高境三小；与华师大、上师大合作建设“未来学校”。上海世外教育附属美兰湖实验学校，南大实验学校，宝山中学初中部，青秀城小学，南大幼儿园和枫叶幼儿园 6 所新校、幼儿园开办。组建“创优联盟”，提升幼儿园办园质量。10 所初中强校工程实验校通过市级中期评估。实施第二轮城乡携手共进计划方案评估论证，月浦中心校等 5 所学校进入第二轮精准委托管理名单，行知外国语学校列入第二轮城乡学校互助成长项目。

建立区学科德育精品课资源库，以“中国系列”课程建设和“青”系列活动构建“嵌入式”第二课堂。组织百场校园庆祝建党 100 周年主题庆典，开展“‘陶语、青言、童话’共话百年党史”系列活动，形成 100 节 10 分钟微党史故事课。18 个优秀作品参加市级大赛，1 个党史微视频参选全国党史故事讲演展评。宝山区获批国家劳动教育实验区，行知中学、白茅岭学校等 13 所学校成为市劳动教育特色学校。初步形成宝山区体育“一条龙”人才培养体系第一批布局，创建“一校多品”“艺术特色学校”。打造“宝山 100 未来创新人才在线培育平台”，在第三十六届上海市青少年科技创新大赛上获奖 201 项。

落实中小学校新冠肺炎防控措施。做好 12～17 岁未成年学生疫苗接种工作，截至 10 月 21 日在籍学生的全程接种率达 96.39%。重视学生心理健康教育，推进宝山区青少年心理素质监测平台建设，开通区心理热线，共接到个案 1873 例，跟踪危机个案 33 例。启动全员导师制，形成《宝山区关于推行全员导师制的试点工作方案》。落实“双减”政策，做好校外培训机构排查规范工作。

推进“学陶师陶”师德建设。9 月 9 日，市委书记李强到宝山看望慰问“青陶工程”学员代表。打造师德楷模“初心论坛”，严抓教师行为十项准则落实。紧抓教师专业发展，获上海市见习教师基本功大赛综合类一等奖 3 个、课堂教学类一等奖 2 个，入选 12 篇案例；获第四届上海市爱岗敬业大奖赛特等奖 2 个。开展第一轮跨学科项目试点，组建跨学科研修共同体。推进卓越工程项目，杨卫红、徐敏等 5 位校园长被评为特级校长，行知中学教师闫白洋被推荐参加 2021 年国家高层次人才特殊支持计划教学名师遴选；区民办交华中学少先队员庞加椅贝获“全国优秀少先队员”称号，区少先队总辅导员张婷妹获“全国优秀少先队辅导员”称号；宝山区列入教育部第二批人工智能助推教师队伍建设试点地区。

上海市白茅岭学校开设“南岭竹韵——传统手工编织实践项目”课程　区教育局/提供

【宝山区学生合唱团签约仪式举行】 1月14日，上海市宝山区学生合唱团签约仪式在上海大学音乐学院举行，宝山区与上海大学音乐学院合作打造宝山区学生合唱团。上海大学音乐学院直属党总支书记卿扬，上海大学音乐学院副院长纪晔晔及区教育局副局长朱燕萍、徐韬参加仪式。其间，区教育局与上海大学音乐学院就如何打造宝山区学生合唱团，搭建优秀人才就业合作平台交流探讨。

【思政课程创新实践项目启动】 3月9日，“为党育人 爱满天下”新时代宝山区思政课程创新实践项目启动会暨首届“行知论坛”闭幕式在宝山区教育学院举行。市教卫工作党委副书记、市教委副主任闵辉，副区长陈筱洁等出席会议。区教育工作党委书记沈杰作《展望十四五，启程新时代》大会主旨报告。区教育局与华东师范大学基础教育改革与发展研究所签订框架协议。“宝山区劳动教育研究与指导中心”“宝山区美育研究与指导中心”揭牌。

【剑桥大学中国遴选中心AST官方考试中心揭牌】 3月25日，剑桥大学中国遴选中心AST官方考试中心揭牌仪式在行知中学举行。副区长陈筱洁、剑桥大学中国遴选中心执行副主任刘雅卓等领导与全区高中学校书记、校长共同参加仪式。学能学业水平测试（AST）是世界名校中国英才遴选工程选拔中国学生参加剑桥大学等世界顶尖大学面试和录取的重要工具。其间，行知中学和剑桥大学中国遴选中心签约，双方作简要交流。行知中学学生常海岳作为学生代表发言。

【国家社科基金课题成果发布】 7月10日，市电教馆馆长、区教育局局长张治领衔国家社科基金课题“基于学生画像的综合素质评价行动研究”成果发布会在吴淞中学举行。区委副书记张义，市教委副主任李永智、倪闽景，市教委相关处室负责人及课题组成员和实践基地校负责人近百名专家、教师出席会议。会议由上海市电化教育馆和宝山区教育局共同主办。会上，张治代表课题组作主旨汇报，介绍2年来基于数字画像综合素质评价研究经历和成果，对学生数字画像内涵和外延进行概念解读，研究背后技术支撑、行业应用、画像生成基本流程以及未来反思发展。

【获市级“明日科技之星”称号】 2021年，宝山区以“科技创新 引领发展”为活动主题，评选78项研究成果及创造发明作品参加2021年上海市第十九届百万青少年争创“明日科技之星”评选活动。获4项上海市“明日科技之星”称号（初中3项，小学1项），8项“明日科技之星”提名奖（初中5项，小学3项）。

【纪念陶行知先生诞辰130周年主题活动举行】 10月18日，“面向未来的行知路”纪念陶行知先生诞辰130周年主题活动在行知育才旧院所在地上海市行知实验中学举行。教育部党组成员、副部长翁铁慧，市政协原副主席、市陶行知研究协会原会长、市教育发展基金会理事长王荣华，市教卫工作党委副书记、市教委主任王平，区领导陈杰、高奕奕、胡宝国、孟庆源等出席。活动分为“陶子忆陶”“宝山学陶”“创新承陶”等环节。“长三角青年陶行知教育研究联盟”启动，陶行知曾孙陶侃所著《我的曾祖父陶行知先生》一书正式发布。与会嘉宾参观行知育才旧院。同日，“中国民主同盟传统教育基地”揭牌。

【教育数字化转型实验区方案发布】 11月11日，上海市推进教育数字化转型试点区建设工作会议举行。市教卫工作党委副书记、市教委主任王平为长宁、宝山和徐汇区教育数字化转型实验区授牌。长宁、宝山、徐汇三区教育数字化转型实验区方案发布。宝山区是上海市首个获批的全国“人工智能助推教师队伍建设试点区”，同时作为“上海市教育数字化转型实验区”，承担数字基座和知识图谱等应用场景，推进数字化全面赋能教育综合改革新格局。

【全民终身学习活动周开幕】 12月7日，宝山区第十七届全民终身学习活动周开幕式暨2021宝山市民终身学习人文行走主题活动在罗店成人中等文化技术学校举行。活动由区教育局、区学习

宝山教育数字化转型关键要点　　区教育局/提供

型社会建设与终身教育促进委员会办公室主办。活动现场为“人文行走”导学志愿者颁发聘书，为百姓学习之星、终身学习品牌项目等终身教育成果奖获得者，第十届上海市郊成人院校教师三课教学展示评比获奖者，上海社区教育教师队伍建设主题征文获奖者颁发证书。“人文行走　红色宝山”学习线路启动。

【“未来宝”教育电台首播】　12月12日，“未来宝”教育电台首播暨“12·12宝山学生关爱日”启动仪式在上海广播电视台举行。区教育局联合上海广播电视台东方广播中心推出“未来宝”教育电台，是上海市首个教育电台。电台践行陶行知先生“生活教育”理念，根据当下学校教育、家庭教育、心理健康教育热点、难点、堵点问题开设专栏。会上宣读“12·12宝山学生关爱日”倡议书，区教育局与东方广播中心签署媒体合作方框架协议。

【华师大二附中(宝山校区)奠基】　12月14日，华东师范大学第二附属中学(宝山校区)奠基仪式暨华东师大二附中宝山教育集团成立仪式举行。新校区位于杨泰路西侧镇新路南侧路口，预计2023年竣工。华东师范大学第二附属中学宝山校区是经上海市教委批准，由华东师范大学和宝山区人民政府合作共建的公办高中。2020年9月开办，招收第一届学生。宝山校区和张江主校区、紫竹校区、普陀校区共同构成“一校四区”办学形式。宝山校区利用“一校四区”优势，依托网络技术，实现4个校区“晨晖讲坛”、校本选修等同步；开设网络课程，实现优秀师资资源共享；尝试优秀学生在校区间流动学习、个性化培养。仪式上，华东师大二附中宝山教育集团成立。　（岳　强）

高等教育

【概况】　2021年，宝山区高等院校有上海大学、上海邦德职业技术学院、上海济光职业技术学院、上海震旦职业学院、上海交通职业技术学院5所。　（吴嫣妮）

【上海大学】　2021年，上海大学设有30个学院和1个校管系。设有94个本科专业，28个一级学科博士学位授权点、8个交叉学科博士点，45个一级学科硕士学位授权点(含一级学科博士学位授权点)、1个二级学科硕士学位授权点(一级学科未覆盖)、22个硕士专业学位类别，20个博士后科研流动站。拥有科技部1个省部共建国家重点实验室、1个国际科技合作基地、1个省部共建国家重点实验室培育基地、1个创新人才培养示范基地；3个教育部重点实验室、2个工程研究中心、1个国际联合实验室、1个科技成果转化和技术转移基地及1个批准备案建设的国别和区域研究中心；1个国家文物局与上海市人民政府共建研究基地、1个国家体育总局体育社会科学重点研究基地、1个民政部政策理论研究基地、1个国家语委语言文字推广基地、1个教育部中华优秀文化传承基地等共67个省部级及以上基地平台。有研究生18021人，全日制本科生19921人(含预科生63人)，成人教育学生19912人。有专任教师3419人，其中教授774人、副教授1061人，具有博士学位的教师2562人。现有全职中国科学院院士、中国工程院院士6人，双聘院士13人，中科院外籍院士1人，海外院士19人；国家级中青年领军人才89人，国家级青年人才42人，艺术类人才10人，省部级中青年领军人才221人，省部级青年人才120人。国际三大检索(SC、EI、CPCI—S)收录学术论文数分别位于全国高校第四十六、四十三、三十一位。7人入选“全球高被引科学家”。上海大学图书馆馆藏图书410.6万余册；订购纸质报刊1431种；订购电子文献数据库81种，含电子刊5.1万余种，电子书749.1万余种。上海大学与53个国家和地区的242所大学或机构签署校际合作协议。在校就读外国留学生2603人，来自全球149个国家和地区，其中学历生2268人。学校被教育部评为来华留学示范基地单位、首批高层次国际化人才培养创新实践基地。有4个国家外专局“高等学校学科创新引智计划”基地，建有4个中外合作办学学院，与欧洲、亚洲、非洲等地区大学合作建立5所孔子学院。1月9日起，上海大学作为主要合作方之一参与三星堆3号坑发掘。6月30日，上海大学上海美术学院主校区项目在宝山吴淞创新城不锈钢型钢厂地块启动。4月，学校获2019—2020年度(第二届)上海市文明校园称号。　（郁丽洁）

1月9日，上海大学作为主要合作方之一参与三星堆3号坑发掘　　上海大学/提供

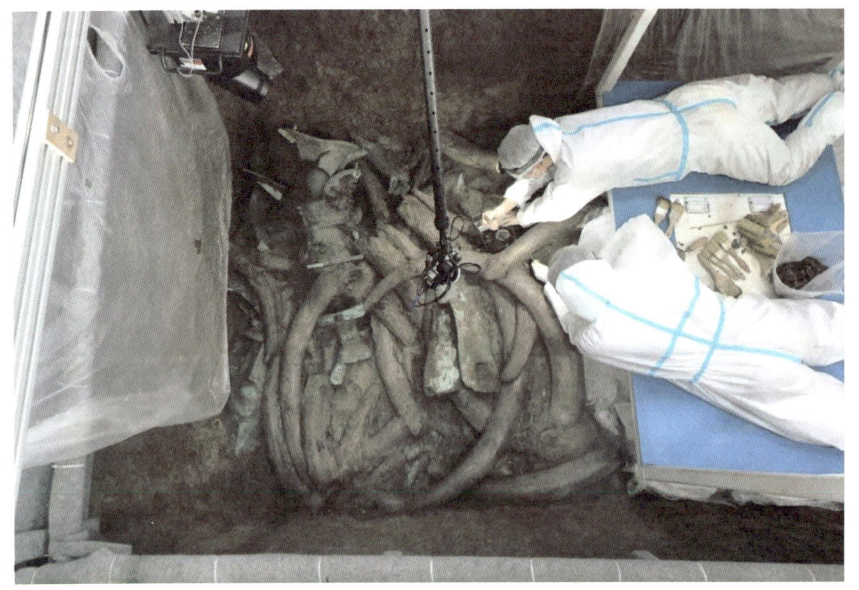

【上海邦德职业技术学院】　2021年，学院在籍学生4556人(其中含成教324人，参军保留学籍17人，休学25人)。2021届毕业生1120人(含物流中高职贯通79人，酒店中高职贯通28人)。就业人数1094人，就业率97.68%。其中，中小企业就业873人，占80%；国企10人，占1.1%；三资企业44人，占4.02%；专升本66人，占6.03%；出国1人，占0.09%。教职员工230人，其中专任教师136人。建有校内实训中心21个，校外实训场所15个。2021年，总录取新生1592人，报到1429人，报到率89.76%。推进就业创业文化育人工程，细化“三全育人”(全员育人、全程育人、全方位育人)，围绕打造“第二课堂”，推进就业创业，形成包含2020

年民创 B 类项目“党建引领，立德树人，推进就业创业文化育人工程”，并成功申报市民办高校学生社团研究重点课题。推进毕业生就业创业，举办全校 2022 届毕业生校园招聘会及小型专场招聘会，开展第三届“立德杯”大学生职业生涯规划大赛。探索网上教学新思路，制定网上课程表，做好网上教学准备情况调研、网上教学试讲及压力测试等准备工作。推进中高职贯通人才培养。3 月，重启上海邦德职业技术学院与上海市第二轻工业学校中高职贯通项目；9 月，与上海鸿文国际职业高级中学合作开展计算机应用技术专业中高职贯通项目。完成 2021 年上海市教师教学创新团队、市级精品课程申报，以及上海优秀教学成果的申报，新增 2 门学校市级精品课程，市级创新教学团队增加至 5 个；完成学前教育、护理 2 个新专业申报材料准备，护理专业成功申报；英语专业成功申报实用英语交际“1 + X”（学历证书 + 若干职业技能等级证书制度）试点院校，同时开展“1 + X”实训室建设调研。年内，4 位同学获国家奖学金共计 32000 元，3 位同学获上海市奖学金共计 24000 元，116 位同学获国家励志奖学金共计 580000 元，359 位同学获校内奖学金共计 220500 元；366 位同学获国家助学金 1190760 元，提供校内勤工助学岗位 8 个，年度参加勤工助学人数 65 人，为 23 名经济困难新生办理缓交学费共计 21 万元。

（李　娜）

6 月 2 日，“匠心向党 艺绘百年”上海济光职业技术学院 2021 年校园美育节开幕

陈岚娟/摄影

【上海济光职业技术学院】 2021 年，上海济光职业技术学院有 1 个二级学院、6 个系、2 个教学部、1 个研究所、1 个继续教育学院，设 26 个专业。2021 年全年招生总计划 3040 人，录取 2284 人，到校报到 2096 人，录取报到率 91.7%。2021 届毕业生 1786 人，毕业生就业率 97.76%，比上年增长 4.35%；签约率 83.43%，增长 2.19%。有教师 391 人，其中专任教师 162 人、校内兼课 38 人、兼职教师 191 人。专任教师中，硕、博士 119 人，占 73.46%。有国家级骨干专业 3 个、生产性实训基地 2 个、“双师基地”1 个、协同创新中心 2 个、“技能大师工作室”6 个。拥有景观设计等 14 门上海高校市级精品课程，10 个市级教学团队、3 位市级教学名师，12 个晨光学者。获得上海市级教学成果奖 2 项，上海市高等职业教育质量提升计划项目 3 个、上海高职教育质量决策咨询服务平台建设项目 1 个，高本贯通试点专业 1 个，“双证融通”试点专业 2 个，“中高职贯通试点专业”5 个，教育部认定项目 10 个。学院为教育部“1 + X”项目试点院校，有第一、第二、三批 19 个试点职业技能等级证书项目。年内，学院推进产教融合，提升办学质量和特色，启动校内教研项目申报工作，7 本校企合编教材入选国家住房和城乡建设领域学科专业“十四五”规划教材选题，建筑设计、助产 2 个上海市一流专业资源库建设项目完成预验收自查。深化校企合作，开发“实习—就业”一体化校外实训教学基地共 147 个。强化校企双元育人，推行订单式培养、现代学徒制育人模式，形成校企合作一体化育人模式，打造产教协作中心，深化复合型技术技能人才培养培训模式改革。聚焦“三教”（教师、教材、教法）改革，以“1 + X”为突破口，稳步做好“书证融通”，各试点专业将职业技能等级标准融入教学，新增 7 个“1 + X”证书试点，覆盖 20 个专业。建设高水平专业（群），增设“智能网联汽车技术”专业。完善育人长效机制，打造“双创”教育济光品牌。举办第四届“济光杯”大学生创新创业大赛，向第七届中国国际“互联网 +”大学生创新创业大赛推送项目 321 个，3 个项目获大赛职教赛道上海赛区优胜奖。（宋　爽）

【上海震旦职业学院】 2021 年，学院设有 5 个二级学院，开设 32 个专业。全日制在校生 6289 人，应届毕业生 1353 人。教职员工 424 人，专任教师 320 人。拥有 2 个中央财政支持实训中心，4 个市教委教学高地。建有 9 个实训中心，23 个实验中心、109 个实训室。有 3 个市级优秀教学团队、12 个市级精品课程、5 个上海市重点专业、3 个教育部认定的骨干专业。年内，获 2019—2020 年度“上海市文明校园”称号。强化师资队伍，5 人被聘为副教授，9 人被聘为讲师；引进教授 1 人、副教授 1 人，29 人取得高校教师资格证，获上海市“第五届民办高校教师教学技能大赛”初任组一等奖、骨干组优胜奖。推进科研发展，完成 9 个类别科研项目 38 项次，收到立项通知 17 项次。教师申报校内外科研项目 35 项，取得各级各类获奖成果 45 项，参与学术交流 63 人次，撰写专著教材 10 本，申请国际专利 1 项。获学生职业技能竞赛省市级以上荣誉 28 项，在上海市“星光计划”第九届职业院校技能大赛中，学生组获得一等奖 2 个、二等奖 3 个、三等奖 11 个，教师组获得三等奖 1 个。加强校企合作，促进产教融合，与北京向日葵教育科技有限公司共建产业学院，与北京华晟经世信息技术股份有限公司合作申报“互联网 + 中国制造 2025 产教融合促进计划项目”。药学专业实现深度产教融合办学模式，与上海医药集团和上

海爱萨尔生物科技有限公司联合开设订向班。立足五年一贯制，探索新护理现代学徒制合作模式，创设电子商务（互联网营销师）专业订单培养模式。推进校园文化品牌活动精品化。学院足球队获2021年上海市大学生足球联盟联赛高职组冠军。跆拳道队在2021年中国大学生跆拳道锦标赛中获3金、4银、5铜，在2021年上海市大学生跆拳道锦标赛中获8金、2银、3铜。连续10年开展造血干细胞志愿者招募工作，学院首例配型成功志愿者、宝山区第三十二例造血干细胞捐献者花思盛获2020年度“中国大学生自强之星”称号。在第二届全国高校招生政策解读直播咨询会中，获“最具创新精神高校”称号。举办2022届毕业生校园招聘会，参会单位超过180家。获2021年“互联网+”全国大学生创新创业大赛“优胜奖”。（廖文文）

【上海交通职业技术学院】 2021年，学院设9个教学系部、36个专业，其中汽车运用技术、集装箱运输管理2个专业为国家级教学改革试点专业。全日制在校生7600人，其中高职生4660人、中职生2940人。专任教师309人。学院成功申报智能机电技术、道路工程造价、道路机械化施工技术、道路工程监测技术等新专业。以上海交通物流职教集团为依托，增选汽车检测与维修技术等10个专业，申报2022年五年一贯制专业试点。申报学院课题33项、上海教育科研课题4项、上海市青年项目1项、晨光计划项目3项、上海市高教学会课题5项及上海高校青年教师资助项目、黄炎培职教项目等4项，立项39项。组织验收结项26项，出版教材20本，发表论文84篇（核心期刊发表11篇），论文或课题获奖6项。形成学院优秀教学成果12项，申报参选上海市优秀教学成果9项。依托“毕业申”平台，举办线上人才招聘会及面试推介活动。搭建学生创新创业平台，开办创新创业培训班，170余名学生参与，3个项目参加第七届中国国际“互联网+”创新创业大赛。成人大专招生406人，在校生规模959人，毕业生平均“双证”（职业资格证书+学历证书）率达90%。年内，参加上海市“星光计划”第九届职业院校技能大赛，60余人次获奖，教师组获6个团体奖。参加2021年全国职业院校技能大赛上海市选拔赛，2支队伍入选，3个赛项参加全国职业院校技能大赛。2月，学院划归市交通委管理。9月，上海市交通学校和上海市公用事业学校整建制并入上海交通职业技术学院。（王智平　胡萌萌）

7月25日—31日，上海震旦职业学院在2021年中国大学生跆拳道锦标赛中获得3金

震旦职业学院/提供

中等教育

【概况】 2021年，上海市宝山职业技术学校有加工制造类、信息技术类、交通运输类、旅游服务类和财经商贸类5大类专业，数控技术应用、机电技术应用、汽车运用与维修、物流服务与管理、学前教育、计算机应用、酒店服务与管理和计算机平面设计8个专业。在校生1434人、班级51个，其中与上海工程技术大学合作中高职贯通数控专业班3个，与上海济光职业技术学院合作汽车检测与维修技术专业班2个，特教班4个、58人。2021年招生431人，毕业生404人。在编在岗专任教师110人，其中专业教师56人。年内，完成2021年度“1+X”鉴定预申报工作，涉及物流、计算机等5个专业6个项目254名学生；新增界面设计“1+X”证书和工业机器人操作与运维“1+X”证书2个站所，135名学生完成鉴定考核。在上海市“星光计划”第九届职业院校技能大赛中，33名学生获个人奖，汉语应用能力项目获团体一等奖，机器人技术应用和汽车技术2个项目获团体二等奖。在上海市第十八届中学生时政大赛中，获二等奖1个、三等奖2个；在上海市文明风采活动中获二等奖3个、三等奖8个；在上海市中学生“廉洁文化进校园”征文活动中，获一、二、三等奖各1个；在上海市中小学生庆祝建党100周年系列活动中，获一等奖2个、二等奖2个、三等奖3个。学校获评2018—2020年度上海市特殊教育先进集体。

【制定学校“十四五”规划纲要】 2021年，学校完成《上海市宝山职业技术学校“十四五”规划纲要》制定。《纲要》确立学校以“建文化校园，倡导‘陶文化’职业教育思想；创品牌职教，扩大‘行知职教品牌’效应”为发展主线，从“人才培养”“专业建设”“师资队伍建设”“实训室建设”“信息化建设”5个方面确立发展目标，并且落实具体举措。6月，第四届教工代表大会第七次全体代表会议通过《纲要》。（孙晓红）

成人教育

【概况】 2021年，上海行知学院（上海市宝山区业余大学、上海开放大学宝山分校、上海市宝山区老年大学）占地约3公顷，有教师49人。校内设有宝山区社区学校指导中心、宝山区远程教育网络中心（宝山乐学网）。年内，学校获上海市文明单位、上海市优秀成人继续教育院校、上海服务学习型社会建设工作先进集体、上海学分银行工作先进集体、上海社区教育优秀志愿服务工作站、第十届上海社区网上读书活动优秀组织奖、宝山区党支部建设

示范点、宝山区教育系统先进基层党组织等荣誉。

【高等学历教育】 2021年，学校开放教育、成人教育以“线上教学形式为主，按需线下申请面授方式为辅”，部分实操性较强课程以线上线下结合方式开展，其他课程采用直播、分段直播、互动方式等模式开展网上教学。累计完成高等学历教育实际课时数9542节，各教学系组织完成本科毕业论文指导201篇、专科196篇，开展本科社会实践指导221人次、专科72人次。

【老年教育】 2021年，学校春季学期线上学习学员2000余人次，秋季学期招收面授学员1952人次。“瓷绘工艺”课程参加全国老年大学百门精品课程评选工作，老年人五星学习团队——“瓷绘工艺坊”申报上海市老年学习团队工作室。举办“百年华诞 百年辉煌”庆祝中国共产党成立100周年宝山区老年大学（校区）学员书法展、国画小品展、宝山区老年教育青花瓷优秀作品展示及“慈善箴言”书法展等活动。

【社区教育】 2021年，学校聚焦推送老年心理健康、家庭教育指导线上课程，开展“建党百年学党史，比学赶超勇争先”100讲主题党课学习活动。加强“乐学教苑”联合教研室建设，启动“扎染”等4门特色课程资源建设。开发“烘焙”“老年人常见疾病”等4门读本。推出“乐学宝山”直播大课堂，共67门781节课。开展“我眼中的宝山风华”团队领队线上培训。组织市民体验学习嘉年华活动，打造宝山人文行走红色线路。举办全民终身学习活动周、首届家庭教育活动周等。学分银行课程非学历春季学员4879人次，学历总开户规模8390人。

（董曲波）

1月8日，上海市自闭症儿童教育指导中心在培智学校成立　　区教育局/提供

特殊教育

【概况】 至2021年末，宝山区建有上海市宝山区培智学校1所。学校有9个年级，12个班级，在校学生151人，送教学生23人。承担区内486名残疾儿童少年的特殊教育指导与服务工作，含学前特殊幼儿52人，普通学校随班就读学生325人，特教班学生39人，中职校特教班学生58人，送教学生12人等。年内，学校被命名为2018—2020年度上海市特殊教育先进集体。在各类期刊发表论文42篇。学校1项上海市市级课题结题，3项上海市教育学会特殊教育专业委员会课题结题，1项宝山区区级重点课题、4项区级一般课题结题；有1项区级重点、4项区级一般课题在研，新申请区级课题2项。学校年内组织基础教育国家级优秀教学成果“培智学校课程的个别化设计与应用”推广活动4次，与黑龙江省鸡西市、辽宁省大连市特殊教育学校交流研讨。

【上海市自闭症儿童教育指导中心成立】 1月8日，上海市自闭症儿童教育指导中心在上海市宝山区培智学校成立，是全国第一家省级教育行政部门成立的自闭症儿童教育指导中心，市教委承担业务指导工作。年内，开展自闭症教育研究，实施自闭症教育指导，组织自闭症教育培训，提供自闭症教育服务。开展案例研讨实践、专家咨询等活动。3月28日，自闭症日社会宣传与融合活动在顾村公园举行。

【培智学校自闭症儿童教育质量提升研讨会召开】 6月26日—27日，中国特殊教育分会培智教育学术年会暨培智学校自闭症儿童教育质量提升研讨会在宝山区召开。大会由中国教育学会特殊教育分会主办，华东师范大学自闭症研究中心和上海市宝山区培智学校联合承办。

（顾红庆）

体　育

■ 编辑　吴嫣妮

竞技体育

【概况】 2021年，宝山体育系统在编教练42人，注册运动员2183人。2020年东京奥运会上，宝山区培养的运动员许昕、吴佳欣获1金1银，1个第六；第十四届全运会上，宝山23名运动员参赛，获4金2银2铜以及12个前八名；4家单位参加群众体育比赛，吴淞街道YM篮球队获城市街道（社区）组三人篮球赛第三名，高境仟亿俱乐部章成获羽毛球群众组男双B组第三名。许昕被授予"上海市体育事业白玉兰杰出成就奖"；曹燕华获"2021年全国体育事业突出贡献奖"。

【上海邮轮港国际帆船赛开幕】 5月22日，2021上海邮轮港国际帆船赛在上海吴淞口国际邮轮港开幕。开幕式上，上海市体育局党组书记、局长徐彬，宝山区委常委、副区长、一级巡视员苏平，中国帆船帆板运动协会秘书长刘卫东等共同为赛事升帆。上海市竞技体育训练管理中心党委书记王海威，宝山区副区长陈筱洁，湖北省宜昌市副市长汪元程等为赛事鸣笛。宝山区水上运动中心正式揭牌。赛事为期2天，根据比赛用船类型，分为FE28R及皮划艇两组。FE28R组吸引12支职业和业余帆船队，包括在境内的俄罗斯、澳大利亚等外籍团队；皮划艇组邀请2018—2019中国皮划艇巡回赛总决赛暨中国首届桨板公开赛溧阳站男子1500米皮艇冠军司明琦、2019第二届千姿湖全国皮划艇邀请赛男子150米单人艇冠军宋观钢等16支队伍。中国宁波一号帆船队获FE28R冠军，吕炜悟获皮划艇冠军。

（段楚雯）

群众体育（全民健身）

【概况】 2021年，宝山区深化"战FUN宝山"全民健身品牌内涵，举办"大美滨江"迎春跑、樱花女子跑等四季路跑品牌赛事和美兰湖游跑两项、小小铁人挑战赛等新兴体育赛事；结合庆祝建党100周年，开展"幸福宝山路　文明修身行"系列活动，线上线下共举办220余场次赛事活动，约224万人次参与。加强科学健身指导，构建科学健身指导服务体系，完成再注册及培训3677人。促进健康关口前移，推进"体医养"融合，完成罗店、吴淞"长者运动健康之家"建设。

【"大美滨江"迎春跑开赛】 1月1日，"大美滨江"元旦迎新跑线上赛开赛，吸引13万名跑步健身爱好者（包括约4000名港澳台跑者）加入。3月13日，2021年上海城市业余联赛"战FUN宝山"启动仪式暨中国体育彩票"大美滨江"迎春跑在炮台湾湿地公园开跑。赛事从河口科技馆广场出发，分为成人定向跑和亲子健康跑，吸引近千名跑步爱好者参与。

【上海樱花节女子10公里精英赛开跑】 3月28日，"樱妳而来"2021"战FUN宝山"上海樱花节女子10公里精英赛在顾村公园开跑。前乒乓球世界冠军曹燕华和主持人陈燕华为赛事领跑，近千名女性跑者参赛。"樱花跑"携手上海市自闭症儿童教育指导中心，现场设置"星光大道""星星画展""星星涂鸦"等环节，邀请来自全市各区"星儿"代表和家长参与。

【第六届上海市家庭马拉松举行】 5月9日，2021年"战FUN宝山"第六届上海市家庭马拉松暨5·15国际家庭日主题系列活动在顾村公园举行。两届奥运冠军、世界拳王邹市明与家人和300余组家庭共同参赛。宝山区援鄂医疗队代表——宝山区中西医结合医院急诊科副主任施巍与家人受邀来到现场。同时，举办"科技家马""文化家马""快乐家马""温馨家马""健康家马"五大主题嘉年华。

【深潜赛艇嘉年华举办】 5月15日，"2021最爱美兰湖——深潜City Plus赛艇嘉年华"在美兰湖举行，长三角赛艇爱

5月15日，2021最爱美兰湖——深潜City Plus赛艇嘉年华在美兰湖举行　　区体育局/提供

好者参与赛艇赛事,开展陆上以及水上赛艇文化交流体验嘉年华。陆上部分设置“黑暗跑团”“莫比划船机运动”等组织的多种体验活动。

【百年百团百公里城市定向赛开幕】 6月26日,2021年上海城市业余联赛“上海红色百年运动汇——幸福宝山路 文明修身行”系列活动“战FUN宝山”百年百团百公里城市定向赛在吴淞开埠纪念广场开幕。参赛运动员以5人为1个小组,从开埠广场出发,到达定向赛各任务点,包括宝山区党建服务中心、宝山劳模工匠风采馆、吴淞炮台纪念遗址等点位。

【社区亲子运动会举行】 9月25日,2021年“战FUN宝山”“迎国庆”宝山区社区亲子运动会在宝山体育中心举行。运动会分团体赛和嘉年华活动两大类。设置“勇渡赤水河”“袋鼠跳接力”“亲子跳绳”“争抢地标”和“投弹比赛”5个趣味比赛类项目,以及“桌上冰壶”“亲子飞镖”“滚铁环”和“扔沙包”等9项参与类活动项目。团体赛以家庭为单位,约90组家庭、250人参赛。

【上海市职工男子三对三等级篮球比赛举行】 11月20日,第六届上海市职工男子三对三等级篮球比赛在宝山体育中心篮球场举行。来自全市各系统、各行业及社会组织等72支职工球队近300名球员参赛。比赛分为业余一级、业余二级和业余三级3组,上海龙创、B2Z、兄弟联盟分获各组第一名。

【“活力月浦 动感乡村”农事趣味定点赛举行】 9月23日,“庆丰收、感党恩”上海市第二届农民体育健身活动周系列活动之“活力月浦 动感乡村”农事趣味定点赛在月浦镇月狮村举行。赛事吸引涉农区以及市区运动爱好者约150人组队参加。赛事路线结合月狮村生态环境,共设置“竹编风车”“创意插花”“赶小猪跳房子”“捉泥鳅”4个趣味打卡项目。 (段楚雯)

青少年体育

【概况】 2021年,宝山区体教融合系统工程扎实推进。全区共有篮球、足球、击剑、手球等13个运动项目联盟,涉及学校96所。鼓励社会力量参与体育后备人才培养,完成28个社会力量合作办训项目签约。

【田径小达人系列争霸赛举行】 4月10日—11日,宝山区田径小达人系列争霸赛之“飞人”赛暨宝山区青少年田径后备人才选拔赛在宝山少体校举行。比赛分小学组和初中组,设30米、50米、60米3个项目,近300名学生参赛。5月22日—23日,宝山区田径小达人系列争霸赛之“蛙王”达人赛暨宝山区青少年田径后备人才选拔赛开赛。参赛选手分为小学组和初中组,设有立定跳远和立定三级蛙跳2个项目。

【青少年三对三超级篮球赛宝山站举行】 7月7日—8日,MAGIC3上海市青少年三对三超级篮球赛分区赛(宝山站)在洛克公园(呼玛店)开赛。赛事为期2天,238支队伍参赛。来自宝山中学的宝山A队进入下一站精英组赛场,并获高中男子组前三名。

【宝山区青少年足球争霸赛开赛】 10月15日—16日,2021宝山区青少年足球争霸赛在白沙公园足球场举行,来自宝山、嘉定、杨浦、松江和浦东5个区43支球队、500余名青少年球员参赛。比赛分为U6、U7、U8、U9、U10共5个年龄组别,其中U6~U9为五人制足球赛,U10为八人制足球赛,通过小组赛加淘汰赛方式产生各年龄组别冠亚季军。

【上海市自行车嘉年华举行】 11月21日,“中国体育彩票”2021年上海市自行车嘉年华在上海国际研发总部基地举行,自行车奥运会冠军钟天使出席活动。同时举行“奔跑吧·少年”2021年上海市幼儿趣味运动会暨2021年上海市第三届幼儿平衡车联赛和2021年上海城市业余联赛。上海市中小学自行车赛设2个分赛场,共吸引全市近百名选手参赛,年龄跨度从3岁到18岁。(段楚雯)

体育产业·设施建设

【概况】 2021年,宝山区加快培育发展体育产业,促进体育消费,建立体育

9月19日,2021年上海城市业余联赛“战FUN宝山”欢度金秋STC小小铁人挑战赛在宝山体育中心举行 区体育局/提供

产业培育发展“四重”服务机制。全区体育产业机构近1000家，体育产业总规模约11亿元。三邻桥体育文化园入选全国体育服务综合体典型案例，中琥体育“午间一小时”运动健康巡回赛获评“国家体育产业示范项目”，宝山体育中心管理有限公司、久事体育装备有限公司获评上海市体育产业示范单位，三邻桥体育文化园、竞达体育获评上海市体育产业示范项目。涌现淞南“博绣荟”、高境“新杨湾”等一批体育文化主题园区。引进高品质体育赛事和体育竞演项目，举办2021年上海邮轮港国际帆船赛。

【公共体育设施建设】 2021年，宝山区完善公共体育服务体系，推进公共体育设施建设，打造“15分钟体育生活圈”。全区建成各类健身步道275条，总长度216千米。有益智健身苑点1009个、市民球场103片、区级及社区级市民健身活动中心11个。全区体育场地总面积约460万平方米，人均2.03平方米。推进杨行体育中心建设。完成夏季游泳场所开放服务工作，全区开放游泳场所54家，安全接待32.8万人次。区体育局获上海市游泳场所夏季开放服务工作优秀组织管理单位，宝山体育中心游泳馆等6家单位获评市先进游泳场所。

【“午间一小时”运动健康巡回赛获评国家体育产业示范项目】 4月27日，中琥体育“午间一小时”运动健康巡回赛获评国家体育总局“国家体育产业示范项目”。“午间一小时”运动健康巡回赛是宝山区特色体育品牌赛事，成立于2014年，利用中午1小时，结合园区白领员工运动现状和身体特点及场地条件，开展时长短、较轻松、有趣味运动项目，使这一体育文化服务品牌服务更多人群，吸引近千家园区企业、5万余名企业员工参与。 （段楚雯）

3月31日，宝山三邻桥体育文化园获评“2021—2022年度上海市文化创意产业示范园”称号 高境镇/提供

科技·信息化

编辑　吴嫣妮

科　技

【概况】　2021年，宝山区按照市委建设科创中心主阵地战略部署，以大学科技园建设、科技成果转化、创新能力提升、创新氛围营造为抓手，推进全要素配置、全链条融合、全方位保障，以科技创新提升城市软实力、推动城市转型发展。

推动大学科技园建设，引进、建成大学科技园7家。聚焦环上大科技园，出台《环上大科技园专项政策（试行）》，环上大科技园项目立项10个，资金支持7120万元；授牌成立0号—4号五大核心基地，建成6个产业技术研究院，打造科研成果孵化、中试加速、产业化"内循环"；落地企业123家，攻克"卡脖子"技术、"颠覆性"技术等24项。打造大学科技园集群，推动北大、华中科大等一批大学科技园落地；上海北大科技园有限公司引进和转化上海领克迈德医药科技有限公司等项目5个；揭牌启用宝山复旦科创中心，引进赵东元院士功能介孔材料研发项目等8项复旦大学重大创新项目；上海第二工业大学科技园获批国家级大学科技园。

畅通成果转移转化，揭榜"先投后股"改革试点。布局科技创新空间格局，南大智慧城、吴淞创新城等纳入张江宝山园重点区域，推进3条高技术服务业带成果转化，带动全域创新发展。南北方向优化大学科技园"一核一带"空间布局，打造3号线大学科技成果转化带；东西方向以蕰藻浜"科创之河"1号科创湾为重点，集聚技术、人才、资本市场等创新资源，"智慧湾科创园"入选第四批国家文化和科技融合示范基地。建设新型研发机构，石墨烯平台累计入驻孵化企业35家，"石墨烯加热膜农业生态示范应用"项目完成三期示范区建设；支持上海朝晖药业有限公司、塞力斯（上海）医疗科技有限公司、斯菲尔（上海）智能科技股份有限公司与高校合作，建设企业创新平台。集聚科技中介资源，深化与国家技术转移东部中心合作，打造"数字科创港"线下平台和"科创宝"线上平台；引进海尔集团海创汇平台孵化器、加速器，推动"海创汇·上海宝山跨境孵化&技术加速平台"落户宝山。

激发创新主体活力，优化一网通办流程。培育企业创新主体，20个项目获上海市科学技术奖（其中2个项目获国家科学技术进步奖二等奖）；32个项目获科技部资源支撑型特色载体资助；指导28个中小企业项目入选2021年创新创业大赛国赛；高新技术企业1096家；24个项目获批市科委"宝山转型发展科技专项"立项。提升人才队伍能力。年内，全区5人入选"2021年度上海市青年科技启明星计划"、3人入选"2021年度上海市优秀技术带头人计划"、23人入选"2021年度扬帆计划"。

聚焦软实力提升，优化科技创新生态。探索推进科普产业。支持智慧湾科普公园成功创建国家科技文化融合示范基地，新增世界最大规模3D打印像素画、集装箱星巴克科普概念店、科技与艺术码头等项目。支持环上大科技园"普及科学新时代，建设科创主阵地"区域科普能力提升工程。完成"石墨烯技术转移示范应用体系建设"重大科普项目。创新科普活动开展。举办"智慧湾周末夜市""科学之夜""光影科学梦·科普电影展映""科普研学营"等活动，每周末日均人流1万人次。打造全国科普示范区。指导2项学术交流项目列入上海科技论坛项目，获"2021—2025年度全国科普示范县（市、区）"、2021年沪苏同城国际创新挑战赛优秀组织奖等称号。

【2021年宝山区投资促进大会暨重大项目集中启动仪式举行】　2月18日，2021年宝山区投资促进大会暨重大项目集中启动仪式在吴淞创新城举行。大会发布全面加强企业服务和投资促进体系建设的十大惠企新政，同时宣布30个总投入200亿元重大项目投资落地、集中开工，包括不锈钢地块科创产业综合项目和不锈钢20号组团文化首发项目二期等项目。

【环上大科技园首批基地揭牌】　2月28日，上海大学国家大学科技园宝山园区暨上海环上大科技发展有限公司开业挂牌仪式在上大路668号环上大科技园零号基地举行。环上大科技园首批基地——零号基地宝山科技园、一号基地临港城工科技绿洲、二号基地上海国际研发总部、三号基地石墨烯功能型平台，同步完成挂牌。环上大科技园以大场镇、城市工业园、南大生态智慧城为核心区，通过辐射带动，逐步拓展至北上海生物医药产业园、机器人产业园等特色产业园区以及吴淞创新城等重大板块。总体规划面积约57平方千米，核心区约21平方千米。

【《宝山区加快建设上海科创中心主阵地　促进产业高质量发展政策》出台】　4月1日，宝山区研究制订推出《宝山区加快建设上海科创中心主阵地　促进产业高质量发展政策》10个方面30条新政（简称科创30条），每年拿出不少于10亿元给予企业最优惠政策支持，推动宝山产业高质量发展。

【上海北大科技园项目正式落户宝山】　4月15日，宝山区与北京北大科技园举行签约揭牌仪式，上海北大科技园项目落户宝山。北大科技园是科技部、教育部首批认定国家级大学科技园，是北京大学进行科技成果转化、科技企业孵化、创新创业人才培育和高科技产业化发展重要平台载体。宝山与北大科技园围绕大学科技园核心功能领域开展合作，加快推进一批大学科技园落地。

【2021年宝山科技节启动】　5月23日，2021年宝山科技节在智慧湾科创园启动。其间，颁布"科创先锋奖""科普

贡献奖”“科普原创奖”等奖项，举行“科技强国追梦人”系列视频上海首发仪式。科技节共策划180余项科技科普活动，分设“致敬百年”“惠民科技”“乐享科普”“追梦未来”四大板块，为市民带来一场科技嘉年华。

【上海大学上海美术学院主校区项目启动】 6月30日，上海大学上海美术学院主校区项目举行启动仪式。校区涵盖学院主要系部、艺术博物馆以及国际艺术教育联盟，厂房改造后总建筑面积约为22万平方米，包含教育用房和相关配套用房，计划容纳学生4000人。宝山依托美院项目，打好“两张牌”，与上海大学携手共建环上大科技园，推动南大智慧城转型突破；与中国宝武集团携手推动吴淞创新城整体转型，以美院项目作为重要引爆点，与先行启动区的“金色炉台”会博中心等项目形成联动效应。

【第八届中国产业互联网高峰论坛开幕】 7月7日，2021世界人工智能大会分论坛——第八届中国产业互联网高峰论坛在宝山开幕。论坛以“数字经济：产业升级新动能”为主题，汇聚来自中国互联网协会、中国信息通信研究院、微软、工业富联、宝信软件、亿欧、赛赫机器人、发那科以及宝山区委、区政府等政、产、学、研界专家，共同围绕“AI＋制造”、工业集团的数字化转型、产业互联网发展与应用等内容进行深入探讨与经验分享。论坛上，“宝山区经济数字化转型十大示范场景”公布，宝山区区长高奕奕、中国互联网协会副理事长高新民共同为宝山区数字化转型金融授信合作单位授牌。

【宝山科创产业基金和城市更新发展基金设立】 7月8日，宝山区举办“基金＋科创”宝山专场投资推介会。其间，解读“科创宝山30条”，设立宝山科创产业基金和城市更新发展基金。科创产业母基金计划规模约50亿元，城市更新发展基金计划规模约100亿元，用以加大政府产业引导、培育和扶持力度，推动城市更新发展。11月18日，宝山科创产业基金和城市更新发展基金签约仪式举行。

【联东U谷·宝山机器人创新港项目奠基】 7月15日，联东U谷·宝山机器人创新港项目开工奠基仪式在上海机器人产业园举行。该项目是宝山区2021年重大产业项目，占地面积2.87公顷，建筑面积88412平方米，总投资6.45亿元，拟建设14栋标准厂房及配套设施。项目结合区域产业特点，以工业4.0、智能化集成制造等创新型产业为主导，以智能制造、电子信息、生物技术类为核心，打造集科技研发、工业设计、生产性服务、公共技术平台等动能于一体，持续自主创新、产学研一体、互动循环的新型高科技产业发展平台。

【光储充一体化超级充电站落地宝山】 7月17日，“光至魔都　乐享纯电”特斯拉上海光储充一体化超级充电站落成发布会暨揭幕仪式在宝山智慧湾科创园举行，特斯拉华东首座光储充一体化项目落地宝山。上海光储充一体化超级充电站配备V3超级充电桩和目的地充电桩，充电站通过太阳能屋顶系统发电，将电能储存在Powerwall电池中，供部分纯电动车日常充电。

【上海华中科技大学科技园落户宝山】 7月30日，宝山区与武汉华中科技大学科技园发展有限公司签约仪式举行。双方合作立足宝山区、辐射长三角区域和长江经济带，聚焦大学科技园发展核心功能，链接华中科技大学优势智力资源和科研资源，打造创新型中小微企业培育高地和以企业为主体、市场为导向的产学研紧密结合、大中小企业融通技术创新高地，重点建设“三载体、二平台、一基金”（“三载体”包括上海华中科技大学科技园专业化孵化器、华中科技大学长三角校友企业创业基地、上海华中科技大学科技园智能制造技术熟化基地；“二平台”为科创精准服务网络平台、面向长三角地区技术经纪人专业培训平台；“一基金”为科技成果转化基金）。

【一站式办理多种业务诉讼服务“智慧舱”入驻宝山法院】 8月18日，上海市宝山区人民法院在诉讼服务大厅自助专区正式启用2台诉讼服务“智慧舱”。“智慧舱”拥有半封闭舱体、触摸式电脑一体机、摄像头、高拍仪、触控笔等一系列硬件设施，为当事人提供自助办理诉讼服务业务，保障当事人隐私和信息安全。

【2021年宝山区重大产业项目集中签约仪式举行】 8月26日，2021年宝山区重大产业项目集中签约仪式在保集e智谷举行。集中签约项目共100个，总投资额超500亿元。其中，现场签约项目46个，包括产业项目31个，总投资额300亿元；科技孵化类项目15个，研发投入超20亿元。签约企业以高科技企业为主，生物医药、先进材料、机器人及智能制造、新一代信息技术五大主导产业项目占比68%。

【上海（宝山）科创金融服务中心揭牌】 8月26日，宝山区与上海证券交易所在上交所新大楼举行战略合作协议签约仪式，上海（宝山）科创金融服务中心揭牌。宝山区在市地方金融局、上交所的指导支持下，建设科创金融服务中心。双方建立工作协同和信息共享机制，发挥各自优势，共同为科创企业提供综合服务，推动宝山产业能级提升和创新驱动发展，发挥资本市场对宝山区经济发展支持作用。

【MAX科技园（上海·美兰湖）项目开工】 9月7日，MAX科技园（上海·美兰湖）项目开工仪式在罗店镇举行，项目总投资15亿元，占地6.67公顷，建筑面积13.2万平方米，预计2025年建成投产，达产产值25亿元，年税收2亿元，未来计划提供工作岗位6500～8000个。投入运营后，拟引入5家亿级、数家千万级企业。建设内容包含“独栋企业总部、现代化高层写字楼、人才公寓、自持商业”。依托科创宝山和“沪太科创黄金走廊”强大势能，加快产业体系重构，推动产业结构优化升级，实现政府、投资者、企业三方共赢。

【丝绸之路高科技园区联盟上海中心揭牌】 9月8日，2021科技园区国际化创新合作研讨会在宝山举办，丝绸之路高科技园区联盟上海中心揭牌。丝绸之路高科技园区联盟是科技部国际合作司批准设立，构建覆盖中国和丝绸之路沿线国家高科技园区技术转移协作网络和合作对接平台，是促进国际科技园区产业互动、科技交流、人才培养重要载体。中心由上海科学技术交流中心与上海建筑科技园共建，加快区域创新要素开放流动，促进产学研深入对接与融合，推动“一带一路”创新共同体建设。

【零碳上海高峰论坛举行】 9月9日，由宝山区指导、华为主办的零碳上海高峰论坛在上海宝山中国宝武钢铁会博中心举行，会议以“能源数字化，加速碳中和”为主题，集聚业界产学研专家及行业协会、先锋企业、生态合作伙伴，探讨通过融合创新能源数字技术与应用场景，引领能源产业智能化转型，共建绿色低碳上海。高峰论坛为宝山区构建高质量绿色低碳产业体系提供交流平台，宝山企业参与宝山能源产业升级建设，共同加快先进成熟技术推广应用，推动宝山区能源体系绿色转型。

【2021 年全国科普日宝山区活动启动】 9 月 12 日，2021 全国科普日宝山区活动开幕。活动由宝山区政府主办，区科委、科协、教育局共同承办，获联合国生物多样性公约第十五次缔约方大会支持。活动首次举办长三角生物多样性与环境保护论坛，来自江苏、上海、四川、山东、北京、福建等地中小学生线上分享 35 个生物多样性保护案例，长三角地区论坛代表作主旨演讲。

【南大地区重大项目集中启动开工暨签约仪式举行】 9 月 26 日，宝山区政府和上海临港经济发展(集团)有限公司共同举办南大地区重大项目集中启动开工暨签约仪式。仪式上，52 个重大项目集中签约，总投资额约 400 亿元。17 个项目开工启动，一批“硬科技”企业登陆南大。上海首家合成生物产业特色园区南大合成生物产业园和南大科创人才社区揭牌。

【中国生物医药产业创新大会暨第七届生物药物创新及研发国际研讨会举行】 10 月 13 日，2021 中国生物医药产业创新大会暨第七届生物药物创新及研发国际研讨会在美兰湖国际会议中心举行。市经信委副主任刘平提出“张江研发、上海制造”生物医药产业发展相关政策措施。副区长翟磊分享“北上海生物医药产业园发展与产业生态共建”做法。中国科学院院士陈凯作“我国生物医药领域创新发展态势和新阶段的思考”主题报告。会上，北上海生物医药产业园专家委员会聘任仪式启动。举行“从‘科创板’角度研讨中国生物医药企业的发展新机遇”主题论坛、“全球顶尖科技成果转化征集”主题论坛、中国生药研发领袖论坛、中国疫苗产业论坛、中国生物医药青年科学家论坛、中国药物经济学评论论坛等行业交流活动。

【智慧湾科创园入选国家文化和科技融合示范基地】 10 月 17 日，中宣部、科技部会同相关部门发布 30 家拟认定第四批国家文化和科技融合示范基地名单，其中宝山智慧湾科创园入选集聚类示范基地。智慧湾融合科技与艺术，形成创意设计集聚区，建成全球首家中国 3D 打印文化博物馆、世界最大规模 3D 打印混凝土步行桥、全球最大 3D 打印蒙娜丽莎像素画、大陆首家星巴克集装箱咖啡概念店、广西师范大学出版社首个“艺术之桥空间”等。园区入驻企业 420 余家，其中文化创意和科技创新类企业约占 75%，就业人数 5000 余人。

【宝山区与海创汇科技创业发展有限公司签约】 10 月 31 日，宝山区政府与海创汇科技创业发展有限公司签约仪式举行。会上，宝山区与海创汇科技创业发展有限公司签订战略合作框架协议。大场镇与海创汇科技创业发展有限公司签署《海创汇・上海宝山跨境孵化 & 技术加速平台合作协议》，在大场镇共建海创汇・上海宝山跨境孵化 & 技术加速平台。海创汇加速器在环上大科技园四号基地授牌，是环上大第一个品牌产业化基地。

【世界首条 35 千伏公里级超导电缆示范工程投运】 12 月 22 日，国家电网公司在上海兴建的世界首条 35 千伏公里级超导电缆示范工程正式投运，标志着中国超导输电应用迈入全球领先行列。工程由宝山高新技术产业园区的上海国际超导科技有限公司承建，全长 1.2 千米。2013 年，依托宝钢，建成 50 米长、35 千伏的高温超导电缆系统示范工程，连续稳定运行 3 年以上。2019 年，公司承担上海市战略新兴产业项目“国产化公里级超导电缆示范工程”建设，是全球范围内首次在超大城市腹地引入超导电缆。2021 年 11 月 3 日，35 千伏公里级超导电缆示范工程全线贯通。

【宝山区与上海理工大学签约】 11 月 5 日，“服务双碳战略，面向生命健康”区校合作暨“宝山区人民政府—上海理工大学”战略合作框架协议签约仪式在上海理工大学举行。上海理工大学党委副书记、校长丁晓东，区委副书记、区长高奕奕分别代表校、区双方签署战略合作框架协议。根据协议，双方围绕大学科技园宝山分园建设、创新平台与项目合作建设、人才培养等方面深入合作，通过高校与地方政府优势资源互补，促进宝山区产业快速转型升级战略目标实现。会前，区领导陈杰、高奕奕一行参观上海市高端医疗装备创新中心和校史馆。

【中国国际石墨烯创新大会举行】 11 月 12 日—14 日，由宝山区政府、上海大学和石墨烯联盟联合主办的 2021(第八届)中国国际石墨烯创新大会在上海大学举行。大会以“聚力双碳　烯创未

10 月 13 日，2021 中国生物医药产业创新大会暨第七届生物药物创新及研发国际研讨会在美兰湖国际会议中心举行 罗店镇/提供

来”为主题，聚焦产业链供应链、国际合作、产学研用深度融合。会议为期3天，吸引来自30个国家地区100余名专家和万名观众线上参会。

【宝山复旦科创中心启用】 11月24日，宝山复旦科创中心启用暨首批重大创新项目入驻仪式在吴淞创新城举行。宝山复旦科创中心揭牌，依托复旦大学优势学科和重大科技创新成果，聚焦化工材料、信息电子、装备制造等新兴领域，帮助对接科研成果、市场需求。首批入驻的8个复旦大学重大创新项目授牌，包括国家自然科学奖一等奖获得者、中科院院士赵东元领衔的功能介孔材料研发项目，周树学、武利民教授领衔的高性能涂层材料产业化项目，郑立荣教授领衔的智能楼宇通信系统产业化项目等。

【汉虹二期建设工程项目开工】 11月30日，Ferrotec集团中国总部暨汉虹二期建设工程项目开工奠基仪式在宝山高新技术产业园区举行。建筑总面积8.2万平方米，其中地上建筑面积约6.8万平方米，地下建筑面积约1.4万平方米。汉虹二期建设工程项目为碳化硅晶体生长及切磨抛设备制造、车载半导体抛光片扩产以及新引进温度传感器项目提供制造空间。其中，碳化硅晶体生长及切磨抛设备项目投资5亿元，车载半导体抛光片扩产项目投资3.5亿元。

【上药康希诺疫苗等待出厂】 12月10日，上海上药康希诺生物制药有限公司第一支新冠疫苗在宝山工厂完成包装等待出厂。“上药康希诺”项目总投资近20亿元，占地面积3.33公顷，建筑面积约5万平方米。3月启动项目施工以来，建成药品生产、质量管理体系等信息化系统助力自动化管理。 （陈　翔）

气　象

【概况】 2021年，区气象局发布重要天气区领导专报57期，春运、樱花节、三夏、中高考、邮轮节等专题报告173份，预警信号204次，服务短信61万余条。完成“烟花”“灿都”台风气象推送服务。推进地面观测自动化改革，完成冻土、酸雨、数字式辐射设备投入业务运行。地面观测业务考核成绩优异，国家地面站数据到报率和准确率99.98%，区域站99.87%。高空业务考核指标均达优秀，全国酸雨观测质量考核优秀。升级“宝山气象”微信公众号，新增为农服务、定点预报、线上证明功能。共享公安视频监控系统，气象进入应急、公安、城运、消防视频会商系统，实现重大气象灾害应急处置实时了解、介入和服务。对接城市精细化管理需求，落地区信息化项目“宝山区城市精细化管理气象先知系统（软件部分一期）”，开发灾害性天气“早发现”模块、街镇精细气象预警“早发布”模块等。

【新型设备测试评估和数据共享】 2021年，区气象局开展新设备测试试验。依托超大城市综合观测试验，承接中国气象局气象探测中心及人工影响天气中心酸雨自动观测仪、微波辐射计、云水资源星—地联合观测等多项测试实验任务；与中科院大气所、市局环境气象中心等联合开展臭氧探空、臭氧激光雷达观测实验。推进新型探测数据共享。推进探测试验数据内部共享和业务应用，为中心台、台风所、海洋台等单位提供新型探测数据。打通数据上传路径，多台新型设备观测数据上传市局和中国局。

【提高气象科创能力】 2021年，区气象局申报市局启明星课题2项，完成课题验收2项；完成科研成果登记2项，“基于人工智能技术云状识别系统”获市局科技成果三等奖。发挥市级科普教育基地资源优势，组织“互动式职业体验”暑期夏令营、全国科普日、“3·23”世界气象日系列科普活动。区科普场馆考核获评A级。 （许凌轩）

信息化

【概况】 2021年，宝山区信息化建设聚焦“数字科创”战略，开启数字化转型新进程。顶层设计画蓝图，形成“1+1+6”工作机制（成立区城市数字化转型工作领导小组、区数字办和6个数字化转型工作专班）和“1+1+3”总体规划（《宝山区关于全面推进城市数字化转型的实施意见》《宝山区推进城市数字化转型三年行动计划（2021—2023年）》，以及经济、治理、生活三大领域数字化转型三年行动方案）。召开全区数字化转型推进大会，聚焦“数字科创”战略，发布数字化转型新场景，形成企业联盟，倡导政府、企业、社会共同推动数字化转型新模式。场景建设聚焦安全问题，率先推出“社区消防安全评价指标”覆盖全区所有居（村）。聚焦产业发展，打造企业上云“升龙池”，为在地初创优质小微企业提供免费上云服务。聚焦区域环境，建设“创全”智能化系统，构建事件快速闭环联动处置机制。

聚焦“数字底座”，开展信息基础设施建设。推动数字新基建。5G逻辑基站建设总量全市前五；编制吴淞创新城信息基础设施规划；完成6.58万余户困难家庭百兆宽带升级，完成率109.7%；开展商务楼宇宽带接入市场联合整治行动，约谈近50家单位。形成数字底座基础层，区政务外网核心带宽扩容10倍，完成“一云一池双中心三平台”（电子政务云，大数据池，科技网、宝之云2个数据中心，城运、公共数据共享交换、视频和物联感知数据共享3个平台）技术基础架构建设，初步形成全区云网数大基础层。编制《宝山区公共数据管理办法》，逐步完善全区数字底座制度框架。加强数字赋能。加大数据归集和共享力度，从业务层数据逐步转向视频、物联等智能动态感知数据的共享；加大数据应用效能，构建单用途预付消费卡专题数据库；加大疫苗接种赋能，新开通各类疫苗接种点的网络接入点50个；赋能“两张网”建设。全区“一网统管”接入场景模块33个，“一网通办”数据共享应用量增加200%。

聚焦统筹优化，坚持信息化项目源头管理。项目实施稳中有序。推进《2021年宝山区信息化建设项目实施计划》报批及实施，有序推进新建项目23项，完成项目批复20项。项目管理稳中有进。出台《宝山区信息化项目建设技术指南》，明确信息化项目统筹建设技术标准。加强全区信息化项目归口全流程管理，严格环节把控，规范项目建设。全年完成区、镇两级财政资金信息化建设项目归口技术审核68项，信息化运维项目审核21项，信息化项目验收90项。系统整合稳中有优。推动系统整合优化，将52个信创改造系统整合为五大系统；持续推动政务服务移动端整合，“随申办”宝山旗舰店新增接入服务5项，政务微信App新增接入5项应用。

年内，“宝山区行政服务中心统一受办理系统建设（三期）”项目、“宝山区新时代文明实践中心信息化系统建设”项目、“宝山社区通3.0版”项目、“宝山区教育云建设”项目、“罗店大居图像监控系统工程”项目、“宝山区农业公共信息化平台”项目、宝山区淞宝地区停车诱导系统二期工程、“宝山区智慧水务大数据平台(一期)——水务信息资源共享平台”项目、“宝山道路交通辅助指挥系统”项目、“宝山区智慧环保(一期)——数据集成平台”项目、“西泗塘、南泗塘水质提升工程增设智慧感知系统”项目、“宝山区外语听说标准化考场及模拟考场建设”项目、“区道路交通管理系统”项目、“宝山区学校安全中心信息化建设(二期)”项目、“社会面智能安防建设与智慧公安对接”等多个项目通过专家验收。

【加快布局城市数字化底座架构】 2021年,宝山区加快布局城市数字化底座架构。一是实施“聚智工程”。聚焦数据与场景融合协同,加快建设区数据智能中枢——“数据中台”。聚焦核心业务和重点工作,精准刻画“个人画像”“企业画像”。启动打造AI“算法超市”。探索建立区级“AI+视频”算法库。推进赋能“场景应用超市”,辅助各类信息资源和业务功能的下沉落地、服务化封装和调度管理,助力场景应用定制开发。二是实施“聚网工程”。加快完成区政务外网IPV6地址规划与改造。加快构筑市区两级协同联动政务外网实时监测“运维管理体系”和“安全防护体系”。推进5G网络建设和应用,实现重点产业板块5G网络和千兆宽带深度覆盖。三是实施“聚云工程”。根据区政务应用上云需求,统筹全区各信息系统所需的算力和存储资源,推进信创云、城运云建设和优化。运营扩容全区统一视频图像和物联网平台,发挥“雪亮工程”“智慧公安”等视频与物联感知数据作用。同时,以“小投入、大接入”方式按需扩充接入社会已建成感知端数据。至年末,收到70家单位90个业务系统上云需求,制定90套上云技术方案,开通177个业务系统所需云资源,完成60个业务系统环境部署。四是实施“亮数工程”。聚焦数据智能链接,推进城市电子地图、二维码、公共数据、互联网数据汇聚下沉。实现“亮图”,加快绘制城市数字底图,在“一张图”上加快推进城市空间、城市部件、城市运行动态的数字化和图层化并按需向各应用场景开放。实现“亮码”,加快统筹推进全区城市部件二维码部署,加快启动建设统一二维码应用共享平台。实现“亮库”,扩充公共数据资源库,对公共数据进行汇聚和治理,并融入公共服务和城市治理全流程。

2021年宝山区宽带提速情况

(单位:个)

街镇	移动新增数	电信新增数	联通新增数	合计
杨行镇	7993	3857	2182	14032
月浦镇	4996	2643	1434	9073
罗泾镇	2037	2255	644	4936
罗店镇	8631	2374	3013	14018
顾村镇	11692	4651	7063	23406
大场镇	14915	4481	3684	23080
庙行镇	4662	3485	492	8639
淞南镇	4370	3677	1278	9325
高境镇	5555	2817	1469	9841
友谊路街道	4303	5488	1025	10816
吴淞街道	3423	3155	422	7000
张庙街道	4536	3185	912	8633
合计	77113	42068	23618	142799

【打造“双千兆宽带城市”】 2021年,区信息委联合电信、移动、联通3家通信运营企业推进“家庭宽带免费升级试用”活动,依据宽带用户网龄、现有带宽情况,提供电话或短信开通渠道,加快升级宽带用户光纤路由器性能。至年末,为约14.3万户家庭提供家庭宽带增速服务。

【推动新型基础设施建设】 2021年,宝山区加快5G建设进度。至年末,共建5G室外基站3548个,集约化建设49.6千米信息管线,实现外环以内全覆盖、重大板块全覆盖,推进能源生产、视频直播、智慧养老、能源运营等26个5G商业应用创新项目。区内光纤到户全覆盖,实现千兆到户接入能力,家庭平均接入带宽200M,家庭宽带用户普及率98%以上。新建商务办公楼宇光纤覆盖率100%。统筹推动数字底座建设,制定宝山区信息化项目建设技术指南。消除“数字鸿沟”,推动为困难家庭免费升级百兆宽带工作,完成6.58万余户百兆宽带升级,目标覆盖率109.7%。

【聚焦数字化赋能产业】 2021年,宝山区聚焦数字化赋能产业。建设产业互联网标杆,通过推进“5G+工业”互联网,加快形成工业互联网标杆平台和工业互联网综合解决方案服务商。建设数字产业集群,以吴淞十大首发项目为牵引,加快推动区域总部、研发中心等功能性项目落地。加快“数字链”与“产业链”紧密结合,形成规模化数字产业集群。建设企业数字化转型样板,以宝钢冷轧厂“黑灯工厂”为示范,加速重点企业数字化转型从单项突破向集成融合转变,打造更多“自感知、自优化、自决策、自执行”智能工厂。推动产学研一体化,整合上大、中国宝武中央研究院等科研力量,提升核心技术科研攻关能力,协同推进关键技术产业化。通过数字经济赋能,实现“数字+科创+产业”新联动。

【数字化服务转型发展】 2021年,宝山区聚焦数字化服务转型发展。服务科创企业,为进入科创中心的初创优质小微科创企业提供便捷低价上云服务。吸引科创人才,推行科创护照,以樱花卡为基础,打通信息共享渠道,提供区内就近服务资源,实现一本护照链接品质服务。优化科创环境,以南大智慧城、吴淞创新城为核心,以环上大数字微生态圈、数字街区微生态圈、数字园区微生态圈、数字商业微生态圈、数字田园微生态圈为支撑,推动城市数字化转型“双核五圈”标杆建设,打造数字赋能科创“新生态”。

【经济领域数字化转型】 2021年,宝山区推进产业经济数字化转型。深化“一网通办”全程网办场景建设,聚焦营商环境领域。推进跨省高频电子证照在政务服务窗口场景应用。推进“一件事”系统功能开发,实现“3分钟填报、1分钟办结、零材料提交”快捷办理,提供极简易用办事体验。推进企业上云服务,统筹现有区云资源，逐步向优质小微科创企业提供便捷低价上云服务，帮助企业信息系统入驻“数字大楼”。推进全区产业服务与资源管理平台建设，部署社会经济综合发展平台，提升产业资源的动态管理能力和科学配置能力。

【建设区电子证照库社会化应用管理系统】 2021年，宝山区拓展电子证照社会化应用，推动电子证照在各类场景中应用。建设区电子证照库社会化应用管理系统，对接联调市级电子证照数据服务能力，接入区劳动人事争议仲裁院、区图书馆出入扫码亮证核验身份两大高频生活场景。

【优化社保卡服务效能】 2021年，区信息委梳理出宝山区“一街镇一表”，推动新版社保卡及时申领。完善“社+银”工作机制，在区卡中心与服务银行对接基础上，建立街镇社银联络群，落实各银行网点与社区网点衔接协同。开展社区、银行受理网点交叉培训，组织小教员进社区、银行网点开展培训，确保社保卡业务政策口径一致、服务标准统一。2021年组织开展社保卡业务培训7次、220人次。

【助力疫苗接种工作】 2021年，区信息委与市大数据中心、区人口办数据对接，完成宝山区疫苗接种情况数据统计和分析报告，包括全区常住人口第一针剂和第二针剂接种人次、未接种疫苗人数等数据。至年末，宝山区疫苗接种点接种新冠疫苗5013025人次。实时更新数据动态，为基层提供疫苗接种数据库清单。

【推进特色应用建设】 2021年，区信息委运用信息化手段，提升产业发展集聚度、城市管理精细度和市民生活便利度，形成一批特色应用。助力城市管理，深入推进“智慧公安”和“雪亮工程”，完成封闭式小区主要进出口“微卡口”(指人脸识别系统、车牌识别系统、Wi-Fi嗅探)全覆盖；助力安全生产监管信息化，建立监管企业基础档案，建成危险化学品重点单位档案库，实现区辖大型食品冷冻库食品存储智能追溯管理；助力智慧环保在线监管，实现环境监察、污染源24小时在线监控管理；打造智慧交通2.0版，实施交通信号控制系统、交通诱导系统、高峰禁货电子警察系统，实现区域公交电子站牌全覆盖，建成宝山区共享停车公共服务平台。助力优化党建引领一站式掌上社会治理平台“社区通”，各居(村)委提供在线服务，吸引居民在线参与协商议事。稳步推进智慧健康，聚焦医药卫生体制改革，建立居民电子健康档案，实施医疗、公共卫生、分级诊疗信息化“三协同”。推进校园数字化，完成“班班通”工程，部署移动教学实验室。“银龄e生活”智能化居家养老覆盖全区各居村，为老年人提供紧急呼叫和52项生活代叫等智能居家养老服务。

【治理领域数字化转型】 2021年，宝山区推进社会治理数字化转型，实现社会治理科学高效。坚持守牢城市安全底线，以数字化赋能建设“韧性城市”，加快推进基于移动互联网的分布式电动自行车智能充电插座建设，至年末，建成约2000个充电端口，完成4万余次充电。丰富“一网统管”系统建设，推进建设危险品车辆监管信息系统，打造建筑工地智慧综合监管平台。强化数据赋能基层治理，紧密对接基层对公共数据类别共性需求，实现数据向基层“点对点”下沉。

【建立社区消防安全评价指标】 2021年，宝山区建立社区消防安全评价指标系统。指标总分100分，分为客观类40分(“119”警情、“12345”热线、小区电瓶车充电装置情况)、主观类60分(消防设备完好度、社区微型消防站、楼道堆物、违规充电、小区物业安全责任落实情况、小区消防安全宣传落实情况、小区违规搭建相关情况)。强化指标评价显示度，用红、黄、绿3色在电子地图上分级展示全区村居月度消防安全评价结果，及时警示高风险区域。通过加快社区消防安全指数结果运用，实现精准施策精准整改。至年末，共形成5期评价指标，其中19个社区83条消防安全隐患通过视频通报完成督促整改，13个社区进行回头看抽查。

【强化数据赋能】 2021年，宝山区推动数据赋能“两网”建设。推动“一网通办”中基于用户分析的“网页智能推荐”、区级“企业专属网页”运营服务等场景数据应用；完成区城运“一网统管”平台74项数据推送，累计向市平台上报890条数据目录，核心目录增加至649条。加强公共数据治理水平，制定《宝山区公共数据资源共享应用指南》。扩充公共数据资源库，推进公共数据汇聚和治理融入公共服务和城市治理全流程，接入部门36个，发布目录总数2701个，发布数据项总数4.85万个，数据汇聚量20.3亿条，勾勒宝山“数字城市画像”。开展“一网通办”高频事项“数源工程”，推动“数源”服务与政务服务对接融合，支撑“一网通办”创新应用；依托“随申码”打造生活数字化大型应用场景，上海樱花节期间，启用顾村公园预约码和随申码“两码合一”，市民通过一次扫码即可同步核验健康信息与核销预约记录。

【打造数字化转型标杆示范】 2021年，宝山区启动“双核五圈”建设，聚焦南大未来智慧城、吴淞创新城建成2个数字化转型标杆城，在环上大科技园、数字商业、数字街区、数字田园、数字园区5个领域打造5个“城市数字化转型示范微生态圈”。推进以友谊路街道为试点区域的数字街区微生态圈建设，整合街区内物联感知安防设备，对接街道需求，将“一网统管”“一网通办”数据下沉，推进建成社区服务信息库，建立邻里、教育、健康、创业、建筑、交通、低碳、服务和治理等场景社区，刻画数字街区画像。数字田园微生态圈建设初具雏形，围绕罗泾镇塘湾、海星、花红、新陆和洋桥五村联动，启动数字农场和农事在线服务建设，推动农村智慧治理、数业生产和休闲旅游。7月14日，“数字科创 数绘宝山：宝山区城市数字化转型推进大会”举行。会上，发布《宝山区推进城市数字化转型三年行动计划(2021—2023)》，建立“数字化转型场景建设生态联盟”，发布7个重点应用场景，启动数字化转型“双核五圈”示范生态圈建设。

【推动数字赋能优化营商环境】 2021年，宝山区建立长效机制，推进“场景招商”。优化市场环境，规范市场经营行为、创造公平竞争环境。推进惠企服务，对接区内在建项目方案提供方和承建技术公司，为区内在建和已建场景提供安全稳定、性能优异、便捷快速的网络和政务云运行环境。实现数字赋能，提升“一网通办”效能，会同区行政服务中心开展“一网通办”高频事项“数源工程”，推动“数源”服务与政务服务对接融合，支撑“一网通办”创新应用。拓展法人综合库，结合区商务委单用途预付消费卡管理工作，推进“企业预付消费卡管理”专题数据库试点工作。 (孙 娇)

融媒体中心

【概况】 2021年,“宝山汇”融媒客户端编辑发布23000余篇稿件,总阅读数约210万人次;“上海宝山”微信公众号发布推文7100余条,总用户数超55万人;“上海宝山”抖音号共发布短视频1100余条,阅读量1.1亿人次;“上海宝山”视频号发稿量530条,浏览次数390余万人次;“上海宝山发布”微博发文约2.2万余篇,阅读数约7亿人次。全年制作电视节目专题24期,系列短视频260余期,原创广播节目150期;《宝山报》发刊49期,编辑撰写稿件1520余篇,政府门户网站发布信息约1万条次。年内,上海宝山政府门户网站获2021年度上海市优秀政府网站,获“我们的小康”宝山区微电影大赛优秀组织奖。

【主题报道】 2021年,区融媒体中心完成280余场网络直播报道,包括39场大型活动直播。3月,策划日本东京上野公园、湖北省武汉大学、江苏省无锡市鼋头渚景区、宝山顾村公园4地连线融媒云赏樱直播活动。5月,图文及网络直播“行走蕰藻浜 打卡科创湾”开放式实景党课活动。7月,推出“慢直播 宝山融媒带你直击台风‘烟花’”,抖音直播超1000万人次观看。10月,全程直播陶行知先生诞辰130周年活动“面向未来的行知路”纪念大会。11月,现场直播中国共产党上海市宝山区第八次代表大会。12月,以“陈伯吹儿童文学奖40年”为主题开展直播活动,并推出“陈伯吹国际儿童文学奖40年系列访谈”。

【媒体联动】 2021年,区融媒体中心与新华网、人民网、东方网、上观、上视等16家央媒、市媒深化合作,逐步形成全线助推传播链。在内容生成方面,和《解放日报》《新民晚报》《人民日报》等媒体联动,对重大题材进行联合采访。在原创专栏节目制作上,与新华网联合推出直播栏目《看见》,全年播出8期,直播收看数累计达481万人次;与“阿基米德”联合推出访谈节目《科创解码》,全年播出14期,助力构建宝山科创“热带雨林”。

【政务服务】 2021年,“宝山汇”融媒客户端汇聚区域新闻、宝山“一网通办”、政府信息公开、“社区通”、文明实践信息服务管理等平台,实现联动联通。一是“码”上解锁宝山区数字化应用场景,陆续推出“文化旅游”“体育健身”“养老服务”等领域共155个智慧生活服务随申码应用场景落地,“随申码”累计使用56万余人次。二是做好社情民意收集,发挥App、微信公众号等互联网平台优势,及时回复解决百姓诉求,畅通互动渠道,走好网上群众路线。 (华晓璟)

3月20日,“‘樱’为你来春意融”2021宝山融媒“云赏樱”网络直播活动举行 李苏新/摄影

2021年宝山东方有线营业网点

营业网点	门店地址	营业时间	联系电话
宝龙营业厅	宝杨宝龙广场B1—042—2号	10:00—22:00	
牡丹江路营业厅	水产路1022—1024(双)号	8:30—17:00	56164522
杨行营业厅	杨泰路388号	8:30—17:00	56801238
高境营业厅	河曲路131号	8:30—17:00	56828190
淞南营业厅	淞南路26号	8:30—17:00	56459906
共康路营业厅	共和新路5000弄5号115室	8:30—17:00	
顾村营业厅	顾北路461号	8:30—17:00	56042270
祁连营业厅	锦秋路809弄50号	8:30—17:00	56133825
日月光营业厅	沪太路1933号日月光中心B1楼BF—034	10:00—22:00	
月浦营业厅	德都路18号1101室	8:30—17:00	
罗泾营业厅	潘沪路153号	8:30—17:00	56871824
罗店营业厅	美丹路222号102室	8:30—17:00	56863844
客户服务热线	宝山专属客服热线	8:30—17:00	56781503
	全市统一客服(家庭用户)	24小时	96877
	全市统一客服(政企用户)	24小时	962877

(刘恒苹)

宝山东方有线

【概况】 2021年,宝山区有线电视覆盖用户84万户,新增0.4万户。年内,公司完成“上海两会”“全国两会”“建党100周年”“第四届进口博览会”“十九届六中全会”等安全保障工作,确保党和政府的声音传递到千家万户。

【“两张网”建设】 2月,公司承建“一网统管”暨张庙街道城运中心项目,开创宝山区镇级城运平台建设先河。12月,公司承建区电子政务平台村居网项目,政务网业务实现全区三级全覆盖。继续推进区“一网通办”暨电子政务外网项目建设。

【金色学堂上线电视大屏】 3月1日，公司面向50岁以上人群上线终身教育平台——"金色学堂"，推出"乐学大讲堂""人文行走""银铃法宝""智能设备"四大特色栏目，为老年人提供更具自由度和个性化的学习体验，足不出户即可免费在电视大屏端享有优质学习资源。

【入驻"一网通办一件事"服务平台】 7月1日，公司推出"一网通办"专属套餐及精细化公共服务，入驻"一网通办一件事"服务平台，为市民一次性办理二手房地产交易中有线电视费用结清和账户过户或新装提供便利。

【"强国TV"登录电视大屏】 10月21日，"学习强国"电视端——"强国TV"上海平台登录东方有线电视大屏。"强国TV"基于电视大屏用户操作习惯与页面展现特色，同步"学习强国"App内容与功能，实现用户打通、媒资打通和积分打通，以及大屏小屏一体化沉浸式体验，满足党员干部和人民群众多样化、自主化、便捷化学习需求。 （刘恒苹）

电　信

【概况】 至2021年末，宝山电信局累计接入固定电话用户数23.5万户，移动电话用户数93.2万户，宽带用户数39.5万户，IPTV用户数24.8万户。

【承建大场镇与杨行镇城运管理中心系统建设】 2021年，宝山电信推进大场镇与杨行镇城市运行管理中心系统建设，以构建镇"一级平台，三级应用"为架构，以"一屏观天下、一网管全镇"为目标，通过对区域内监控系统、社区通、网格等平台资源利用和调取，进一步推动网格化管理、城市治理和应急处置高度融合。通过该类信息化平台建设，助力镇政府更加便捷快速地整合各部门资源力量，实现动态管理，完善和优化整体流程，推动大场镇和杨行镇城市化管理智能化与精细化。

【支撑宝山大学科技园打造智慧科创会客厅】 2021年，宝山电信为上海宝山大学科技园科创会客厅办公区域、洽谈区域、会议区域等各板块提供基础信息化系统和数字化展示系统，包括综合数字化展示系统、统一中控系统、会议室智能控制系统、天翼云桌面等信息化建设，并对会客厅全区域布置"FTTR + Wi - Fi6"，打造宝山区域内综合性商务楼宇首个FTTR网络覆盖场点。

【定制"淞南党建"小程序】 2021年，宝山电信为淞南镇建设"淞南党建"微信小程序，为全镇党员和群众提供在线党群服务平台，推进党建数字化。小程序对接"文创淞南"微信公众号，搭建"党建随身带"应用，汇聚全镇党建资源、党群活动、党建互动功能，形成在线党群服务阵地，打造"互联网 + 党建"平台。

【落实杨行镇垃圾分类视频分析监管项目】 2021年，宝山电信按照杨行镇垃圾分类数字化需求，立即组织专项团队进行需求分析与现场资源查勘工作。经梳理，该项目共计涉及47个小区、109个垃圾箱房。为实现目标区域的监控全覆盖，宝山电信计划布设47路视频专线，加装117路全球眼监控，并提供视频存储功能，助力提升垃圾分类智能视频分析的时效性和工作质效。

【提供区域孤老家庭智能安防系统】 2021年，宝山电信携手区民政局，基于物联网、大数据和云计算先进技术，为宝山区886家孤寡老人提供居家监测服务。在用户侧新建智能水表抓拍设备，通过NB物联网或宽带/专线接入物联网设备，对孤老家庭用水量进行监控并判断发出预警呼叫。电信不断运用物联网技术继续打造智慧养老应用新场景，助力政府构建多层次多元化的养老服务供给体系。

2021年宝山电信局营业网点

网点名称	门店地址	营业周期	营业时间	联系电话
中国电信上海牡丹江路营业厅	牡丹江路1780号	周一至周日	8:30—20:30	56695514
中国电信上海永清路营业厅	永清路291号		8:30—17:00	33790719
霞怡上海菊盛路天翼专营店	菊盛路829—831号		8:30—17:00	56187395
霞怡上海美安路天翼专营店	美安路201—2号		8:30—17:00	56187276
电信实业上海德都路营业厅	德都路52号		9:00—18:00	56801922
中国电信上海市一路营业厅	市一路151号		8:30—18:00	66863326
共联上海顾新路营业厅	顾新路2号		8:30—18:00	56049836
共联上海锦秋路营业厅	锦秋路809弄59号		9:00—18:00	66164744
共联上海长江西路营业厅	长江西路1828号		9:00—18:00	56740624
集群上海东太路天翼专营店	东太路387号		8:30—18:00	66933129
集群上海聚丰园路天翼专营店	聚丰园路329号		8:30—18:00	56155581
集群上海宝安公路天翼专营店	宝安公路2号		8:30—18:00	56802205
集群上海顾太路全网通店	顾太路380号		8:30—18:00	56677382
中国电信上海长江南路营业厅	长江南路700号		8:30—18:00	56119886
仲诚上海共富路天翼专营店	共富路396—398号		9:00—18:00	56492657
仲诚上海水产路天翼专营店	水产西路28号		9:00—18:00	56801122

（赵　凯）

Society

社会篇

- 社会生活
- 人力资源和社会保障
- 社会管理
- 社会安全
- 卫生健康

社会生活

编辑　吴嫣妮

青少年事业

【概况】　2021年，宝山区户籍人口中，有14～28周岁青少年124302人，14～35周岁青少年247246人；实有人口中，14～28周岁青少年332968人，14～35周岁青少年672422人。

【宝山区青少年庆祝中国共产党成立100周年“五四”主题集会举行】　4月30日，“青春心向党，奋进新时代”——宝山区青少年庆祝中国共产党成立100周年“五四”主题集会暨集体入团仪式在上海解放纪念广场举行。仪式上，为获全国和市级荣誉青年颁发证书，为党史学习教育“青年讲师团”“学生薪火宣讲团”“红领巾巡讲团”授旗，党史学习教育青少年宣讲启动。2020年上海市五四青年奖章集体获得者代表、宝山区疾控中心综合业务管理办公室主任、流调消杀团队负责人张勤丽带领学生宣誓，加入团组织。　（陆　祎）

【推进未成年人保护工作】　2021年，区民政局根据新修订《中华人民共和国未成年人保护法》规定和市未成年人保护工作委员会工作部署，牵头完善区未成年人保护工作委员会工作机制，建立宝山区首个未成年人保护工作站“吴淞坊”。试点开展“心灵桥梁”——宝山区未成年人心理健康关爱项目。举办关爱保护未成年人专题讲座暨宝山区儿童督导员颁证仪式，科室投稿《儿童主任老邹的一天》获中国儿童福利征文比赛二等奖。完成2021年市政府实事项目，为6名困境儿童提供个性化支持服务。试点开展“青苗计划”“亲子营活动”“温馨家园”等未成年人社区公益项目。开展困境儿童实物帮困工作，向区内36名困境儿童和7名社会散居孤儿发放价值200元/人的实物。　（李　思）

4月30日，“青春心向党，奋进新时代”——宝山区青少年庆祝中国共产党成立100周年“五四”主题集会暨集体入团仪式举行　团区委/提供

【关心下一代工作】　2021年，宝山区关心下一代工作委员会作为连续4届全国关心下一代工作先进，始终把健体系、明方向、作实功放在首位。全区12个街镇由主任、常务副主任及相关成员组成的关工委班子健全；104个村委会和375个居委会关工组织实现全覆盖；楼组关工组织覆盖率约85%。坚持服务青少年正确方向，聚焦立德树人根本任务，充分发挥“五老”（老干部、老战士、老专家、老教师、老模范）的优势和作用，努力实施“沪航成长·五能计划”，各项活动有序开展。围绕“从石库门再出发——学习党史国史、传承红色基因、争做时代新人”主题教育活动，从“五老”特点和实际出发，运用“讲、演、读、看、寻、写、访”等多种载体，组织开展宣讲419场次，受众16267人次，组织开展暑期观影活动，共有4578人次参加，在《中国火炬》等媒体上得到宣传推广。举办“同心向党颂百年　薪火相传共奋进——宝山区老少同台庆建党百年展演”活动，推进传承“红色基因工程”“五老关爱工程”。年内，区关工委获“全国关心下一代先进集体”称号。罗超士、韩建明获“全国关心下一代工作先进工作者”称号。区关心下一代工作委员会、区教育局关心下一代工作委员会、友谊路街道关心下一代工作委员会、月浦镇关心下一代工作委员会、淞南镇关心下一代工作委员会被评为“上海市关心下一代工作先进集体”。罗超士、韩建明、曹宝祥、仇炳江、李逢春、程宗令、赵文敏、黄芝华、李佩华、李玲芳、汤智源、宋鹏、管序华获“上海市关心下一代工作先进工作者”称号。（李梦寒）

老龄事业

【概况】　2021年，宝山区60岁以上户籍老年人总数约39.6万人，占户籍人口37.76%。80岁及以上老年人口约5.4万人。100岁以上老年人口236人。全

区共有养老机构 69 家(含长者照护之家 18 家),其中公办养老机构 44 家、民办养老机构 25 家。养老床位 13391 张,占宝山区户籍老人数 3.5%。有 137 个老年助餐服务场所(含 14 个社区长者食堂)、68 家老年人日间照料中心、25 家社区综合为老服务中心(含分中心)、554 个老年活动室等养老设施,实现街镇全覆盖。农村睦邻点 99 个,实现纯农地区全覆盖。推进养老机构建设项目,新增养老床位 372 张,实施 185 张认知症照护床位改建项目。新增 25 家老年助餐服务点、6 家综合为老服务中心。推进居家环境适老化改造,完成改造 326 户。全年发放老年综合津贴共计 3.2 亿余元。推进"银发无忧"参保,向 4200 名低保老人赠送保险。

【老年健康服务】 2021 年,宝山区开展 65 岁及以上老年人免费健康检查和保健指导、中医药健康管理、家庭医生签约服务等老年健康服务。全年完成老年人健康体检 21.9 万人次,退休老人大肠癌筛查 3.39 万人次,老年人新冠肺炎疫苗接种 7363 剂次,退休女性妇科病和乳腺病检查 1.6 万人次。为 65 岁以上老年人提供中医医疗、膳食、起居、运动、心理等养生保健处方。为 78 万户家庭发放健康知识读本和健康教育资料。新建老年人主体居民健康自我管理小组 432 个,在家庭医生指导下定期开展健康促进活动。

【老年人医疗服务】 2021 年,宝山区有三级医院 3 家、二级医院 5 家、综合性医院 1 家、康复医院 1 家。宝山区中西医结合医院老年病科设有老年病、脑血管病、糖尿病、心血管病、肺病、脾胃、肝病及肾病等专家门诊。仁和医院筹建区级老年医学中心。18 家社区卫生服务中心,123 个社区卫生服务站提供老年人基本医疗服务。全区"1+1+1"签约(居民在自愿选择一名家庭医生签约的基础上,可以在全市范围内再选择一家区级医疗机构与一家市级医疗机构进行签约)78.98 万人,重点(老年)人群签约 26.56 万人。为老年人设立家庭病床 4504 张,出诊万余次。20 家智慧健康驿站实现街镇全覆盖。老年医疗护理床位总数 3967 张,安宁疗护床位 53 张。

【智慧养老项目】 2021 年,宝山区为 4275 户老人安装并开通老年人"智能相伴"服务场景。开展长者智能技术运用提升"随申学"项目,提升老年人运用智能设备能力,共培训 63500 人次。开展失能老年人家庭照护者技能培训,在张庙、庙行、高境、杨行和大场 5 个街镇开展试点工作。在庙行镇试点创建认知症障碍友好社区。深化养老顾问制度,设立 558 个居村级养老顾问点。

【长护险试点】 2021 年,宝山区长护险定点机构共计 88 家。其中:评估机构 2 家、居家护理机构 35 家、定点养老机构 51 家;注册评估人员 471 名(A 类 74 名、B 类 397 名),注册护理人员 3065 名(居家护理机构 1976 名、养老机构 1089 名)。长护险受理申请 2.65 万人,评估符合条件 2.1 万人,享受长护险 2.75 万人,支付长护险基金 3.03 亿元。全年居家照护服务量 421.16 万人次。全区动态失能率 5.8%,排名全市第三。

【老年文化教育】 2021 年,宝山区有 17 个老年教育机构,开设线下课程 243 门,学员 5343 人、9033 人次;开设线上课程 115 门,学员 92090 人次。张庙成人中等文化技术学校、吴淞成人中等文化技术学校、宝山区成人中等专业学校 3 所社区(老年)学校通过上海市街镇社区(老年)学校优质校创建工作验收。新增一星级老年学习团队 120 家、五星级团队 6 家。开展"永远跟党走——庆祝中国共产党成立 100 周年暨 2021 年宝山区老年教育艺术节""我们的节日——2021 年宝山区重阳节民俗文化活动"等。

【建设老年友好型社会】 2021 年,宝山区启动老年友好型社区和老年友善医疗机构创建,张庙街道通河一村、友谊路街道宝林二村作为首批全国示范性老年友好型社区通过市考核验收,获国家"老年友好型社区"冠名。全区 27 家公立医疗机构和 10 家民营护理院创建老年友善医疗机构。上海市第二康复医院创建亮点在全国会议上交流推广。

(楼越宸)

残疾人事业

【概况】 2021 年末,宝山区有持证残疾人 41723 人,比上年新增 2742 人。其中,视力残疾 7120 人、听力残疾 5429 人、言语残疾 373 人、肢体残疾 20234 人、智力残疾 3544 人、精神残疾 4037 人、多重残疾 986 人。年内,完成"百家手语视频服务无障碍建设"项目,建成 103 个手语视频服务点。举办"科创宝山 共享阳光"——宝山区残疾人文化艺术作品展、"为科创助力 展家园风采"——宝山区阳光家园庆祝建党 100 周年暨第 31 个全国助残日主题活动、"喜阅宝山感党恩 学史崇德跟党走"残疾人读书活动、聋人冰雪体验等活动。

【残疾人社会保障和服务】 2021 年,区残联为 55158 人次残疾人发放生活困难补贴 2094.76 万元;为 74901 人次残疾人发放交通补贴 1031.07 万元;为 13720 人次残疾人发放助残实物帮困卡 617.4 万元。为 71 户贫困残疾人家庭进行提高型无障碍改造,817 户普通型家庭进行无障碍改造;投入 72.30 万元为 103 名残疾人大学生及残疾人家庭子女发放一次性入学奖励及助学补贴;推荐 221 名残疾人实现就业、6 名残疾人应届大学生签订劳动合同,组织 1052 人次参加各类培训 19 期。

【康复服务】 2021 年,区残联组织 5650 名残疾人参加市级、区级健康体检,其中 654 名困难残疾人申请体检后续服务,享受医疗券救助;为 202317 人次残疾人发放护理补贴 4226.85 万元;为 937 人次发放医疗救助经费 278.50 万元;为 554 人发放居家养护补贴 724.22 万元;为 506 人发放机构养护补贴 566.37 万元;为 115 人发放骨关节置换补贴 131 万元。新增受理"阳光宝宝卡"80 张,为 477 名 0~16 周岁残障儿童提供康复训练服务。投入 11.52 万元开展"希望之家"康复训练工作。为 41690 人次残疾人发放人身意外伤害保险 744.71 万元。

【涉残事项"一网通办"】 2021年,区残联会同区行政服务中心,赋能全区16个街镇社区事务受理服务中心残疾人服务窗口,确保涉残事项纳入"好差评"和"两个免于提交"(凡是本级政府部门核发的材料,原则上一律免于提交;凡是能够提供电子证照的,原则上一律免于提交实体证照)体系。"全额类辅助器具申请"事项入驻"随申办"App"宝山旗舰店",年申请量约1.2万件。与区教育局、区民政局合作推出宝山区户籍幼儿园残疾学生免费教育"一件事"、困难残疾人生活补贴申领"一件事"。 (谢清仪)

婚姻家庭

【概况】 2021年,宝山区婚姻登记管理所依法办理结婚登记5305对,比上年下降3%;离婚登记1987对,下降44.9%。推进落实婚姻登记事项"电子亮证""好差评""网络预约"等相关服务,完成补领婚姻登记证"一件事"改革。开展"幸福加油站"婚姻家庭社区辅导项目,举办主题颁证活动,推进特色颁证服务,倡导现代文明婚俗,弘扬正确婚恋观。 (李　思)

10月19日,"百年峥嵘映初心 红色家风永流芳"2021宝山区第三届"馨家庭"文化季闭幕式举行 区妇联/提供

【开展家庭文明建设】 2021年,区妇联发挥家庭文明建设在弘扬志愿精神、创建全国文明城区、加强社会治理中的作用。(1)推荐和评选全国、市、区级最美家庭41户,通过拍摄家庭故事微视频、举办最美家庭故事会等形式讲好宝山家庭最美故事、传播家庭向上能量。(2)发挥最美家庭示范引领作用,联合区民政局,首创成立"家好月圆"结婚登记特邀颁证员队伍,邀请全国、市级最美家庭成员担任首批颁证员,在"520"、七夕节、"七一"等特殊日子,以送上新婚祝福、分享爱情秘籍等形式传递传承最美家风,助推平等、和睦、文明的婚姻家庭关系构建。(3)发布活动和基层线上秒杀双向对接匹配,指导各级"家中心"优化软硬件建设,为基层精准配送亲子阅读、环保手作、科学早教等服务215场。(4)围绕"学党史、颂党恩、传家风",开展为期半年的第三届"馨家庭"文化季,举办百余场"童诵百年荣光""童传百年家风""童忆百年征程"等亲子共学活动以及"百年峥嵘映初心　红色家风永流芳"展示活动。围绕全国文明城区新一轮创建,开展第三轮创全"家庭行动日",全区各级妇联坚持"同城联动,月月行动",开展"最美家庭一瞬间随手拍""家庭文明公约制定""与文明同行暑期安全"等12场家庭主题文明实践活动。在连续多年创评的基础上,组建"馨家庭"志愿服务联盟。 (吕敏子　张　栎)

殡葬管理

【概况】 2021年,宝山区有殡仪馆1家,经营性公墓3家,经营性骨灰堂1家。开展殡葬领域专项整治,推进公益性埋葬地监管。全年遗体火化26048具,服务丧户26052户。

【祭扫服务】 2021年清明、冬至期间,宝山区各墓区共完成落葬3421穴,接待祭扫群众60.25万人次,车辆12.82万辆次。创新代客祭扫、网上祭扫等新模式,高峰期间网上祭扫2909人次、代客祭扫207户。 (李　思)

2021年宝山区殡葬单位

类别	机构名称	地址	电话	邮编
殡仪馆	宝山区殡仪馆	宝安公路111号	56801501	201901
经营性公墓	宝罗瞑园	苗圃路350号	56860833	201908
	宝凤瞑园	丰翔路644号	56132307	200444
	月浦安息灵园	月罗公路341号	56931271	200941
经营性骨灰堂	宝安瞑园	宝安公路128号	56800444	201901

(李　思)

人力资源和社会保障

■ 编辑 吴嫣妮

就业创业

【概况】 2021年,宝山区城乡户籍登记失业人数12125人,帮扶引领创业788人(其中35周岁及以下青年大学生585人),帮助长期失业青年就业创业860人。安置就业困难人员3395人、"零就业家庭"6户,按时安置率100%。完成职业技能培训91120人次,开展企业新型学徒制培训2257人,发放以工代训补贴519.34万元。区就业促进中心获全国农民工工作先进集体、2017—2020年度上海市助力脱贫攻坚先进集体、2021年度上海市就业服务工作优秀奖、乐业上海品牌发展五年杰出贡献单位等荣誉。

【多措并举稳就业】 2021年,宝山区"用人单位就业补贴申请"系统上线,优化申请方式及流程,实现"全程网办"。实行标准化服务流程,组建社区就业服务专员队伍,将职业介绍、政策咨询等就业服务延伸至"家门口",累计为19551人开展社区就业服务,帮助其中3004人实现市场化就业。针对大学生、退役军人、残疾人、军嫂、农民工等重点群体,组织线上线下各类招聘会421场,提供岗位7.3万个。打造"云招聘"平台,组织6场"招才进宝,春风送岗"直播带岗活动,累计超11.3万人次观看。

【创业服务优化升级】 2021年,区人社局打通跨部门合作路径,开展区内新增企业全样本数据分析,由街镇、园区点对点上门服务。立足院校创业指导站,指导学校开展"一校一品"建设,上海大学在2021年度工作评估中获评A级。依托创业指导专家志愿团,开展上门指导、会诊指导等活动66场,服务3585人次。评选"2021年度宝山区优秀创业项目"30个,给予最高10万元落地补贴,并提供资源对接及跟踪帮扶。其中,上海研视信息科技有限公司创始人宋俊被评为"第七届上海市创业新秀"。

【巩固脱贫成果】 2021年,区人社局坚持巩固脱贫成效与乡村振兴有序衔接,制定《2021年沪滇劳务协作行动方案》,到云南省会泽县开展沪滇劳务协作现场招聘会。通过驻宝山区转移就业服务工作站,发挥"远程面试"服务功能,搭建线上面试平台,开展3场线上专场招聘会。2021年,完成就近就业18468人、异地就业3249人、来沪就业290人,累计推送岗位信息至当地19135个。

【职业技能培训】 2021年,区人社局连续14年举办宝山区职业技能竞赛。围绕重点产业、民生保障、传统技能、文化创意等,涉及竞赛项目8个,参赛人数335人。同时推荐选手参加上海市乡村振兴技能大赛8个竞赛项目,1人获金奖,2人获铜奖。参加上海市新职业技能大赛5个竞赛项目,1人获第一名,1组获第二名。参加上海市"中华杯"职业技能竞赛10个竞赛项目,2人获一等奖,2人获二等奖,5人获三等奖。年内新增上海市技能大师工作室1个、上海市首席技师工作资助1名、上海市技术能手2名。 (黄佳怡)

劳动关系

【概况】 2021年,区人社局共处理监察案件1932件,追发拖欠员工各类工资9678人、1.13亿元,劳动监察举报投诉按期结案率达99.8%。各级调解组织受理案件5697件,涉及劳动者6334人次,仲裁机构受理案件3083件,涉及劳动者3514人次。劳动人事争议案件先行处置率98.46%、综合调解率79.09%,区仲裁院连续8年获上海市劳动争议调解仲裁工作优秀奖。牵头处置各类群体性劳动纠纷案件105件。首推集体合同备案审查"好办"服务,获上海市"好办"事项评审会第一。

【构建和谐劳动关系】 2021年,区人社局持续深入推进和谐劳动关系创建,全区和谐企业累计市级达标811家、区级达标788家。推进集体协商,全年共开具集体合同备案回执1532份,覆盖企业5423户。有效期内集体合同覆盖企业共8035户,工资专项集体协议覆盖企业共5423户。落实"和谐同行"三年行动计划,开展能力提升培训3场,选树上海市金牌劳动关系协调员8人、上海市金牌协调劳动关系社会组织1家。

【推进争议预防工作】 2021年,区人社局开展"一村、一园区、一企业"预防调解组织试点工作,选培兼职调解员,全年有34家村、园区、企业预防调解组织开辟专门调解场所,参与争议调解工作,化解争议95起。加大普法宣传力度,与区融媒体中心合作,制作发布"说法"短视频10期,点击播放量逾25万次。开展"公信仲裁定制讲堂"41场,发送仲裁建议书133份,以及实用手册、白皮书、季刊等宣传材料逾3500份。杨行镇劳动人事争议预防调解中心被评为上海市金牌劳动人事争议调解组织。

【基层立法联系点工作】 2021年,区仲裁院发挥立法联系点"参与立法、监督执法、促进守法、宣传普法"功能,年内开展5部法律法规立法意见征询工作,组织座谈9场、线上讨论3场,发放调查问卷200余份,参与企业近30家,参与人数近160人,收到意见建议201条次,发放意见征求函逾百份,汇总上报69条,被采纳11条。参与监督执法1次,开展促进守法工作546次,开展宣传普法54场。

【劳动保障监察执法】 2021年,区人社局执法大队评价单位诚信信息836条。其中,A1类企业为"上海市和谐劳动关系达标企业",共95户,占11.36%;A2类企业为经检查未发现违法行为的用人单位,共46户,占5.5%;B类企业为经检查有轻微违法行为的企业,共690户,占82.54%,C类企业为经检查有较严重违法行为的用人单位,共5户,占0.6%。共接收欠薪线索1258条,涉及人数1077人,涉及金额1044.83万元。全市保障农民工工资支付工作考核获评A级。

【信访及"12345"工单办理】 2021年,区人社局共计接收、转送、登记信访件155件,初次信访事项按时受理、回复、办结率100%。局信访大厅共计接待群众上访5168批6785人次,接听群众来电3218人次,区信访联合接待大厅接待群众上访165批447人次,周四区领导接待日接待群众48批123人次。区"12345"热线全年共计接单1321件,办结1197件(回访934件),首日联系率、按期办结率达100%,回访件实际解决848件,实际解决率90.79%,满意863件,满意率为92.40%。 (黄佳怡)

人才人事

【概况】 2021年,区人社局受理居住证积分37440人,办理居转户2598人、夫妻解困15人、人才引进1328人、留学生落户220人、居住证B证5人、特殊人才引进60户。档案保管10120份。完成545家1759人次事业单位聘用登记、205人次职称评审代理和155家单位人力资源许可年检。做强人才"樱花"服务品牌,开展26场樱花讲堂、74场樱花小课堂,发布56篇樱花微讲堂线上实操攻略等,各项活动惠及企业1500家、各类人才1960余人,发放宣传图册1.5万份。发布"寓见科创"宝山区人才公寓品牌,全市首创"无人工干预"人才公寓选房系统,全年筹集人才公寓房源2000余套。发放"樱花卡"696张。全年"樱花卡"服务项目共148项,覆盖行政服务、金融服务、保险服务、人力资源服务和多元生活服务五大方面。宝山区人才服务中心被授予"全国人力资源社会保障系统优质服务窗口"称号。

【人才申报】 2021年,宝山区共有2人入选2020年度上海领军人才培养计划、1人获"上海市十佳HR经理人",4人获"上海市优秀HR经理人",9人入选市人社局《时代的弄潮儿——上海海归创业人物志》,5人通过"两高人才"高级职称直通车,4个项目入选上海市专业技术人才知识更新工程重点项目,1个项目入选市人社局专家服务基层工作项目,1家人力资源服务机构获评市人社局"伯乐奖"。新设博士后工作室2家,开展博士后科研课题2项,柔性引进博士后2名。

【揽才工程】 2021年,区人社局组织产业专场云选会、"招才进宝"直播带岗、春秋季校园招聘活动、教育卫生系统人才专场等27场招聘会,为963家单位提供近1.5万个岗位,在线观看人数20万余人次。

【青年人才服务】 2021年,区人社局联合21所高校成立宝山高校人才工作联盟,落实高校人才工作联盟十大行动计划,聚集区域内优质岗位,先后至清华、北大、浙大等高校开展"走进高校"系列校园专场招聘会19场,为552家企业带来1.1万个岗位;举办2场青年人才"灯塔计划"培训班,来自区内61家重点企业100余名新入职青年参加培训;举办人社青年服务"科创青才"和"愿景·融入"海外人才专场活动;开展大学生见习工作,为56家单位和96名在校大学生搭建平台;为39名在岗青年储备人才提供岗位协议签订、档案接收和人员福利待遇发放、健康体检等保障;共招募录用"三支一扶"(支农、支教、支医、扶贫)大学生40名,为全区129名在岗"三支一扶"大学生提供保障服务,指导完成4个调研课题,其中1个课题获市"支扶学子看农村"系列调研活动一等奖。

【人才培育】 2021年,区人社局联合市委组织部、市人社局等部门,举办上海市新经济组织高级经营管理人才研修班(宝山专场),40余名园区高级经营管理人才参与培训。联合市人才高新中心、市科创中心举办上海市科技企业人才政策培训,吸引全区40余名企业负责人参加。

【人才驿站服务】 2021年,宝山区建成15家人才驿站。组织人才服务专员每月深入人才驿站开展樱花讲堂、樱花小课堂、人才服务日等活动,宣传推介宝山区各项人才政策和服务。为企业提供线上线下政策咨询、业务办理、招聘服务等600余人次,上门办服务58次,提供各类政策信息推送6900余条。 (黄佳怡)

3月27日,宝山区开展"樱花绽放 群英荟萃"人才政策宣传季活动 区人社局/提供

社会保障

【概况】 2021年,区人社局健全社会保障体系,推进全民参保计划,继续巩固社保扶贫成果,提升城乡居民参保扩覆实效。办理被征地人员落实社会保障,发放征地养老人员各项待遇。推动覆盖各类职业人群工伤保障体系建设,实施工伤预防五年行动计划。加强社会保险基金风险管控。宝山区社会保障服务中心获评2021年度上海市城乡居保基金风险排查工作成效显著单位、2019—2020年度"上海市文明单位"等称号。

【提高社会保障水平】 2021年,宝山区征地养老人员月生活费增加162元,提

高至70周岁以下2534元、70周岁及以上2574元，平均增幅6.8%；发放征地养老人员节日补助费，80周岁以下每人950元、80周岁及以上1000元；实现9479名区级统筹管理征地养老人员100%参加城乡居民医保；城乡居民基本养老保险金增加100元/月，基础养老金从1100元提高至1200元，增幅9.1%。

【城乡居保】 2021年，区人社局办理城乡居民基本养老保险缴费6236人，续缴率约94.4%；发放养老待遇约31000万元；新增参加社会保险1050人，参保覆盖率99.2%。

【征地保障】 2021年，区人社局办理征地落实保障项目11个、被征地人员落实社会保障490人，新被征地人员落实社会保障率100%；完成征地保障补贴核定申报254人，涉及补贴1532万元。

【征地养老】 2021年，区人社局通过搭建业务系统模块与医保数据对接，开启征地养老医疗费报销“免申即享”模式。7月1日起，宝山区近万名区级统筹管理征地养老人员就医产生医药费通过医保数据直接报销。全年发放区级统筹管理征地养老人员各项待遇36829万元，其中，生活费29427万元、医疗费5814万元、节日补助费929万元、丧葬补助费659万元。

【工伤事务】 2021年，区人社局实行工伤认定案件繁简分流机制，制定落实三项监督制度（《关于做好工伤认定公示制度的实施细则》《工伤认定监督检查制度》《工伤认定证据调查质证会制度》）。优化工伤认定企业申报网办系统，接入市“一网通办”端口。全年办结工伤认定4113件、劳动能力鉴定3473件，按期办结率100%。首次推行工伤认定网上公示，年度公示3707件，实现窗口接待15000余人次。 （黄佳怡）

【社会救助】 2021年，区民政局向城乡低保、重残无业等各类困难对象共发放救助资金3.88亿元，救助人数达71.57万人次。其中，发放城镇低保金1.07亿元，救助10.3万人次；发放农村低保金174万元，救助2012人次；发放城镇重残无业对象生活补助5028万元3.12万人次；发放农村重残无业对象生活补助312万元2896人次；发放粮油帮困补助482万元7.26万人次；发放实物补助0.56万元139人次；发放临时救助金59.19万元，救助435人次；发放支出型贫困生活救助金89.08万元659人次。救助流浪乞讨120人次。开展节日一次性、实物帮困等，救助11432人次，支出资金1355万元。全区14个街镇（园区）11类救助资金全部通过民政资金内控监管信息平台统发。 （李　思）

社会优抚

【概况】 2021年，宝山区退役军人事务局以推动《中华人民共和国退役军人保障法》和“十四五”规划实施为重点，推动年度工作任务完成。重点优抚对象2505人、抚恤补助优抚对象1755人。共发放各类抚恤补助33618人次8804.8万余元，累计采集和审核通过退役军人和其他优抚对象信息4万余条，悬挂光荣牌38237户。接收安置11名转业军官、5名复员军官、48名军休干部、262名退役士兵，为251名自主就业退役士兵共发放一次性经济补助、生活补助2761万余元。组织召开2021年度退役士兵欢迎大会和自主择业军转干部见面会。对176名自主择业军转干部个人档案进行数字化处理和信息化管理。做好221名无军籍退休职工日常服务管理。完成2040名退役士兵社保接续。开展“老兵永远跟党走”系列活动，派出17支队伍468人次开展“关爱功臣”走访慰问、疫苗接种秩序维护、文明创建等志愿服务活动。处理信访事项309件，“12345”工单84件，区网格化系统13件，办结率100%，制订落实攻坚化解方案6个，攻坚化解率100%。联合建设银行慰问参战参试老兵64人次。为困难退役军人发放帮扶援助金1371人次132.96万元。完善退役军人信访、权益维护工作相关制度，建立退役军人常态化联系制度，2021年常态化联系重点对象649人，11月末实现村居退役军人服务站常态化联系全覆盖。每月至少1次电话、微信或上门联系，重点对象每逢“八一”建军节、春节或有重大困难时上门走访慰问。修改出台《宝山区困难退役军人帮扶援助实施细则》（操作口径）（2021年试行版）等政策措施，帮扶困难退役军人1371人次，发放帮扶援助资金132.96万元。探索完善思想指导员队伍建设，2021年思想政治指导员总数达521人。协调解决183名军人子女办理入学、转学手续。举办第二十五届军嫂就业专场招聘会，帮助49名随军随调家属实现就业。组织各街镇为41名立功受奖现役军人家庭送喜报。表彰奖励驻区部队科研成果获奖项目，发放奖励17万元。给予54名身患重大疾病及意外伤病官兵及家属综合帮扶金53.5万元。开展建军节、海军节、空军节以及拥军优属活动宣传。

【服务保障体系建设】 2021年，区退役军人事务局开展“法律政策落实年”活动。以迎接中央督查服务保障体系为牵引，做实区、街镇两级服务中心（站）建设。举办《中华人民共和国退役军人保障法》专题培训班。推进基层服务站建设，申报创建5家红色退役军人服务站和11家全国示范型退役军人服务站。完成区服务中心、各街镇全国示范型退役军人服务站交流展示H5制作。与区司法局举行法律援助合作签约仪式，成立区退役军人法律援助工作站。

【退役军人就业创业】 2021年，区退役军人事务局召开年度退役士兵欢迎大会，开展适应性培训和专场招聘会。拓展退役军人教育培训渠道，新增4个培训点和11个培训项目。开展全区1万余名就业年龄段退役军人就业情况排查，建立退役军人就业台账，实地调研42家退役军人创办企业；与吴淞口创业园、智慧七立方探讨退役军人创业扶持合作意向。选拔7家优秀企业参加上海市第二届退役军人创业创新大赛，2家企业获一等奖、1家企业获优胜奖。全市首家退役军人创新创业示范园在宝山新业坊·源创园启动建设。

【推进双拥特色项目】 2021年，区退役军人事务局重点打造吴淞“双拥小苑”系列特色项目。吴淞街道在“双拥小苑”（三营房活动中心）基础上，再次与某部队合作，采用“地方资金资源+部队闲置土地+街镇运营管理+军地共用共享”共建新模式，新建“双拥小苑”（水产路991弄活动中心）。以“大健康”为主题，借助先进远端互联技术，探索“体医养”结合新模式，为优抚对象、军人家属及社区居民提供强身健体、文化交流、国防教育、技能培训等内容。

【落实优抚政策】 2021年，区退役军人事务局落实各项优抚政策，发放各类抚恤补助，维护优抚对象合法权益。完成2项证件换发制发工作。统一换发残疾军人证等证件，共为367名残疾军人、伤残人民警察、伤残国家公务员换发各类伤残证件。先后制发上海市因公牺牲军人遗属优待证、病故军人遗属优待证646张。

2021年宝山区立功官兵获奖名录

立功获奖类别	获奖人
三等功	朱靖仁、张超强、高凯、江彦、何灿、王威、徐捷、姚业、顾卫芹、郭蓉、黄潇、洪涵涵、程颖、龚海宁、庞珍、陈恺、刘奥
三等功、"四有"优秀军官	房贺、卢正茂
"四有"优秀军官	李宁、鲁娟、景华、敬梅、刘敏
"四有"优秀士兵	董泽安、冯柯、刘点、陆麟杰、魏志成、瞿毅迪、顾家鑫、殷寅东
"四有"优秀文职人员	李红霞、潘磊磊、孙帅、殷亚婷、李孟、张韬、柴会荣、王嘉锋、李占肖

（徐彩香）

【开展烈士褒扬纪念等系列主题活动】 2021年，区退役军人事务局开展"守护　2021清明祭英烈"网上祭扫、"9·30烈士纪念日"及"百年英烈"系列主题褒扬纪念活动。烈士陵园共接待祭扫、参观团队和个人8.7万余人次，网上祭扫7.1万余人次。投入564万余元资金修缮维护区内3个零散烈士纪念设施。做好烈士亲属异地祭扫工作。"七一""十一"前，区四套班子主要领导走访慰问烈士遗属代表。

【开展最美退役军人宣传活动】 2021年，区退役军人事务局会同区委宣传部、区人武部开展2021年度"最美退役军人"学习宣传活动。徐敏芳获上海"最美退役军人"称号，檀正奇等10人获2021年度宝山区"最美退役军人"称号，葛宝如等10人获2021年度宝山区"最美退役军人"提名奖。在区政府门户网站，"宝山区退役军人事务局"微信公众号等平台宣传"最美退役军人"事迹。（徐彩香）

上海市慈善基金会宝山代表处

【概况】 2021年，上海市慈善基金会宝山区代表处募集善款总收入2973.25万元（其中接受物资折合价值19.25万元），救助支出2605.54万元，受益4.6万人次。第二十七届"蓝天下的至爱"宝山区慈善系列活动认捐金额1952.85万元；在"蓝天下的至爱——万人捐帮万家万人上街"劝募活动中，组织568个村居、6000余名社区志愿者参加劝募，共劝募善款533748.5元（线上捐款99095.75元、线下捐款434652.75元）。为河南省郑州市等地水灾募集线下捐款56笔、38.36万元，线上捐款13笔、3810元。6月，上海新通联包装股份有限公司董事长曹文洁、上海市律师协会宝山工作委员会获第十届"上海市慈善之星"称号；上海市宝山区女企业家协会、刘效琨获"上海市慈善之星"提名。年内开展中华慈善日、"阳光伴我行"手拉手一起"走"沙龙等活动。

【慈善新项目】 2021年，区代表处开展"贫困家庭学生就业创业"帮扶，为14名困难应届毕业生发放就业、创业扶助金1.4万元。资助社会组织开展"轮椅上的阳光"及"微爱家园"失独家庭关爱互助项目。推出"送医疗保障"项目，为1557名0～18岁低保对象购买115元"沪惠保"医疗保险，使用资金17.91万元。

【助困项目】 2021年春节期间，区代表处开展"新春帮困送温暖"活动，对老归侨、CA会员特殊对象及大重病患者开展帮困，使用资金17万元，受益220人次。开展"希望之桥"尿毒症援助项目，使用资金15.6万元，受益71人。开展"携手之爱"大重病患者援助项目，使用资金8.4万元，受益37人；开展"情暖巾帼"活动慰问老"市三八红旗手"，使用资金3.3万元，受益66人。使用贫困家庭儿童文化福利补贴与区妇儿工委配套资金16.87万元，为1687名贫困家庭儿童发放补贴。开展"情暖国资"活动，救助国资系统困难职工家庭，使用资金21.35万元，受益人数118人。开展"宝公惠"高龄劳模家政服务，使用资金22.78万元。街镇定向帮困使用资金967.21万元，惠及1.82万人次。

【扶幼助学】 2021年，区代表处开展"分享快乐、童梦起航"亲子游项目，使用资金37.86万元，受益1000人次。区关工委组织老年志愿者与困难学生在春节及开学前夕开展"关心下一代助学"结对关爱活动，使用资金21.79万元，受益205人次。开展"上海大学"定向帮困助学，使用资金5.39万元，受益600人次。开展"金永良夫妇"助学项目，使用资金11.05万元，受益51人次。开展区内个人、企业结对助学，使用资金10.01万元，惠及144人次。

【安老助医】 2021年，区代表处在春节、中秋、重阳等传统节日，开展"传统节日关爱"项目，慰问区内养老院住养老人，使用资金8.19万元，惠及2900余人。开展"守护眼健康"项目，使用资金15万元，受益827人。上海市慈善基金会配套"生命之光""生命之桥"援助项目使用资金16.5万元，资助8人。

【扶贫协作】 2021年，区代表处动员社会多方力量参与脱贫攻坚。会长周德勋带队到新疆为困难学生送去书包、运动服、运动鞋等学习生活物资，价值20万元。与区合作交流办、区委统战部、区工商联、区总工会等单位协作，为对口扶贫地区支援资金1146.28万元，惠及0.71万人次。（陈毅菁）

社会管理

■ 编辑 吴嫣妮

城管行政执法

【概况】 2021年,宝山区城市管理行政执法局树立“人民城市人民建、人民城市为人民”重要理念,围绕“上海科创中心主阵地”建设要求,以改革创新为动力、以精细长效为目标、以科技智能为保障,推进城市管理各项工作。年内,获市城管执法局绩效考核“优秀”;1起案件获评2021年度上海市行政执法“十大案例”。

【整治违法建筑】 2021年,区城管执法局打击新增违建,逐步削减存量违建。与吴淞创新办等相关部门研讨“整建”联动,为吴淞创新城转型发展奠定基础。全年共拆除违建108.44万平方米,其中在建违建0.35万平方米,存量违建108.09万平方米,完成全年任务目标108.09%。发生新建违建投诉212起,拆除211起,拆除率99.5%。“申”字形高架沿线违建点位全部完成整治。

【推进依法行政】 2021年,区城管执法局编撰《宝山区城市管理执法办案导则》。全年系统办理普通程序案件4875件,处罚金额1267.6万元;简易程序案件3398件,处罚金额25.5万元;拆违程序案件427件,处罚金额137.7万元。普通程序和拆违程序案件目标完成率103.25%,简易程序案件目标完成率107.53%。

【建设智慧城管】 2021年,区城管执法局强化系统研发和数据互通,推动“智慧城管”融入“两张网”(“一网统管”和“一网通办”),推动街镇三级执法业务协同集成。推行城管“九大系统”(网上办案系统、网上勤务系统、网上督察系统、网上考核系统、在线培训系统、诉件处置管理系统、城管执法全过程记录后台管理系统、行政执法检查系统、行政执法类人员绩效考核系统)应用,建设街面商户“一店一码”管理系统,推行“双随机一公开”(在监管过程中随机抽取检查对象,随机选派执法检查人员,抽查情况及查处结果及时向社会公开)执法检查模式,借助街面违法行为自动甄别系统、扬尘监测等平台,及时发现问题、快速查处。推行“非现场执法”执法模式,运用非税系统电子化收缴、案件公示管理、执法失信管理、视频非接触执法等科技手段,打通违法行为发现、取证、处罚、执法全链条。依托“雪亮工程”等视频感知系统,建立线上执法巡查模式和新型勤务指挥调度平台。

【处置市民诉件】 2021年,区城管执法局处理投诉12414件,比上年下降0.36%;诉转案率36.51%,比上年增加2.95%;处置满意率上升10%。重复工单涉及105个点位,解决率99.05%。上半年诉件处置第三方测评郊区第二、全市第三;下半年诉件处置第三方测评郊区第四、全市第四。

【治理街面环境】 2021年,区城管执法局以创建“精品道路”为抓手,结合沿街商户“三色管理”(红、黄、绿)、绿化带清整行动,推进城市道路环境治理,巩固全区702条道路环境整治成效,提升主干道、轨交枢纽、景观区域、精品道路等重要区域环境品质。全年共立案查处设摊、跨门、堆物、门责、未经许可使用绿地等街面领域案件6702起。

【治理户外广告】 2021年,区城管执法局结合建党100周年、进博会等重大保障任务及创全、创卫、防汛等工作,加大违规设置、破损、存在安全隐患以及“小五乱”户外广告设施、店招等治理,确保重点区域户外广告和招牌规范设置、非法小广告全面清零。累计整治户外广告设施460块。

【治理小区环境】 2021年,区城管执法局围绕小区管理薄弱环节和市民反映集中问题,从环境卫生、居住安全、居民生活品质、物业管理领域、居民不文明行为5个重点入手,推进住宅小区高效能治理。拆除小区内违建240起,共4706平方米。立案查处小区违法行为710起。其中,查处破坏房屋外貌案件31起、损坏房屋承重结构案件220起、擅自改变物业使用性质案件17起、破坏绿化15起。

【治理生活垃圾分类】 2021年,区城管执法局围绕小区、商户、餐饮单位、医院、学校等10类对象,聚焦容器未设置、容器标识不规范、生活垃圾混合投放、随意乱扔垃圾等突出问题,推进生活垃圾分类专项执法整治行动,确保居住小区、企业单位、沿街商户等重点对象执法全覆盖。依法查处个人生活垃圾混投案2171件、罚款13万元,单位未按照规定分类投放生活垃圾24件、罚款12.5万元,管理责任人未按照规定要求设置收集容器41件、罚款1.5万元。

【治理生态环境】 2021年,区城管执法局聚焦建筑垃圾产生、运输、消纳环节,强化溯源调查,深挖建筑垃圾来源和去向。借助视频监控、扬尘、噪音在线监测系统等信息技术手段,加大工地夜间施工扰民、扬尘污染等问题处置,推进社会生活、环境空气、水环境、土壤环境等污染执法整治。加强与交警部门联合执法,立案查处超重车辆擅自在城市道路上行驶案件33件,处罚金额1.64万元。依法查处建筑工地类案件281件、罚款332.2万元,渣土车辆运输类案件1038件、罚款158.08万元,建筑垃圾案件45件、罚款2.26万元,堆场码头案件14件、河道类案件14件。

【治理食品安全】 2021年,区城管执法局综合运用日常巡查、分级监管、双随机检查等多种方式，加大对违规处置餐厨垃圾及废弃油脂，占道贩卖活禽、占道食品摊点查处力度。依法查处餐厨垃圾未办理申报手续案件196件，罚款3.3万元。整治非法活禽交易11起，交相关部门无害化处理87羽。整治食品类设摊602起。

【治理住房租赁】 2021年，区城管执法局聚焦群租、违反备案管理规定、将禁止出租房屋出租、违反行业监管要求、禁止性经纪行为执法事项，加强对房地产经纪机构执法检查。对擅自对外发布房源、未办理备案手续行为100%查处。立案查处违规租赁类案件55件、罚款13.4万元，房地产经纪机构类案件39件、罚款17.9万元。

【整治互联网租赁自行车】 2021年，区城管执法局结合《上海市非机动车安全管理条例》，召集哈啰、美团、青桔互联网租赁自行车企业，督促、研讨规范停放及管理问题。自5月1日《条例》实施以来，全区城管执法系统责令三大运营企业整改290次，累计清理违规停放共享单车14万余辆；依法查处互联网租赁自行车运营企业未及时清理违规停放车辆案件6起，处罚10.5万元。 （蔡莺华）

城市运行管理

【概况】 2021年，区城市运行管理中心"12345"市民服务热线受理工单90705件，按时办结率100%，先行联系率92.02%，实际解决率80.25%，市民满意率77.14%，综合评价位列全市第四。网格化管理受理案件1036518件，及时率92.97%，结案率98.03%。10月20日，上海市宝山区城市网格化综合管理中心更名为上海市宝山区城市运行管理中心（以下简称区城运中心），并增挂上海市宝山区城市网格化综合管理中心牌子。

【完善城运平台运行模式】 2021年，区城运中心制定《宝山区城市运行管理中心运行模式》，采取"平战结合"大值守运行模式，承担区政府总值班、应急指挥、网格化管理、市民热线办理、应急值守、视频点名、舆情管理、突发事件信息报送、城市运行生命体征监管等工作职责。2020年6月以来，累计协调各部门处置突发事件692起；在防台防汛、雨雪冰冻天气期间，启动响应行动44次，发挥区"一网统管"平台优势，为区领导按照响应等级开展带班值守，视频连线各街镇、指挥部署相关工作提供平台支撑；各领域共33个应用系统及各领域生命体征数据接入区城运平台；区视频平台总计接入21122路视频，物联感知平台总计接入26399路物联感知设备；开设政务微信4464个，实现疫情防控"一码到底"、民防地下空间管理、实有人口管理、历史保护建筑管控、农村房屋排查整治等数字化；聚焦"大安全""大交通""大环保"三大领域，制定宝山区重点应用场景建设（深化）清单，建设韧性城市大安全指标系统、绿化市容环卫数字化智慧监管平台、智慧水务大数据平台、智慧环保平台、危险品车辆监控系统、城管街面自动巡查系统等11个应用场景。

【健全热线工单办理机制】 2021年，区城运中心推进落实市民投诉热点矛盾化解，协调解决重大问题和事项，深入调研和督办个案处置。在街镇（园区）、委办局层面，通过"区城市网格化综合管理信息系统"派遣辖区内、单位内疑难工单，推动建立领导一线协调工单常态化机制；针对涉及市相关部门、国企等问题，利用市、区两级热线平台"双向通道"，协同借势借力共同处置，化解矛盾；围绕区委、区政府重点工作，对涉及河道污染、扬尘扰民、创全考评、媒体曝光等处置不力案件，以及权责交叉、政策空白、民生关注等具有普遍性疑难案件，搭建协调沟通平台，联合各部门重点推进，通过分类施策，提高日常案件督办精准度和准确度；与区纪委监委、区府办督查室建立热线工单联合督查机制，印发《关于深化开展"12345"市民热线工单联合督办的工作机制》，对热线工单进行专项督查。

【拓展网格管理范围】 2021年，区城运中心扩大城运网格巡查范围，以区级重点督查、街镇（园区）日常巡查模式，深化网格监督员进入企业（厂区）、小区，开展网格巡查，全年发现相关安全隐患1680起。建立7×24小时非警务类警情联勤联动处置队伍和值班值守制度，做好城运中心非警务类警情分流，全年分流非警务类警情77156件。推进居村应用场景建设，加强城运平台社区、楼宇数字化监管。全市率先试点对接公安动态隐患排查系统，将安全隐患以平台案件形式落实全区流转、督办、处置、结果反馈，对接公安动态隐患排查案件173件。充分发挥区、街镇（园区）监督员队伍作用，定期开展街面实效督查工作调整督查范围、拓展督查内容，利用车载移动视频、无人机巡航等信息采集技术，重点对市级督查、热线投诉、媒体曝光等街面秩序内容开展专项督查。依托区城运平台大数据系统，对创全、河道、扬尘污染、行道树、电力杆斜拉线护套、交通信号灯等内容定期开展城市管理顽症专项普查。

（许　莉）

社会组织管理

【概况】 2021年，宝山区登记成立民办非企业单位25家；变更登记社会团体26家，民办非企业单位变更147家；注销登记社会团体1家，民办非企业单位注销9家。至年末，区内有社会团体111家、民办非企业单位569家，共计680家。

【社会组织登记管理】 2021年，宝山区登记成立民办非企业单位25家，社会团体4家。完成2020年度社会组织规范化建设评估授牌表彰，授牌5A级2家，4A级6家，1A—3A级24家。宣传动员社会组织参加2021年规范化建设评估，指导18家参评社会组织开展申报。落实常态化监管服务职责，组织151家社会团体、507家民办非企业单位开展年度检查。加强社会组织定期执法监察，开展清理"僵尸型"社会组织专项整治行动。举办2021年宝山区"公益伙伴月"活动，打造"青年公益说"等3个主题公益论坛。搭建社会组织展示交流平台，开设19个公益站点，为居民提供公益服务。

【开展社团、民办非企业年度检查】 2021年，区民政局实施全区社团、民办非企业单位年度检查，采用网上年检方式，实现无纸化上报。利用电子钥匙，简化操作流程。全年社团应检数151家，合格率93%，基本合格率7%；民办非企业单位应检数507家，合格率90%，基本合格率9%。 （李　思）

社区建设

【概况】 2021年，区民政局以"建设人民城市、共创美好社区"为目标，以"社区成长计划"为抓手，深化基层治理创新，提升宝山城市软实力，为宝山全面建设上海科创中心主阵地提供有效支撑。年内,“社区通”案例获4项国家级和市级荣誉。

【基层建设】 至2021年末,宝山区有103个村委会、406个居委会。2021年,圆满完成居村委会换届选举工作,执行居家隔离和社区健康监测各项措施,监督1600名入境人员进行社区健康监测。组织动员12~17岁社会未成年人(3.02万人)、3~11岁无学籍人群(2.58万人)疫苗接种及18岁以上人群加强针接种。开展“小巷总理成长营——宝山区居委会主任百事通3.0打造计划”。清理规范居村挂牌,设立3个居村减负监测点,动态监督居村减负落实情况。以月浦镇聚源桥村为试点开展村级议事协商创新实验工作。自助服务终端实现街镇全覆盖,全区设有社区事务自助服务点24个,24小时自助服务区6个。全区社区事务受理中心“两个免于提交”(凡是本级政府部门核发的材料,原则上一律免于提交;凡是能够提供电子证照的,原则上一律免于提交实体证照)比例91%,综合窗口比例81%。

【社区治理】 2021年,区民政局推进社区智能化平台建设,打造科技赋能精细化社区治理。制定《宝山区关于加强社区服务综合体建设、推进社区成长的指导意见》,开展“社区公共服务能级提升计划”,提标打造社区服务综合体建设。激发多元化治理载体,推进“社区成长计划”,扶持并推动社区公益服务项目量质双升,增强社区建设凝聚功能。至年末,创建“公益基地”922家,社区志愿服务队967个,志愿服务队员1.1万余名,累计志愿服务时长168万小时,其中庙行镇中环国际居委公益基地综合服务时长位居全市首位。开展“社区通”“社区服务综合体”等重点工作培训会,举办创新社区治理第二期骨干社工培训班、“基层治理现代化”专题培训班等。聚焦“生活数字化转型”,牵头开展专题调研,制定《宝山区生活数字化转型三年行动计划(2021—2023年)》。选定大场镇祥泰苑、淞南十村2个试点社区作为社区新基建示范点位。

【升级打造“社区通”3.0版】 2021年,宝山“社区通”发挥“实名制”“绑定小区”数字化地基优势,81万余居村民实名加入,覆盖50万余户家庭,引导近30万居村民在线议事协商,累计解决群众问题21万余个。获评全国城乡社区抗疫智能化手段抗疫十佳案例、中国网络理政十大卓越案例、上海市“创新社会治理深化平安建设”十佳案例,入选上海市基层社会治理创新优秀典型案例。“人民信箱”功能收集群众对宝山经济社会发展建议5.4万余条。优化“问题跟踪系统”,做实“一键派单”联动处置机制,确保居村问题全覆盖无遗漏。开展“社区民心项目”勾选,全区474个居村委通过“居民打钩”征询民意,推进居民真正需要的社区项目,并对项目实施情况全程公开、接受监督。推出“我为群众办实事”“社区小先生”线上争章等新应用场景,推动社区议事协商全人群、全过程参与。

【升级打造“活力楼组”2.0版】 2021年,区民政局提出“活力楼组—活力楼群—活力社区”治理路径。至年末,共培育活力楼组3500余个,其中三星以上646个。推出“楼组小先生”制,引导青少年参与楼组建设。开发“活力楼组线上档案”,生成楼组故事专属二维码,实现“虚拟参访”。实施“乘风破浪楼组人”培育计划,将“培育活力楼组”纳入社区干部必修课,通过“实务培训+头脑风暴+现场指导+交流参访+互动PK”,重点打造3支队伍。通过街镇推荐、面试选拔,组建活力楼组指导员队伍,承担指导楼组培育、走访评定星级等工作。举办楼组打造路演赛,帮助楼组长和楼组骨干提升专业能力。挖掘一批社区达人,开展美化楼道、结对互助、法律咨询等活动。

【社区新型基础设施建设】 2021年,区民政局制定《宝山区贯彻落实上海市<社区新型基础设施建设行动计划>及2021年任务书工作方案》。打造新基建示范点位,选定大场镇祥泰苑、淞南镇淞南十村为试点社区,申请市社区新基建“资源包”项目,引入“一键叫车”“智能洗车点”等社区生活智慧设施。推广应用“社区云”平台,助力疫情防控、居村换届选举等工作,完善本地人口信息数据库,引导居村委用好疫苗接种专栏、走访记录、会议记录等日常功能应用。

【打造社区服务综合体】 2021年,区民政局制定《宝山区关于加强社区服务综合体建设、推进社区成长的指导意见》。开展“社区公共服务能级提升计划”,引入第三方社会组织提供专业指导,提标打造一批区级示范点位。规划设计党群、助老、卫健、政务、文体、便民、自治共治、社工与志愿服务等服务项目,实现社区服务综合体居村全覆盖。依托“社区通”,开发社区服务“云预约”功能,探索社区服务综合体开设线上站点、提供云上服务新模式。“社区服务云预约·活动报名”“精准调研·问卷调查”等新应用场景上线试运行。

【推进“社区成长计划”】 2021年,区民政局牵头开展社区达人专题调研,探索构建赋能社区达人打造共建共治共享社区共同体新模式。聚焦“解决社区治理顽症”和“改善社区服务供给”两大导向,依托区社区公益服务扶持引导专项资金,优选扶持社区公益项目498个,引导138家社区社会组织参与社区治理,服务居民268万余人次。大场镇“环保小先生”获评上海社会建设和基层社会治理“入围创新展示项目”,宝山区普莱德青年应急救援服务中心“绿色安全楼道”项目获2021年度“公益之申”十佳公益项目奖。做实做强“公益基地”建设,定期组织“创益滨江”公益基地成长计划主题沙龙活动,持续推进“公益上海”平台使用、社区志愿服务团队等工作,淞南镇“盛世宝邸”公益基地入围2021年度上海市“公益之申”十佳公益基地20强。

【基层居村“两委”换届选举】 5月23日,宝山区401个居委会和102个村委会完成居村委会换届选举。10月29日,延期选举的五星村完成村委会换届选举工作。全区居村委会一次选举成功率100%,103个村委会全部选举产生村务监督委员会。全区共选出新一届居村委会成员2396人。其中,主任504人、副主任175人、委员1717人,成员属地化率100%。居委会直选比例99.3%,比上届提高1.4%;村委会直选达到100%,提高1.9%。全区共登记选民100.4万人,92.9万选民参与。 (李 思)

社会安全

■ 编辑　吴思敏

综合治理

【概况】　2021 年，区政法系统坚持系统观念、法治思维、强基导向，将党史学习教育、政法队伍教育整顿成效转化为防风险、保稳定、护平安、促民生的实效，为“十四五”规划开局、宝山区建设“全市科创中心主阵地”起步提供政法支撑。年内出台《法治宝山建设行动方案（2021—2025 年）》《宝山区法治社会建设行动方案（2021—2025 年）》，编制《法治政府建设行动方案（2021—2025 年）》。完成全国第二轮“法治政府建设示范区（县）”申报。全区产生“法律明白人”2000 余名、“法治带头人”1000 余名，罗泾镇塘湾村入选“全国民主法治示范村（社区）”。健全法治副校长工作机制，全区 146 所中小学（含职校）法治副校长配备率达 100%。全面落实公共法律服务体系建设实施意见，切实提升基本公共法律服务均等化、普惠化、便捷化水平。区公共法律服务中心接听“12348”公共法律服务热线咨询 15027 个，办理法律援助案件和法律帮助案件 5481 件。高质量推进审判流程公开、裁判文书公开、执行信息公开三大平台建设，进一步规范裁判文书制作和上网，上网各类裁判文书 9976 篇，开展网络庭审直播 3690 件次。开展区第五届“平安英雄”评选活动，选树等政法系统“平安英雄”10 名。推出“我为群众办实事”90 项，形成长效机制 32 项，便民利民举措 46 个，健全完善相关文件制度共 43 项。

【防范化解社会风险】　2021 年，区政法委完成庆祝建党 100 周年安保信访维稳工作。牵头落实重点领域国家安全工作协调机制，建立国家安全教育基地分中心。严打严防邪教类组织人员，成功捣毁近年来全市最大规模的“法轮功”反动宣传品窝点。落实重大决策社会稳定风险评估，全年对全区 158 个可行性项目进行社会稳定风险预研。应对常态化疫情防控要求，配合落实集中隔离、居家隔离防护工作，确保新冠疫苗接种点现场秩序平稳可控。配合做好换届选举工作，完成 15046 名居、村“两委”和 2316 名区“两代表一委员”联审联查。强化源头治理，持续推进集中治理重复信访、化解信访积案专项工作，中央联席办交办给的 202 件重复信访事项，总上报率 100%；化解（办结）181 件，总化解（办结）率 97.03%。非诉讼争议解决中心受理各类矛盾纠纷 8155 件，调解成功 8031 件，调解成功率为 98.48%；接收处置 110 非警务警情类纠纷 20784 件，及时就地处置率 96.967%。

7 月 7 日，第五届“平安英雄”表彰大会举行　　区政法委/提供

【持续优化社会环境】　2021 年，区政法委强化平安宝山建设协调小组及 8 个专项组的规范化运行，在各街镇园区层面全面建立平安建设协调小组。常态化推进扫黑除恶斗争。加强重点地区排查整治，对 3 个市级、9 个区级、43 个街镇级治安重点地区落实“一点一方案”。优化升级打防一体反诈中心，全区电信网络诈骗案件打击治理工作取得成效。在全市率先试行“动态隐患清零”专项工作，年内共排查录入各类隐患 2.57 万条，清零 2.5 万条，清零率 97.3%。高效推进枪爆物品打击整治、长江禁捕等专项行动。全区共接报报警类警情 5 万余起，比上年下降 1.1%，其中两电信诈骗类、赌博类分别下降 10.3%、9.1%。结合区交通畅达三年行动计划，不断净化地区交通环境，持续完善道路交通基础设施建设。在全市先行先试“享运共配”，不断消减“客载货”的安全隐患空间。启动消防隐患“回头看”行动，逐一检视群租、电动自行车违法停放充电、“三合一”等多发性致灾隐患整治情况，排查点位 18515 个，整改 26124 处。

【市域社会治理】　2021 年，区政法委将“雪亮工程”“智慧公安”纳入“智慧城市”“智慧政府”同步建设，全面赋能城市“一网统管”。持续深化“雪亮工程+”“智慧公安”系列项目建设及应用，全面构建城市安全天网和治理生态，提升平安建设实效实绩。完成行政复议体制改革，成立全区行政复议体制改革领

导小组。制定出台具有“全国共性＋上海个性＋宝山特色”的市域社会治理试点工作方案，确保任务实施的时间表、路线图，推动32家试点任务牵头单位按照季度开展任务分解。将试点工作推进情况纳入2021年度区委区政府绩效考核、区委督促检查工作领导小组工作要点、区人大代表工作视察以及区政协通报内容，形成全区一盘棋工作格局。做好试点中期评估迎检工作，完成区级电子档案库建设，《宝山区市域社会治理现代化试点创建中期评估自评报告》受到专家组肯定。加速推进禁毒智能化管理预警平台建设，实现易制毒类药物全流程管控。（叶　虹）

消防救援

7月23日，宝山区消防救援支队增援河南排涝救灾，29日在卫辉市比干大道路段开展排涝作业

区消防救援支队/提供

【概况】 2021年，宝山区在勤消防站12个，消防车87辆，在用消火栓5547只，在定区级消防安全重点单位562家。全年共发生火灾1232起，造成6人死亡（含纵火亡2人）、5人受伤（含纵火伤1人），直接财产损失约1560万元，未发生较大以上火灾事故。宝山区消防救援支队坚持着力防风险、全力打基础，聚力抓队伍、奋力谋创新，不断提升综合保障水平，完成宝山区公共消防救援设施专项规划编制，有序推进友谊保障站等3个站点建设，全面启动立项“十四五”消防站点选址；全部落实年度、专业队和南大新建站装备采购计划；初步形成一键启动社会联勤保障机制，成功开展装备器材信息化、模块化储备试点和8个战勤保障科目训练操作规范试点。年内获评总队“双争”活动先进支队、安全工作先进支队、先进支队纪委、全员岗位练兵优胜支队。

【完善城市消防治理体系】 2021年，宝山区委常委会、区政府常务会议共计20次研议消防工作，形成消防隐患“周通报、月曝光、季讲评”政府工作常态机制。区委书记陈杰、区长高奕奕专题听取汇报、作出批示指示31次，带队督导调研城市消防安全18次，重要节点亲自督导消防安全并慰问消防救援人员。消防元素深度嵌入社区安全隐患指数平台，试点消防安全场景运用、电动自行车综合治理、社区综合服务站工程，建立以属地管理为主体、“一网统管”为基础、部门监管为支撑的责任链条和联勤联防机制。建立行业部门消防工作“四联”机制，集中开展厂库房、养老医疗机构、规模性租赁场所等消防专项检查；指导卫健、教育、民政、文旅等系统示范单位建设，完成12家单位标准化创建。

【提升区域火灾防控效能】 2021年，宝山区消防救援支队推进消防安全专项整治三年行动和隐患大排查大起底，对“三类场所”（歌舞厅、夜总会、桌球室等娱乐场所；发廊、足疗、美容美发、洗浴按摩等服务场所；旅店、饭店、出租房屋等公共复杂场所）开展“地毯式”排查整治，试行重点单位星级评定工作，创建达标10个“消防平安村”示范点位，落地市区两级消防实事项目，摘牌市区两级挂牌重大火灾隐患点位。研发电动自行车智能监管系统，试点应用30余处；新建电动自行车集中停放充电场所820个，改造379处；推广安装智能电梯控制系统1700余套；推动接入可视化和消防物联网系统平台单位1400余家。开展以“消防车进校园”“线上云授课”相结合的开学安全第一课；组织5000余名网格员和消防志愿者上门入户全覆盖开展消防宣传；开展消防疏散演练150余场、消防站体验日活动120余次，消防技能培训20余万人，发放各类消防宣传品7万余份，张贴各类消防宣传海报10万余张。

【建强灭火救援攻坚力量】 2021年，宝山区消防救援支队转型升级指挥中心，建立消防、公安、城运三方指挥中心联动值守模式，实现全区应急信息同步、应急力量联动、应急对策共商；制定《灭火与应急救援现场信息采集和消息报送机制》，规范6个值班岗位职责，梳理总结13类火灾、5类抢险救援行动“口诀式”警示要点。提档升级地震、防化、水域专业队伍建设，112名指战员取得相应证书；完成党委议战议训、实训基地建设等5个文件编写任务，《消防作战指挥辅助决策系统》通过总队创新评审并上报部局，《消防执勤战备信息融合数据池》获区政府批复立项。实战转化信通能力，组织高层、地下、大型综合体无线通信覆盖测试性训练25家次；完成部局低温雨雪冰冻条件下应急通信保障拉动、总队“长三角”大型救援综合演练通信保障模块、进博会及援豫排涝通信保障等任务。（王海亮）

应急管理

【概况】 2021年,宝山区应急管理局(以下简称"区应急局")利用区城运应急指挥平台协调各街镇(园区)、职能部门、有关企事业单位处置突发事件1422起;牵头开展宝山区第一次自然灾害综合风险普查并完成全面调查阶段;与区水务局组成联合防汛办共同应对台风"烟花""灿都",启动防汛防台应急响应44次(Ⅱ级2次,Ⅲ级10次,Ⅳ级32次),总时长为376小时;抵御2次极端低温雨雪冰冻天气;指导2家社区获评上海市安全发展和综合减灾示范社区;牵头开展"5·12"防灾减灾宣传活动。全年,宝山区共发生生产安全事故13起,死亡13人。区应急局事前监督检查各类生产经营单位960家次,行政处罚126件,处罚金额441.9万元;事后行政处罚13件,处罚金额307.6万元,对4名涉嫌犯罪的事故责任人建议司法机关追究刑事责任;牵头开展货运堆场综合执法整治1200家次,处罚金额89.7万元,关停整停143家。上海市宝山区安全生产监察大队被评为"2016—2020年度"上海市应急管理工作先进集体。

【综合行政执法改革】 9月,区应急局根据宝委编委〔2021〕57号文,完成承担执法职责内设机构的整合工作。整合上海市宝山区安全生产监察大队,组建上海市宝山区应急管理局执法大队。区应急管理局执法大队为区应急局所属行政执法机构,机构规格为副处级,以区应急局名义统一执法,承担辖区内有关危险化学品、矿山、工贸等行业领域安全生产监督以及地质灾害、水旱灾害、森林火灾等有关应急抢险、灾害救助、综合减灾等方面的行政处罚、行政强制等日常执法工作及其他法定职责。区应急局应急指挥科承担的部分职责划转至安全生产执法监察科,更名安全生产执法监察科为监督评估科,主要承担工矿商贸行业安全生产基础工作、相关行业安全生产标准化、安全预防控制体系建设的指导监督、生产安全事故调查处理、监督事故查处和责任追究、组织开展自然灾害类突发事件的调查评估等职责。

【创建安全发展示范城市预评估】 2021年,宝山区对标国务院安全生产委员会《国家安全发展示范城市评价标准》《国家安全发展示范城市评价细则》,围绕城市安全源头治理、风险防控、监督管理、保障能力、应急救援和安全状况六个方面指标,重点关注失分项、难点项、重点攻关项,基于"一上一下"(下发评价指标任务表,回收评价资料、汇编整改意见工作表、行动方案)的评估方法启动创建安全发展示范城市预评估工作。宝山区安全生产委员会办公室(设在区应急局)负责创建及预评估工作的启动、协调、联络、指导工作,对象为区规划资源局、区财政局、区发展改革委、区公安分局等负有安全生产监督管理职责或相关行业领域的主管部门。

【创建上海市安全发展和综合减灾示范社区】 2021年,区应急局依据《上海市安全发展和综合减灾示范创建工作管理办法(试行)》,以街道(乡镇)、居委(村委)为主体,围绕组织管理、风险评估、隐患治理、基础设施建设、应急物资保障、应急力量建设、预案编制与演练、宣传教育、创建特色共9项指标指导开展工作。年内,经市应急管理局考评,罗店镇万科琥珀郡园社区、罗泾镇塘湾村社区被评审为上海市安全发展和综合减灾示范社区。

【改造涉氨制冷企业冷媒】 2021年,区应急局依据《危险化学品名录(2015年版)》,围绕源头治理、风险管控、应急救援3个方面指标,推动全区涉氨制冷企业采用其他冷媒介质代替液氨(以改造成氟利昂结合低温载冷剂制冷节能系统为主)。宝山区原有共8家涉氨制冷企业完成改造1家,改造过程中5家,工程招标中1家,待批准1家。

【区危险化学品领域"打非治违"典型案件】 1月,区应急局会同区公安分局及属地安监所赴上海楚源集装箱有限公司(铁力路588号)进行执法检查,发现堆场内分散存放有批号为RMCU2631469(内烯酸正丁酯)、CRXU8615355(双环戊二烯)、KOU2514985(N—甲基苯胺)、GMCU7151380(乙腈)的储罐。依据《危险化学品目录(2015年版)》,均属危险化学品。上海楚源集装箱有限公司未取得相应的危险化学品经营(储存)许可证,其从事危险化学品经营的行为违反《危险化学品安全管理条例》第三十三条第一款之规定。1月27日,区应急局依据《危险化学品安全管理条例》第七十七条第三款作出责令上海楚源集装箱有限公司立即停止危险化学品违法经营行为,罚款18万元,没收违法所得1500元,共计18.15万元的行政处罚。该起行政处罚是区危险化学品领域"打非治违"(打击非法违法生产经营活动)及货运堆场综合整治工作典型案件。

【宝山区第一次自然灾害综合风险普查】 2021年,宝山区基本完成第一次自然灾害综合风险普查全面调查阶段。该普查是根据国家和上海市灾害综合风险普查总体安排,结合宝山区灾害类型、灾害风险特征、孕灾环境的实际情况以及普查工作需要,分行业、分阶段(前期准备阶段、全面调查阶段、风险评估区划阶段)开展的1项区情区力调查,由宝山区第一次自然灾害综合风险普查领导小组(成立于2020年11月20日,办公室设在区应急局)牵头开展,投入资金993.8万元。普查内容包括承灾体、历史灾害、综合减灾资源(能力)、重点隐患四项调查内容以及综合风险与区划评估。调查分为应急管理领域、气象灾害领域、水旱(海洋)灾害领域、森林火灾领域、承灾体(交通基础设施、农村房屋、城镇房屋)领域,分别由区应急局、区气象局、区水务局(区海洋局)、区绿化市容局、区交通委、区建管委、区住房保障房屋管理局组织实施。综合风险与区划评估由市灾险普查办开展。

【危险化学品事故处置桌面推演】 4月8日,由区安全生产办公室牵头,区府办总值班室、区应急局、区建管委、区公安分局、区消防救援支队、区环保局、区卫健委、上海华宝车用气体有限公司等14家单位,在区城市运行管理中心联合开展2021年危险化学品事故处置桌面推演。推演模拟液化天然气槽车在加气站内卸液作业时,软管与阀门连接处发生泄漏后所启动的应急响应及事故处置流程。

【安全评价机构执业行为专项整治】 5月,区应急局依据《上海市应急管理局关于印发上海市安全评价机构执业行为专项整治实施方案的通知》,针对各安全评价机构在宝山区所出具评价项目报告是否存在弄虚作假、重大疏漏、质量不达标等情形,对区涉加油站、危险化学品企业的54个安全评价项目开展专项检查。

检查形式包括报告核对、网上信息查询及项目现场勘察。9月,区应急局召集相关8家安全评价机构进行集体约谈,推进整改工作。10月,各安全评价机构对检查发现的299个问题隐患完成整改。

【“安全领航 科创宝山”安全宣传活动】 4月16日,区应急局、区民防办公室联合举办“安全领航 科创宝山”安全宣传进企业活动,依据应急管理部《推进安全宣传“五进”(进企业、进农村、进社区、进学校、进家庭)工作方案》,包括“安全领航 科创宝山”启动仪式、安全生产巡回演讲、安全宣传进企业执法检查、防灾减灾宣传救灾宣传周、安全生产宣传月、安全生产法及宪法宣传周等的系列宣传活动。

【“5·12”防灾减灾宣传活动】 5月12日,区灾防办牵头在宝乐汇广场举行“5·12”防灾减灾集中宣传咨询活动。“5·12”防灾减灾宣传以5月8日—14日年度防灾减灾宣传周为重要时间节点,由区自然灾害防治委员会办公室(设在区应急局)牵头,区科委、区民防办等单位联合开展。宣传周期间,共发放宣传资料15000余份,张贴海报6000余份、悬挂宣传横幅800余条。各街镇、涉灾部门、学校开展相关应急演练100余次。区灾防办在线上开展为期三周的市民防灾减灾知识有奖竞答活动,3000余人次参与;在线下通过社区通、社区商圈电子屏等线上线下数字媒体滚动播放宣传短片,题材包括防灾减灾、防汛防台、自然灾害风险普查等。区应急局举行社会应急救援(保障)力量队伍合作签约仪式,活动中与活动后合计签约20家。

【大型油气储存基地安全风险评估】 6月,宝山区依照《关于开展大型油气储存基地安全风险评估工作的通知》,对照《油气储存企业安全风险评估指南(试行)》开展大型油气储存基地安全风险自查工作。7月,市应急管理局赴区大型油气储存基地,以“三个100%”(“两重点一重大”生产储存自动化系统装备投用率100%、重大危险源企业安全预防控制体系建设率100%、化工企业主要负责人和安全管理人员等考核达标率100%)为要求进行专项检查,发现问题隐患21条。9月,应急管理部督查二组赴区开展督导检查,针对区域防爆、油库包保、自动化系统测量、连锁报警、防腐蚀管理等问题发现隐患31条。12月,区大型油气储存基地根据整改内容、标准、措施、时间、责任人“五落实”要求完成问题整改。

7月25日,台风“烟花”来临,区应急局执勤人员劝阻逗留滨江公园段江堤的市民

王 耀/摄影

【新安法新条款区首例行政处罚】 10月11日,区应急局执法人员赴上海飞阅建筑安装工程有限公司(联水路169号)进行执法检查。经查,该单位未建立安全风险分级管控制度,施工现场电线和气体管线铺设、氧气罐和氩气罐设置位置不符合规定,门口摆放有丙烷等气体空瓶且未见防倾倒措施。该公司未建立安全风险分级管控制度的行为,违反《中华人民共和国安全生产法(2021修正)》第四十一条第一款之规定。10月26日,区应急局依据《中华人民共和国安全生产法(2021修正)》第一百零一条第(四)项对上海飞阅建筑安装工程有限公司作出罚款2万元整的行政处罚。该起行政处罚是宝山区自《中华人民共和国安全生产法(2021修正)》生效以来首例以“未建立安全生产分级管控制度”为案由的行政处罚。

【宝钢特钢长材有限公司“4·27”机械伤害事故】 4月27日,宝钢特钢长材有限公司线材厂(水产路1269号)发生一起机械伤害事故。工人范某违规使用手持修磨钢筋对高速运转的辊轮进行修磨作业,致使钢筋卷入高速旋转的辊轮后从出线口窜出并击中工人沈某胸腹部。事故造成1名操作工人死亡,直接经济损失人民币155万元。8月17日,依据《生产安全事故报告和调查处理条例》第三条第一款第(四)项及《中华人民共和国安全生产法(2014修正)》第一百零九条第(一)项、第九十二条第(一)项之规定,区应急局对宝钢特钢长材有限公司作出罚款20万元的行政处罚,对其总经理作出罚款156563.7元的行政处罚。 (吴泽昊)

卫生健康

■ 编辑　吴思敏

公共卫生服务

【概况】　2021年,宝山区有各级各类卫生计生机构356个。其中:医院33所(其中综合医院13所,中西医结合医院1所,中医医院1所,专科医院5所,护理院13所),社区卫生服务中心(分中心)20家,社区卫生服务站122个,诊所、医务室80个,门诊部70个,专业公共卫生机构5个,其他医疗机构8个。医疗机构共有床位11605张,每千人口床位5.16张(2021年常住人口);共有卫生技术人员11158人,其中执业(助理)医师4005人,每千人口执业(助理)医师3.79人(2021年户籍人口)/1.78人(2021年常住人口);注册护士5149人,每千人口注册护士4.88人(2021年户籍人口)/2.29人(2021年常住人口)。医疗机构诊疗总量1486.56万人次,比上年上升15.02%。其中:门急诊1439.42万人次,出院21.30万人次,住院手术14.17万人,院前急救5.27万人。全区户籍人口平均期望寿命84.12岁,男性81.85岁,女性86.60岁。常住人口婴儿死亡率2.19‰,常住人口孕产妇死亡率0,常住人口甲乙类传染病发病率81.04/10万。新增艾滋病病毒(HIV)/艾滋病(AIDS)疫情129例。其中:HIV感染者109例,艾滋病病人20例,历年HIV感染者转为艾滋病人5例。累计报告HIV/AIDS 1703例,其中艾滋病病人362例。全年区镇两级财政卫生事业费16.91亿元,比上年增长6.22%,其中经常经费14.40亿元、专项经费2.51亿元。区级财政卫生事业费12.52亿元,增长6.73%,其中经常经费10.07亿元、专项经费2.45亿元。区级财政投入计划生育事业经费2015.65万元。宝山区常住人口总数225.01万人,增加1.49万人;常住人口出生9438人,减少556人,减幅5.56%。户籍人口总数105.56万人,增加2.75万人;户籍人口出生4618人,减少490人,减幅9.59%。户籍人口一孩率81.23%,上升2.57%;二孩率18.15%,下降2.64%;多孩率0.63%,上升0.08%。全区生育峰值年龄31岁,上升1岁。户籍育龄妇女192850人,占总人口数18.52%,增加4217人,增幅2.24%。

【新冠疫情常态化防控】　2021年,宝山区坚持常态化疫情防控与局部应急处置相结合,全力做好疫情防控工作。根据疫情发展变化,适时调整防控领导小组、专项工作组等组织体系,优化防控工作方案,及时启动各类应急预案,积极落实防控举措。建立专项督查工作机制,确保防控责任落实到位。继续做好流调溯源、医疗救治、集中隔离观察、人员排摸、道口排查、邮轮港接靠、机场派遣等工作。完成辖区内发热门诊和发热哨点诊室的规划化改造,配齐配强发热门诊医护力量,提升综合诊疗能力;罗店医院感染楼作为隔离人员定点医疗机构于9月13日投入使用。提升区域核酸检测能力,仁和医院为市核酸检测基地,设立2家24小时核酸检测医疗机构。完成金勺路大型隔离场所建设,于9月6日正式启用。坚持“事不过夜”“逢阳必报”,精准有序、科学高效处置各类疫情应急事件,年内共处理各类应急事件9起。有序推进疫苗接种,实施“1+N”“固定+流动”便民接种模式,分步启动3~17岁人群疫苗接种、重点人群疫苗接种,有序启动加强针接种。累计完成18岁及以上人群接种405.35万剂次,完成全程接种人数190.42万,全程接种率96.12%。累计完成18岁及以上人群新冠疫苗加强免疫接种43.61万人,加强免疫完成率27.11%。全区累计发现新型冠状病毒肺炎确诊病例179例(其中140例为境外输入性病例,1例为境外输入关联病例,38例境内病例),累计落实密切接触者医学观察4000人。

【公共卫生服务】　2021年,宝山区不断加快疾控体系现代化建设,推进公共卫生中心改扩建项目;完善专业技术车辆配置,增加特种专业技术用车;增强区疾控中心实验室配置,新增聚合酶链式反应(PCR)检测、基因测序等设备,提升实验室检测能力。落实国家基本公共卫生服务项目和市、区政府实事项目,全年完成老年人健康体检21.9万人次,大肠癌筛查3.39万人,老年人免费肺炎疫苗接种7363剂次,退休女性妇科病和乳腺病检查16163人。全区无甲类传染病,报告乙类传染病10种1658例;甲、乙类传染病报告发病率81.04/10万,明显低于全市平均水平100.30/10万。积极推进儿童青少年屈光发育建档工作,全年实际建档数137969份,实现公办在册中小幼学生屈光建档全覆盖。全区在册各类精神疾病患者10449人,全年新增患者1138人。开展重点病人普访排查,开通绿色通道、预留床位,多举措落实花博会、建党100周年和第四届进博会期间精神的卫生保障工作。持续强化母婴安全保障,完善母婴安全救治体系;未发生孕产妇死亡,成功抢救危重孕产妇9例,转会诊危重新生儿338例。

【公立医院改革】　2021年,区卫健委优化公立医院医疗服务评价机制,推进吴淞中心医院现代医院管理制度市级试点。加强临床药事管理,规范“阳光采购”制度,实现药品采购全覆盖和全过程监管。健全宝山区医疗质量控制网络,定期对医疗机构进行质控和指导,促进医院管理做实做精做细。区中西医结合医院成功创建上海中医药大学非直属附属医院;区中西医结合医院、吴淞中心医院入选“全国改善医疗服务先进典型医院名单”。

【社区卫生综合改革】　2021年,区卫健委进一步做实家庭医生“1+1+1”签约服务(居民在自愿选择一名家庭医生签约的基础上，可在全市范围内再选择一家区级医疗机构与一家市级医疗机构进行签约），探索“全专结合、医防融合”合作模式，淞南镇社区卫生服务中心与九院心脏中心开设“九院—淞南心血管全专联合门诊”，吴淞街道社区卫生服务中心成功创建“2021 年上海市第一批住院医师规范化培训示范社区教学基地”。持续开展优质服务基层行活动，17 家社区卫生服务中心达到“推荐标准”，并获国家卫健委通报表扬。全区常住居民“1+1+1”签约 79.09 万人（全市排名第三），签约率 35.38%；重点人群签约 37.71 万人，签约率 98.98%（全市排名第一）；签约居民签约社区就诊率 85.92%（全市排名第八）；开具延伸处方 11.37 万张（全市排名第七），开具慢病长处方 96.46 万张。

【医疗服务】 2021 年，区卫健委进一步优化医疗服务体系，仁和医院、大场医院、罗店医院、中冶医院 4 家单位创建为市区域性医疗中心建设单位。推进医院等级评审工作，区中西医结合医院通过三级中西医结合医院等级复评审；吴淞中心医院、仁和医院和中冶医院通过二级甲等综合医院复评审；大场医院和罗店医院通过二级综合医院等级（升等）评审。“5+3”区域医疗联合体格局深入推进，全年医联体内共派遣专家 99 名，下沉社区 1792 人次，开展专病咨询 22363 人次，参与会诊 237 人次，参加社区带教查房 707 人次，双向转诊 29631 人。搭建以中山医院为龙头、吴淞医院为骨干、专科联盟为支撑、名医工作室为特色、社区卫生服务中心参与的紧密型医联体建设格局，年内开展心内科、消化内科（内镜中心）、骨科等学科新技术新项目 132 项，其中，全国领先技术 10 项、区内首例 29 项。强化急重症诊治救治能力，区属 5 家综合医院均可开展急诊心脏介入手术。吴淞中心医院成立宝山区泛血管疾病诊治中心、宝山区创伤医学中心。

【中医药服务】 2021 年，宝山区不断提升中医药服务能力和传承创新，加快推进中医药工作全面发展，满足居民对中医药服务日益增长的健康需求。依托上海中医药大学“区校共建”，进一步深化“曙光中医医联体”的内涵建设，区中西医结合医院肛肠科作为市级专科专病资源全要素下沉的“一区一品牌”重点基地，形成名医工作室机制，强化曙光医院对重点基地的技术辐射和带动。由区中西医结合医院肾病科牵头的慢性肾脏病中医专病联盟建设，入选上海市第二批中医专科（专病）联盟建设项目。区中西医结合医院骨伤科被授予“上海市慢性筋骨病临床医学研究中心核心单位”，淞南镇社区卫生服务中心被授予成员单位。加强社区中医药能力建设，淞南镇和吴淞街道社区卫生服务中心通过市中医药特色示范社区卫生服务中心项目验收；淞南镇、杨行镇和高境镇社区卫生服务中心创建成为市首批示范性社区康复中心；淞南镇社区卫生服务中心脱发中医药特色治疗门诊入选“上海市社区中医特色诊疗服务品牌名单”。

【学科人才建设】 2021 年，区卫健委启动“十四五”卫生健康系统人才“三大工程”（人才蓄水工程、人才提升工程、人才激励工程），重新修订人才激励办法，制定完善年轻干部培养工作规划、人才公寓申请实施方案等。全年实际招录临床医生、公卫医师、医技及护理人员共 207 人，引进副高职称以上人员 8 人。继续开展全科医师“5+3”定向培养模式，年内委托培养新增 12 人。首届“百名优青”培养项目完成验收，94 名区优青培养对象全部完成终期验收。年内完成《2018—2020 年度区医学特色专科和社区项目》的验收，20 个特色专科（A 类 12 个，B 类 8 个）均通过评估验收。在巩固现有学科优势的基础上，完善新一轮宝山区医学重点专科建设方案，完成摸底申报工作。市卫健委课题立项 11 项；区科委课题立项 70 项。3 名宝山青年医师入选“科技创新行动计划”扬帆计划；上海中冶医院王思成研究项目获上海医学科技奖三等奖。

【卫生应急处置】 2021 年，区卫健委不断完善突发公共卫生事件及重大活动风险应对机制，进一步规范应急处置流程，提高突发公共卫生事件快速发现、报告、预警、响应和处置能力；强化与区急管理局、区公安分局、海关、边检等多部门的联防联控工作机制，全面提升应对突发公共卫生事件联合作战能力和卫生应急处置能力。承担全市新冠肺炎疫情防控综合应急演练获得市领导肯定；组织开展专项应急演练 9 次，参与相关委办局组织的综合演练 8 次。对涉及交通事故、安全生产事故、坠楼事件、火灾等 117 起突发事件均落实有效处置。不断提高重大活动保障能力，完成“上海市两会”“上海市樱花

7 月 12 日，上海中医药大学附属宝山医院揭牌仪式举行　　陆海萍/摄影

节”“2021年宝山—维西青少年手拉手活动”“中国产业互联网高峰论坛”“上海市花博会”“第四届进口博览会”等118项重大活动的医疗卫生保障，共出动医疗急救车辆271车次，派出医疗保障人员974人次。

【健康宝山行动】 2021年，宝山区贯彻落实《关于推进健康宝山行动的实施意见》《健康宝山行动2019—2030年》等精神，对照健康宝山行动指标和职责分工，加强部门联动，推进落实健康宝山行动。宝山区通过2021年国家卫生区复审，淞南镇、高境镇通过国家卫生镇复审，大场镇进入综合评审阶段。完成1个镇、6个村的上海市首批健康村镇试点建设的市级考核验收。助力常态化疫情防控工作，开展各类爱国卫生集中整治活动6次，500余个村居委、78家农贸集市参与，共计11万人次，整治场所5800余家。促进健康自管小组创新发展，全区居民健康自我管理小组共计428个，组员6826名；其中，星级小组32个。10个小组成功入选“上海市2019—2020年A级健康自管小组名单”，4名小组成员获“上海市健康自管小组疫情防控优秀案例征集”优秀案例个人奖项，4个小组获集体奖项。开展卫生系统“健康演说家”活动，挖掘选拔出优秀健康科普微信公众号5个、优秀健康科普作品12个和优秀健康科普讲师13名。

【卫生监督】 2021年，宝山区进一步强化政府主导责任，落实医疗卫生行业综合监管会商机制，制定《宝山区改革完善医疗卫生行业综合监管制度实施方案》，召开年度综合监管会商机制工作例会。全面实施“双随机、一公开”（在市场主体名录库中随机抽取一定比例的检查对象，在执法检查人员名录库中随机抽取执法检查人员，依照法定职责进行监督检查，并将抽查检查结果通过公示系统等平台向社会公开）监督抽查，确定宝山区随机监督抽查任务清单，制定工作计划，以现场快速检测、执法记录仪等信息化手段为辅助，开展监督检查与抽检，共计1105家单位开展“双随机”监督及抽检，任务完成率100%，监督抽检结果向社会公示。强化区域协作和部门联动执法，全年共监督检查9493户次，实施卫生行政处罚案件484件，其中警告112件、罚款372件。卫生行政处罚罚款金额总计286.33万元，没收违法所得5.31万元。全面创新职业卫生监督机制，对160家用人单位探索试点分类分级监督模式，经评估审核：甲类23家、乙类40家、丙类97家，逐步开展差异化监督执法。持续加强行政应诉规范化建设，收到“行政复议决定书”4份、“行政裁定书”3份、“不支持监督申请决定书”2份，行政负责人出庭应诉率100%，无败诉案件发生。

【计划生育家庭帮扶】 2021年，宝山区共投入计划生育奖励扶助经费8384.916万元（含：给付计划生育家庭特别扶助金23914人次，金额5881.211万元；给付农村部分计划生育家庭奖励扶助金10728人，金额2208.555万元；审核年老退休一次性计划生育奖励费11074人，其中财政发放361人，金额182.75万元；给付独生子女意外伤残、死亡一次性补助276人，金额112.4万元）。围绕生活照料、基本医疗服务、大病治疗、养老保障、精神慰藉等问题，落实计划生育特殊家庭“联系人制度、家庭医生签约服务、就医便利”3个全覆盖。为全区5765名计划生育特殊对象开展“1+1+1”家庭医生组合签约服务，落实率达95.35%，落实就医便利卡优先制度，完善就医绿色通道服务。

【家庭发展能力建设】 2021年，宝山区依法实施三孩生育政策，加强生育政策宣传解读，推动政策有序衔接、平稳落地，审批再生育子女申请71例。坚持预防为主，强化出生缺陷一级预防，全年投入110余万元，为1231对计划怀孕夫妇提供免费孕前优生健康检查服务。依托“宝山家庭计划指导”微信公众号等平台，开展“青春期、新婚期、孕产期、育儿期和中老年期”等各期生殖健康宣传倡导。开展系列化科学育儿指导服务，为社区0～3岁婴幼儿家庭开展线下亲子活动30场，提供线上科学育儿服务420户。采取项目化运作，连续6年为辖区内四年级新生家长免费发放《青春护航，放飞成长——做孩子喜欢的家长》青春期科普读物。围绕打造健康家庭文化品牌，主办“第六届上海市家庭马拉松”暨5·15国际家庭日主题活动，倡导健康家庭、幸福家庭理念，300余户家庭参赛。全年开展各类家庭计划指导服务788场次，受益2.7万人次。

【卫生健康信息化建设】 2021年，区卫健委以数字化转型“便捷就医服务”为建设核心，完成精准预约、智能预问诊、互联互通互认深化应用、医疗付费“一件事”、电子病历卡和电子出院小结、线上核酸申请检测、智慧急救等7个“便捷就医服务”数字转型应用场景建设应用，并实现具有鲜明区域特色的“互联网+移动家床”全覆盖建设应用，为全面提升居民就医体验、开创宝山区“便捷就医服务”数字化转型与数字医疗创新新局面提供信息支撑，吴淞医院被上海市“便捷就医服务”数字化转型工作专班授予“2021年便捷就医服务”数字化转型工作示范单位称号，为全市唯一获此殊荣的区级综合性医院；持续夯实区域卫生健康信息化基础设施，完成区卫生数据中心整体迁移入电子政务云，基础设施的安全性能、冗余性进一步有效提升。新建5家智慧健康驿站，全区已建成22家，实现街镇全覆盖。

【民营医疗机构】 2021年，宝山区有核准登记民营医疗机构178家。其中，医院14家（包括妇产科医院1家、中医医院1家、护理院10家、口腔医院2家）；门诊部86家（包括口腔门诊部71家、综合性门诊部4家、中西医结合门诊部1家、中医门诊部6家、医疗美容门诊部1家、儿童保健门诊部1家、眼科门诊部1家、健康体检门诊部1家）；个体诊所48家（包括口腔诊所20家、中医诊所11家、中医诊所备案12家、中医坐堂医诊所3家、全科诊所2家）；护理站25家；临床检验所4家、临床病理中心1家。

2021 年宝山区前十位疾病死亡原因及构成

顺位	合计				男				女			
	死亡原因	死亡数（人）	死亡专率（1/10 万）	占死亡总数（%）	死亡原因	死亡数（人）	死亡专率（1/10 万）	占死亡总数（%）	死亡原因	死亡数（人）	死亡专率（1/10 万）	占死亡总数（%）
1	循环系病	4035	389. 55	44. 10	循环系病	2061	395. 31	40. 29	循环系病	1974	383. 71	48. 95
2	肿瘤	2741	264. 62	29. 96	肿瘤	1752	336. 04	34. 25	肿瘤	989	192. 24	24. 52
3	内营代	614	59. 28	6. 71	呼吸系病	348	66. 75	6. 80	内营代	285	55. 40	7. 07
4	呼吸系病	520	50. 20	5. 68	内营代	329	63. 10	6. 43	损伤中毒	262	50. 93	6. 50
5	损伤中毒	488	47. 11	5. 33	损伤中毒	226	43. 35	4. 42	呼吸系病	172	33. 43	4. 26
6	消化系病	192	18. 54	2. 10	神经系病	102	19. 56	1. 99	消化系病	102	19. 83	2. 53
7	神经系病	160	15. 45	1. 75	消化系病	90	17. 26	1. 76	精神病	61	11. 86	1. 51
8	精神病	96	9. 27	1. 05	泌尿生殖	52	9. 97	1. 02	神经系病	58	11. 27	1. 44
9	泌尿生殖	91	8. 79	0. 99	传及寄病	47	9. 01	0. 92	泌尿生殖	39	7. 58	0. 97
10	传及寄病	67	6. 47	0. 73	精神病	35	6. 71	0. 68	肌骨结缔	32	6. 22	0. 79

2021 年宝山区前十位恶性肿瘤死亡原因及构成

顺位	合计				男				女			
	死亡原因	死亡数（人）	死亡专率（1/10 万）	占死亡总数（%）	死亡原因	死亡数（人）	死亡专率（1/10 万）	占死亡总数（%）	死亡原因	死亡数（人）	死亡专率（1/10 万）	占死亡总数（%）
1	肺癌	673	64. 97	24. 55	肺癌	498	95. 52	28. 42	肺癌	175	34. 02	17. 69
2	肠癌	354	34. 18	12. 91	肠癌	228	43. 73	13. 01	肠癌	126	24. 49	12. 74
3	胃癌	279	26. 94	10. 18	胃癌	186	35. 68	10. 62	胰腺癌	78	15. 16	7. 89
4	肝癌	205	19. 79	7. 48	肝癌	142	27. 24	8. 11	乳腺癌	93	18. 08	9. 40
5	胰腺癌	200	19. 31	7. 30	胰腺癌	122	23. 40	6. 96	胃癌	93	18. 08	9. 40
6	乳腺癌	93	8. 98	3. 39	前列腺癌	86	16. 50	4. 91	肝癌	63	12. 25	6. 37
7	食管癌	88	8. 50	3. 21	食管癌	67	12. 85	3. 82	胆囊癌	27	5. 25	2. 73
8	前列腺癌	86	8. 30	3. 14	脑及神经系统	43	8. 25	2. 45	脑及神经系统	24	4. 67	2. 43
9	脑及神经系统	67	6. 47	2. 44	白血病	42	8. 06	2. 40	宫颈癌	24	4. 67	2. 43

2021 年宝山区公立医院

分类	名　称	等　级	执业地址	实有床位（张）	门急诊（万人次）	主　要　科　室
三级医疗机构	华山北院	三级甲等	陆翔路 108 号	600	121. 64	妇科、普外、泌尿、骨科、眼科、消化、中西医结合、心血管、呼吸、心胸外科、风湿和职业病科、皮肤、五官、内分泌、肾病、神经内科、神经外科、康复、肿瘤
	九院北院	三级甲等	漠河路 280 号	870	108. 35	内、外、妇产、儿、五官、皮肤、传染、中医、肿瘤
	宝山区中西医结合医院	三级甲等	友谊路 181 号	736	147. 19	内、外、妇产、儿、五官、皮肤、传染、中医、肿瘤
	上海市同济医院	三级甲等	新沪路 950 号	0	14. 25	
二级医疗机构	吴淞中心医院	二级甲等	同泰北路 101 号	603	89. 83	内、外、妇产、儿、五官、皮肤、传染、中医、肿瘤
	大场医院	二级乙等	环镇北路 1058 号	366	57. 91	内、外、妇产、儿、五官、皮肤、传染、中医、肿瘤
	罗店医院	二级乙等	永顺路 88 号	352	87. 74	内、外、妇产、儿、五官、皮肤、传染、中医、精神
	上海市第二康复医院	未评	长江路 860 弄 25 号	419	3. 38	康复
	仁和医院	二级甲等	长江西路 1999 号	365	99. 51	内、泌尿外、骨、妇产、儿、五官、皮肤、传染
	精神卫生中心	二级甲等专科	友谊支路 312 号	530	10. 00	精神科
	中冶医院	二级甲等	春雷路 456 号	852	52. 02	内、外、妇产、儿、五官、皮肤、传染、中医、肿瘤

（续表）

分类	名　称	等　级	执业地址	实有床位（张）	门急诊（万人次）	主　要　科　室
一级医疗机构	老年护理院	未评	共和新路 5425 号	250	0. 16	老年护理
	民政老年医院	一级	富锦路 660 号	97	0. 98	老年护理
	建工护理院	一级	虎林路 521 号	205	0	老年护理
	宝钢红十字老年护理院	未评	宝山永清路宝山十村 106 号	120	0	老年护理
	泗塘街道社区卫生服务中心	一级	虎林路 439 号	34	33. 45	全科、中医、康复、预防保健
	月浦镇社区卫生服务中心	一级	龙镇路 2 号	60	29. 91	全科、中医、康复、预防保健
	友谊街道社区卫生服务中心	一级	宝杨路 333 号	0	39. 09	全科、中医、康复、预防保健
	长江路社区卫生服务中心	一级	通河路 639 号	0	49. 69	全科、中医、康复、预防保健
	祁连社区卫生服务中心	一级	祁连山路 2891 号	70	35. 11	全科、中医、康复、预防保健
	吴淞街道社区卫生服务中心	一级	同济路 313 号	50	31. 45	全科、中医、康复、预防保健
	杨行镇社区卫生服务中心	一级	杨泰路 239 号	91	32. 64	全科、中医、康复、预防保健
	顾村镇社区卫生服务中心	一级	水产西路 1138 号	0	45. 43	全科、中医、康复、预防保健
	盛桥社区卫生服务中心	一级	盛桥一村 26 号	0	13. 24	全科、中医、康复、预防保健
	淞南镇社区卫生服务中心	一级	淞良路 301 号	26	52. 87	全科、中医、康复、预防保健
	高境镇社区卫生服务中心	一级	共康东路 55 号	50	31. 66	全科、中医、康复、预防保健
	大场镇社区卫生服务中心	一级	汶水路 1662 号	0	51. 15	全科、中医、康复、预防保健
	庙行镇社区卫生服务中心	一级	长江西路 2700 号	0	41. 89	全科、中医、康复、预防保健
	大场第三社区卫生服务中心	一级	少年村路 218 号	0	20. 72	全科、中医、康复、预防保健
一级医疗机构	罗泾镇社区卫生服务中心	一级	潘沪路 28 号	43	23. 92	全科、中医、康复、预防保健
	罗店镇社区卫生服务中心	一级	美诺路 251 号	38	30. 30	全科、中医、康复、预防保健
	菊泉新城社区卫生服务中心	一级	菊盛路 218 号	0	55. 70	全科、中医、康复、预防保健
	罗店镇社区卫生服务中心	一级	美诺路 251 号	0	4. 65	全科、中医、康复、预防保健
	上海上农医院	一级	江苏省盐城市大丰区上海农场四岔河院前路	42	3. 75	全科、中医、康复、预防保健
	上海白茅岭医院	一级	上海市白茅岭农场	99	0. 53	全科、中医、康复、预防保健

2021 年宝山区民营医院

名　称	地　址	备　注
上海美兰湖妇产科医院	罗迎路 500 号	妇产科医院
上海通大中医医院	淞滨路 130 号	中医医院
上海宝罗护理院	张桥路 12 号	护理院
上海宝济护理院	同济路 868 弄 2 号	护理院
上海高逸护理院	何家湾路 99 弄 8 号	护理院
上海爱以德护理院	业绩路 8 号 5 号楼	护理院
上海金色晚年护理院	段泾村陆家宅 50 号—2 临	护理院
上海爱以德联泰护理院	联泰路 63 号	护理院
上海礼孝护理院	国权北路 530 号	护理院
上海金色怡福护理院	潘泾路 5998 号临 2 号楼	护理院
上海感恩护理院	宝安公路 7 弄 8 号	护理院
上海懿康护理院	锦秋路 1688 号 1—5 层	护理院
上海摩尔星华口腔医院	中国（上海）自由贸易试验区浦建路 15 号 2175、2176 室	口腔医院
上海尤旦口腔医院	场中路 4098 弄 38 号 1 层 06 室、2—3 层	口腔医院

2021 年宝山区民营门诊部

名　称	地　址	备　注
上海金悦门诊部	丰宝路 47—57 号	综合门诊部
上海新园门诊部	电台路 567、571、575 号	综合门诊部
上海广福门诊部	宝安公路 2338 号	综合门诊部
上海昌豪门诊部	水产西路 188 号	综合门诊部
上海中正中医门诊部	真华路 1795 号 D 区	中医门诊部
上海初沁堂中医门诊部	场北路 712 号 205—208 室	中医门诊部
上海翼康中医门诊部	菊盛路 879 号 202—203	中医门诊部
上海义德中西医结合门诊部	长江南路 577 号	中西医结合门诊部
上海金童康门诊部	同济路 999 号 3 号楼 111—116 号	儿童保健门诊部
上海荣恩医疗美容门诊部	一二八纪念路 644 号	美容门诊部
上海凯德口腔门诊部	华灵路 1945 号	口腔门诊部
上海宋扬口腔门诊部	蕰川路 1438 弄 228 号	口腔门诊部
上海罗缘口腔门诊部	美丹路 222 号 101 室	口腔门诊部
上海雅郑口腔门诊部	杨鑫路 350—2 号	口腔门诊部
上海美而佳口腔门诊部	长逸路 385 号	口腔门诊部
上海博凡口腔门诊部	阳曲路 1370—1372 号	口腔门诊部
上海昊艳口腔门诊部	三泉路 1916 号	口腔门诊部
上海维佳康科尔口腔门诊部	锦秋路 821 号	口腔门诊部
上海珞朦口腔门诊部	盘古路 388 弄 2 号 305 室	口腔门诊部
上海沪佳口腔门诊部	共江路 855、857 号	口腔门诊部
上海雅悦口腔门诊部	陆翔路 111 弄 1 号 203 室	口腔门诊部
上海齿伽口腔门诊部	呼玛路 579 号	口腔门诊部
上海博文口腔门诊部	长江南路 681 号甲 1 楼 101 室、102 室	口腔门诊部
上海博耀口腔门诊部	新沪路 250 号 1—2 层	口腔门诊部
上海博美口腔门诊部	同泰北路 533 号	口腔门诊部
上海经华口腔门诊部	纬地路 386 号	口腔门诊部
上海青苗口腔门诊部	长江西路 2345 号	口腔门诊部
上海贤佳口腔门诊部	牡丹江路 377 号—1	口腔门诊部
上海超美口腔门诊部	环镇北路 721 号	口腔门诊部
上海梦诗口腔门诊部	潘沪路 233 号	口腔门诊部
上海博恩口腔门诊部	长江西路 1408 号	口腔门诊部
上海奇正口腔门诊部	真金路 1041 号 1 楼	口腔门诊部
上海华和口腔门诊部	华和路 290 号	口腔门诊部
上海康尔雅口腔门诊部	鹤林路 262 号	口腔门诊部
上海新洋口腔门诊部	长临路 913 号 110 室、109 室	口腔门诊部
上海淞康口腔门诊部	淞南路 405 号—4	口腔门诊部
上海尤旦盛菊口腔门诊部	菊盛路 865 号—202	口腔门诊部
上海拜博康乾口腔门诊部	殷高西路 510—514 号(双号)2、3 层	口腔门诊部
上海丽尔康口腔门诊部	南东路 78 号	口腔门诊部
上海拜博宝尔口腔门诊部	牡丹江路 1272 号 6 楼	口腔门诊部
上海丹德口腔门诊部	顾北东路 516 号	口腔门诊部
上海博信口腔门诊部	聚丰园路 188 弄 278 号	口腔门诊部
上海德赫口腔门诊部	沪太路 4889 弄 2 号 102 室	口腔门诊部
上海文凯口腔门诊部	泰和西路 3463 弄 143—144 号	口腔门诊部

（续表）

名 称	地 址	备 注
上海卓艺口腔门诊部	大华二路 255 号	口腔门诊部
上海均兴口腔门诊部	菊太路 1334、1336 号	口腔门诊部
上海雅杰口腔门诊部	共富路 500 号	口腔门诊部
上海博缘口腔门诊部	共康路 157 - 159 号	口腔门诊部
上海佳十美宝杨口腔门诊部	宝杨路 826 - 830 号	口腔门诊部
上海宏齿口腔门诊部	宝泉路 30 号	口腔门诊部
上海鑫尔口腔门诊部	淞滨路 824 号	口腔门诊部
上海睦禾口腔门诊部	淞宝路 155 弄 9 号 506—509 室	口腔门诊部
上海拜博康尔口腔门诊部	共和新路 5000 弄 5 号楼 306、307 室	口腔门诊部
上海怡华口腔门诊部	场联路 21—29 号(单号)	口腔门诊部
上海博赟口腔门诊部	罗泾镇陈川路 172—174 号	口腔门诊部
上海皓诺口腔门诊部	大场镇涵青路 67 号	口腔门诊部
上海佳雅口腔门诊部	东林路 395 弄 9 号	口腔门诊部
上海美冠口腔门诊部	水产西路 797 号	口腔门诊部
上海大唐口腔门诊部	河曲路 115 号	口腔门诊部
上海瑞申口腔门诊部	市一路 168 号	口腔门诊部
上海志琴口腔门诊部	祁北东路 75 号	口腔门诊部
上海博业口腔门诊部	亭前街 181 号	口腔门诊部
上海邦缔口腔门诊部	顾太路 170 号	口腔门诊部
上海康宏口腔门诊部	淞兴路 236 号、238 号	口腔门诊部
上海浦华口腔门诊部	华灵路 10 号	口腔门诊部
上海毓华口腔门诊部	共和新路 5212 弄 89—91 号	口腔门诊部
上海仁缘口腔门诊部	菊太路 826 号	口腔门诊部
上海莱康口腔门诊部	塘西街 380、382、384 号	口腔门诊部
上海皓芽口腔门诊部	一二八纪念路 878 弄 9 号	口腔门诊部
上海贝康口腔门诊部	友谊路 1899 弄 33 号 1 楼、35 号 1 楼	口腔门诊部
上海昶灿口腔门诊部	殷高西路 598 号 107—108 室	口腔门诊部
上海凯明口腔门诊部	真华路 926 弄 1 号 301—303 室	口腔门诊部
上海美璟口腔门诊部	何家湾路 104 号、106 号	口腔门诊部
上海梦浩口腔门诊部	美安路 218 弄 232 号—3	口腔门诊部
上海一舟口腔门诊部	场中路 3329 号 301 室	口腔门诊部
上海勋德口腔门诊部	绥化路 257 号、259 号—1 临	口腔门诊部
上海春丽口腔门诊部	共富路 13 号	口腔门诊部
上海慧博口腔门诊部	一二八纪念路 759 号、761 号	口腔门诊部
上海申浩口腔门诊部	松兰路 879 号 1 幢—31 号	口腔门诊部
上海国医之家中医门诊部	联杨路 3888 号—甲 6 号	中医门诊部
上海德众堂中医门诊部	新沪路 1073 号 1 层	中医门诊部
上海玉医堂中医门诊部	菊泉街 675 号 4 幢 108 室、201 室	中医门诊部
上海润通眼科门诊部	牡丹江路 1272 号 301—305 室	眼科门诊部
上海瑞慈瑞山门诊部	共和新路 4727 弄 11、12 层	体检门诊部
上海博义口腔门诊部	场北路 748 号	口腔门诊部
上海华尔康佳泉口腔门诊部	高逸路 7—29 号 1 幢 203、205、206	口腔门诊部

2021年宝山区其他民营医疗机构

名　称	地　址	备　注
上海益乐护理站	宝林四村12号2层206室—210室	护理站
上海海波护理站	美平路410号1层	护理站
上海佳家安心护理站	淞肇路88号103室	护理站
上海爱以德亿诺护理站	南蕰藻路1877号	护理站
上海护礼家护理站	逸仙路1321弄1支弄42号—1	护理站
上海金色怡泰护理站	长虹路798号	护理站
上海爱至家护理站	德都路18号2317室	护理站
上海逸乐护理站	淞宝路392—396号2层202、203、204、206室	护理站
上海全程久久泰宝护理站	水产路1070号	护理站
上海康顺护理站	淞兰路1166弄97号	护理站
上海济家杨泓护理站	宝杨路1943号619室	护理站
上海骥祥护理站	月城路299弄5号101室	护理站
上海烨霖护理站	顾北路566号1—210室	护理站
上海爱以德荣浩护理站	富联路154号	护理站
上海弘爱护理站	菊联路89弄66号	护理站
上海长护庙康护理站	长临路959弄38号311室	护理站
上海长护通康护理站	共江路1092号	护理站
上海赛安医学检验所	上大路1号辅楼1楼东侧、2楼整层	检验所
上海钧济医学检验所	沪太路2999弄19—20号1层	检验所
上海今创医学检验所	高逸路111号2幢1层	检验所
上海桐树医学检验实验室	园康路300号2幢5层C区	检验所
上海衡道医学病理诊断中心	园康路300号BC楼(2幢)8层	病理诊断中心
上海陈明口腔诊所	新沪路1468号	口腔诊所
上海陈昌富口腔诊所	长江西路1849号	口腔诊所
上海杜光明口腔诊所	绥化路90号	口腔诊所
上海李秋华口腔诊所	上大路1288弄102号207室	口腔诊所
上海济坤全科诊所	罗芬路555弄1号1—2层	全科诊所
上海王延萍口腔诊所	淞青路225号	口腔诊所
上海覃荣林口腔诊所	永乐路538—540号	口腔诊所
上海智护汇全科诊所	富锦东路218号101室	全科诊所
上海宋敏口腔诊所	新沪路459号	口腔诊所
上海周乃琴口腔诊所	亭前街80号	口腔诊所
上海陈国民口腔诊所	新村路813号	口腔诊所
上海虞松寿口腔诊所	逸仙路1321弄5支弄13号	口腔诊所
上海吴根柱口腔诊所	海江路35号	口腔诊所
上海陈真口腔诊所	华灵路1788弄5号1F2号	口腔诊所
上海潘志强口腔诊所	双城路803弄8号楼101室	口腔诊所
上海陈艳平中医诊所	淞兴路234号1—2层	中医诊所备案
上海丁士德口腔诊所	双城路291号	口腔诊所

（续表）

名　称	地　址	备　注
上海金颋口腔诊所	同济路999号4号楼117、118室	口腔诊所
上海方捷敏口腔诊所	新二路997弄3号甲	口腔诊所
上海刘理口腔诊所	友谊支路30、36号	口腔诊所
上海黄怡口腔诊所	祁连山路2620号	口腔诊所
上海宋庆华口腔诊所	月浦八村1号102室	口腔诊所
上海朱恬口腔诊所	华灵路1681弄37号105室	口腔诊所
上海康乾中医内科诊所	殷高西路510号	中医诊所
上海罗道友中医骨伤科诊所	聚丰园路388弄75号5	中医诊所
上海张根全中医内科诊所	大场镇乾溪新村洛场路300弄19号	中医诊所
上海汪金宝中医针灸推拿诊所	淞兴路311号	中医诊所
上海李浩中医骨伤科诊所	共泉路110号	中医诊所
顾孝信私立中医针灸诊所	新桥街19号	中医诊所
上海杨中奕中医针灸推拿诊所	长江西路1843号	中医诊所
上海一德中医内科诊所	淞滨路130号	中医诊所
上海一德爱晖中医诊所	长江西路1555号4临(A区)	中医诊所备案
上海元景中医诊所	三泉路1895号	中医诊所备案
上海李作初中医内科诊所	大场镇南大路22弄1号	中医诊所
上海华瑰中医诊所	同济支路199号4幢3号楼3106室	中医诊所
上海众泰中医诊所	淞发路25弄25号1层	中医诊所备案
上海谊涛中医诊所	华秋路207、209号	中医诊所
上海民心中医诊所	牡丹江路1188号4	中医诊所备案
上海一德大药房仁德药店友谊路中医坐堂医诊所	友谊路100号	中医坐堂
上海北翼国大药材医药有限公司宝淞药房中医坐堂医诊所	牡丹江路487号	中医坐堂
上海一德盛安中医诊所	古莲路201号1临	中医诊所备案
上海红墙情中医诊所	同济路999号2幢115室3	中医诊所备案
上海驭安中医诊所	鄂尔多斯路756号	中医诊所备案
上海万芸药房连锁有限公司水产西路中医坐堂医诊所	水产西路771号1层	中医坐堂
上海烨盛护理站	月浦镇段泾村月新北路381号109室	护理站
上海欣云逸护理站	祁华路202号	护理站
上海悦活乐护理站	共和新路5308弄116号部分(共泉路118临)	护理站
上海宝易护理站	一二八纪念东路525号	护理站
上海嘉志护理站	一二八纪念路155号西侧	护理站
上海舒逸护理站	呼兰路911弄11号6幢206室	护理站
上海博霖护理站	顾北东路518、520号	护理站
上海全程玖玖友宝护理站	盘古路125号甲	护理站
上海薛茜中医诊所	顾北路515号1—2层	中医诊所备案
上海黄郁斌中医诊所	一二八纪念路878弄7号230室	中医诊所备案
上海弘璟琥珀堂中医诊所	高逸路7—29号1幢201—05室	中医诊所备案
上海秦立梅中医诊所	沪太路2999弄29号401室	中医诊所备案

（卢正华）

医疗保障

【概况】 2021年，宝山区医疗保障局扎实推动医疗保障事业高质量发展，全年完成居保审核2.52万人，参保缴费合计23.08万人；市民帮困计划完成新增审核395人，缴费人数988人，帮困参保缴费合计3.25万人，缴费率达100%。结算职工医保医疗费用41.88亿元，结算居民医保医疗费用3.81亿元，结算市民互助帮困医疗费用1.09亿元。年内，通过医保“三进”（进社区、进园区、进企业）和线上宣讲开展政策宣传，在“宝山医保”“社区通”等平台发布医保经办指南、政策信息及医保动态等信息229篇、阅读量约4.65万。处理各类工单130件，热线工单先行联系率、按时办结率、满意率均为100%。优化医保经办服务，全年办理现金类业务5.02万人次、1.35亿元；办理非现金类业务4.08万人次。经办服务“好差评”获得评价15653条，好评率99.98%。提高“一网通办”网办率和全程网办率。探索高频事项和复杂事项的优化改造，推出医保服务“一件事”。

【长期护理保险制度试点】 2021年，区医保局实施长护险街镇区域平衡管理，开展诚信服务示范机构、“百里挑一”最美护理员推优评先工作。以第三方飞行检查、满意度调查和考核要素调查为依托，规范长护险居家护理服务。全区长护险共受理申请2.65万人，评估且符合条件2.1万人，新增享受长护险9972人，当年居家照护服务量达421.16万人次。长护险基金共计支付3.03亿元。全区动态失能率5.7%，排名保持全市第三。

【医保管理】 2021年，区医保局做好医保预算管理工作，保障医保基金安全、平稳、高效运行。推进阳光采购工作，确保区域内定点医疗机构药品及耗材100%阳光采购。做好高值医用耗材集采和使用试点。召开医保药品目录调整培训会，落实药品目录调整及诊疗项目纳保，减轻群众就医负担。加强定点医药机构管理，制定完善定点医疗机构、长护险定点机构、定点药店医保管理考核办法。贯彻执行国家医保信息业务编码标准，推进国家医保信息平台在宝山区上线运行。完成123家定点药店五期接口改造，实现随申码直接购药脱卡支付。

【医保基金监管】 2021年，区医保局落实《医疗保障基金使用监督管理条例》，压实监管主体责任。举办“打击欺诈骗保、维护基金安全”宣传月活动。开展打击欺诈骗保专项整治行动，2021年度基金监管工作在全市排名前五。全区医保定点机构313家，共检查审核1456家次，每家机构平均检查次数达4.6次，开展行刑衔接案件共3起。发挥专家、第三方监管的专业及技术优势，提高监督检查质效。全覆盖应用定点医疗机构“智能化监管系统”、定点药店“人脸识别系统”、长护险“长护e安”三级监管平台，推进监管更精细高效。

【医保惠企利民举措】 2021年，区医保局协调上海市生物医药产业服务工作站落地宝山，开展“医保·医企面对面”座谈会，推出医保“店小二”八大服务，助力宝山建设“科创中心主阵地”。建设“医保e助”信息平台并试点运行，实现救助资金“免申即享、免单即办、免跑即领”。开展医疗救助第三方审计，保证救助资金的安全有效使用。年内开展医疗救助1.99万人次，发放医疗救助金2745.6万元。平稳推进长三角异地门诊及住院费用直接结算，长三角异地门诊实时结算6.4万人次，医保基金支付0.05亿元；异地住院实时结算1.91万次，医保基金支付3.18亿元。生育保险累计办结1万余件，医保基金支付2.59亿元。 （陈彦汝）

医疗机构

【概况】 2021年，宝山区有公立医疗卫生机构（包括所有社区卫生服务站）161家，卫生技术人员8858人，医疗卫生机构编制床位数6369张，比上年增长1.9%；开设家庭总病床数5033张，增长42.6%；家庭卫生服务人次数为29615人次，增长18.8%。全年门急诊1420.13万人次，增长15.2%；入院20.47万人次，增长16.2%；住院手术14.16万人次，增长23.4%；健康检查87.41万人次，增长1.1倍。 （吴思敏）

【上海交通大学医学院附属第九人民医院（北部）】 2021年，北部院区设临床科室44个，核定床位800张。在职员工1245名，其中医生320人、护士679人，正高23人、副高65人、中级328人，博士88人、硕士201人、本科610人。年内进一步提升以电子病历为核心的医院信息化建设，推动病案管理向高效率、高质量和智能化方向发展，9月1日0点上线运行住院患者检验报告无纸化管理系统。加强基层卫生服务建设，4月10日，与宝山区淞南镇社区卫生服务中心的联合门诊“九院—淞南心血管全专联合门诊”正式揭牌成立。门诊设在淞南社区卫生服务中心全科诊区，由医院血管内科专科医生与淞南卫生中心家庭医生团队组成，通过联合门诊合作，共同探索实践心血管疾病“全专结合、医防融合”的诊疗服务模式。

3月，第九人民医院（北部）开展上海市第三十一届健康教育周活动，向就医群众赠阅《有医说医谈医论症科普荟》 九院/提供

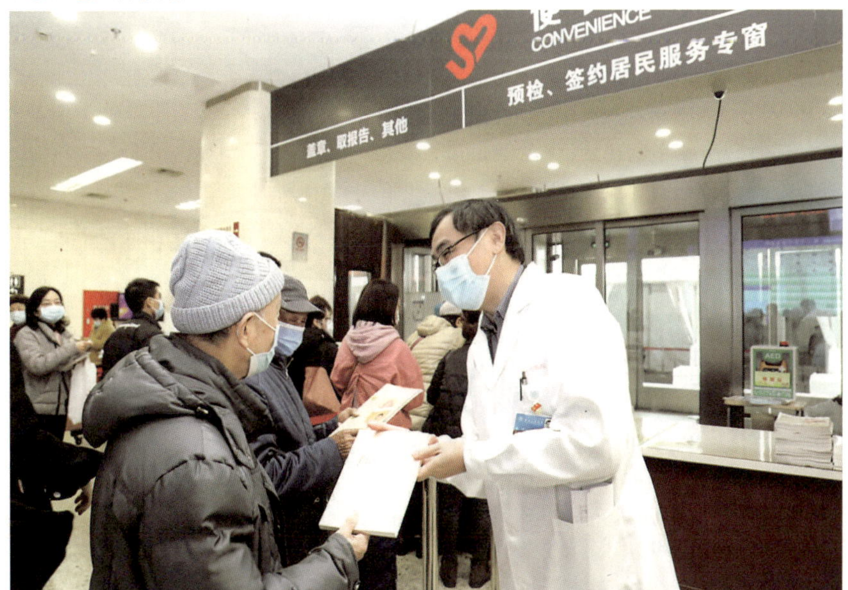

心脏中心还与淞南镇社区卫生服务中心签署《"全专结合、医防融合"工作合作协议》,加强"全专结合"专家社区带教工作,开展临床科研合作和同创共建社会主义精神文明等方面全方位合作。开展多渠道、多形式的宣传,保障人民群众身体健康,3月,响应上海市第三十一届健康教育周活动,向社区居民、就医群众赠阅九院专家主笔的上海市社区教育系列教材《有医说医谈医论症科普荟》。通过官方网站、微信、微博等新媒体平台及医院电子显示屏等载体,结合健康教育周、世界口腔健康日、全国爱肝日、世界睡眠日等主题,制作专题宣传海报,发布科普文章,传递健康资讯。5月17日—23日是第七届"全民营养周",临床营养科围绕"合理膳食营养惠万家"主题,采用线上、线下相结合的方式开展系列科普宣传活动。5月17日—19日,特邀青岛大学营养与健康研究院教授李铎和浙江大学医学院附属第四医院教授张爱珍作线上营养讲座;营养师张海峰、孙娟联合社区和志愿者,开展营养科普宣教;联合南北部肾内科、内分泌科、放疗科等多个科室专家开展线上线下的义诊活动,接待200余位患者及家属的营养咨询,将"合理膳食营养惠万家"的理念传播给广大市民。5月29日,儿科在宝山区宝乐汇生活时尚中心举行"学党史、践初心,服务儿童"为主题的迎"六一"大型义诊活动。2个小时的义诊活动共接待患儿百余人次,免费发放儿童保健宣传册、各种健康宣传资料百余册,免费测定骨龄20余例。举办心脑血管疾病宣教义诊系列活动,9月29日,心内科在美罗家园社区举办"世界心脏病日"健康宣教和义诊活动,免费进行血压、血糖检测;10月9日,心内科副主任张俊峰、心外科副主任胡振雷带领心脏中心团队联合区疾控,在罗店大居举行高血压知识宣教和义诊活动,为到场的居民发放心血管健康教育手册,免费进行血压、血糖、简易心电图和颈动脉B超的检测;10月12日,心内科专家团队赴长江软件园区,参加"卒中预防,关口前移"的大型义诊及讲座活动,就高血压的防治、动脉粥样硬化性心血管疾病(ASCVD)及泛血管疾病的概念、心脑血管疾病预防的关键点等问题进行专题讲座。10月28日,在宝山八村中心广场举办"我为群众办实事"社区义诊活动,来自19个科室的医疗专家参加活动,共接待咨询400余人次,免费测量血压、血糖200余人次,发放健康宣教资料200册。11月初,医院北部综合办与友谊街道商定以健康教育讲课为主要形式,向居民普及健康技能,宣传自我保健知识。此次的"名医与我面对面"系列健康讲课活动邀请10个科室的资深专家参与。

(虞雯鸥)

【上海市宝山区中西医结合医院(上海中医药大学附属宝山医院、上海中医药大学附属曙光医院宝山分院)】 2021年,上海市宝山区中西医结合医院设置临床学科45个、医技科室13个、研究所5个、护理单元26个、核定床位508张,实际开放床位736张,病床使用率86.13%,平均住院日6.05天。门急诊服务(含体检人次)1471931人次,出院38360人次,住院手术26868台次,三四级手术10536台次;门诊中药饮片处方数376769张,占门诊处方总数的32.56%;出院患者应用中药饮片22826人次,占比59.50%;出院患者使用中医非药物疗法26487人次,占比69.05%;开展院内医疗新技术、新项目22项;新增特需、专家门诊13个,专病专科门诊11个,夜门诊2个。全年收治新冠肺炎疑似患者61人,疑似待排194人,密接患者7人,其中核酸检测阳性27例,均转市公共卫生中心。至年末,有在岗人员1150人,其中卫计人员1030人,中、高级职称占比58.6%,硕、博士245人,成功申报第五批全国中医临床优秀人才研修项目1人。3月,科教行政中心搬入团结路29号;7月,成为首批"上海市老年友善医疗机构";新增1台核磁共振、1台64排CT和50台血透室设备;全面开展数字化转型,七大场景应用;新改建连廊工程、血透中心、党建活动中心等基础建设项目,成功创建上海市节约型公共机构示范单位。年内,宝山医院完成上海中医药大学附属医院创建工作。3月24日,上海市教育委员会和上海市卫生健康委员会组织评审专家对医院创建上海中医药大学附属医院工作现场评审认定;5月12日,获上海市教委和上海中医药大学批准正式晋升为上海中医药大学附属医院;7月12日,举行上海中医药大学附属宝山医院揭牌仪式,标志着上海中医药大学第九家附属医院正式落户宝山。年内,宝山医院通过国家级住院医师规范化培训基地评审,举办国家级继续教育项目6项、市级继续教育项目4项。完成区级重点专科/学科结题7项,参与2021—2023年度区重点专科申报18项;肛肠科入选"一区一品牌"重点基地;骨伤科相继成立詹红生上海市名中医学术经验研究(宝山)工作室和丁任骨伤科工匠创新工作室,并被授予"上海市慢性筋骨病临床医学研究中心核心单位";持续构建门诊—病房一体化复合型多学科诊疗模式(MDT),新增老年病科、乳腺肿瘤、慢性肾脏病MDT团队。5月19日,胃肠外科在宝山区内首次开展以点覆面的全网手术直播交流会,全年开展手术直播交流会3次;10月,医院正式授牌成为"国家PCCM科规范化建设三级医院达标单位";11月,引进胸外科专家唐剑锋主任医师,进一步优化学科建设。全年共获课题立项32项,其中国家自然科学基金项目4项、市级课题14项、区级课题14项;发表论文394

4月5日,宝山区中西医结合医院疫苗移动接种队在上海大学接种点开展新冠疫苗接种

顾爱花/摄影

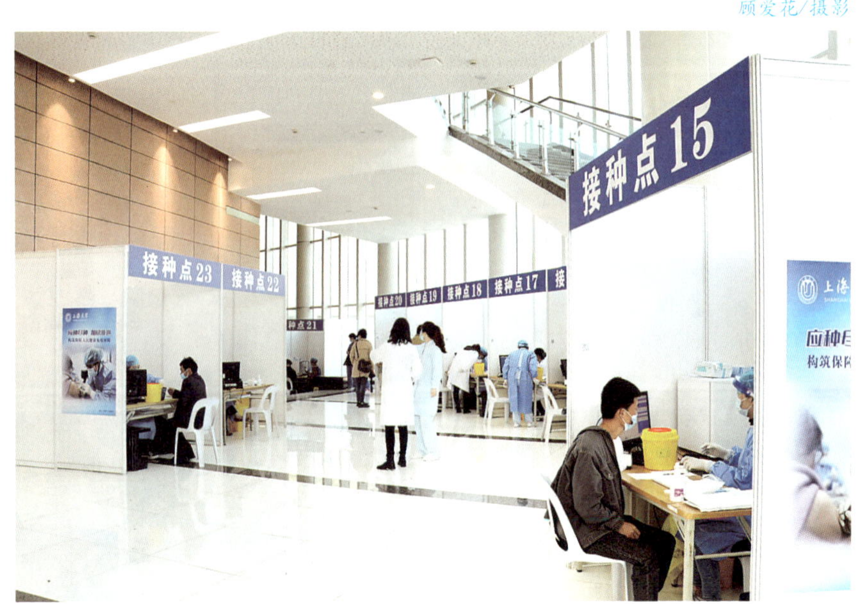

篇，其中科学引文索引(SCI)论文26篇，影响因子(IF)总分95.545(单篇最高10.435)，核心期刊99篇；获实用新型专利26项，外观设计专利1项；出版著作10部；获上海中西医结合科学技术奖三等奖1项。2月2日，3名援摩医疗队员随上海援摩医疗队第192批宝山队前往摩洛哥开展为期2年的医疗援助任务；12月22日，首批派出3名骨干医师援助维西县人民医院。全年共派出援摩医疗队员4人，援疆、援滇医疗队员共16人。2021年，宝山医院急诊医学科兼感染科主任谭美春被授予"全国五一巾帼标兵"；宝山医院获评2019—2020年度第二十届"上海市文明单位"；获全国改善医疗服务先进典型科室1个，上海市巾帼创新工作室1个，上海市巾帼文明岗1个，上海市职工创新工作室1个，上海市医务工匠1名。（顾爱花）

12月18日，复旦大学附属华山医院高质量一体化发展启动大会暨华山医院北院整建制并入华山医院仪式举行　华山医院宝山院区/提供

【复旦大学附属华山医院宝山院区】 12月28日，复旦大学附属华山医院北院整建制并入华山医院，更名复旦大学附属华山医院宝山院区。宝山院区设临床医技科室40个，病区19个，床位600张。全年门急诊量逾110万人次，出院患者近3万人，住院手术1.5万余人次，平均住院日5.8天；开设55个专病门诊，比上年增加儿童慢咳哮喘等4个专病门诊；周六门诊体量不断扩大，持续开放13个科室的普通/专病门诊和12个科室的专家门诊，半日最高就诊量增加70%。全年发表SCI论文16篇，其他(核心、权威)论文87篇，发明型专利3项。心内科开展心腔内超声辅助手术，该技术位于国内前列；心胸外科推广单孔胸腔镜微创手术，缩短住院时间，并成为上海医师协会首批授予的"加速康复外科(ERAS)胸外科示范中心"；内镜中心成立1年，开展内镜黏膜下切除术、内镜下全层切除术等多项新技术，精准治疗消化道早癌等疾病；输血科开展首例血浆置换术，提升血液净化技术，提高疑难、危重病的救治水平。护理部获上海市品管圈大赛一等奖；医院加入上海市肺栓塞和深静脉血栓防治联盟，进一步规范静脉血栓栓塞(VTE)防治。医院多学科合作，成功为一名心脏性猝死女性患植入全皮下植入式心律转复除颤器(S—ICD)。此次经前锯肌阻滞麻醉镇痛法的S—ICD植入为上海市首例。医院开设"发热门诊第二采样点"，对"单纯发热"等风险较低人群进行核酸筛查，有效降低感染风险；配合防疫，发热门诊新建院外入口，便民核酸采样点迁至院外搭建，3次调整医院车辆通行路线，有效推进闭环管理。履行社会担当，年内共有156名医护人员先后参与顾村社区卫生服务中心、宝山体育中心、杨行疫苗接种点、宝安公路疫苗接种点、龙湖天街疫苗接种点、罗店社区、仁和社区、吴淞社区、移动接种点9个宝山区疫苗接种点的保障和接种支援。开通急诊绿色通道、预留应急床位等，完成各类医疗保障工作，并配合母院完成第四届中国国际进口博览会保障任务。由放射科、感染科、康复医学科、麻醉科和病理科医务人员组成的第十批援滇医疗队赴滇开展为期半年的对口帮扶工作。4月14日，国家卫健委规划发展与信息化司来院调研两院融合及医院"十四五"基本建设规划情况。5月12日，华山北院分党委与吴淞街道党工委结对共建，开展"医聚'三江'暖民心　携手共建开新局"暨"医直播"开播一周年为民服务活动。7月27日，区医保局党组书记、局长周裕红到院调研医院发展机遇和规划布局。（朱思睿）

爱国卫生与健康促进工作

【概况】 2021年，宝山区爱国卫生和健康促进工作持续做好常态化疫情防控，深化健康宝山建设，推进健康宝山行动落地落实。大力开展爱国卫生运动，发扬"比学赶超"精神，巩固国家卫生区(镇)创建成果，加强健康教育与促进工作，将爱国卫生运动与疾病防控紧密结合，加快形成文明健康、绿色环保的生活方式，有效保障人民群众健康。年内，结合区情，《宝山区深入推进爱国卫生运动的实施意见》由区政府审议通过并印发。推进宝山区国家卫生区复审，高境镇、淞南镇通过"国家卫生镇"复审。在全区开展越冬蚊虫、早春蚊蝇消杀及春季、秋季灭鼠行动等季节性病媒生物控制行动，组织部分社会除害公司对区域内大场镇、杨行镇、庙行镇、罗店镇、罗泾镇5个镇的22个居(村)委近280户居民开展上门公益灭蟑行动。深化全民健康生活方式，开展宝山区首批健康村镇建设和督导工作，月浦镇及月浦镇聚源桥村、罗泾镇塘湾村等"1镇6村"成功创建成为上海市首批健康村镇。完成融创玉兰公馆、上海乐之中学、泗塘社区卫生服务中心、上海宝世威石油钢管制造有限公司、罗泾镇政府5家场所健康促进场所创建任务，并通过市级考核验收。组织发动全区157所中小学，近11.8万名中小学生开展"拒吸第一支烟，做不吸烟的新一代"签名活动。持续落实和开展控烟专题执法和督导，全年共处罚单位案例112例，金额31.05万元，个人罚款案例38例，金额2100元。年内，在上海市健康自我管理小组疫情防控优秀案例征集推选活动中，全区4名小组成员获优秀案例个人奖项，4个小组获集体奖项。

【常态化疫情防控】 2021年，宝山区开展爱国卫生月、上海市民不卫生行为专项整治、520爱国卫生集中行动、夏秋季爱国卫生运动、"迎国庆""迎进博"专项

整治行动等，对薄弱区域重点梳理并解决一批与市民群众生产生活密切相关的环境卫生问题。4月21日，在淞南公园举办以“清洁城乡环境、守护人民健康”为主题的第33个爱国卫生月暨新冠疫苗接种集中宣传活动，向全区市民发出“接种新冠疫苗，践行市民公约，共建健康宝山”倡议书。开展“新冠疫苗接种”专题培训，强化60～75岁市民对新冠疫苗接种相关知识了解，全区432个小组、6000余名组员参加培训。年内共组织全区500余个村居委、78家农贸集市统一开展以清脏除乱为重点的爱国卫生大扫除活动。在全区相继开展“防疫有我，爱卫同行”冬春季防病网络知识竞赛，“我为群众办实事”健康科普送社区，免费向市民发《健康行为知识读本》等活动。区爱国卫生和健康促进指导中心在组织开展新冠肺炎疫情常态化防控大整治、大宣传、大消毒工作中，累计参与环境大整治人数17.9万人次，动员3220余家单位参与活动，整治场所7927余家，解决主要环境卫生问题1081个，清理垃圾586.8吨。发放宣传折页10万份，张贴宣传海报3万张，观看直播8000人，电子屏滚动播放12000次，微信公众号推送625条，社区通推送6500条。

【国家卫生区创建】 5月7日，宝山区召开国家卫生区复审工作会议，副区长陈筱洁出席会议并就推进国家卫生区复审工作提出具体要求。迎检期间，区领导先后多次深入全区各街镇督导推进复审工作。年内以第三十三个爱国卫生月活动为载体，开展重点场所与薄弱环节卫生问题排摸、整治，解决一批突出的环境卫生问题。经全国综合评估，宝山区被重新命名为国家卫生区。按照国家卫生镇标准，指导淞南镇、高境镇完成迎接国家卫生镇复审实施方案的制定，梳理并确定国家卫生镇关键工作因素清单和存在问题，开展专项整治和整改，通过市、区级考核验收及全国综合评审，被重新命名为国家卫生镇。年内指导大场镇有序开展集贸市场、中小道路及背街小巷、老旧小区、五小行业等重点区域的专项整治，完善卫生管理各项长效机制，通过市级考核评估，进入全国申报资料审核及综合评审阶段。

【健康自管小组建设】 2021年，宝山区在建的健康自管小组共计428个，招募组员6826名。引进“第三方考评机制”对全区32家星级小组进行客观、公平的综合评估。完善《宝山区健康自我管理小组指导手册》(2021年版)，将接种新冠疫苗相关知识补充至“抗疫法宝和健康行为”系列课程。举办以“防疫有我，爱卫同行”为主题的宝山区冬春季防病网络知识竞赛，累计有6695名市民参与。联合市健促中心举办健康自管小组心理健康服务活动，对小组成员开展心理健康检测、分析评估和建档工作。结合“世界糖尿病日”在罗店镇、大场镇开展5场糖尿病患者同伴支持讲座，共计130余名糖尿病患者参加。向17个社区卫生服务中心开展以“比学赶超竞实力，自我管理促健康”为主题的微视频征集评选活动，并在“宝山爱卫”微信公众号定期推送优秀获奖视频。

4月21日，“清洁城乡环境 守护人民健康”宝山区第三十三个爱国卫生月暨新冠疫苗接种集中宣传活动举办　　区爱卫指导中心/提供

【老龄事业发展】 2021年，为顺应老龄工作职能由民政部门划转至卫健部门后的工作需要，区爱卫指导中心成立老龄工作科。9月23日，正式开通“宝山老龄”微信公众号，每周发布关于老龄的政策新闻、地区动态、办事指南、风采展示、健康科普等信息推送。在全区开展“老年友善医疗机构”建设，组队对区内的部分公立医疗机构开展实地指导和考核评估。全区共有36家单位通过区级评审，报市卫健委审核。其中，宝山区中西医结合医院、上海市第二康复医院、友谊街道社区卫生服务中心成为全市首批老年友善医疗机构。　　（浦晓磊）

【宝山区餐饮卫生管理协会暨宝山区工商联餐饮商会】 2021年，协(商)会坚持将“服务再提升，自律再加强，发展再创新”作为工作目标。紧跟政府监管工作要求，配合区市场监督管理局推进实施食品安全“百千万工程”，以食品安全知识培训考核为抓手，狠抓“食品安全”。关注企业的需求，从提高服务质量入手，扩大受训覆盖面。全年培训各类管理、操作人员1686人。其中，专兼职食品安全管理人员和厨师长545人，企(事)业单位法人、负责人234人，关键环节操作人员907人，考试合格率达94%。严格“2019—2020年度食品安全先进单位”评选程序，按社会餐饮、企事业食堂及学校食堂开展督查。履行与区教育局“学校食品安全培训”项目协议，提供适时、专业指导。推进与云南省宣威市复兴街道锦绣居委会结对；宣传“禁塑令”和长江禁捕令等与餐饮业相关要求，督促建立长效机制。发挥常年法律顾问和劳动争议预防调解委员会的作用，依法维护经营者和员工的合法权益。依托区人力资源和社会保障局及区仲裁院的专业指导，为会员单位排忧解难。年初、年末，均组织召开宝山区餐饮业劳动用工政策咨询座谈会，听取年度餐饮业劳动用工案件的情况通报，对企业劳动用工问题支招。召开宝山区餐饮业排水许可证申领工作座谈会，解决区餐饮业在污水排放过程中遇到的困惑。打造协(商)会品牌，围绕确立“食品安全”的主要任务，以“做强、做专、做精、做出特色”为目标，成功认定——“SAXJ”为协(商)会“一会一品牌”。　　（宋婧宇）

Ecology

生态篇

BAOSHAN YEARBOOK

BAOSHAN

- 乡村振兴
- 城乡规划与建设
- 环境保护
- 绿化·市容管理

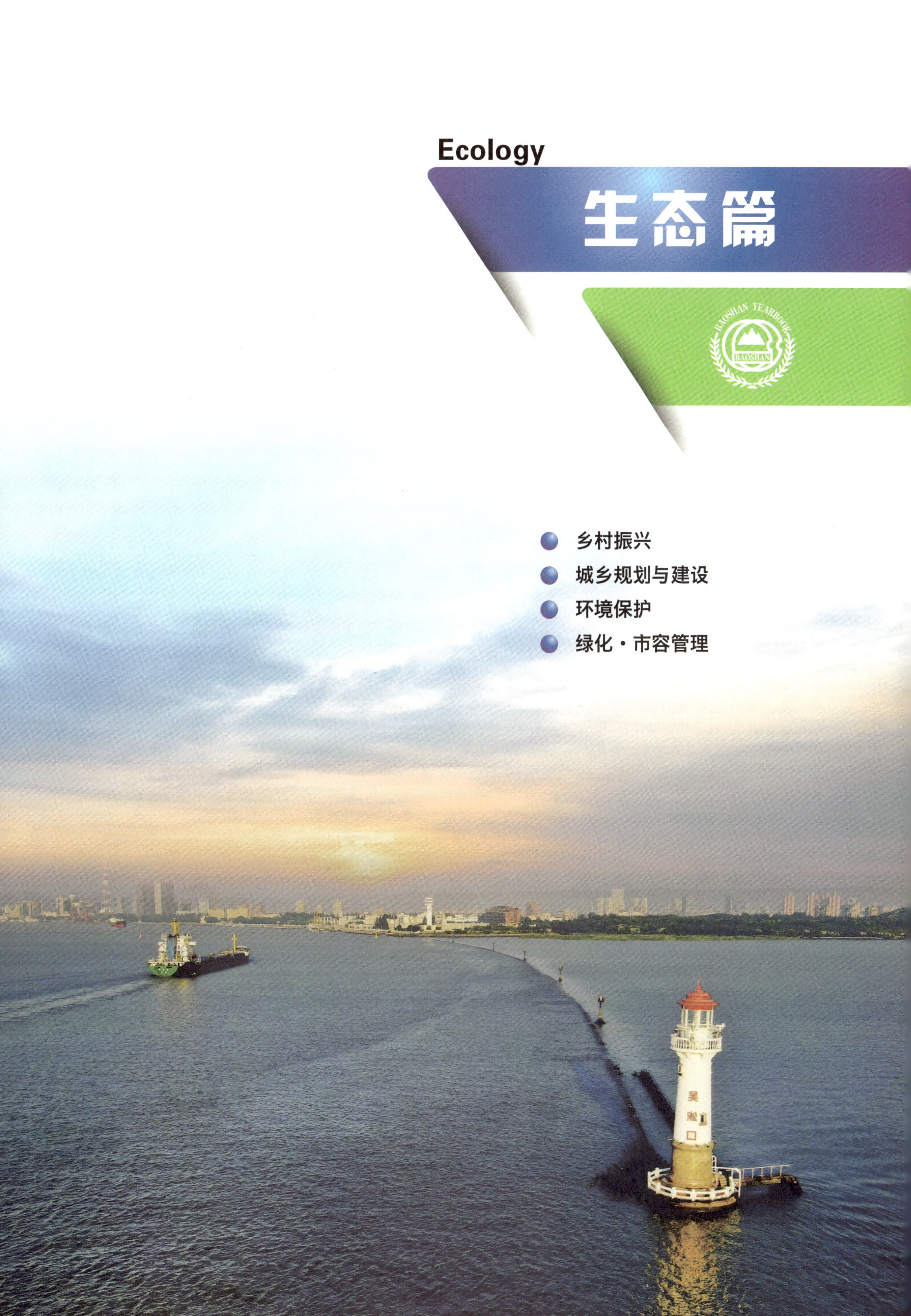

乡村振兴

■ 编辑　吴思敏

综　述

【概况】　2021年，区农业农村委坚决贯彻区委、区政府关于实施乡村振兴战略的工作部署，乡村振兴重点任务全面完成，年度乡村振兴综合指数全市前列；都市绿色农业发展水平不断提升，绿色认证率达19.39%，永大菌业获市政府颁布的科学技术进步一等奖；宝山区获2020年全国村庄清洁行动先进县，乡村建设行动获农业农村部《乡村振兴战略规划实施报告(2021年)》典型范例推荐；全国乡村治理体系建设试点示范区通过农业农村部专家组两次中期验收。

【乡村振兴示范片区建设】　2021年，罗泾镇“五村联动”(塘湾村、海星村、花红村、新陆村、洋桥村)乡村振兴片区建设初见成效，新陆村、洋桥村成功创建乡村振兴示范村，“五村联动”片区格局进一步形成；月浦镇聚焦花卉加乡村运动产业，打造“沪北近郊亲子运动花园”，月狮村成功创建第三批乡村振兴示范村，沈家桥村成功入选第四批乡村振兴示范村创建村，“三村联动”格局进一步形成。累计建成市级乡村振兴示范村9个。按照“一脉五花”(一脉：潘泾路为主沿线绿道；五花：以聚源桥村、天平村为核心蝴蝶花型组团；以塘湾村为核心十字挑花型组团；以沈杨村为核心玫瑰花型组团；以老安村为核心牡丹花型组团；以张士村为核心三叶草型组团)美丽乡村片区建设规划，进一步做优“两镇八村”(月浦镇聚源桥村、月狮村、沈家桥村、钱潘村和罗店镇天平村、毛家弄村、束里桥村、光明村)片区，推动片区间基础设施互联互通，产业互补，建设无边界的乡村。

【美丽乡村建设】　2021年，区农业农村委以市、区两级美丽乡村示范村创建为重点，罗店镇远景村、光明村等2个村获评2021年度上海市美丽乡村示范村。全区共创建市级美丽乡村示范村14个、区级美丽乡村达标村23个、美丽乡村示范村34个，完成有形态的村庄美丽创建全覆盖。

【农村人居环境整治】　2021年，区农业农村委按照市、区对民心工程的标准要求，以“全区域、全覆盖、全要素”为总体安排，以“村庄美、庭院美、治理美”为主要抓手，持续改善农村人居环境。全年安排资金4.5亿元，农村人居环境优化工程60个重点项目全面完成。农村公路：25.4千米村内破损道路、16.78千米农村公路提档升级全部完成。住房改善：完成558户农户集中居住签约，完成3.7万户房屋安全隐患排查，整修老旧房屋5012平方米。生活垃圾：103个村实现生活垃圾分类全覆盖、100%有效收集和无害化处置。生活污水：对在用34座农村生活污水处理设施进行水质监测，合格率100%。水环境：镇村级河道排污口规范应排尽排。聚焦美丽片区建设，罗店片7.3平方千米清洁小流域完成建设，罗泾片申报清洁小流域示范点。绿色田园：2019年—2020年度高标准农田完成建设。累计清理田间沟渠、道路1050余千米。拆除田间窝棚4100平方米。公共服务：具有村庄形态的村配有睦邻点98个(每个村至少配1个)，年内建立4个市级示范睦邻点。

【乡村治理】　2021年，区农业农村委根据全国乡村治理体系建设示范方案，研究制定年度乡村治理体系建设方案，细化形成重点任务清单。遴选罗泾镇、月浦镇月狮村和罗店镇天平村作为全国乡村治理示范镇、村培育。成立宝山区乡村治理学院，结合“兴农堂”对乡村治理员开展常态化培训，采取“工分榜”机制，激发“比学赶超”。两次迎接农业农村部专家组实地中期评估调研，乡村治理体系建设试点示范阶段成效得到充分肯定。　(褚夫华)

农村集体经济

【概况】　2021年，宝山区共有103个村，702个村民小组。全区农村集体组织总资产680.42亿元，比上年增长7.22%；净资产228.18亿元，增长6.56%。全区村级可支配收入总额15.33亿元，增长2.69%。全区村级可支配收入超过500万元的村82个。

【村级经济合作社规范运行】　2021年，区农业农村委根据《本市农村集体经济组织规范运行标准》，制定《开展〈本市农村集体经济组织规范运行标准〉执行情况专项检查的工作方案》《农村集体经济组织规范运行工作检查表》，抽取全区7个镇19个村进行现场检查，检查结果反馈各镇，并形成报告上报市农经站。

【开展镇级集体企业第三方审计】　2021年，区农业农村委按照市乡村振兴重点任务考核要求，聘请第三方审计机构对全区镇级集体企业开展审计。通过委托上海市政府采购云平台中的3家审计机构，对全区9个镇合计27家镇级企业开展2020年度企业财务状况审计，梳理研判审计发现的问题，督促各镇落实审计整改。

【规范收益分配】　2021年，区农业农村委全面完成60个村的收益分红任务，分红总额为1.41亿元，受惠成员人数12.1万人，人均分红1167元，每年农龄最低分红为5元，最高为270元。　(褚夫华)

城乡规划与建设

■ 编辑　吴思敏

城乡规划和土地管理

【概况】 2021 年,区规划和自然资源局围绕“建设科创中心主阵地”发展战略,开展重点区域规划编制、自然资源高效利用、建设项目行政审批等工作,完成各项年度任务。年内,加快重点地区规划优化提升,推进镇域国土空间规划、中心城单元规划及主城区单元规划编制、推进重大板块法定规划编制和专项规划研究、完成产业及民生项目相关控规编制及调整、推广“15 分钟社区生活圈”规划理念、促进城乡空间融合发展,全面推动城镇转型发展及乡村振兴。加强有限自然资源的科学配置,完成国土资源利用联动计划编制及实施、强化产业用地高质量利用、优化土地储备规模和土地出让结构、开展低效建设用地减量化、耕地保护工作及国土空间用途管制工作,严守土地底线并提升资源利用效能。持续开展“放管服”改革,实践全市“审改 4.0 方案”,实现产业用地“拿地即开工”四证齐发,推动开展行政协助和业务协同,加快重点板块和项目建设,提升基础性服务和管理水平,全面优化营商环境。

【完善规划体系】 2021 年,区规划资源局落实新一轮总体规划,完善规划体系。按照新一轮总体规划确定的规划体系分层、分级落实总体规划目标和指标,推进宝山中心城和主城片区街道的单元规划编制,完成规划评估,2 个单元规划形成草案成果并完成公示;推进镇总规编制,罗店镇国土空间总体规划于 12 月获市政府批复;罗泾、顾村、杨行等新市镇国土空间总体规划编制对接全区及各街镇(园区)“十四五”规划设想,完成草案编制、镇人大审议、公示。

【完成区“十四五”空间规划编制】 2021 年,宝山区按照市委书记李强提出的“中心辐射、两翼齐飞、新城发力、南北转型”的全市“十四五”发展空间布局,在上海科创中心建设主阵地的战略定位下,区规划资源局深入开展重点领域、重大问题的研究。聚焦一号湾、南大智慧城和吴淞创新城重点转型板块,以及超能新材料、机器人、北上海生物医药三大市级特色产业园区,研究优化空间布局、提升空间功能和品质的思路、具体路径和举措。

【重点地区规划编制】 2021 年,滨江地区强化蕰藻浜在科创主阵地建设中的发展预期,加快滨江智创走廊建设,通过一号湾 4 个象限、半岛 1919 区域等功能提升转型,推进世界级城市滨水岸线建设和重要滨水节点转型。吴淞创新城,按照“五合”(产业耦合、环境融合、功能复合、空间叠合、机制整合)规划理念,完成 11 项专业规划编制并形成稳定成果;完成不锈钢区域、中央钢铁公园、上大美院等国际方案征集,形成阶段性成果并落实中标单位继续深化完善方案;完成上大美院项目控规编制,4 月获批,确定土地使用、开发规模、空间管制等核心内容。南大智慧城按照“创新、协调、绿色、开放、共享”新发展理念,加快推进重点产业项目落地和功能性项目引入,开展轨交 15 号线丰翔路和南大路站点等重点区域城市设计方案征集等;推动上师大附属中学落地,启动控规调整。

【上海城市空间艺术季(宝山)系列活动】 9 月—11 月,宝山区举办“幸福宝山,一刻即达”为策展主题的上海城市空间艺术季(宝山)系列活动。艺术季于 9 月 29 日正式开幕。“一号湾”、杨行社区、吴淞社区 3 个展区展示宝山近年在“15 分钟社区生活圈”建设及城市更新方面取得的阶段性成果。其中一号湾作为主展场,杨行社区、吴淞社区作为副展场。一号湾演绎主题为“15 分钟艺术生活圈”,杨行社区演绎主题为“15 分钟活力生活圈”,吴淞社区演绎主题为“15 分钟健康生活圈”。

【重要专项规划】 2021 年,区规划资源局结合重大工程建设和区域路网完善,深化研究沪通铁路、北沿江铁路、S16、轨道交通 19 号线等建设方案;以 TOD 发展为导向,强化轨道交通场站综合利用,配合完成轨道交通 18 号线二期专项规

宝山一号湾夜景

区规划资源局/提供

划调整，形成“6站1场”综合利用方案；以宝山站枢纽为切入点，从功能定位、交通组织、空间形态等方面启动开展国际方案征集；结合最新划定的第三次全国土地调查成果，形成宝山区耕地和永久基本农田校核完善成果。

【推进农民集中居住】 2021年，区规划资源局上报农民集中年度计划任务540户，其中平移256户、上楼284户；全年总结完成签约562户，签约率达104.1%；年度实施方案完成区级和市级评审，推进2019年、2020年结转项目均有序建设实施，并完成144户农户入户。

【新增建设用地】 2021年，区规划资源局根据市下达40.28公顷与减量化挂钩的新增建设用地计划，全年安排21个项目，实际使用24.46公顷新增计划。其中，公建及市政类项目用地15幅，新增用地面积13.65公顷；经营性项目1幅，新增面积0.1公顷；乡村振兴项目3幅，新增面积2.27公顷；保障性住房项目2幅，新增面积8.44公顷。新增建设用地计划执行率61%，主要安排在吴淞江工程、军工路快速路、罗泾镇动迁安置房等市、区重点项目。

【建设用地供应】 2021年，区规划资源局完成建设用地供应212.84公顷。其中，出让土地33幅，面积89.23公顷(工业及研发用地11幅、土地面积29.79公顷，动迁安置房用地7幅、面积31.30公顷，普通商品房用地6幅、面积21.00公顷，租赁住宅用地3幅、面积2.60公顷，商住综合用地2幅、土地面积2.7公顷，商办用地2幅、面积0.80公顷；协议出让医疗卫生用地1幅、面积0.21公顷，文体用地1幅、面积0.83公顷)。完成市政公建类项目划拨供地64幅，面积116.72公顷。完成使用集体土地供应8幅，面积6.89公顷。

【土地减量化验收】 2021年，区规划资源局根据市下达宝山区完成立项65公顷、完成验收60公顷的减量化任务，全年实际完成立项67.64公顷，占年度任务的104.1%；完成验收60.06公顷，完成年度任务目标。

【集体土地征地补偿】 2021年，区规划资源局受理征收土地预公告项目20个，涉及土地征收面积44.1公顷；共张贴征收土地预公告26份；张贴征地补偿安置方案公告31份；张贴征地补偿安置方案批准告知书27份；完成结案21宗；共签订征地补偿费用支付协议书17份，签订征收集体土地补偿安置协议书17份，涉及征地补偿总金额24299万元；张贴征收土地方案公告5份。

【征地房屋补偿】 2021年，宝山区新增2个基地，涉及征地面积38.59公顷，涉及户数19户。历年结转实施补偿基地18个，涉及征地面积318.55公顷，呈报户数679户，启动签约基地18个，涉及签约户数662户，已签约608户，启动责令交地程序后签约2户。全年共签约610户，余69户未签。

【外商投资土地使用费征收】 2021年，区规划资源局对外商投资企业使用集体土地的32户企业开展土地费征收工作，根据有关政策核销5户，应征收27户，已征收13户，全年应征收土地使用费为297.4465万元，已征收181.8802万元，征收率为61.15%。

2021年宝山区建设用地减量化工作

单位：公顷

街镇	立项		确认	
	计划面积	完成面积	计划面积	完成面积
罗泾镇	14	14.37	15	23.40
罗店镇	18	20.00	17	18.09
月浦镇	11	11.05	10	8.16
顾村镇	12	12.16	10	7.44
杨行镇	10	10.06	8	2.97
合计	65	67.64	60	60.06

【行政审批许可】 2021年，区规划资源局全年审批数量共计1564件，其中建设项目规划土地意见书160件、建设工程规划设计方案146件、建设用地规划许可证84件、建设工程规划许可证435件、临时建设工程规划许可证16件、临时建设用地规划许可证1件、开工放样复验109件、竣工规划资源验收153件、地名审批10件、居住区、建筑物、构筑物名称审批21件、乡村建设工程规划许可证10件、土地租赁用地审批3件、国有土地划拨审批64件、签订有偿使用合同41件、出让合同调整、撤销审核40件、设施农用地备案76件、农转用征地项目报批25件、存量房地产补地价审批6件、临时用地审批18件、建设用地批准文件调整、撤销审批10件、土地开发整理复垦方案审批64件、土地开发整理复垦新增耕地确认审批7件、分批次农转用征收项目审批24件、单独选址项目审批(市批)1件、土地储备审批11件、招标、拍卖、挂牌用地审批18件、使用集体建设土地审批8件、协议出让用地审批2件、村庄规划的审批1件。重点完成泰和污水处理厂扩建工程、宝安220千伏输变电工程、华东师范大学第二附属中学(宝山校区)新建工程、吴淞口国际科创城首发项目、联东U谷宝山机器人创新港等项目审批。

【实现“拿地即开工”】 2021年，区规划资源局探索实践区优化营商环境十大创新举措之“拿地即开工”，让企业在签订土地出让合同后，立即取得“建设用地规划许可证”“设计方案批复”“建设工程规划许可证”“建筑工程施工许可证”4张证书，具备开工资质条件。7月7日，联东U谷宝山机器人创新港项目成为全区首个实现“拿地即开工”的项目。

【土地执法监察】 2021年，区规划资源局开展2021年度卫片执法检查工作，其中部卫片图斑144宗，经核查未发现违法用地；市卫片图斑182宗，无新增违法用地项目，有16宗存量违法用地需完成整改。

【推进农村乱占耕地建房项目整改】 2021年，区规划资源局持续推进600宗农村乱占耕地建房项目整改，其中公共服务类项目200宗,产业类项目400宗。全年完成整治559宗,总体整治率93.8%;未完成整治项目37宗,均纳入2022年整治清单中。

【不动产登记】 2021年,宝山区自然资源确权登记事务中心累计完成各类登记业务126992件,颁发不动产权证64313件,登记证明60931件,受理不动产登记信息原始凭证查询41626件,登记簿查询45911件。

【颁发首张“居住权”不动产登记证明】 3月12日,宝山区自然资源确权登记事务中心发出宝山区首张“居住权”不动产登记证明,落实《中华人民共和国民法典》中对居住权的保障。

【城建档案管理】 2021年,区规划资源局接收各类竣工档案共119项,建筑面积234.5万平方米。其中:工业建筑类竣工档案25项,建筑面积37.8万平方米;民用建筑类竣工档案56项,建筑面积196.7万平方米;市政道路、公建配套、燃气、信息管线等项目38项,长度30.4千米。整理著录“一书两证”(建设项目选址意见书、建设用地规划许可证和建设工程规划许可证)档案为597件,土地档案为20件,文书档案为1062件。对外提供档案调阅服务为786人次,内部查(借)阅为187人次。

【地名管理】 2021年,区规划资源局共审批地名31个,其中建筑物居住区命名20个、道路命名11个。完成宝山区W12—1301单元(祁连敏感区)控制性详细规划(修编)—地名专项规划及宝山区BSP02302单元(罗店产城融合示范区)控制性详细(修编)地名专项规划审批。

2021年宝山区规划批复情况

规划名称	规划类型	发文号	批复时间
关于同意《上海市宝山区何家湾产业区(南区)N12—0102单元控制性详细规划06街坊局部调整》的批复	控制性详细规划编制(局部调整)	沪府规划〔2021〕36号	2021年2月10日
关于同意《上海市宝山区BSP0—2001单元(罗店工业小区)控制性详细规划》的批复	控制性详细规划编制(修编)	沪府规划〔2021〕11号	2021年3月15日
关于同意《上海市宝山区BSP0—1801单元78街坊、嘉定区JD010201单元0120街坊、青浦区QPC1—0011单元H—10C街坊、松江区FXC1—0012单元29A街坊、浦东新区合庆集镇18街坊、金山工业区JSS30405单元02街坊控制性详细规划局部调整及闵行区MHPH0—0502单元26街坊增补图则》的批复	控制性详细规划编制(局部调整)	沪府规划〔2021〕13号	2021年3月18日
关于同意《上海市宝山区杨行中心社区BSP0—0502单元控制性详细规划06、09A、09B街坊和杨鑫社区BSP0—0601单元控制性详细规划07街坊局部调整》的批复	控制性详细规划编制(局部调整)	沪府规划〔2021〕54号	2021年3月19日
关于同意《上海市宝山区潘泾社区BSP0—0302单元控制性详细规划17B、20A、32、35街坊局部调整》的批复	控制性详细规划编制(局部调整)	沪府规划〔2021〕66号	2021年4月16日
关于同意《上海市宝山区共康社区N120701单元控制性详细规划J街坊和N120702单元控制性详细规划B街坊局部调整》的批复	控制性详细规划编制(局部调整)	沪府规划〔2021〕68号	2021年4月22日
关于同意《上海市宝山区吴淞创新城12更新单元01、02、03街坊控制性详细规划(BS—112风貌保护街坊保护规划)》的批复	控制性详细规划编制(新编)	沪府规划〔2021〕78号	2021年4月30日
关于同意《上海市宝山区月杨工业园区BSP0—2502单元01街坊控制性详细规划》的批复	控制性详细规划编制(新编)	沪府规划〔2021〕94号	2021年5月24日
关于同意《上海市宝山区美罗家园大型居住社区BSP0—2104单元控制性详细规划0402、0403街坊局部调整》的批复	控制性详细规划编制(局部调整)	沪府规划〔2021〕100号	2021年5月31日
关于同意《上海市宝山区BSP0—2302单元(罗店产城融合示范区)控制性详细规划(修编)》的批复	控制性详细规划修编	沪府规划〔2021〕141号	2021年7月9日
关于同意《上海市宝山区淞南社区N12—0401单元控制性详细规划A2、C1、C2街坊和N12—0402单元控制性详细规划D1、E1、K1、K4、N2街坊局部调整》的批复	控制性详细规划编制(局部调整)	沪府规划〔2021〕216号	2021年9月30日
关于同意《上海市宝山区月浦镇郊野单元(月狮村乡村单元)规划调整方案(2017—2035年)(含月狮村村庄设计)》的批复	郊野单元规划调整	宝府〔2021〕92号	2021年10月26日
《上海市宝山区杨行蕰川社区(BSP0—0401、BSP0—0402、BSP0—0403单元)控制性详细规划局部调整》	控制性详细规划编制(局部调整)	沪府规划〔2021〕256号	2021年11月30日
宝山区罗店镇国土空间总体规划(2021—2035)	镇总体规划	沪府〔2021〕69号	2021年12月17日

2021年宝山区地名命名登记情况

标准名称	行政审批号/行政许可号	所在地	命名类别	相对位置及范围
荣万月城名邸	沪宝名〔2021〕第1号	杨行镇	建筑物、居住区命名	杨行镇,东至月城路、南至白沙园路、西至杨盛河、北至六里塘
美罗家园　澜景苑	沪宝名〔2021〕第2号	罗店镇	建筑物、居住区命名	罗店镇,东至西埝村路、南至美安路、西至罗店路、北至美平路

（续表）

标准名称	行政审批号/行政许可号	所在地	命名类别	相对位置及范围
美罗家园　美房苑	沪宝名〔2021〕第3号	罗店镇	建筑物、居住区命名	罗店镇，东至沪太路、南至绿化带、西至罗店路、北至杨南路
新顾城　中企珺庭	沪宝名〔2021〕第4号	顾村镇	建筑物、居住区命名	顾村镇，东至联杨路、南至沪联路、西至宝正路、北至福双路
铁建芳华苑	沪宝名〔2021〕第5号	杨行镇	建筑物、居住区命名	杨行镇，沙浦以南、江杨北路以西
金悦美兰铂庭	沪宝名〔2021〕第6号	罗店镇	建筑物、居住区命名	罗店镇，东至潘泾路、南至东太东路、西至规划路、北至塘汇河
宝莲玖邑雅苑	沪宝名〔2021〕第7号	吴淞街道	建筑物、居住区命名	东至淞桥西路、南至淞兴路、北至淞滨路
美慧城	沪宝名〔2021〕第8号	罗店镇	建筑物、居住区命名	东至吉贝路、南至美健路、西至沙场湾路、北至美康路
顾文苑	沪宝名〔2021〕第9号	顾村镇	建筑物、居住区命名	东至顾文路、南至友谊西路、西至电台路、北至富联三路
诚和佳苑	沪宝名〔2021〕第10号	杨行镇	建筑物、居住区命名	东至杨泰路、南至宝安公路、西至月城路
西江悦庭	沪宝名〔2021〕第11号	罗店镇	建筑物、居住区命名	东至罗佳路、南至十年村路、西临潘泾路、北临马路河
湾桂馨苑	沪宝名〔2021〕第12号	淞南镇	建筑物、居住区命名	东至A3—01B、A3—01C地块、南至公共绿地、西至A3—02A、A3—02B
祁北佳苑	沪宝名〔2021〕第13号	罗店镇	建筑物、居住区命名	东至罗溪路、南至祁北路、西至塘西街，北至祁北河
罗闻雅苑	沪宝名〔2021〕第14号	罗店镇	建筑物、居住区命名	东至荻泾、南至祁北河、西至罗溪路、北至罗新路
祁润家园	沪宝名〔2021〕第15号	大场镇	建筑物、居住区命名	祁连山路以东、环镇北路以北
祁映华庭	沪宝名〔2021〕第16号	大场镇	建筑物、居住区命名	祁连山路以西、丰翔路以北
宝山龙湖蓝海引擎大楼	沪宝名〔2021〕第17号	顾村镇	建筑物、居住区命名	东至陆翔路、南至宝安公路、西至天纯路、北至周家浜路
和欣假日商业广场	沪宝名〔2021〕第18号	淞南镇	建筑物、居住区命名	东至逸仙路、南至华实加油站、西至泗塘河规划路、北至淞发路
新顾城　申方苑	沪宝名〔2021〕第19号	顾村镇	建筑物、居住区命名	顾村镇，东至尚北路、南至孟泗泾、西至天仁路、北至鄱阳湖路
美罗家园　云澜名邸	沪宝名〔2021〕第20号	罗店镇	建筑物、居住区命名	罗店镇，罗真路以东、陆翔路以西、美康路以北
顾文路	沪规划资源地名〔2021〕30	顾村镇	道路	顾村镇南起规划羌谭路，北讫规划富联三路
秋艺路	沪规划资源地名〔2021〕112	大场镇	道路	北起塘祁路、南至规划文怡路
含秋路	沪规划资源地名〔2021〕113	大场镇	道路	东起南陈路、西至规划厚福路
塘涵路	沪规划资源地名〔2021〕114	大场镇	道路	南起规划文怡路、北至塘祁路
瑞祁路	沪规划资源地名〔2021〕115	大场镇	道路	南起含秋路、北至塘祁路
瑞吉路	沪规划资源地名〔2021〕141	淞南镇	道路	东起淞行路、西至国权北路
贺兰山路	沪规划资源地名〔2021〕151	大场镇	道路	南起走马塘、北至环镇北路
茂才路、茂才桥	沪规划资源地名〔2021〕147	大场镇	道路	南起丰德路、北至瑞丰南路
祁安路	沪规划资源地名〔2021〕149	大场镇	道路	南起南大路、北至环镇北路
祁安路	沪规划资源地名〔2021〕150	大场镇	道路	南起环镇南路、北至南何支线
环镇南路	沪规划资源地名〔2021〕158	大场镇	道路	环镇南路（规划连文路至区界）

（张燕娣）

建设交通管理

【概况】 2021年,区建管委、交通委结合建设交通工作实际,坚持“人民城市”的重要理念,推进重大工程建设,深化行政审批改革,打造一流营商环境,融入长三角一体化战略布局,提升建设交通管理精细化水平,守住安全生产底线。年内调整优化12条公交线路,公交线网密度达1.72千米/平方千米。全区共有公交线路146条。运营公交车辆1846辆。公交站点1455个,比上年新增12个。全年新增公交候车亭21个,总数达760个。宝山公共自行车共有1.5万辆,网点588个。共享单车数量估算约5.14万辆。全年累计受理区“12345”热线工单数件1944件,区热线工单满意率68.14%,实际解决率68.74%,比上年提升11.43%和9.57%。受理市“12345”热线工单4962件。全年办结来信来访337件,妥善处理农民工工资信访投诉335起,信访人数2424人,涉及农民工工资5944万元。全年共承办人大代表建议和政协提案70件,其中主办38件,会办32件。全部在规定时间内办结,按期办结率100%,人大代表、委员对办理态度满意率100%,办理结果解决(正在解决)率78.95%,人大代表、委员对办理结果满意率97.37%。

【重大工程建设】 2021年,市、区两级重大工程共134项。其中,重大基础设施项目32项、重点产业项目38项、重点房地产项目64项。134项重大工程在宝山辖区内总投资约2368亿元。其中,重大基础设施项目总投资306亿元(市投资185亿元、区投资121亿元)、重点产业项目总投资345亿元、重点房地产项目总投资1717亿元。涵盖交通、水务、基建、绿化、电力、重点产业项目、住房保障等领域。陆翔路—祁连山路于6月28日全线贯通;S7二期于7月2日正式通车;完成高架、桥面涂装73.2万平方米,完成架空线入地和杆箱整治5千米;科学实施客货分道、分时限行,整治关停货运堆场143个206万平方米,同步推进腾笼换鸟,力求转型发展实现新突破。G1503沿江通道AB段、军工路快速化改造工程全面开工建设,并取得明显进展;富长路除G1503节点外全线贯通;泰和污水厂配套铁城路—共富路、泰联路于7月15日开工建设;南大、吴淞城等重点区域新开工3条骨干道路;轨交18号线(二期)于6月28日开工建设,新增6个站点;沪通铁路二期2号工作井完成地连墙建设;沪渝蓉高铁主线基本稳定;2021年宝山在全市重大工程考核中名列前三。

2021年宝山区重大工程任务清单(基础设施类)

项目名称	建设单位/区级牵头单位	区配合单位	总投资(亿元)	2021年完成投资(亿元)
沿江通道浦西(A段、B段及辅路)	市城投/区建管委、区交通委	杨行镇、月浦镇	53.06	6.9
军工路快速化改造工程	市城投/区建管委、区交通委	淞南镇、吴淞街道	33.7	3.1
S7二期(月罗公路—宝钱公路)	市城投/区建管委、区交通委	罗店镇	28.2	1.5
长江西路快速化东段(预备)	市城投/区建管委、区交通委	区发改委、区规划资源局、淞南镇	—	—
沪通铁路二期	沪宁城际、申铁公司/区建管委、区交通委	区民政局、杨行镇、罗店镇、友谊路街道	—	0.6
轨交18号线二期	轨交18号线项目公司/区建管委、区交通委	区发改委、区规划资源局、淞南镇、庙行镇	—	—
北沿江高铁宝山段(预备)	沪宁城际、申铁公司/区建管委、区交通委	区发改委、区规划资源局、杨行镇、月浦镇	—	—
吴淞江行洪工程(新川沙河段)	市城投/区建管委、区交通委	区绿化市容局、区水务局、罗泾镇	30.45	13
宝山再生能源利用中心	上实宝金刚/区绿化市容局	区规划资源局、月浦镇	30.45	18
泗塘污水处理厂初雨调蓄工程	区水务局	张庙街道	1.48	1
陆翔路—祁连山路新建工程	区建管委、区交通委	大场镇、顾村镇	16.2	3.8
陆翔路北段(美兰湖路—鄱阳湖路)拓宽改建工程	区建管委、区交通委	区住房保障局、顾村镇、罗店镇、地产北投	8.5	1.5
公共消防站建设(庙行)	市消防总队/区消防支队	庙行镇、区规划资源局	0.35	0.2
2021年架空线入地和合杆整治(预备)	区建管委、区交通委	相关街镇	3.6	—
富长路(S20—金石路)拓宽工程	区建管中心	杨行镇	25.7	2
南大地区骨干道路:南大路改建工程、南陈路—南秀路改造工程	区公路中心	大场镇、南大指挥部	17.99	1.6
泰和污水厂周边配套道路(泰联路、铁城路—共富路、联谊路)	区建管中心	区绿化市容局、区水务局、区规划资源局、杨行镇、顾村镇、区土储中心	5.1	0.8

（续表）

项目名称	建设单位/区级牵头单位	区配合单位	总投资（亿元）	2021 年完成投资（亿元）
国江路	区建管中心	区水务局、淞南镇、上海铁路局	0.59	0.57
宝山区精神卫生中心迁建	区建管中心/区卫健委	区卫健委、顾村镇	8.01	2.1
大场医院（仁济医院）二期扩建	区建管中心/区卫健委	区卫健委、区规划资源局、大场镇	4.92	1.8
档案馆新建	区建管中心/区档案局	区档案局、区规划资源局、杨行镇	3.62	0.8
杨行体育中心	区建管中心/区体育局	区体育局、杨行镇	3.48	1.1
工人文化活动中心二期	区建管中心/区总工会	区总工会、吴淞街道	2.42	1
锦秋九年一贯制学校	区建管中心/区房管局	区房管局、区教育局、区规划资源局、大场镇	1.67	0.8
宝山区文化馆修缮加固工程	区建管中心/区文旅局	区文旅局、友谊路街道	1.23	0.6
教育资源均衡提质：华二高中新建工程（预备）、顾村中学总体改造、旦华九年一贯制学校	顾村镇、庙行镇、大华集团	顾村镇、庙行镇、大华集团	10.65	2.37
党校改扩建工程（预备）	区委党校	区发改委、区规划资源局	2.18	0.45
公共卫生中心改扩建（预备）	区卫健委	区建管委、区规划资源局	2	0.45
中心城区排水系统：张华浜东、月浦城区	区水务局	淞南镇、月浦镇	16.9	4.2
2021 年度 110 千伏电力工程（天仁、葑厚土建、彭家、白荡河 4 个站，宝安站 35 千伏送出工程）	市北供电公司/区发改委、区建管委	顾村镇、大场镇	2.63	1.5
美兰西湖公园（预备）	区绿化市容局	罗店镇	1.23	0.4

2021 年宝山区重大工程任务清单（社会投资类）

项目名称	建设单位/牵头单位	区配合单位	总投资（亿元）
不锈钢 20 号组团文化首发项目二期	区经委	区发改委、区建管委、区规资局、相关街镇	13.9
不锈钢地块科创产业综合项目	区经委	区发改委、区建管委、区规资局、相关街镇	16
特钢地块工业用地产业项目（一期）	区经委	区发改委、区建管委、区规资局、相关街镇	8
MAX 科技园（上海·美兰湖）	区经委	区发改委、区建管委、区规资局、相关街镇	14
斯丹姆药物临床试验一体化服务平台	区经委	区发改委、区建管委、区规资局、相关街镇	1.6
精准医疗产业园	区经委	区发改委、区建管委、区规资局、相关街镇	2.7
融创·月浦精彩天地	区经委	区发改委、区建管委、区规资局、相关街镇	4.5
联东 U 谷宝山机器人创新港	区经委	区发改委、区建管委、区规资局、相关街镇	4.3
富联新建标准厂房项目	区经委	区发改委、区建管委、区规资局、相关街镇	2.4
三邻桥体育文化产业园二期项目	区经委	区发改委、区建管委、区规资局、相关街镇	3
上药“超级工厂”制造板块	区经委	区发改委、区建管委、区规资局、相关街镇	20
上药“超级中心”商贸板块	区经委	区发改委、区建管委、区规资局、相关街镇	31
垒知集团总部基地项目	区经委	区发改委、区建管委、区规资局、相关街镇	8.1
索灵中国 IVD 研发生产基地	区经委	区发改委、区建管委、区规资局、相关街镇	2.3
临港南大一平方公里科创先行区产业用地项目	区经委	区发改委、区建管委、区规资局、相关街镇	

（续表）

项目名称	建设单位/牵头单位	区配合单位	总投资（亿元）
不锈钢产业用地综合开发项目	区经委	区发改委、区建管委、区规资局、相关街镇	50
吴淞口国际科创城宝武中央研究院项目	区经委	区发改委、区建管委、区规资局、相关街镇	7
特钢地块工业用地产业项目（二期）	区经委	区发改委、区建管委、区规资局、相关街镇	7
京东电子商务运营示范基地二期	区经委	区发改委、区建管委、区规资局、相关街镇	3.4
宝地长江口科创一期项目	区经委	区发改委、区建管委、区规资局、相关街镇	1.2
联东U谷—罗泾智能制造港	区经委	区发改委、区建管委、区规资局、相关街镇	10
大陆汽车配件二期	区经委	区发改委、区建管委、区规资局、相关街镇	2.1
福然德股份有限公司运管研发中心	区经委	区发改委、区建管委、区规资局、相关街镇	1.6
濮阳濮耐高温材料（集团）股份有限公司上海研发中心	区经委	区发改委、区建管委、区规资局、相关街镇	1.5
真大路526天硕文创产业园	区经委	区发改委、区建管委、区规资局、相关街镇	1.2
1876环上大科技园06基地	区经委	区发改委、区建管委、区规资局、相关街镇	1
微盟总部项目	区经委	区发改委、区建管委、区规资局、相关街镇	5
中科厚朴项目	区经委	区发改委、区建管委、区规资局、相关街镇	14
京东集团华东总部	区经委	区发改委、区建管委、区规资局、相关街镇	26
龙盛湾项目	区经委	区发改委、区建管委、区规资局、相关街镇	5
长江软件园二期项目	区经委	区发改委、区建管委、区规资局、相关街镇	2.2
每日优鲜华东总部及智能化供应链中心项目	区经委	区发改委、区建管委、区规资局、相关街镇	10
百联宝山国际供应链一体化管理平台项目	区经委	区发改委、区建管委、区规资局、相关街镇	5.1
上海中船国际邮轮产业园国家邮轮核心技术研究和产业化服务基地	区经委	区发改委、区建管委、区规资局、相关街镇	9
汉氏联合宝山区综合性细胞生物医药协同创新平台项目	区经委	区发改委、区建管委、区规资局、相关街镇	10
中科钢研	区经委	区发改委、区建管委、区规资局、相关街镇	30
复创达索项目	区经委	区发改委、区建管委、区规资局、相关街镇	10.7
申和二期半导体设备制造项目	区经委	区发改委、区建管委、区规资局、相关街镇	5

2021年宝山区重大工程任务清单（房地产类）

报建编号	项目名称	建设单位	总投资（亿元）	项目类型	计划竣工日期（竣工备案）
1902BS0156G001BS	美罗家园中集金地名庭	上海智飞置业有限公司	17.1	商品住宅	2021年9月
1602BS0209G001BS	润园	上海众承房地产开发有限公司	98.6	商品住宅	2021年8月
2002BS0204	美罗家园宝润雅苑项目	上海兆仁房地产开发有限公司	42.1	商品住宅	2022年9月
1702BS0154G001BS	信达泰禾雅苑	上海坤安置业有限公司	90	商品住宅	2022年6月
0801BS0047G008BS	经纬城市绿洲E地块（三期住宅）	经纬置地有限公司	5.6	商品住宅	2022年6月
2002BS0375	宝山工业园区BSPO—1801单元93—02地块项目（一、二期）	上海洛昶企业管理有限公司	39	商品住宅	2022年12月
1602BS0165G002BS	上港集团军工路地块开发建设项目	上港集团瑞祥房地产发展有限责任公司	99.7	商品住宅	2021年12月

（续表）

报建编号	项目名称	建设单位	总投资（亿元）	项目类型	计划竣工日期（竣工备案）
1802BS0267G001BS	宝山区罗泾镇（BSPO—1701 单元）07—01 地块动迁安置房项目	上海飞士房地产开发经营有限公司	4.1	商品住宅	2022 年 4 月
1702BS0298G001BS	万科智云新苑	上海万锴房地产有限公司	48.2	商品住宅	2021 年 9 月
1902BS0442G001BS	春樾湾华庭	上海华杨房地产开发有限公司	400	商品住宅	2022 年 1 月
2002BS0217	巧悦轩	上海赛睿房地产开发有限公司	5.5	商品住宅	2022 年 8 月
1902BS0323	上海市宝山区顾村老镇社区（BSPO—1501 和 BSPO—1502）单元 14—11、17A—02、17B—02 地块项目	上海顾华房地产开发有限公司	52	商品住宅	2022 年 12 月
1802BS0196G001BS	大华四季园	上海顾华房地产开发有限公司	78	商品住宅	2021 年 11 月
0801BS0055G013BS	保利叶都 B 地块商品住宅 34#楼	上海保利建霖房地产有限公司	45	商品住宅	2021 年 11 月
1101BS0006G001BS	宝林枫景苑	上海宝林房地产开发有限公司	10	商品住宅	2021 年 9 月
1101BS0006G003BS	吴淞西块 91#街坊项目	上海宝林房地产开发有限公司	10.1	商品住宅	2023 年 1 月
1802BS0028G001BS	卓置名邸	上海卓置房地产开发有限公司	36	商品住宅	2021 年 9 月
1802BS0059G001BS	鼎灏苑	上海华行房地产开发有限公司	6	商品住宅	2021 年 9 月
1902BS0078G001BS	逸翠华庭	上海华行房地产开发有限公司	43.8	商品住宅	2021 年 12 月
1902BS0092G001BS	璟翠华庭	上海华行房地产开发有限公司	41.8	商品住宅	2023 年 12 月
1902BS0346G001BS	澜翠华庭	上海华行房地产开发有限公司	39	商品住宅	2023 年 1 月
1902BS0451	悦水雅庭	上海华桐房地产开发有限公司	30	商品住宅	2023 年 6 月
1902BS0450	清景苑	上海华桐房地产开发有限公司	3.6	商品住宅	2023 年 6 月
1902BS0452	瑧悦轩	上海华桐房地产开发有限公司	8	商品住宅	2023 年 6 月
1702BS0201G001BS	顾村镇 BSPO—0301 单元 60c—05 地块动迁安置房	上海顾村瑞家房产开发有限公司	5	商品住宅	2021 年 7 月
2002BS0238	宝山区顾村大型居住社区 BSP0—0104 单元 0422—01 地块	上海润钴房地产开发有限公司	23.9	商品住宅	2022 年 8 月
1702BS0136	宝山罗店镇老镇区 C1—2 地块	上海碧罗房地产开发有限公司	5.4	商品住宅	2021 年 11 月
0502BS0286G004BS	罗新苑一期 A、B 地块配套商品住宅工程	上海罗店房地产有限责任公司	0.7	商品住宅	2021 年 8 月
0601BS0021G018BS	宝山新城紫辰苑二期 B2 组团项目	上海万业企业宝山新城建设开发有限公司	2.2	商品住宅	2022 年 11 月
1402BS0336	宝山区顾村镇原选址基地 B—1 地块	上海宝辉置业有限公司	2.9	保障性住宅（市属）	2021 年 12 月
1902BS0112G001BS	顾村拓展基地 0301—13 地块市属保障房项目	上海中冶顾村大居置业有限公司	6.9	保障性住宅（市属）	2021 年 12 月
1002BS0237	祁连基地 A2、A3 地块（保障性住房）项目	上海中冶凯程置业有限公司	26.6	保障性住宅（市属）	2021 年 8 月
1902BS0110G001BS	新顾城 0301—06 地块保障房项目	上海尚北置业有限公司	5.6	保障性住宅（市属）	2022 年 9 月
1902BS0273	潘泾 03A—01 安置房地块	上海顾泰房地产开发有限公司	10.4	保障性住宅（区属）	2022 年 8 月
1902BS0367	丰秀雅苑	上海宝秀房地产开发有限公司	9.9	保障性住宅（区属）	2022 年 3 月
1902BS0366	瑞秀雅苑	上海宝秀房地产开发有限公司	6.1	保障性住宅（区属）	2021 年 12 月
1902BS0039G001BS	宝山区美罗家园 04 单元 0414—01 地块动迁安置房项目	上海中冶锦罗置业有限公司	16.9	保障性住宅（区属）	2021 年 9 月

（续表）

报建编号	项目名称	建设单位	总投资（亿元）	项目类型	计划竣工日期（竣工备案）
1001BS0087G016BS	大黄中心村二期（和家欣苑）组团4项目	上海宝山西城区房地产发展有限公司	2.9	保障性住宅（区属）	2021年9月
1602BS0215G001BS	铁峰路东侧09地块动迁安置房项目	上海宝山西城区房地产发展有限公司	11	保障性住宅（区属）	2021年8月
2002BS0127	宝山区盛桥社区15—07地块动迁安置房项目	上海中宝建筑工程有限公司	14.8	保障性住宅（区属）	2021年12月
1902BS0251G001BS	罗店大型居住社区BSPO—2104单元0407—01地块动迁安置房	上海宝欣润置业有限公司	11.6	保障性住宅（区属）	2021年10月
1902BS0111G001BS	宝山新城杨行杨鑫社区BSP0—0601单元06—07地块动迁安置房项目	上海宝冶宝杨置业有限公司	18.6	保障性住宅（区属）	2021年10月
1502BS0309G001BS	汇秀雅苑（49—04）	上海宝秀房地产开发有限公司	9.9	保障性住宅（区属）	2021年10月
1902BS0345G001BS	大康泓锦苑	上海华桐房地产开发有限公司	10	保障性住宅（区属）	2022年10月
1902BS0391	宝山区顾村BSPO—0103单元0310—01地块动迁安置房项目	上海顾村房地产开发（集团）有限公司	0.4	保障性住宅（区属）	2022年11月
1902BS0353G001BS	宝山区美罗家园大型居住社区BSPO—2014单元0415—01地块动迁安置房	上海宝罗美房置业有限公司	8.9	保障性住宅（区属）	2022年8月
1802BS0271G001BS	宝山区罗店镇老镇区A19—03地块动迁安置房项目	上海罗店房地产有限责任公司	1.8	保障性住宅（区属）	2021年8月
1702BS0192G001BS	宝山区祁连社区W121601单元E2B—02b地块动迁安置房项目	上海宝秀房地产开发有限公司	5.8	保障性住宅（区属）	2023年12月
1702BS0193G001BS	宝山区祁连社区W121601单元E2D—02地块动迁安置房项目	上海宝秀房地产开发有限公司	7.6	保障性住宅（区属）	2023年12月
1602BS0160G001BS	宝山区顾村大型居住社区BOS0—0104单元0402—03地块动迁安置房项目	上海住保北程置业有限公司	7.6	保障性住宅（区属）	2021年10月
1901BS0008G001BS	宝山区桃浦社区H1—1b地块（宝山部分）租赁住房项目	上海南宸置业有限公司	7.7	租赁住房	2021年12月
1902BS0156	美罗家园澜都	上海智飞置业有限公司	24.9	租赁住房	2022年6月
2001BS0009	上海市宝山区新城杨行杨鑫社区BS-PO—0601单元07—08地块租赁住房项目	上海铁建星东置地有限公司	10.4	租赁住房	2023年8月
总台账无	宝山区祁连社区W12—1601编制单元E2A—01地块租赁住房项目	上海锦平房地产有限公司	11.8	租赁住房	
总台账无	宝山区祁连社区W12—1601编制单元E1B—01地块租赁住房项目	上海锦领房地产有限公司	8.6	租赁住房	
1302BS0293G001BS	上海滨江城总体开发项目03街坊	上港集团瑞泰发展有限责任公司	7.9	商办	2022年6月
0901BS0052G005BS	绿地北郊商业广场三期B1D	上海顾村格林茂置业有限公司	7	商办	2021年9月
1801BS0017G001BS	宝山区美罗家园大型居住社区0218—02	上海中集菁鹰置业有限公司	14.8	商办	
1802BS0295G001BS	罗南社区A—2A地块办公楼项目	上海岫锦置业有限公司	0.7	商办	
1302BS0293G001BS	上海滨江城总体开发项目01街坊（宜东苑）	上港集团瑞泰发展有限责任公司	27.9	其他	2022年6月
1302BS0293G001BS	上海滨江城总体开发项目04街坊（振东苑）	上港集团瑞泰发展有限责任公司	28.2	其他	2022年6月
1302BS0293G005BS	上海滨江城7号街坊（冠东苑）	上港集团瑞泰发展有限责任公司	32.7	其他	2022年12月
2002BS0375	宝山工业园区BSPO—1801单元93—02地块项目（三期）	上海洛昶企业管理有限公司	39	其他	2022年12月
1902BS0157G001BS	上海金富门城市更新项目	上海金富门酒店有限公司	9.1	其他	2022年8月

【道路规划储备】 2021年，宝山区大力推进道路交通规划。(1)聚焦吴淞创新城板块，助力吴淞工业区转型发展。完成综合交通、海绵城市及燃气系统3个专项规划编制，开展双城路/海江路(同济路—江杨北路)道路新建工程、铁力路(长江西路—泰和路)道路新建工程储备研究。完成长江西路快速路(西泗塘—逸仙路)项建书批复。吴淞创新城市政配套道路双城路(滨河一路—同济路)完成前期报批手续，海江路(时光大道—同济路)主体工程完工，推进铁山路(泰和路—长江西路)项建书报审。轨交18号线二期完成专项规划和工可批复并正式开工。轨交19号线开展前期方案研究，涉及19号线北延伸两站的《上海市轨道交通第三期建设规划调整》完成环评和稳评公示相关工作。(2)推动沪渝蓉高铁宝山站"站城融合"。沪通二期完成初步设计批复。沪渝蓉高铁(上海至南京至合肥段)完成工可批复。开展宝山站及周边配套道路交通组织及宝山站概念方案及开发模式研究。盘古路(蕰川路—同济路)道路专项规划研究形成稳定成果。(3)完善交通治理体系，确保区域交通畅达。依据《宝山区交通畅达工程三年行动计划》，开展城市智慧交通、货运交通组织及货运堆场减量化、城市道路排堵保畅及城市静态停车(P+R枢纽研究)布局4个课题研究交通畅达三年行动计划课题研究。(4)配合重大工程，完善路网体系。完成吴淞江(新川沙河段)周边交通组织及罗宁路道路新建工程储备研究，推进宝钱公路(沪太路—潘泾路)方案稳定；深化S16蕰川高速、S5沪嘉快速路功能提升前期方案研究；完成侨福地块跨何杨支线通道研究、吴淞东块沪客隆周边道路研究。

【道路管理与养护】 2021年，全区共有道路1189条，长1316.77千米，道路面积约2566.11万平方米，包含市、区、镇管道路、村庄道路以及在建道路。其中，市管道路11条，长125.7千米，道路面积449.4万平方米；区管道路359条，长523.7千米，道路面积1453.6万平方米；镇管道路211条，长90.2千米，道路面积98.2万平方米。全区桥梁576座，桥孔共3202孔。全区"四类设施"设备量共有34.34万平方米标线，9394块标牌，64块可变车道显示屏。区管公路绿地面积131.19万平方米，行道树5.961万株。全年实施5条道路改扩建工程，总里程8.2千米，33条道路大中修，总里程38.3千米。完成25条道路、17段绿化和6段雨污水管的移交接管工作，完成全年45万平方米的道路移交接管目标。其中上半年完成15条道路和5段雨污水管的移交接管，下半年完成10条道路、17段绿化和1段雨污水管的移交接管工作。

【道路排堵保畅项目】 2021年，全区有3个排堵保畅项目列入市政府实事项目，其中沪太路潘广路西进口增设可变车道工程，改善早晚高峰潘广路通行效率；水产路铁山路通过渠化西向东车道延长左转蓄车道，改善水产路的拥堵；通过在呼玛路共和新路口增设机动车道，提升共和新路的通行效率。

【"四好农村路"建设】 2021年，全区"四好农村路"建设计划共9个项目，约16.78千米。其中，农村公路大中修8个项目，约8.66千米；农村公路(乡道)提档升级工程1个项目，约8.12千米。

【交通行业管理】 2021年，宝山区共有汽车维修企业233家，机动车综合性能检测站5个，区域出租车(沪C)400辆，区管铁路道口4个。道路货物运输企业2456户，累计减少338户，其中注册在宝山区危险货物运输企业39户。在册道路货运车辆5.61万辆，其中注册危险货物运输车辆1939辆，累计减少1180辆。

【公共停车场管理】 2021年，宝山区累计新增公共停车场泊位3879个，备案公共停车场泊位达5.01万个。新增1条道路停车场泊位159个，累计102条道路停车场泊位总数达5004辆。其中，协调完成五月玲珑广场、洋北停车场等8个项目610个共享停车泊位；完成21个社会公共停车场建设，提供公共停车泊位3879个；完成5个停车难综合治理项目，缓解老旧小区、医院停车难问题。

【内河港航整治】 2021年，区建管委、交通委根据《宝山区内河码头专项整治三年行动方案》，累计关停原持证码头2户。宝山区内河码头43户(46个作业点)，其中易扬尘码头19户。全区航道数6条，总里程57.76千米。

【非法客运整治】 2021年，区建管委、交通委治理交通顽疾，加强非法客运整治，维护客运市场秩序，开展非法客运整治行动393次，出动交通执法人员1915人次，出动交通执法车辆746辆次，查扣非法客运车辆718辆，暂扣驾驶证650件，结案688件，罚没款785万元。牵头10个市级非法客运重点整治区域所在街镇、派出所召开协调会，制定"一点一方案"，落实物防技防措施。开展"七进"主题宣传活动，开展非法客运整治主题宣传9次，发放各类宣传品6250件。

【建设管理】 2021年，全区在监项目总数976个，建筑面积1336.63万平方米，造价738.55亿元。在建项目411个，建筑面积1038.28万平方米，造价563.44亿元。全年累计开具行政措施单共1265份，其中整改单累计1103份，暂缓单累计115份，停工单累计47份。收到农民工欠薪信访335批次，涉及农民工2424人，涉及拖欠工资金额5944.21万元。年内召开上海市"安全月"建设工程综合观摩会以及首届建设工程用工管理示范项目现场展示会；配合迎接上海市督察组对宝山区2020年度保障农民工工资支付工作开展督察，宝山区被评为上海市A级。

【招投标管理】 2021年，宝山区累计完成招投标情况备案259个标段，其中设计28个、施工145个、监理32个、设计勘察一体化5个、设计(勘察)施工一体化14个、工程总承包18个、暂估价17个；实施开标评标视频巡查649次；实施围标串标甄别工作127次；曝光招标代理从业人员不规范行为4起，评标专家不规范行为7起；开展施工评估7个标段。制定《宝山区工程建设领域整治问题线索核查处理工作细则(试行)》；发出"建设工程招标投标活动异常函询单"3份。先行先试公路养护工程招投标，实现招标计划集中发布、远程开标、电子合同签订、工程款支付等全流程线上管理。年内被上海市建设工程招标投标管理办公室评为"招标投标监管工作先进集体""优化招投标营商环境特色奖"荣誉。

【行政审批改革】 2021年，宝山区围绕4.0版持续优化工程建设项目营商环境。5月31日，原"宝山区社会投资项目审批审查中心"更名为"宝山区工程建设项目审批审查中心"，完成场所功能优化、布局调整，完善标识指引，形成"前台综窗统一收件,后台部门技术支撑,过程自助帮办服务”的政务服务路径,86项主线审批事项及市政公用服务事项、辅线审批事项、中介服务事项全部入驻。10个项目实现“拿地即开工”,9个项目完成“单体竣工提前验收”。加快推进审批业务“一网通办”,提高全程网办。全年累计办结各类行政审批及服务117248件,其中当场办结110497件(占比94.24%),全程网办65396件(占比55.78%),收到锦旗13面,感谢信1封。

【燃气管理】 2021年,区内共有燃气经营企业14家,燃气用户85万户,中高压燃气管道长度765.66千米,燃气场站13座,其中液化气供应站8座、液化气储配站1座、瓶组气化站1座、车辆加气站3座。完成燃气内管改造0.82万户,换出腐烂、锈蚀内管61根,提前并超额完成0.6万户年度目标任务。开展燃气入户安检44.45万户,督促整改严重隐患3197户。查处非法液化气钢瓶733只。餐饮等经营企业安装燃气泄漏报警器6545台。

【交通行政执法】 2021年,区建管委、交通委开展各类交通执法行动3851次,出动执法人员13423人次,出动执法车辆3633辆次,共检查各类交通营运车辆1764辆,出动巡逻艇2147艘次,检查船次1886艘次,检查各类交通运输企业919户,共查处各类交通违法违章案件2202件。开展交通安全巡查3093户次,出动巡查人员7643人次,查出安全隐患22处,均完成当场整改。检查建设项目941个次,监管2564人次,开具各类行政措施单525份,其中开具整改指令单466份,局部暂缓施工指令单52份,全面停工单7份,共开具2570条整改事项。

(张　弛)

水务(海洋)建设

【概况】 2021年,区水务局(海洋局)践行“节水优先、空间均衡、系统治理、两手发力”治水思路,聚焦重点工作抓推进、聚焦水务工程补短板、聚焦质量安全强监管,全面完成长江经济带生态环境问题警示片整改销项,成功应对第6号台风“烟花”及第14号台风“灿都”考验,完成9.5千米骨干河道综合整治、7千米中小河道综合治理,推进月浦城区、张华浜东排水系统和泗塘污水厂初雨调蓄工程建设,加强751个小区雨污混接改造长效养护管理。纵深推进河湖长制工作,“3+15”考核断面全部达标,优Ⅲ类水质占比69.9%,区域水环境质量持续向好。全年主动公开公文类政府信息102条,全文电子化率100%,公开率100%。行政许可和行政处罚等信用信息双公示。办理各类信访事项35件,受理率100%,按期答复率100%。处理市、区水务热线工单1475件,比上年增加470件、增加率46.8%,按时办结率100%。完成市、区政府重点工作目标与任务细化分解2类7项内容督查;完成市、区领导批示落实26件。承办区人大代表建议、政协委员提案4件,全部按时办结,结果网上公开。

【防汛防台】 2021年,区水务局(海洋局)启动防汛防台响应行动44次(Ⅱ级2次、Ⅲ级10次,Ⅳ级32次),总响应时间376小时;汛期总雨量880.2毫米,较常年值(626.4毫米)偏多四成左右,成功应对2021年第6号台风“烟花”、第14号台风“灿都”考验;“烟花”台风期间吴淞口(警戒水位4.80米)出现4次超警戒水位,7月26日1时15分吴淞口最高水位5.55米。3月19日,区防汛办召开汛前准备工作会议,启动、部署汛前各项准备工作;5月8日,区防汛办举办宝山区2021年防汛业务专题培训班;5月28日,宝山区召开2021年度防汛工作会议,贯彻落实市政府2021年防汛工作会议精神,回顾总结2020年防汛工作,通报汛前准备工作情况;6月10日,区委常委会专题听取全区防汛防台工作汇报;6月24日,区防汛部门结合安全生产月主题活动开展2021年宝山区在建工地应急救援综合演练;7月30日,区防汛办组织召开2021年汛中工作会议;8月5日,区防汛办召开“烟花”台风防御工作总结评估会。年内,宝山区防汛防台工作在市防汛指挥部考核中被评定为优秀。

【水务安全监管】 2021年,区水务局(海洋局)受监项目117项,其中跨年度项目95项、新受监项目22项,日常检查92项次,查处安全质量隐患共计770条(安全隐患503条、质量隐患267条)。全年接受监督检查7次,其中市水务局稽查1次、质量考核1次、安全检查1次,上海市保障农民工工资支付督查1次,市水务建设工程安全质量监督中心站组织第三方抽查3次。3月,开展水务工程春季复工检查;6月,召开安全生产月活动动员部署会,开展安全月专项检查;9月,开展“质量月”专项检查;12月,开展冬季安全质量综合大检查。

【水务规划编制】 2月、7月,宝山区级污水、雨水专业规划先后通过市水务局行业审查。吴淞创新城四项规划中,水利、供水、雨水、污水专业规划通过市水务局行业审查。根据《上海市防洪除涝规划(2020—2035)》修编《宝山区水利规划(2020—2035)》。

【水务工程建设】 2021年,区水务局(海洋局)完成杨盛河、沙浦约6千米骨

湄浦(沪太路—杨盛河)综合整治成果　毛尧磊/摄影

干河道综合整治，马路河约3.5千米骨干河道疏浚以及五岳河、东张茜泾、老市河、新市河等7千米中小河道整治；10月，完成新增重点镇顾村镇镇级清洁小流域方案编制、评审和印发，推进示范单元罗泾镇南潮塘等3条河道和罗店镇罗南长浜等2条河道整治。启动杨盛河（绕城高速—月罗公路）河道整治、骨干河道疏浚（走马塘、荻泾）2个新建骨干河道整治项目。9月，蕰藻浜庙行段、张庙段正式建成并对外开放，打造人水和谐的“绿色景观”堤防建设。推进月浦城区、张华浜东排水系统和泗塘污水厂初雨调蓄工程建设。1月20日，月浦城区排水系统完成调蓄池顶板施工，7月23日完成上部结构施工；2月1日，张华浜东排水系统完成基坑底板施工，6月4日完成调蓄池顶板施工，8月13日完成上部结构施工；12月底，泗塘污水处理厂初雨调蓄改造工程完成底板支撑施工。完善管网建设，推进长江路、军工路污水收集管网以及竹石污水连通管、泰和污水厂二期配套东总管建设；开展宝钢支线扩容改造工程。

【河长制】 2021年，全区共有河湖933条（个），长度825.16千米，水面积21.5891平方千米，河湖水面率7.97%。其中，河道852条，全长770.95千米，水面积17.0624平方千米；其他河湖81条（个），全长54.21千米，水面积4.5267平方千米。河道包括：市管河道10条，全长79.35千米；区管河道17条，全长165.57千米；镇管河道118条，全长213.98千米；村级河道707条，全长312.05千米。全区共设立各级河长湖长358人，其中区级河长14人、镇级河长108人、村居级河长236人；设置民间河长549人、泵站河长17人，规模以上排污口企业河长14人，选聘护河志愿者共242人。全年各级河长累计巡河17000余次，发现、解决问题5000余个，接受上级督查、检查27次，其中“三查三访”21次、市河长办督查6次。推进“河长+检察长”工作，庙行镇、淞南镇成功创建“河长制标准化街镇”，建成村居河长制工作站76个，超额完成建站任务。沙浦、聚源桥中心河、东钱河等20条河道入围上海市“美丽河湖”评选。2月24日，区委书记、区总河长陈杰带队巡查桃浦、新槎浦。4月22日，2021年宝山区河长制工作现场推进会在罗店镇联合村召开，区委书记陈杰、区委副书记、区长、区总河长高奕奕，区委常委、副区长、区副总河长王益群出席。12月3日，组织2021年宝山区河长制工作专题培训班。

【水利设施管理】 2021年，全区共有海塘42.5147千米（一线海塘28.9327千米，二线主要备塘和次要备塘分别为7.535千米和6.047千米），一线海塘基本达到二百年一遇标准；防汛墙45.44千米，达到千年一遇标准；一线水闸19座，其中市管5座，区管11座，镇管3座。加强“上海河湖养护”App和区级河道综合管理平台应用管理。配合市水利管理事务中心开展镇管泵闸安全运行监督检查工作，7月对全区40座镇管水闸进行抽查，发现问题25处，全部完成整改。区堤防水闸管理所在市堤防运行中心年度考核中，获“黄浦江和苏州河堤防管理工作考核优秀”“海塘管理工作考核优秀”。

【供水设施管理】 2021年，区水务局（海洋局）持续推进节水载体建设，以点带面强化节水监督管理。通过县域节水型社会达标建设，全年创建节水型学校1所、节水科普示范点1个、节水型小区8个、水务行业节水机关1个。

【排水设施管理】 2021年，区水务局（海洋局）严格落实新的养护标准，共疏通雨水管、合流管1099.07千米，污水管990.21千米，连管1069.33千米，清捞窨井135226座，清捞雨水口147421只，清捞污泥9262.14吨，保养防汛闸门及潮闸门66座。委托第三方每月进行自纠自查，抽查主管65条段，连管90条段，累计检测主管1161条段，连管1043条段。完善张庙、淞南泵站“一泵站一方案”编制审核，落实错峰截流、优化运行模式，提高泵站截流效率。加大市政管网养护力度，养护频率从原来的2～3次/年，提升至4～6次/年。9月，完成2个雨水系统内动态监控系统建设，共安装并投入运行流量计、液位计、电导率仪175套。加强农村生活污水处理设施运维管理工作，分别于3月、6月、9月、11月开展4次农村生活污水处理设施出水水质监测工作。

【水文监测】 2021年，区水务局（海洋局）完成36个市、区管河道常规监测断面、8个闸内外监测断面每月1次水质监测；完成116个镇级以上河湖水质断面单月6项指标监测；完成全年2次村级河道及其他河湖水质监测工作；完成每周76个“3+15”考核断面及关联断面预警监测；完成107条111个断面苏四期河道3月、10月水质监测工作，并上传市河长办平台；完成建成区“4+7”条河道41个断面6次水质监测工作，3月、10月数据上传市河长办平台；完成全年4次34个农村生活污水处理装置出水水质监测工作；开展10个水质自动监测数据采集及运维管理工作，为智慧水务平台提供数据服务。

【滩涂海塘管理】 2021年，区水务局（海洋局）加强长江河道采砂管理，区河长制办公室牵头，联合宝山海事局、宝山海警局建立长江河道采砂管理合作机制，每月全覆盖巡查长江干流岸线1～2次，全年巡查33次、共计68人次，巡查总里程1282千米，出动船艇31艘次（宝山海事局22次，市水务行政执法总队9次）。

【海洋管理】 2021年，区水务局（海洋局）做好海洋灾情防范及统计上报工作，第6号台风“烟花”影响上海期间，向海塘沿线单位发放台风告知书19份，出动巡查210人次；第14号台风“灿都”影响上海期间，向海塘沿线各单位发放台风告知书19份，出动巡查180人次，关闭堤防管理范围所有防汛闸门。4月27日，印发《宝山区推进全国第一次水旱和海洋灾害综合风险普查工作方案》，成立专项工作领导小组和技术工作专班。6月8日—11日，联合区农委举办第十三届“世界海洋日”暨“长江大保护”渔业资源增殖放流活动；联合村居、学校等共建单位开展“携手同行 治江护海”——海洋环保志愿行动、“童心画海洋”等活动。10月20日，印发《宝山区推进全国第一次水旱和海洋灾害综合风险普查工作方案》实施细则，完成国家层面数据调查、填报任务，市级数据调查任务完成95%。

【水务海洋执法】 2021年，区水务局（海洋局）开展各类执法检查171次，347人次，查处各类涉水违法案件53起，立案24起，处罚23起，罚款金额369.5万元；行政警告1起，吊销排水许可证7张，处理各类举报案件33件，回复率100%，通过行政执法手段责令当事人限期整改36件。加大水土保持监管力度，审批水土保持方案91件，实施现场检查44次，填写跟踪监督检查记录表44份，下达整改通知单10份，及时将相关信息录入全国水土保持监督管理系统。全面贯彻落实《中华人民共和国长江保护法》，3月查处长江采砂违法案件1起，没收违法船只1艘、江砂809立方米，处罚款50万元。

【行政服务】 2021年，区水务局（海洋局）准予行政许可决定书911件。提升“一网通办”改革效能，落实“两个免于提交”（凡是本级政府部门核发的材料，原则上一律免于提交；凡是能够提供电子证照的，原则上一律免于提交实体证照）。推进“双减半”（行政审批事项办理时限减少一半、提交材料减少一半）工作，提升即办率；加大电子证照应用，加强数据调用复核；推进“水土保持一件事”“开办洗车店一件事”稳步开展，有效提高审批效率，优化营商环境，推动“一网通办”从“能办”向“好办”转变。

【水务宣传】 2月23日，区水务局（海洋局）联合市水务局执法总队海监支队对宝山重点江段和敏感水域开展“春雷行动”联合执法巡查，发放宣传资料60余份。3月24日，宝山区堤防水闸管理所联合宝山区交通委员会执法大队、蕰东泵闸（堤防）管理所、上海迅翔公司等单位在蕰东水闸开展纪念第二十九届“世界水日”、第三十四届“中国水周”——暨区域船舶安全通航管理研讨及宣传活动。5月11日，在宝山滨江公园开展第三十届全国城市节约用水宣传周系列活动。6月8日，在上海吴淞口国际邮轮港举行“携手同行 治江护海”——宝山区第十三届“世界海洋日”暨“长江大保护”渔业资源增殖放流活动。 （吴月光）

公 路

【概况】 2021年，区交通建设管理中心（以下简称中心）管养公路总里程440.42千米，按行政等级分，其中：县道249.40千米、乡道165.80千米、村道25.23千米。按技术等级分：一级公路2.63千米，二级公路294.27千米，三级公路91.22千米，四级公路52.30千米。管养公路桥梁共410座，其中：县公路桥梁246座，长度11599.23延米；乡公路桥梁152座，长度4536.04延米；村公路12座，长度204延米。管养公路绿化里程385.612千米、行道树5.9738万株、绿地131.2563万平方米。管养公路雨水管365.462千米、污水管131.743千米。中心管养市政道路323条，总里程311.44千米，总面积795.89万平方米，市政桥梁166座。其中：市管市政道路3条，长度11.43千米，面积34.073万平方米；区管市政道路236条，长度264.93千米，面积727.09万平方米；镇管市政道路84条，长度35.08千米，面积34.73万平方米。区管市政桥梁141座、人行天桥9座、人行地道2座；镇管市政桥梁14座。全面建立区、镇、村三级“路长制”，健全农村公路管理路产路权保护队伍，全区“四好农村路”建设考核任务完成提档升级16.78千米，其中15.35千米纳入民心工程。农村公路大中修8个项目8.66千米，全部完成竣工验收。乡道提档升级8.12千米（1个项目共10条道路）由城工园实施全部竣工；结合提档升级工程同步完善农村公路安防，在钱陆路进行临水路段栏杆升级，对罗东路、钱陆路等农村公路桥梁进行防水涂装施工，全年共完成安全隐患整治11处。重大工程丰翔路（祁连山路—S20）、祁连山路（塘祁路—普陀区界）道路改建项目均已通车。年内把安全工作融入建设工程、道路养护、设施设备、办公场所等全过程，全年开展安全检查247次，出动检查人员482人次，检查工地140处，排查并整改隐患51处。

【道路技术状况】 2021年，宝山区普通公路（县、乡、村道）技术状况指数（MQI）93.16分，其中县道94.47分、乡道91.68分、村道90.7分，完成市道运局下达的年度指标。区管市政道路综合完好率为92.35%，平均路面平整度指标（IRI）为4.78，其中主干路、次干路、支路平均IRI分别为4.46、4.88和5.02，达到良好水平。路面损坏指数（PCI）平均分为88.71，支路达到优级水平，主干路、次干路为良好水平。路面结构承载能力指数（DEF）为98.59%.

【桥梁检测】 2021年，区交通建设管理中心对公路桥梁定期检查评定桥梁399座，其中县道235座，乡道152座，村道12座。全区一二类桥梁363座，三类桥梁36座。一二类桥梁占总数的90.97%。市政桥梁定期检查评定管养桥梁166座，其中A级33座、B级124座、C级4座；2座人行地道均为I类。

【道路大中修工程】 2021年，宝山区30个道路大中修、排堵保畅工程基本完成年度目标。水产路、呼玛路排堵保畅工程6月竣工；友谊路、泰和路辅道、淞宝路、江杨南路、塘后路、三泉路、共富路、爱辉路、盘古路大中修工程，大华一、三路及东城区人行道专项整治工程，牡丹江路合杆整治修复工程，吉浦路排堵保畅工程于12月竣工；结合大中修及整治工程项目，更换各类可调式窨井盖总计449座。

【公路养护资金及项目安排】 2021年，中心落实公路养护经费30388万元，其中养护管理经费1003万元、小修保养经费12555万元、公路大中修12411万元、农村公路经费3418万元、其他项目1001万元。全年投入市政日常养护资金5384.116万元（其中道路及附属设施4384.116万元，交通四类设施1000万元），养护资金投入保障率100%，保养小修率4.04%，大中修率4.18%。

【道路日常养护管理】 2021年，中心推进道路养护、文明施工等精细化管理，科学制定养护年度和月度计划，有针对性、有重点地实施养护作业，将养护管理纳入制度化、规范化管理轨道；完善各类规范化管理制度，落实养护监督检查考核机制；落实病害快速报告、快速处置制度，有效掌控区内养护质量变化。大场城区段公路保洁增加道路日常保洁频率，增派洒水车、机扫车等大型机械化保洁车辆进行喷雾压尘作业，进行专业保洁管理，提高城市道路的保洁质量。

【创建精品示范路】 2021年，中心针对精品示范路创建工作要求，成立道路病害整治专项工作领导小组，深入现场排摸，长江路（煤气厂桥—长江南路）、淞发路（南泗塘桥—淞肇路）、永清路（淞宝路—水产路）、同济路（双城路—海江路）、双庆路（宝杨路—海江路）、水产路（松兰路—竹韵路）、吉浦路（三门路—青石路）7条道路通过全市精品示范路创建验收。

【道路平整度及人行道专项整治】 2021年，中心对区管市政236条道路平整度、人行道全覆盖排摸，拟定整治方案，其中

224 条道路病害通过日常养护维修予以解决，16 条道路列入 2021 年大中修或专项整治工程项目全部实施完成，总计完成路面 39.1409 万平方米、人行道 21.383 万平方米，占总设施量的 8.48%。

2021 年宝山区道路设施量

道路类型		数量(条)	长度(千米)	总面积(万平方米)	桥梁(座)
市政	市管市政道路	3	11.43	34.07	0
	区管市政道路	237	265.48	728.43	141 座桥梁，9 座人行天桥，2 座人行地道
	镇管市政道路	84	35.08	34.73	14
公路	公路	251	440.42	644.17	410
	县道	104	249.40	474.77	246
	乡道	120	165.80	156.32	152
	村道	27	25.22	13.08	12

【井盖治理】 2021 年，中心明确公路检查井盖管理职责，落实“托底”处置管理工作机制。通过多途径检查发现井盖安全案件 310 个，均在规定时间里完成处置工作，消除公路运行安全隐患。其中，处理井盖缺失 38 个，沉降移位 272 个。全覆盖巡查排摸区管市政 236 条道路上各类井盖设施，对发现的问题要求各管线单位限期整改。中心安排专人负责专项治理，全年共整治各类井盖 347 座，大中修工程性整治各类井盖 449 座。

【交通缓拥堵和慢行交通】 2021 年，中心共组织实施交通缓拥堵工程 10 处，分别为水产路铁山路口排堵保畅工程、呼玛路共和新路口排堵保畅工程、潘广路(沪太路—潘广路西进口)增设可变车道工程、国权北路何家湾路港湾式车站 2 处、国权北路青石路港湾式车站 2 处、祁连山路丰翔路港湾式车站 2 处、吉浦路殷高路路口排堵保畅工程。通过增设车行道和延长渠化车道长度、增设港湾式公交车站来缓解道路交通拥挤状况，为周边百姓出行提供便利。

【海绵城市建设】 2021 年，中心推进海绵城市建设，实施金罗店 10 条道路专项整治。该工程东起潘泾路、西至沪太公路、南起杨南路、北抵月罗公路所围成的金罗店范围内 10 条道路，建成旱溪 380 米、生物滞留带 4 处、海绵缓释井 352 座，以及 10 条道路的人行道透水铺装，打造宜居、生态的高品质生活社区。

【道路养护四新技术应用】 2021 年，中心探索“四新”(新技术、新工艺、新材料、新设备)技术解决工作难题，引进“彩色精细磨耗层”工艺并运用于吴淞大桥人行道和非机动车道，宝杨路(同济路—吴淞口路)段道路列入城市风貌提升工程，该项目将人行道原砼质砖材质提升为花岗岩铺装和彩色沥青。

【道路交通四类设施管理】 2021 年，中心加强涂料的附着力和耐磨性，发挥其不易老化的优点。提高大中修工程监管力度，强化施工过程中文明施工和施工工艺等监管，在施工范围内全部安装无线视频监控系统。工程施工现场的图像数据实现云端化，提高工作效率和管理水平，为道路建设大数据分析积累经验。

【完成全市第一个养护平台招标项目】 2021 年，中心参与全市公路养护工程招标投标改革，共有 11 个公路养护工程项目完成招投标活动，其中“共祥路(蕰川路—锦宏路)中修工程”作为全区第一个发布“招标公告”和实施“远程开标”的公路养护工程项目，也是全市各区第一个在养护平台完成的招标项目，同时汶水路非机动车道改造工程也是全市各区第一个完成线上支付的项目。

【防汛防台应急处置】 2021 年，中心修订完善《宝山区交通建设管理中心防汛防台专项应急预案》《宝山区交通建设管理中心突发事件应急处置工作预案》《宝山区交通建设管理中心轨交站前广场突发事件应急预案》，各项预案薄弱处实行“一处一预案”，对 2 座下立交、2 座人行地道、4384 块标志牌、2209 根立杆、56 块可变车道屏和 277 盏太阳能路灯建立“一杆一档”制度，定期检查、养护。建立由主要领导担任组长的防汛防台领导小组，建立养护应急队伍 24 个，应急仓库 24 个，全年汛期累计落实值班值守 2957 人次，巡查检查 1846 人次，出动抢险车辆 692 辆次，巡查道路 5636 千米、抢修扶正树木 278 棵、树木加固 397 棵、扶正护栏 1720 米、维修拆除标牌及立杆 85 块。中心和各养护公司按照应急预案进岗到位，辖区道路未发生大面积道路积水，平稳安全度汛。

【掘路修复】 2021 年，中心受理挖掘城市道路许可 257 项、急抢修 697 项；安排修复完成 247 项、急抢修 697 项。组织相关日常巡查、专项安全文明施工检查共 125 次，协助处置违章掘路 14 次，约谈企业 4 次。2021 年度掘路计划占区管市政道路设备量总面积的 3%(小于 10%)。受理各类管线和挖掘公路许可 123 项、急抢修 352 项，安排修复完成 112 项、急抢修 352 项，占已交接项目修复完成率 97.6%。组织相关日常巡查、专项安全文明施工检查共 125 次，约谈企业 2 次。

【信访处置】 2021 年，中心做好“12345”“12319”、区舆情、区网格化等热线平台等转办处置回复，及时化解市民诉求，共受理各类工单 15822 件。其中：市交通热线 1869 件(接单 654 件，退单 1215 件)，区“12345”市民热线 1120 件(接单 527 件，退单 593 件)，区网格化 12749 件(接单 12119 件，退单 630 件)，区交通委行政许可科 84 件(区信访办转办件 33 件，舆情 51 件)，均及时处置并回复，处置率 100%。共接单 13334 件，退单 2488 件。

(刘晨晨　王森晔)

环境保护

■ 编辑　吴思敏

生态环境保护

【概况】 2021年，区生态环境局完成"十四五"生态环境保护规划编制和第八轮环保三年行动计划编制，并实施环保三年行动计划市级项目74项。对各类污染源出具各类检测报告439份，共出动4060人次，执法检查2055户次企业。对发现的违法违规问题实施行政处罚69件，处罚金额总计超1599.16万元。全年环境空气质量指数（AQI）优良率为89.9%，其中主要污染物PM2.5年均浓度为28微克/立方米，比上年下降12.5%。全年环保投入资金74.07亿元。年内，批准环评项目142个（报告表139个）、夜间施工2个，新办及变更排污许可证224个、辐射安全许可证88个，办理移动探伤备案86个、环境应急预案备案239个、危废管理计划备案2816个，提供环评提前服务27个。年内，受理市"12345"热线工单1087件，办结率90%；受理区"12345"热线工单346件，办结率84%，解决率51%，满意度60%。人大代表书面意见和政协委员提案共7件，其中2件主办（人大建议1件，政协提案1件）、5件会办，均已采纳并解决，办结率100%，解决率100%，当面沟通率达到100%，代表、委员满意率100%。

【环境空气质量】 2021年，宝山区环境空气质量优良天数328天，空气质量指数（AQI）优良率89.9%。其中，优108天、良220天、轻度污染30天、中度污染2天、无重度及以上污染天；比上年AQI优良率略升0.3个百分点，环境空气质量基本持平。细颗粒物年均浓度为28微克/立方米，为历年最低值，比上年下降12.5%。近5年监测结果表明，宝山区的细颗粒物年均浓度总体上呈逐年下降趋势，5年内总降幅达33.3%。可吸入颗粒物年均浓度为50微克/立方米，上升8.7%。近5年的监测结果表明，宝山区的可吸入颗粒物年均浓度总体波动下降趋势，5年内总降幅为15.3%。二氧化硫年均浓度为6微克/立方米，下降14.3%。近5年的监测结果表明，宝山区的二氧化硫年均浓度呈逐年下降趋势，5年内总降幅达57.1%。二氧化氮年均浓度为41微克/立方米，超过国家

2020年—2021年工业源主要大气污染物排放

主要污染物（吨）	2020年	2021年
二氧化硫	2940.93	2992.05
氮氧化物	10244.64	8656.77
烟（粉）尘	5657.53	5537.59
挥发性有机物	1876.96	2138.87

2020年—2021年工业源主要水污染物排放

污染因子	2020年	2021年
废水（万吨）	3016.83	3133.60
化学需氧量（吨）	423.22	388.36
氨氮（吨）	10.53	6.22
总氮（吨）	116.95	109.34
总磷（吨）	1.29	1.23
石油类（吨）	3.86	4.22

2021年工业源水污染物的产生与排放

废水与主要污染物	产生量	排放量	去除率
废水（万吨）	5487.78	3133.60	/
化学需氧量（吨）	8186.96	388.36	95.26%
氨氮（吨）	488.99	6.22	98.73%
总氮（吨）	862.04	109.34	87.32%
总磷（吨）	19.92	1.23	93.83%
石油类（吨）	85.45	4.22	95.06%
挥发酚（吨）	114.41	104.54	8.63%
氰化物（千克）	10124.44	34.33	99.66%
砷（千克）	31.64	4.66	85.27%
铅（千克）	177.79	35.40	80.09%
镉（千克）	26.11	2.95	88.70%
汞（千克）	2.32	0.94	59.48%
总铬（千克）	1510.35	95.69	93.66%
六价铬（千克）	485.89	34.70	92.86%

环境空气质量二级标准限值，上升5.1%。近5年的监测结果表明，宝山区的二氧化氮年均浓度总体呈波动下降趋势，5年内总降幅为14.6%。臭氧日最大8小时平均第90百分位数浓度为144微克/立方米，上升2.9%。3个区域评价点臭氧日最大8小时平均值的达标率在94%～95%之间，比上年有所下降。一氧化碳24小时平均第95百分位数浓度为0.9毫克/立方米，下降18.2%。近5年的监测结果表明，宝山区一氧化碳日均浓度达标率为100%，年均浓度均维持在1.0毫克/立方米以下。年均降尘量为4.2/平方千米·月，比上年3.9吨/平方千米·月微升2.6个百分点；近5年的监测结果表明，宝山区降尘污染总体呈先降后升趋势。道路扬尘颗粒物年均浓度为0.083毫克/立方米，比上年0.093毫克/立方米下降10.8%。14个设置点位的街镇中，罗店镇的道路扬尘最高，为0.092毫克/立方米；庙行镇的道路扬尘最低，为0.069毫克/立方米。PM10移动监测月均浓度为76微克/立方米，比上年115微克/立方米下降33.9%。14个街镇中宝山工业园区和庙行镇的PM10移动监测月均浓度最高，均为83微克/立方米，大场镇的PM10移动监测月均浓度最低，为69微克/立方米。酸雨频率为35.1%，与上年38.5%相比下降8.8个百分点。2021年降水的pH均值为5.19，酸雨的pH均值为4.86。

【水环境】 2021年，宝山区监测河流的77个断面中，Ⅱ、Ⅲ类断面为34个，比上年同期上升18.2个百分点；Ⅳ类为35个，比上年同期下降14.2个百分点；Ⅴ类为3个，下降5.2个百分点；劣Ⅴ类为5个，上升1.3个百分点。与上年相比，主要污染指标氨氮浓度下降2.9%，总磷浓度持平。耗氧型指标五日生化需氧量、化学需氧量和高锰酸盐指数浓度分别上升7.5%、13.7%、13.0%，溶解氧浓度上升9.5%。其中蕰北河流氨氮平均浓度为0.59毫克/升，总磷平均浓度为0.129毫克/升，分别下降3.1%和1.5%；蕰南河流氨氮和总磷浓度分别为1.23毫克/升和0.188毫克/升，氨氮下降3.1%，总磷上升3.3%。

【主要河流水质】 2021年，蕰藻浜设置5个监测断面，塘桥、江杨南路桥和蕰川路桥断面水质为Ⅳ类，陈广路桥和吴淞大桥断面水质为Ⅲ类，主要污染指标为氨氮。总体水质比上年稳中有升，其中陈广路桥断面水质提升1个类别，其余断面与上年持平。主要水质指标中，氨氮浓度上升0.9%、总磷浓度下降5.6%，溶解氧浓度提升8.1%。练祁河

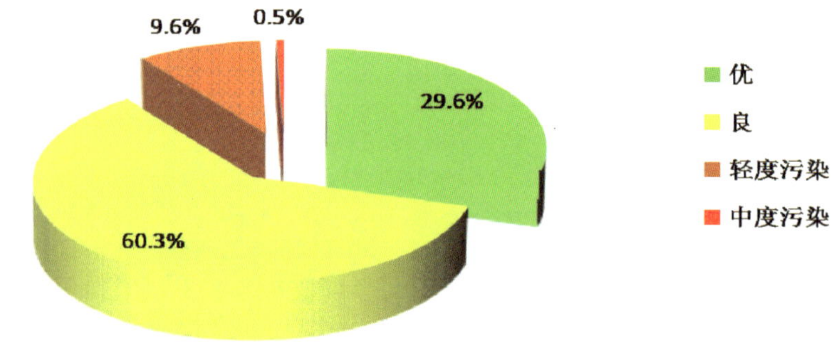

2021年宝山区环境空气质量指数(AQI)类别分布

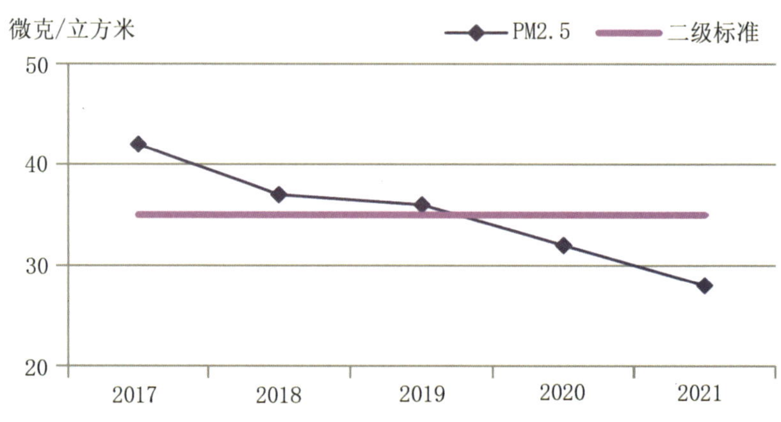

2017年—2021年宝山区区域降尘量变化趋势

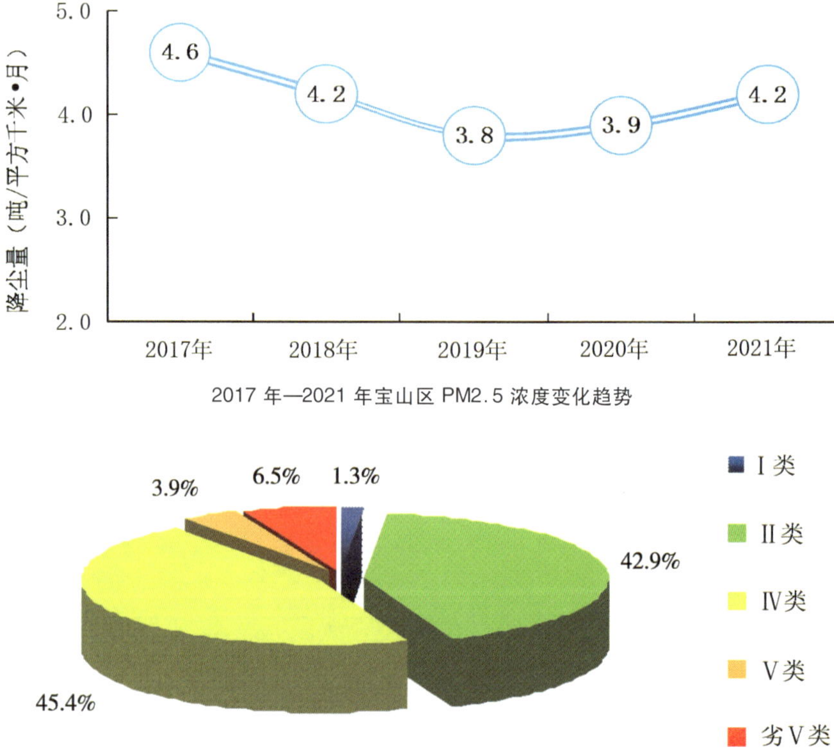

2017年—2021年宝山区PM2.5浓度变化趋势

2017年—2021年宝山区地表水水质类别比例

设置5个断面监测，其中蕰川路桥断面水质为Ⅱ类，其余4个断面均为Ⅲ类。水质比上年有所提升，其中联杨路桥、潘泾路桥和宝钢纬五路桥断面水质提升1个类别，金星桥和蕰川路桥断面水质持平。主要指标中氨氮和总磷分别下降7.6%和2.7%。潘泾设置6个监测断面，其中金勺路桥、富锦路桥和月罗路桥断面水质为Ⅲ类，石太路桥和新川沙路桥为Ⅳ类。与2020年相比，水质基本保持稳定，其中月罗路桥断面水质类别降低了1个等级，其余5个断面水质类别与上年持平。主要指标中，石油类和五日生化需氧量浓度分别升高115.4%和32.1%。杨盛河设置4个监测断面，其中宝杨路桥、富长北路桥和月罗路桥断面水质为Ⅲ类，泰和路桥断面为Ⅳ类。与2020年相比，水质保持稳定，4个断面水质类别均持平。主要指标五日生化需氧量和氨氮浓度分别上升6.4%和0.3%，总磷浓度下降5.6%。

【环境噪声】 2021年，宝山区的区域环境噪声昼间时段平均等效声级为55.4dB(A)，比上年微升0.2dB(A)；夜间时段平均等效声级为49.6dB(A)，比上年微降0.1dB(A)。近5年的监测数据表明，宝山区区域环境噪声昼间时段平均等效声级基本保持在55~56dB(A)之间，2021年声级值微升；夜间时段平均等效声级基本保持在49~50dB(A)之间，并且整体上呈逐年向好趋势。道路交通噪声昼间计权等效声级71.5dB(A)，夜间道路交通计权等效声级67.3dB(A)。与上年相比，昼间和夜间计权等效声级均上升0.2dB(A)。近5年的监测数据表明，宝山区道路交通噪声昼间和夜间时段总体上均未达到相应功能区的标准要求。

【三年行动计划实施】 2021年是宝山区第八轮生态环境保护和建设三年行动计划开局之年。宝山区政府印发《宝山区2021年—2023年生态环境保护和建设三年行动计划》及任务清单，其中涉及市级项目74个均有序推进。水环境保护领域注重源头治理，加快实施约8千米骨干河湖综合整治工程，开展杨盛河(盛石路—川雄路)2.6千米河道整治工程、沙浦(北泗塘—江杨北路)3千米河道整治工程、马路河3.48千米河道疏浚工程，共计完成9.08千米骨干河道综合整治，超过既定目标；加快推进4个生态清洁小流域建设，全区先行启动罗泾镇、罗店镇约15平方千米的清洁小流域示范单元建设，其中罗泾镇入选全国美丽河湖优秀案例。大气环境保护领域注重多措并举，持续推进挥发性有机物综合治理2.0版本，全年完成75家企业综合治理，超额完成65家的既定任务，减排挥发性有机物100余吨；加快推进大气领域交通污染防治，共淘汰国Ⅲ以下车辆399辆，完成非道路移动机械监测300台，推动10个码头签订岸电建设合同，落实“车船油路”一体治理，加强新能源车推广及配套设施建设，共更新291辆新能源巡游出租车，同步新建1411根公共充电桩，完成1个出租车充电示范站验收，新辟、调整公交线路12条。土壤(地下水)污染防治领域聚焦重点，宝山区W12—1301单元63—01地块工程于3月26日正式开工，至9月20日完成污染土壤修复3822.45立方米，累计占比28%；全部完成污染地下水抽提与处置工作共计1080立方米，达到污染理论方量。固体废物污染防治领域注重分类施策，全年共整治非正规垃圾堆放点19处，持续开展第三方专业机构对垃圾分类实效的检查指导工作，加强全区域、全覆盖日常巡查，实时跟踪垃圾分类问题的“巡查—发现—整改—反馈”，形成工作闭环，实现全过程管控。工业污染防治和促进绿色生活，完成54家自推进结构调整项目和72家区域调整项目，全年共完成126家结构调整项目；加强塑料污染治理，从禁限塑料制品的生产、销售、使用以及回收环节开展治理及执法工作，共对9家食品相关产品(塑料产品)生产企业、424家各类商户、93个集贸市场、9762户检查市场内经营户等开展监督检查。农村环境保护与生态环境保护，化肥使用同比下降8%，农药同比下降0.4%，完成推广缓释肥297.2公顷次，完成水肥一体化推广75.87公顷，测深施肥301.33公顷，绿色防控面积171.57公顷，均超额实现年度既定任务；实行秸秆机械化还田与离田利用双措并举。全区700.4公顷水稻秸秆，其中570公顷秸秆离田利用，机械化还田处理130.4公顷，秸秆综合利用率达100%。全年环境保护投入共计740753.1万元，占地区生产总值比重4.29%。其中，城市环境基础设施建设投资89892.6万元，污染源治理投资175629.5万元，环境能力建设投资2444.3万元，生态保护和建设投资7500.0万元。

【区“十四五”生态环境保护规划编制】 2021年5月，宝山区“十四五”生态环境规划编制形成送审稿。规划编制立足国家生态环境保护规划、上海生态环境保护规划、全区社会经济发展规划等“三个对标”，围绕坚持生态优先，绿色发展；坚持系统思维，整体保护；坚持“三个治污”，分类施策；坚持深化改革，多元共治

2017年—2021年区域环境噪声

单位：dB(A)

年度	L_{10}		L_{50}		L_{90}		L_{eq}	
	昼间	夜间	昼间	夜间	昼间	夜间	昼间	夜间
2017年	57.6	52.8	54.2	48.2	50.4	45.3	55.9	50.4
2018年	57.3	52.3	52.5	48.0	48.8	45.0	55.1	49.9
2019年	58.7	51.3	53.5	46.9	49.9	44.2	56.2	49.1
2020年	56.8	52.0	51.8	47.9	48.4	44.9	55.2	49.7
2021年	57.7	51.7	53.2	47.9	50.1	45.2	55.4	49.6

2017年—2021年道路交通噪声

单位：dB(A)、辆/小时

年度	L_{10}		L_{50}		L_{90}		L_{eq}		车流量	
	昼间	夜间	昼间	夜间	昼间	夜间	昼间	夜间	昼间	夜间
2017年	75.3	70.8	69.1	63.1	62.5	56.4	72.2	66.2	1551	837
2018年	74.4	70.8	67.9	63.7	61.1	56.6	71.3	66.8	1392	855
2019年	75.2	71.5	68.0	65.1	61.0	58.8	72.2	68.9	1743	990
2020年	74.2	70.1	67.9	63.9	61.0	57.4	71.3	67.1	488	254
2021年	74.4	70.7	68.0	63.7	60.9	57.5	71.5	67.3	499	262

等"四个坚持"。最终确定3个版块16个指标项，其中约束性指标11项、预期性指标5项。围绕"绿色低碳转型发展、改善生态环境质量、打造安全生态空间、构建现代环境治理体系"4个主要领域，确定17个重点方面的生态环境保护工作，在此基础上筛选确定39项工程类和管理类重点项目。

【完成污染防治攻坚任务】 2021年，宝山区2018年—2020年的污染防治攻坚战12个大项36个小项硬约束指标全面完成，三大保卫战目标责任书达标，生态环境安全得到稳控，未发生重大环境污染事件或者特别重大生态破坏事件。3年来，空气质量方面，2020年PM2.5浓度为32微克/立方米，达到国家环境空气质量二级标准(35微克/立方米)和打赢蓝天保卫战目标责任(37微克/立方米)。2020年空气质量指数优良率为89.6%，区域降尘量为3.0吨/平方千米·月，低于4.5吨/平方千米·月的目标值。水质方面，"1+16"考核断面实现从2016年零达标到2020年全部达标的跨越式进步，优良水质(Ⅲ类及以上)断面占比70.6%，比例大幅攀升。土壤环境方面，受污染耕地安全利用率和污染地块安全利用率均为100%。全区"十三五"期间，二氧化硫、氮氧化物、化学需氧量、氨氮分别减排553吨、429吨、152吨和9吨，减排比例分别达到88.6%、45.05%、29.79%和38.23%，均大幅超过指标要求。

【迎接上海市生态环境保护督察"回头看"】 2021年，宝山区制定《宝山区2021年度生态环境保护联合督查工作方案》，组成联合督查组，先后对建设领域扬尘污染、水污染防治、上海市生态环境警示片移交问题"回头看"等内容开展联合督查，同步拍摄区级生态环境警示片，以点带面剖析污染成因。推动上海生态环境警示片移交的7个问题点位即知即改、能改全改、长效整改，在全区面上做好举一反三和以案示警。

【推进挥发性有机物综合治理2.0工作】 2021年，聚焦挥发性有机物治理，全面开展挥发性有机物综合治理2.0工作，制定验收办法、梳理验收流程、明确验收标准，分类开展在线培训和答疑，督促全区工业企业挥发性有机废气做到"源头替代、全程管控、管理完善"，有效削减挥发性有机物特征因子排放，全年共完成挥发性有机物治理75家。全面启动机动车维修机构提标治理，形成"一企一方案"150份，加强挥发性有机物精细化治理。

【开展汽修行业挥发性有机物使用提标治理】 2021年，区生态环境局贯彻落实《上海市清洁空气行动计划(2018—2022年)》，制定《宝山区汽车维修行业大气污染提标治理工作方案》。重点针对有喷漆工序的汽车维修企业，在作业过程中产生的挥发性有机物(以下简称VOCs)和颗粒物进行管控和提标治理。(1)实施源头替代。底漆、中涂、色漆、清漆应全面替换为低挥发性的涂料，现有企业在2022年1月1日前全面完成替代，复查无尘干磨技术、烤漆房油改电、汽车空调冷媒回收加注设备应用情况。(2)强化过程管控。进一步检查汽修企业所用涂料中挥发性有机物含量报告和使用说明，强调VOCs物料在运输、储存和转移过程中应保持密闭，重视调漆室、喷烤漆房、颗粒物收集装置和密闭喷枪清洗设备的使用规范等。(3)推动废气治理提标改造及长效管理。要求汽修企业全面检查废气末端治理设施运行情况，并开展自行监测；采用更换式吸附处理工艺，应按审定的设计文件要求确定吸附剂的使用量及更换周期；废气收集处理系统应与生产工艺设备同步运行，鼓励企业开展建立末端治理设施长效精细化管理机制，鼓励维修资源的整合利用等。(4)加强台账管理。企业参照《排污单位环境管理台账及排污许可证执行报告技术规范总则(试行)》(HJ944—2018)要求做好涉VOCs物料使用、废气末端治理设施运维等相关台账记录，并至少保存3年。全年共排摸汽修单位596家；开展2轮次专题培训，共覆盖152家企业；推进分类别核验，对于承诺取消喷漆的单位开展执法检查，同时对提标治理单位开展书面审查和现场核验。

【宝山区入河排污口排查整治先行先试】 2021年，生态环境部及上海市生态环境局部署宝山区为上海市长江入河排污口排查整治试点区，年内，宝山开展长江沿岸2千米入河排污口排查整治。年内完成长江沿岸2千米1118个入河排污口排查溯源，分类型分步骤开展排污口整治，完成119个排口整治，79个排口按一口一策整治计划推进整治；市、区管主干河段2000个入河排污口完成现场溯源工作，镇、村级8400个入河排污口溯源工作完成70%，推进溯源发现问题同步整治。排查中采用科技+人工方法，做到有口皆查、有水皆测。通过现场踏勘、人随船走、无人船测扫声呐水下排口、无人机航测隐蔽地区，应查尽查。对疑难排口，利用地理信息分析技术，采用潜望镜、管道机器人、管道内窥镜、示踪剂和探地雷达等技术，探明排口所在管道的路径和走向，查清污染来源。同步开发排查溯源数据采集App和排口数据信息平台，整合全区行政区划、河网水系、雨污管网、污染源等信息，排查溯源信息现场实时采集，提高排查溯源效率，信息平台实现了排口的可视系统化管理。依托长江2千米入河排污口排查整治先行工作经验，编制《宝山区排污口排查、监测、溯源实施技术指南》，全面推进全区入河排污口排查溯源。通过排口排查溯源，查找到一批问题排口，排查到一批排污源头，发现一批排口、管网管理薄弱环节，为入河排污口精准整治提供技术支撑；通过问题排口整治，消除隐患，推进环境基础设施建设。

【入选第二批上海市社会主义法治文化品牌阵地】 5月13日，上海市社会主义法治文化品牌阵地授牌仪式在生态环境法治教育基地举行，市高院、市司法局、市生态环境局、宝山区、上海铁路运输法院共同为"上海市社会主义法治文化品牌阵地"授牌。宝山自2019年6月5日建成全市首个生态环境法治教育基地后，贯彻落实"谁执法谁普法"要求，从生态环境保护有关的法律法规、司法审判、行政执法典型案例入手，围绕"生态文明进展馆"主题，策划与组织开展生态环境法治教育实践活动。法院、社会组织、企事业单位、高校、中小学校党团员代表等逾5000人次走进上海节能环保园的生态环境法治教育基地，通过实地参观、案例学习、博物馆寻宝等互动体验活动，共同维护良好的生态环境法治意识。生态环境法治教育基地作为宝山区"六五环境日"分会场、绿色教育路线实践活动基地，成功申报入选上海市社会主义法治文化品牌阵地。 (赵晓怀)

绿化·市容管理

■ 编辑 吴思敏

绿化管理

【概况】 2021年,区绿化和市容管理局围绕“科创宝山”建设,聚焦“环境美化”工程,以“洁净、无废、艺术、浪漫的美丽宝山”为建设目标,着力提高宝山区环境洁净度、市容有序度、城市美观度和群众感受度。全年新建各类绿地70.04公顷,城市绿化步道12.07千米,立体绿化30172.05平方米,绿化覆盖率达39%,人均公园绿地面积达12.45平方米。完成G1503绕城高速重点生态廊道竣工验收,森林覆盖率达17.10%。完成绿道五期、蕰川路西侧、漠河路北侧绿地改造等项目。新建改建双城路绿地1个城市公园,宝菊绿地、尚北路福双路西北角绿地、莲松绿地、苏宝绿地4个街心花园,月浦镇月狮村开放式休闲林地、罗泾镇花红村开放式休闲林地、罗泾镇新陆村开放式休闲林地3个乡村公园。宝山再生能源利用中心主厂房结构封顶并完成电力接入系统倒送电。创建宝杨路、长临路三泉路、文海路、宝林路、宝泉路区域和美丹路6个“高标准保洁区域”。区绿化市容服务热线平台共受理、处理各类市民投诉、建议和咨询工单3384件,年度实际解决率96.8%,市民满意度95.8%。全年热线践行服务承诺履职,接单及时率、先行联系率、按时办结率基本做到100%,区绿化市容服务热线获“上海市工人先锋号”荣誉。

【实施城市品质提升项目】 2021年,区绿化和市容管理局实施城市品质提升项目,打造宝山“迎宾大道”“城市会客厅”。通过改造建筑立面、更新市政设施、提升生态环境、点缀景观灯光等措施,全要素改造逸仙路—同济路、共和新路—蕰川路、宝杨路3条道路和一号湾、吴淞大桥等11处重要节点。市政交通专项,完成高架和轨道交通外立面涂装73.15万平方米,完成声屏障冲洗更换、地铁出入口广场提标、公交候车亭更新、人行道提标等工作;生态环境专项,完成绿化整治提升35公顷,在9个景观节点设置块面大气简洁、品种丰富有层次的花境;建筑风貌专项,整修建筑物外立面150余幢,粉刷围墙1.9万平方米。美化杆箱5000个,改造人行天桥25座。景观灯光专项,融入宝山文化、宝山标识、宝山特色等城市元素,聚焦公园、水系、桥梁、楼体等重点区域,实施逸仙路—同济路高架、宝杨路、黄浦江(宝山段)灯光(二期)、牡丹江路林荫道和宝林路林荫道等景观灯光建设改造工程,分别从“海、陆、空”三个角度,立体式、全方位打造城市夜景的“迎宾大道”和“城市会客厅”。

【宝林路林荫道景观灯光获白玉兰照明奖】 宝林路林荫道景观灯光建设工程位于宝山区宝林路(宝杨路—宝东路),全长约2千米,首次采用间接照明的方式,着重于灯光细节和变化,对道路沿线围墙、行道树、休憩广场、绿地等布置景观灯光,让人·光·自然和谐共存。该工程获2021白玉兰照明奖——室外工程设计优秀奖。

【编制《宝山区户外招牌设置管理实施办法》《宝山区户外招牌设计导则》】 12月,区绿化和市容管理局编制发布《宝山区户外招牌设置导则》《宝山区户外招牌设置管理实施办法》。根据用地属性、房屋用途、招牌特点,聚焦社区商业、商业办公、工业园区、公共服务、集贸市场、风貌保护六大类,提出招牌设置建议和示范,对户外招牌设置行为进行柔性引导和技术指导,提高全区户外招牌规范性、景观性和安全性,保障上海市民“头顶上的安全”。

【启动新一轮美丽街区建设】 2021年,区绿化和市容管理局制订美丽街区新三年建设方案,新建美丽街区19条段,提升蕰藻浜庙行段、张庙段及桥下空间景观,打造优美适宜的蕰藻浜沿线滨水空间。主要利用防汛通道设置绿道,打开公园和产业园区围墙,串联景观空间和亲水平台,为周边市民和园区员工提供亲水、健身、休闲的城市空间。同步对共和新路高架下呼兰路—蕰藻浜段的桥下空间进行全要素提升,通过增设球场、布置景观灯光、粉刷高架底面、美化高架桥

黄浦江(宝山段)二期景观灯光　　区绿化市容局/提供

顾村公园伴游机器人　　区绿化市容局/提供

柱、设置花境和广场等方式，利用桥下空间美化环境，为居民休闲、锻炼提供好去处。

【"社区园艺师"助力社区绿化自治】 2021年，区绿化委员会办公室探索建立社区园艺师制度，以部分街镇为试点，协同推进。至年底，区内11个街镇聘请社区园艺师，覆盖率达92%。社区园艺师是社区绿化的"守护者""咨询师""带头人""宣传员"，是基层绿化专业指导的补充力量。友谊路街道作为宝山区社区园艺师工作推进试点街道，牵线搭桥，做好绿化专业人员保障。开展培训，发挥人才库和蓄水池作用。提高社区园艺师的业务水平，更好指导社区绿化工作。8月25日，召开社区园艺师培训工作会议，培训相关政策制度法规，学习园林绿化设计，掌握家庭养花技能，逐步构建家庭园艺服务体系。

【顾村公园数字化场景建设】 2021年，顾村公园建设数字化场景。(1)预约便捷。设计分时实名制预订服务系统，游客通过"顾村公园"微信公众号平台进行线上预约和购票，还可订购园内车船票等，每个系统项目均预设独立库存，通过后台与管理助手，公园管理方可及时收集到各类信息，为日常景区管理提供准确的数据支撑。(2)入园快速。创新推行"随申码""预约码"二码合一，与上海大数据中心"随申码"体系进行技术融合，通过定制接口的开发，实现公园核验设备对于随申码和预约码无缝关联，公园门票预约系统成功实现防疫检查与公园检票功能"合二为一"创新升级，提升公园公共安全管理能力和景区公共服务"硬实力"。(3)游园贴心。推出线上便民租赁服务项目，公园自营的各项收费项目、便民服务项目、合作经营项目全部实现线上服务功能，全新推出任逍遥智慧伴游机器人"小游"，拥有人机交互、智能线路导览、景点介绍、娱乐播报、智能避障、科学限速等功能于一体，提升游园幸福感。

（陈子慧）

市容环卫管理

【上海市"高标准保洁区域(道路)"】 2021年，宝杨路、长临路三泉路、文海路、宝林路、宝泉路区域和美丹路6个区域(道路)被命名为上海市"高标准保洁区域(道路)"，创建面积达12.3万平方米。推进保洁作业智能化、专业化，采用人机合扫3.0的保洁模式，使用吹叶机等高性能保洁工具作为试点，形成机械为主、人工为辅的配合作业，提高清扫作业效率，提升道路保洁质量。

【生活垃圾分类实效】 2021年，宝山区在2021年度垃圾分类实效考评中全年平均得分94.21分，在全市排名第六，全区分类达标率稳定在95%以上，宝山区生活垃圾分类实效达到"优秀"水平。完善垃圾分类考评体系，优化专项整改和约谈督办机制，对全区1800余个道路废物箱可回收物投口进行改造，多个街镇打造垃圾箱房智能监控场景应用系统。宝山再生能源利用中心主厂房结构到顶并完成电力接入系统倒送电。

（陈子慧）

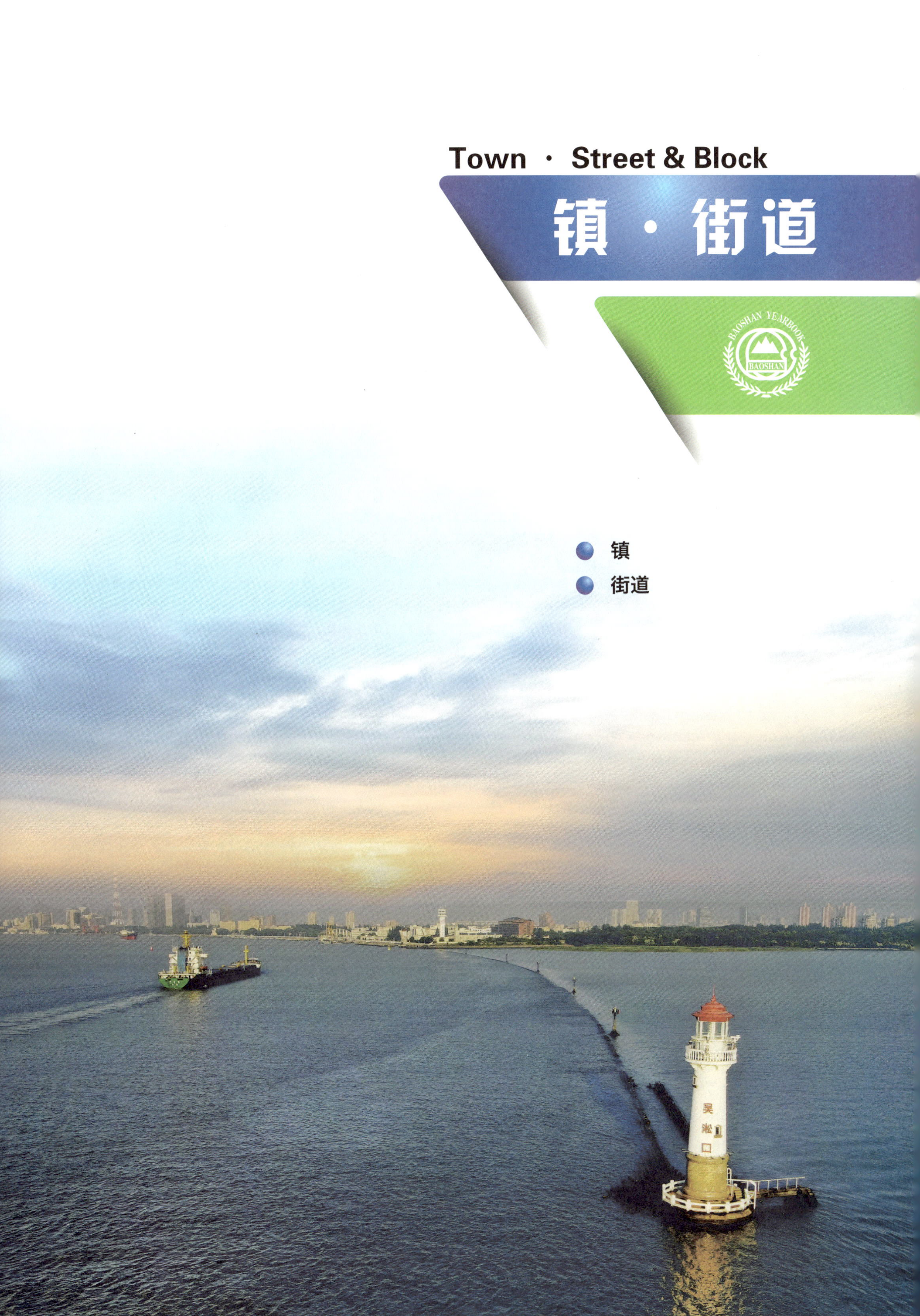

Town · Street & Block
镇·街道

- 镇
- 街道

镇

■ 编辑　郭莹吉

杨行镇

【概况】　杨行镇位于宝山区中部，东以泗塘河为界与友谊路街道、吴淞镇街道相邻，南濒蕰藻浜与淞南镇、张庙街道相望，西与顾村镇、罗店镇接壤，北依G1501与宝钢、月浦镇相邻。总面积39.7平方千米。辖区内有16个村委会、44个居委会。至2021年末，全镇常住人口27.51万人，户籍人口11.15万人，来沪人员16.34万人。镇党委下辖3个党委、49个党总支、269个党支部，党员总数6978人。镇域内有养老院5家，公共卫生机构1家，高中小幼学校25所，公共运动场所13个。年内，杨行镇被评为2020年度上海市生活垃圾分类示范镇、2021年度上海市人防训练演练先进单位、2021年度上海市征兵工作先进单位。“杨行发布”在全市215个街镇微信公众号的“比学赶超”中荣登2020年全市“十佳乡镇”榜单，综合影响力位列全市第三；杨行镇河小青护河小青志愿服务队被评为上海市“最美护河志愿服务组织”；杨行镇劳动人事争议预防调解中心被评为上海市金牌劳动人事争议调解组织。镇政府地址：水产路2699号。

【经济建设】　2021年，杨行镇一般公共预算收入首次破10亿元大关，完成10.59亿元，位列全区第二，比上年增长34.4%；实现社会消费品零售总额89.09亿元；全社会固定资产投资总额完成72.18亿元，增长11.2%；完成合同外资12251万美元。全力推动重点地块转型升级，实时跟进国际元数创港一期项目、万祖智能产业园项目、宝明耐火研发中心项目、华治汽车零部件智能成型生产基地项目、宝钢磁业3万吨高性能软磁料粉项目、金地威新产业园项目、全拓大数据产业园、久事集团旗下交运两幅地块转型项目、智慧能源科技中心项目、正院—建筑设计科创中心、“中科院软件中心＋基金小镇”、智慧制造产业研发总部产业园项目、万位5G物联网产业园项目、大黄科创中心、北宗冰雪世界15个重点项目的最新进展。加大招商引资力度，累计新增注册企业2011户，其中5000万元以上企业100户，占比4.98%。做大做强楼宇载体经济，13个楼宇载体全年实现税收收入达11.43亿元，增加2.87亿元，增长34.48%。

10月31日，上海城市业余联赛2021“战FUN宝山”“杨行杯”乒乓球比赛举行　杨行镇/提供

【城乡建设】　2021年，杨行镇在城市建设、土地规划管理、动拆迁、老集镇改造、小区雨污混接改造、美丽街区建设、住宅小区综合治理方面推进落实，完成土地减量化2.97公顷。加快镇域内动迁安置基地建设，和家欣苑4组团、友谊康苑、杨鑫佳苑安置房项目均完工并分房，实现历史欠账“清零”。推进“城中村”一期项目建设，润杨名邸安置房项目完工并分房，确保“首轮”旧改回迁速度继续“领跑”全市。完成新一轮城中村改造方案研究编制和上报。加快推进友谊苑等居民区外墙保温层整体维修等民心工程建设。推进湄浦路等13条市政道路建设，办理松傲路等5条建成路段移交接管手续，推进杨鑫小游园等11个公共绿地项目建设。

【就业和社会保障】　2021年，杨行镇做好困难人群生活救助工作，实现应保尽保，累计发放廉租房、支内、医疗救助等各类社会救助金。100%落实征地人员社会保障，支付保障资金、征地补贴等。持续扩大长护险覆盖面，完成新版社保卡（敬老卡）集中换发，规范办理各类社会保险业务。搭建就业创业平台，帮助青年实现就业创业，困难人员就业安置率达100%，城镇登记失业人数始终控制在区下达指标以内。构建和谐劳动关系，获得全国金牌劳动人事争议调解组织参评提名。

【社会事业】　2021年，杨行镇打造“北上海教育高地”，完成华二高中宝山校区腾地，推进上师大附属宝山实验学校、宝杨路南侧05—07幼儿园、绿龙路南侧05—02幼儿园（七色花幼儿园总部）、绿龙路北侧01—05幼儿园等教育配套项目建设。杨泰实验学校、杨行中心校教育质量监控成绩稳居全区前列。杨行镇

海尚明城幼儿园通过上海市一级幼儿园验收。推进社区综合养老服务建设，深化社区养老服务，加大社区助餐点等设施建设，规范做好长护险试点工作。实施标准化社区卫生服务中心建设，全面提升区域疾病预防控制能力，抓好常态化疫情防控。第一时间支援抗疫一线，镇领导班子成员带头下沉基层单位，384名镇机关、企事业工作人员下沉社区，1760名基层党员干部在抗疫一线工作。做好锦江之星等2家隔离酒店闭环管理，落实江杨市场、社区等重点区域疫情防控。构筑全民免疫屏障，累计接种新冠肺炎疫苗42.4万剂次。

【精神文明建设】 2021年，杨行镇开展群众性精神文明创建活动，高标准建设公共文化设施，完善公共文化服务体系。加强文艺团队培育力度，持续推进上海市非物质文化遗产吹塑版画传承发展，扩大"曹燕华·杨行杯"品牌效应，围绕杨行体育中心等设施建设，不断丰富群众文体活动需求。根据疫情防控要求，尝试开展云上"文化服务日"系列活动。

【杨北村成功创建市级美丽乡村示范村】 1月12日，杨行镇杨北村以自主管理模式定规划，坚持以提升农民生活品质为核心，以基础设施建设和村容村貌整治为重点，紧扣"美在生态、富在产业、根在文化"建设主线，扎实推进美丽乡村示范村创建工作，共同创建整洁舒适的宜居环境，打造"宜居杨北"。杨北村在村宅内建设村民议事亭等议事协商载体，鼓励村民为乡村发展献计献策，打造习语长廊，文化广场。

【打造国家级科创孵化平台】 3月18日，杨行镇与中健福达健康产业发展有限公司、青岛邻客海创科技有限公司签署三方战略框架合作协议，就共同开发建设中健智创园、中健智创产业园等项目，并着力打造"海创汇"国家级科创孵化平台等事项达成战略合作意向。中健智创园拟建成集"科创中心+轻奢酒店+社区商业中心+公寓"四位一体的综合性社区；中健智创产业园定位于智能与生态，重点针对智慧家庭相关（物联网、智能制造、智慧物流）、TMT（B2B、高科技、企业服务、IT增值服务）、医疗大健康（生物技术、医疗器械、医疗服务）、节能环保（清洁能源、环保技术、节约能源）等相关领域进行产业布局。

【宝山数字港国际合成中心首批招商成功签约】 3月19日，首届"华润置地—宝山杨行数字科创论坛"在杨行举行。其间，杨行镇、华润置地、中性灰、捷成国际、中影器材、青瞳科技、中国动漫集团以及上海冠善智能科技等单位互签合作协议。杨行镇携手华润置地打造的"宝山数字港国际合成中心"项目首批招商成功签约。"宝山数字港"项目选址于友谊西路南、蕰川路西，用地面积约29.33公顷，计划投资150亿元。项目锚定数字经济，以人工智能为主导，发展数字影视应用场景，打造融合产业发展、活力生活、商务配套一体的数字产业科创主阵地。

【综合行政执法队正式挂牌成立】 3月31日，杨行镇综合行政执法队正式挂牌成立并举行揭牌仪式。执法队的成立，旨在打造权责明确、行为规范、监督有效、执法有力的综合行政执法体系。执法队主要承担辖区内市容环境卫生、城乡规划和物业、建设、绿化、环境保护、市政、水务、房屋等方面的综合行政执法工作。

【杨行镇庆祝中国共产党成立100周年主题活动】 6月30日，杨行镇以大型音乐情景党课形式举办庆祝中国共产党成立100周年主题活动。同时，表彰一批区、镇两级"两优一先"先进组织和个人。镇党委书记作题为"'汲取信仰之力 点燃奋进之火'在全面建设科创宝山中彰显杨行主阵地作为"专题党课，要求全体党员要从百年党史中汲取奋斗力量，筑梦新启航。

2021年杨行镇学校

名　称	班级(个)	学生(人)	教职工(人)	地址	电话
天馨学校	37	1434	109	红林路169号 水产西路289号	56499659
杨行中心校	44	1776	125	松兰路18号	66225198
杨泰实验小学	42	1772	122	杨泰路321号	56801843
杨泰实验中学	26	1189	83	杨鑫路388号	56801843
上海大学附属宝山外国语学校	43	1828	108	铁山路2288号	56575237
上师大附属宝山实验学校	12	493	27	铁山路2288号(暂借)	56575128
华师大附属杨行中学	24	788	93	宝杨路2888号	56801372
杨行中心幼儿园	15	487	35	杨桃路151号	56801340
杨泰三村幼儿园	9	267	23	杨泰三村东区95号	33912842
四季万科幼儿园	14	411	33	松兰路866号	33851068
四季花城幼儿园	6	196	16	镇泰路198号	36046805

（续表）

名 称	班级（个）	学生（人）	教职工（人）	地址	电话
友谊家园幼儿园	9	289	24	铁峰路 1991 号	33799099
康桥水都幼儿园	27	842	62	（总园）竹韵路 8 号 （分园）杨泰路 151 弄 1 号	56780626
海尚明城幼儿园	9	277	22	盘古路 1876 号	56122622
和家欣苑幼儿园	15	433	34	红林路 489 号	66788506
紫辰实验幼儿园	15	483	33	湄浦路 1600 号	66786776
杨东小学（民办）	18	738	60	宝杨路 2043 号	33795024

2021 年杨行镇村（居）委会

名 称	地 址	电话	户籍人数		常住人口（人）
			户数（户）	人口（人）	
东街村	镇东路 165 号	33912388	391	1104	9517
城西一村	江杨北路 1638 号	56802876	6	65	969
大黄村	蕰川路 1188 弄 48 号	56800225	84	318	805
钱湾村	杨泰路 192 号	56805818	0	357	1979
杨北村	杨北路 185 弄 365 号	33853527	698	1194	2265
苏家村	共祥路 255 号	56391856	187	14	248
北宗村	杨宗路 368 号	33852815	333	988	9507
西街村	宝杨路 3258 号	66763385	181	956	8649
城西二村	富杨路 460 号	33911051	0	98	2031
西浜村	泰和路 1969 号	56803529	4	75	1249
湄浦村	蕰川路 2211 号	56801339	336	930	10906
桂家木村	富锦路 2379 号	56391045	0	138	1664
陈巷村	铁力路 288 号	33792535	5	183	6043
三汀沟村	铁山路 128 号	33794221	0	121	3336
杨东村	宝杨路 2026 号	33792311	4	265	4663
泗塘村	盘古路 727 号 3 幢 405 室	51267157	1790	2123	12768
杨泰一村一居委	杨桃路 159 号	56802406	1546	2729	4075
杨泰一村二居委	杨泰路 338 弄 57 号	56492008	1193	2273	3379
杨泰二村一居委	杨泰二村 25 号 102 室	56803116	2031	3769	5727
杨泰二村二居委	杨鑫路 311 号	56802580	593	1143	1732
杨泰三村居委	杨泰三村 195 号	33850338	1927	3541	5955
宝杨路 2021 弄居委	铁力路 550 号	33795021	688	846	1769
宝启花园居委	宝杨路 3288 弄 90 号	56492685	1037	1962	2804
富锦苑居委	富锦路 1815 弄 90 号	36300418	912	1989	2607
城西居委	富锦路 1659 弄 57 号旁	56920176	533	882	1385
宝启公寓居委	蕰川路 1625 弄 68 号	56809659	820	1426	2245
友谊家园一居委	铁峰路 2000 弄 100 号 203 室	33797088	1288	2485	4304
友谊家园二居委	铁峰路 2001 弄 1999 号	33797378	1475	2389	5130
柏丽华庭居委	蕰川路 1623 弄	66760587	715	1378	2233
禄德嘉苑居委	竹韵路 258 弄、259 弄	56807277	914	2229	3229
梅林居委	杨鑫路 451 弄 45 号 102 室	56805690	975	1901	2751
康桥水都居委	水产路 2600 弄 88 号 2 楼	666769905	2619	4439	7760

（续表）

名　称	地　址	电话	户籍人数		常住人口（人）
			户数（户）	人口（人）	
同盛嘉园居委	月城路 250 弄 1 号 307 室	36045977	855	1224	2360
万科四季花城居委	松兰路 1169 弄 39 号 101 室	36045502	1643	2912	4853
东方丽都居委	友谊路 2858 弄 63 号	33913809	1298	1939	3456
杨泰春城居委	镇泰路 382 号	36045658	693	1290	1899
富杨居委	富杨路 223 弄 46 号 2 楼	51052069	938	549	1795
天馨花园一居委	蕰川路 1498 弄 106 号	56807843	1750	2801	4457
天馨花园二居委	蕰川路 1498 弄 289 号	56493580	2378	3631	6826
宝地绿洲居委	湄浦路 218 弄 34 号 102 室	36216568	1709	2566	4054
福地苑第一居委	友谊路 1869 弄 10 号 101 室	33850856	1640	2241	4234
福地苑第二居委	友谊路 1869 弄 51 号 1 楼	33717598	982	1240	2433
紫辰苑居委	江杨北路 1568 弄 77 号 101 室	56176299	3567	5420	10187
春江美庐居委	松兰路 198 弄 158 号 101	56809239	999	1336	2672
海德花园居委	海笛路 333 弄 293 号 2 楼	36381298	2691	2566	5734
宝虹水岸居委	梅林路 865 弄 4 号 102 室	56806632	988	1710	2588
飘鹰锦和居委	红林路 10 号 101 室	56806889	2474	2365	5320
大黄馨园居委	水产西路 489 弄 4 号	36317613	1916	2313	4885
丽景翠庭居委	盘古路 2618 弄 42 号底楼	33914227	921	1052	2270
四季花城二居委	松兰路 960 号	36047900	2324	3771	6738
友谊苑居委	铁峰路 2268 弄 16—1 号 2 楼	56450091	1040	1269	3411
杨鑫居委	杨鑫路 95 号 2 楼	36511925	4080	2999	6055
盛高香逸湾庭院居委	莲花山路 517 弄 128 号 2 楼	36506211	2650	4211	8353
和家欣苑一居委	顾北东路 39 弄 20—1 号 3 楼	56800318	2412	2671	6126
保集绿岛家园居委	友谊路 1999 弄 7 号 102 室	36211388	811	1590	2388
远洋悦庭居民委员会	杨泰路 2158 弄 10 单元	36211029	3579	5051	8946
绿地香颂名邸居委	杨泰路 55 弄 236 号 101 室	36510639	2413	3582	7003
宝悦华庭居委（筹）	松兰路 233 弄 15 号 1 楼	16621550465	983	1437	3646
中铁北宸居委	月辉路 218 弄 1 号楼 2 楼	56800378	1328	1147	2447
和家欣苑二居委	红林路 576 弄 65 幢 1—2 号	66011813	2538	1991	7633

（冯　海）

月浦镇

【概况】　月浦镇毗邻上海北大门，东临长江入海口，南接杨行镇，西连罗店镇，北与罗泾镇相邻。全镇总面积 45.3 平方千米，宝钢、华能等大型国企央企占地 24.4 平方千米，镇行政管辖区域 20.9 平方千米。镇域内有道路 412 条，其中市管道路 1 条，共 7.6 千米；区管道路 19 条，共 21.35 千米；镇管道路 41 条，共 38.45 千米；村管道路 351 条，共 90.48 千米，全镇道路呈“六横三纵”（“六横”为石太路、月川路、月罗公路、富锦路、春和路和四元路；“三纵”为富长路、江杨北路和蕰川路）格局。蕰川路交通发展轴与月罗公路城镇发展轴构成的十字轴，对外向西联系罗店镇，南北沟通吴淞市级副中心与罗泾镇，江杨北路、富长路贯穿全镇南北直达市区；轨道交通 1 号线、3 号线分别在镇区辐射范围内设站。镇域内现有养老院 4 家、公共卫生机构 3 家、镇管学校 9 家，另有 20 所区管学校。全镇设 14 个村委会、27 个居委会。至 2021 年末，月浦镇实有人口 176251 人，户籍人口 69218 人，出生人口 231 人，人口自然增长率 -4.29‰。月浦镇共有 37 个少数民族，其中上海户籍少数民族人口 1172 人。镇党委下辖 6 个二级党委（含 2 个非公党委），37 个总支部，32 个一级党支部，233 个二级党支部，7391 名党员。年内，新建钱潘村练祁路健身步道、沈家桥村柏家宅健身步道各 1 条，更新沈家桥钱陆路 881 号社区健身步道 1 条。新建或更新 21 处健身苑点。新建段泾村陆家宅篮球场 1 片。全年，月浦镇实现地方财政收入 15.59 亿元，比上年增长 9.2%，保持区级财政总量全区各镇第一。年内，月狮村高分通过市区专家组验收；聚源桥村获评第三批全国乡村旅游重点村；以乡村振兴示范村为主体的“活力月浦 · 动感乡村”农体文旅复合游线入选农业农村部中国美丽乡村休闲旅游行（冬季）精品景点线路。镇政府地址：月罗路200号。

【经济建设】 2021年，月浦镇融入“科创宝山”战略格局，拓展新空间、培育新动能，经济发展在高基数上实现量的稳定增长和质的稳步提升。成立长三角精准医学联盟，上海大学计算机和人工智能产学研用基地落户，宝武环科、中冶宝钢完成“黑灯工厂”智能制造升级，全镇高新技术企业数达101家，新增市区“科技小巨人”（含培育）企业2家、市区两级企业技术中心7个、“专精特新”企业13家、科技型中小企业达54家。坚持“走出去、引进来”，招商板块辐射全国（除西藏外）各省市，充分挖掘产业链资源，引进央企代表宝钢国贸、科技金融代表衍复投资、大宗商品代表南山集团、消费品代表睿秀电子、科创代表硼矩新材料、外资总部希亚思等一批创业龙头企业，新增年纳税100万元以上企业134家，搭建政府平台为企业开拓供应链、采购链、管理链、政策链、资金链，实现全流程招商管理。坚持党建引领乡村全面振兴，在集体经济壮大、人居环境提升、培育树立乡村善治品牌等方面持续发力，乡村振兴取得阶段性成果。

【城乡建设】 2021年，月浦镇优化空间布局，完成月浦镇总体规划和郊野单元规划编制。启动月浦工业园区、塘南街、盛桥老街等重点区域规划研究，基本完成沈巷B—1地块动迁。发挥示范效应，打造9个美丽家园示范小区和19个达标小区，建成14条（段）美丽街区，成功创建“上海市生活垃圾分类示范镇”。完成20个小区住宅修缮改造、55个小区雨污混接改造374.53万平方米，污水管网基本实现全覆盖。融创精彩天地商业综合体开工建设，鱼塘菜场完成标准化改造。聚焦水环境治理，整治河道164条段，基本消除劣V类河道，“1+3”国考、市考水质断面全面达标，建立各级河长73名，新建各类绿地7.39公顷，绿化覆盖率提升至39.7%，“五违四必”整治成效明显，截至2021年末累计拆除违法建筑126.4万平方米，成功创建无违建村（居）51个。实施“四清两美”（清五违、清污染、清垃圾、清堆物、美庭院、美农宅）村庄清洁行动，开展69个村宅流动式星级评定，建成28.8千米“四好农村路”（建好、管好、护好、运营好），完成10千米农村公路大中修、3.76千米道路提档升级，实施张泾河桥危桥改造、88座农村公厕提升、463户农村生活污水处理设施改造，清除村域各类垃圾6254吨，推动490户农民相对集中居住。

【就业和社会保障】 2021年，月浦镇多措并举推进就业创业，帮助375名长期失业青年实现就业，帮扶引领310人成功创业，就业困难人员100%安置就业，城镇登记失业人数控制在目标数以内。社会保障覆盖面持续扩大，城乡居保农业户籍参保率提升至96%，12个征地项目落实保障率100%，累计发放各类帮困资金3.4亿元。红十字“三救”“三献”覆盖更广。救助84户困难家庭，发放救助款84000元。完成救护培训3174人（次），14人遗体捐献登记、52人次造血干细胞志愿者捐献和610人份无偿献血工作。组织志愿服务活动10次，服务对象6000人次。完成计生特殊家庭“暖心家园”建设以及落实各项帮扶措施、一年三次走访慰问。依法落实各项奖励措施，审核各类奖励扶助业务3874人次，发放金额778万元。进一步做细做好2021“姐妹情”互助保险宣传、参保、续保工作，完成4354人6029份保险金额共计18.087万元。对2202名符合条件的妇女（其中退休妇女2024人、生活困难妇女160人、外来媳妇18人）进行免费“两病”（妇科病、乳腺病）筛查。国庆前开展“看乡村振兴　品美好生活——关爱‘老三八’暖心行动”、重阳节慰问独居老人等活动。

【社会管理】 2021年，月浦镇推进“一网统管”平台建设，挂牌成立镇城运中心，开发“社区治理”“安全生产”2个个性化应用场景，“一网通办”全面实现“三一两全”（线上“一网通办”、线下“一窗受理、一次办成、全市通办、全年无休”），在全区创先引入“社区通”，探索“互联网+”社区治理模式。持续加大老旧小区技防升级改造力度，“雪亮工程”基本实现全覆盖。深入推进扫黑除恶专项斗争，“家庭棋牌室”“套路贷”“黑车运营”等问题得到有效遏制，治安案件数比上年下降19.4%，刑案数下降34.3%，平安（示范）小区覆盖率达到95%以上，公众安全感提升至96.43%。压实安全生产责任，开展钢材加工、危化运输、建筑工地、“三合一”场所等重点领域安全隐患排查整治，累计整改隐患5万余条。实施重大安全隐患“熔断”机制，持续提升应急管理能力，抓好风险防范、信访稳定、防汛防台等工作。

【民生事业】 2021年，月浦镇推进普惠性、基础性、兜底性民生建设。全力保障铃兰、德澍等重点企业抗疫物资生产运输，创新“五个一”（1个政府平台、1套申报资料、1套审核标准、1套复查程序和一次性告知方式）企业复工复产复市标准化流程。抓好重点人群、重点场所、重点领域疫情防控，完成各年龄段新冠疫苗接种任务，累计接种超26万剂。建成月浦恬逸养老院，新增522张养老床位，月浦实验学校勇夺2021年世界头脑奥林匹克线上总决赛冠军；月浦中心校

4月30日，2021上海宝山花艺节暨月浦镇乡村振兴三村联动正式启动　　月浦镇/提供

创建宝山区新优质校项目通过初态评估。完成盛桥中心校、小红帽幼儿园等6个学校(幼儿园)的硬件改造和设备更新。组织2275名适龄儿童入园入学,小学招生实现公办全纳。社区(老年)学校有效开展线上教学和线下复课工作;规范校外教育培训市场,开展校外培训机构普遍排摸。通过"上海市健康村镇"市级评估,成功创建1个"双拥优抚之家",建成37个退役军人服务站,完成社区食堂、街心花园、电梯加装等一批民心工程和民生实事。落实环保督察、土地督察、安全生产督查等工作要求,正确履行政府职责。召开银企对接会、政策"月月讲",开展走访调研1.4万余次。便民服务落实"两个免于提交"(凡是本市政府部门核发的材料,原则上一律免于提交;凡是能够提供电子证照的,原则上一律免于提交实体证照),推动群众办事"最多跑一次"。开展线上线下健康讲座、主题宣传活动,普及优生优育知识。

【党建工作】 2021年,月浦镇严格落实党内生活基本制度,进一步规范基层组织设置。提档升级党群服务阵地,镇社区党群服务中心5000平方米新址运行,月浦八村、聚源桥村、月狮村入选区红色线路点位。强化党建促乡村振兴,坚持党员联系农户制度,农村党员干部自觉站好"先锋岗"。成立两镇八村党建共同体,以"十大重点项目"(支部共建、振兴互促;人才共育、干部互派;阵地共创、服务互通;规划共谋、项目互利;产业共兴,优势互补;集市共享、农旅互联;治理共推、经验互鉴;非遗共赏、文化互融;难题共解、调研互访;实事共办、便民互惠)提升党建引领组团式发展。开展"党史"联学活动,与驻区单位资源共享、共驻共建;推进"悦家园"建设,培育"活力楼组"、挖掘"社区达人",激发居民自治活力;开展"乐谱上的故事,声音里的记忆"建党百年主题党日,推进社区民生实事180件,解决群众急难愁盼问题72个。持续推进"两个覆盖"(党的组织覆盖和工作覆盖),设立"红帆邮箱",探索建立"两新"(新经济组织和新社会组织)组织党群服务网络,举办"精彩'两新' 人人出彩"分享会、女企业家沙龙等党群活动。指导41个居村完成"两委"换届选举,实现学历、年龄"一升一降"。指导218个基层党组织完成党组织集中换届。选举产生镇第五届党代表175名。召开镇五届一次、二次党代会。协助推进人大、政府、政协换届工作。举办月浦镇"比学赶超"干部系列大培训,对基层党政负责干部、新一届居村"两委"班子、社工、招商干部、年轻干部等对象开展轮训。

【社区党群服务中心揭牌】 4月23日,"百年回眸铭初心,只争朝夕展风华"月浦镇社区党群服务中心揭牌仪式暨月浦镇庆祝建党100周年系列活动启动仪式在镇社区党群服务中心新址(蕰川路4051号)举行,标志着月浦镇党群服务阵地全面提档升级,开启党群服务新篇章。中心发挥党群互融共促作用,面向全镇党员群众和基层组织开放,把党群服务中心与基层群团工作站、群众家门口服务站、各类民生服务项目紧密结合,着力打造高品质综合性服务平台。

【两镇八村党建共同体成立】 11月5日,宝山区两镇八村党建共同体成立大会在月浦镇聚源桥村召开。共同体由月浦镇、罗店镇及下辖的聚源桥村、沈家桥村、月狮村、钱潘村、天平村、光明村、毛家弄村、束里桥村8个村为主体,区委组织部、区农业农村委、区民政局及相关农村公司党支部、居民区作为成员单位组成。旨在通过"聚焦'堡垒'建设,加强党建联建""注重互促共进,推动产业联动""深化'三治'融合,强化乡村联治""涵养乡村'三风',促进文化联培""坚持为民惠民,抓实服务联做"方式联动,深化乡村振兴,打造共商、共建、共治、共享的基层治理"宝山样本"。

【"十四五"产业转型首发项目启动】 10月22日,月浦镇"十四五"产业转型首发项目正式启动。仪式上,月浦精准医疗产业园、新速马车联网项目、复旦生命科学院成果转化基地、融创·月浦精彩天地、宝轻科创园、宝地资产月浦友间公寓、中冶宝钢月浦保障性租赁住房项目、瑞金医院上海广慈新医创生命健康科技有限公司(公共实验室)、国家纳米工程研究中心9个项目签约,以科技创新驱动产业转型升级助推月浦转型发展,着力改造提升传统产业,加快培育战略性新兴产业,推动生产性服务业发展,增强产业发展的协调性。

2021年月浦镇学校

名称	学生(人)	教职工(人)	地址	电话
月浦实验学校	小学913、初中838	146	庆安路25号	66930160
盛桥中心校	742	58	古莲路271号	56151739
月浦中心校	661	50	月罗路228号	66036867
小红帽幼儿园	庆安309、月宁419	46	绥化路52弄60号(庆安园)	66680220
满天星幼儿园	261	42	鹤林路78弄51号	66030131
北岸郡庭幼儿园	253	37	塔源路288弄9号	66038210
惠民小学	216	28	川巷路160号	56931312
博爱幼儿园	299	46	绥化路288号	36301047
盛桥幼儿园	226	29	石太路31弄1号	56150264
淞浦中学	730	78	德都路168弄87号	56931495
月浦中学	656	65	四元路20弄78号	56198915
宝钢新民实验学校	小学498、初中484	101	月浦四村1号	56646746
盛桥中学	679	56	石太路10号	56154732
灵石学校	65	29	盛桥一村80号	56150051

（续表）

名称	学生(人)	教职工(人)	地址	电话
月浦二小	410	37	月浦七村 34 号	66680665
月浦三小	497	47	月浦八村 138 号	56649455
乐业小学	582	54	春雷路 331 弄 84 号	56193085
石洞口小学	513	46	盛桥三村 16 号	66683455
同达小学	554	47	德都路 168 弄 1 号	56195662
月浦二村幼儿园	171	29	月浦二村 6 号	56649745
月浦四村幼儿园	242	38	月浦四村 29 号	56649148
月浦六村幼儿园	185	29	月浦六村 49 号	56646914
月浦八村幼儿园	245	32	月浦八村 75 号	56647673
宝星幼儿园	138	28	宝泉路 63 号	56646400
马泾桥幼儿园	288	48	月罗路 300 弄 18 号	66680538
太阳花幼稚园	333	56	四元路 20 弄 76 号	56195816
盛桥新村幼儿园	177	31	盛桥二村 44 号	56157876
贝贝艺术幼稚园	150	26	德都路 251 弄 1 号	56199588
菲贝儿幼稚园	183	26	月浦九村 49 号	56931614

2021 年月浦镇村(居)委会

名　称	地　址	电话	户籍人数	
			户数(户)	人数(人)
长春村	园和路 819 号	56646621	335	1046
茂盛村	月新南路 822 号	56931588	389	1138
沈巷村	月罗路 309 号	56646822	209	714
段泾村	月新北路 381 号	56648010	345	1091
梅园村	蕰川路 3965 号	66876296	72	170
勤丰村	月丰路 25 号	56928871	389	1299
新丰村	石太路 98 号	56151520	286	811
海陆村	和合路 9 号	56153386	391	1019
盛星村	石太路 665 号	56151797	472	1366
沈家桥村	石太路 489 号	56153362	379	1124
聚源桥村	聚发路 241 号	56150031	271	777
友谊村	蕰川路 5068 号	56196004	214	512
钱潘村	钱陆路 425 号	56930337	284	859
月狮村	蕰川路 5479 号	56151190	255	846
月浦二三村居委会	月浦三村 41 号 2 楼	56930230	1328	2143
月浦四村居委会	德都路 399 弄 6 号 101 室	56931765	852	2108
月浦五村居委会	德都路 399 弄 6 号 101 室	56931765	852	2108
月浦七村居委会	宝泉路 65 号 2 楼	56644763	662	1668
月浦八村居委会	月盛路 51 号 2 楼	66931930	272	654
月浦九村居委会	月浦九村 10 号 101 室	56198232	768	2397
月浦十村居委会	宝泉路 65 号 2 楼	56644763	662	1668
乐业一村居委会	春雷路 431 弄 40 号	56934614	1601	3805
乐业二村居委会	春雷路 354 弄 3 号	56643514	846	2091
乐业四村二居委会	马泾桥二村 15 号 2 楼	56644015	1126	2706
乐业五村居委会	德都路 218 弄 5 号	56198300	1653	4280
庆安一村居委会	庆安一村 26 号 1 楼	56937341	750	1800
庆安二村居委会	庆安三村绥化路 52 弄 63 号	56649514	1624	2861

（续表）

名　称	地　址	电话	户籍人数	
			户数(户)	人数(人)
马泾桥新村居委会	马泾桥二村15号2楼	56644015	1126	2706
盛桥新村居委会	盛桥一村38号2楼	56153884	1348	3181
盛桥三村居委会	庆安一村26号1楼	56937341	750	1800
盛桥四村居委会	庆安一村26号1楼	56937341	750	1800
庆安四村居委会	绥化路260弄22号102室	36301030	1058	2987
庆安五村居委会	春雷路288弄7号2楼	36303228	836	2204
星月居委会	盛桥塔源路58弄78号	56158082	680	1598
时代富浩居委会	德都路28弄25号2楼	36302512	1075	2555
宝月尚园居委会	申浦路288弄17号2楼	56450639	530	1274
新月明珠园居委会	塔源路150弄98号2楼	36308526	159	320
鸿锦苑居委会	月罗路259弄8—3号2楼	66860293	124	343
北岸郡庭居委会	塔源路302弄5号2楼	66038809	860	1051
阳光锦园居委会	月富路218弄19号楼	66931920	353	848
昱翠家苑居委会	月盛路51号2楼	66931930	272	654

（鲍诗婧）

罗店镇

【概况】　罗店镇位于宝山区西北部，南与顾村镇为邻，东与月浦镇相依，西与嘉定区相连，北与宝山工业园区北区、罗泾镇相接，镇域面积44.19平方千米。下辖21个村委会、1个捕捞大队、53个居委会（其中在筹33个居委会）。至2021年末，有户籍人口78067人，比上年增加3696人，人口密度1766.62人/平方千米；列入管理外来流动人口129443人，增加3.2%。辖区内有学校19所，建有村居健身苑点171个、公共运动场9个、健身步道6条。镇党委下辖2个基层党委、24个党总支、212个党支部、党员总数5380人。天平村、北金村获评上海市全国民主法治示范村，上海宝济药业有限公司获得2021年上海五一劳动奖状。镇政府地址：沪太路6655号。

【经济建设】　2021年，罗店镇一般公共预算财政收入9.09亿元，比上年增长32.4%；总税收31.49亿元，增长49.6%；固定资产投资86.34亿元，增长54.3%；工业固投6.8亿元，增长499.5%；工业总产值154.89亿元，增长47.0%；各项指标均创历史新高。聚焦高端医药制造，引入博沃生物、长森药业、集萃药康、蓝鹊生物、瑞诺生物等一批企业。依托北上海生物医药产业园市级特色产业园区品牌，做优增量、盘活存量，推动生物医药产业集聚发展。天瑞金MAX科技园项目于9月拿地即开工，镖荣定制厂房项目预计2022年8月底完成主体厂房竣工，国盛宝山药谷一期项目第一栋1万平方米大型厂房预计2022年10月结构封顶，宝济项目预计2022年11月完成结构封顶、罗凯标准厂房项目已竣工并完成招商。有效盘活存量土地20.67公顷，新增用地19.33公顷，打造生物医药孵化园、万级空间科技园等空间载体。园区集聚生物医药企业60余家。

9月1日，上海世外教育附属宝山美兰湖实验学校开学　　罗店镇/提供

【城镇建设与管理】　2021年，罗店镇《国土空间总体规划（2019—2035）》获批，明确罗店"三镇一典范"（中国历史文化名镇、面向长三角的门户节点城镇、上海北部城镇圈的中心镇、"南北转型"的产城融合实践典范区）城市定位。锦邑产城融合区控详规审批入库，罗店工业小区控详规审批入库。城区功能品质提升，美兰湖路中岛种植红枫，抚远路中岛种植紫薇，打造美兰湖小镇"春花烂漫、夏荫浓郁、秋色绚丽、冬景苍翠"景观效果。打通潘泾路（杨南路—月罗公路）。抢抓动迁安置房建设，71万平方米动迁安置房陆续结构封顶，一批长期在外过渡的居民入住新居。生态环境质量持续改善。结合"占补平衡"，完成减

量化立项18公顷，验收17公顷，盘活农村低效建设用地，为优质项目开发腾出指标空间。城市精细建管成效显著。构建政府主导、环卫主体、社会参与、公众监督"四位一体"(依法管理、社会管理、民主管理、自我管理)垃圾收运体系，确保各类场所垃圾分类"全覆盖"。加强道路管养，推行路长制，做到190条镇村道路精细化养护"全覆盖"，创建上海市"四好农村路"示范镇及3条"四好农村路"示范路。完成年度百姓实事项目，大居睦邻中心、文化中心正式运营，养老中心竣工交付。

【乡村振兴战略】 2021年，罗店镇完成粮食、"菜篮子"考核目标任务，种植水稻面积104.1公顷，全年粮食产量879.8吨；种植蔬菜面积273.47公顷，全年产量13759.6吨。完成光明、远景2个市级美丽乡村示范村建设。持续改善生态环境，提优人居环境治理，以开展"五清"(清理农村黑臭水体、清理农业生产废弃物、清理有碍观瞻的建筑、清理乱搭乱建和乱堆乱放、清理废旧广告牌)"一改"(改变影响农村人居环境的不良习惯)行动、实施"三个美"(环境美、产业美、人文美)工程、推进"三个有"(有部署、有落实、有监督)机制为抓手，整治脏乱差问题，完成13个"小三园"建设。完成80条村庄道路提档升级。全面落实河长制，创建河长制标准化街镇，完成池塘沟等7条段村级河道整治，持续做好"1+16"市考断面及34个镇管断面水质检测工作，水质长期稳定达标。推进农民集中居住，竣工159户，启动建设288户，完成签约256户。

【社会事业】 2021年，罗店镇连续四年被评为中国民间文化艺术之乡，美兰湖小镇被国家发改委列入中国特色小镇名单。教育投入逐年增长，世外美兰湖九年一贯制学校开学。全面唱响"春有花神秋有画、夏有龙船冬有灯"四季文化之歌。举办罗店花神庙会、龙船文化节、"古镇过大年"灯会、民俗画展等活动。开展"最爱美兰湖"系列活动，举办赛艇嘉年华、游跑两项赛，以体育赛事激发城市活力。推动罗店龙船、罗店彩灯等非遗文化进社区、进学校、进商圈，建立罗店鱼圆、罗店天花玉露霜非遗传承基地。疫情防控有力有序。按照"应接尽接，应快尽快"原则，累计接种疫苗37.1万剂次，构筑免疫屏障。优化公共服务供给，形成罗店医院、2个社区卫生服务中心、1个分中心、17个社区卫生服务站三级联动机制。全年新增就业2408人，帮扶引领创业63人，就业困难人员安置率和零就业家庭就业援助安置率均达100%。保障困难群众基本生活，累计发放各类补助资金1763万元。加快推进"一网通办"，做好"随申办""好差评""电子亮证"推广。

【社会治理】 2021年，罗店镇推进"社区云"试点，将"社区通"工作与市、区、镇重点工作和居委条线工作相结合，推动社会治理现代化。推进社区服务综合体、电梯加装、智能充电桩安装等一批民心工程落地，新启用服务综合体1个，电梯开工16台，充电桩基本覆盖。部署落实"活力楼组"创建，评选星级"活力楼组"90个，深化楼组品牌建设，培育挖掘社区达人、能人。全年共处理"黄赌毒"类案件27起。完善社会治安防控体系，刑案比上年下降12.6%，其中，盗窃案下降24.8%，报警类110数下降9.3%。推进网格化综合管理工作，全年接收"12345"热线工单7869件，共回访市民3686件，一个工作日先行联系率99%，按时办结率100%。做好信访工作。全年信访总量995件，下降12.3%，信访事项按期转送交办率100%，按期受理告知率100%，初次信访重复率0.78%，网上信访公开回复率97.56%，信访工作机构信访事项办理群众满意率88.89%。开展重点领域专项治理。开展重点时段、重点事项、重点领域行业安全监督检查，推进"黑名单"管理制，继续推进行业准入制，加强源头防控。全年共检查企业7444家次，发现隐患2.7万余条，整改率98%，取缔吃、住、生产经营在同一建筑物内的违规场所59处，安全生产形势总体平稳。

【加强政务服务建设】 2021年，罗店镇加强对政策执行情况的监督，深化镇级部门预决算工作，依法严控"三公经费"〔政府部门人员因公出国(境)费用、公务接待费、公务用车购置和运行维护费〕支出，更加注重向民生和重大项目的倾斜。全面推进依法行政。落实重大行政决策法定程序，发挥政府法律顾问、公职律师在重大决策、依法行政中的作用，不断提升政府依法决策水平。全面推行行政执法"三项制度"(行政执法公示制度、执法全过程记录制度、重大执法决定法制审核制度)，促进严格规范公正文明执法。推进政府信息公开，文件公开率达100%。自觉接受人大和社会各界的监督，有效落实代表书面意见办理工作。2021年，办理区镇人大代表意见、政协提案6件，面商率、答复率、办理结果满意率均达100%。

【党的建设】 2021年，罗店镇党委开展"五大行动"(学习大讨论、工作大调研、干部大培训、能力大比武、岗位大建功)，在罗店50个重点项目中锤炼"五型"(学习型、实干型、创新型、协同型、领航型)干部能力水平。坚持党建引领，强化科创大党建品牌建设，最大程度融合各类服务资源服务百姓。深入基层党组织开展党史学习教育主题活动，开展"不忘初心，再唱山歌给党听"建党100周年系列活动。举办"一把手"培训班，提升干部队伍整体素质。完成66个居村党组织、40个村居委会换届工作，实现学历和年龄"一升一降"，持续优化村居班子结构。探索派驻"片区第一书记"，加强基层党建，统筹区域发展，提升治理能力。制定党委任务清单和推进措施，压实管党治党主体责任。从镇党政班子成员、处级领导向机关科室和基层干部延伸，形成一级抓一级、层层有责任的"四责协同"推进格局，推动"四责协同"压力传导和责任落实。换届以来，镇党政领导班子、领导干部各类谈话共计49次，镇党委书记对150余名干部开展集体廉政谈话。

【远景村、光明村成功创建市级美丽乡村示范村】 1月16日，2021年度上海市美丽乡村创建工作启动以来，罗店镇党委、政府以创新、协调、绿色、开放、共享的新发展理念，优化提升"美兰湖、创新药、古镇韵、乡村风"空间新格局，开展远景村、光明村市级美丽乡村示范村创建。经专家评审、市级部门审核，通过现场踏勘、检查台账、听取汇报等方式，2个村获评2021年度上海市美丽乡村示范村称号。

【北上海科创新名片MAX科技园(上海·美兰湖)项目开工】 9月7日，MAX科技园(上海·美兰湖)项目开工仪式在罗店镇举行。项目东至羌家宅路，南至美平路，西至罗店路，北至羌家宅路，主要从事总部研发生物医药产业。该项目是宝山区重点推进的"拿地即开工"

项目，从9月2日摘地，到9月3日取得“四证”（国有土地使用证、建设用地规划许可证、建设工程规划许可证、建筑工程施工许可证），24小时即获审批。

【罗店镇入选“中国民间文化艺术之乡”】 11月11日，罗店镇（龙船）入选文化和旅游部正式发布的2021—2023年度“中国民间文化艺术之乡”，上海有5地入选。罗店龙船是上海龙船的发源地。罗店镇将民间文化作为振兴引擎，融入罗店镇发展全过程，形成以龙船为核心的“春有花神秋有画，夏有龙船冬有灯”文化品牌，打造民间文化助推乡村振兴、惠及百姓的“罗店模式”，开创全域推广、全年开展、全民参与的发展新格局。

2021年罗店镇学校

名称	班级（个）	学生（人）	教职工（人）	地址	电话
罗南中学	17	624	72	富南路198号	66013183
陈伯吹中学	15	505	58	罗太路352弄15号	56865867
美兰湖中学	11	353	32	美诺路150号	56676528
罗南中心校	48	1923	131	富锦路5855号 美诺路48号	36133227
罗店中心校	30	1247	87	罗新路765号	56860544
小天鹅幼儿园	30	938	130	南东路101号 罗迎路100号	56011900
申花幼儿园	10	294	44	市一路162号	66867833
金锣号幼儿园	11	330	51	集贤路701号	66711801
美兰湖幼儿园	15	465	64	美诺路51号	56591202
罗店中学	41	1700	150	罗新路707号	56861157
罗店二中	16	551	58	美安路599号	66875870
罗阳小学	20	759	65	东西巷街33号	56860563
美罗一小	28	1184	77	美文路535号	66787315
罗店镇幼儿园	11	306	43	祁南一村3号甲	36130571
小主人幼儿园（美罗园）	12	383	54	美平路760号	66861970
美安路幼儿园	10	311	48	美安路480号	56696778
罗希小学	13	511	36	罗东路228号	56861110
宝山第二实验学校	10	388	31	美康路712号	
上海世外教育集团附属美兰湖实验学校	6	231	18	美兰湖路239号	66877063

2021年罗店镇村（居）委会

名　称	地　址	电话	户籍人数	
			户数（户）	人数（人）
东南弄村	永顺路71号	56863460	701	1959
金星村	罗溪路371弄88号	33853393	371	2343
罗溪村	罗太路269号	56860324	847	2474
四方村	石太路3605号	56861780	468	1387
天平村	石太路2018号	66865633	233	1620
光明村	罗东路325号	56865901	365	1596
束里桥村	罗东路100号	56861328	254	1502
毛家弄村	毛家路398号	36413181	330	1036
义品村	石太路2398号	66862927	0	770
王家村	潘泾路1201号	56014920	526	1966
朱家店村	锦南路26号	56869776	2	1479
十年村	杨南路十年路	56860965	34	1474
蔡家弄村	蔡家弄村肖家桥41临	56022348	633	2189
西埝村	南长路231号	66010515	411	1824

（续表）

名　称	地　址	电话	户籍人数	
			户数（户）	人数（人）
繁荣村	月罗公路2198号	56861163	0	1489
北金村	沪太路6486弄16号	66015918	168	1754
南周村	王家湾路2号	56010937	371	2079
张士村	联杨路3606弄110号	66019208	432	1984
富强村	美平路779号	56011773	0	1721
远景村	月罗公路3359号	66012071	247	1888
联合村	联杨路4568号	56012175	460	1620
捕捞大队	月罗公路2468号	56860211	136	449
富南居委	南长路111弄15号101室	66010340	965	846
罗南居委	南东路89弄23号	66015806	1802	2571
富丽居委	富南路199弄55号	56010996	1414	1430
富辰居委	南东路108弄15号102室	56012755	1183	1069
向阳居委	向阳新村8号104室	56863813	956	1576
新桥居委	罗升路257弄1号	56861602	1008	1620
古镇居委	塘西街181号	56863829	1237	2120
祁南居委	市一路153弄3号	56861607	1269	987
罗溪居委	罗溪路671弄16号2楼	66866651	814	877
罗新居委	集贤路800弄26号	66712080	2045	907
金星居委	集贤路500弄34号2楼	66866269	813	580
金星二居委	集贤路501弄130号	56866508	1552	685
美兰湖颐景园居委	美艾路198弄192—196号	36509918	1059	1041
顺驰美兰湖居委	罗迎路558弄100号2楼	56590542	973	849
美兰湖琥珀郡园居委	美艾路177弄106—107号3楼	36508928	923	426
美兰湖琥珀臻园居委（筹）	抚远路538弄526号3楼	36552388	842	653
美兰湖景瑞欧兰高邸居委	罗芬路98弄33号2楼	36190626	884	714
美兰湖朗诗绿岛园居委	罗芬路1199弄1号102室	36511891	1320	1155
美兰湖中华园居委（筹）	抚远路1286号2楼	36552688	1771	2101
美兰湖中华园第二居委（筹）	罗迎路800弄47号2楼	66862328	1310	1403
正荣美兰观庭居委（筹）	抚远路1211弄458号	56860675	801	694
罗盛居委（筹）	塘西街398弄40—1号	33798227	1044	193
罗贤苑居委	罗店镇美安路250号	36559500	1007	280
美安苑居委	罗店镇美平路431号	36559511	1596	507
美文苑居委（筹）	罗智路258弄9号	66875596	1223	121
罗安苑居委（筹）	美安路215弄13号	66875616	863	81
罗翔苑居委（筹）	罗贤路388弄6号	66875632	817	85
罗秀苑居委（筹）	美秀路358弄16号	66875707	891	95
宝欣苑第一居委（筹）	美平路696弄12号1楼	36555288	1317	375
宝欣苑第二居委（筹）	美平路745弄18－1号3楼	36550003	1144	409
宝欣苑第三居委（筹）	美平路1060弄5号1楼	36559522	685	574
宝欣苑第四居委（筹）	美平路999弄2号	36559533	827	606
宝欣苑第五居委（筹）	天家路200弄3号	36559600	807	447
宝欣苑第六居委（筹）	天家路199弄3号	36559611	821	494
宝欣苑第八居委（筹）	天家路116弄2号104室	36559622	1102	514
金丰苑第一居委（筹）	美康路818弄5号205	36550108	1340	583
金丰苑第二居委（筹）	罗和路935弄13号	36551808	1124	305
佳欣苑居委（筹）	美丹路1058弄	36552223	796	544
金丰苑第三居委（筹）	罗和路855弄15号楼203室	36551868	1148	510
佳境苑居委（筹）	美丹路1033弄9号2楼	36552225	2097	1049

（续表）

名　称	地　址	电话	户籍人数	
			户数(户)	人数(人)
润苑居委(筹)	年吉路650弄1—1号205室	36552226	1813	846
佳翔苑居委会	陆翔路3489弄	36552588	1548	786
绣苑居委(筹)	美平路500弄4号201室	66875891	1170	480
宝欣苑第九居委(筹)	美安路628弄7号2楼	66875580	1095	167
鼎苑居委(筹)	美秀路558弄12号201室	66875989	1284	936
保翔苑居委(筹)	陆翔路3500弄1号	36559588	1272	7
罗兰佳苑第一居委(筹)	罗真路188弄21号204室	66711172	1215	845
罗兰佳苑第二居委(筹)	美丹路998弄12—1号	66876208	1321	702
年吉苑居委(筹)	年吉路100弄25、26号	66878272	2100	79
云雅新苑居委(筹)	罗太路869弄云麓之城	66875507	386	389
慧苑居委	罗和路118弄9号	66877500	770	102
文悦华庭居委(筹)	萧云路88弄41号	56120329	2238	2390
中集金地名庭居委(筹)	年喜路19弄5幢29号1—2楼		260	80
蓉庭居委会(筹)	罗店路55弄25号	56572265		

（夏　凯）

罗泾镇

【概况】　罗泾镇位于宝山区西北部，东临长江，南连月浦镇、罗店镇，西邻嘉定区徐行镇、华亭镇，北接江苏省太仓市浏河镇镇。总面积48平方千米。镇域内水资源、基本农田等各类保护区面积占全镇面积近50%，森林覆盖率达到15.7%，粮食产量占全区近80%。镇域内有324公顷水资源保护区和400公顷长江原水基地，承担上海市30%的原水供应。境内有172条河道，总长154千米。辖区内有21个村委会，169个村民小组，8个居委会，1个筹建组。至2021年末，全镇有户籍人口27516人，比上年减少1319人，列入管理的来沪人员35225人。镇党委下辖4个党委（社区党委、综合党委、东鼎党委、镇老龄党委）、10个党总支（机关党总支、合建老龄总支、潘桥老龄总支、肖泾老龄总支、新苗老龄总支、塘湾老龄总支、洋桥老龄总支、新陆老龄总支、陈行老龄总支、海星老龄总支）、128个党支部（含22个老龄党支部，48个“两新”组织党支部），共有党员2489人。辖区内有学校6所，建有市民健身中心1个、市民健身点84个、公共健身运动场2座、足球场1片、篮球场3片、游泳池1座。年内，罗泾镇获评无烟党政机关、全国食品安全工作先进集体，塘湾村被评为“全国民主法治示范村”。镇政府地址：飞达路85号。

【经济建设】　2021年，罗泾镇完成地方一般公共预算收入4.4亿元，规模以上企业工业销售产值49.6亿元，固定资产投资15亿元，社会消费品零售总额7.6亿元。加大招商力度，累计新增注册企业850户，注册资本47亿元，注册资金5000万元以上企业22户。重点项目中，意内西厂房和办公楼结构封顶，航安二期投入使用，京东一期场外施工与单体验收均结束，畅的新材料沪樊路项目投产运营，宝之云五期1号楼完成设备安装和系统联调，长江口创智产业园编制规划方案。建立重点企业网格包干和服务联系机制，为企业代办事项167个；制定企业骨干人才专项激励办法，为企业定制“政策组合包”等支持企业发展。

【社会事业】　2021年，罗泾镇开展道路环境整治、河道环境整治、路面白改黑、太阳灯路灯安装、非机动车充电桩安装、新增机动车车位等20余项实事项目。推进罗泾第三幼儿园建设；签订罗泾第二幼儿园产证办理合同，实质性启动产证办理。制定民办肖泾小学纳入公办教育体系方案；制定幼儿园小班及一年级招生工作方案。推进“一校一特色，一校一品牌”创建。罗泾中学作为宝山区田径传统项目特色学校，连续在市区比赛中获得佳绩；罗泾中心校创建以“小蜜蜂苑”为载体的“木偶”特色文化；罗泾中心幼儿园开展“基于主题的儿童漫画特色课程建构的实践研究”；罗泾第二幼儿园创设具有罗泾特色“野趣运动”环境，开展童话手球运动研究和开发。推进常态化疫情防控，制订《罗泾镇新冠肺炎疫苗接种工作方案》，开展疫苗接种宣传工作，罗泾镇（含宝工园）全年完成新冠肺炎疫苗全程接种66412人，累计126487剂次。持续做好长护险、居家养老上门护理、服务工作。截至12月，罗泾镇为老服务中心现有助老服务人员39名、助餐服务人员24名。罗泾镇为老服务中心共有长护险上门护理服务对象109人、居家养老服务对象327人、老年人助餐服务对象157人。截至12月31日，罗泾镇为老服务中心共计提供长护险上门服务27478工时、居家养老75837工时、配送老年人助老午餐44188客。开展全镇65岁以上老年人健康体检，惠及5817名居民。全面推进各项养老服务设施建设和改造。建成罗泾镇社区综合为老服务分中心，集日间照护、助餐、文体、康养等功能于一体，面积达530平方米；完成乡村振兴大背景下的洋桥村老年活动室改造工作，打造农村老年活动室，并设立助餐点；打造花红村毛塘宅睦邻点。

【就业和社会保障】　2021年，罗泾镇开展“线上”招聘活动，通过微信公众号、社区通等渠道发布71家企业招聘信息，新增签约单位134家，发布就业岗位2498个，推荐412人次，达成意向296人。城乡登记失业人数控制在469人目标内。认定就业困难人员104人，安置率100%。开展线下政策宣讲、创业培训活动,成功推荐就业青年29人,扶持成功创业44人,其中大学生31人。受理劳动调解案件66起,结案64起,成功调解48起,调解成功率75%。开展"清理整顿人力资源市场秩序"专项整治行动,共取缔辖区内"黑中介"9家。年内累计救助各类困难群体5998人次,发放救助金约809.36万元。为困难残疾人家庭发放元旦、春节帮困金11.28万元;发放残疾人两项补贴共计约329.64万元;发放残疾人交通补贴约33.8万元;医疗康复救助约40.54万元;申请残疾人无障碍改造普通型38户,提高型9户。年内共为69名困难退伍军人建档立卡,发放各类帮困补助71人次,资金4.76万元,慰问共建单位27.4万元。

【镇村建设与管理】 2021年,罗泾镇完成总体规划编制方案调整及评审公示,镇域控规修编方案调整,水系规划编制和排水规划2项完成资料收集,吴淞江(新川沙河段)两侧生态廊道景观规划初步方案完成。06—05动迁安置房地块收储出让完成,02—07地块开展项目选址及立项。推进微循环道路长虹路、长发路、潘新路及小区配套道路长发路,京东配套道路泾恩路、泾灿路建设。推进潘新路道路涉及河道填堵手续。基本完成吴淞江工程(上海段)新川沙河项目动迁签约及腾地。完成陈行水源地涵养水生态提升项目施工招投标工作及监理招投标。完成农村房屋安全隐患排查整治,完成居住类及部分非居住类城镇房屋的重点排查工作,完成洋桥村农贸市场整改,完成土地减量化任务量22.13公顷和复垦任务量15公顷。

【精神文明建设】 2021年,罗泾镇做好宝山区创建全国文明城区各项工作,通过"一二三四"工作法(1套机制、2张清单、3网合一、4种力量),建立长效机制,以区域"包干值守"驱动文明创建常态长效,把"创全"工作与城市精细化管理工作、乡村振兴、住宅小区综合治理、新时代文明实践及志愿服务等工作相结合,巩固各级文明创建成果。完善"1+5+15+30"(1个新时代文明实践分中心、5个实践基地、15个村居实践站、30个文明实践点)新时代文明实践网格,共建设塘湾村等5个区级示范站。累计开展"乡村故事汇""泾彩社区手牵手""木工科普十六课"等文明实践项目1235个,完成点单、接单、派单6500余次。开展"3·5学雷锋"、"相聚党旗下'泾'心为民齐行动"志愿服务活动、"红领巾心向党 我和党旗共成长"、"缅怀先烈 牢记历史 勿忘国耻"清明祭扫、"学端午礼仪 传非遗文化活动"、"八二三侵华日军罗泾大烧杀遇难同胞84周年仪式"、"'强国有我,请党放心'迎国庆主题升旗仪式"等活动。

【乡村振兴】 2021年,罗泾镇在保留和彰显村庄肌理、自然水系、传统风貌等乡村特色基础上,推进村庄道路改造、水环境提升、公共服务设施完善等工作,实施美化墙体、规范村民自留地、送绿上门等项目,引导村民利用庭院、宅前屋后及闲置土地栽植金橘、柿子、石榴、无花果等本土果树,全面提升"小菜园、小果园、小花园"建设水平;实施水生态修复工程,完成河道清淤、修筑栅栏,构建去富营养化"水生森林"净化系统。新陆村做强"一篮菜",引进市级龙头农业企业上海景瑞农业科技发展有限公司,开发"生产基地+加工企业+商超销售"新模式,统筹运营管理41.87公顷高标准蔬菜基地,进一步拓宽村集体收入增收渠道;同时与拜耳、安莎、正大种业、上海农科院、南京农业大学等公司、科研单位合作,打造长三角种业创新示范基地;通过"绿色农产品认证+自动化生产创新+高效种植管理技术创新+高效配菜示范+产销渠道合作"五大品牌升级,打造上海市绿叶蔬菜生产基地;拓展"蔬艺+品牌推广、蔬艺+文化、蔬艺+研学、蔬艺+体验"功能,导入研学团队资源,打造上海市首个自然学校,成立专业研学团队,开发农事体验、野外探险、红色教育、生态科普、户外露营等一系列研学产品;鼓励村民在庭院、宅旁、路旁、林下等可利用空间内种植香椿、枸杞头、马兰头等本土特色蔬菜果品,通过"技术指导+统一销售",带动村民增收致富。洋桥村做强"一蒸糕",引入杨柳青青农业科创园,引领、推动洋桥村休闲农业发展;培育发展大健康食品产业,拓展米酒、米糕等养生米制食品产业链,带动农民增收;建设"芋见田园"主体庄园民宿,提供垂钓、采摘等休闲项目,打造"芋田—芋食—芋景—芋文创"为特色的度假环境。

【平安建设与综合治理】 2021年,罗泾镇深化雪亮工程和农村智能安防建设,新增高清监控探头12个,视频监控共计联网663个,联网率为90.7%,完好率为92%。落实社区矫正安置帮教工作,组织集中教育学习活动10次,累计参加397人次,开展个别教育571人次。"12345"市民服务热线共受理11319件工单;区热线回访工单751件,实际解决507件,1个工作日先行联系率99.87%,实际解决率67.5%,市民满意率69.1%,不满意率0.3%。全年举办法治带头人、法律明白人业务培训4场。共制作264份人民调解协议书,处理"110"非警务警情报警单414件。完成全国"两会"、建党100周年、第四届进博会、六中全会期间安保维稳,组织平安志愿者参与治安防控,共计上岗人数220人、1344人次。组织律师定期进社区为居民开展免费法律咨询服务;开展"防火、禁赌、防盗、防骗"、反邪教、"扫黑除恶"系列宣传活动;开展防诈骗入户宣传,发放宣传资料,下载"国家反诈中心"App。常态化开展扫黑除恶行动,定期对小区内违法经营、非法劳务中介、门面房"三合一"、无证无照经营、农村废品回收站点等问题进行专项整治。开展罗泾镇住宅小区"群租"治理专项行动,做到清零。

【社区建设】 2021年,罗泾镇完成第一居民区、宝虹家园等8个居委会换届工作,推进雍和府居委会筹建工作。为社区居民提供低保救助、民事调解、法律维权等多项服务,每月8号"志愿服务日"组织志愿者开展便民利民服务,免费为小区居民提供磨刀、修伞、量血压、理发等项目;帮助重大病困难家庭申请大病救助,为困难家庭申请低保,帮助解决家庭矛盾、就业、邻里纠纷等问题,重大节日对孤寡老人、空巢老人、烈属、重病家庭、困难家庭进行慰问。开展既有住宅小区电梯加装工作,完工1台、新增12台。对宝虹家园中心河道安装防护栏,宝祥新苑部分外墙维修。建立健全社区人居环境建设和整治机制,推进社区基础设施绿色化,培育社区绿色文化,创新特色项目等。加强社区新型基础设施建设,配合完成年度"挂图作战"任务。"社区云"人房信息数据完善率100%。落实"社区派单"工作责任制,确保群众问题24小时内回应处置,1个月内"应解决尽解决"。借助平台加强议事协商,每个居委会全年议题转化为项目并落地实施平均不少于3个。

【法治政府建设】 2021年，罗泾镇共办理镇行政复议2件、行政诉讼2件，处理涉法矛盾纠纷60余起。对11件镇及村级"三重一大"事项进行审核，对5件城管重大执法决定进行法制审核。指导镇综合执法部门落实"三项"制度，严格执行"谁执法谁普法"。全年共制作宣传展板46块、海报75张、宪法宣传易拉宝30个，开展法治讲座13次、开展法治宣传活动21次，维修塘湾村法治宣传阵地硬件，对罗宁路法宣长廊内容进行更新，建立海星村宪法专题法宣阵地。结合"4·15国家安全日"、"6·26国际禁毒日"、建党100周年等契机，开展反邪教、禁毒、反恐、扫黑除恶等宣传活动，举办"全民反诈"黑板报评比活动。申报见义勇为3人，均被评为宝山区见义勇为先进个人。组织协调全镇平安建设力量全力排查整治影响群众安全感突出问题，做好年度公众安全感满意度测评，安全感满意度保持在全市平均水平以上。

【2021年农民丰收节暨宝山湖大闸蟹品鲜节】 10月24日，"庆丰收 感党恩"——"花果宝山"2021年农民丰收节开幕。"上海罗泾美丽乡村徒步赛"作为宝山区"四季路跑"系列的重要一站，在罗泾镇已连续举办5年。此次第六届徒步赛活动，集聚300多组家庭参与。

10月24日，2021年上海城市业余联赛"战FUN宝山 泾彩同行"美丽乡村徒步赛暨"幸福宝山路 文明修身行"主题健步走颁奖活动在罗泾镇海星村涵养林举行 罗泾镇/提供

【2021年上海城市业余联赛"战FUN宝山 泾彩同行"美丽乡村徒步赛】 10月24日，2021年上海城市业余联赛"战FUN宝山 泾彩同行"美丽乡村徒步赛暨"幸福宝山路 文明修身行"主题健步走颁奖活动在罗泾镇海星村涵养林盛大

2021年罗泾镇学校

名称	班级(个)	学生(人)	教职员工(人)	地址	电话
罗泾中学	16	617	71	东朱路8号	66870105
罗泾中心校	24	911	81	陈功路28号	56871864
罗泾中心幼儿园	10	313	57	罗宁路3030弄1号	56871981
罗泾第二幼儿园	6	185	37	潘沪路301号	36571930
民办肖泾小学	12	457	40	沪太路9101号	66878208

2021年罗泾镇村(居)委会

名称	地址	电话	户籍人数	
			户数(户)	人数(人)
塘湾村	沪太路9713号	56878031	378	1173
海星村	新川沙路85号	56870027	537	1678
花红村	北蕰川路2399弄221号	56870313	379	1239
新陆村	北蕰川路2501弄268号	56871206	362	1084
洋桥村	沪太路9898号	66599138	367	1089
合建村	罗宁路1996号	56870261	427	1675
宝丰村	罗泾镇陈东路85号	56878920	434	2310
陈行村	陈镇路285号	56870087	436	1633
海红村	海红村袁家宅8号	56871072	426	0
肖泾村	沪太路8872弄25号3楼	56871678	435	1407

（续表）

名称	地址	电话	户籍人数	
			户数(户)	人数(人)
新苗村	集宁路 628 号	66878559	480	1413
牌楼村	牌楼村二房宅 58 号	66870601	266	841
潘桥村	飞马路 225 号	56871856	488	924
三桥村	富长路金勺路往西 200 米	66872036	395	1109
合众村	罗宁路 3030 弄 144 号 3 楼	66876636	254	218
高椿树村	潘川路 999 号南首	56874120	387	1081
川沙村	萧月路 166 号	66879123	467	0
王家楼村	老罗北路 1558 号	36071186	292	0
解放村	金勺路 1688 号	56128692	327	0
和平村	潘泾路 3400 弄 150 号	56862594	287	2716
民众村	罗东路 1250 号	66876007	254	732
第一居民区	陈东路 103 号	56878651	738	725
宝虹家园	陈川路 555 弄	66870698	994	1015
宝通家园	潘新路 118 号	66879123	280	571
宝悦家苑	罗宁路 3030 弄	36380025	281	1005
宝祥宝邸	潘沪路 69 弄	56143278	227	750
海上御景苑	长虹路 779 弄 95 号	56143356	290	636
信达蓝庭	潘新路 255 弄	66877810	217	385
罗宁苑	罗宁路 2999 弄	66877812	70	107

（周丝雨）

顾村镇

【概况】 顾村镇位于宝山区中西部，东邻杨行镇，南濒蕰藻浜与大场镇相望，西接嘉定区马陆镇，北靠罗店镇。总面积41.66平方千米。辖有16个村委会、88个居委会。至年末，全镇有户籍51116户、127475人，分别比上年增加1318户、6007人；列入管理的外来人口172092人，比上年减少13713人；户籍人口出生率5.24‰。镇党委下辖62个党总支、314个党支部，在册党员9099人。建有市民健身步道20条、市民球场6个、村居健身苑点174个。辖区内有学校46所。年内，顾村镇获得2020年度上海市平安示范社区等称号。镇政府地址：泰和西路3431号。

【经济建设】 2021年，顾村镇全年完成区级财政收入8.93亿元，比上年增加1.78亿元，增加24.9%；实现规上工业总产值193.58亿元；完成合同外资4161万美元；完成税收总收入29.29亿元，增加10.5%；完成固定资产投资117.99亿元，其中工业投资11.63亿元；实现社会消费品零售总额66.11亿元。科创产业壮大集聚。21个在建、筹备项目有序推动，总投资86亿元，其中发那科三期等16个项目开工在建，科创壹号等5个重大项目加快启动。此外，罗浩斯改扩建（一期）、汽车互联网总部竣工；赛赫智能、中交数据基本建成，项目落地和开工数量位居全区前列。招商引资成效显著，多次赴湖南、深圳开展招商，促成视比特机器人等项目洽谈落地，新增注册5000万元以上企业10家；接洽欧美同学会企业家实地考察顾村，成功举办2021中欧企业暨海归领军企业家投资研讨会；对接上大机自学院搭建产学研平台，加快科创成果产业化。营商服务提质增效，联东·宝山机器人创新港"拿地即开工"（项目方在签订土地出让合同的当天，获得建设用地规划许可证、设计方案批复、建设工程规划许可证、建设工程施工许可证），宝禾仓储通过联审平台批复，赛赫智能实现分批验收。动能转换释放活力，聚焦低效盘活与高新导入，加大航发机械、罗浩斯等地块盘活力度，加快推动爱尔爱司等5个地块转型升级，基本完成外环线内货运堆场整治，全年完成产调26.67公顷。

【城镇建设与管理】 2021年，顾村镇加快镇域总规编制，完善城市功能，镇河道水系规划、刘行社区控详规划完成初步方案。星星、白杨等6个村完成土地减量化立项12.14公顷，验收7.26公顷。顾村老集镇"城中村"改造加快建设，潘泾社区各地块土地储备出让、动迁安置推进，建成罗青湾新苑等安置房基地。城乡面貌持续提升，贯彻河长制、片长制、田长制、路长制等长效管理机制，加大蓝天、碧水、净土保护力度，围绕"创全"、"创卫"、垃圾分类、市容环境建设，树立全周期管理意识，落实城市管理闭环。乡村秀美振兴发展，沈杨村创成市级乡村振兴示范村，外环源创科创产业园建设初显成效。

【社会事业】 2021年，顾村镇集聚优质公共服务资源，聚力打造"15分钟社区生活圈"。落实常态化疫情防控，有序推进成人第三针及未成年人疫苗接种。设立为老服务中心泰和、馨佳园分中心，形成养老服务区域全覆盖。启动与华二合作办学、世外对顾村实验第二轮托管，提升教育质量；推进落实"双减"，实现减负增效。不断优化资源配置，加快推进

1 月 18 日，龙湖蓝海引擎龙湖上海产业互联网技术中心开工奠基仪式举行　　顾村镇/提供

老镇九年一贯制学校、大居拓展区幼儿园、社区卫生服务中心等项目建设。合力推动既有住宅电梯加装、新增和社区、农村非机动车充电设施等一批民心工程建设。做好宝山区国家卫生区复审工作，通过创全阶段性考察。强化创美顾村、月月招聘会品牌效应，加强就业帮扶和职业指导。

【基层建设】 2021 年，顾村镇深化镇管社区，用好“四治”（法治、自治、德治、智治）手段，发挥幸福顾村、心连心驿站、社区云、社区通等载体在社会治理中的重要功能，精心打造 100 个活力楼组、社区达人工作室，加强社区自治和情感融合，形成镇、片区、居民区三级社区服务综合体。

【平安建设】 2021 年，顾村镇抓实“一网统管”，升级城运平台 2.0 版，推动共富、馨佳园等城运工作站实体化运作，结合垃圾分类等推出系列数字化应用场景，形成感知、检测、预警、核查、下达、反馈闭环管理机制。建立 7×24 小时联勤联动机制，发挥“12345”热线和网格数字化平台服务功能，加强对社会矛盾纠纷的研判和治理。加强平安建设，落实治安薄弱小区技防改造，开展安全隐患排查整治，做好社会面稳控，促进社会和谐稳定。

【龙湖上海产业互联网技术中心开工奠基】 1 月 18 日，龙湖上海产业互联网技术中心开工奠基仪式举行。龙湖上海产业互联网技术中心以数字科创城的数字产业方向为核心主题，致力于打造区域智慧创新发展的大脑中枢，构建智慧科技创新产业生态，为数字科技产业化提供标准产业空间，辐射整个区域创新发展，将其建设成为产城融合创新社区、国际创新交流门户、区域科创赋能中心。

【联东 U 谷 · 宝山机器人创新港开工】 7 月 15 日，联东 U 谷 · 宝山机器人创新港项目开工仪式举行。该项目是宝山区 2021 年重大产业项目，重点发展以工业 4.0、智能化集成制造等创新型产业为主导，以智能制造、电子信息、生物技术类为核心，打造上海高端产业集聚区，集科技研发、工业设计、生产性服务、公共技术平台等动能，持续自主创新、产学研一体、互动循环的新型高科技产业发展平台。该项目为宝山 2021 年首个“拿地即开工”案例。

【2021 中欧企业暨海归领军企业家投资研讨会举办】 9 月 24 日，2021 中欧企业暨海归领军企业家投资研讨会在顾村镇保集 e 智谷国际会议中心举办。研讨会聚焦智能制造产业，凝聚中欧企业力量，探索科技创新活力，推进上海科创中心主阵地建设。

【羿鹏智慧空铁总部研发基地揭牌】 11 月 12 日，羿鹏智慧空铁总部研发基地揭牌仪式在上海机器人产业园举行。基地项目包括一套智慧悬挂式单轨线路系统、2 个研发中心及 1 个全自动激光焊接智能工厂，进行智慧空铁系统的持续研发。羿鹏轨道与德国悬挂式单轨运营商达成合作意向，承担德国多特蒙德悬挂式单轨延长线建设项目，从“引进来”进化为“走出去”，打响国际品牌。

【上海宝山硬科技中心落户】 12 月 28 日，上海宝山硬科技中心及启动仪式在智慧湾艺术中心举行。中心以“科技企业落户、科技成果转化、产融关系强化和创新载体优化”为发展目标，主要提供股权投融资服务、三方演绎路演服务、产品云端展览展示、产业落地政策指导、上市辅导培训服务、业务数据赋能服务，中心围绕硬科技的代表性领域包括：光电芯片、人工智能、航空航天、生物技术、5G 信息技术、新材料、新能源、智能制造等。

2021 年顾村镇学校

名　称	班级（个）	学生（人）	教职工（人）	地址	电话
顾村实验学校	38	1591	117	宝安公路 1123 号	66022050
共富实验学校	58	2417	198	共富路 501 号	33702032
刘行新华实验学校	33	1282	102	菊太路 1058 号	33792572
顾村中心校	36	1512	111	顾北路 101 号	56042428
泰和新城小学	24	939	74	泰和西路 3493 弄 188 号	66022059
藻北小学	20	698	55	共富路 75 号	33706876

（续表）

名 称	班级(个)	学生(人)	教职工(人)	地址	电话
菊泉学校	25	1028	75	菊太路 321 号	56022292
民办顾教小学	36	1380	83	菊泉街 528 号	56022247
顾村中学	40	1545	130	电台路 93 号	56183580
鹿鸣学校	38	1452	102	菊联路 260 号	36553611
馨家园学校	30	1167	92	黄海路 599 号	56870271
乐之中学	19	580	53	菊泉街 106 号	66035760
宝虹小学	20	835	52	菊盛路 150 号	66022837
青秀实验小学	4	158	12	苏家浜路 318 号	56110029
顾村中心幼儿园	12	329	31	顾北东路 99 号	33855615
刘行中心幼儿园	15	418	35	菊太路 1077 号	56022814
泰和新城幼儿园	9	276	21	泰和西路 3463 弄 35 号	66041126
荷露幼儿园	13	373	29	顾北东路 500 弄 19 号	66048925
荷露檀乡湾分园	9	259	23	水产西路 778 号	56676330
帕堤欧幼儿园	12	353	31	顾北路 529 弄 1 号	66028376
依云湾幼儿园	11	320	20	顾荻路 150 号	36070862
沙浦路幼儿园	12	333	23	沙浦路 377 号	36509206
菊华幼儿园	6	167	12	菊太路 1581 号	36199936
馨佳苑幼儿园	11	323	19	丹霞山路 199 号	36513321
馨佳苑第二幼儿园	14	397	21	沪联路 425 号	56450276
彩虹幼儿园	14	435	27	宝菊路 375 号	33851761
保利叶都幼儿园	22	646	56	联杨路 1001 号	66038832
菊泉实验幼儿园	12	373	25	菊泉街 159 号	36199936
扬波幼儿园	9	231	26	菊太路 456 号	66026181
青秀城幼儿园	14	428	24	苏家浜路 328 号	56170325
小雨点幼儿园	6	188	14	教育路 567 号	56040799—8008
红星幼儿园融创玉兰园	4	109	5	联谊路 629 号	56573771
宝山世界外国语学校	24	705	89	云上路 29 号	66022170
华二宝山实验学校	40	1576	113	鄱阳湖路 599 号	56025222
世外云尚欧莱幼儿园	14	286	28	云上路 21 号	56781980
贝贝佳欧莱幼儿园	19	424	41	宝菊路 377 号	56781980
贝贝佳双语幼儿园	13	380	29	共富四村 321 号	56697017
贝贝佳第二幼儿园	9	256	18	共富路 476 弄 58 号	33708935
宝山上外附小幼儿园	14	295	28	丹霞山路 366 号	56186088
菲贝儿第二幼稚园	10	333	24	共富二村 301 号	33703256
菲儿幼儿园	4	140	4	共富路 99 弄 101 号	33702595
娜荷芽幼儿园	9	313	18	宝安公路 338 号	15801752375
海豚幼儿园	13	424	20	沪太路 5553 号	6186121
陈行新竹幼儿园	11	357	13	陈富路 1168 号	13167053825
喜羊羊幼儿园	11	356	15	沪太路 4328 号	56185718
学成幼儿园	8	302	8	佳龙路 368 号	56187992

2021 年顾村镇村(居)委会

名 称	地 址	电话	户籍人数	
			户数(户)	人数(人)
白杨村	顾陈路 151 号	66012373	489	1436
顾村村	新贸路 5—1 号	66046186	538	1465
朱家弄村	佳龙路 188 号	56042627	409	1403
羌家村	苏家浜路 499 号	66045058	335	1051
谭杨村	潘泾路 915 号	36042872	458	1556
盛宅村	泰和西路 3358 号	56044158	878	2291
星星村	湄星路 1815 号	36040067	529	1615
杨木桥村	苏家浜路 371 号	56042502	238	750
胡庄村	联谊路 500 弄 10 号	33711153	510	1391
老安村	潘广路 993 号	56022651	1253	3338
沈宅村	联杨路 2385 号	56023870	637	1828
归王村	陆陈路 338 号	66026899	198	1718
广福村	宝安公路 2185 号	56020704	576	1976
陈家行村	陈广路 556 号	56029005—813	933	2188
正义村	菊联路 89 弄 55—57 号	36312325	496	1215
沈杨村	顾陈路 715 号	56189081	630	1723
泰和一居	泰和西路 3463 弄 47 号 103 室	56047826	1743	1815
泰和二居	泰和西路 3381 弄 63 号 202 室	56047820	1693	1994
泰和三居	泰和西路 3493 弄 42 号 201 室	56047819	2426	2317
荻泾居委	泰和西路 3527 弄 30 号 201 室	56047821	1050	982
大唐居委	沪太路 3717 弄 133 号	56049504	1836	2022
天极居委	富联路 25 弄 48 号	56182774	1077	1071
顾村居委	顾新路 32 号	56043349	312	1039
共富一居	共富路 99 弄 18 号	33710942	1493	1537
共富二居	共富一村 889 号	33702273	1950	2219
共富三居	共富二村 300 号 312 室	33712553	1654	1665
共富四居	共富二村 300 号 314 室	33712305	2356	2316
共富五居	联谊路 501 弄 37 号 3 楼	33707316	1243	1369
共富六居	共富二路 120 号	33700387	1920	2164
共富七居	共富路 351 弄 84—1 号	33708342	2508	2716
新顾村大家园一居	顾北东路 501 弄 131 号 2 楼	33719229	1610	1719
新顾村大家园二居	顾北东路 500 弄 29 号甲	36041035	1488	1720
新顾村大家园三居	顾北东路 155 弄 183 号	33719031	2400	2718
丰水宝邸	教育路 512 号 201 室	56186702	3185	3950
成亿宝盛	水产西路 858 弄 35 号	36044296	1778	1679
盛宅一村	富联路 128 弄 18 号 1 楼	33854586	1220	1013
铂庭居委	沙浦路 518 弄 1 号	36313400	883	916
绿洲花园	沙浦路 128 弄 39 号	36631363	1422	1380
新天地荻泾一居	顾荻路 303 号	36314038	1056	1214
世纪长江	电台路 568 弄 17 号	36310132	1752	1387
上投佳苑	水产西路 729 弄 11 号 102 室	33855647	1192	965
旭辉依云湾	顾北路 666 弄 4 号楼 2 楼	36310549	1298	783

（续表）

名 称	地 址	电话	户籍人数	
			户数(户)	人数(人)
东方帕提欧	顾北路 739 号 204 室	33715220	1116	770
自然居(筹)	水产西路 999 弄 7—1 号 310 室	36381580	920	546
新天地荻泾二居(筹)	沙浦路 311 弄 302 号	56183932	1089	967
绿地宝里(筹)	富长路 1080 弄 252 号	56183907	391	3
宝顾佳苑	苏家浜路 435 弄 56—1 号	56808805	1006	1103
青秀苑一居	宝荻路 500 弄 58 号 101 室	56145109	1201	852
新顾村大家园四居	顾北东路 188 弄 42 号	56878205	1258	1032
上坤公园华庭(筹)	富联路 646 弄 17 号 2 楼	66787557	282	238
融创玉兰园(筹)	联谊路 649 弄 15 号 2 楼	56110961	1056	651
青秀苑二居(筹)	宝荻路 535 弄 1 号 2 楼	66020219	1062	463
金地云锦苑居委	苏家浜路 428 弄 3 号楼—8(3 楼)	66020109	1540	1067
胡庄佳苑(筹)	共富路 569 弄 8 号	56875823	560	641
罗青湾居委(筹)	顾北路 39 弄 13 号	66186651	802	753
润园居委(筹)	联谊路 619 弄 302 号	33705300	1424	208
信达泰禾雅苑居委(筹)	宝荻路 666 号		1499	
胡欣苑(筹)	康联路 58 弄		1220	14
菊泉居委	菊泉街 600 号 102 室	56020979	1164	1116
菊泉一居	菊泉街 39 弄 16 号 1 楼	66029085	1491	1490
菊泉二居	菊盛路 50 弄 10 号 1 楼	66025092	1604	1687
菊泉三居	陆翔路 358 弄 92 号 102 室	56029768	1423	1162
菊泉四居	陆翔路 698 弄 17 号 104 室	66029086	2045	1356
文宝苑	菊联路 157 号 5 楼	66028256	1948	1269
采菊苑	菊联路 68 弄 32 号 101 室	36315081	1637	1248
古北菊翔苑	菊联路 233 弄 68 号 102 室	36315283	2309	1473
好日子大家园一居	菊太路 777 弄 109 号 2 楼	56029736	1392	1922
好日子大家园二居	宝菊路 655 号 2 楼	66026002	2352	2628
好日子大家园三居	菊太路 1221 弄 82 号	36383029	1620	2052
好日子大家园四居	菊太路 1399 弄 19 号 1 楼	66028195	1824	1916
保利叶都一居	菊太路 1198 弄大会所 2 楼	56180265	2516	2082
保利叶都二居(筹)	联杨路 1078 弄 1062 号 4 楼	56040516	2406	1889
保利叶城一居(筹)	宝菊路 22 弄 1 号楼 1 楼	66781595	1290	985
保利叶城二居	宝菊路 133 弄 295 号 1 楼	66788750	1895	1708
宝翔苑(筹)	菊盛路 468 弄 8—1 号	66032386	797	501
中怡家园(筹)	菊泉街 547 弄 12 号 207 室	66038677	1340	974
宝沁苑(筹)	菊泉街 577 弄 16 号 2 楼	56590805	1576	2329
馨佳园一居(筹)	韶山路 419 弄 28 号 101 室	66027568	966	990
馨佳园二居(筹)	韶山路 418 弄 39 号 101 室	56181363	864	510
馨佳园三居(筹)	菊泉街 1596 弄 8 号西侧	56183668	1182	1149
馨佳园四居(筹)	菊泉街 2899 弄 8 号 401 室	33910056	516	654
馨佳园五居(筹)	菊泉街 1969 弄 5 号 201 室	56566061	517	302
馨佳园六居(筹)	菊泉街 1346 弄 30 号楼 102 室	56186690	1755	1438
馨佳园七居(筹)	潘广路 1765 弄 9 号 1 楼	36581769	618	462
馨佳园八居(筹)	丹霞山路 257 弄 45 号 1 楼	33703711	2044	2454
馨佳园九居	韶山路 348 弄 6 号—1	56185935	2277	956
馨佳园十居	韶山路 245 弄 20—2 号	36508355	1468	1135
馨佳园十一居(筹)	菊盛路 851 弄 30 号 2 楼	36511579	2199	1498
馨佳园十二居(筹)	菊泉街 1280 弄 19 号 105 室	36046298	1277	1044
馨佳园十三居(筹)	菊泉街 1281 弄 5 号 1 楼	56563629	593	272

（续表）

名　称	地　址	电话	户籍人数	
			户数(户)	人数(人)
菊祥苑居委(筹)	菊太路1609弄3号—42楼	66026116	1398	1310
菊华苑居委(筹)	菊太路1755弄8—32楼	66026851	978	807
菊晨苑居委(筹)	长白山路633弄24号2楼	66026358	1120	1140
中怡雅苑居委(筹)	菊泉街158弄10号201	66026768	596	178
馨清佳苑(筹)	菊泉街55弄13号	66026811	2346	1045
馨慈佳苑(筹)	广福村路318弄16号3楼		1875	
馨祥佳苑(筹)	尚北路488弄5号楼		782	6
馨雅佳苑(筹)	宝正路325弄1号		576	2
馨尚佳苑(筹)	广福村路325弄8号		1486	7
欣康苑(筹)	沪联路1627弄3号楼		1608	
宝晟苑(筹)	沪联路1487弄5号		798	
旭景苑(筹)	天仁路25弄13号		851	
广福苑(筹)	厚仁路58弄1号		720	4
宝义苑(筹)	福双路56弄4号		432	9

（黄云宏）

大场镇

【概况】 大场镇位于宝山区西南部，东与静安区彭浦镇及大场机场为邻，南与普陀区甘泉路街道、万里街道、桃浦镇交界，西与普陀区桃浦镇接壤，北濒蕰藻浜与顾村镇相望。总面积33.14平方千米。辖10个村委会、89个居委会（包括10个筹建居委会）。至年末，实有人口408847人，有户籍人口73404户，比上年增加4836户；户籍人口182907人，增加6224人；列入管理的外来流动人口151105人，比上年减少6926人，境外人口1608人。辖区内学校53所，其中镇管学校26所。镇党委下辖党组织总数525个，其中直属党组织28个（党委2个，党总支8个，党支部18个）、二级党组织171个（党委1个，党总支74个，党支部118个）、三级党组织326个，登记党员总数15003名。年内获国家创业孵化示范基地（复评）、市创业孵化示范基地、市垃圾分类志愿服务特色社区、市少先队幸福教育实验社区。镇政府地址：大华路1469号。

【经济建设】 2021年，大场镇完成地方财政收入8.02亿元，实现社会消费品零售额112.04亿元，比上年增长10.45%，全社会固定资产投资总额67.01亿元。坚持推动经济转型升级。依托南大智慧城和环上大科技园建设，加速发展移动互联网、人工智能、金融服务、生物医药等新兴产业，申能电力、博恩登特、芬创科技、青啤华东控股、上海永久等一批高质量企业集聚形成优势产业集群。商汤智能制造基地落地，云砺信息完成2亿美元C轮融资。全力推进科创产业发展壮大，云砺科技等新晋“独角兽”扎根，创新奇智等一批人工智能、新一代信息技术代表性企业入驻。完成环上大科技园“零号基地”“贰号基地”优化转型，大场动漫创业园通过国家级创业孵化示范基地复评，宝山科技园科技孵化器、闻广创业天地被评为年度上海市级科技企业孵化器，海尔海创汇上海跨境孵化 & 技术加速平台落地，天贺“膨胀力测试系统”等一批项目被认定为上海市高新技术成果转化项目，橙志环保、禹智天工等上大校友企业快速成长。全面梳理镇域内传统企业存量资源，优化载体空间布局和楼宇品质提升建设。重点推进真大路工投新场项目、1876环上大科技园06基地、尚熹科创产业园等项目建设，全镇13个纳入统计监测范围的商务载体总税收实现16.73亿元，总税收单位面积产出5303元/平方米。进一步提升商圈经济能级。加强智慧易购商业品牌，宝山日月光中心开业，首届“北中环家居生活节”举办，北中环商圈被列入宝山区消费新地标。大华虎城“智慧商圈”在融合线上线下零售新模式等方面有新探索，沃尔玛转型山姆都市会员店大场项目启动改造。

【城镇建设与管理】 2021年，大场镇南大地区综合整治居农民动迁进入收官阶段，年内新签约2户，南大一期范围内剩余11户责令交地程序启动，完成南大二期15户协议动迁转征收工作，累计签约1461户，总签约率超过98%。加快推进动迁安置房建设，8月完成D2（50—05）、D3（49—04）地块安置房基地验收，共计交付1865套、20.8万平方米动迁安置房，回搬居农民788户，基本完成06—04、09—04和10—04安置房基地内部建设。“城中村”改造进入收尾阶段。联东村“城中村”改造完成最后一幅经营性土地出让，全面进入开发建设阶段。场中村“城中村”改造在实现责令交地全覆盖基础上，完成2户司法强迁工作。市政公建配套项目中，朗香湖完成竣工验收，养老院、幼儿园、体育设施、高中项目开工。完成场南村“城中村”改造实施方案初稿的编制。完成4万平方米红光湖建设。配合市重大工程项目建设，完成轨交15号线镇域内3个站点周边及祁连山路沿线环境整治工作，确保15号线和陆翔路—祁连山路贯通工程通车。聚焦水、气等污染防治攻坚领域，落实扬尘污染防控“片长制”，持续开展一般污染源环保巡查工作，开展涉危废企业专项整治和汽修行业专项治理，完成2家餐饮企业油烟在线监控安装，扬尘指标始终控制在区下达指标之内。制定河道长效养护管理和考核奖励制度，完成镇域内河道“一河（湖）一档"基础信息填报录入工作,完成长浜示范性河道综合整治工程,获评上海市"最美河道"称号,葑村第一生产河获评"最佳河道整治奖",镇域河道水质平均值全面达标。全镇110个住宅小区雨污混接改造通过市、区两级复核验收,完成南陈路上大路0.46公顷绿化提标改造工程,启动祁连经适房小区周边1.197公顷环境综合整治。新增各类绿地11.7公顷,全镇人均绿地面积达到21.1平方米,绿化覆盖率31.2%。

【社会治理】 2021年,大场镇着力建设城市公共安全管理体系。探索数字化赋能基层治理。深化"一网统管"建设,智能感知设备深度覆盖,实现全镇154个小区人脸识别、Wi-Fi嗅探、车辆智能识别系统等"微卡口"全覆盖并联网。"三合一"场所(居住与生产、销售的场所相通连的家庭作坊式场所)红外感应、城管千寻智能模块、垃圾分类智能感知等在实际运用中逐步落实闭环处置。完善城市运行联勤联动工作机制,细化"12345"市民热线工作流程,问题处置能力和群众诉求解决率进一步提升。结合环上大科技园周边环境提标、新一轮"创全"等重点工作,以优化街区景观布局、提升小区环境等为核心,完成23个小区环境提升改造,启动环上大周边祁连山路等9条"美丽街区"及23个"美丽家园"创建。全年启动加装电梯意愿征询300台,新增75台,完工27台。完成学林苑、慧华苑、聚丰景都社区服务综合体硬件设施建设。推进社区建设共治共享,启动100个"活力楼组"提标,新建142个活力楼组,争创宝山区"星级楼组"。启动新一轮"居民打钩"意见征询,推进社区公共空间"大客厅"后期功能打造。"'小先生'融入社会'大课堂',探索社区柔性治理新路径"案例获得第四届中国(上海)社会治理创新实践"十佳案例"。社区"智慧消防"改造工程完成九期建设,覆盖率达到85%,电动自行车智能充电桩项目完成八期建设,覆盖全镇50%的小区。全镇110报警类案件比上年下降4.2%,刑案总量下降2.7%,全镇6%的小区实现零发案。

【社会事业】 2021年,大场镇依托真大路、上大路2个就业指导服务中心,推动高校毕业生、长期失业青年、退役军人等重点群体实现市场化就业,有针对性开展个性化就业服务指导,举办28场线上线下招聘会,推出就业岗位2362个,推荐2338人次参加应聘,达成就业意向546人,确保城镇登记失业人数始终控制在区下达指标之内。发挥社会救助"兜底"作用,加大医疗救助和急难救助,加强救助资金监管,全年发放各类救助金6563.6万元,惠及约7.9万人次。推进养老实事项目,完成1家综合为老服务分中心、2家日间照料中心以及2家助餐点等养老机构建设。开展义务教育阶段学校招生工作,完成小学入学登记2761人,其中外省市986人,幼儿园入园登记2754人,其中外省市825人,符合条件的孩子100%入学入园。深化行知、上大等教育集团发展模式,推进"一校一品"特色办学,上大附属南大实验学校启动招生,上师大附中宝山分校落地南大地区。加强公共卫生服务水平,仁济医院宝山分院成功创建二级甲等综合性医院,二期改扩建工程启动。常态化落实疫情防控,完成各阶段新冠疫苗接种任务,推动免疫加强针接种,在全区首创"抗疫小卫士"制度。开展"三救三献"(应急救援、人道救助、应急救护,献血、造血干细胞捐献、人体器官捐献),全年完成153例造血干细胞捐献志愿者入库,登记遗体捐献43人,实现遗体捐献9例。以建党百年为主题,举办红色书画摄影展、红色经典诵读征集、红色系列宣讲、"红色的起点"主题讲座等系列活动。深入挖掘"行知"文化内涵,提高"行知读书会"知名度和美誉度。办好"潜溪风情"文化艺术节,"潜溪之约美育课堂"申报上海市公共文化创新项目。传承行知教育理念,打造"行知文化街",新版《爱满天下》微电影被多家省级媒体广泛报道。大力推进体育基础设施建设,开发建设葑村体育健身中心、红光村体育运动中心等多个精品体育项目,新增体育场地面积约3.6万平方米,完成镇属健身苑点换新全覆盖工作。

【党建工作】 2021年,大场镇党委以庆祝建党百年为契机,组织开展党史学习教育,推进"六个一百"("歌唱百年""百年光影我来讲""百年峥嵘·'党史'"直播间、"百年生辰有话说:我想要入党""百颗红星创先锋""百名党员·我自愿为共产主义事业奋斗")系列主题活动,其中"百年光影我来讲"被"学习强国"平台转载。在全区首创"微光"沉浸式情景党课,1.4万人次党员群众接受教育。深化"我为群众办实事"实践活动,办好468个实事项目。推进"科创在场"特色党群服务站建设,重点打造城市绿洲三居"数智"党群服务站,将红色服务送到科技园区、商务楼宇。常态化开展"爱满大场"党群服务活动,全年累计服务36场次、3177余人次。成功承办由市委组织部主办的第九期"新时代好班长——居村党组织书记论坛"活动。有效整合区域化党建资源,深化与上海大学外国语学院党建联建。开展农村发展党员违规违纪问题排查整顿,完成镇域内外860本党员档案自查,做到一人一表。完成镇党代会代表、镇人大代表以及区党代表和人大代表选举工作,完成84个居村党组织、87个居村委会换届选举。完成机构改革任务,对镇机关8个内设机构部门和全镇10家事业单位权责进行清晰定位。做好新形势下宣传统战工作,推出"大场发布"微信公众号,建立镇重大突发事件媒体接待、舆情应对和舆论引导工作机制。接受市民宗局民族宗教工作调研,完成市第四次基本侨情调查。以大华二小为试点,创新开展民族团结进步"进校园"工作,协调推进基督教大场堂、天主教北姚湾堂重建。夯实党管武装工作基石,全面推进武装部规范化建设,代表宝山区接受警备区规范化建设检查组的工作检查。加强群团工作,大力弘扬劳模精神、劳动精神、工匠精神,选树上海市五一劳动奖章1名、宝山工匠1名。将少先队工作纳入党建引领创新社会治理中,完善镇社区少工委会议机制,大华二村铂金华府居民区获评市少先队幸福教育实验社区,1人获评市五四奖章。

【大场镇大型音乐情景党课】 6月22日,大场镇举行"百年风华忆初心 扬帆起航新征程"音乐情景党课暨"微光"沉浸式情景党课发布仪式。音乐情景党课分"开天辟地向光明""初心使命共奋进""人民城市谋新篇"3个篇章,通过诗朗诵、红色歌曲演唱、情景剧、歌舞表演等形式,串联起百年峥嵘岁月中,共产党人开天辟地为人民指明道路、不忘初心为人民谋取幸福、以人民为中心践行"人民城市人民建,人民城市为人民"理念的奋斗历程。现场还举行"光荣在党50年"纪念章颁发仪式,向6位党龄50周年及以上的党员代表颁发纪念章。

【行知读书会线下活动举办】 2021年,受新冠肺炎疫情影响,举办行知读书会线下活动16场,共推出"文博淘宝季""红色的起点""光影缤纷季"3个主题系

12月18日,宝山日月光商场举行"日月同辉 宝光绽放"开业庆典 大场镇/提供

列。其间,文史学者、上海师范大学教授虞云国,复旦大学科技考古研究院文物与博物馆学系教授、博士生导师秦小丽,艺术史博士,上海博物馆书画研究部副研究馆员颜晓军,上海市非物质文化遗产连环画项目传承人罗希贤,中国作家协会会员、"红色起点"系列丛书作者王萌萌、吴越等诸多文化名家受邀与读者进行分享。

【宝山日月光商场开业】 12月18日,宝山日月光商场举行"日月同辉 宝光绽放"开业庆典。宝山日月光位于沪太路汶水路综合交通枢纽核心位置,与轨道交通7号线大场镇站无缝对接,是目前"日月光中心"在上海体量最大的纯商业综合体,总建筑面积17.5万平方米,致力于打造以运动娱乐新体验为主、特色餐饮为辅的大型社交购物中心。该中心于2013年6月6日开工建设。

2021年大场镇学校

名称	班级(个)	学生(人)	教职工(人)	地址	电话
大华中学	16	579	73	华灵路1391号	66340707
上海大学附属学校	43	1856	185	丰宝路135号	56133360
世外大华实验学校	25	898	81	环镇南路325号	66059827
行知小学	23	883	97	行知路389弄1号	66398995
大华小学	22	793	87	华灵路623号	66374427
大华二小	19	635	58	大华路863号	66353300
大场中心小学	21	699	83	南大路16弄6号	56504326
上海大学附属小学	24	1027	102	上大路1265号	66740024
祁连中心校	20	763	88	祁连二村118号	56132216
嘉华小学	15	493	42	大华一路151号	56354696
世外中环实验小学	19	725	56	华和路255弄12号	36520103
行知实验幼儿园	19	494	75	真金路1039弄41号	66377102
真华幼儿园	9	263	42	真华路1398号	66401398
山海幼儿园	12	343	56	大华路1380弄46号	66350171
大华第一幼儿园	9	254	44	大华路99号	56358451
乾溪第二幼儿园	9	281	45	环镇北路400弄19号	66500292
联建幼儿园	6	188	34	南大路138弄5号	66507454
祁连中心幼儿园	14	395	70	锦秋路1282号	66161339
经纬幼儿园	13	450	65	纬地路88弄105号	61073018
小精灵幼儿园	10	293	45	瑞丰路88号	66121070
青苹果幼儿园	30	863	131	真大路333弄36号	65088980
慧华幼儿园	9	301	44	南陈路280号	66680288
学府涵青幼儿园	13	395	60	涵青路398弄80号	61489381
锦秋幼儿园	10	317	52	锦秋路699弄112号	56698196
上大附实验幼儿园	15	456	72	祁华路300号	56162600
小天使幼儿园	12	390	56	瑞丰路350号	56160966

2021 年大场镇村(居)委会

名　称	地　址	电话	户籍人数	
			户数(户)	人数(人)
东方红村	环镇南路 858 弄 9 号楼 11 楼	66364169	1034	3050
场南村	龙珠苑 200 号	56686533	578	2270
场中村	沪太路 2009 号 5 楼	56681694	591	1763
联东村	沪太路 2751 号	56687640	483	1369
联西村	上大路 678 号 406 室	66162968	630	1722
南大村	南大路 458 号	62501616	1287	4137
红光村	沪太路 3651 弄 188 号	66509260	803	2173
丰明村	祁连山路 1989 号	56138226	325	855
丰收村	锦秋路 1688 号 12 楼	66740106	417	1140
葑村村	丰宝路 388 号	56132446	614	1708
大华一村一居	沪太路 1500 弄 28 号甲	66340053	1266	3828
大华一村二居	华灵路 591 弄 16 号甲	66349313	826	1263
大华一村三居	华灵路 510 弄 16 号甲	66347665	1970	2752
大华一村四居	华灵路 860 号 2 楼	66347747	1488	2199
大华一村五居	华灵路 82 弄 68 号 101 室	66354873	1207	1378
大华一村六居	新沪路 198 弄 12 号 2 楼	66402002	1453	1344
大华一村七居	华灵路 1351 弄 51 号 101 室	66357993	1151	1358
新华居委	华灵路 1225 弄 418 号	66408832	1151	3283
大华二村一居	大华路 455 弄 38 号旁	66343468	2118	3425
大华二村二居	新沪路 555 号	66340524	1202	1850
大华二村四居	大华路 781 弄 6 号 101 室	66352075	1762	2539
大华二村五居	新沪路 1060 弄 1 号 101 室	66349504	1774	2257
大华二村六居	新沪路 1059 弄 3 号 102 室	66397860	995	1270
大华二村七居	华灵路 1180 弄 45 号 101 室	66371907	1864	4273
大华二村八居	新沪路 1099 弄 1 号 101 室	66375525	1720	3400
嘉华苑	新村路 789 弄 46 号 202 室	56352371	1278	1459
滨江雅苑	大华路 988 弄 121 号 201 室	66342583	1570	1745
铂金华府	真华路 1030 弄 46 号 1 楼	66345512	1598	1431
大华三村一居	沪太路 1771 弄 40 号 102 室	56515057	816	983
大华三村二居	大华路 1372 号 2 楼	66362252	1051	1281
大华三村三居	大华路 1195 号 2 楼	66342950	1026	1602
大华三村四居	大华路 1380 弄 33 号	66353237	1050	1393
大华三村五居	大华路 1376 号 2 楼	66362262	1579	2550
大华三村六居	行知路 572 弄 82 号	66342232	1128	1490
大华三村七居	行知路 635 弄 1 号	66349133	640	1043
大华四村一居	华灵路 1885 弄 25 号 102 室	66374971	1391	2270
大华四村二居	华灵路 1895 弄 42 号 201 室	66391343	1973	3291
大华四村三居	真金路 1250 弄 31 号 102 室	66368593	1170	1768
大华四村四居	行知路 638 弄 18 号 101 室	66360870	1519	2297
大华四村五居	华灵路 1781 弄 72 号 102 室	66379567	2503	4215
大华四村六居	华灵路 1788 弄 37 号 101 室	66408122	1267	1277
大华四村七居	真华路 999 弄 5 号 102 室	66359808	1875	1707
大华五村一居	真华路 1958 弄 2 号 2 楼	56502823	1434	1363
大华五村二居	真华路 1801 弄 54 号 102 室	66509556	1798	1523
大华五村三居	真北路 4333 弄 56 号 2 楼	36324106	2969	2285
大华五村四居	真大路 333 弄 27 号 3 楼	66519833	2008	1121
大华五村五居	真大路 406 号 2 楼	56056810	2097	1666
* 大华五村六居	真朋路 69 号物业公司 2 楼	56422232	1503	1103
乾溪一居	乾溪路 150 弄 13 号	56689940	1992	2850

（续表）

名　称	地　址	电话	户籍人数	
			户数(户)	人数(人)
乾溪二居	乾溪路 250 弄 26 号	56688962	1596	2384
乾溪四居	环镇北路 500 弄 38 号	56504285	2223	3121
乾溪五居	环镇北路 600 弄 61 号	56501955	1564	2233
乾溪六居	环镇北路 417 弄 34 号	56501856	1645	2066
乾溪七居	环镇北路 699 弄 117 号	56514825	1738	1545
乾溪八居	上大路 128 弄 12 号 2 楼	56510654	1336	2959
乾宁苑	上大路 178 弄 32 号 2 楼	56684513	1164	931
慧华苑	南陈路 278 弄 92 号	36382470	2147	1003
* 乾皓苑	丰皓路 138 弄 24 号 2 楼	56505961	925	
东街居委	场中路 3658 弄 28 号 2 楼	56500024	1106	1869
西街居委	南大路 18 弄 5 号底楼	56680804	1679	1988
联建居委	南大路 126 弄 8 号 101 室	56681071	1754	3661
联合居委	南大路 158 弄 29 号 2 楼	56681037	1530	2425
联乾居委	南大路 190 弄 6 号	56507238	1269	1505
南秀雅苑	鄂尔多斯路 98 弄 30 号 5 楼	66272015	1252	
祁连一村一居	祁连山路 2500 弄 5 号	56132335	1224	1953
祁连一村二居	聚丰园路 388 弄 75 号 101 室	56131477	1439	2035
祁连一村三居	聚丰园路 500 弄 63 号 2 楼	66165122	1088	1197
祁连二村一居	祁连山路 2828 弄 20 号 1 楼	56133253	1336	1920
祁连二村二居	锦秋路 1456 弄 33 号 2 楼	56132634	1658	2028
祁连二村三居	聚丰园路 669 弄 63 号 2 楼	66127022	677	495
聚丰景都	聚丰园路 628 弄 165 号 2 楼	66167466	2744	1043
祁连三村一居	上大路 1329 弄 170 号	56133734	1506	2005
祁连三村二居	聚丰园路 188 弄 49 号 203 室	66122772	1128	1440
祁连三村三居	上大路 1288 弄 102 号 102 室	66122212	1533	1854
聚丰福邸	环镇北路 1366 弄 34 号 1 楼	56143205	1028	635
丰宝苑	锦秋路 1588 弄 48—2	56878918	1882	145
* 丰皓苑	丰皓路 672 号 5 楼	56451816	1384	529
* 文景华庭	丰皓路 633 弄 67 号		1213	422
* 保利熙悦	走马塘路 1228 弄 34 号 3 楼		1546	1054
祁连四村	祁连山路 2777 弄 20 号 101 室	66122598	1126	1876
当代高邸	聚丰园路 105 弄 15 号 2 楼	56138546	1512	1823
锦秋一居	锦秋路 695 弄 68 号	66128278	2186	2501
锦秋二居	锦秋路 699 弄八区 226 号	66128850	3337	3058
城市绿洲一居	纬地路 88 弄 71 号 201 室	61073310	1887	2508
城市绿洲二居	涵青路 398 弄 362 号 2 楼	61077798	2368	2919
城市绿洲三居	纬地路 358 弄 23 号 101 室	36393213	2170	2731
* 学士逸居	纬地路 99 弄 61 号—5(2 楼)	56511006	862	710
* 学府阳光	涵青路 100 弄 18 号—4	56779122	1841	989
和泰苑	沪太路 4099 弄 31 号 2 楼	61472966	1895	1708
葑润华庭	华秋路 186 号	66123098	1552	1119
* 天缘华城	华秋路 58 弄 65 号	36216606	1355	922
宝祁雅苑一居	锦秋路 1601 弄 16 号 1 楼	36383057	1989	1238
宝祁雅苑二居	祁华路 655 弄 25 号 2 楼	36508735	2139	741
汇枫景苑	祁华路 300 弄 4 号	56127939	2344	2226
保利叶之林	华秋路 349 弄 14 号 2 楼	56878033	1570	1978
* 凯旋佳苑	塘祁路 517 弄 1 号 1 楼	56609612	1075	793
* 祁秀(汇秀)佳苑	鄂尔多斯路 67 弄 11 号 4 楼	66615236	2053	
丰翔新城	城银路 655 弄 7 号 101 室	36307691	971	826
金地艺境城	市台路 515 弄 16 号	56042155	1505	1161

注：带“ * ”号的为筹建居委会；丰翔新城与金地艺境城居委会由宝山城市工业园区划转至大场镇管辖。

（许华明）

庙行镇

【概况】 庙行镇位于宝山区南部，东以共和新路为界与张庙街道和高境镇毗邻，南以共康路高压线走廊为界与静安区彭浦新村街道接壤，西以西弥浦河为界与大场镇相望，北隔蕰藻浜与顾村镇、杨行镇相望。镇域面积5.96平方千米。辖有野桥、场北、康家3个村委会，20个居委会，2个筹建居委会。至2021年末，有户籍18631户、46136人，分别比上年增加655户、1758人，列入管理的来沪人员34699人，比上年减少3398人。人口出生率4.69‰。辖区内有法人单位1699个，园校11所，建有公共运动场所4个，居民健身苑点42个。镇党委下辖3个分党委、27个直属党总支、40个直属党支部，党员人数4282人。年内，成功创建充分就业社区达标街镇、第五批上海市星级充分就业社区，镇社区卫生服务中心被评为2019—2020年度上海市卫生健康系统文明单位，镇社区卫生服务中心智慧健康驿站获2021年度上海市“十佳智慧健康驿站”(提名)，上海骏利(集团)有限公司被评为2019—2020年上海市文明单位，上海悦亿网络信息技术有限公司上海宝山运营中心获评2021年上海市工人先锋号，镇阳光之家被评为上海市四星“阳光之家”，馨康苑妇女之家被评为上海市妇女之家示范点。李磊被评为“筑牢网底　守沪有你”上海市基层卫生抗疫感动个人，姚凌宇被评为“2021中国年度经济人物”“优秀民营企业家”，徐国珍被评为市“十佳百优”自强队员，金叶青被评为上海市优秀党务工作者，周金华被评为2021年上海社区教育优秀志愿者，孙静家庭被评为2021年度“海上最美家庭”。镇政府地址：长江西路2699号。

【经济建设】 2021年，庙行镇完成区级地方财政收入4.23亿元，比上年增长4.26%；实现社会消费品零售额73.4亿元，比上年下降0.6%。固定资产投资26.51亿元，下降37.1%。推进重大项目建设，骏利财智中心、庙行市政养护中心项目实现竣工验收，上海智力产业园四期、庙行市容管控中心等项目按计划有序推进。推进野桥北杨宅地块动迁，同步启动土地征收。抢抓地铁18号线二期建设机遇，推动周边园区转型升级和能级提升，加强与区建管中心、申通公司、纺发集团等单位沟通协调，加快涉及庙行的“三站一场”(爱辉路站、呼兰路站、大康路站、停车场)地块动迁、控规调整和资产评估工作。聚焦科创领域，核心园区上海智力产业园获评宝山区在线新经济示范基地。招大引强效应凸显，对接中信正业、正和岛等招商服务企业以及双创、贝琛等产业基金，利用第三方平台，推动以商招商。与智慧互通(爱泊车)、上海中备智能、上海端御、中国电子系统、星河亮点技术等科创公司沟通洽谈、跟踪对接。与京东、崇瀚生物、汇泰集团、愉阅企业管理等企业密切对接，引进产业链上下游高质量企业落地。

【城乡建设和管理】 2021年，庙行镇康家“城中村”动迁安置房一期完成交付，二期、三期即将竣工，商品房一至三期全部售罄，公建和市政配套项目建设有序推进。厚植城市软实力基础，与同济城规院合作，共同推进城市更新，与上大美院合作，以城市空间艺术季为契机，通过设计建造滨水驿站、开设主题雕塑展、打造“庙绘滨江”艺术墙等方式，提升蕰藻浜沿线历史文化底蕴。环境质量持续改善，迎接市生态环境保护督察“回头看”，对查找出的问题坚决落实整改。继续严格落实“河长制”各项管理制度，进一步健全完善河道长效管理分级责任制，做好河道巡查、保洁和长效管理。加强扬尘污染防控，镇域空气质量优良率保持良好趋势。严格对标中心城区标准，深入推进“创全”“创卫”，做好创全迎检工作。

【就业和社会保障】 2021年，庙行镇持续提升就业保障水平，帮助失业青年和就业困难人员实现创业就业。举办春风行动送岗位线上招聘会4场，线下招聘会1场，参加企业数41家，岗位数共665个。公共招聘网上发布岗位2204个，企业数90家。举办“乐创庙行”创业服务，开展线下投融资活动7场，线上云直播6场。创业帮扶引领115家。开展五色花职业指导活动7场，指导24人找到工作。帮助长期失业青年成功就业28人。新增4家老年助餐服务点，实现社区养老顾问镇域范围内全覆盖。推进居家养老，全镇410名老人享受居家养老服务。推动“和谐劳动关系”建设促进和谐劳动关系建设，评选和谐企业41家。加大社会救助和帮困力度，覆盖1.78余万人次。

【社会事业】 2021年，庙行镇持续推进教育品牌建设，投入1600万元用于园校基建和设备添置，陈伯吹教育集团打通校园特色建设通道，实现教育资源融通共享。持续提升文体服务质量，组织参加庆祝建党百年主题活动，面向市民策划开展陈伯吹少儿品读会、“庙行·印记”社区红色故事汇等活动，开展“魅力庙行”文化节，排摸可利用体育场地面积，为建设体育设施奠定基础。

【社会治理和平安建设】 2021年，庙行镇推进社区治理，初步形成“庙巷聚”公共空间、“庙厢居”社区共享客厅和“庙栋力”活力楼组三级社区治理体系，着力打造社区服务综合体品牌。推动既有住宅电梯加装工作，启动35台，完工16台。深化“一网统管”建设，完成镇城运

10月24日，“美丽庙行 科创美好”2021年“魅力庙行”文化节在蕰藻浜(庙行段)亲水平台举行

庙行镇/提供

中心新址建设，完善“一网统管”系统平台和智慧环保应用场景，全年共受理网格案件37792起，结案率100.0%，及时率100.0%；“12345”热线工单2828件，实际解决率和市民满意率分别为64.7%和63.8%。严厉打击危害疫情防控和“黄赌毒”“黑拐骗”等违法犯罪行为，全镇110报警类、盗窃类、诈骗类、赌博类、毒品类接报数分别比上年下降0.3%、6.5%、17.1%、17.6%、25%。开展普法宣传和人民调解，全年信访总量下降6.4%。开展安全生产隐患大检查专项行动，实施安全生产专项整治三年行动，全年共排查隐患1671起，并及时落实整改，全镇安全形势总体平稳可控。推动免疫屏障构建，常态化开展疫情防控，有效运用大数据开展人员排摸，引导庙行市民新冠疫苗应接尽接、愿接尽接。

【盒马鲜生入驻】 1月30日，盒马鲜生入驻吾品田风尚天地店正式对外营业，标志着吾品田风尚天地的新零售业再添生力军。吾品田风尚天地位于共和新路5000弄，集商场集休闲餐饮、品牌零售、儿童娱乐等多种主题于一体。

【蕰藻浜庙行段滨水步道正式贯通】 6月25日，蕰藻浜庙行段南岸沿线1.44千米正式建成贯通，并向社会公众24小时开放。蕰藻浜沿线环境整治及绿化景观提升工程于2020年上半年启动。贯通的蕰藻浜庙行段南岸沿线，用地面积约为2.73公顷，全长约1440米，宽度10~33米不等，涉及纺发智园公司、智力公园、龙盛活力小镇、栋霖科技园、野桥村等多个贯通点。该次功能提升改造，按照“民生+发展”理念，以公共空间提升、绿地建设和区域功能更新为实施路径，拆除园区“围墙”，还水于民、还绿于民、还岸于民，打造科创企业和科创人群工作与生活互融的“15分钟社区生活圈”。

【民建上海市委企业委员会会员之家、民建宝山区委会员之家揭牌】 8月5日，民建上海市委企业委员会会员之家、民建宝山区委会员之家在庙行镇智力产业园内揭牌成立。其间，民建企业发展促进中心与宝山区庙行镇人民政府、民建会员单位上海悌驰科技与庙行商贸公司共同签署战略合作协议，双方将在经贸、科技、文化等多个领域深入开展合作。

【2021年上海城市业余联赛第二届旱地冰雪挑战赛暨“战FUN宝山”“庙行杯”旱地冰壶赛举办】 10月24日，2021年上海城市业余联赛第二届旱地冰雪挑战赛暨“战FUN宝山”“庙行杯”旱地冰壶赛在庙行镇社区文化活动中心举办。庙行镇通过小而精致的创新办赛推进“全民参与、全民健身、全民健康”深度融合，比赛吸引各个街道近百余人参赛。

2021年庙行镇学校

名称	班级(个)	学生(人)	教职工(人)	地址	电话
泗塘二中	18	519	73	爱辉路198号	56745969
庙行实验学校	34	1231	104	场北路803号	56770866
宝山区第二中心小学(南校区)	17	665	126	长临路1000号	56410907
宝山区第二中心小学(北校区)	26	988		南蕰藻路259号	56531510
虎林路第三小学	15	563	50	虎林路泗塘八村1号	36090441
陈伯吹实验小学	15	491	47	通河八村113号	66223868
小鸽子幼稚园(共康部)	9	256	78	共康五村96号	56885156
小鸽子幼稚园(雅苑部)	9	271		大康路831号	56404132
陈伯吹幼儿园(怡景部)	16	398	125	长临路1236号	36360795
陈伯吹幼儿园(和欣部)	15	398		长临路1465号	33874728
康苑幼儿园	10	269	46	共康公寓81号	56409988
泗塘五村幼儿园	13	363	54	场北路727号	66281608
庙行实验幼儿园	7	211	31	泗塘五村129号	56753383

2021年庙行镇村(居)委会

名　称	地　址	电话	户籍人数	
			户数(户)	人数(人)
康家村	共康路999号	56407708	658	2001
野桥村	长临路913号	56403689	155	754
场北村	场北路558号	66380011	665	2220
共康二村	共康路400弄23号乙	56412069	688	975
共康五村	共康路421号共康五村235号2楼	56420524 56419875	3060	5423
六村一居	三泉路1338弄共康六村10-1临号2楼	56416288	1056	1711

（续表）

名　称	地　址	电话	户籍人数	
			户数（户）	人数（人）
六村二居	三泉路 1600 弄共康六村 110 号 2 楼	56418100	1200	1814
共康七村	长江西路 2322 号共康七村 163 号 2 楼	56428936	1650	2659
共康八村	长临路 880 弄 53 号 2 楼	56413132	2076	3470
共康公寓	三泉路 1495 弄共康公寓 53 号 101 号	56409311	1363	1409
屹立家园	长临路 1118 弄屹立家园 50 号 2 楼	56407727	1020	2652
馨康苑	共康路 169 弄 25 号 -2 临 2 楼	56471538	882	912
共和家园	三泉路 1858 弄共和家园 2 号	33873012	1883	2027
九英里	长临路 1318 弄 30 号 101 - 102 室	33873028	1302	2577
和欣国际	场北路 39 弄 3 号	33873006	2203	2221
新梅绿岛苑	场北路 399 弄 2 号 2 楼	33873454	1064	1980
怡景园	三泉路 1859 弄 31 号 2 楼	36353005	2990	2576
共康雅苑一居	花园宅路 52 弄 24 号 2 楼	36060544	1518	1921
中环国际公寓	场北路 547 号 2 楼	36337681	752	593
共康雅苑二居	大康路 891 弄 102 号 2 楼	65875669	3090	2240
场北居委会	场北路 740 弄 13 号 4 楼（恒达家园外）	56473362	1848	2967
中环三居	大康路 1079 弄 1—3 号 2 楼	56328357	1023	706
丽都雅苑	长江西路 2230 弄 10 号	56415220	846	623
中环二居	场北路 669 弄 2 号 2—3 楼	56481608	1086	549

（钱冠宇　王倩文）

淞南镇

【概况】 淞南镇位于宝山区东南部，东与杨浦区接壤，西至泗塘河，南到一二八纪念路，北至蕰藻浜。地铁 3 号线、逸仙路高架、长江路隧道、规划建设中的 18 号线、19 号线，军工路—长江路快速路穿镇而过。全镇区域面积 13.65 平方千米，其中近 70% 面积为宝钢不锈钢、吴淞煤气厂等大型市属、部属企业。全镇现辖 24 个居委会和 1 个筹建居委会。至 2021 年末，户籍户数 29134 户、68993 人，分别比上年增加 204 户、576 人；实有人口 137154 人，列入管理的来沪人员 44375 人，比上年减少 4435 人，人口密度 10048 人/平方千米。户籍人口出生 245 人，流动人口出生 256 人。镇党委下辖 3 个党委、26 个总支、166 个支部，党员 5279 名。辖区内有法人企业 11172 家（工商登记）、学校 18 所（镇管 9 所），建有公共运动场所 2 个、健身苑点 52 个、健身器材 529 件。年内，淞南镇获 2019 年—2021 年国家卫生镇荣誉称号，获 2020 年上海市平安社区荣誉称号。经中央精神文明建设指导委员会复查，继续保留全国文明村镇荣誉称号。镇政府地址：淞南路 500 号。

【经济发展】 2021 年，淞南镇完成区级地方财政收入 4.53 亿元，比上年增长 11.89%。社会消费品零售总额 102.44 亿元，全社会固定资产投资 20.48 亿元。全年新增注册企业 1300 户，上升 2.12%，新增注册资金 67.10 亿元，新增注册资金 5000 万元以上企业 33 户，注册资金 33.70 亿元。制定实施《租税联动实施办法》《骨干人才激励办法》《招商平台管理意见》《淞南镇建设科创中心主阵地主战场十条政策》等扶持、扶助类政策，开展“走进淞南”招商品牌、“易贷通”服务品牌活动和“淞南企业沙龙”品牌主题座谈会。载体空间扩展至 60 万平方米以上，全镇 7 个重点招商载体整体入驻率达 80.9%。第三产业占全镇财政收入的总量占比达 88%，实现以现代服务业为主的产业结构。

【城市建设与管理】 2021 年，淞南镇完成军工路快速路等市级重大工程前期腾地，18 号线一期北段开通，轨交 18 号线二期腾地谈判工作启动。完成长江南路道路停车设施建设以及长逸路、淞肇路 2 处交通信号灯安装。完成淞良路大修工程完工和路面“白改黑”及人行道新铺建设，新增 3 处卸货点位。完成万临家园、淞南三村等小区门口道路禁停标线施划。推进货运堆场综合整治，8 家货运堆场中关停并清场 6 家。完善镇雨雪冰冻应急预案及处置机制，形成防汛防台、防灾减灾、防寒防潮等“三防一体”互联机制。绿化覆盖率达 21.86%。镇域 9 条河道全面消劣及断面达标。强化“六乱六摊”（六乱：乱设摊、乱搭建、乱晾晒、乱张贴、乱涂写、乱堆放；六摊：早点摊、修配摊、水果摊、小百货摊、夜排档烧烤摊、书报摊）执法力度，加强街面管理，消除规模性乱设摊、夜排档、跨门营业等现象。建立“巡查发现、派单处理、监督反馈”流程闭环管理机制，全年共受理网格案件 63911 件，结案率 100%，整体及时率 100%。

【就业与社会保障】 2021 年，淞南镇帮助长期失业青年就业创业 63 人，就业困难人员、零就业家庭按时安置率达 100%。失业人员控制数 1310 人，组织招聘会 12 场，发布岗位 1520 个，推荐就业 456 人，帮助创业 62 家。劳动争议调解协商受理案件 251 件，成功调解 175 件。推进“一网通办”工作，接入服务事项 199 项。加强民生保障。长护险审核、公示单及评估报告发放 1834 人次，受理长护险 2222 人次。“老伙伴计划”结对 1149 名老人，“银龄 e 生活”服务覆盖 7164 户，“银龄居家宝”项目服务对象 104 人。开展居家照护服务，结对关爱老人 2340 户、3908 人，其中独居老人 786 人，居家照护累计服务 30760 小时，为 150 名老人提供助餐服务，累计送餐 37485 客。现役军人子女入学等双拥优抚安置系列工作稳步推进。

【社会事业】 2021 年，淞南镇把好教育“质量关”，长江二中中考达线率 89.22%，创历史新高。开办爱心暑托班 2 期，为 180 名小学生提供“教育”与“托管”相结合的公益性暑期服务。依托“陈静工作室”，为镇域幼儿家庭提供差异化指导服务。落实常态化疫情防控工作制度，组建人员排摸、疫情防控、环境保障、维稳保障、集中隔离、宣传报道、值守备勤、综合保障、检查督导 9 个专项工作组。开展全镇域扫楼扫街宣传发动，推进疫苗接种工作，全年累计完成 219363 剂次新冠疫苗接种任务。打好疫情防控阻击战，3 个集中隔离点累计投入医务人员 1110 人次，集中医学观察点累计实施各类特定人员集中隔离医学观察 5923 人。提质提效卫生服务，启动华滋奔腾智慧健康小屋，打造职业人群健康知识传播平台、家庭医生签约工作平台、诊疗服务对接平台和智慧医疗应用平台“四大平台”。淞南镇党群服务中心智慧健康小屋竣工，为辖区居民提供智慧健康监测渠道。加强民生保障，为 1863 名退休和生活困难妇女免费安排妇科病、乳腺病筛查。开展食品安全、公共卫生监管工作，全年未发生群体性食品安全事件或公共卫生事件。

【社会治理】 2021 年，淞南镇改造更新 4 个社区老年活动室，推进 5 家居委实现“一门式”开放办公。完成万临家园“淞益中心”建设，零距离服务党员群众。完善“1 + 3 + N”网格化系统，加快融入综合治理和市场监管内容，探索开发更多特色应用场景。全年受理“12345”热线工单 3928 件，比上年增加 91 件，结案率 99.4%。开展“美丽家园”示范小区创建，推进老旧电梯更新改造和既有多层住宅加装电梯工作，既有多层住宅加装电梯新增 30 台、完工 7 台。推进住宅小区综合治理，完成淞南三村、淞南八村、淞南十村 3 个老旧小区消防设施改造。

【文化发展】 2021 年，淞南镇举办“绿色畅行 · 美好淞南”主题五五购物节、新能源汽车节，打造深度体验和一站式服务。举办“追寻英烈足迹　传承红色文化”第五届“518 旅游摄影周”系列活动，挖掘淞南历史文化、人文资源和转型发展符号，打造淞南红色文化品牌。《寻找徐克强》人文纪录片开机，利用淞南红色资源，发扬红色传统，传承红色基因，讲活历史故事。推进新建文化活动中心项目配套建设与内部装修，加强体育设施、健身场地建设。开展党史学习教育理论宣讲 60 余场，参加听众 4800 余人次。

11 月 9 日，上海非物质文化遗产项目“淞南蛋雕技艺”参展第四届进博会“非遗客厅”

淞南镇/提供

【国帆路跨区公共通道实施全天开放】 3 月 12 日夜间起，国帆路跨区公共通道全天开放方案正式实施。淞南镇为通道配备完备的夜间照明、安全监控等设施，将视频监控接入公安系统，通过物防、技防等措施加强安全防护，为通道 24 小时通行提供保障。国帆路跨区公共通道在《上海市人大常委会代表工委、上海市人民政府办公厅、上海市政协提案委关于市人大代表建议和市政协提案办理优秀案例评选结果的通报》中入选“建议提案办理优秀案例名单”。

【淞南白癜风、脱发中医药特色治疗获评中医特色诊疗服务品牌】 3 月，淞南镇社区卫生服务中心白癜风、脱发中医药特色治疗被上海市卫生健康委员会及上海市中医药管理局评为“上海市社区中医特色诊疗服务品牌”。淞南镇白癜风、脱发中医药特色专病门诊开诊 48 年，通过四代中医人的传承与创新，形成具有特色的纯中药制剂内服、外用，结合中医适宜技术及中医情志调摄的综合治疗方法。

【同济创园医疗科创中心启动】 6 月 17 日，同济创园医疗科创中心启动暨签约仪式在同济创园 1 号楼举行。同济大学附属同济医院、上海同济科技园有限公司、淞南镇人民政府、上海同一创园企业管理有限公司共同签定《战略合作框架协议》，同济创园与 4 家入驻企业代表签订园区入驻协议。一、二期总规划面积约 10000 平方米。中心依托同济大学附属同济医院技术支持，在园区内建立医学工业交叉智慧医疗研发及医疗专利产业转化示范基地，打造创新医疗器械研发、销售一体化公共服务平台。

【万临家园淞益中心建成】 6 月，万临家园淞益中心建成，中心面积 450 平方米，主要辐射万临家园、新梅淞南苑、长宏新苑、逸居苑、淞南三村、淞南四村、长江路 440 弄、巴黎时光 8 个小区，打造“淞益”系列品牌，零距离服务党员群众。加强社区服务综合体建设，助力建设和谐文明社区，打造“15 分钟社区生活圈”，为居民提供精细优质服务。

【“淞南蛋雕”非遗项目参展进博会】 11 月 9 日，淞南蛋雕艺术家、非遗传承人袁家钊受邀做客第四届进博会新闻中心二楼“非遗会客厅”。上海非物质文化遗产项目“淞南蛋雕技艺”作为宝山唯一参展非遗项目在进博会新闻中心展示，受到10余家媒体关注，40余位媒体人参与宣传互动，推广淞南及宝山非物质文化。

【上海轨道交通18号线一期北段开通】 12月30日，上海轨道交通18号线一期北段开通运营。运营里程约21千米，设18座车站，线路南起御桥站（不含），北至淞南长江南路站，途经浦东、杨浦、宝山3个区。至此，上海轨道交通全网络运营里程增至831千米，在全世界第一个突破800千米大关，居世界第一。

2021年淞南镇学校

名称	班级（个）	学生（人）	教职工（人）	地址	电话
淞南中心幼儿园	13	390	56	淞南三村62号	56144574
大昌幼儿园	9	296	40	长江南路530弄161号	66147446
星星幼儿园	8	246	45	淞南十村131号	56142993
淞南实验幼儿园	12	381	55	淞塘路138号	60716278
三湘海尚幼儿园	9	272	42	淞肇路408号	56020118
益钢小学	4	57	18	淞南新村31号	56821628
依乐新天地幼儿园	12	277	53	华浜新村142号	56448756
东方剑桥幼儿园	10	288	47	长逸路418号	56461820
好时光小拇指幼儿园	10	254	46	新二路1088弄83号	66188819
民办天安幼儿园	9	216	37	江杨南路1648号	66226108
极享怡如幼儿园	7	93	42	长江路258号中成智谷创意园内C1区	60555563
长江幼儿园	6	168	28	淞南新村30号	56141276
长江路小学	26	919	80	淞南三村6号	36140203
淞南中心校	20	775	61	华浜新村168号	56450252
淞南二小	20	769	56	新二路1199号	56149733
长江二中	23	886	83	通南路88号	56140945
吴淞二中	12	420	72	长江路860弄1号	56141800
宝山职校	52	1429	140	淞发路885号 淞发路99号	56820218

2021年淞南镇居委会

名称	地址	电话	户籍人数	
			户数（户）	人数（人）
淞南一村居委	淞南二村50号	56825894	4705	4783
淞南三村一居委	淞南三村128号	56822217	3857	6000
淞南四村一居委	淞南四村76号甲	56822230	3785	5598
淞南五村一居委	淞肇路88号2楼	56143490	4577	8683
淞南五村二居委	淞南五村500号	56828503	3630	4834
淞南六村居委	淞南六村89号103室	66185939	2955	5313
淞南七村一居委	淞南七村87号2楼	36140364	5179	7455
淞南八村居委	长江南路530弄2号	66186025	4146	6134
淞南九村一居委	通南路55弄3号2楼	56825879	2488	6254
淞南九村二居委	淞南九村192号	66156338	2695	5027
淞南十村居委	淞南十村195号西首	66148909	4932	8474
长江路一居委	长江路848弄4号103室	66143855	4381	4912
长江路五居委	长江路406弄6号	56448302	2387	2736
长宏新苑居委	淞南路111弄（逸居苑）A房2楼	56450823	2081	4779
张华浜居委	长江路20弄5号	56451233	2012	3270
华浜居委	华浜新村19号	56448303	3052	4841
华浜二村居委	逸仙路3456弄22号	56445128	2812	5537
嘉骏花苑居委	新二路1088弄25号2楼	56177225	1244	2947
盛达家园居委	一二八纪念路55弄3楼	66155565	1868	4354
新城尚景居委	淞肇路333弄15号101室	66185856	1409	2897

（续表）

名　称	地　址	电话	户籍人数	
			户数（户）	人数（人）
新梅淞南苑居委	长逸路301弄24号2楼	56450395	1408	4058
嘉骏香山苑居委	通南路328弄82号	36215688	1181	2850
盛世宝邸居委	淞塘路72号3楼	60719681	1472	5492
三湘海尚居委	长江西路210号5楼	56143533	737	4809

（高海婴）

高境镇

【概况】　高境镇位于宝山区南部，南与虹口、静安区接壤，东与杨浦区相邻，西与庙行镇相伴，北与淞南镇、张庙街道相接。镇域面积7.1平方千米。下辖33个居委会（其中5个筹建中）。至2021年末，镇域实有人口151668人，其中户籍人口72778人、外来流动人口45746人。常住人口计划生育率99.43%，人口出生率3.868‰。镇域内共有学校18所，其中公办学校14所、民办学校4所。有综合为民服务中心1个，综合性文化活动中心1个，社区文化活动分中心1个，游泳馆1个，社区建设苑点61个，市民建设步道4条，球场1个；镇级图书馆1个；社区学校1所，学习点31个；养老院1个，综合为老服务中心1个，综合为老服务分中心1个，老年人日间照料中心8个，长者照护之家2个，老年食堂1个；社区卫生服务中心1个，社区卫生服务站7个。镇党委下辖2个二级党委、33个党总支、223个党支部，党员人数6930名。镇政府地址：殷高西路111号。

【经济建设】　2021年，高境镇实现地方财政收入8.44亿元，比上年增长29.0%；实现社会消费品零售总额154.35亿元，增长31.0%，总量和增幅均位居全区第一；引进合同外资8702万美元，超额完成全年目标。全年新增高新技术企业20家，总数达126家。加强13个重点商务载体的运营和服务，单位面积税收增长12.67%，税收亿元以上载体达到3个。聚焦"基金小镇""健康小镇""体育小镇""电竞小镇""5G小镇"等特色小镇功能建设，"4+N"科创产业体系形成规模，科创金融、数字经济、大健康、电子纸等产业生态圈逐步壮大，成为新的增长点。科创金融、在线新经济产业地方财政收入增幅分别为37.9%、29.7%。高境科创中心正式启用，德国亚系中国区总部暨创新中心落成；盛桥城市体育创新综合体开工；长江软件园二期进入调规和土地变性阶段；北大科技园项目落地。以"一湾、一坊、一桥、多园"（新杨湾、新业坊、三邻桥、长江软件园、复旦软件园、高境科创中心等产业项目）为载体，培育具有核心竞争力的产业生态圈。财景科技园评为国家级科技企业孵化器，三邻桥体育文化园获评上海市体育产业示范项目。长江软件园、中设科技园等多家园区获上海市文化创意产业（示范）园区。创新推出科创扶持"六大举措"（全方位产业扶持、全流程体贴服务、全要素人才服务、全开放应用场景、全领域业务拓展、全链条创新研发）、"科创经营贷"，联合区职能部门组建专业服务团队，成立科创企业上市服务联盟。着力引才聚智，升级推出"高境科创合伙人"、"50300"（在"十四五"期间，全镇院士团队计划达到50个，博士人才计划达到300人）计划，推动成立"高境科创合伙人人才基金"，更好提供"樱花卡"、人才公寓、人才扶持资金等各项服务。

【城市建设与管理】　2021年，高境镇配合区重大办，保障轨交18号线长江南路、殷高路站点建设。加强军地共建，与部队协调完成腾地，殷高路吉浦路口拓宽工程开工。选址核心地段启动新二路绿地建设，打造多功能公共空间。配合全区城市品质提升工程，实施国权北路、共和新路、逸仙路沿线品质提升项目。全面启动第八轮环保三年行动计划，按时完成49个雨污水混接点位整改。落实河长制，3条河道水质持续改善，空气优良率、PM2.5浓度大幅优于全区平均值，道路扬尘继续下降，空气质量改善明显。抓实垃圾分类治理，聚焦企事业单位、公共区域源头减量、过程管控和末端处置，确保生活垃圾全面分类覆盖。全面推进政务服务"一网统管"和城市运行"一网统管"建设。立足"高效处置一件事"，健全完善城运中心"1+1+5+N"（1个城运平台、1个管理中心、5个城运管理站、N个城运驿站）城运构架体系，全面推进社会服务、城市管理、社会治安"三网融合"，落实城运网格、警务责任区、综治网格等"多格合一"，实行从源头到结果全流程、闭环式监管。加速数据汇集共享，继续打通技术壁垒，完善应用场景，实现垃圾分类、鹰眼视频监控、"三合一"红外、智能用电等8项场景应用对接，继续探索将智慧门禁、地磁感应、积水监测、精细化气象预报、充电桩管理、物业应急指挥系统纳入城运平台，全面掌控城市运行情况。全面开放应用场景，联合复旦、同济等名校团队和镇域科技企业，研发智慧交通、智慧社区、智慧防疫等应用产品。

【社会事业】　2021年，高境镇推进优质教育、精准医疗、智慧养老、多元文化、特色体育"五大提升计划"。扩大优质教育供给，聚焦"教育强镇"建设，办好家门口的优质学校，推进同济存志与高境三小、高境四中合作，构建起贯通学段的东、中、西三大特色教育联合体，"名校+名师+名品"效应叠加。引入上海著名教育品牌小荧星艺术培训学校宝山旗舰校。加快健康高境建设，陆续引进国药器械、迪安诊断、国药医工、国药瑞德、润达榕嘉、摩尔口腔、美年大健康、小田子医美等企业，中国医保商会医疗器械分会入驻新杨湾科创园，推进新医院建设。镇社区卫生服务中心成功创建"上海市示范性社区康复中心"。落实疫情防控常态化要求，做实常态化精准防控和闭环管理。开展疫苗接种工作，全镇近万名医务工作者、社区工作者、民警安保、志愿者做好宣传发动、疫苗接种、组织保障等工作，10万余名高境居民、企业员工携手构筑全民免疫屏障。全面建设老年宜居社区，打造“15分钟养老服务圈”，形成“一站多点”设施网络。与市物联网行业协会合作，建设智慧健康养老产业园，建成启用全区首个为失智老人提供照护的综合为老服务分中心。落实社区为老新举措，为全体高龄独居老人家庭免费入户安装“智能居家看护”设备。顺应体育消费升级趋势，深化三邻桥、新杨湾园区体育元素，汇集马术、潜水、冲浪等一批新锐体育项目。结合庆祝建党百年，举办红色交响音乐会、布艺堆画展等各类文艺展演、活动百余场。建成高境社区综合为民服务中心。

【民生保障】 2021年，高境镇落细落实就业援助。把稳就业摆在突出位置，丰富“小境”系列品牌服务，拓展高校毕业生等重点群体就业创业帮扶，确保就业困难人员、零就业家庭按时安置率达100%。组织各类就业促进活动，妥善处置各类劳资纠纷，确保就业形势总体稳定。深入开展困难帮扶。发挥好低保救助兜底保障作用，完善分类救助措施，聚焦弱势困难群体，提供有针对性的精准帮扶，发放各类社会救助资金4150万元，助力云南、新疆等结对帮扶地区援助资金100万元。坚持就业是民生之本，多渠道促进就业创业，打造“小境”就业创业服务品牌，提供就业岗位612个，帮扶引领创业56人。务实推进新时代“双拥”工作，建立“1+28”（成立1个高境镇退役军人服务站和28个退役军人服务站）退役军人服务保障体系，成立上海退役军人创新创业示范园。

【平安建设】 2021年，高境镇有序运行“平安智联网”，完成“雪亮工程”，居民区出入口高清人脸数字摄像头全覆盖。聚焦建党百年、国庆等重要节点，严厉打击网络、金融诈骗等违法犯罪行为，社会治安情况持续好转，110总警情和报警类110案件“双下降”，八类案件比上年下降7%，盗窃类案件下降16.4%。落实安全监管属地责任，密切关注风险高发易发领域，全面开展生产安全、施工安全、食品安全、社区安全、交通安全等各领域安全隐患大排查、大整治，全年开展综合安全检查82次，督促整改隐患537处，全年未发生重大安全事故。开创普法宣传新生态，全力推进法治建设示范创建工作，全年为市民提供各类法律咨询535场，涉及1415人次，成功调解民间矛盾纠纷4809件，

1月20日，财景科技园获评科技部国家级科技企业孵化器　　高境镇/提供

开展各类法治讲座、活动99场。成立全区首家“退役军人服务站法律服务工作室”，不断推动退役军人涉法涉诉问题处置走上法制化轨道。信访形势持续平稳向好，全年信访总量下降21.98%，初次信访办理时间均远低于信访条例要求。

【社区治理】 2021年，高境镇打造社区治理共同体。提升自治能力。完成27个社区居委换届工作，新一届居委班子成员“一降一升”，“两委”班子中全部配齐35周岁以下年轻干部。激发社区活力。推进恒高家园、泰禾红御等区级社区治理创新实践基地建设。开展“境聚里，共创共享美好恒高”“小小楼道运动场”“境享家园空间运营”“我家有楼初长成”等社区公益项目，打造一批居民参与度广、群众满意度高的社区治理品牌。广泛动员市民参与“创全”、垃圾分类等重点工作，重点推进居民楼道、菜场、广场整治，提升道路保洁的精细化、智能化水平。引导沿街商户、市民争做城市环境“守护者”，营造人心向齐的文明新风。

【高境科创中心正式启用】 3月4日，高境科创中心启用、高境科创中心党群服务站揭牌仪式暨园区企业座谈会在高境科创中心（高逸路80号）举办。高境科创中心的启用代表着高境功能整体转型，服务于宝山打造科创中心主阵地。高境镇党建联建、载体建设、企业服务、人才工作围绕这一目标，推出科创扶持“六大举措”。

【上海北大科技园落户高境】 4月15日，宝山区人民政府与北京北大科技园有限公司举行上海北大科技园项目合作签约仪式。会上，宝山区与北大科技园签署《宝山区人民政府与北京北大科技园有限公司战略合作框架协议》，高境镇与北大科技园签署《宝山区高境镇人民政府与北京北大科技园有限公司项目合作共建协议》，将高境镇高逸路88号整体纳入北京北大科技园品牌管理范畴。上海北大科技园将以自身品牌、园区经营经验和科技创新资源为基础，建设“四平台两中心一基地”［四平台：软件与数字新型专业化研发平台、北京大学硬科技产业孵化平台（上海）、北大科技园创启未来投资平台、药品医疗器械研发数据服务平台；两中心：上海北大科技园华东区成果转化中心、上海北大科技园前沿产业研究中心；一基地：北京大学校友创业基地（长三角区域总部）］，构建“引才+辅导（培训）+转化+孵化+投资+产业化”的全链条全过程科技创新服务体系，助力宝山提升区域创新能级和核心竞争力，全面支撑宝山建设上海科创中心主阵地。

【首家本地成长企业敲钟上市】 4月20日，建筑设计领域的高新技术企业——上海尤安建筑设计股份有限公司在深圳证券交易所敲钟上市，成为宝山区“十四五”开局之年首家上市企业，也是高境镇第一家本地成长的上市企业。尤安设计于2017年落地高境，是镇域内高科技、高层次、高效益的代表性企业之一，具有设计高（超高层建筑）、大（城市综合体）、尚（精品项目）能力，具备与世界顶尖建筑设计公司竞争的实力。

【居民区“两委”换届】 3月起，高境镇居民委员会换届选举工作全面启动。5月22日，全镇28家居民区完成居民委员会换届选举。该次换届选举共设立151个投票站点，新当选班子成员平均年龄为51岁，35岁以下占比17.8%，年龄最小的居委委员为25岁，大专以上学历占比51.4%。

【综合为老服务中心分中心建成启用】 6月29日，高境镇综合为老服务中心恒高家园分中心启用仪式举行。高境镇综合为老服务分中心位于高境路477弄6—1号，集社区助餐、老年人日间照料、长者照护（可提供42张床位）、康养健身等功能为一体，是宝山区首个为失能老人提供照护的为老服务中心，致力于为社区老年人，特别是失能老人、高龄独居老人等，就近提供机构照料、社区照护、便民服务、居家护理等一站式综合服务。

【存志教育落地】 8月19日，宝山区教育局、高境镇人民政府与爱立诚教育集团合作办学签约仪式在高境举行。区教育局、高境镇、上海爱立诚教育集团共同签署学校托管服务合作协议书，将高境四中、高境三小委托爱立诚教育集团管理，合并成立九年一贯制学校——上海存志学校集团—存志宝山实验学校（暂定名）。这标志着高境“教育强镇”建设布局全面完成，逐步构建起贯通学段的三大特色教育体系，其中东部以交大附中全面托管高境三中为核心的教育创新实践区；中部以上海市教育学会宝山实验学校为主体的问题化教学探索区；西部“存志附属宝山实验学校＋同洲模范学校”为支撑的公民办协同创新区。

【区、镇两级人大代表投票选举】 11月16日，高境镇7个区人大代表选区、49个镇人大代表选区完成各选区投票选举工作，共有7万余选民参加投票，选举产生20位宝山区第九届人大代表、77位高境镇第八届人大代表。

【盛邻城市体育创新综合体开工建设】 12月31日，位于江杨南路425号的盛邻城市体育创新综合体开工，标志着上海首家“城市体育创新综合体”项目正式进入建设阶段。该项目由上海国盛产业转型投资管理有限公司与宝山区高境镇人民政府携手打造，用地面积约8000平方米，总建筑面积约3万平方米，是上海市首家运动主题MALL——“一座能跑的购物中心”，建成后将与三邻桥体育文化园形成联动，打造一个完整的城市休闲体育产业片区，为周边的社区和居民提供全方位的体育社区型服务。

2021年高境镇学校

名　称	班级（个）	学生（人）	教职工（人）	地址	电话
江湾中心校	26	985	75	逸仙路1321弄1号	55035113
高境科创实验小学	22	808	63	高境一村82号	36140187
高境镇第三小学	13	384	43	共和新路4719弄169号	56817344
高境镇第三中学	16	524	50	国权北路468号	35053508
高境镇第四中学	10	191	35	岭南路1249弄288号	66986626
上海市教育学会宝山实验学校	33	1228	86	高境路371号	66610628
高境第一中学	20	714	80	殷高西路110号	56829890
同洲模范学校（公办）	5	215	193	岭南路1050弄1号	36120459
同洲模范学校（民办）	54	2065			
高境镇第二幼儿园	9	270	23	逸仙路1321弄3支弄50号	55038628
高境镇第三幼儿园	9	262	22	高境二村98号	56141583
高境镇第六幼儿园	7	211	17	国权北路828弄143号	33622025
高境镇第七幼儿园	9	266	22	岭南路1127号	56814995
高境镇三花幼儿园	9	281	40	高跃路66号	36337800
	7	211		新二路999弄23号（四季绿城部）	
绿森林幼儿园	11	347	26	高境路477弄3—1号	56881052
徐悲鸿艺术幼儿园（民办）	11	263	51	高境一村112号	66156128
高境贝贝马艺术幼儿园（民办）	8	186	35	国权北路290弄37号	55038349
七色花第二艺术幼儿园（民办）	5	107	29	阳曲路1388弄99号	56816397

2021 年高境镇居委会

名 称	地 址	电话	户籍人数	
			户数(户)	人数(人)
逸仙一村第一居委会	逸仙路 1321 弄 93 号	55030234	1478	2369
逸仙一村第二居委会	逸仙路 1321 弄 3 支弄 2 号	55031120	1612	2960
逸仙一村第三居委会	逸仙路 1321 弄 1 支弄 41 号	55044228	1000	1374
逸仙一村第四居委会(筹)	三门路 555 弄 16 幢 2 号	55033690	660	1459
逸仙一村第五居委会	逸仙路 1511 弄 22 号	65445175	1181	1911
逸仙二村第一居委会	三门路 489 弄 4 号甲	55034429	1512	2355
逸仙二村第二居委会	国权北路 290 弄 39 号	55032571	2067	3370
逸仙二村第三居委会	吉浦路 615 弄 89 号甲	55035482	2952	3360
逸仙二村第五居委会	三门路 485 弄 83 号	55041764	1320	1812
逸仙三村第一居委会	殷高路 21 弄 5 号	51057167	1625	2332
逸仙四村居委会	国权北路 828 弄 139 号	33622193	3342	2432
高境一村第一居委会	高境一村 142 号	56826581	2152	3486
高境一村第二居委会	高境一村 160 号	56140600	1968	5506
高境二村第一居委会	高境二村 204 号	56826579	3180	4794
高境三村居委会	新二路 999 弄 156 号	66186657	2584	2271
高境四村居委会	逸仙路 1238 弄 17 号	65601642	998	851
高境五村居委会	新二路 183 弄 57 号 2 楼	36385221	1104	1087
三花现代城第二居委会	云西路 219 弄 17 号 102 室	36352473	2880	1938
三花现代城第三居委会	高跃路 133 弄 9 号 103 室	63078915	1255	514
高境七村居委会(筹)	高境路 477 弄恒高家园 14—1(经适房)	56402863	3552	1926
高杨佳苑居委会	恒高路 127 弄 5—1 高杨佳苑(拆迁房)	56636852	1043	80
逸景佳苑居委会	逸仙路 1588 弄 50 号	56043190	892	
高境十一村(筹)	晨帆路 158 号	56762596	650	360
恒盛豪庭居委(筹)	恒高路 128 弄 41 号 1 楼	56333208	2145	1541
泰禾红御居委(筹)	恒高路 65 号 3 楼	66279789	901	840
共和一二村居委会	共和一村 35 号	66985704	2098	2979
共和三村居委会	共和三村 44 号 101 室	66837395	1284	1237
共和五村居委会	共和五村 14 号	66986330	2058	2905
共和六村居委会	岭南路 1288 弄 10 号	56917610	2175	2076
共和八村居委会	共和八村 74 号	66838035	1434	2645
共和九村居委会	共和新路 4719 弄 202 号	56836541	730	912
共和十村居委会	共和新路 4703 弄 99 号	66833472	1054	1168
共和十一村居委会	共和新路 4719 弄 161 号	66835732	2574	2604

（余圣洁）

街　道

■ 编辑　郭莹吉

友谊路街道

【概况】 友谊路街道位于宝山区东北部，东临长江，西至泗塘河与杨行镇相望，南至双城路与吴淞街道为邻，北至宝钢护厂河。面积10.45平方千米。下辖38个居委会、1个村委会。至2021年末，辖区内户籍人口96310人，来沪人员36907人，常住人口142114人。户籍人口出生435人，人口密度13599人/平方千米。街道党工委下辖1个党委、39个党总支、246个党支部。辖区内有法人单位2804家、小学4所、初中3所、高中2所、九年一贯制3所、幼儿园19所、医院4所（社区卫生服务站8个）、体育场2个、图书馆2个、社区事务受理服务中心1个、市民分中心1个、社会组织服务中心1个、社区公共运动场所3个、居民健身点（苑）86个，有文艺团队107个。年内，街道获评全国示范性老年友好型社区、2020年度上海市社区体育工作先进集体奖、上海市五星级“侨之家”、宝山区创建全国文明城区（2018—2020年）突出贡献奖、宝山区创建全国文明城区（2018—2020年）先进集体、宝山区先进基层党组织、2020年度宝山区“平安示范社区”等称号。街道办事处地址：牡丹江路1299弄1号。

【经济发展】 2021年，友谊路街道启动推进科创“十个一”工作举措，加强与科创会客厅、“宝龙—城市峰汇”项目深度合作。成立做实街道营商环境办，完成都市宝谊公司移交回归，带动街道下属公司职能转型，组建一支安商稳商专班队伍。筛选“重点企业名录”（400户），重点走访在地非注册型企业（16户）、在建工程项目、街道下属公司、在地大型商业体、同济路以西生产型企业等。建立“楼小二”楼宇全生命管理服务机制，发挥营商办中枢功能作用，依托“九宫格”网格党建、事务受理中心“全综窗”以及人大、商会、街道“创新金融联盟”、企业家沙龙等平台，构建多维度融合服务体系。搭建合作共赢交流平台，举办6场企业专场沙龙活动，参与企业数约130家，参与一线员工数约165人次。

【就业和社会保障】 2021年，友谊路街道做好民生服务工作。开展线上及线下招聘会2场，推出工作岗位308个。失业控制数下调到968人，发放就业创业证1053本，精准帮扶提供就业岗位358个，职业指导1707次，就业困难人员安置率100%。通过创业指导服务，实现帮扶引领创业人数78人，帮扶引领35岁以下青年大学生创业50人，推荐小额贷款2笔。申请创业补贴8家组织共计25人，合计金额14.96万元。推进常态化疫情防控工作，友谊路街道对来沪人员情况进行排摸汇总，共排摸外地回沪人员28696人次，排摸境外人员445人次，落实集中隔离“14天+7天”社区健康观察189人次。做精做细“一小区一方案”，临江（一、二）村小区封控管理经验得到市级认可并推广。推进疫苗接种工作，在全区率先采取“固定接种+流动接种”方式，完成10.35万人疫苗接种任务。

【为老服务】 2021年，友谊路街道在疫情防控期间，推出老年人健康离线码领取和打印服务，帮助老年人解除“数字鸿沟”。建成启用“友谊幸福里”养老院，新增养老床位215个，社区养老床位累计达616张。新建1处“家门口”早餐点、4条健身步道、3个健身苑点，为160名独居和失独老人安装“电气灭弧”。依托“银龄居家宝”和“银龄e生活”服务项目，为152名独居老人提供“网上日托”科技养老服务。为713位老年人提供上门长护险评估服务，为92人次老人提供养老咨询服务。组织老年人通过上海市终身学习云“空中课堂”，开展线上

4月9日，“高举科创新旗帜·唱响发展主旋律”友谊科创文化节在宝乐汇开幕

友谊路街道/提供

学习，并开设“中式点心制作”直播课程。

【城市精细化管理】 2021年，友谊路街道聚焦治理难点、痛点开发“实战管用”应用场景，完成对宝山八村、宝林九村、宝钢五村及临江公园24部“智慧云梯”开发(另有临江公园9台正在安装和调试)及160户家庭电器灭弧的安装，完成移动取证设备(1套车载+5套单兵设备)调试及安装工作。受理网格平台案件49150件(部件4093件、事件45057件)，开展联合行动66次，整治跨门经营、占道堆物、无证照经营等287处，清运共享单车3288辆，处置违规排污、暴露垃圾等82处，及时率和结案率均达97%以上。受理热线工单2620件，结案工单总量2560件(包含上年结余)，实际解决850件、满意工单860件，实际解决率和满意率分别为66.4%、67.2%，按时办结率保持在100%，全区综合排名为第五。

【市容环境】 2021年，友谊路街道在本市市容环境状况社会公众满意度中再度获评优秀。“两网融合”服务点注重大件垃圾处置难问题，开办社区“跳蚤市场”，为居民搭建易物交换平台。全年湿垃圾日均分类量60.83吨(区指标56吨)，可回收物日均回收52.5吨(区指标46吨)，开展垃圾分类执法检查48次、检查单位172家、居住区154个、发放整改告知单60张、立案53件。深入居民区指导绿化问题6次，帮助宝山七村化解小区绿化修剪的社会矛盾；与区绿化市容局沟通密山东路518号900余平方米绿化市容品质提升；将宝杨路沿线5处约1357平方米社会单位绿化纳入区管维护范围。上门宣教补贴上海市市容环境卫生责任人责任告知书146份，动员门责响应爱国卫生活动6次，配合市绿化市容局开展90余家门责店招店牌安全抽样检测和整改工作。

【消防安全】 2021年，友谊路街道。按照“三清”(居民区电动自行车违规停放及充电“楼道清零”行动、街面“三合一”场所人员清退行动和辖区存在严重消防安全隐患住人场所居住人员清退行动)专项行动方案，全年共查处违停电动自行车72辆，排查同济路以西存在严重消防隐患住人场所6家，发现隐患132条。对辖区1512家周边商铺开展“三合一”(住宿与生产、仓储、经营一种或一种以上使用功能违章混合设置在同一空间内的建筑)排查，共整治场所13家。开展“大排查、大起底”、沿街商铺液化气钢瓶扫码溯源等行动，共排查单位854家次，检查沿街商铺205家，没收违规充电电瓶43个，完成溯源钢瓶247个，发现隐患2807条。完成5个电动自行车车棚消防设施加装工程(即150个充电位)和3个老旧小区实施消防设施增配改造工程。开展安全宣讲和各类专项活动，累计受众达3000余人次，发放宣传资料14500余份。

【社区建设】 2021年，友谊路街道持续推进海江路“美丽街区”，宝山一村、宝钢三村、密山二村“美丽家园”建设，开展宝钢五村、华能时代花园、友谊支路等小区、路段“四微”(微更新、微改造、微美化、微配套)更新改造。新增老旧小区加装电梯52台、完工13台。依法有序完成39个居村“两委”换届选举，实现学历和年龄结构“一升一降”。建设社区服务综合体，对宝林七村和宝山二村等老旧居委会办公室进行改造装修。完成90个社区活力楼组、1个区级社区治理创新实践基地培育和打造，“社区通”家庭覆盖率达到85%，线上收集民情民意问题15409个，处置率100%。

【平安建设】 2021年，友谊路街道针对创全期间静态交通、文明素养等薄弱环节，街道创全办、公安派出所和交警大队，共增设非机动车停放区域230余处，补充禁停挡车柱、石球95个。集中开展实有人口专项行动，110接警总数比上年下降5.7%。把握建党100周年、十九届六中全会、第四届进博会等重要节点，全面落严落实社会面、重点人群防控措施，完成“双减”(减轻义务教育阶段学生作业负担和校外培训负担)期间95家教育机构排摸稳控工作。

【党建工作】 2021年，友谊路街道开展建党百年系列活动，线上线下开展党史学习教育，在284个党组织、9700余名党员中全覆盖开展“比学赶超学党史，勇争先锋践初心”活动。推进“我为群众办实事”实践活动，解决群众关切问题295个。制定实施2021年—2023年干部队伍建设规划纲要。依托“九宫格”党建共同体，党建引领下的“多网融合”体系进一步完善；建设党群服务中心阵地，推进以社区党群服务中心为主阵地的公共资源和服务融合模式。坚持党管武装，落实民兵整组任务，推进武装部规范化建设。工青妇群团组织履行主责主业，并在小区封控、疫苗接种、文明创建等街道重点工作中担当作为。

【依法治理】 2021年，友谊路街道参与行政复议、行政诉讼等专项工作，为地区稳定和发展提供法律服务和保障。办结行政复议案件3件，无一起发生被上级行政机关纠错情况。参与办理行政诉讼2件，落实行政负责人出庭应诉制度。制定行政复议以及应诉工作规则，以制度形式固化和规范街道相关部门在复议和诉讼工作中的要求和流程。开展律师咨询、法治宣传、纠纷调解以及法律援助、公证鉴定。化解矛盾纠纷918起，涉金额453.3万余元，形成书面协议217份，口头协议701份。接收并处理110非警务警情案件1207件，劝解平息1207起，处置率100%。举办法治讲座111场次，讲座参与人数9519余人；开展法律咨询1408余场；参与法律咨询2209余人；发放宣传资料28000余份。

【精神文明建设】 2021年，友谊路街道依托“友谊发布”微信公众号平台，发布科普知识、最新消息、热点问答等信息。街道新时代文明实践分中心与宝山区新时代文明实践中心开展条块联动，在10个创全点位小区内举办“创全国文明城区　文明实践在社区”主题活动。印制发放调查问卷5.68万份、宣传品2.8万份、市民感谢信2.15万份、温馨提示4万张，更新维护宣传版面587处。以建党百年和党史学习为契机，组织爱国主义教育活动。组织40余名统战人士前往宝山烈士陵园祭扫英烈、参观解放纪念馆；邀请奉贤党校高级讲师作“学史明志，不忘初心”党史学习专题讲座；组织统战人士20余人参与市总工会举办“薪火传初心　建功新时代——宝山直播专场”活动；举办“侨心向党——友谊路街道侨界人士庆祝建党100周年文艺”。推进五星级“侨之家”创评工作。依托“侨之家”“微侨之家”等阵地，打造特色品牌活动项目凝聚侨心，培育侨界骨干力量参与社区建设发挥侨力。

【数字赋能“云”治理】 2021年，友谊路街道构建“1+3+N”(1：一个数据中心，以城运中心为平台，以“一网统管”平台为核心，统筹各应用场景、多系统数据，建立统一的数据中心，由城运中心统管；3：聚焦生活、治理、经济三领域；N：开发N个应用场景）数字街区总体架构，首批启动实施26个智慧应用项目和场景，长滩社区卫生服务站成为全市首个提供7×24小时远程诊疗、智慧取药等一体化数字医疗服务家门口站点。建设街道城运中心，启动智慧云梯、非机动车整治等8项“一网统管”场景应用。新增宝莲商务区、长滩社区“一网通办”自助服务终端，社区受理服务中心全区首创“证码合一”，实现“刷身份证—健康码实时显示—绿码取号（非绿码不取号）—窗口办事”一体化快捷流程。办事全流程改造场景。升级“友谊云”2.0版本，新增民情走访板块，提升标签功能在疫苗接种、飞线充电等重、难点领域应用实效。开发社区智慧停车系统，宝龙广场试点推进200余个“错时”共享车位。

2021年友谊路街道学校

名称	地址	电话	名称	地址	电话
宝山实验学校（小学部）	友谊路120号	56129535	广育小学	密山路30号	56108948
宝山实验学校（初中部）	友谊支路20号	56694431		宝林二村76号	56108948
宝教院实验学校（小学部）	东林路125号	56108927	宝林三小	宝林五村45号	56125368
宝教院实验学校（初中部）	东林路125号	56108927	淞谊中学	密山路100号	56691730
宝钢新世纪（小学部）	盘古路528号	56693191	宝教院附中	宝杨路480号	56115217
宝钢新世纪（初中部）	盘古路528号	56693191	行知二中	海江一路16号	56102227
第一中心小学	宝山八村11号（西校区）	36011087	行知中学	子青路99号	56104504
	宝东路580号	56126880	宝山中学	盘古路247弄20号	56692144
实验小学	东林路500号（东校区）	56699325			
	团结路181号（西校区）	56692446			

2021年友谊路街道居委会

名称	地址	电话	名称	地址	电话
宝钢一村	宝钢一村114号	56100473	宝林九村	宝林九村27号102室	36100248
宝钢二村	宝钢二村32号乙	56100476	宝山一村	塘后路300号	66650162
宝钢三村	宝钢三村10号甲101室	36071473	宝山二村	宝山二村33号	56100412
宝钢四村	宝钢四村13号	36071474	宝山三村	宝山三村123号	56100163
宝钢五村	宝钢五村1号	36071475	宝山五村	双庆路85弄32号	56608103
宝钢六村	宝钢六村1号	36071476	宝山六村	宝山六村69号101室	56120057
宝钢七村	宝钢七村42号1临	36071523	宝山七村	宝山七村31号101室	56100435
宝钢八村	宝钢八村63号	36071477	宝山八村	宝山八村81号	36100425
宝钢九村	宝钢九村12号103室	36071478	宝山九村	宝山九村55号	36010831
宝钢十村	宝钢十村6号107室	56100521	宝山十村	宝山十村93号	36100422
宝钢十一村	宝钢十一村25号	36071464	宝城新村	宝城一村45号	36071469
宝林一村	宝林一村124号	36100294	白玉兰花园	海江路667弄45号	36011242
宝林二村	宝林二村93号	36100297	华能城市花园	牡丹江路1298弄55号208室	56110525
宝林三村	宝林三村26号	36100355	密山二村	密山二村52号	36071599
宝林四村	宝林四村66号	36100205	临江公园	宝城三村1号乙	56602250
宝林五村	宝林五村44号	36100295	临江新村	临江三村21号	36071468
宝林六村	宝林六村84号	36100249	住友宝莲花园	住友宝莲10号东	56100973
宝林七村	宝林七村56号	36100309	同济公寓	盘古路689弄25号102室	56601783
宝林八村	宝林八村53号	36100296	长滩第一居民委员会	采江路9弄19号1楼	56151623

（朱晓婷）

吴淞街道

【概况】 吴淞街道位于宝山区境东部，东濒长江、黄浦江，西沿北泗塘河与杨行镇毗连，南起长江路延伸至江南造船厂南围墙与淞南镇接壤，北到双城路与友谊路街道相邻。面积 7.52 平方千米。下辖 28 个居委会。至 2021 年末，有户籍人口 28130 户、69823 人，列入管理的来沪人员 26229 人；计划生育率 96.2%。街道党工委下辖 27 个党总支、170 个党支部，在册党员 5198 人。辖区内共有各类法人单位 1000 余家、学校 23 所、社区事务受理服务中心 1 个、社区文化活动中心 1 个、城市网格化综合管理中心 1 个、图书馆 1 座。年内，街道获评上海市文明社区、上海市平安（示范）社区、上海市禁毒工作示范社区等称号。街道办事处地址：淞滨路 385 号。

【"比学赶超"工作】 2021 年，吴淞街道对标杨浦区大桥街道，学习党群服务驿站建设做法，推进"三江驿"网格党群服务驿站建设；对标长宁区江苏路街道，汲取愚园路文化街区建设方面经验，计划打造吴淞特色街区。对标友谊路街道，提升以同济路"三创"（创业、创新、创优）产业带为重点的"美丽街区"品质。主要成效为：一是以"科创之城"建设为引领，高质量推进吴淞创新发展。以重大产业项目建设和货运堆场整治为强劲抓手，推进区域产业转型和城市更新，建成二工大国家科技园，基本实现吴淞科创产业亮点串线成面发展，建设吴淞融通科创园等一批科创产业项目。二是以"开放之城"建设为引领，高站位推进吴淞文化软实力提升。挖掘展现"百年吴淞"历史文化底蕴，推动吴淞文化迸发活力。三是以"生态之城"建设为引领，高起点推进吴淞城市更新。主动融入宝山滨江、蕰藻浜沿岸等重点地区建设，完成吴淞西块 90 号地块安置房建设，加速推进吴淞东块城市更新。四是以"幸福之城"建设为引领，高品质推进吴淞老百姓美好生活。加快社区公共空间提档升级，持续加大老旧小区综合改造、加装电梯等民心工程建设。五是以创新精神全面推进吴淞城市基层党建。做强"三江驿"品牌，使其成为党建引领下服务吴淞科创发展的"桥头堡"。

【旧区改造】 2021 年，吴淞街道继续做好吴淞西块旧改工作，吴淞西块 90 号地块安置房竣工交付；推动吴淞东块控详规划和改造方案落地，统筹抓好和丰区域旧改各项任务；持续推进海滨新村成套改造。

【营商服务】 2021 年，吴淞街道全面优化营商服务，召开街道商会年会，推出"六个一"（"一季一访"，成立专班、设立企业服务专业元对企业开展定期走访；"一程帮办"，由两个经济开发区强化对企业的"全生命周期"服务；"一张"地图，持续推出辖区内经济载体和营商服务"站""点"情况；"一站"服务，链接公共服务资源，为企业人才提供就医、子女就学、住房保障等一揽子服务；"一企"一策，邀请职能部门、高校专家组建"智囊团"，建言献策助力企业发展；"一景"一用，统筹辖区公共服务场景资源，以最快速度为企业协调解决应用场景需求）营商服务项目和营商服务手册，举办"民营企业家走进吴淞"推介活动，与区工商联签订《战略合作框架协议》，聘请 6 名民营企业高管担任街道营商智囊团成员。抓住吴淞创新城首发地块建设契机，跟进区域货运堆场转型开发，清退堆场 12 家，协调推进半岛 1919 中东块区域转型升级，合作推进"吴淞融通科创园"建设。加强与百联集团合作，依托原世纪联华商超改造项目，打造"15 分钟社区生活圈"。完成区级地方财政收入 2.11 亿元，比上年增长 42.3%，完成年度目标的 83.9%；新增注册企业 427 家，增长 6.22%；新增注册资金 43.93 亿元，增长 62.77%；其中注册资金 5000 万以上企业（含增资）24 户；新增 1 家亿元商务载体目标（半岛 1919 西块），服务 15 家科技型中小企业落地；新增 3 家高新技术企业，2 家企业获评区企业技术中心；辖区第二工业大学科技园获批国家大学科技园。

【城市管理精细化工作】 2021 年，吴淞街道推进拆违控违，拆除违法建筑 42968 平方米，完成年度目标的 107%。推进"民心工程"落地，推进既有住宅加装电梯工作，竣工 10 台，立项 24 台。聚焦"停车难"矛盾，建成开放五月玲珑广场等两处公共停车场，完成淞浦路改造工程。以迎接新一轮"创全"测评为契机，进一步完善城市精细化管理长效机制，解决车辆乱停放、楼道堆物等顽症。

【就业与社会保障】 2021 年，吴淞街道按照全市"一网通办"和长三角"一网通办"推进要求，完成全综窗率 80%。开设长三角"一网通办"专窗，扩大自助服务覆盖率。8 月，推出老年人离线码业务，年内受理打印约 2500 人次。推进辖区和谐劳动关系构建工作，保持吴淞 49 家和谐企业指标数，劳动争议调解率达 68% 以上，辖区企业集体合同签订率达 90%，工资专项协议签订率达 80%。实施"乐业吴淞"创业就业计划，打造"精品助飞职业指导室"，超额完成扶持成功创业 60 人（指标 55 人）。构建退役军人工作网格、打造服务阵地，5 月建立"军嫂谈心室"，完成辖区 4285 名退役军人

12 月 10 日，吴淞街道党政班子领导专题调研人才工作并召开人才工作座谈会　吴淞街道/提供

“一人一册”建档工作,完成吴淞街道退役军人服务站点及4家示范型居村建设整治文化氛围。

【基层治理】 2021年,吴淞街道完善社区自治共治格局,完成居委会换届选举,28个居委会选举产生28名居委会主任、114名居委会委员。推进社区服务综合体建设,智慧健康活动中心建成运营。因地制宜推进公共服务基础设施建设,完善智慧健康体验中心功能布局和运行机制,新建1家社区综合为老服务中心,实施改造海滨新村众文空间建设,推进居委会开放式办公试点。加强“社区通”工作,完善评价考核体系,回应解决群众诉求。激发社区自治活力,推进公益项目实施,提升“活力楼组”创建水平,继续深化社会化服务探索。全面完成18周岁以上居民新冠疫苗接种任务,共接种7.3万人,完成未成年人新冠疫苗接种4250剂次。

【城市数字化转型工作】 2021年,吴淞街道加大城市数字化转型探索,加强“社区云”平台建设,深化“一网统管”智能应用深化“一网统管”体系,升级拓展“门责二维码”“I吴淞”人房数据库管理系统,增设管理模块,针对商户信息、人口类别、疫苗接种、养老服务,房屋管理等数据归集汇总,建立起全要素、全方位“一站式”智慧城市数据库,实现“一个端口各类信息全景呈现、一个平台各类事件闭环处置”。探索“城管+辅助”“1配1”模式,优化街道城管执法效能,以综合行政执法“双随机、全覆盖”方式强化巡查。

【社区文体建设】 2021年,吴淞街道开展全国科普日和上海科技节宣传活动,探索成立“1+5”社区青少年实践基地(以“吴淞坊”为主要实践基地,5个党建网格为扩展实践基地),定时、定点发布实践课程;开展上海市市民文化节系列活动,抓好“吴淞面塑”非遗传承普及;开展社区体育健身活动,落实社区健身点更新改造任务,新建3个、更新4个;落实生育扶助政策,关怀关爱计生特殊家庭,推动相关主题活动开展;普及健康科学知识,推动居民区健康知识宣传专栏实现全覆盖,完成年度献血和救护培训任务。

【平安建设】 2021年,吴淞街道完善依法治理组织架构和运作机制,发挥法律顾问在社区治理中作用。深化“平安吴淞”建设,发挥街道和居委会两级综治中心平台作用,提升平安建设大数据实战应用水平。激发群防群治队伍积极性,落实春节禁放烟花爆竹管控和重要节点社会面稳控任务。严格落实安全生产责任制,加强重点区域安全隐患排查整治,解决小区助动车充电问题,会同市场监管、城管等部门加强源头控制,利用各种形式加大宣传教育,推进集中充电设施建设。完善大信访工作格局,做好重要节点信访稳控工作,严格落实值班工作领导责任制。成立中小学幼儿园“护校安园”专项工作领导小组。

【基层党建工作】 2021年,吴淞街道完成居民区党组织换届。举办庆祝建党100周年大会,创新打造党史学习教育双层红色巴士专线,聚焦“我为群众办实事”活动,解决小区无障碍设施建设、助动车集中充电设施建设等民生关切热点。推进“百年新征程　吴淞新华章”系列活动,举办“七个百”(即百堂微党课、百项微行动、百个微项目、百场微宣讲、百名微先锋、百个微阵地、百条微心语)活动。推进机关35岁以下年轻干部赴基层一线实践锻炼工作。打造“三江驿”网格党群服务驿站,先后建成开放七立方和半岛1919站点。持续发挥“党建链+孵化链”双链叠加效应,打造“科创+人才、科创+金融、科创+服务”一站式、多元化服务。

2021年吴淞街道学校

名称	地址	电话	名称	地址	电话
浪花幼儿园	海滨八村6号	56160215	水产路小学	海滨四村24号	56174529
小主人幼儿园	海江二村123号	56568933	同泰路小学	同泰北路209号	56575708
海三幼儿园	牡丹江454弄81号	56174248	淞滨路小学	松滨路173号	56673937
永清幼儿园	永清新村75号	56163445	淞一小学	淞兴路38号	56671048—8102
永二幼儿园	永清二村71号	56162531	泗东小学	淞兴西路金杨家宅11号	56840739
叮咚幼稚园	海滨二村71号	57172639	海滨二中	海滨五村10号	56178058
长征幼儿园	长征新村21号	56846814	吴淞初级中学	同泰北路222号	56174818—8019
泗东幼儿园	泗东新村3号	56674340	吴淞实验学校(九年制)	松滨路711号	56672620
海滨幼儿园	海滨新村101号	66650181	和衷中学	淞青路203号	56160012
八棉幼儿园	淞滨路803弄25号	56845705	海滨中学	牡丹江路454弄100号	56171086
和衷小学	海滨五村9号	56163513	吴淞中学	泰和路99号	56561512
永清小学	永清路278号	56161780			

2021 年吴淞街道居委会

名 称	地 址	电话	户籍人数	
			户数(户)	人数(人)
西朱新村	西朱新村 64 号	56678148	776	1984
海滨新村	海滨新村 67 号乙一楼	56562183	2020	3544
	海滨新村 121 号西侧	56560127	1650	2664
海滨二村	同泰北路 227 弄 2 号 101 室	56560053	1647	3209
	海滨二村 95 号西侧	66650722	1426	2518
海滨三村	海滨三村 45 号 101 室	56560648	1936	3487
海滨四村	海滨四村 35 号	56560950	1429	2455
牡丹江路	海滨六村 13 号 2 楼	56569872	2622	4504
海滨八村	海滨八村 50 号	56172566	1399	2545
	海滨八村 5 号 101—103 室	56172566	1052	1947
三营房	前三营房 88 号	56172328	2378	3858
永清新村	永清新村 118 号	56567010	2712	4454
永清二村	永清二村 116 号	56565249	2129	3610
海江二村	海江二村 36 号	56578033	1358	2583
	海江二村 153 号	56163077	1572	2908
海江新村	塘后路 203 弄 22 号	56563948	1257	2955
吴淞新城	班溪路 55 弄 82 号	56840265	832	1072
吴淞三村	吴淞三村 33 号 102 室	56844801	737	984
淞新	淞滨路 165 弄 1 号	56849724	1116	1981
和丰	淞滨路 70 弄 8 号	56670056	1402	3305
桃园新村	桃园新村 28 号 104 室	56847023	1462	2938
长征新村	长征新村 8 号 102 室	56843270	763	1570
一纺	淞滨西路 810 弄 1 号 101 室	56845617	388	1203
二纺	宝林雅园 52 号 101 室	56848451	1285	2329
李金	淞滨支路 40 弄 2 号 103 室	56849358	1210	2903
泗东	泗东新村 21 号 101 室	56679256	941	1648
淞西	同济路 60 弄 43 号 101 室	56843716	626	1376

(赵 欣)

张庙街道

【概况】 张庙街道地处宝山区南部,东起西泗塘河与淞南镇为邻,西至共和新路与庙行镇毗连,南迄一二八纪念路与高境镇接壤,北临蕰藻浜与杨行镇相望。辖区面积 5.19 平方千米。街道下设 40 个居委会。户籍人口 116914 人,常住人口 159881 人,列入管理的来沪人员 28715 人,户籍人口减少 371 人,常住人口减少 4 人,列入管理的来沪人员增加 4539 人。户籍人口自然增长率 -8.92‰,人口出生率 3.21‰,户籍人口密度 22527 人/平方千米。辖区内有中小学校及幼儿园 33 所、二甲医院 1 所、社区卫生服务中心 2 个、社区事务受理服务中心 1 个、社区文化活动中心 1 个、城市运行管理中心1个、社区党群服务中心1个、图书馆1个、社区阅览室14个。建有公共运动场3个、居民健身苑(点)79个。街道下辖党总支35个,基层党支部212个,在册党员8292名。在编公务员52名、事业人员72名、社工301名。年内,街道获评全国示范性老年友好型社区、上海市法治建设示范街道、上海市"平安示范社区"等称号。街道办事处地址:呼玛路800号。

【经济发展】 2021年,张庙街道完成区级地方财政收入总量1.54亿元,比上年增长20.3%。以交运智慧湾作为经济发展"主引擎",带动周边产业园区同步提升,先行先试全力推进"园中园"建设。累计迁入企业102户,引入注册资金5000万元以上企业18家(注册资金1亿元以上企业6家),通过平台引入企业共产生区级税收5906.59万元,占比44.15%。走访企业130余家次,收集并解决多方面问题近30余项。落实区"专管员"制度,对重点企业进行"一对一"专项帮扶,实现人才政策直通企业,解决人才落户、出入境办理等共性问题。延续"365诚信服务"品牌建设工作,开展企业慰问活动,将服务半径延伸至企业之外,构建"亲、清"关系。将公共法律服务站融入科创单位,将公共法律服务延伸至智航、智慧、交运智慧湾科创园区,对辖区科创企业重大法律问题提供"集体会诊"。

【老旧住房成套改造】 2021年,张庙街道聚焦解决群众最期盼、最迫切的"老、小、旧、远"问题,研究探索系统推进张庙街道成片老旧住房更新改造,探索实践成片区城市更新"宝山模式"。围绕情况特殊复杂的三号地块5次参加区领导专题会,13次与各企业召开方案讨论会,形成旧改新方案;全年完成112户居民签约工作,完成4幢房屋竣工及居民回搬工作。

【生活垃圾分类】 2021年,张庙街道在上海市生活垃圾分类实效综合考评中,位列全市各街镇第六名、宝山区第一名。全年举办3次大型广场类宣传活动,发放各类海报及指示标签3210张,发放宣传手册2985份,发放小礼品1900余份。各居民区举办党员带头活动25次,学校、家庭、社区互动实践活动类活动5次,主题宣传类活动37次,培训类活动10次,发放各类宣传资料共计2691份。上门宣传教育总计4525次;发放垃圾分类告知书总计6525份;进行垃圾分类绿色账户积分发放7次;对单位进行"三规范一明显"检查共计205次;开具整改通知单72张,开具行政处罚决定96起,处罚金额5710元;发现问题8612件,整改问题8610件。灵活运用定点定时投放,适度在假日延长投放时间;继续探索从志愿者监守向巡查检查转变的模式;升级投放点除臭、洗水等装置硬件配置,提升垃圾箱房周边环境;结合小区雨污水分流改造,推进垃圾箱房内生活垃圾残液治理;对沿街42组废物箱进行投口改造;推进"一网统管"长效管理,摄像头全覆盖,垃圾分类巡查纳入城运管理日常工作。

【"创全"工作】 2021年,张庙街道开展新一轮文明城区创建工作,做好全年两次上海市文明进步指数实地测评迎检工作以及全国文明城区实地测评和问卷调查迎检工作;4个居民区和1个部门获得宝山区创建全国文明城区(提名区)工作先进集体,7人获得宝山区创建全国文明城区(提名区)工作先进个人称号,5家单位被评为第二十届宝山区文明单位;完成5篇宝山区创全暖心故事和5篇宝山区创全区优秀案例报送。

9月,交运智慧湾星空高线公园建成开放 彭晓凯/摄影

【“美丽街区”创建】 2021年,张庙街道推动街区提亮,打造沿街绿化小品,推进小区绿地绿化景观48处;完成呼玛路(共和新路—通河路)、共江路(爱辉路—虎林路)店招店牌改造;完成共和新路桥下东侧绿化空间改造提升;打通1.2千米蕰藻浜沿线景观带。

【“美丽家园”创建】 2021年,张庙街道通过2019年、2020年小区雨污混接改造工程区验收,开展2021年以来小区雨污水混接混排工程督查整改工作;针对影响居民生活环境的楼道堆物、占用公共部位私装铁门、电瓶车飞线充电、占绿种菜等民生领域热点问题,集中开展联勤联动综合整治50余次,出动执法人员300余人次,拆除楼道私装铁门220余扇,清理楼道堆物20余吨;持续开展群租专项治理行动,共整治群租户94家、拆除违规隔间21处、高低床34个;超额完成既有住宅加装电梯年度任务,实现完工36台,开工建设19台,加梯完成总数位列全区第1。

【区域环境保护】 2021年,张庙街道常态做好街道河长工作,通过河长工作群及现场答复等方式及时处理巡河问题和疑问;开展河长制巡查工作,街道一级河长旬巡24次、街道河长办开展巡河40余次、居民区河长日巡(后按照区河长办要求取消居民区河长);开展河道周边环境专项整治,对一二八纪念路149号沿河附近树林内堆物进行联合整治,共清理垃圾10余吨;对爱辉路底蕰藻浜附近堆物对相关单位负责人进行现场约谈,及时清运相关垃圾,在河道红线外建立隔离围挡。

【“一网统管”建设】 2021年,张庙街道推进“一网统管”平台建设。利用“一网统管实战平台”“雪亮工程”等现代化技术手段,汇聚公安、政法视频云、张庙综治专网视频监控数据,已接入辖区视频监控约1300路。利用“政务微信”等技术矩阵,把辖区内1500余家商铺逐步纳入“一店一码”管理。将新冠疫苗接种以及社区、园区等安全管理纳入重点监管,强化平台智能监测、智能管理、智能预警和智能分析等功能,使乱扔垃圾、门前堆物、跨门经营、油烟扰民和飞线充电等问题得到有效治理。抓好“7×24小时”运行机制建设,专门组建1支机动联勤联动队伍,完善实体化运作流程和7×24小时全天候管理模式。建立“12345”市民服务热线工作考核评比机制;坚持每周梳理重点疑难工单和重复工单。全年街道热线平台共办结热线工单4668件,实现100%按时办结。网格管理巡查处置扎实有效,全年共上报一般流程标准案件16834件,结案率99.3%,受理自发自处简易流程案件59410件,结案率100%。

【城市执法管理】 2021年,张庙街道开展各类执法整治行动,并利用街面“三色”等级管理手机终端App信息系统,启动问题闭环快速发现处置机制,不断提升街面整体环境精细化管理水平。全年查处各类案件总计535起(诉转案件73起),处罚总金额131911.2元。其中,一般程序案件立案数335起,简易程序案件200起,查处损坏房屋承重结构案件4起,查处破坏房屋外貌案件12起,查处生活垃圾类案件131起,查处餐饮单位未按照要求建立餐厨废弃油脂记录台账1起,查处未办理餐厨垃圾申报手续19起。全年拆除各类违法建筑面积共计11179.17平方米,其中,立案拆除在建违法建筑案件22起,面积148.17平方米;立案拆除存量违法建筑24起,面积3188.55平方米。全年共受理“12345”“12319”市民投诉545起,比上年下降11.4%。

【住房保障管理】 2021年,张庙街道完成3个小区换届改选。加强维修资金管理,推进维修资金补建工作,泗塘大厦小区启动维修资金续筹工作,呼玛三村北块及通河八村西块通过公共收益补充维修资金。开展本市户籍第九批和非本市户籍第三批共有产权房申请受理工作,初审核查受理104户本市城镇户籍申请家庭、1户非本市城镇户籍申请家庭,经初审复审,共87户家庭完成选房。新增廉租房71户。

【食品安全工作】 2021年,张庙街道成立街道食品安全巡访团,将食品安全信息网络延伸至居委会,通过整合各职能单位和部门,形成统一信息处置平台。开展各类专项检查52次,开展食品经营户抽检66户,查处食品、药械化类案件49件,罚没款39.47万元,开展食品快速检测982件、药品及化妆品快速检测36件,对食品企业从业人员培训1441人次。开展食品安全“六进”宣传25场次,宣传培训人数2061人,发放宣传资料1920份,公众食品安全知识知晓率达到88%以上。累计组织检查经营单位324家次,消除安全隐患69项。开展5次食品安全主题宣传、3次食品安全宣讲、集中针对协管员、信息员、居民等管理人员培训1次。累计发放各类宣传资料1900余份,培训人次达150余人。

【老年宜居社区建设】 2021年,张庙街道辖区60周岁以上老年人口5.2万余人,约占户籍人口的43%左右,有“百岁老人”31人。通过购买服务方式托管居家养老工作,为207名服务对象提供居家养护服务,平均每月完成服务工时3648小时;开展“长护险”照护服务,上门服务对象3436人。7个日间照料中心实施委托管理,3个日间照料中心独立管理,开展“小手牵大手”亲情陪伴等照护服务,在托老人81人;建成并启用通河一村社区助餐点,为80余名老人提供助餐服务;培育发展“雨花日间照护中心”公益组织,先后为20余位低保、低收入老人和30余位入托老人提供免费助餐服务;深化“银龄居家宝”“银龄e生活”服务,依托友康“962899”为老服务热线平台,为辖区内70周岁以上老人提供紧急呼叫、主动关怀和特殊助急服务,系统录入用户13460余人,覆盖率达到70%以上。开展“老伙伴计划”结对服务,组织247名社区“小老人”志愿者与1235位“老老人”建立互助关系;推进“随申学”和“公益护照”项目,帮助老年人跨越数字鸿沟,完成一对一智能化教学服务指标4200余人次;完成60周岁以上沪籍老人居住环境适老化改造102户;组织实施上海市第四批“老吾老计划——家庭照护能力提升项目”试点任务,开展实训式“集中教学”和“个体辅导”,为200余位失能老人提供家庭照护支持服务;争取公益资金支持近80万元,完成2个居民区114个楼组的靠墙楼道扶手安装和1个居民区标准化老年活动室改造。

【社区民生服务】 2021年,张庙街道严格执行救助政策,定期对低保对象进行经济核对审查,做到应保尽保、应退即退;完善《临时救助实施办法》,规范应急救助申请、审核、审批流程;推进社会救助保持常态化,确保各类补贴经费及时足额发放,年内累计救助各类对象5820余人,累计实施救助91170余人次、发放救助金额7680余万元，低保人数1742人，比上年减少1.3%。春节帮困11983人次、保障经费616.2万元，走访慰问524人次、保障经费14.3万元；临时救助帮困280人次、保障经费65.2万元；安置3名生活无着老人入住机构养老，协调6名严重精神障碍患者入院治疗，减免直接经费20余万元；转移安置8名分散供养的特困对象入住上海益康养老院；完成1名成年孤儿回归社会安置工作。张庙街道完善疫情防控制度，常态指导落实居民区疫情防控管理各项要求，加强人员培训和应急演练，做好疫情中高风险地区来沪人员管理；建立疫情防控检查日报工作机制，落实每天"零报告"工作制度。36小时内建成交运智慧湾新冠疫苗接种点。全年完成四轮疫苗接种工作任务，完成12.56万人次全程接种人数目标。联楠宾馆隔离点全年完成入境人员1441人次隔离任务。

【双拥优抚工作】 2021年，张庙街道推进退役军人服务站建设，初步达到规范标准，每月接待咨询近200人次。采集复核退役军人和其他优抚对象信息3813条，悬挂完成3857户家庭光荣牌，累计发放抚恤补助金1750人次、280余万元。推进纪念设施管理，协调完成"一二八战役无名英雄纪念墓遗址"修缮改造、"庙行村纪念牌坊"钢雕广场护栏加装。组织35名退役军人集中观看电影《长津湖》。梳理排摸辖区内生活困难退役军人对象，纳入街道临时性救助和养老服务保障工作，全年累计发放慈善帮扶资金164人次、保障经费15.5万元；走访慰问484人次，保障经费10.2万元。

【社区文化体育】 2021年，张庙街道以"为科创助力　展张庙风采"为主题，举办第十一届张庙社区"老街·新居"市民文化节，开展"不忘初心　继往开来"第四届全国新钢笔画学术展、"笔颂时代　墨展风风采"第八届社区书画作品展、"唱红歌　忆党情　跟党走"张庙街道合唱比赛、市民"文化服务日"系列活动，组织"助残日""科普日""敬老月"集中宣传推广和便民服务活动，取得上海市合唱、排舞比赛第二。做好市级、区级文化配送工作，完成宝山区配送活动155场，开展社区文化活动28场次、文艺演出15场次、艺术导赏4场次、特色活动8场次，累计参与6000余人次。参加上海城市"战FUN宝山"业余联赛等赛事活动11场次、参与88人次，完成市级体育配送讲座12场次、参与720人次，开展健身技能培训15场次、参与300人次，完成年度国民体质监测指标任务800人次。更新18个居民区社区益智体育健身苑点，更换3条科普画廊宣传版面。组织协调相关职能部门2次开展卫星电视广播地面接收设施（卫星锅）专项清除整治，拆除"卫星锅"205个。

【社区创业就业】 2021年，张庙街道拓宽就业渠道，组织线上、线下招聘会4场，意向录用人数205人。通过"12333"公共招聘网代理34家单位发布招聘信息，推出岗位443个。抓好就业援助基地日常管理，开展现场检查499人次、电话抽查380人次。四类人员调查摸底15100人次，开展就业服务2239人次，就业困难人员认定452人、安置452人，安置率100%。启航计划失业青年完成就业81人，市场就业91人；推荐成功安置公益性岗位就业80人，灵活就业登记435人次；失业登记人数2267人。举办创业政策宣传活动3场，发放各类创业政策宣传资料200余份；上门走访100多家企业，宣传各类创业政策，指导7家企业申请创业带动就业补贴，申请总额8万元；帮扶引领成功创业79人，其中35周岁以下人员或大学生创业完成57人。

【"一网通办"工作】 2021年，张庙街道构建全方位服务体系新格局，全面推进"一网通办"。持续开展"线上＋线下"宣传活动，通过微信公众号、海报、易拉宝、手册及宣传品等，提升居民群众知晓率，走进老年群体、跨越"数字鸿沟""一网通办"办理共计3299件；以"不见面办理""高效办成一件事"为目标，聚焦居民群众热点、难点和堵点问题，持续深化政府改革，通过数字化平台一件事办理共计45801件；在事务受理大厅开设"一网通办"指导服务，方便办事群众自助完成各类事项操作，自助服务终端办理事项共计5621件。

【社区居民"公共客厅"建设】 2021年，张庙街道在通河四村3.0版本社区居民"公共客厅"基础上，全力推进"公共客厅"标准化建设。以通河七村二社区居民"公共客厅"建设为重点，持续跟进软装设计进程，解决公共客厅所在22号楼的确权问题。项目已进入终期评估阶段。

【基层换届选举】 5月22日，张庙街道完成40个居民委员会换届选举工作。选举全部实现直选，选民登记数为95328人，选民登记数较上一届增长8556人；参加选举的选民有87683人，参选率达91.98%，增长1.81%。40个居委会共选举产生居委主任40名，居委委员160名，新一届居委会班子成员实现学历、年龄"一升一降"。换届期间，组织1次总体培训、5次阶段性培训，培训人员768次，累计发布22个"工作提示"。指导40个居委会完成居委会换届选举信息系统录入数据并做好资料归档及赋码更新。

【"社区通"建设】 2021年，张庙街道"社区通"平台在线居民人数50643人，党员亮身份4727人，平台累计问题总数12370个，问题处置率100%，问题解决率99.8%。街道层面，结合社区通新指标评价体系，强化日常指导和监督，由专人每日分时段线上巡查、点对点提醒，每日对未及时处理的问题统一汇总每日下班前在群内通报；居委层面，工作人员每日三巡解答居民问题，提高街道社区通应用整体水平。共完成15篇社区自治相关案例撰写，主要集中议题转化、疫苗接种、活力楼组、小区综合改造等主题。

【社区自治共治】 2021年，张庙街道开展公益伙伴月暨"益起来"张庙公益日主题活动；"小小蒲公英"社区微公益服务项目预约配送便民服务210场次，累计服务7125人次；扩大活力楼组项目规模，推进90个活力楼组建设，开展近200次活力楼组活动，带动影响2000余人次；启动邻资源·微共享项目，收到1130余份心愿，开展各类相关活动31场次、参与人数2300余人次；稳步推进农委合作"一分菜园"项目。举办第三届社区达人赛，入选调解达人7人，累计发掘培养103位社区达人，组织各类文体推广活动191场次，受益者高达5000余人次；举办"老街新居·情满比邻"项目，开展40余次手工创意活动，组建文创团队7个，累计参观者1000余人。

【党建工作】 2021年，张庙街道围绕"初心365"党建品牌建设，举办庆祝建党100周年"个十百千万"系列主题活动。推进党群服务阵地“四级”体系建设，打造“5分钟党群服务圈”。深化区域化党建，推出“科创大党建”合作项目服务产城融合发展。指导街道各级党组织广泛运用体验式、研讨式、分享式等灵活多样方式开展党史学习教育，累计开展党史学习教育主题党日活动563次，参与5400余人次，解决群众“急难愁盼”问题226个。抓好学习教育成果转化，打造一批“开新局、办实事”生动案例。

【基层队伍建设】　2021年，张庙街道编制2021年—2023年干部队伍建设工作规划及比学赶超“4＋X”干部大培训方案。完成5名干部职级晋升，提拔1名副科、1名八级管理，开展实践锻炼、轮岗交流10人，输送2名优秀年轻干部到区级部门锻炼。启动后备（储备）干部推荐工作，摸排青年人才89人，新招录公务员2人、事业人员2人、储备人才1人。严格贯彻区委关于街镇管理体制改革相关要求，调整制定街道机关、事业单位机构人员编制“三定”方案，完成对城管中队、都市泗塘公司等2家单位人事接收工作。

【社区安全实事项目】　2021年，张庙街道排摸辖区内各小区楼道内乱搭违建侵占消防通道情况，开展楼道违建侵占专项整治行动，计划2022年底前完成对辖区内小区纵向消防生命通道的全面打通。建成室外充电屋75个，共计建成充电点位3900余个；实施消防设施增配实事项目，完成9个小区的消防设施增配事项。完成9个居民小区10个点位非机动车车棚安装喷淋消防实事项目。

【安全社区建设】　2021年，张庙街道落实安全主体责任，与辖区内公司、居民区签约安全责任书35份，与辖区内企业签约安全责任书90份，与辖区内商铺门店签约安全责任书1659份。重点开展节假日、庆典活动大排查大检查，开展以烟花爆竹、液化气点、较大宾旅馆、大型商场等为重点的消防安全大检查；突出“人员密集场所、危险化学品储存经营、特种设备、学校幼儿园”安全等为重点的安全隐患排查，全面加强消防、用电、电梯、危化品等安全监管工作，排摸检查仓库厂房、高层建筑、“三合一”场所、宾馆、饭店、规模租赁场所等各类经营性场所700余家，发现各类安全隐患1240余处，现场督促整改980余处，开具检查意见告知书200余份，督促隐患单位限期整改；排摸检查辖区危险化学品使用单位（少量使用试剂）1家、加油站3家，发现隐患70处，其中现场整改12处、限期整改58处，开具安全生产消防监督检查意见告知书4张。开展“防风险、保安全、护航建党百年”专项工作，检查企业112家，发现隐患123处，其中整改118处、限期整改5处，共清理违章搭建100平方米，“三合一”场所2处，违规住宿人员15人，清理违规使用液化气钢瓶20只。开展“安全生产月”“交通安全日”等主题宣传活动。

【平安社区创建】　2021年，张庙街道深化“雪亮工程”建设成果，通过场景应用、系统开发，发挥智能安防项目战斗力，提高立体化治安防控体系的实战效能；通过实有单位信息化系统平台、一标三实平台、金数据平台等，实现数据实时采集及安全共享。坚持月报制度，抓好治安防范薄弱、案件高发小区排查整治；坚持物业保安季度例会制度，督促物业保安履职到位；坚持综治信息平台日巡查机制，发挥平安志愿者、夜间治安巡逻力量防范实效；坚持发挥地区公安派出所等主力军作用，加大打击和防范盗窃类、电信诈骗等可防性案件发案。对流动人员密集、治安状况复杂区域定期开展专项清查整治行动；推进居住证受理窗口规范化建设，加强来沪人员服务管理。加大对刑满释放、闲散青少年、精神病人、吸毒等特殊群体帮教管控力度，落实定期风险评估、分类管理、帮教管控措施。开展集中宣传教育活动7次，夜间社区户外移动宣传14场；建立43人的政法网宣队伍，完成网宣任务90余次，累计2880条，累计宣传发动35万余人次。“张庙综治”微信公众号推送平安建设系列宣传175条，累计访问量逾6000余次。

【扫黑除恶专项斗争】　2021年，张庙街道建立健全“扫黑除恶”长效机制，继续做好涉黑涉恶线索排摸核查报告制度。针对呼兰路515弄1号院内规模性租赁房开展联合整治行动，清除社会治安安全隐患。牵头协调、督导、检查群租治理专项行动，会同城运中心、城管中队、建管、公安、市场等部门单位，开展为期3个月专项整治。排查出社会治安重点地区2个，并完成整治；发现“群租”线索均排查整治清零，共整治“群租”房屋94户，拆除违法隔间21处，拆除违规床铺34张。

【信访维稳工作】　2021年，张庙街道上海信访“家门口”服务指数总分为92.56分（宝山区排名第一，全市224个街镇排名第四十四）。各级调解组织共处置110非警务警情案1761起，处置率100%。夯实辖区法治阵地建设，实现社区法律顾问有效覆盖，张庙街道公共法律服务站接待来访法律咨询2394人次，33家法律服务工作室提供法律服务1030人次，法律顾问参与化解涉访涉诉案件8件。围绕重点法治节日开展各类法律咨询51场，法治讲座89场，发放法治宣传资料3997余份。

2021年张庙街道学校

名称	地址	电话	名称	地址	电话
博爱双语艺术幼儿园	通河三村60号	56750413	博士娃幼儿园	泗塘四村48号	66201788
泗塘五村幼儿园	泗塘五村129号	56753383	苗苗幼稚园	呼玛一村73号	36110579
小百花幼稚园	通河八村118号	36111101	红星幼儿园	呼玛三村366号	36110518
虎林路幼儿园	泗塘二村29号	36110897	通河新村幼儿园	通河一村49号	56995715
革新路幼儿园	泗塘一村44号	56995382	通河二村幼儿园	通河二村76号	36110301

（续表）

名称	地址	电话	名称	地址	电话
呼玛二村幼儿园	呼玛二村 251 号	56995224	宝山区日日学校	通河六村 166 号	56764430
通河八村幼儿园	通河八村 118 号	36111101	宝山区三中心	呼玛路 792 号	66220935
星河幼稚园	通河一村 12 号	36110540	求真中学	通河一村 5 号	56995122
通河八村托儿所	通河八村 88 号	56769639	泗塘中学	长江西路 768 号	56994351
红星小学	泗塘三村 39 号	56994308	泗塘二中	共江路 668 号	36110533
泗塘新村小学	泗塘一村 100 号甲	56992313	虎林中学	虎林路 565 号	60195050
虎林路小学	呼玛一村 71 号	36110371	呼玛中学	爱辉路 585 号	56734401
虎林三小	泗塘八村 1 号	36090441	通河高级中学	呼玛路 888 号	56741519
通河新村小学	通河一村 13 号	66219601	上海市交通学校	呼兰路 763、883 号	56996269
通河二小	通河二村 27 号	56992462	上海市交通职业技术学院	呼兰路 763、883 号	56996269
通河三小	通河路 345 号	66207723	上海市新闻教育培训中心	呼兰路 721 号	56755414
陈伯吹实验小学(原通河四小)	通河八村 113 号	36110483	宝山职校爱辉校区	爱辉路 305 号	66221676
呼玛路小学	呼玛二村 179 号	66223611	成人职业培训学校	泗塘一村 45 号	56992002

2021 年张庙街道居委会

名 称	地 址	电话	户籍人数	
			户数(户)	人数(人)
通河一村居民委员会	通河一村 109 号乙	36111132	4339	8121
通河二村居民委员会	通河二村 60 号	66209901	4297	7936
通河三村第一居民委员会	通河三村 15 号乙	56765435	2199	3611
通河三村第二居民委员会	通河三村 109 号	56762813	1469	2490
通河四村第一居民委员会	通河四村 71 号	56762899	1174	1790
通河四村第二居民委员会	通河四村 71 号	56762899	1663	2655
通河六村第一居民委员会	通河六村 246 号	56762470	1792	2711
通河六村第二居民委员会	通河六村 246 号	56762470	1813	2558
通河七村第一居民委员会	共江路 758 号	56762385	1308	2093
通河七村第二居民委员会	爱辉路 28 弄 22 号	56732804	1426	1768
通河八村第一居民委员会	通河八村 71 号	56762737	1038	1817
通河八村第二居民委员会	通河八村 71 号	56762737	1050	1697
通河八村第三居民委员会	通河八村 190 号	56762383	1102	1773
通河九村居民委员会	通河九村 58 号	56730970	2803	2720
呼玛二村第一居民委员会	呼玛二村 125 号 1 楼	66226621	2240	2881

（续表）

名　称	地　址	电话	户籍人数	
			户数(户)	人数(人)
呼玛二村第二居民委员会	呼玛二村125号1楼	66226621	2092	3079
呼玛三村第一居民委员会	呼玛三村377号	56759760	1742	3118
呼玛三村第二居民委员会	呼玛三村196号甲	56737712	1371	2276
呼玛三村第三居民委员会	呼玛三村196号甲	56737712	1024	2070
呼玛三村第四居民委员会	呼玛三村110号	56769678	726	1181
呼玛四村居民委员会	呼玛四村74号	66210336	2070	3057
呼玛五村居民委员会	呼兰路1009弄呼玛五村4号	56742445	2796	2232
三湘盛世花园居民委员会	一二八纪念路688弄18号102室	66985039	889	809
虎林居民委员会	泗塘一村50号甲101室	56730214	3206	4498
泗塘居民委员会	泗塘一村67号	66209101	2520	3959
新桥居民委员会	泗塘一村革新路25号	56766067	2185	3357
虎林第二居民委员会	泗塘二村28号—1	56998151	2213	3691
振兴居民委员会	泗塘二村93号—1	56743612	2151	4290
泗塘三村居民委员会	泗塘三村49号101室	66227103	2580	4254
泗塘四村第一居民委员会	泗塘四村10号101室	56993036	1710	2655
泗塘四村第三居民委员会	长江西路1160弄20号104室	66205818	1850	3229
泗塘五村第一居民委员会	泗塘五村34号	66201960	1641	2133
泗塘五村第二居民委员会	泗塘五村171号	66205613	2109	2644
泗塘六村居民委员会	泗塘六村52号乙	56744441	1706	2102
泗塘七村居民委员会	泗塘七村85号临1	56764794	2076	3270
泗塘八村居民委员会	泗塘八村53号—1	66220024	2475	3504
呼玛一村第二居民委员会	呼玛一村56号101室	66201941	2210	3002
呼玛一村第三居民委员会	呼玛一村103号102室	66201940	2496	3071
富浩居民委员会	虎林路800弄19号3楼	56730200	1250	1597
泗塘七村第三居民委员会	虎林路99弄75号2楼	66221857	1090	2591

（魏春艳）

Appendix

附 录

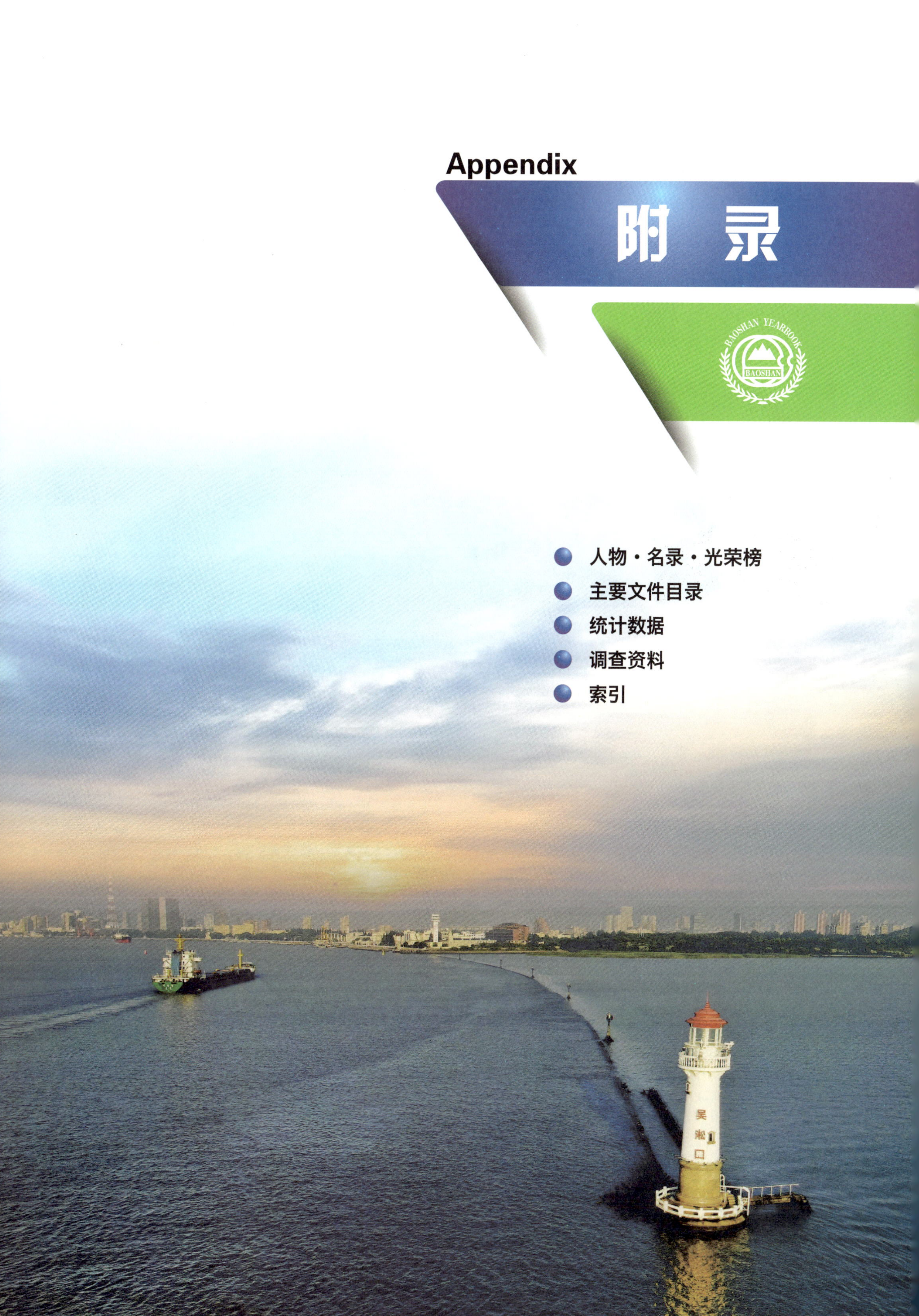

- 人物·名录·光荣榜
- 主要文件目录
- 统计数据
- 调查资料
- 索引

人物·名录·光荣榜

■ 编辑 吴嫣妮

宝山区新任领导人

【凌惠康】

男,汉族,1964 年 4 月生,中央党校研究生,法学学士,中共党员。

2021 年 9 月起任宝山区政协党组书记。2022 年 1 月当选为宝山区政协主席。

凌惠康是上海市第十三届政协委员。

(区委组织部)

党政机关、民主党派、群众团体负责人名录

中共宝山区委

【中共宝山区第七届委员会】

书　记　陈　杰

副书记　高奕奕　张　义

常　委　陈　杰　高奕奕　张　义　杜松全(2021.9 免)
沈伟民　苏　平(2021.9 免)　袁　罡
赵　懿(2021.9 免)　高　飞(2021.6 免)
胡宝国(2021.9 任)　钱　樑(2021.6 任)
王益群(2021.9 免)　陈永献　徐　静(女)
郑益川(2021.9 任)　陈云彬(2021.9 任)
孟庆源(2021.9 任)

委　员　(按姓氏笔画为序)
丁大恒　丁炯炯　王丽燕(女)
王国新(2021.10 辞)　王益群(2021.9 免)
孙　兰(女)　贡凤梅(女)　苏　平(2021.9 免)
杜松全(2021.9 免)　李　萍(女)
杨立红(女,2021.10 辞)　杨金娣(女)　沈伟民
张　义　张惠彬　陆春萍(女,2021.5 辞)
陆继纲(2021.5 辞)　陈　杰　陈云彬　陈永献
邵　琦(女)　邵雷明　郑益川(2021.9 任)
孟庆源(2021.9 任)　赵　平　赵　懿(2021.9 免)
赵荣根　赵婧含(女)　胡　广　胡宝国(2021.9 任)
袁　罡　钱　樑(2021.6 任)　徐　静(女)
徐佳麟　高　飞(2021.6 免)　高奕奕
黄雅萍(女)　蒋伟民(2021.5 辞)　瞿新昌

【中共宝山区第八届委员会】(2021.11.11 选举产生)

书　记　陈　杰

副书记　高奕奕　张　义

常　委　陈　杰　高奕奕　张　义　沈伟民　袁　罡
胡宝国　钱　樑　陈永献　徐　静(女)　郑益川
陈云彬　孟庆源

委　员　(按姓氏笔画为序)
丁炯炯　王伟杰　王丽燕(女)　叶　强　申向军
包晓军　朱众伟　李　萍(女)　李　强
杨永勤(女)　沈　杰　沈　强　沈伟民　张　义
张建平　张晓立　张惠彬　陈　江　陈　杰　陈
巍　陈一岚(女)　陈云彬　陈永献　邵　琦(女)
郑益川　孟庆源　赵　平　胡宝国　施永根　袁
罡　钱　樑　徐　芃(女)　徐　静(女)　凌惠康
高虹军　高奕奕　虞春红(女)　翟　磊　魏　明

【区委工作机构】

办公室(归口管理区委研究室、区委保密委员会办公室,挂区委机要局牌子)

主　任　申向军

区委研究室

主　任　阳　晖(女)

区委保密委员会办公室(与区国家保密局实行一个机构、两块牌子)

主　任　刘正田

区国家保密局

局　长　刘正田

区委机要局(2021.9 挂密码管理局牌子)

局　长　申向军

区密码管理局

局　长　申向军(2021.10 任)

组织部(归口管理老干部局,挂公务员局牌子,社会工作党委、机构编制委员会办公室与之合署)

部　长　徐　静(女)

老干部局

局　长　朱显武

公务员局

局　长　杜　鹃(女)

社会工作党委

书　记　张丽英(女)

区委机构编制委员会办公室

主　任　吕所良

宣传部(挂区政府新闻办公室、精神文明建设委员会办公室牌子,2021.10 区委网络安全和信息化委员会办公室由挂牌调整为与之合署)

部　长　赵　懿(2021.9 免)

胡宝国(2021.10 任)

区委网络安全和信息化委员会办公室

主　任　孙　晋(2021.8 免)

区政府新闻办公室

主　任　孙　晋(2021.9 免)

精神文明建设委员会办公室

主　任　李一红(女)

统战部(挂区政府侨务办公室牌子,区政府民族和宗教事务办公室、区委台湾工作办公室〈挂区政府台湾事务办公室牌子〉与之合署)

部　长　沈伟民

区政府侨务办公室

主　任　吴华朗

区政府民族和宗教事务办公室

主　任　赵婧含(女)

区委台湾工作办公室(挂区政府台湾事务办公室牌子)

主　任　吴华朗

政法委员会

书　记　杜松全(2021.9 免)

陈云彬(2021.9 任)

区级机关工作委员会

书　记　刘志荣(2021.5 免)

董　义(2021.5 任,2021.10 免)

信访办公室

主　任　张学智(2021.9 免)

张　坚(2021.9 任)

档案局(档案馆与之合署)

局　长　奚　玲(女)

档案馆

馆　长　奚　玲(女)

档案局党组(2021.8 撤)

书　记　奚　玲(女,2021.8 免)

党史研究室(与地方志办公室实行两块牌子、一套班子)

主　任　戴建美(女)

地方志办公室

主　任　戴建美(女)

区委巡察工作领导小组办公室

主　任　徐文忠

党校(挂哲学社会科学研究所牌子)

校　长　徐　静(女)

副校长　朱少雯(女,常务)

哲学社会科学研究所

所　长　朱少雯(女)

社会主义学院

院　长　沈伟民

副院长　宋发清(分管日常工作)

人民武装部

政　委　陈永献

部　长　管　明

教育工作党委(与教育局合署)

书　记　沈　杰

卫生健康工作党委(与卫生健康委合署)

书　记　王　建

建设和交通工作党委(与建设管理委合署)

书　记　胡　广

【中共宝山区第七届纪律检查委员会】

书　记　高　飞(2021.6 免)　钱　樑(2021.6 任)

副书记　潘惠芳(女)　陈　健

常　委　高　飞(2021.6 免)　钱　樑(2021.6 任)
潘惠芳(女)　陈　健　葛　荣(2021.8 免)
李　鹏(2021.3 免)　杨　燕(女)　顾伟刚
杨斌斌(2021.4 任)

委　员　(按姓氏笔画为序)
于　珊(女)　王秀忠(女)　王炳东　王美丽(女)
朱锦忠　刘　萍(女)　刘一平　刘志荣
苏继文(女)　李　鹏(2021.3 免)　李一红(女)
杨　燕(女)　杨斌斌(2021.4 任)　邱大德
沈玉春(女)　沈艳兴　张学智　陈　健　姜　炜
姜玮枫(女)　莫荣明　徐　磊　徐文忠
高　飞(2021.6 免)　顾伟刚　钱　樑(2021.6 任)

崔海龙　葛　荣(2021.8 免)　葛玉华　董　果
窦恺芳　潘惠芳(女)　鞠　焰

【中共宝山区第八届纪律检查委员会】(2021.11.11 选举产生)

书　记　钱　樑
副书记　潘惠芳(女)　陈　健　顾伟刚
常　委　钱　樑　潘惠芳(女)　陈　健　顾伟刚　徐文忠
杨　燕(女)　杨斌斌　黄　忠　卢雅琴(女)
委　员　(按姓氏笔画为序)
王　芳(女)　王美丽(女)　毛建华　卢雅琴(女)
汤卫东　苏　玲(女)　李一红(女)　杨　燕(女)
杨斌斌　吴礼正　吴秋燕(女)　沈艳兴　张　坚
张尔威　张海宾　张海雁(女)　陆　平(女)
陈　健　陈　滨　范娟红(女)　房长缨(女)
胡　敏(女)　胡东林　胡祚学　胡海燕(女)
钟　轶(女)　顾　辉　顾伟刚　钱　樑　徐文忠
高　耀　黄　忠　董　果　潘惠芳(女)
薄慧霞(女)

【宝山区监察委员会】

主　任　高　飞(2021.7 免)
副主任　钱　樑(代理主任,2021.7 任)　潘惠芳(女)
陈　健　顾伟刚(2021.11 任)
委　员　葛　荣(2021.9 免)　徐文忠(2021.11 任)
杨　燕(女,2021.11 任)　黄　忠
张海涛(2021.11 任)　赵　波(2021.11 任)
翁旻玥(女,2021.7 免)

【纪委、监委内设机构及派驻机构】

办公室
主　任　顾伟刚(2021.11 免)
杨斌斌(2021.11 任)
组织部
部　长　李　鹏(2021.3 免)
杨斌斌(2021.4 任,2021.11 免)
张亦奇(女,2021.12 任)
宣传部
部　长　赵　波(2021.4 任)
党风政风监督室
主　任　卢雅琴(女)
信访室
主　任　杨斌斌(2021.4 免)
蒋淳之(2021.11 任)
案件监督管理室
主　任　杨　燕(女)
第一监督检查室
主　任　翁旻玥(女,2021.6 免)
黄　忠(2021.8 任)
第二监督检查室
主　任　杨　轶(2021.4 任)
第三监督检查室
主　任　王鸿木(2021.9 免)
卢　毅(2021.11 任)
第四审查调查室
主　任　葛　荣(2021.8 免)
黄云俊(2021.11 任)
第五审查调查室
主　任　张海涛
第六审查调查室
主　任　章小鹏(2021.9 免)
案件审查(法规)室
主　任　黄　忠(2021.8 免)
第一派驻纪检监察组
组　长　朱锦忠(2021.8 免)
张建兴(2021.9 任)
第二派驻纪检监察组
组　长　沈艳兴
第三派驻纪检监察组
组　长　莫荣明(2021.8 免)
陆忠斌(2021.11 任)
第四派驻纪检监察组
组　长　李　慧(女,2021.1 免)
吴礼正(2021.3 任)
第五派驻纪检监察组
组　长　钟　轶(女)
第六派驻纪检监察组
组　长　何　蔚(女)
第七派驻纪检监察组
组　长　施洪俭(2021.9 免)
谷晓丽(女,2021.10 任)
第八派驻纪检监察组
组　长　龚庆忠(2021.9 免)
汤宇军(2021.10 任)
第九派驻纪检监察组(2021.11 设)
组　长　黄涤宇(女,2021.12 任)

【区人大常委会、政府及其工作部门、政协、人武部、法院、检察院、人民团体和群众团体党组、党委】

人大常委会党组
书　记　李　萍(女)
人民政府党组
书　记　高奕奕
人民政协党组
书　记　丁大恒(2021.9 免)
凌惠康(2021.9 任)
人大常委会机关党组(2021.4 设)
书　记　杨遇霖(2021.4 任)
人民政府机关党组(2021.4 设)
书　记　叶　强(2021.4 任)
人民政协机关党组
书　记　李　明(2021.8 免)
严春敏(2021.9 任)
人民武装部党委
第一书记　陈　杰
书　记　陈永献
人民法院党组

书　记　王国新(2021.10 免)
张晓立(2021.10 任)

人民检察院党组
书　记　杨永勤(2021.1 任)

总工会党组
书　记　王丽燕(女)

妇女联合会党组
书　记　虞春红(女)

工商联合会党组
书　记　潘卫国

归国华侨联合会党组
书　记　阎丽伦(女)

残疾人联合会党组
书　记　朱顺彪(2021.8 免)
赵明玉(2021.8 任)

红十字会党组
书　记　俞　晟

发展和改革委员会党组
书　记　丁炯炯(2021.9 免)
高虹军(2021.10 任)

经济委员会党组
书　记　潘振飞

信息化委员会党组
书　记　沈轶群

商务委员会党组
书　记　叶　强(2021.3 免)
蒋恬逸(女,2021.3 任)

科委(科协)党组
书　记　刘建中

农业农村委员会党组
书　记　张建平(2021.8 免)
孙　晋(2021.8 任)

国有资产监督管理委员会党委
书　记　陆洪兴

市公安局宝山分局党委
书　记　黄　辉(2021.9 免)
包晓军(2021.9 任)

国家安全局宝山分局党委
书　记　张　杰

民政局党组
书　记　邵　琦(女,2021.10 免)
姜玮枫(女,2021.10 任)

退役军人事务局党组
书　记　丁连俊

司法局党委
书　记　贾中贤(2021.6 免)
沈海敏(2021.7 任)

人力资源和社会保障局党组
书　记　黄雅萍(女)

医疗保障局党组
书　记　周裕红(女)

财政局党组
书　记　梅　勇(2021.6 免)
陈　勇(2021.9 任)

审计局党组
书　记　张晓宁(女,2021.5 免)
刘德安(2021.5 任)

统计局党组
书　记　沈邵军

文化和旅游局党组
书　记　王一川(女)

体育局党组
书　记　张　彬

生态环境局党组
书　记　石　纯(女,2021.2 免)
郑　恺(2021.2 任)

规划和自然资源局党组
书　记　王忠民(2021.2 任)

住房保障和房屋管理局党组
书　记　徐　芃(女,2021.6 免)
须庆峰(2021.7 任)

绿化和市容管理局党组
书　记　杨　辛(2021.9 免)
张未劼(2021.10 任)

城市管理行政执法局党组
书　记　钱荣根

水务局党组
书　记　沈　强(2021.6 免)
王大远(2021.6 任)

民防办公室党组
书　记　赵志敏(2021.6 免)
董　义(2021.10 任)

应急管理局党组
书　记　苏伟亮

市场监督管理局党组
书　记　顾　瑾(女,2021.10 免)
王　哲(2021.11 任)

人大常委会

【宝山区第八届人大常委会】

主　任　李　萍(女)
副主任　秦　冰(女)　王丽燕(女)　须华威　贡凤梅(女)　蔡永平
委　员　(按姓氏笔画为序)
王忠明　王新民　牛长海　方玉明　邓士萍(女)　朱永其　华建国　刘　雁(女)　李　娟(女)　沈学忠　张海峰(2021.1 任)　张海宾　陆　军　陆伟群(女)　陆进生　陈亚萍(女)　姚　莉(女)　顾建斌(2021.1 任,2021.7 调离)　徐　滨　郭有浩　诸骏生　黄忠华　黄雁芳(女)　曹文洁(女)　曹阳春　傅文荣　虞春红(女)　詹　军(女,2021.1 任)

【区人民代表大会专门委员会】

法制委员会(监察和司法委员会与之合署)
主任委员　郭有浩

监察和司法委员会
主任委员　郭有浩
财政经济委员会（农业与农村委员会与之合署）
主任委员　华建国
农业与农村委员会
主任委员　华建国

【区人大常委会工作机构、办事机构】
代表资格审查委员会
主任委员　王丽燕（女）
教育科学文化卫生工作委员会
主　任　蔡永平（2021.11免）
詹　军（女，2021.11任）
城市建设环境保护工作委员会
主　任　傅文荣（2021.11免）
王霞波（女，2021.11任）
华侨民族宗教事务工作委员会
主　任　黄忠华（2021.11免）
白　洋（女，2021.11任）
人事工作委员会（代表工作委员会与之合署）
主　任　张海宾
代表工作委员会
主　任　牛长海（2021.11免）
陈春娟（女，2021.11任）
预算工作委员会
主　任　黄雁芳（女）
社会建设工作委员会
主　任　詹　军（女，2021.11免）
苏卫东（2021.11任）
人大常委会办公室
主　任　邓士萍（女，2021.3免）
杨遇霖（2021.3任）
人大常委会研究室
主　任　徐　滨（2021.11免）
孙红旺（2021.11任）

审判、检察机关

【区人民法院】
院　长　王国新（2021.11免）
副院长　张晓立（代理院长，2021.11任）　羊焕发　徐子良
董　果

【区人民检察院】
检察长　董学华（2021.1辞）　杨永勤（女，2021.1当选）
副检察长　江静良　王　强　王晓林（2021.3任）
房长缨（女）

人民政府

【宝山区人民政府】
区　长　高奕奕（2021.1当选）
副区长　苏　平　袁　罡　王益群（2021.9辞）
郑益川（2021.10任）　孟庆源（2021.10任）
陈尧水（2021.4辞）　陈筱洁（女，2021.10辞）
陈云彬（2021.10辞）　黄　辉（2021.10辞）
倪前龙（2021.10辞）　翟　磊（2021.4任）

【区政府工作机构】
办公室（挂区政府研究室、外事办公室、合作交流办公室牌子，2021.8挂政务服务办公室牌子，机关事务管理局与之合署）
主　任　叶　强（2021.3任）
区政府研究室
主　任　叶　强（2021.3任）
外事办公室
主　任　叶　强（2021.3任）
合作交流办公室
主　任　叶　强（2021.3任）
政务服务办公室
主　任　叶　强（2021.9任）
机关事务管理局
局　长　范建军
发展和改革委员会（挂金融服务办公室办公室牌子）
主　任　丁炯炯（2021.11免）
高虹军（2021.11任）
金融服务办公室
主　任　丁炯炯（2021.10免）
高虹军（2021.10任）
经济委员会
主　任　石明虹
信息化委员会
主　任　沈轶群
商务委员会（挂粮食和物资储备局牌子）
主　任　叶　强（2021.3免）
蒋恬逸（女，2021.5任）
粮食和物资储备局
局　长　叶　强（2021.3免）
蒋恬逸（女，2021.4任）
建设和管理委员会
主　任　朱众伟（2021.11免）
胡　广（2021.11任）
交通委员会
主　任　朱众伟（2021.3免）
雷　宏（2021.3任）
科学技术委员会
主　任　刘建中
农业农村委员会
主　任　张建平（2021.9免）
孙　晋（2021.9任）
国有资产监督管理委员会（挂集体资产监督管理委员会牌子）
主　任　陆洪兴
集体资产监督管理委员会
主　任　陆洪兴
市公安局宝山分局
局　长　黄　辉（2021.10免）
包晓军（2021.10任）
政　委　陈英武
国家安全局宝山分局

局　长　张　杰

民政局(挂社会组织管理局牌子)

局　长　邵　琦(女,2021.11 免)

姜玮枫(女,2021.11 任)

社会组织管理局

局　长　邵　琦(女,2021.10 免)

姜玮枫(女,2021.10 任)

退役军人事务局

局　长　丁连俊

司法局(2021.8 挂行政复议局牌子)

局　长　沈海敏

行政复议局

局　长　沈海敏(2021.9 任)

人力资源和社会保障局

局　长　黄雅萍(女)

医疗保障局

局　长　周裕红(女)

财政局

局　长　李　岚(女)

审计局

局　长　张晓宁(女,2021.6 免)

刘德安(2021.6 任)

统计局

局　长　沈邵军

教育局

局　长　杨遇霖(2021.3 免)

张　治(2021.6 任)

卫生健康委员会(挂中医药发展办公室牌子)

主　任　罗文杰

中医药发展办公室

主　任　罗文杰

文化和旅游局(2021.7 挂文物局牌子)

局　长　王一川(女)

文物局

局　长　王一川(女,2021.9 任)

体育局

局　长　张　彬

生态环境局

局　长　石　纯(女,2021.3 免)

郑　恺(2021.3 任)

规划和自然资源局

局　长　王　静(女,2021.3 免)

王忠民(2021.3 任)

住房保障和房屋管理局

局　长　徐　芃(女,2021.7 免)

须庆峰(2021.9 任)

绿化和市容管理局

局　长　杨　辛(2021.11 免)

张未劼(2021.11 任)

城市管理行政执法局

局　长　钱荣根

水务局(挂海洋局牌子)

局　长　沈　强(2021.7 免)

王大远(2021.7 任)

海洋局　局　长　沈　强(2021.7 免)

王大远(2021.7 任)

民防办公室(挂人民防空办公室牌子)

主　任　张未劼(2021.11 免)

董　义(2021.11 任)

应急管理局

局　长　沈　斌

市场监督管理局(挂知识产权局牌子)

局　长　顾　瑾(女,2021.11 免)

王　哲(2021.11 任)

知识产权局

主　任　顾　瑾(女,2021.10 免)

王　哲(2021.11 免)

【区政府其他工作机构】

信访办公室

主　任　张学智(2021.9 免)

张　坚(2021.9 任)

行政学院　院　长　袁　罡

副院长　朱少雯(女,常务)

区政府教育督导室

主　任

滨江开发建设管理委员会

主　任　江瑞勤

行政服务中心

主　任　陈百勤

城市运行管理中心(2021.10 城市网格化综合管理中心更名为城市运行管理中心,挂城市网格化综合管理中心牌子)

主　任　马家伟(2021.12 任)

城市网格化综合管理中心

主　任　马家伟

政　协

【政协宝山区第八届委员会】

主　　席　丁大恒

副 主 席　张晓静(女)　沈天柱　蒋碧艳(女)　罗文杰

李　岚(女)

秘 书 长　李　明(2021.9 免)

严春敏(代秘书长,2021.9 任)

常　　委　(按姓氏笔画为序)

马菁雯(女)　王普祥　王毓铭　方斐均　方麒林

世　良　朱军红　朱录松　华　宜　全先国

刘发林　刘祖辰　许宏伟　孙　洁(女)　李　强

李道琪　杨兴华　杨振荣　吴永旭　吴朝坤

汪文德　沈伟民　张　青　张　蕾(女)　张明华

陈　青(女)　陈泓斌　邵东明　林鹏耀　周汉康

郑晓远　赵　江(女)　侯　艳(女)　徐子平

陶　侃　陶华强　黄传军　康　锐(女)　彭铁禄

蒋勤芳(女)　裘东方　蔡　瑾(女)　廖敏蕾(女)

副秘书长　丁顺强　孙　升(2021.9 免)　陈雪明

宋田斌　王　薇(女)　顾险峰　崔　晋(女)

俞　俊　陈志洪　汪智勇　陈文莉(女)　倪　袁

【区政协工作机构】
办公室(委员联络办公室与之合署)
主　任　李　明(2021.9 免)
严春敏(2021.9 任)
委员联络办公室
主　任　孙　升(2021.9 免)
专门委员会办公室
主　任　丁顺强
提案委员会
主　任　谭柏杉(2021.9 免)
经济委员会
主　任　潘卫国
人口资源环境委员会
主　任　魏廉虢
教科卫体委员会
主　任　刘新宇
社会和法制委员会
主　任　施　刚
文化文史和学习委员会
主　任　凌　岚(女)
企业发展委员会
主　任　侯　艳(女)
农业和农村委员会
主　任　马家伟
民族宗教和港澳台侨委员会
主　任　刘发林

民主党派

【民革宝山区第七届委员会】
主任委员　陆　军

【民革宝山区第八届委员会】(2021.5.20 选举产生)
主任委员　陆　军

【民盟宝山区第七届委员会】
主任委员　蔡永平

【民盟宝山区第八届委员会】(2021.5.28 选举产生)
主任委员　王　勇

【民建宝山区第八届委员会】
主任委员　李　岚(女)

【民建宝山区第九届委员会】(2021.5.12 选举产生)
主任委员　李　岚(女)

【民进宝山区第七届委员会】
主任委员　康　锐(女)

【民进宝山区第八届委员会】(2021.5.18 选举产生)
主任委员　金江波

【农工党宝山区第八届委员会】
主任委员　罗文杰

【农工党宝山区第九届委员会】(2021.5.19 选举产生)
主任委员　罗文杰

【九三学社宝山区第七届委员会】
主任委员　方玉明

【九三学社宝山区第八届委员会】(2021.5.24 选举产生)
主任委员　王培华

【致公党宝山区第二届总支部委员会】
主任委员　陈亚萍(女)

【致公党宝山区第三届总支部委员会】(2021.5.26 选举产生)
主任委员　陈亚萍(女)

人民团体和群众团体

【区总工会第七届委员会】
主　席　王丽燕(女)
副主席　徐子平(分管日常工作,2021.7 免)
沈玉春(女,分管日常工作,2021.7 当选)

【共青团宝山区第十届委员会】
书　记　魏　明

【区妇联第七届执委会】
主　席　虞春红(女)

【区工商联(总商会)第八届执委会】
主　席　曹文洁(女)

【区科协第六届委员会】
主　席　罗宏杰
副主席　王正平(分管日常工作)

【区科协第七届委员会】(2021.7.12 选举产生)
主　席　刘昌胜
副主席　冉　旭(分管日常工作)

【区侨联第六届委员会】
主　席　曲国莉(女,2021.3 免)
阎丽伦(女,2021.3 当选)

【区青年联合会第九届委员会】
主　席　杨文杰(2021.4 辞)
魏　明(2021.4 当选)

【区残疾人联合会第七届主席团】
名 誉 主 席　周志军
名誉副主席　秦　冰(女)　张晓静(女)
主　　　席　袁　罡
理　事　长　朱顺彪(2021.9 免)　赵明玉(女,2021.9 任)

【区红十字会第六届理事会】

名誉会长　范少军

名誉副会长　王丽燕（女）　张晓静（女）

会　　长　陈筱洁（女）

副 会 长　刘　雁（女，分管日常工作）

街道、镇、园区

【街道党工委、镇党委、园区党工委】

吴淞街道党工委

书　记　顾建斌（2021.6免）

徐　芃（女，2021.6任）

张庙街道党工委

书　记　施永根

友谊路街道党工委

书　记　姜玮枫（女，2021.10免）

陈一岚（女，2021.10任）

杨行镇党委

书　记　陈　江

罗店镇党委

书　记　瞿新昌（2021.6免）

王伟杰（2021.6任）

月浦镇党委

书　记　李　强

顾村镇党委

书　记　赵　平

大场镇党委

书　记　杨金娣（女，2021.6免）

沈　强（2021.6任）

罗泾镇党委

书　记　徐佳麟（2021.6免）

张建平（2021.8任）

高境镇党委

书　记　高虹军（2021.10免）

邵　琦（女，2021.10任）

庙行镇党委

书　记　陈　巍

淞南镇党委

书　记　张惠彬

宝山工业园区党工委（2021.9，宝山工业园区管委会、城市工业园区管委会整合，重新组建宝山工业园区管委会，设宝山工业园区党工委）

书　记　周坤明（2021.4免）

黄志刚（2021.9任）

城市工业园区党工委（2021.9整合）

书　记　周健德（2021.4免）

黄志刚（2021.6任，2021.9免）

科技创新开发党工委（2019.9航运经济发展区更名为科技创新开发管委会，设科技创新开发党工委）

书　记　黄　琼（女）

【街道办事处、镇政府、园区管委会】

吴淞街道办事处

主　任　郁梦娴（女，2021.7免）

胡文原（2021.7任）

张庙街道办事处

主　任　黄一欣

友谊路街道办事处

主　任　邢　彤

杨行镇

镇　长　陈　江（2021.1辞）

杨文杰（2021.1当选）

罗店镇

镇　长　王伟杰（2021.8辞）

郁梦娴（女，2021.8当选）

月浦镇

镇　长　陈　俊

顾村镇

镇　长　陈一岚（女，2021.12辞）

许志康（2021.12当选）

大场镇

镇　长　孙　兰（女）

罗泾镇

镇　长　杨　辛（2021.4辞）

陈　亮（2021.4当选）

高境镇

镇　长　高虹军（2021.1辞）

王毓铭（2021.1当选）

庙行镇

镇　长　王忠民（2021.3辞）

朱峻峰（2021.3当选）

淞南镇

镇　长　黄志刚（2021.8辞）

曹维渊（2021.8当选）

宝山工业园区管委会（2021.9宝山工业园区管委会、城市工业园区管委会整合，重新组建宝山工业园区管委会，挂宝山高新技术产业园区管理委员会牌子）

主　任　胡文原（2021.7免）

刘惠斌（2021.10任）

城市工业园区管委会（2021.9整合）

主　任　刘惠斌（2021.10免）

宝山高新技术产业园区管理委员会

主　任　刘惠斌（2021.10任）

科技创新开发管委会（2019.9航运经济发展区更名为科技创新开发管委会）

主　任　丁建平

【街道人大工委主任、镇人大主席】

吴淞街道人大工委

主　任　顾建斌（2021.11免）

徐　芃（女，2021.11任）

张庙街道人大工委
主　任　施永根
友谊路街道人大工委
主　任　姜玮枫(女,2021.11 免)
陈一岚(女,2021.11 任)
杨行镇
人大主席　魏银发(2021.9 辞)
梅　勇(2021.9 当选)
罗店镇
人大主席　曹阳春(2021.8 辞)
金雄坤(2021.8 当选)
月浦镇
人大主席　顾　英(女,2021.9 辞)
赵志敏(2021.9 当选)
顾村镇
人大主席　李　娟(女,2021.9 辞)
李　明(2021.9 当选)
大场镇
人大主席　朱永其(2021.12 辞)
赵　华(2021.12 当选)
罗泾镇
人大主席　陈　忠(2021.8 辞)
贾中贤(2021.8 当选)
高境镇
人大主席　仲　军(2021.7 辞)
翁　丽(女,2021.7 当选)
庙行镇
人大主席　朱　琴(女,2021.8 辞)
徐子平(2021.8 当选)
淞南镇
人大主席　周剑平(2021.8 辞)
毛欲华(女,2021.8 当选)

区域内部分单位

【宝山钢铁股份有限公司】
党委书记、董事长　邹继新
党委副书记、总经理　盛更红

【宝钢工程技术集团有限公司(中国宝武设计院)】
党委书记、董事长、院长　王建跃(2021.7 免)
陆鹏程(2021.7 任)

【上海宝地不动产资产管理有限公司/上海宝钢不锈钢有限公司/宝钢特钢有限公司】
党委书记、董事长　王继明
董事、总裁、党委副书记　王　语

【上海宝冶集团有限公司】
党委书记、董事长、法定代表人　高武久
总经理　陈　刚

【五冶集团上海有限公司】
董事长　朱永繁
党委书记、副董事长　徐启文
总经理　程先云

【上海二十冶建设有限公司】
党委书记　段荣宗
总经理　段荣宗

【上海吴淞口国际邮轮港发展有限公司】
董事长
总经理　顾绘权

【上海国际港务(集团)股份有限公司张华浜分公司】
党委书记　奚之豹
总经理　顾云耀

【上海国际港务(集团)股份有限公司罗泾分公司】
党委书记　陈世丰
总经理　陈雪兵

【中华人民共和国宝山海关】
党委书记、关长　周国梁

【中华人民共和国上海吴淞海关】
党委书记、关长　陈建良

【中华人民共和国吴淞出入境边防检查站】
党委书记、站长　陆治中

【中华人民共和国浦江出入境边防检查站】
党委书记、站长　陆卫兵

【中华人民共和国宝山海事局】
党委书记、局长　唐　武

【中华人民共和国吴淞海事局】
党委书记、局长　朱国金

【长江航运公安局上海分局吴淞派出所】
教导员　贺发明
所　长　于　镭

光荣榜

全国先进集体

奖项类别	获奖单位(班组)	授予单位
全国先进基层党组织	上海市公安局宝山分局顾村派出所党总支	中共中央
全国脱贫攻坚先进集体	宝山区供销合作总社	中共中央、国务院
“特高压高能效输变电装备用超低损耗取向硅钢开发与应用”获国家科学技术进步奖二等奖	宝山钢铁股份有限公司	
“2020 年度国有文艺院团社会效益评价考评”综合定级“优秀”	宝山区沪剧艺术传承中心(原宝山沪剧团)	中央宣传部、文化和旅游部
全国五一巾帼标兵岗	上海大学期刊社	全国总工会
2021 年全国工人先锋号	宝山区政府重大工程建设项目管理中心工程管理科	
全国模范职工小家	上海宝冶冶金工程公司工业安装分公司工会	
在城市困难职工解困脱困工作中作出重要贡献的集体	宝山区总工会	
第 20 届全国青年文明号	中国华能集团有限公司华能上海石洞口第一电厂检修部	共青团中央
	中国五矿集团有限公司上海宝冶集团有限公司建筑设计研究院建筑信息模型事业部	
	中华人民共和国宝山海事局海宝青年执法艇	
	中国宝武钢铁集团有限公司宝山钢铁股份有限公司运输部成品出厂中心	
巾帼文明岗	宝山区市场督管理局执法大队食品中队	全国妇联
	宝山钢铁股份有限公司设备部设备技术室技改管理组	
全国“最美家庭”	盛桥派出所沈骁伟家庭	
	友谊路街道沈曙家庭	
全国巾帼建功先进集体	上海相宜本草化妆品股份有限公司	
全国维护妇女儿童权益先进集体	宝山区检察院第一检察部未检办案组	
“以先投后股方式支持科技成果转化”入选宝山区 2021 年度全面创新改革任务揭榜清单	宝山区	国家发展改革委、科技部
全国中小学劳动教育实验区	宝山区	教育部
全国民主法治示范村	宝山区罗泾镇塘湾村	司法部、民政部
全国人力资源社会保障系统优质服务窗口	宝山区人才服务中心	人力资源社会保障部
2021 年全国清理整顿人力资源市场秩序专项执法行动取得突出成绩单位	宝山区市场督管理局	人力资源社会保障部、公安部、国家市场监督管理总局
“活力月浦・动感乡村”农体文旅复合游线入选中国美丽乡村休闲旅游行(冬季)精品景点线路	宝山区	农业农村部
全国村庄清洁行动先进县	宝山区	中央农办、农业农村部
宝山区罗店镇天平村《野战医院的故事》入选“寻找乡村印迹　学习党史故事——100 个乡村中的党史故事”	宝山区文旅局	文化和旅游部
2021—2023 年度“中国民间文化艺术之乡”	宝山区罗店镇(罗店龙船)	

（续表）

奖项类别	获奖单位（班组）	授予单位
第一批全国乡村旅游重点镇	宝山区罗泾镇	文化和旅游部、国家发展改革委
第三批全国乡村旅游重点村	宝山区月浦镇聚源桥村	
全国示范性老年友好型社区	宝山区友谊路街道宝林二村社区	国家卫生健康委、全国老龄办
	宝山区张庙街道通河一村社区	
2018—2020年改善医疗服务先进典型	复旦大学附属中山医院吴淞医院	国家卫生健康委
	上海市宝山区中西医结合医院血液科	
扫黑除恶专项斗争工作成绩突出集体	宝山区市场督管理局	国家市场监督管理总局
“全国市场监管卫士”集体	宝山区市场督管理局特监科	
2017—2020年度全国群众体育先进单位	宝山区高境社会事业发展服务中心	国家体育总局
	宝山区医疗急救中心	
	上海大学附属中学教导处	
	宝山区少年儿童业余体育学校	
“午间一小时”运动健康巡回赛获评国家体育产业示范项目	宝山区体育局	
宝山三邻桥体育文化园入选体育服务综合体典型案例		
全国农民工工作先进集体	宝山区就业促进中心	国务院农民工工作领导小组
全国食品安全工作先进集体	宝山区罗泾镇食品安全委员会办公室	国务院食品安全委员会
《察案进行时——零口供盗窃案》入选第五届检察微电影微视频微动漫作品征集展播活动优秀作品奖	上海市宝山区人民检察院	最高人民检察院
全国“五好”县级工商联	宝山区工商业联合会	全国工商联
全国“四好”商会	宝山区物流协会	
全国科普示范区	宝山区	中国科协
平安中国建设示范县（2017—2020）	宝山区	平安中国建设协调小组

全国先进个人

奖项类别	姓名	工作单位（职务）	授予单位
全国优秀共产党员	王利	宝山钢铁股份有限公司中央研究院首席研究员，汽车用钢开发与应用技术国家重点实验室副主任	中共中央
全国脱贫攻坚先进个人	韦秀勇	云南省迪庆藏族自治州维西傈僳族自治县扶贫办副主任（挂职）、上海市宝山区高境镇人民政府办公室主任	中共中央、国务院
全国先进老干部工作者	李海文	宝山区大场镇社区党群服务中心八级职员	中央组织部、人力资源社会保障部
第八届全国道德模范提名奖	王友农	生前系上海吴淞口国际邮轮港发展有限公司党委书记	中央宣传部、中央文明办、全国总工会、共青团中央、全国妇联、中央军委政治工作部
2021年度“中国好人榜”	蔡庆潮	友谊路街道宝钢八村居民	中央文明办

（续表）

奖项类别	姓　名	工作单位（职务）	授予单位
全国五一劳动奖章	尹默林	上海大学体育学院讲师	全国总工会
	赵小龙	中冶宝钢技术服务有限公司宝钢协力生产分公司工人	
	毛琪钦	上海宝冶工程技术有限公司焊培中心副主任，高级技师	
全国五一巾帼标兵	谭美春	上海市宝山区中西医结合医院急诊医学科主任、感染科主任	
全国优秀少先队员	庞加椅贝	宝山区民办交华中学少先队员	共青团中央、教育部、全国少工委
全国优秀少先队辅导员	张婷妹	宝山区少先队总辅导员	
全国巾帼建功标兵	曹文洁	宝山区工商联主席	全国妇联
全国价格监测工作先进个人	陈　静	宝山区发展改革委	国家发展改革委价格监测中心
全国科普先进工作者	陈　剑	上海智慧湾投资管理有限公司	科技部、中央宣传部、中国科协
全国司法所模范个人	竺冬森	宝山区司法局月浦司法所所长	司法部
全国文化和旅游系统先进工作者	唐　磊	上海淞沪抗战纪念馆支部书记、馆长	人力资源社会保障部、文化和旅游部
全国消防救援队伍优秀女干部	肖　娥	宝山区消防救援支队防火监督三科科长	应急管理部消防救援局
全国消防救援队伍优秀女家属	袁国华	宝山区月浦镇残疾人联合会所属阳光家园	
全国群众体育先进个人	陈泰丰	宝山区体育事业管理中心主任	国家体育总局
	刘圣德	上海宝山绿色生态置业有限公司副总经理	
	王　晨	月浦镇社会事业发展服务中心负责人	
全国体育事业突出贡献奖	曹燕华	上海曹燕华乒乓培训学校校长、教练员	
第七次全国人口普查先进个人	侯莉艳	宝山区大场镇人民政府经济发展办公室副主任	国务院第七次全国人口普查领导小组
	徐　辉	宝山统计局普查中心统计师	
全国法院先进个人	王国侠	宝山区人民法院月浦人民法庭庭长	最高人民法院
全国红十字志愿服务先进典型	曹晓莉	上海震旦职业学院红十字志愿者	中国红十字会总会
全国供销合作社系统抗击新冠肺炎疫情先进个人	杨文云	上海市宝山区供销合作社办公室主任	中华全国供销合作总社

（吴嫣妮）

主要文件目录

■ 编辑　吴嫣妮

区委文件选目

宝委〔2021〕1 号	关于印发《中共上海市宝山区委常委会 2021 年工作要点》的通知
宝委〔2021〕28 号	关于中共上海市宝山区应急管理局党组改设党委的通知
宝委〔2021〕30 号	关于对 2020 年度处级领导班子绩效考核和区管干部年度考核中先进单位和先进个人实施表彰的决定
宝委〔2021〕31 号	关于调整区委督促检查工作领导小组的通知
宝委〔2021〕32 号	关于调整中共宝山区委党的建设工作领导小组组成人员的通知
宝委〔2021〕34 号	关于成立中共上海市宝山区委宣传思想工作领导小组的通知
宝委〔2021〕36 号	关于调整区拥军优属拥政爱民工作领导小组组成人员的通知
宝委〔2021〕37 号	关于调整区退役军人事务工作领导小组组成人员的通知
宝委〔2021〕41 号	关于表彰 2020 年度宝山区十佳创新实践案例的决定
宝委〔2021〕44 号	关于调整区信访工作联席会议组成人员的通知
宝委〔2021〕45 号	关于成立宝山区城市数字化转型工作领导小组的通知
宝委〔2021〕46 号	关于调整宝山区新型冠状病毒感染的肺炎疫情防控工作领导小组的通知
宝委〔2021〕47 号	关于调整宝山区新型冠状病毒感染的肺炎疫情防控专项工作组的通知
宝委〔2021〕54 号	关于调整宝山区南大地区开发建设领导小组及其办公室领导成员的通知
宝委〔2021〕72 号	关于印发《2021 年宝山区目标管理绩效考核工作实施意见》的通知
宝委〔2021〕73 号	关于表彰 2020 年度宝山区投资促进优秀企业的决定
宝委〔2021〕74 号	关于印发《中共上海市宝山区委常委会议事决策规则》
宝委〔2021〕75 号	关于印发《中共上海市宝山区委常委会加强自身建设的若干规则》的通知
宝委〔2021〕76 号	关于印发《关于进一步加强区委书记专题会、区委专题会议管理的实施意见》的通知
宝委〔2021〕77 号	关于命名 2019—2020 年度宝山区文明单位、文明校园的决定
宝委〔2021〕78 号	关于中国共产党成立 100 周年庆祝活动的通知
宝委〔2021〕86 号	关于印发《宝山区政法队伍教育整顿的工作方案》的通知
宝委〔2021〕87 号	关于印发《宝山区进一步扩大有效投资持续优化营商环境行动方案》的通知
宝委〔2021〕88 号	关于表彰宝山区创建全国文明城区（2018—2020 年）先进集体和先进个人的决定
宝委〔2021〕89 号	关于调整宝山区创建全国文明城区领导小组组成人员的通知
宝委〔2021〕90 号	关于印发《宝山区创建全国文明城区三年行动计划（2021—2023 年）》的通知
宝委〔2021〕91 号	关于设立中共上海市宝山区委党史学习教育领导小组的通知
宝委〔2021〕92 号	关于印发《宝山区关于全面推进城市数字化转型的实施意见》的通知
宝委〔2021〕93 号	关于调整中共上海市宝山区委保密委员会组成人员的通知
宝委〔2021〕99 号	关于巡视整改情况的通报
宝委〔2021〕109 号	关于调整区委全面深化改革委员会组成人员的通知
宝委〔2021〕110 号	关于调整区委财经工作委员会组成人员的通知
宝委〔2021〕131 号	关于设立上海市宝山区人民代表大会常务委员会机关党组的通知
宝委〔2021〕133 号	关于成立宝山区社区矫正委员会的通知
宝委〔2021〕135 号	关于调整中共上海市宝山区委机构编制委员会组成人员的通知
宝委〔2021〕136 号	关于设立中共上海市宝山区人民政府机关党组的通知
宝委〔2021〕149 号	关于调整中共上海市宝山区委全面依法治区委员会组成人员的通知
宝委〔2021〕150 号	关于调整中共上海市宝山区委国家安全委员会组成人员的通知
宝委〔2021〕151 号	关于成立宝山区环境美化工程领导小组的通知
宝委〔2021〕152 号	关于印发《关于宝山区全面推进乡村振兴加快农业农村现代化的实施办法》的通知
宝委〔2021〕157 号	关于调整区海防委员会组成人员的通知
宝委〔2021〕182 号	关于设立宝山区行政复议体制改革领导小组的通知
宝委〔2021〕183 号	关于设立上海市宝山区区、镇换届工作领导小组的通知
宝委〔2021〕184 号	关于做好 2021 年镇领导班子换届工作的通知

宝委〔2021〕185 号	关于调整中共上海市宝山区委审计委员会组成人员的通知
宝委〔2021〕201 号	关于命名表彰宝山区先进基层党组织、优秀共产党员、优秀党务工作者和党支部建设示范点的决定
宝委〔2021〕264 号	关于印发《中国共产党上海市宝山区委员会工作规则》的通知
宝委〔2021〕266 号	关于批转区人大常委会党组《关于区、镇两级人民代表大会换届选举工作的请示》的通知
宝委〔2021〕268 号	关于设立上海市宝山区选举委员会及人员组成的通知
宝委〔2021〕269 号	关于印发《中共上海市宝山区委关于弘扬城市精神品格全面提升科创中心主阵地城市软实力的实施意见》的通知
宝委〔2021〕271 号	关于成立宝山区扫黑除恶斗争领导小组的通知
宝委〔2021〕272 号	关于调整中共宝山区委统一战线工作领导小组成员的通知
宝委〔2021〕273 号	关于同意召开中共上海市宝山区杨行镇第五届代表大会第一次会议
宝委〔2021〕302 号	关于成立中国共产党上海市宝山区第八次代表大会筹备工作领导小组的通知
宝委〔2021〕314 号	关于印发《法治宝山建设行动方案(2021—2025 年)》《宝山区法治社会建设行动方案(2021—2025 年)》的通知
宝委〔2021〕344 号	关于撤销中共上海市宝山区档案局党组的通知
宝委〔2021〕367 号	关于转发区委组织部、区委统战部《关于做好宝山区第九届政协人事安排工作的意见》的通知
宝委〔2021〕381 号	关于推进中共上海市宝山区第八届委员会委员、候补委员和区纪律检查委员会委员候选人初步人选的通知
宝委〔2021〕382 号	关于区第八次党代表大会代表选举工作的通知
宝委〔2021〕453 号	关于各镇党委委员和书记、副书记名单的通报
宝委〔2021〕468 号	关于区委提名到有关选举单位做区第八次党代会大会代表候选人的通知
宝委〔2021〕487 号	关于召开中国共产党上海市宝山区第八次代表大会的通知(正式代表)
宝委〔2021〕488 号	关于召开中国共产党上海市宝山区第八次代表大会的通知(列席人员)
宝委〔2021〕500 号	关于中共宝山区第八届委员会常务委员会委员和书记、副书记,第八届纪律检查委员会常务委员会委员和书记、副书记选举结果的通知
宝委〔2021〕511 号	关于设立宝山区“两新”组织党建工作联席会议的通知
宝委〔2021〕512 号	关于转发《区委宣传部、区司法局关于在本区开展法治宣传教育的第八个五年规划(2021—2025 年)》的通知
宝委〔2021〕513 号	关于做好 2021 年度处级领导班子绩效考核和区管干部年度考核工作的通知
宝委〔2021〕514 号	关于成立上海市宝山区军民融合发展领导小组的通知
宝委〔2021〕520 号	关于调整中共上海市宝山区委教育工作领导小组组成人员的通知
宝委〔2021〕535 号	关于调整宝山区人才工作领导小组组成人员的通知
宝委〔2021〕556 号	关于印发《中共上海市宝山区委常委会工作报告》的通知
宝委〔2021〕557 号	关于印发《关于深入学习贯彻党对十九届六中全会精神的实施意见》的通知

(区委办)

区委办文件选目

宝委办〔2021〕1 号	关于印发《宝山区关于完善街镇管理体制整合街镇管理服务资源的实施方案》的通知
宝委办〔2021〕2 号	关于成立宝山区“比学赶超当先锋,建设科创主阵地”活动领导小组的通知
宝委办〔2021〕3 号	关于组织开展“比学赶超当先锋,建设科创主阵地”活动的通知
宝委办〔2021〕4 号	关于印发《宝山区党政机关公务用车管理实施细则》的通知
宝委办〔2021〕5 号	关于印发《宝山区党政机关办公用房管理实施细则》的通知
宝委办〔2021〕7 号	关于印发《关于深化“四项监督”加强统筹衔接高质量推进日常监管工作的实施意见(试行)》的通知
宝委办〔2021〕8 号	关于印发《中共上海市宝山区委督促检查工作领导小组 2021 年工作要点》的通知
宝委办〔2021〕9 号	关于印发《中共宝山区委党的建设工作领导小组 2021 年工作要点》的通知
宝委办〔2021〕10 号	关于印发《宝山区推进上海科创中心主阵地建设三年行动计划(2021—2023 年)》的通知
宝委办〔2021〕11 号	关于印发《2021 年区委、区政府重点工作任务分工方案》的通知
宝委办〔2021〕12 号	关于印发《宝山区政协 2021 年度协商工作计划》的通知
宝委办〔2021〕13 号	关于启用“中共上海市宝山区应急管理委员会”印章的通知
宝委办〔2021〕14 号	关于印发《关于防止懒政怠政　促进干部担当作为的实施意见》的通知
宝委办〔2021〕15 号	关于印发早餐工程等民心工程实施方案的通知
宝委办〔2021〕16 号	关于印发《宝山区交通畅达工程三年行动计划(2021—2023 年)》的通知

宝委办〔2021〕17 号	关于转发《2021 年宝山区信访工作要点》的通知
宝委办〔2021〕18 号	关于印发《宝山区党史学习教育实施方案》的通知
宝委办〔2021〕20 号	关于印发《2020 年度区委常委会民主生活会整改落实措施》的通知
宝委办〔2021〕21 号	关于印发《中共宝山区委全面深化改革委员会 2021 年工作要点》的通知
宝委办〔2021〕24 号	关于印发《宝山区“环境美化”工程三年行动计划（2021—2023 年）》的通知
宝委办〔2021〕25 号	关于印发《“比学赶超当先锋，建设科创主阵地”宝山职工能力大比武劳动和技能竞赛方案》的通知
宝委办〔2021〕29 号	关于调整宝山区投资促进工作领导小组组成人员的通知
宝委办〔2021〕31 号	关于印发《关于宝山区各级党委（党组）落实全面从严治党主体责任的工作方案》的通知
宝委办〔2021〕32 号	关于印发《全面推进宝山区城市数字化转型调研工作方案》的通知
宝委办〔2021〕33 号	关于调整区委密码工作领导小组成员的通知
宝委办〔2021〕34 号	关于调整电子政务内网建设和管理领导小组的通知
宝委办〔2021〕35 号	关于调整区党政机关电子公文系统安全可靠应用全面替代工程领导小组的通知
宝委办〔2021〕37 号	关于印发《2021 年宝山区网信工作要点》的通知
宝委办〔2021〕38 号	关于印发《宝山区庆祝中国共产党成立 100 周年组织开展“永远跟党走”群众性主题宣传教育活动的实施方案》的通知
宝委办〔2021〕39 号	关于印发《2021 年宝山区创新社会治理加强基层建设工作要点》的通知
宝委办〔2021〕40 号	关于成立宝山区开发区规范管理工作领导小组的通知
宝委办〔2021〕41 号	关于印发《关于贯彻落实市委进一步解决形式主义问题做好 2021 年为基层减负工作要求的主要措施及分工方案》的通知
宝委办〔2021〕42 号	关于印发《关于宝山区区级部门事务下沉的管理办法（试行）》的通知
宝委办〔2021〕43 号	关于深入学习贯彻执行《上海市党政领导干部防范和惩治统计造假、弄虚作假责任制规定》的通知
宝委办〔2021〕45 号	关于印发《关于宝山区全面从严治党“四责协同”机制向基层党组织延伸的指导意见（试行）》的通知
宝委办〔2021〕46 号	关于印发《关于在全区广泛深入开展党史、新中国史、改革开放史、社会主义发展史宣传教育的实施方案》的通知
宝委办〔2021〕47 号	关于印发《宝山区关于深化新时代教育督导体制机制改革的实施方案》的通知
宝委办〔2021〕48 号	关于召开中国共产党上海市宝山区第七届委员会第十二次全体会议的通知
宝委办〔2021〕50 号	关于印发《宝山区关于常态化开展扫黑除恶斗争巩固专项斗争成果的工作方案》的通知
宝委办〔2021〕51 号	关于印发《关于加强基层统计工作的实施意见》的通知
宝委办〔2021〕52 号	关于印发《宝山区行政复议体制改革实施方案》的通知
宝委办〔2021〕53 号	关于印发《宝山区推进城市数字化转型三年行动计划（2021—2023）年》的通知
宝委办〔2021〕55 号	关于印发《宝山区认真学习贯彻 < 习近平总书记在庆祝中国共产党成立 100 周年大会上的讲话 > 的实施方案》的通知
宝委办〔2021〕56 号	关于召开中国共产党上海市宝山区第七届委员会第十二次全体会议的通知
宝委办〔2021〕57 号	关于印发《区委办公室（区委研究室、区委保密办）关于落实全面从严治党主体责任的实施方案》的通知
宝委办〔2021〕58 号	关于印发《关于进一步规范区委办公室（区委研究室、区委保密办）“三重一大”事项集体决策制度的实施方案》的通知
宝委办〔2021〕59 号	关于印发《关于深化我区应急管理综合行政执法改革的实施方案》的通知
宝委办〔2021〕60 号	关于印发《关于当前宝山意识形态领域形势的通报》的通知
宝委办〔2021〕62 号	关于印发《关于宝山区规范开发区管理机构设置促进开发区创新发展的实施方案》的通知
宝委办〔2021〕63 号	关于做好 2021 年国庆节前后有关工作的通知
宝委办〔2021〕66 号	关于印发《宝山区迎接上海市生态环境保护督察“回头看”工作方案》的通知
宝委办〔2021〕69 号	关于召开中国共产党上海市宝山区第七届委员会第十四次全体会议的通知
宝委办〔2021〕70 号	关于启用“中共上海市宝山区科技创新开发工作委员会”印章的通知
宝委办〔2021〕78 号	关于印发《宝山区党政领导干部防范和惩治统计造假、弄虚作假责任制规定》的通知
宝委办〔2021〕80 号	八届一次全会通知
宝委办〔2021〕81 号	关于启用“中共上海市宝山区滨江开发建设工作委员会”印章的通知
宝委办〔2021〕82 号	关于调整区史志编纂委员会组成人员的通知
宝委办〔2021〕83 号	关于印发《关于进一步加强和完善宝山区平安创建工作的实施意见》的通知
宝委办〔2021〕84 号	关于调整区“扫黄打非”工作小组暨文化市场管理工作领导小组成员的通知
宝委办〔2021〕85 号	关于调整区文化创意产业推进领导小组成员的通知
宝委办〔2021〕87 号	关于开展 2021 年党风廉政建设责任制、基层党建工作责任制和意识形态工作责任制落实情况专项检查的通知
宝委办〔2021〕88 号	关于印发《宝山区关于做好党的十九届六中全会精神学习宣传的实施方案》的通知
宝委办〔2021〕90 号	关于印发《宝山区消防救援队伍职业保障意见》的通知
宝委办〔2021〕91 号	关于印发《宝山区与上海大学深化区校合作三年行动方案》的通知
宝委办〔2021〕92 号	关于转发《宝山区纪委监委关于建立“三个区分开来”研判平台容错纠错的实施办法（试行）》的通知
宝委办〔2021〕93 号	关于召开中国共产党上海市宝山区第八届委员会第二次全体会议的通知

宝委办〔2021〕97 号　关于做好 2022 年元旦春节期间有关工作的通知
宝委办〔2021〕99 号　关于印发《关于进一步减轻义务教育阶段学生作业负担和校外培训负担的工作方案》的通知
宝委办〔2021〕100 号　关于印发《关于全面推行林长制的实施方案》的通知
宝委办〔2021〕101 号　关于印发《深化新时代宝山产业工作队伍建设改革专项行动方案(2021—2025 年)》的通知
宝委办〔2021〕102 号　关于印发《宝山区各级党组织网络意识形态工作责任制实施细则》的通知

(区委办)

区政府文件选目

宝府〔2021〕33 号　关于对市十五届人大五次会议第 0069 号代表建议的答复
宝府〔2021〕34 号　关于对市政协十三届四次会议第 0419 号提案的答复
宝府〔2021〕35 号　关于对市十五届人大五次会议第 0898 号代表建议的答复
宝府〔2021〕41 号　关于对市十五届人大五次会议第 0605 号代表建议的答复
宝府〔2021〕44 号　关于调整宝山区防汛指挥部组成人员的通知
宝府〔2021〕62 号　关于宝山区“大棚房”问题专项清理整治行动“回头看”落实情况的报告
宝府〔2021〕70 号　关于印发《宝山区健身设施补短板五年行动计划(2021—2025 年)》的通知
宝府〔2021〕101 号　关于深入推进爱国卫生运动的实施意见
宝府〔2021〕102 号　关于进一步加强城市安全风险防控的意见
宝府〔2021〕116 号　关于印发《宝山区全民健身实施计划(2021—2025 年)》的通知

(区府办)

区府办文件选目

宝府办〔2021〕1 号　关于印发《2021 年区政府要完成的与人民生活密切相关的实事》的通知
宝府办〔2021〕2 号　关于印发《宝山区促进在线新经济发展行动方案(2021—2023 年)》的通知
宝府办〔2021〕4 号　关于 2020 年度全区政务公开工作评估考核结果的通报
宝府办〔2021〕5 号　关于 2020 年度宝山区“一网通办”评估考核结果的通报
宝府办〔2021〕6 号　关于 2020 年度办理人大代表建议和政协提案工作评估考核结果的通报
宝府办〔2021〕7 号　关于建立宝山区加强统计应统尽统工作联席会议制度的通知
宝府办〔2021〕12 号　关于转发区滨江委制订的《宝山邮轮滨江带开发建设和产业发展 2021 年重点工作》的通知
宝府办〔2021〕15 号　关于印发《2021 年度上海市宝山区人民政府重大行政决策事项目录》的通知
宝府办〔2021〕17 号　关于成立宝山区农村乱占耕地建房专项整治工作领导小组的通知
宝府办〔2021〕18 号　关于成立宝山区交通畅达工程推进领导小组的通知
宝府办〔2021〕20 号　关于印发《2021 年宝山区政务公开工作要点》的通知
宝府办〔2021〕23 号　关于转发区卫生健康委制订的《宝山区改革完善医疗卫生行业综合监管制度实施方案》的通知
宝府办〔2021〕24 号　关于调整宝山区社会救助工作联席会议组成人员的通知
宝府办〔2021〕26 号　关于印发《宝山区行政审批目录(2021 版)》的通知
宝府办〔2021〕27 号　关于调整宝山区社会养老服务体系建设领导小组组成人员的通知
宝府办〔2021〕28 号　关于调整宝山区未成年人保护委员会组成人员的通知
宝府办〔2021〕30 号　关于成立宝山区城镇房屋安全隐患排查整治工作领导小组的通知
宝府办〔2021〕31 号　关于成立宝山区统计督察整改工作领导小组的通知
宝府办〔2021〕33 号　关于印发《2021 年宝山区全面深化“一网通办”及行政审批制度改革工作要点》的通知
宝府办〔2021〕34 号　关于转发区大居推进办制订的《宝山区大型居住社区市政公建配套设施三年行动计划(2021—2023 年)》的通知
宝府办〔2021〕35 号　关于印发《宝山区托育服务三年行动计划(2021—2023 年)》的通知
宝府办〔2021〕36 号　关于印发《宝山区关于推广实施全市“一业一证”改革的工作方案》的通知
宝府办〔2021〕39 号　关于成立宝山区党政机关和国有企事业单位培训疗养机构改革联合工作组的通知
宝府办〔2021〕40 号　转发区国资委制订的《关于进一步加强房屋征收监管工作的实施方案》的通知
宝府办〔2021〕42 号　关于转发区交通委制订的《宝山区深化农村公路管理养护体制改革实施方案》的通知
宝府办〔2021〕43 号　关于成立宝山区历史风貌区和优秀历史建筑保护委员会的通知
宝府办〔2021〕45 号　关于转发区发展改革委等部门制订的宝山区“十四五”重点专项规划的通知
宝府办〔2021〕46 号　关于印发《宝山区 2021—2023 年生态环境保护和建设三年行动计划》的通知
宝府办〔2021〕47 号　关于转发区信息委制订的《宝山区电子政务外网管理办法》的通知
宝府办〔2021〕48 号　关于成立上海海上搜救中心宝山分中心的通知

(区府办)

统计数据

编辑　吴嫣妮

2021 年宝山区社会经济主要指标

指标	单位	2021 年	2020 年	增长(%)	指标	单位	2021 年	2020 年	增长(%)
土地面积	平方千米	299.15	299.15		农业总产值	亿元	3.09	2.76	11.9
年末常住人口	万人	225.01	223.52	0.7	工业总产值	亿元	2789.20	2187.78	27.5
#外来常住人口	万人	89.15	90.58	-1.6	工业销售产值	亿元	2780.03	2184.81	27.2
年末户籍人口	万人	105.56	102.82	2.7	建筑业总产值	亿元	1176.86	1039.1	13.3
出生人口	人	4618	5018	-8.0	商品销售总额	亿元	10110.44	7416.89	25.0
死亡人口	人	9318	8816	5.7	社会消费品零售总额	亿元	850.39	780.83	8.9
自然增长率	‰	-4.51	-3.73	下降 0.78 个千分点	商品房销售面积	万平方米	168.55	170.33	-1.0
地区生产总值	亿元	1725.56	1578.48	6.5	商品房销售额	亿元	653.32	438.13	49.1
第一产业	亿元	1.18	1.02	-2.3	进出口总额	亿元	1377.53	856.24	57.3
第二产业	亿元	604.78	557.86	6.3	进口额	亿元	985.36	599.39	59.1
#工业	亿元	546.44	501.65	7.3	出口额	亿元	392.18	256.85	52.8
第三产业	亿元	1119.60	1019.60	6.5	银行年末存款余额	万元	5164.00	4504.43	14.6
固定资产投资总额	亿元	657.07	645.46	1.8	银行年末贷款余额	万元	2754.27	2314.48	19.0
第一产业	亿元				专利申请量	件		9073	
第二产业	亿元	127.97	99.05	29.2	专利授权量	件	8254	6275	31.5
#工业	亿元	127.97	99.05	29.2	高新技术企业数	个	1096	854	28.3
第三产业	亿元	529.09	546.41	-3.2	居民人均可支配收入	元	77530	71456	8.5
单位增加值综合能耗增长率	%	4.40	-7.19		居民储蓄存款余额	万元	2756.44	2444.89	12.7
一般公共预算收入	亿元	437.13	363.64	20.2	各类学校数	所	339	338	0.3
#区级地方一般公共预算收入	亿元	172.90	152.97	13.0	在校学生数	人	182261	179545	1.5
区级地方一般公共预算支出	亿元	278.45	261.26	6.6	医疗机构数	个	41	43	-4.7
新设工商登记注册户数	户	25846		13.4	卫生技术人员	人	9123	8801	3.7
新设工商登记注册资金	亿元	1166.01		-12.2	医院核定床位数	张	6369	6250	1.9
利用外资合同金额	万美元	146978	139842	5.1	道路长度	公里	930	909	2.4
耕地面积	公顷	2007	2911	-31.0	公共绿地面积	公顷	2562	2529	1.3
					人均公共绿地面积	平方米	11.5	12.4	-7.3
					绿化覆盖率	%	39.0	40.5	持平
					环境空气质量优良率(AQI)	%	89.9	89.6	上升 0.3 个百分点

注:1. 地区生产总值增幅按可比价计算;2020 年常住人口为第七次全国人口普查数据。

2. 人均公共绿地面积 2015 年起按常住人口计算,由职能部门提供。

各时期宝山区社会经济主要指标平均增长率

单位:%

指 标	平均每年增长		指标	平均每年增长	
	“十三五”时期	“十四五”时期		“十三五”时期	“十四五”时期
年末常住人口	2.0	-1.2	工 业		
#外来常住人口	1.4	1.3	总产值	-1.5	27.5
年末户籍人口	1.7	-4.0	销售产值	-1.6	27.2
地区生产总值(可比增长)	4.6	6.5	商 业		
第一产业	-9.2	-2.3	商品销售额	11.7	25.0
第二产业	-0.4	6.3	社会消费品零售总额	3.2	8.9
#工业	-0.8	7.3	房地产业		
第三产业	8.2	6.5	商品房投资额	11.4	-3.9
财 政			商品房竣工面积	-3.7	11.9
区级地方一般公共预算收入	4.5	13.0	商品房销售面积	-5.5	-1.0
区级地方一般公共预算支出	3.6	6.6	商品房销售额	1.8	49.1
固定资产投资完成额	12.3		金 融		
第一产业			银行存款余额	10.8	14.6
第二产业	8.9	29.2	银行贷款余额	10.6	19.0
#工 业	8.9	29.2	居民储蓄存款余额	9.6	12.7
第三产业	13.2	-3.2	外 经		
农 业			三资企业批准数	-9.2	6.5
耕地面积	-6.8	-31.0	合同外资额	37.2	5.1
总产值	-10.7	11.7	实际到位外资	16.7	26.8
			外贸出口	0.5	52.8

2021 年宝山区地区生产总值

单位:亿元

行 业	2021 年	可比增长(%)	行 业	2021 年	可比增长(%)
合计	1725.56	6.5	比重(%)	35.0	
第一产业	1.18	-2.3	#工业	546.44	7.3
比重(%)	0.07		第三产业	1119.6	6.5
第二产业	604.78	6.3	比重(%)	64.9	

2021 年宝山区税收及构成

单位:万元

行　业	税收总收入	#区级税收	行　业	税收总收入	#区级税收
税收总收入	**4211372**	**1468004**	交通运输、仓储和邮政业	144354	41768
第一产业	1270	433	住宿和餐饮业	12704	3125
第二产业	1077080	316603	信息传输、软件和信息技术服务业	123545	35814
工　业	779941	220144	房地产业	1032969	508531
建筑业	297138	96459	租赁和商务服务业	528997	150374
第三产业	3133023	1150968	其他行业	506665	152527
批发和零售业	783788	258830			

2021 年宝山区财政收入

单位:亿元

指　标	2021 年	增长(%)	指　标	2021 年	增长(%)
一般公共预算收入	**437.13**	**20.2**	房产税	7.12	8.0
中央级收入	169.75	32.6	印花税	8.12	20.8
市级收入	94.48	14.4	土地增值税	12.65	-19.8
区级地方一般公共预算收入	**172.90**	**13.0**	契税	19.26	-9.7
#税收收入	146.26	9.0	非税收入	26.64	42.1
#增值税	57.86	12.8	专项收入	15.54	59.5
企业所得税	19.73	19.4	行政事业性收费收入	1.92	-15.0
个人所得税	13.58	50.9	其他收入	9.18	36.0
城市维护建设税	6.31	22.3			

2021 年宝山区财政支出

单位:亿元

指　标	2021 年	增长(%)	指　标	2021 年	增长(%)
区级地方一般公共预算支出	**278.45**	**6.6**	文化体育与传媒	3.86	5.2
#区本级财政支出	189.96	5.5	社会保障和就业	31.97	7.7
镇级支出	88.49	8.9	医疗卫生	21.99	12.7
#一般公共服务	14.41	1.5	节能环保	3.52	-55.6
公共安全	14.43	-6.8	城乡社区事务	37.94	18.9
教　育	52.75	-1.0	资源勘探电力信息等事务	37.00	18.3
科学技术	10.68	5.3			

2021年宝山区职工人数、工资总额及平均工资

类 别	单位数（户）	期末人数（人）		平均人数（人）		工资总额（万元）		平均工资（元）	
		从业人员	在岗职工	从业人员	在岗职工	从业人员	在岗职工	从业人员	在岗职工
合计	2870	314098	273097	335719	295043	4017252	3696402	119661	125284
按注册类型分									
内资企业	2687	284529	247224	306025	269139	3587696	3319038	117235	123321
国有企业	28	6967	6573	7042	6652	74623	71914	105968	108108
集体企业	36	1723	1504	1737	1517	13957	12935	80353	85268
股份合作企业	7	700	206	702	200	6489	1576	92433	78820
联营企业	10	209	186	210	187	2299	2066	109476	110497
有限责任公司	600	100018	84743	100597	84876	1407461	1280276	139911	150841
股份有限公司	43	24532	23882	25198	24286	664953	655869	263891	270061
私营企业	1963	150380	130130	170539	151421	1417915	1294401	83143	85484
港、澳、台商投资企业	60	8440	8053	8575	8204	107012	101824	124795	124115
外商投资企业	123	21129	17820	21119	17700	322544	275540	152727	155672
按隶属关系分									
中　央	105	50605	44566	50945	44424	1178130	1106369	231255	249048
地　方	187	32894	26769	34002	27594	421060	372255	123834	134904
其　他	2578	230599	201762	250772	223025	2418063	2217779	96425	99441
按行业门类分									
制造业	530	84248	77349	84981	77873	1375290	1295520	161835	166363
电力、热力、燃气及水生产和供应业	6	1460	1452	1458	1450	50458	50391	346080	347526
建筑业	200	38904	29952	38077	30195	424589	364735	111508	120793
批发和零售业	951	35567	33148	35765	33456	444380	425500	124250	127182
交通运输、仓储和邮政业	241	24748	20582	25151	20901	260456	228349	103557	109253
住宿和餐饮业	167	12387	10839	12404	10827	82206	72156	66274	66645
信息传输、软件和信息技术服务业	81	17805	17240	16926	16405	297040	291123	175493	177460
房地产业	273	19809	15262	19679	14813	198970	175472	101108	118458
租赁和商务服务业	210	44924	40735	66274	62095	444193	411263	67024	66231
科学研究和技术服务业	95	15907	14153	15877	13807	273139	252249	172034	182696
水利、环境和公共设施管理业	28	4920	2459	4896	2441	55736	37851	113841	155065
居民服务、修理和其他服务业	56	9955	6637	10629	7312	68973	51115.8	64891	69907
教　育	12	1272	1251	1491	1474	21927	21519	147059	145989
卫生和社会工作	8	1584	1453	1513	1414	15891	15215	105032	107602
文化、体育和娱乐业	12	608	585	598	580	4005	3944	66972	68000

注：劳动工资统计口径为规模以上工业、有资质的建筑业、限额以上批发和零售业、限额以上住宿和餐饮业、有开发经营活动的全部房地产开发经营业、规模以上服务业法人单位。

2021年宝山区农业总产值及其构成

单位:万元

类 别	2021年	现价增长(%)	可比价增长(%)	类 别	2021年	现价增长(%)	可比价增长(%)
合计	30893	11.7	7.4	畜牧业	13	80.4	65.0
种植业	22367	16.8	11.1	#猪			
#谷物	1814	4.6	2.8	禽	13	80.4	65.0
蔬菜	9098	4.5	-4.4	奶			
水果	4504	-7.2	-12.0	渔业	1222	-21.6	-26.8
林业	4089	0.1	-0.6	农业服务业	3202	12.2	12.2
#造林							

2021年宝山区商品销售额和社会消费品零售总额

单位:万元

指 标	2021年	增长(%)	指 标	2021年	增长(%)
商品销售额	10110.44	25.0	有限责任公司	227.43	6.6
#限额以上	10091.34	24.8	股份责任公司	12.32	18.1
#金属及金属矿批发	8205.22	26.9	私 营	186.51	14.1
社会消费品零售总额	850.39	8.9	港澳台商投资	31.99	27.6
#限额以上	510.97	10.2	外商投资	39.12	-3.6
按登记注册类型分			按行业分		
内 资	439.76	10.5	批发和零售业	773.80	8.4
国 有	9.47	30.6	#汽车零售	131.69	4.4
集 体	0.63	69.2	#互联网零售	182.99	28.2
股份合作	0.06	22.8	住宿餐饮业	76.59	14.8
联 营	3.27	1.3			

2021年宝山区邮政、电信

指 标	单位	2021年	2020年	增长(%)	指 标	单位	2021年	2020年	增长(%)
邮政支局	个	13	13	平	报刊累计订销数	万份	3706	5977	-38.0
邮政所	处	27	27	平	固定电话用户	万户	25.3	47.7	-47.0
邮政业务总量	万元	36704	54145	-32.2	宽带接入	万户	85.6	72	18.9
函 件	万件	250	376	-33.5	平均带宽	兆	345	200	72.5

2021年宝山区公共文化设施

指标	单位	2021年	2020年	指标	单位	2021年	2020年
合 计	个	671	682	文化活动广场	个	58	48
区级公共图书馆	个	1	1	名人故居、纪念馆	个	10	21
区级公共文化馆	个	1	2	博物馆、美术馆	个	22	22
街镇级公共图书馆	个	24	22	居(村)委文化活动室数	个	527	531
街镇级公共文化站(中心)	个	18	19	其他公共文化设施	个	10	16

2021 年宝山区广播电视业

指标	单位	2021 年	2020 年	指标	单位	2021 年	2020 年
全区广播电视机构	个	1	1	#自办节目	小时	1820	1822
广播电视工作者	人	124	106	#新闻资讯类节目	小时	520	609
区电视台公共节目播出时间	小时	4860	5752	专题服务类节目	小时	1040	819
#自办节目	小时	688	1710	综艺类节目	小时		3222
#新闻资讯类节目	小时	560	919	广播剧类节目	小时		35
专题服务类节目	小时	118	1683	广告类节目	小时		427
综艺类节目	小时		8	其他类节目	小时	260	31
影视剧类节目	小时		2532	区广播电台全年制作节目时间	小时	1040	271
广告类节目	小时		571	有线电视分中心	个	2	2
其他类节目	小时	10	39	有线电视总用户数	万户	35.0	35.0
区电视台全年制作节目时间	小时	122	290	有线广播电视传输网络干线总长	公里	2580	2600
区广播电台公共节目播出时间	小时	5042.5	5143				

2021 年宝山区公共图书馆

指标	单位	2021 年	2020 年	指标	单位	2021 年	2020 年
机构数	个	25	23	阅览室座席数	个	4208	4097
从业人员	人	189	174	总流通人次	万人次	146.75	70.96
总藏量	万册、件	311.90	177.59	#外　借	万人次	17.92	18.40
#图　书	万册	173.53	171.07	计算机	台	630	444
报　刊	万册	14.72	3.87	#电子阅览室终端数	个	500	332
本年新购藏量	册、件	9.61	18.87	书刊文献外借册次	万册次	102.69	81.30
实际使用房屋建筑面积	万平方米	2.51	2.44	为读者举办各种活动			
书　库	万平方米	1.04	1.00	次　数	次	161	357
阅览室	万平方米	1.39	1.30	参加人次	万人次	1.32	862.21

2021 年宝山区体育事业

指标	单位	2021 年	2020 年	指标	单位	2021 年	2020 年
举办运动会和比赛次数	次	6	1	国际级（健将）	人		
综合运动会	次			国家级（运动健将）	人		
单项比赛	次	6	1	一级（高级）	人	60	20
举办全民健身活动次数	次	801	805	二级（中级）	人	60	71
参加体育赛事				三级（初级）	人		10
国家级赛事	项	5	6	专职教练员	人	42	41
市级赛事	项	105	142	裁判员	人		32
参赛运动成绩				公共体育场馆			
参加国家比赛				体育场	个	1	1
冠　军	项	5	6	体育馆	个	3	3
亚　军	项			游泳馆	个	58	53
季　军	项			运动场	个	640	640

（续表）

指标	单位	2021 年	2020 年	指标	单位	2021 年	2020 年
参加市级比赛				训练房	个	4	4
冠　军	项	35.0	51.5	社区健身设施			
亚　军	项	32.0	43.0	健身苑	个	5	5
季　军	项	38	47	健身点	个	984	954
优秀运动员、教练员、裁判员				社区公共运动场	处	52	49
运动员	人	120	101	农民健身家园	个	54	54

2021 年宝山区社会治安

指标	单位	2021 年	2020 年	指标	单位	2021 年	2020 年
刑事案件				**治安案件**			
立案数	起	8447	9079	受理数	起	11616	27042
破案数	起	5561	5443	查处数	起	11235	25846
刑事案件作案人员中青少年比重	%	26.7	20.0	查处违法人员数	人	5108	4013

2021 年宝山区火灾事故与消防

指标	单位	2021 年	2020 年	指标	单位	2021 年	2020 年
火灾事故				消防车辆	辆	77	76
发生次数	起	1232	566	消防人员	人	577	540
死亡人数	人	6	6	出动起数	起	5166	4933
受伤人数	人	5	3	出动人次	人次	61842	50531
损失折款	万元	1561	489	出车辆次	辆次	8678	7310
消防情况				抢救人员	人	612	191
消防队	队	12	11	抢救财产价值	万元	8113	1076

2021 年宝山区律师、法律服务及调解工作

指标	单位	2021 年	2020 年	指标	单位	2021 年	2020 年
律师工作				基层法律服务所	人	1	1
律师事务所	个	62	56	基层法律工作人员		14	14
律师人数	人	461	427	调解工作			
专职律师	人	457	423	街镇建司法所	个	12	12
兼职律师	人	4	4	司法所工作人员	人	58	46
办理各类法律事务				人民调解委员会	个	529	525
担任法律顾问	家	888	767	调解人员(专职)	人	563	602
刑事诉讼辩护及代理	件	1085	1039	调解民间纠纷	件	8041	6583
民事案件诉讼代理	件	6825	4839	#调解成功	件	8031	6462
行政案件诉讼代理	件	84	44	法律援助工作			
非诉讼法律事务	件	520	630	受理援助案件	件	825	914
解答法律询问	人次	792	1000	接听 12348 咨询电话	个	12436	11364
代写法律事务文书	件	603	129	接待来访当事人	批	4091	3039
法律服务	个						

（区统计局）

调查资料

编辑　吴嫣妮

产业转型提质增效，潜力企业亟待培育
——宝山区战略性新兴产业发展情况分析

近年来，宝山区主动布局科创战略前沿，全方位推进高质量发展，增强产业核心竞争力，将战略性新兴产业（以下简称战新）作为发展的重点和主体。战新产业发展呈现出势头快于全区工业、利润水平逐步提高、重点领域发展壮大、新增长点蓬勃涌现、创新能级有所提升等诸多特点。但也应看到，宝山区战新产业存在体量偏小，对宝钢依赖程度较重，纳税情况欠佳，比市、郊区相比差距较大等问题。同时受宝钢战新产品系数调整影响，2021 年战新产值占比有所回调。以上问题提醒宝山区要走好“提旧”“育新”2 条路，下功夫做好“布局”“挖潜”2 篇文章，在产业布局优化、创新能力提升等方面采取更加科学有效的措施，从而推动战略性新兴产业进一步壮大发展。

一、战略性新兴产业发展概况

（一）总体情况：发展势头向好，质量效益有所提升

战新产业发展速度好于全区规模以上工业（简称规上）。2021 年 1 月—4 月，战略性新兴产业完成工业总产值 182.03 亿元，按可比价格计算，增长 22.8%，增速高于规上工业 6.4 个百分点。从“十三五”以来的发展情况看，战新产值总量在 2018 年到达最高，后 2 年有所回落；增速在 2017 年最快，后 3 年均处在下降通道，但增速仍然好于规上工业；“十三五”年均增长 0.5%，增速高出规上工业年均增长 2.5 个百分点。

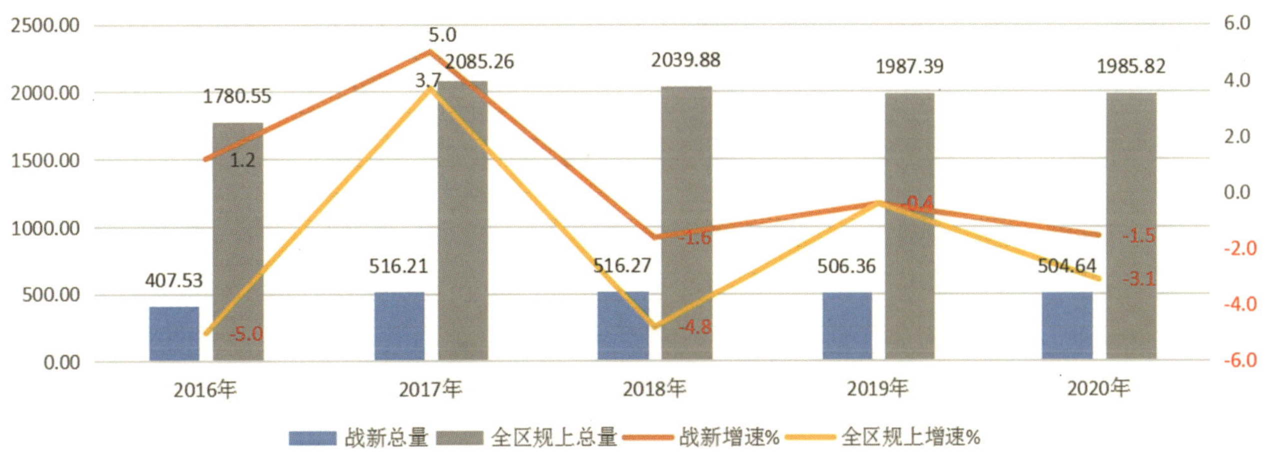

2016 年—2020 年宝山区战新与全区规上总量（亿元）、增速

“十三五”战新产业占比逐步扩大，2021 年有所回调。2020 年宝山区实现战略性新兴产业工业总产值 504.64 亿元，占规上工业总产值比重 25.4%，相较 2016 年占比（22.9%）提高 2.5 个百分点。2021 年 4 月，上海市统计局根据 2020 年《工业企业战略性新兴产业总产值》年报情况对战新产业中新材料企业战新占比系数进行调整，宝山钢铁股份战新产品系数由原来的 25.4% 下降到 18.7%。受此影响，预估全年宝山区战新产值占比将比调整前下降 2～2.5 个百分点，1 月—4 月战新产值占规上比重为 23.3%。

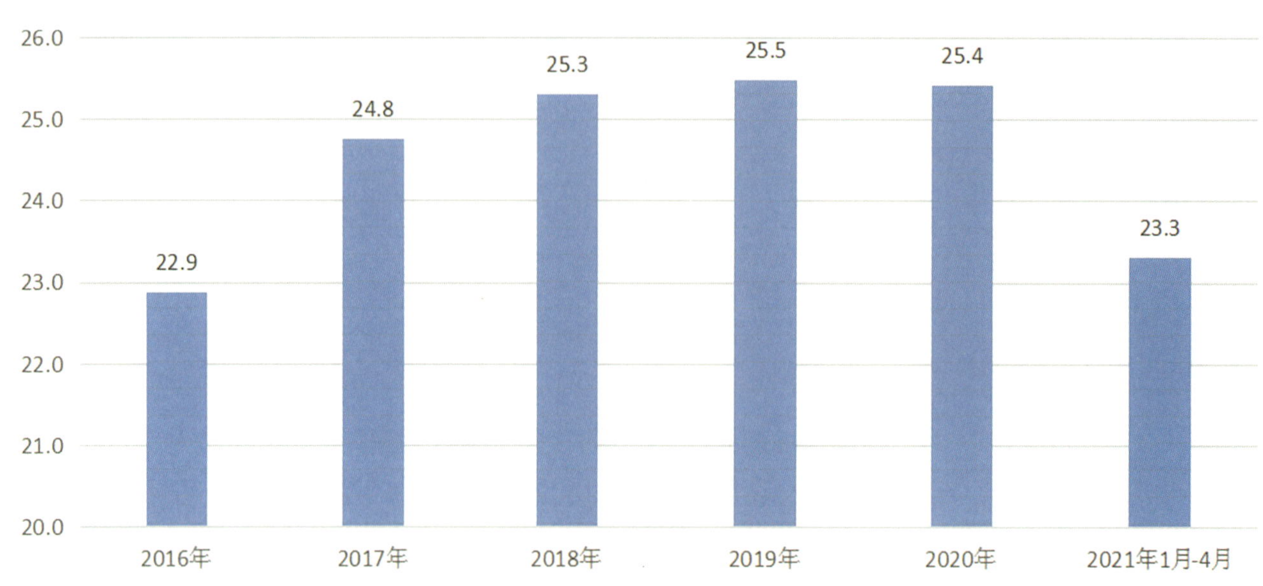

2016 年—2021 年 4 月宝山区战新占全区规上工业比重(%)

战新企业效益呈"W 型"走势,2021 年延续增势。从"十三五"战新企业利润情况看,5 年增速呈现"一年增长、一年下降"波动态势。2021 年延续 2020 年以来积极向好态势,战新企业质量效益持续增强。2021 年 1 月—4 月,战新产业企业实现工业利润总额 41.67 亿元,同比增长 92.7%。

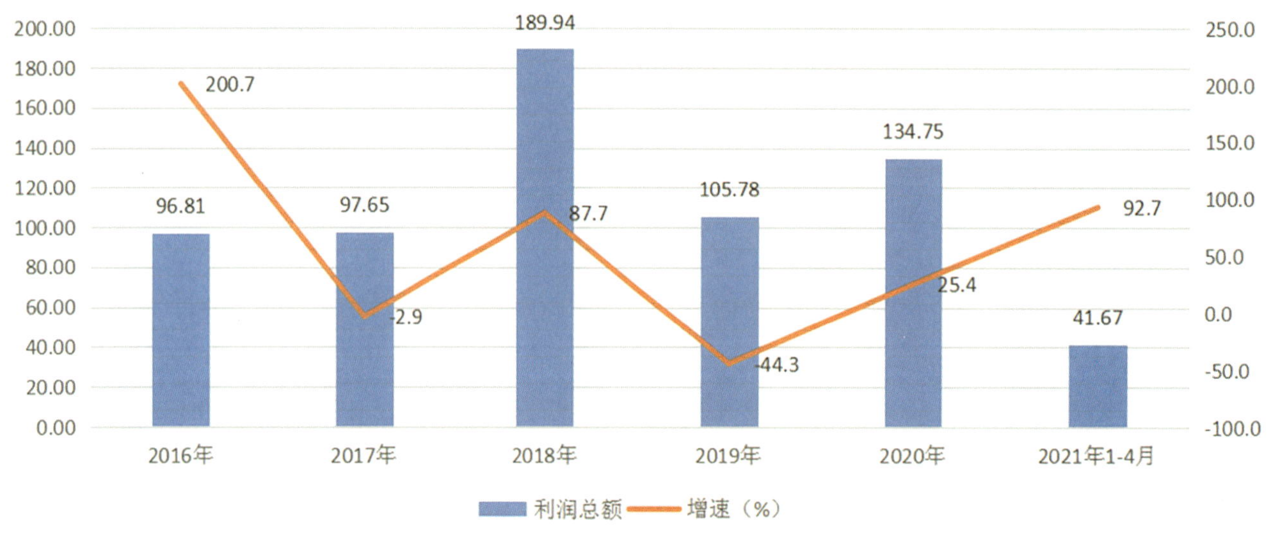

2016 年—2021 年 4 月宝山区战新企业利润总额(亿元)及增速

注:战新企业利润增速为当年同批企业的同比数

(二)细分领域:内部结构发生变化,新材料比重仍较高,其他细分产业持续发展壮大

新材料产值比重超六成,节能环保、新能源比重提升较快。从"十三五"以来各细分行业占全区战新产值的比重看,宝山区战新产业的内部结构变化有所体现。新材料产值占全区总量比重虽有减少,但仍占比 60%。高端装备比重排名第二,2020 年比重为 17.5%,比 2016 年减少 2.1 个百分点。节能环保、新能源比重排名第三、第四,2020 年比重排名分别比 2016 年提升 5.1、4.8 个百分点。生物、新一代信息技术比重排名第五、第六,2020 年比重排名分别比 2016 年下降 0.2、3.2 个百分点。新能源汽车份额较小,比重排名各行业末位。

2016 年—2020 年宝山区战新产业细分行业占全区战新产值比重

单位:%

战新细分行业	2016 年	2017 年	2018 年	2019 年	2020 年	2020 年比 2016 年提升
新材料	64.5	65.5	66.1	64.6	60.0	-4.5
高端装备	19.6	21.7	21.1	19.2	17.5	-2.1
节能环保	4.3	3.3	7.4	8.0	9.3	5.1
新能源	1.4	0.7	1.2	3.3	6.2	4.8
生物	5.0	3.2	2.9	3.3	4.8	-0.2
新一代信息技术	5.2	5.5	1.0	1.2	2.0	-3.2
新能源汽车	0.0	0.3	0.3	0.3	0.2	0.2

注:计算各细分行业占总量的比重时总量数未作剔重,仅将各行业数据简单加总

各细分行业发展壮大,新材料、节能环保产值五年增速有所下降。2021 年 1 月—4 月,战新七大细分行业除了新材料增长 7.4%,其他六大行业均实现超三成的增速。新能源汽车增长 2.6 倍,新一代信息技术增长 61.4%,生物增长 53.4%。从“十三五”以来各细分行业的产值年均增速看,七大细分行业有 5 个行业年均增速实现增长。新能源、新一代信息技术、高端装备保持两位数增长,新能源汽车、生物年均增速在个位数区间,新材料、节能环保年均增速有所下滑。

从各细分行业 5 年增速走势看,各行业差异较大。增幅不断扩大的是新一代信息技术;增速先探底再快速回升的是生物、节能环保;增速先冲高再回落的是高端装备、新能源汽车;增速波动较大,逐步收窄的是新能源;增速一直处于下降通道的是新材料。

2016 年—2020 年宝山区战新细分行业战新产值增速

单位:%

战新细分行业	2016 年	2017 年	2018 年	2019 年	2020 年	累计增速	平均增速
新能源	-12.4	-38.3	80.7	55.3	23.1	86.8	13.3
新一代信息技术	2.7	2.7	12.1	13.8	28.3	72.7	11.5
高端装备	6.2	43.5	9.4	-1.2	-0.9	63.3	10.3
新能源汽车		70.9	4.2	-0.3	-25.2	32.7	5.8
生物	11.4	-21.0	-11.6	12.4	40.4	22.8	4.2
新材料	-1.3	-1.1	-4.3	-1.0	-4.6	-11.8	-2.5
节能环保	5.6	-23.4	-6.6	-5.8	-5.9	-33.1	-7.7

新能源、新材料盈利能力相对较高。从“十三五”以来各细分行业的利润总额增长情况看,七大细分行业利润总额 5 年平均增长呈现“四增三降”。新能源、新材料、生物、新一代信息技术 5 年平均实现增长,高端装备、新能源汽车、节能环保五年年均有所下降。

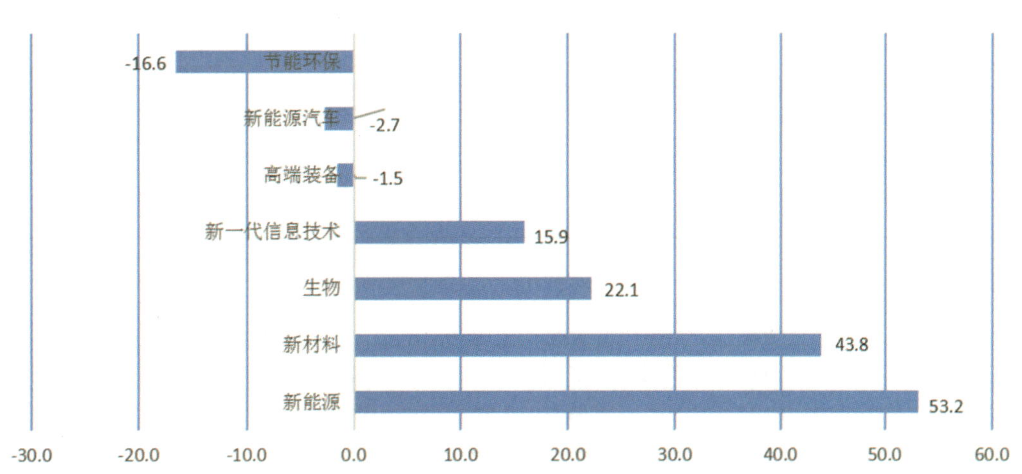

2016 年—2020 年宝山区战新产业细分行业利润总额年平均增长(%)

（三）街镇园区情况：企业主要集中于中北部镇及工业园区、顾村镇占比持续提升

从战新单位街镇分布情况看，主要集中于杨行、月浦、顾村、罗店、罗泾、城工园和宝工园。“十三五”期间，各地区战新户数总体变化不大，但南部各镇企业逐步减少，城市工业园区户数增长较快。战新企业进一步向中北部镇及工业园区集聚。

从战新占比看，2020 年占比超过 25% 的地区有吴淞、顾村、淞南、城工园。其中顾村战新占比在“十三五”期间持续提高，淞南战新占比提升较快。

2016 年—2020 年宝山区街镇（园区）战新企业户数及战新产值占比

街镇（园区）	战新企业户数（户）					战新产值占比（%）				
	2016 年	2017 年	2018 年	2019 年	2020 年	2016 年	2017 年	2018 年	2019 年	2020 年
罗店镇	9	11	11	12	9	17.6	17.3	13.5	18.3	13.7
大场镇	2	—	—	—	—	10.4	—	—	—	—
杨行镇	12	17	14	18	18	12.1	12.8	21.7	30.0	23.7
月浦镇	14	15	16	17	15	23.4	27.6	34.5	37.0	24.1
罗泾镇	8	10	7	7	8	18.7	33.4	28.1	22.8	20.8
顾村镇	16	13	10	12	13	39.2	43.6	44.6	46.0	51.4
高境镇	1	1	1	2	3	13.1	14.4	10.1	4.9	13.1
庙行镇	2	2	2	—	—	20.4	24.5	15.9	—	—
淞南镇	4	3	2	2	4	6.2	7.1	4.3	34.2	45.3
宝山城市工业园区	19	16	13	14	25	30.1	32.9	25.5	17.4	31.8
宝山工业园区	16	15	13	14	15	32.7	38.4	25.8	21.1	19.0
友谊路街镇	—	—	—	—	—	—	—	—	—	—
吴淞街镇	3	4	5	4	1	40.3	46.0	89.8	68.7	57.4
张庙街道	—	—	—	—	—	—	—	—	—	—

（四）企业概况：近年来新增企业不断涌现，部分行业新企业多，但总量仍依靠老单位

2019 年后新增企业数量多，但战新总量仍以 2016 年之前入库单位为主。以 2020 年战新名单为基础，分析 5 年内战新企业的变化情况。2020 年战新名单中有 113 家战新企业，2016 年之前入库的有 54 家，不到户数的一半；2019 年、2020 年入库数分别为 21 家、24 家。从这些单位 2020 年战新产值比重看，2016 年之前入库的企业实现战新产值占比超过 80%；2019 年以后入库的企业数虽然多，但战新产值占比仅为 7.8%。

通过入库企业入库年份的当年战新产值与 2020 年战新产值相比，2016 年之前入库的企业有 37 家 2020 年的战新产值实现增长，增长面为 68.5%，高于 2017 年、2018 年、2019 年入库的企业增长面。数据显示，近几年新入库的企业产值总量不大，而且相比老企业，产值更容易出现波动。

2020 年宝山区战新企业按入库时间分情况

入库时间	户数（户）	比重（%）	2020 年产值高于入库年产值户数（户）	增长面（%）	2020 年战新产值（亿元）	比重（%）
合计	113	100.0	—	—	504.64	100.0
2016 年之前入库	54	47.8	37	68.5	404.65	80.2
2017 年入库	12	10.6	3	25.0	40.67	8.1
2018 年入库	2	1.8	1	50.0	19.65	3.9
2019 年入库	21	18.6	9	42.9	28.00	5.5
2020 年入库	24	21.2	—	—	11.67	2.3

生物企业相对稳定，新一代信息技术、节能环保新增企业不断涌现。从 2020 年战新企业的入库年份看，生物 11 家企业中 9 家是 2016 年之前入库的单位。新一代信息技术、节能环保 2016 年之前入库的单位分别只有 2 家、3 家；2016 年之后分别入库 7 家、15 家，比重达 77.8%、83.3%。高端装备、新材料、新能源 2016 年之前入库的单位比重在 50% ~60% 之间，2016 年之后也出现一定比例的新增单位。

2020 年宝山区战新细分行业企业按入库时间分情况

战新细分行业	总户数	2016 年之前入库		2016 年之后入库	
		户数(户)	比重(%)	户数(户)	比重(%)
合计	113	54	47.8	59	52.2
生物	11	9	81.8	2	18.2
新能源	7	4	57.1	3	42.9
高端装备	30	17	56.7	13	43.3
新材料	37	19	51.4	18	48.6
新一代信息技术	9	2	22.2	7	77.8
节能环保	18	3	16.7	15	83.3
新能源汽车	1	0	0.0	1	100.0

各行业龙头企业引领作用较为明显。从 2020 年战新企业的战新产值比重看,除去新能源汽车,各行业产值排名前五位的企业所占该行业的比重均超过 75%。

2020 年宝山区战新细分行业产值前 5 位企业占比

战新细分行业	2020 年战新产值(亿元)	前 5 位企业产值(亿元)	比重(%)	龙头企业
新能源	32.76	32.07	97.9	光驰科技、电气电力
新材料	321.94	280.40	87.1	宝钢股份、宝钢日铁、宝钢高强钢、宝钢特钢
节能环保	43.46	37.50	86.3	东方泵业、一冷开利、宝田新型
生物	25.47	21.65	85.0	复星长征、朝晖药业、黄海制药
新一代信息技术	4.14	3.12	75.3	日扬电子、久能机电
高端装备	75.57	56.70	75.0	发那科机器人、鑫燕隆汽车、海隆石油
新能源汽车	1.30	—	—	—

二、发展过程中需关注的情况

(一)宝山钢铁股份一家独大,影响全区走势

数据显示,“十三五”期间,宝钢股份占新材料比重稳步提升,2020 年已占近 2/3 体量,占全区战新产值的比重也超过四成。由于宝钢股份工业总产值占宝山总量的比重较高,其数据的波动对全区战新产值造成直接影响。2021 年 4 月的战新系数调整后,宝钢股份占全区规上战新产值比重比 2020 年底下跌 6.5 个百分点,直接下拉全区战新占比 1.9 个百分点,全年预计宝钢股份下拉全区战新占比 2~2.5 个百分点。

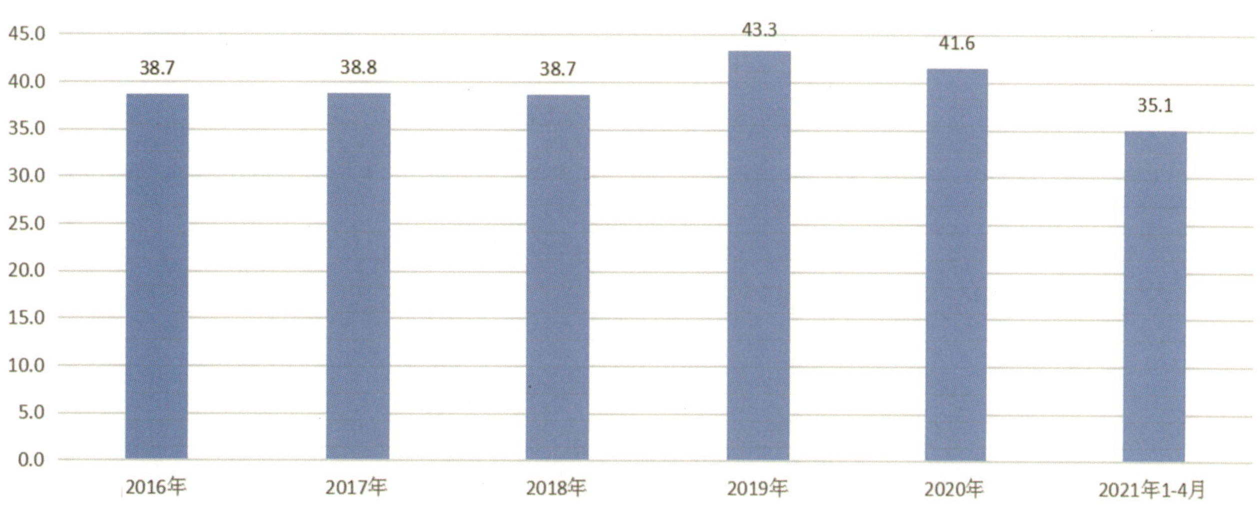

2016 年—2021 年 4 月宝钢股份占宝山区战新比重(%)

(二)战新"潜力股"企业数量亟待培育

做大做强战新总量,不仅要关注对战新行业贡献突出的领军企业,更不能忽视战新领域中发展势头较好的"潜力企业"。根据2020年战新名单进行分析,在"十三五"期间,战新产值保持3年及以上增长的企业21家,约占企业数1/5,主要集中在生物、新材料等领域。具体企业看,10家企业已经成长为行业前5位企业;13家企业2020年产值比2016年产值增长超过50%,其中6家企业2020年产值比2016年实现翻番。这些持续增长的企业,显示出良好发展潜力,虽然部分企业目前的体量并不大,但代表着产业未来发展方向,值得宝山区进一步耐心培育。但目前宝山"潜力企业"数量偏少,与经济规模和经济高质量发展并不匹配,下一步亟待激发战新中小企业发展活力和创新能力。

2020年宝山区战新细分行业中"十三五"期间产值保持3年以上增长企业

战新细分行业	代表企业
新能源	*电气电力、*欧际柯特
高端装备	*法孚斯坦因、*海隆石油、恒力锻压
生物	*复星长征、*朝晖药业、*黄海制药、*爱普食品、信联化学、宝佳医疗
新一代信息技术	*西普瀚芯
新材料	洛克磁业、中冶环境宝、九和耐火、利尔耐火、富铭密封、君威钢绳、长伟锦磁
节能环保	*东方泵业、凡清环境

注:标*企业为产值排名前5企业。

(三)战新企业对全区工业税收贡献相对稳定,但近三年纳税情况不佳

战新工业企业实现区级税收占全区工业区级税收比重较为稳定,"十三五"维持在25%~29%区间范围。从"十三五"战新企业纳税情况看,战新工业企业"十三五"完成区级税收累计增幅20.7%,5年平均增幅3.8%,新一代信息技术、高端装备、生物5年平均增幅较大;战新企业完成区级税收体量在2017年最高,后3年逐年递减;"十三五"前2年大多数行业税收保持增长,后3年大多数行业呈现跌幅,2020年仅生物区级税收实现增长。

2016年—2020年宝山区战新企业实现区级税收

年份	总计(亿元)	增速(%)	占工业区级税收比重(%)
2016年	6.16	56.5	25.6
2017年	9.24	40.1	28.7
2018年	8.73	-20.3	28.8
2019年	6.79	-21.5	29.4
2020年	6.03	-12.0	26.8
累计增速	—	20.7	—
平均增速	—	3.8	—

注:战新企业税收增速为当年同批企业的同比数

2016年—2020年宝山区战新细分行业区级税收增长

单位:%

战新产业细分行业	2016年	2017年	2018年	2019年	2020年	累计增速	平均增速
新一代信息技术	17.0	98.6	62.9	-30.0	-6.7	147.1	19.8
高端装备	10.7	120.5	-10.9	-13.7	-12.8	63.5	10.3
生物	27.6	101.2	-30.8	-23.2	19.3	63.0	10.3
新能源	235.9	-9.1	-71.5	71.0	-1.0	47.2	8.0
新材料	95.2	1.6	-14.1	-25.5	-11.4	12.4	2.4
新能源汽车	-45.2	428.0	-27.0	-60.5	-3.0	-19.0	-4.1
节能环保	8.3	50.7	-37.1	-13.9	-32.7	-40.5	-9.9

(四)总量、增速、占比低于全市水平,处于郊区尾端

与全市数据比较,"十三五"以来,宝山战新产值增速均低于同期全市增长水平,战新占规上比重也低于全市水平,且差距呈现逐步拉大趋势。2016年差距最小时相差3.8个百分点,2021年1月—4月拉大到15.7个百分点。

2016年—2021年4月宝山区与上海市战新数据

年份	宝山区			上海市		
	战新总量(亿元)	增速(%)	占规上比重(%)	战新总量(亿元)	增速(%)	占规上比重(%)
2016年	407.53	1.2	22.9	8307.99	1.5	26.7
2017年	516.21	5.0	24.8	10465.92	5.7	30.7
2018年	516.27	-1.6	25.3	10659.91	3.8	30.6
2019年	506.36	-0.4	25.5	11163.86	3.3	32.0
2020年	504.64	-1.5	25.4	13930.66	8.9	40.0
2021年1月—4月	182.03	22.8	23.3	4647.22	26.7	39.0

与8个郊区数据的比较,宝山战略性新兴产业在体量规模、发展速度、占据比重都有差距。宝山总量近2年稳定在第六,体量偏小。2021年1月—4月产值仅为松江的21.2%、闵行的33.8%、嘉定的45.9%。宝山增速由"十三五"前期的中上游下滑至"十三五"后期的末端。宝山比重一直处于各郊区中下游,2021年1月—4月因宝钢战新系数调整而跌至第八。

2016年—2021年4月宝山区战新在上海市郊区排名

年份	战新总量(亿元)	排名	可比增速(%)	排名	战新占规上比重(%)	排名
2016年	407.53	7	1.2	4	22.9	7
2017年	516.21	4	5.0	3	24.8	6
2018年	516.27	5	-1.6	8	25.3	5
2019年	506.36	6	-0.4	7	25.5	6
2020年	504.64	6	-1.5	8	25.4	6
2021年1月—4月	182.03	6	22.8	7	23.3	8

三、对策建议

总的来看,在重点行业和龙头企业持续快速增长的带动下,宝山区战略性新兴产业发展速度进一步提升。但是宝山作为传统工业基地,新兴产业表现为"势强力弱",总量仍弱小,仍较依靠老企业,创新程度较低,内生动力不足。建议要走好"提旧""育新"2条路,做足"布局""挖潜"2篇文章,推动战新产业转型升级、提质增效发展,根据自身资源优势抢占战略性新兴产业这块经济和科技发展高地。

一是提升新材料产业规模能级。新材料作为全区战新的支柱行业,体量占比达60%,占用资源多,但近年来产值一直处于下降通道,2021年又涉及宝钢战新系数调整,对全区总量拉滞影响较大。短期内,宝武系企业仍是全区的重要依托。形势倒逼我们需要促进传统企业转型升级提速,利用有限资源针对相对优势行业集中发力,进一步打响"宝武"品牌,突破传统制造瓶颈,做到"旧瓶装新酒"。

二是打造宝山代表新作,培育壮大高端装备产业集群,重点发展生物、节能环保、新能源、新一代信息技术等新动能。其余六大战新行业虽然总量相比新材料比重不大,但发展各有亮点,显示出一定的发展潜力。高端装备比重第二,机器人是宝山区智能制造高端化发展的主导产业;新一代信息技术产值、利润增长较快,新增企业不断涌现;节能环保产值降幅不断收窄,新企业数量多;生物产值走势向上,税收、利润在2020年逆势上扬;新能源比重快速提升,2020年产值、利润均实现增长;新能源汽车比重最小,亟待培育。下一步需加大这些行业培育力度,不断做大做强,强化对全区战新的推动作用,尽可能弥补新材料减少的体量。

我们建议:一是下好产业布局"先手棋"。把合理布局产业、选择优势企业作为发展战略性新兴产业的前期重点工作。围绕各地区产业发展导向和要素集聚能力,精准对接产业地图,发挥特色产业园区招商优势,在科学规划产业布局、招商引资等方面重点突破,争取引入"增量"企业。相关职能部门需要加大对战新企业的关注力度和扶持力度,改善企业发展环境,以产业服务促产业招商。

二是打好内部挖潜"主动仗"。近年来,宝山区工业投资体量偏小,内生增长动力相对较弱。具体表现为区内引进制造业项目数偏少、新材料行业项目审批环保要求高、生物医药等行业达产周期又较长等。因此想要弥补宝钢减少的战新体量,更多地需要做好"挖潜",进一步激活"存量"企业。通过"研磨"技术、"嫁接"智能,加快科技成果转化步伐,注重培育和扶持中小企业,不断完善战新产业链条,推进特色产业"强筋壮骨""多元支撑"。同时,相关职能部门应将梳理全区工业企业的战新产品和界定工业企业的行业范围作为战新工作的日常抓手,确保将战新企业及时纳入统计。

(区统计局 沈邵军 于 珊 樊 琳)

抓增量，促存量，加快工业投资产出
——“十三五”期间工业投资情况分析

工业经济的快速发展离不开投资总量的扩大，高投资是工业经济快增长的重要源泉，是促进工业产业结构转型升级、提高工业经济发展质量的重要途径。从“十三五”情况看，工业投资总体保持了平稳的势头，投资总量小幅提高。但工业产出效应不明显，呈现投资涨、产值降的态势；新建工业项目少、投资进度慢、投资力度不够等问题需引起高度关注。建议：一要借“科创中心主阵地”的东风，抓存量转型，抓新增项目入驻，大力发展实体经济，确保经济可持续发展；二要加大对工业投资进度的跟踪力度的同时也要重点关注项目竣工后的投产情况，主动服务，促进企业早开工早竣工早投产。

一、工业投资总体情况

（一）工业投资年均增长7.5%，总体保持平稳增长

“十三五”期间[①]，从总量看，五年内完成固定资产总额[②]2456.19亿元，其中工业投资356.16亿元，占全区投资总量的14.5%。从趋势看，工业投资持续保持增长，至2020年末，当年工业投资达到82.39亿元，为历年最高。从增速看，工业投资年均增长7.5%，慢于全区4.3个百分点。自2016年起，工业投资总体保持增长，特别是2017年增速达到26.8%，超过当年全区投资14.8个百分点。

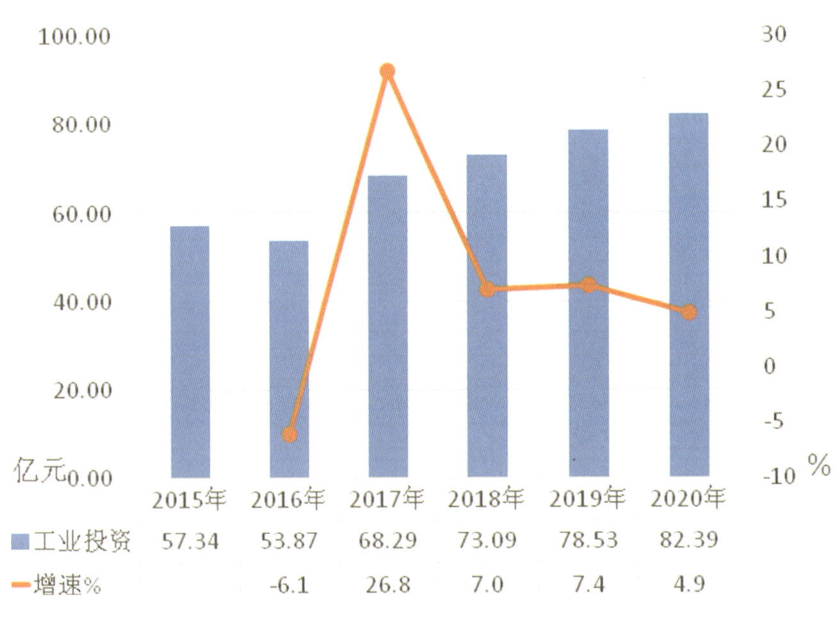

宝山区“十三五”期间工业投资及增速

（二）工业投资项目超过700个，总体以扩建项目为主

“十三五”期间，全区工业投资项目共708个，计划总投资597.72亿元，已完成363.98亿元，占比为60.9%。从项目性质看，57个新建项目实现工业累计投资61.95亿元，542个扩建项目实现工业投资254.39亿元，87个改建和技改项目实现工业投资40.57亿元，22个购置设备项目实现工业投资7.07亿元。从竣工情况看，67.9%的项目已经竣工，累计完成工业投资249.64亿元，其中新建项目竣工31个。从投资规模看，计划总投资规模超过亿元的有112个，其中超过10亿元的有8个，5～10亿元的有11个。“十三五”期间，宝山区工业投资以存量转型为主，投资规模总体偏小。

二、需要关注的问题

尽管“十三五”期间宝山区工业投资和投资项目总体保持增长态势，但是总量偏小、产出效益不明显等情况仍需进一步关注。

（一）工业投资产出效益有待提高

工业投入到产出一般周期为3～5年，将投资往前平移3～5年，“十二五”数据显示，宝山区的工业投资呈现下降态势，年均降幅为19.8%，一定程度上影响宝山区“十三五”期间的工业发展。“十三五”数据显示：尽管宝山区工业投资总量上有所增加，但是增速不快，力度不大，且工业增加值、规模以上工业总产值和利润总体等重要经济指标均呈现下滑态势。从增加值看，“十三五”期间，工业增加值年均下降1.1%；从工业总产值看，规模以上工业产值年均增速下降0.1%；从利润总额看，呈现震荡回落的态势，尽管在“十三五”初期、中期和终期都保持较高的增长，但增速明显回落。可见，宝山区近10年工业投资并没有改变宝山区工业低迷的局面，对宝山区工业转型发展贡献没有显著影响。

① “十三五”报告期为2016年—2020年，2015年数据为基期。

② “十三五”期间，固定资产投资总额统计口径有过多次变化，为保持数据的可比性，本文中固定资产总额不含市返数据，下同。外区数据口径以外区月度资料公布数据为准。

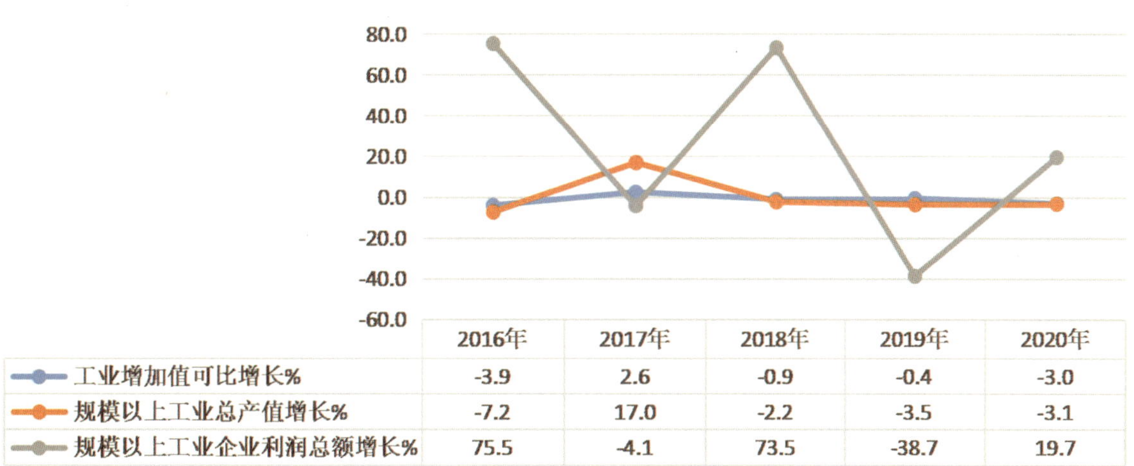

	2016年	2017年	2018年	2019年	2020年
工业增加值可比增长%	-3.9	2.6	-0.9	-0.4	-3.0
规模以上工业总产值增长%	-7.2	17.0	-2.2	-3.5	-3.1
规模以上工业企业利润总额增长%	75.5	-4.1	73.5	-38.7	19.7

宝山区“十三五”期间工业主要经济指标

（二）新建项目少且规模不大

新建项目是一个从无到有的过程，无论是投资总量还是对于今后的工业产出而言，产出效应最为明显。2016 年—2020 年内，新建工业投资项目共 57 个，共计划总投资 136.87 亿元，平均每个项目计划总投资 2.4 亿元，规模普遍偏小，其中计划总投资超过亿元的新建项目 23 个，超过 10 亿元的大型新建项目仅 3 个。57 个项目中有 24 个项目目前已纳入主要经济指标统计，其中工业项目 19 个（14 个项目为 2016 年之前存量企业，5 个项目为 2016 年之后新增企业）、商业、房地产和服务业项目各 1 个，建筑业项目 2 个。可见，5 年来，宝山区工业投资新建项目不仅量少，且规模普遍不大，缺乏龙头型工业企业的入驻，对宝山区工业拉动效应不大。

（三）投资进度偏慢且产出周期过长

从总体进度看，至 2020 年末，全区 282 个工业投资项目中仍有 172 个项目（剔除设备购置）未竣工，计划总投资 219.52 亿元，累计完成投资 93.30 亿元，完成进度 42.5%，进度总体偏慢。其中，108 个宝钢项目，计划总投资 78.20 亿元，累计完成 41.07 亿元，完成进度 52.5%；65 个区属项目，计划总投资 141.33 亿元，累计完成投资 52.23 亿元，完成进度 37.0%。从开工年份看，172 个在建项目中，2017 年开工 3 个，完成进度 63.6%；2018 年开工 14 个，完成进度 70.9%；2019 年开工 54 个，完成进度 60.4%；2020 年开工 101 个，完成进度 21.0%。

（四）工业投资总体投入力度落后于其他郊区

近些年，宝山区工业产值逐年下降，一方面，有工业结构转型的影响；另一方面，工业投资不足也是一个重要的因素。相比于其他区，宝山区工业投资明显力度不够，处于低位。2020 年，宝山区实现工业投资[①] 99.05 亿元，不足松江一半，分别比闵行、奉贤和嘉定少 18.5 亿元、14.9 亿元和 7.1 亿元。从占全区比重看，2020 年宝山区工业投资占全部投资比重仅 15.3%，低于松江 17.8 个百分点，低于嘉定 9.4 个百分点，低于奉贤 6.3 个百分点，低于闵行 0.8 个百分点。

三、下一步工作建议

（一）两手抓：一抓存量企业转型，二抓新增企业引入

从“十三五”工业投资看，宝山区的工业投资比重低于其他区，工业投资转化为工业产出需要一定时间，在某种程度上“十四五”期间宝山区的工业产出很有可能会继续落后于其他区。因此我们要以“比学赶超”的精神，奋起直追，以“开局就是冲刺”的信念，紧紧抓住“大学牌”“企业牌”，进一步加大工业投资强度。建议全区要加大力度做好“两手抓”，一是要抓好存量企业的转型投资，关注好现有工业企业的发展，对有扩建需求的企业主动服务，扩大产出效益；引导产出较低的工业企业通过技改等投资手段向高效益发展，提高产能；二是要抓好增量企业的引入，在“科创中心主阵地”的引领下，加大政府对工业公共实验室等设施设备的投入，吸引新项目、优质项目入驻，创造增量。

（二）两手硬：紧盯投资竣工进度，紧盯投产进度

对于工业投资来说，缩短投资产出转化周期就是提高产出效应。因此宝山区要抢占时间先机，进一步做好项目进度跟踪，特别是重点项目的跟踪，督促企业早开工、早竣工、早投产。建议在投资竣工进度和投产进度上要“两手硬”，一是进一步梳理新建项目、扩建项目、技改项目的情况，有针对性地加强对项目的跟踪，特别是重点关注宝钢投资项目的进度，及时做好沟通；对开工时间较长仍未完成竣工的企业要主动关心，排忧解难，帮助企业早日投产；二是对重点项目要专项专管，建立目标制度，特别是已经竣工的项目，要做好服务，确保项目早日投产。

（区统计局　沈邵军　周平广　夏　燕）

① 为了和外区同口径比较，2020 年投资数据为全口径，包含市返数据。

索 引

■ 编辑 吴嫣妮

说 明

一、本索引采取主题分析索引方法，索引名称（标引词）按主题词首字汉语拼音音序排列。
二、表格、图片在页码后注有（表）、（图）字样。
三、索引名称后的数字标示页码，数字后的字母（a、b、c）表示该页码片面从左至右的栏别。
四、为便于检索，部分名称以简称、全称方式在本索引中重复出现。
五、索引名称一般采用主题词、中心词或简称。党政机关名称不冠以“宝山区”或“区”，如“人大”“政府”“税务分局”等，请在检索时注意。
六、表格索引、随文图片索引按页码顺序排列。

条目索引

A

爱国卫生 229b
爱国卫生月 230（图）
爱国卫生运动 72c
爱国主义教育基地 53（表）
安老助医 210c
安全发展示范城市 216b
安全检查 155c
安全评价机构执业行为专项整治 216c
安全宣传 217a
安委会全体（扩大）会议 42b

B

八届区纪委一次全会 91c
八届区委二次全会 40a
八届区委一次全会 40a
八届人大常委会第四十八次会议 64b
八届人大常委会第四十二次会议 63c
八届人大常委会第四十九次会议 64b
八届人大常委会第四十六次会议 64a
八届人大常委会第四十七次（扩大）会议 64a
八届人大常委会第四十三次会议 63c
八届人大常委会第四十四次会议 64a
八届人大常委会第四十五次会议 64a
八届人大常委会第四十一次会议 63c
八届人大常委会第五十次会议 64b
八届人大常委会第五十一次会议 64b
八届人大六次会议 63c
白玉兰照明奖 251b
百年百团百公里城市定向赛 193a
百首红色歌曲展演活动 46c
办公用房 80a
“办实事、评实事、见实效”活动 47b
帮办代办服务 75c，155（图）
帮扶 98c
帮困 101c
宝地吴淞 124a
宝地资产 124a
宝钢工程技术集团有限公司 122a
宝钢工程下属子公司 123（表）
宝钢股份 120c，122（图）
宝钢特钢长材有限公司“4·27”机械伤害事故 217c
宝钢特钢有限公司 124a
“宝你 HUI”应用 75b
“宝山杯”大学生创新大赛 50（图）
宝山复旦科创中心 48c，198a
宝山概览 21
宝山钢铁股份有限公司 120c
宝山高校人才工作联盟成立大会 48b
宝山海关 157a
宝山海事局 158a
宝山湖大闸蟹品鲜节 119（图），267a
宝山“科创杯”创新创业大赛 50（图）
宝山科创产业基金和城市更新发展基金 196a
宝山科技节 195c
《宝山年鉴（2021）》 83c
《宝山区 2021 年—2023 年生态环境保护和建设三年行动计划》 249a
《宝山区创建全国文明城区三年行动计划（2021—2023 年）》 40c
宝山区创伤医学中心揭牌仪式 47c
《宝山区法治社会建设行动方案（2021—2025 年）》 41b
宝山区泛血管疾病诊治中心揭牌仪式 47c
“宝山区构建高质量区域创新生态系统”调研 85c
《宝山区关于全面推进城市数字化转型的实施意见》 40c
《宝山区关于深化新时代教育督导体制机制改革的实施方案》 41a
宝山区和上海理工大学战略合作框架协议签约仪式 48b
《宝山区户外招牌设计导则》 251c
《宝山区户外招牌设置管理实施办法》 251c
《宝山区“环境美化”工程三年行动计划（2021—2023 年）》 40c
《宝山区加快建设上海科创中心主阵地促进产业高质量发展政策》 195c
《宝山区交通畅达工程三年行动计划（2021—2023 年）》 40c
《宝山区进一步扩大有效投资持续优化营商环境行动方案》 40b
宝山区科技创新开发委 148a

宝山区青年企业家协会　100c
宝山区投资促进办公室　148a
《宝山区推进城市数字化转型三年行动计划(2021—2023)年》　41a
《宝山区推进上海科创中心主阵地建设三年行动计划(2021—2023年)》　40a
宝山区与北京北大科技园有限公司合作签约仪式　46b
宝山区与复旦大学战略合作框架协议签约仪式　45c
宝山区与海创汇科技创业发展有限公司签署战略合作框架协议仪式　48a
宝山区与华建集团战略合作框架协议签约仪式　46a
宝山区与申能集团战略合作框架协议签约仪式　49a
宝山区与武汉华工大学科技园发展有限公司签约仪式　47a
宝山区中学生共产主义学校　100b
宝山数字港国际合成中心　255b
保密　62a
保密工作责任制　62b
保险　171a,171(表)
保障性住房配套建设　141a
备灾救灾　102a
比学赶超　290a
标准化菜市场　127(表)
滨江功能　185b
殡葬　206c,206(表)
病虫预测预报　118a
不动产登记　235a
不可移动文物　175(表)
不正之风整治　90c

C

财经工作委员会会议　42b
财景科技园　284(图)
财政　161
财政改革　162c
财政审计　164c
财政收入　318(表)
财政收支　28(表)
财政预决算　65b
财政支出　318(表)
餐饮卫生管理协会　230c
残疾人社会保障　205c
残疾人事业　205c
仓储业　30c
产权交易鉴证　154b
产业　25c
产业合作　81b
产业集聚发展　120b
产业政策　120b
长护险　205b
长江航运公安局上海分局吴淞所　158c,159(图)
长江禁捕　107b
长江口投资控股集团　154b
长江原水厂　159c
长期护理保险　227a
长三角创“融”十四五高峰论坛　50(图)
长三角生物多样性与生态文明教育论坛　104(图)
超导电缆示范工程　197b
陈伯吹国际儿童文学奖颁奖仪式　48c
陈伯吹国际儿童文学奖创立40周年纪念活动　48c,178b
陈行水库　160(图)
成人教育　190c
成套改造　141b
城管行政执法　211a
城建档案　235b
城市安全　34c,72b,106a
城市更新改造　162c
城市功能　37a
城市管理　288a,290c
城市基础设施　31a
城市建设管理　70a
城市品质　37a,251a
城市数字化底座架构　199a
城市数字化转型调研成果及三年行动方案汇报会　43c
城市数字化转型推进大会　47a
城市未来艺术节　46c,179a,179(图)
城市文化软实力　37c
城市宜居水平　71a
城市运行　212a
城市执法管理　294b
城市治理现代化　38b
城乡规划　233
城乡建设　233,254c,258a,261c,266a,268c,273c,278b,280b,283b
城乡居保　209a
城乡社区支出　161c
城乡协调发展　71a
城运管理中心系统　202b
城运平台　212a
城镇房屋安全隐患排查　141c
“城中村”改造　141c
重复信访专项治理　76c
出口　149c
出让地块　137(表)
传统手工编织实践项目　186(图)
创建科创中心主阵地指标体系　153b
创建全国文明城区动员大会　43b
创建全国文明城区推进大会　44c
创全　293c
创新经济　147
创业　103b,207a
慈善　210b
村级经济合作社　232c
存志教育　285b

D

大场镇　273a
大场镇村(居)委会　276(表)
大场镇区域性城市联动运行中心　107b
大场镇学校　275(表)
“大美滨江”迎春跑　192c
大企业税收　164a
大事记　17
大型油气储存基地安全风险评估　217a
代理金融跨年度竞赛　146c
党代会　39c
党的建设　39a,259a,262c,274b,288b,

291c,295c
党管武装 43b,114c
党群阵地 51b
党史 61a
党史学习教育 36a,52c,56b,58(图),59a,60a,61c
党史学习教育会议 42c,43c
党外代表人士集体谈心会 44a
党外知识分子联谊会 55a
党校 58a
党校办班情况 59(表)
党校办学质量评估 59c
党员 49a
党政负责干部会议 43a
党政负责干部学习贯彻十一届市委十二次全会精神专题会 44c
党政机关负责人名录 300
党政主要负责人专题述法评议 113c
档案 60a
档案馆新馆 60b
档案接收 60c
"档案里的故事"法治宣传教育全市巡讲 61(图)
档案为民服务 60b
档案信息化 60c
档案征集 60c
道德模范评选表彰 53a,53(图)
道路大中修工程 245c
道路管理 242a
道路规划 242a
道路技术状况 245b
道路交通三年畅达计划 107a
道路交通四类设施 246b
道路交通噪声 249(表)
道路排堵保畅 242b
道路平整度专项整治 245c
道路设施量 246(表)
道路养护 242a,245c,246a
道路运输 143a
地表水水质 248(图)
地方史志 83b
地理位置 24a
地貌 24a
地名管理 235c
地名命名登记 235(表)
地情史料 83b
地区生产总值 28(表),317(表)
地形 24a
第八次党代会 40a
第七轮环保三年行动计划完成情况调研 65b
电力 159a
电梯加装 141c
电信 202a,320(表)
电信局营业网点 202(表)
电子商务 135b
电子商务服务平台 135c
电子商务交易额 128a
电子商务头部企业 135b
电子证照库社会化应用管理系统 200a
调查资料 323
调解 322(表)
东方有线 201c
东方有线营业网点 201(表)
东西部协作 80c
动物免疫 118c
动物疫病防控 118c
对口地区农特产品进机关 81b
对口支援 80c
对外经济 31a
对外开放 153a
对外贸易 149c
对外投资 150(表)

E

"2021—347"毒品专案 107c
"2021·8·23"网络虚假投资诈骗案 108a
《2021 年宝山区国民经济和社会发展统计公报》 28a
2022 年预算编制情况调研 67a
"2+4"工业园区 29(表)
eYoung 青年社群 100b
恶性肿瘤死亡原因及构成 221(表)

F

法律服务 322(表)
法律监督 109b
法院 109c
法治 105
《法治宝山建设行动方案(2021—2025 年)》 41b
法治副校长 113a
法治化营商环境 108c
法治文艺作品展演 113b
法治宣传教育领导小组会议 113b
法治政府 112c,267a
法治政府建设工作推进会 113b
反映社情民意信息工作例会 85c
反诈宣传 107b
防空警报 116a
防汛防台 66b,243b,246b
防灾减灾宣传 217a
房产测绘 140a
房产管理 139c
房地产 31a,136
房地产开发企业 140(表)
房地产市场 140(表)
房管局 139a
房屋应急维修 141c
房屋征收 139c
非法经营外汇案 108a
非法客运整治 144a,242b
非物质文化遗产名录 177(表)
非遗文化 178c
扶贫 135a,210c
扶幼助学 210c
服务业 128a
妇联 101a
妇女儿童发展规划 101c
妇女儿童权益 101b
附录 299
复旦大学附属华山医院宝山院区 229a
复旦大学附属华山医院高质量一体化发展启动大会 49a,229(图)

G

GDP 28a
干部队伍建设 49b
干部监督管理 49c
干部教育培训 49c
岗位大建功 49b
钢铁业 120c
港口物流 25b
港务 143,145a

高标准保洁区域(道路) 252c
高等教育 188b
高等学历教育 191a
高境科创中心 284b
高境镇 283a
高境镇居委会 286(表)
高境镇学校 285(表)
各领域党建 50a
工会 98a
工会法律工作调研 99b
工伤事务 209a
工商联 92,97a
工商联餐饮商会 230c
工商银行 166c
工业 29c,120
工业投资 330
工业源大气污染 247(表)
工业源水污染物 247(表)
工资 319(表)
公安分局 105a
公安改革 106a
公安行政管理 105c
公共安全支出 161b
公共法律服务体系 113a
公共客厅 295b
公共停车场 143b,242b
公共卫生服务 218a
公共租赁住房 141a
公交客运 143b
公立医院 221(表)
公立医院改革 218c
公路 245a
公路养护 245c
公务用车 80a
公务员队伍 50c
公益检察 109a
公有住房代售 140c
公证工作情况调研 66c
供水设施 244b
供销合作 135a
供销社 135a
供销资产经营收入 135a
共建上海退役军人创新创业示范园战略合作签约仪式 46c
共青团 100a
共有产权保障住房 141a
孤老家庭智能安防系统 202c
固定资产投资总额 29(表)
顾村大型居住社区 141b
顾村公园数字化场景 252b,252(图)
顾村镇 268a
顾村镇村(居)委会 271(表)
顾村镇学校 269(表)
关心下一代工作 204c
《关于宝山区各级党委(党组)落实全面从严治党主体责任的工作方案》 40c
《关于宝山区开展第八个五年法治宣传教育的决议》 65a
《关于宝山区全面推进乡村振兴加快农业农村现代化的实施办法》 41a
《关于防止懒政怠政,促进干部担当作为的实施意见》 40b
《关于进一步加强和完善宝山区平安创建工作的实施意见》 41b
《关于进一步加强区委书记专题会议、区委专题会议管理的实施意见》 40b
官僚主义整治 90c
光储充一体化超级充电站 196b
光荣榜 300,309
广播电视业 321(表)
归国华侨联合会 102c
规划批复 235(表)
规划体系 233a
轨道交通18号线 282b
国帆路跨区公共通道 281b
国际档案日 61a
国际集装箱道路运输企业大数据中心挂牌仪式 45a
国际税收 164a
国际邮轮非经营性停靠 185b
国际邮政 146b
国家A级旅游景区 182(表)
国家级科创孵化平台 255b
国家社科基金课题成果 187a
国家卫生区 230a
国家雪车雪橇中心项目 136(图)
国民经济和社会发展 28
国企地块转型 120b
国外交流 77a
国有资产管理 153c
国有自然资源资产管理情况专项调研 65c
国资、国企改革 153c
国资监管 154a

H

海创汇·上海宝山跨境孵化&技术加速平台 197b
海绵城市建设 246a
海内外揽才工程启动仪式 45c
海上烟警巡查机制 129c
海洋 243a,244c
汉虹二期建设工程 198a
旱地冰雪挑战赛 279c
"好办""快办"服务模式 75b
合作交流 82b
河长制 244a
河流水质 248a
红色故事 178b
红色文化 178a
红色文化传播志愿服务主题活动 46c,53a
红色资源传承弘扬和保护利用情况调研 66a
红十字会 101c
后勤保障 80b
互联网租赁自行车整治 212a
户外广告治理 211b
沪台交流回眸展 79b
护航进博出征仪式 105(图)
华能上海燃机电厂 159c
华能上海石洞口第二电厂 159b
华能上海石洞口第一电厂 159b
华山医院北院整建制并入华山医院仪式 49a,229(图)
华师大二附中(宝山校区) 188a
环境保护 34b,247,294a
环境空气质量 247a,248(图)
环境噪声 249a,249(表)
环上大科技园 69(图),195c
环上大科技园建设领导小组2021年第三次会议 45a
换届选举 63b,213c,285a,295c
黄浦江(宝山段)二期景观灯光 251(图)
黄埔军校同学会 102c
挥发性有机物综合治理 250a
婚姻 206a

活力楼组　213b
火灾防控　215b
火灾事故　322(表)
货运堆场综合整治专题调研　66c

J

机构编制　50c
机关党建　56a
机关党组织　56c
机关群团　57a
机关事务管理　80a
基层党组织　49a
基层干部队伍　50a
基层建设　213a,269a
基层立法联系点　113a,207c
基层立法联系点调研　65c
基层立法联系点工作推进会　113(图)
基层治理　291a
基础教育　186a
“基金+科创”宝山专场投资推介会　46a
疾病死亡原因及构成　221(表)
计划生育家庭帮扶　220b
纪检　89a
纪检检察机制　90a
纪念陶行知先生诞辰130周年主题活动　47c,187b
纪委　89a
纪委会议　91a
祭扫服务　206c
加强商事审判依法服务保障优化营商环境情况调研　66c
家庭　206a
家庭发展能力　220b
家庭文明建设　206a
监察　89a
监督执纪执法　89a
监委　89a
检察　108b
检察机关　304a
建设　237a
建设管理　242c
建设全市科创中心主阵地推进大会　45c
建设银行　168a
建设用地　234a
建设用地减量化　234(表)
建置　25a
建筑行业工会联合会　99c
建筑业　29c,136
剑桥大学中国遴选中心AST官方考试中心　186c
健康　218
健康宝山行动　220a
健康促进　229b
健康服务点　99b
健康教育周　227(图)
健康自管小组　230b
降尘量　248(图)
降水　24b
交流交往交融　82a
交通　26b,143,237a,242b
交通保障　144b
交通缓拥堵　246a
交通建设管理中心　245a
交通委员会执法大队　143c
交通行政执法　143c,243a
交通银行　168a
交通运输　30c,143a
交通运输安全　143c
交通运输支出　162a
交通整治　144a
交运智慧湾星空高线公园　293(图)
教科卫体委员会　86c
教育　32a,186
教育数字化转型　187b,187(图)
教育支出　161a
街道　287,307a
街面环境治理　211b
街镇管理体制改革动员部署会　42a
街镇人大工作会议　65a
街镇、园区、委办局党委(党组、党工委)书记抓基层党建述职评议会　42a
节能环保支出　161c
界别协商　85c
“金牌特战员”大比武　148(图)
金融风险　165b
金融服务　152b,165
金融生态　165b
金融业　30c
金色学堂　202a
进博会安保　106a
进口　149c
经济发展　36c,69a,287a,293a
经济管理　152
经济监测　153b
经济建设　254b,258a,261b,265b,268a,273a,278a,283a
经济篇　117
经济委员会　86c
经济责任审计　164c
经济转型升级　86a
精品旅游主题产品　179b
精品示范路　245c
精神文明建设　255a,266a,288c
精神文明建设大会　43b
井盖治理　246a
警示教育　90b
警示教育大会　43c
警务　105a
竞技体育　192a
纠“四风”树新风警示教育大会　44c,91b,91(图)
纠治“四风”　90c
九三学社宝山区委员会　96b
旧改调研　65c
旧区改造　141b,290b
救护培训　102b
救助关爱　102a
就业　33c,207a,254c,258b,265c,278c,280c,287b,290c,295b
就业援滇　82a
居(村)“两委”换届工作动员部署会　41c
“居住权”不动产登记证明　235a
卷烟营销　129b
掘路修复　246c
军事　114

K

开放大学　190c
开放型经济　149
康复服务　205c
科创30条　151a
科创产业基金和城市更新发展基金签约仪式　48c
科创大党建联盟　49c
科创核心承载区　152a

科创人才 152b
科创中心主阵地建设 36a,69b,162b
科技 32a,195
科普示范建设 104c
科学技术支出 161a
科学技术协会 104b
口岸管理 156b
“跨省通办”服务圈 76a
宽带 199(表)

L

垃圾分类 202c,211c,252c,293b
“蓝天下的至爱”慈善活动启动仪式 45c,49a
揽才工程 48b,208b
劳动保障 207c
劳动报社战略合作协议 99b
劳动关系 207b
老干部 57a
老干部摄影展 58(图)
老旧住房改造 293b
老龄事业 204c,230c
老年大学 190c
老年健康 205a
老年教育 191a
老年人医疗 205a
老年文化教育 205b
老年宜居社区建设 294c
老年友好型社会 205b
老镇改造 141b
离退休干部 57a
历史文化 27b
历史沿革 25a
立功官兵获奖名录 210(表)
联东U谷·宝山机器人创新港 125(图),196a,269b
廉政教育 90b
廉租房 141a
粮食安全 128b,129a
粮食管理 128b
粮油物资储备支出 162a
两个覆盖 51a
“两网一线”专项立功竞赛活动 99c
“两新”团组织 100c
两镇八村党建共同体 259c
烈士褒扬纪念 210a
零碳上海高峰论坛 196c
领导班子工作协商会 85a
领导班子建设 49b
领导调研 45a,48c,66(图),67a,85a
领导考察 47c
留学生专场“樱才”主题沙龙 79b
龙湖上海产业互联网技术中心 269b,269(图)
旅行社 180(表),182(表)
旅游 30a,174,179a
旅游企业 180a,180(表)
旅游设施 30(表)
旅游数字化 179c
律师 322(表)
绿化管理 251
罗店大型居住社区 137(图),141a
罗店镇 261a
罗店镇村(居)委会 263(表)
罗店镇学校 263(表)
罗店镇总体规划专题调研 65c
罗泾分公司 145c
罗泾镇 265a
罗泾镇村(居)委会 267(表)
罗泾镇学校 267(表)

M

MAX科技园(上海·美兰湖) 47b,196c,262c
慢行交通 246a
贸易多元化 149c
湄浦(沪太路—杨盛河)综合整治 243(图)
媒体联动 201b
美丽家园 294a
美丽街区 251c
美丽乡村 232a
美丽乡村示范村 255a,262c
美丽乡村徒步赛 267b,267(图)
“魅力庙行”文化节 278(图)
“庙行杯”旱地冰壶赛 279c
庙行镇 278a
庙行镇村(居)委会 279(表)
庙行镇学校 279(表)
灭火救援 215c
民兵 114a
民防办 115c
民防工程 116b
民防演习 116b
民革 92a
民建 93a
民建会员之家 93(图),279c
民进 93c
民警智能化绩效考核模型 107c
民盟 92c
民商事审判 110b
民生 70b,70(表),86b,258c,284a
民生银行 169c
民营经济 151a
民营门诊部 223(表)
民营医疗机构 220c,225(表)
民营医院 222(表)
民主党派 92,306a
民主党派负责人名录 300
民主党派换届培训 56a
民族 77a
民族宗教法制宣传 77b
民族宗教和港澳台侨委员会 87c
民族宗教团体 77c
名录 300
明日科技之星 187b
模范机关创建 56b

N

拿地即开工 234c
纳税 163c
南大地区重大项目集中启动开工暨签约仪式 47b,197a
内河港航整治 242b
内河港口企业 143b
能源基地 27c
年末银行存贷款余额 30(表)
年轻干部培养 49c
农产品绿色认证 119b
农产品生产基地监管 118b
农村公路管理养护 72b
农村集体经济 232c
农村乱占耕地建房项目整改 234c
农村人居环境 232b
农副产品 29(表)
农工党 94b

农工党宝山区中西医结合医院支部义诊 94(图)
农林水支出 161c
农民丰收节 119(图),267a
农民集中居住 234a
农民培训 119c
农商银行 169c
农事趣味定点赛 193a
农业 29c,118
农业发展银行 169a
农业和农村委员会 87c
农业面源污染防治 118b
农业银行 167b
农业总产值 320(表)
农业综合管理 119b
农资经营企业监管 118a

P

PM2.5 浓度 248(图)
排涝救灾 215(图)
排水设施 244b
培智学校 191b
培智学校自闭症儿童教育质量提升研讨会 191c
批发和零售业 30a
平安建设 266b,269a,278c,284a,288b,291b,296b
“平安英雄”表彰大会 214(图)
浦东发展银行 169a
浦江出入境边防检查站 157c

Q

七届宝山区委巡察工作总结会议 44c
七届区纪委六次全会 91a
七届区纪委七次全会 91c
七届区委十二次全会 39c
七届区委十三次全会 39c
七届区委十四次全会 39c
气候 24b
气温 24b
气象 24b,198a
气象设备 198b
企业发展 97b
企业发展委员会 87b
企业国有资产管理暨委托监管企业专项监督调研 65c
企业精神 97b
企业品牌 97c
企业专属网页 75b
汽车维修 143a
汽修行业挥发性有机物使用提标治理 250b
嵌入式“体医结合”社区试点工作调研 66a
强国 TV 202a
侨法宣传月 79a
侨联 102c
侨情调查 79a
侨务 79a
桥梁检测 245b
侵权假冒行为打击 156b
“青联组织服务千村”计划 103c
青年联合会 103b
青年人才 208b
青少年集体入团仪式 204(图),204a
青少年三对三超级篮球赛宝山站 193b
青少年发展 103c
青少年事业 204a
青少年体育 193b
青少年足球争霸赛 193c
清真供应网点 78(表)
庆祝建军 94 周年军政座谈会 44b
庆祝中国共产党成立 100 周年活动 36a,49b,52c,54(图),56c,178a,255c
庆祝中国共产党成立 100 周年座谈会 44a
区本级国有资本经营预算收支 162b
区本级一般公共预算收支 161a
区本级政府性基金预算收支 162b
区对镇转移支付执行情况 162a
区府办文件 315
区划 25a
区级机关党组织书记培训班 56(图)
区级机关工作党委 56a
区检察院适用认罪认罚从宽制度情况专题调研 65c
区情概要 24
区人大常委会委员座谈会 65a
区台联会第八次会员代表大会 79c
区委 36a,300a
区委办文件 313
区委保密办 62b
区委党史研究室 61a
区委工作报告 2
区委老干部局 57a
区委全会 39c
区委统战部 54a
区委文件 312
《区委宣传部、区司法局关于在本区开展法治宣传教育的第八个五年规划(2021—2025 年)》 41b
区委重大决策 40a
区委重要会议 41c
区委重要活动 45a
区委专题学习讨论会 45a
区校合作 197c
区域内单位 308a
区域特点 25b
区域重点项目 154a
区、镇两级人大换届选举工作动员会 44b
区政府文件 315
区属动迁安置用房 141a
全国道德模范提名奖 185c
全国科普日宝山区活动 104(图),197a
全国、市五一劳动奖和工人先锋号表彰会 44c,99c,99(图)
全国市域社会治理现代化试点创建推进会 44a
全国先进个人 310
全国先进集体 309
全国信访工作示范区 76b
全面深化改革委员会 2021 年第一次会议 43b
全面依法治区委员会全体会议 43c,45a,113a
全民国防教育日 115b,116(图)
全民健身 192b
全民健身实施计划 72c
全民终身学习活动周 187c
群众身边腐败整治 90c
群众体育 192b
群众团体 98
群众团体负责人名录 300

R

燃气 159a,243a

热线工单 212b
人才 208a
人才队伍 50b
人才工作领导小组会议 44c
人才培育 208c
人才申报 208b
人才驿站 208c
人才政策 151b
人才政策宣传季 208(图)
人大常委会会议 63c
人大常委会机关学习讨论会 64c
人大常委会任免干部 68(表)
人大代表 67c
人大代表“家站点”平台建设 67c
人大代表建议 67c
人大代表联系社区 67c
人大代表培训班 67c
人大代表主体作用 63b
人大代表座谈会 65a
人大会议 64c
人大活动 67a
人大监督 63a,65b
人大视察 65b
人防演练 116a
人防指挥所 116a
人口 25b,33c
人口资源环境委员会 86c
人力资源 207
人民财产保险 171c
人民防空 115c
人民检察院 108b
人民建议征集 76c
人民生活 34a,38a
人民武装 114a
人民政府 304a
人事 208a
人事任免 63b
人寿保险 171a
人物 300
人行道专项整治 245c
日常监督 89b
日月光商场 275c,275(图)
融媒体中心 201a
入河排污口排查整治 250b

S

“3·5学雷锋,服务在心,志愿在行”大型为民服务活动 96(图)
赛艇嘉年华 192c,192(图)
三邻桥体育文化园 194(图)
三星堆3号坑 188(图)
扫黑除恶专项斗争 296c
商贸业 126
商品房维修基金 140c
商品房预售许可证 142(表)
商品交易市场 129c,129(表)
商品销售额 126a,320(表)
商务载体 128b
商业 126a
商业服务业支出 162a
商业综合体项目 126b,126(表)
上海巴士第五公共交通有限公司 144c
上海邦德职业技术学院 188c
上海宝地不动产资产管理有限公司 124a
上海宝钢不锈钢有限公司 124a
上海宝山工业园区 147a
上海宝山花艺节 258(图)
上海(宝山)科创金融服务中心 196c
上海宝山硬科技中心 269c
上海宝冶集团有限公司 136a
上海北大科技园 195c,284c
上海城市空间艺术季(宝山) 47b,179a,233c
上海城市业余联赛 193(图),254(图),279c
上海城投水务(集团)有限公司 159c
上海城投原水有限公司长江原水厂 159c
上海大学 188b
上海大学上海美术学院主校区 46c,196a
上海党外代表人士挂职锻炼基地建设 54c
上海二十冶建设有限公司 136c
上海钢铁领域平台经济示范区 127a
“上海购物”品牌 126a
上海国际港务(集团)股份有限公司罗泾分公司 145c
上海国际港务(集团)股份有限公司张华浜分公司 145b
上海国际邮轮旅游度假区 178b,185a
《上海国际邮轮旅游度假区总体规划》185a
上海华中科技大学科技园 196b
上海济光职业技术学院 189a
上海交通大学医学院附属第九人民医院(北部) 227c
上海交通职业技术学院 190a
上海旅游节宝山系列活动 179b
上海石洞口煤气制气有限公司 159c
上海世外教育附属宝山美兰湖实验学校 261(图)
上海市安全发展和综合减灾示范社区 216b
上海市宝山区监察委员会 89
上海市宝山区青年企业家协会第一届第一次全员大会 101(图)
上海市宝山区人民代表大会 63
上海市宝山区人民政府 69
上海市宝山区中西医结合医院 228b
《上海市宝山职业技术学校“十四五”规划纲要》 190c
上海市慈善基金会宝山代表处 210a
上海市公安局宝山分局及部分所属机构 106(表)
《上海市公共卫生应急管理条例》执法检查 66b
上海市家庭马拉松 192c
上海市客运轮船有限公司 144c
上海市社会旅馆规范服务达标单位 181(表)
上海市社会旅馆优质服务达标单位 181(表)
上海市社会主义法治文化品牌阵地 250c
上海市学联第十七次代表大会 104a
《上海市养老服务条例》执法检查 66c
上海市职工男子三对三等级篮球比赛 193a
上海市自闭症儿童教育指导中心 191c,191(图)
《上海市宗教事务条例》实施情况专项调研 66b
上海吴淞口投资(集团)有限公司 154c
上海银行 171b

上海樱花节女子10公里精英赛 192c
上海樱花节文旅活动 179a,180(图)
上海尤安建筑设计股份有限公司 165c
上海邮轮港国际帆船赛 192a
上海邮政书信文化节 146c
上海掌学教育科技有限公司 165c
上海震旦职业学院 189c
上海职工直播课堂 99c
上海中医药大学附属宝山医院 219(图),228b
上海中医药大学附属曙光医院宝山分院 228b
上师大附中宝山分校签约仪式 47b
上市服务体系 165a
上市企业 165c,166(表)
上药康希诺疫苗 147(图),198a
少儿住院互助基金 102b
少数民族 25b,77a
社保卡 200a
社会安全 214
社会保障 34a,207,208c,254c,258b,265c,278c,280c,287b,290c
社会保障和就业支出 161b
社会风险防范 214b
社会工作党委 51a
社会管理 211,258c
社会和法制委员会 87a
社会环境 214c
社会经济主要指标 316(表),317(表)
社会救助 209a
社会篇 203
社会事业 71a,71(表),254c,262a,265b,268c,274a,278c,281a,283c
社会消费品零售总额 320(表)
社会优抚 209b
社会治安 105c,322(表)
社会治理 70(表),70a,86b,109a,214c,262b,274a,278c,281b
社会主义民主政治建设 38c
社会主义学院 55a
社会主义学院办班情况 55(表)
社会组织 212c
社会组织登记 212c
社区安全 296a
社区成长计划 213c
社区党群服务中心 259b
社区服务综合体 213c
社区建设 212c,266c,288b
社区矫正委员会第一次全体会议 113c
社区教育 191a
社区民生服务 294c
社区亲子运动会 193a
社区通 213a,295c
社区卫生综合改革 218c
社区文化活动中心 174(表)
社区文体 291b,295a
社区消防安全评价指标 200b
社区小先生制 100a
社区园艺师 252a
社区治理 213a,284b
社区自治 295c
涉氨制冷企业 216b
涉密会议服务保障 62(图),62c
审计 161,164b
审计闭环管理 164c
审判机关 304a
审判权力制约监督体系 111c
生态发展 86b
生态环境 26c
生态环境保护 247a,250a
生态环境保护会议 43a,44b
生态环境保护委员会第一次会议 43a
生态环境治理 211c
生态篇 231
生物药物创新及研发国际研讨会 47c,197a,197(图)
盛邻城市体育创新综合体 285c
“十四五”产业转型首发项目 259c
“十四五”规划纲要、2021年国民经济计划、预算(草案)解读会 64c
“十四五”空间规划编制 233a
“十四五”生态环境保护规划 249c
石墨烯创新大会 48b,197c
食品安全 34c,211c,294b
市场 129c
市场监督管理 155a
市容管理 251,252c
市容环境 288a
市十五届人大宝山代表组 67c
市台联会调研 79c
市台协宝山工委会走访慰问 79c
市政协地区政协联络指导组考察 85(图)
市属经适房基地 141b
数据赋能 200b
数字赋能“云”治理 288c
数字化 199b
数字化转型 291a
数字农业 119c
双千兆宽带城市 199a
“双十一”邮件量 146b
双向沟通会 64c
双拥工作领导小组全体(扩大)会议 44a
双拥特色项目 209c
双拥优抚 295a
双在双争 56c
水产养殖 119a
水环境 248a
水利设施 244b
水陆客运 144c
水上救援 144c
水文监测 244b
水务安全监管 243c
水务工程 243c
水务规划 243c
水务海洋执法 244c
水务建设 243a
税收 163a,318(表)
税务 161,162c
税种 163b
司法服务保障 111a
司法改革 111c
司法局 112b
司法行政 112b
丝绸之路高科技园区联盟上海中心 196c
私房政策 140c
思想政治引领 84a
思政课程创新实践项目启 187a
四好农村路 242b
四责协同 90a
“淞南蛋雕”非遗项目 281c
“淞南党建”小程序 202b
淞南镇 280a
淞南镇居委会 282(表)
淞南镇学校 282(表)
诉讼服务“智慧舱” 196b
随申码 75a

T

台风 24c,217(图)
台企调研 79c
台湾事务 79b
泰和水厂 160c
滩涂海塘 244c
陶瓷和书画作品展 79a
特色应用 200a
特殊教育 191b
特载 1
提案委员会 86b
体育 32c,192,321(表)
体育产业 193c
体育产业调研 65c,66c
体育设施 193c
“天网 9 号”路政治超专项整治行动 144(图)
田径小达人系列争霸赛 193b
《挑山女人》 178a
同城即配 146a
同济创园医疗科创中心 281c
统计 153b
统计数据 316
统一战线 54a
统战工作会议 43a
投促 148c
投票选举 285c
投诉处置 211b
投资促进大会 46a,195b
投资类企业结构 165a
图书馆 174(表),321(表)
土地储备 137c
土地供应 137c
土地管理 233a
土地减量化验收 234b
土地执法监察 234c
推进科创中心主阵地建设专项监督 65a
退役军人法律援助工作站 113a
退役军人就业创业 209c
退役军人事务局 209b
退役士兵安置工作专题调研 67a
托育服务三年行动计划 72b
脱贫 207b

W

外国人入境复工复产 77a
外商投资土地 234b
外事 77a
外资 149a
万临家园淞益中心 281c
网格管理 212b
网上立案 112a
危险化学品领域“打非治违”典型案件 216b
危险化学品事故处置桌面推演 216c
为老服务 287c
违法建筑整治 211a
维权机制 98b
卫生 32c,218
卫生监督 220a
卫生健康人才 219b
卫生健康信息化 220c
卫生健康支出 161b
卫生应急处置 219c
未成年人保护 204b
“未来宝”教育电台 188a
文创产业 174b
文化 32c,174,281b
文化服务 178c
文化旅游体育与传媒支出 161b
文化篇 173
文化品牌 178b
文化软实力 86b
文化设施 320(表)
文化文史和学习委员会 87b
文件目录 312
文学艺术活动 104a
文学艺术界联合会 104a
“我为群众办实事”实践活动 49b,77a
污染防治 250a
芜湖市台联会友好共建协议 79c
吴淞出入境边防检查站 157b
吴淞灯塔 33(图)
吴淞海关 157a,157(图)
吴淞海事局 158b
吴淞街道 290a
吴淞街道居委会 292(表)
吴淞街道人才工作座谈会 290(图)
吴淞街道学校 291(表)
吴淞口论坛 48a
吴淞水厂 160b
“五四”主题集会 204a,204(图)
五五购物节 46b,126(图)
五冶集团上海有限公司 136b
“午间一小时”运动健康巡回赛 194c
物业管理 141c

X

吸收外资 149a
先进代表座谈会 44c,99c,99(图)
现代化产业体系 152c
乡村旅游 179c
乡村振兴 162c,232,262a,266b
乡村振兴示范片区 232a
乡村治理 232b
相对不起诉案件公开听证会 108(图)
消防 215a,288a,322(表)
消防安全管理工作调研 66c
消防治理体系 215a
消费活动 153a
消费协作 81b
消费协作体验馆 135(图)
小区环境治理 211c
小小铁人挑战赛 193(图)
小学生爱心暑托班 100b
协商活动 84a
协商联络机制 84b
携手振兴乡村 81c
心肺复苏进校园宣讲活动 102(图)
新的社会阶层人士工作品牌建设 55a
新冠肺炎疫情防控工作领导小组会议 41c
新冠疫苗接种集中宣传活动 230(图)
新任领导人 300
新兴领域党建 51a
新型基础设施 199b,213b
信访 76a,208a,246c,296c
信访工作会议 42b
信息化 31c,195,198b
星级旅游饭店 181(表)
刑事案件 105c
刑事犯罪 108c
刑事审判 110a

行政处罚 217b
行政服务 245a
行政服务中心 75a
行政复议应诉 112c
行政机关负责人出庭、旁听、讲评“三合一”活动 113c
行政审批 72a,242c
行政学院 58a
行知读书会 274c
行知学院 190c
形式主义整治 90c
“幸福宝山路 文明修身行”主题健步走颁奖活动 267(图)
畜牧执法管理 118c
宣传思想 51c
宣传思想文化工作会议 42c
学生 32(表)
学生合唱团签约仪式 186c
学生活动 104a
学生联合会 104a
学校 32(表)
巡察 90b

Y

“12345” 208a
“1999·4·27”部督命案 108a
“1+N”智能自助服务圈 76a,76(图)
烟草专卖 129a
研究型审计 164c
“杨行杯”乒乓球比赛 254(图)
杨行镇 254a
杨行镇村(居)委会 256(表)
杨行镇学校 255(表)
养护平台招标 246b
业余大学 190c
“一法一决定”专题监督调研 65b
一号湾 31(图)
一网通办 72a,201c,206a,295b
“一网通办一件事”服务平台 202a
“一网通办”专项立功竞赛 75a
一网统管 201c,294a
“一业一证”改革 72a,75a
医保惠企利民举措 227b
医保基金监管 227b
医疗保障 227a
医疗服务 219a
医疗机构 227c
医疗卫生行业综合监管制度 71c
依法行政 211a
依法治档 60b
依法治理 288c
依法治区工作会议 43c
亿元楼 128(表)
义务教育“双减”工作调研 67a
疫苗接种 79c,200a,228(图)
疫情防控 107a,144b,154a,155c,218b,229c
羿鹏智慧空铁总部研发基地 269c
音乐情景党课 274c
银行 166c
应急避难场所 116a
应急管理 216a
应急救援 116a
应统尽统 153c
营商服务 290b
营商环境 153a
拥政爱民 115c
优抚政策 209c
尤安设计 165(图),285a
邮政 130c,143,145c,320(表)
邮政储蓄银行 170b
邮政所 146(表)
邮政支局 146(表)
友好结对地区 82(表)
友谊科创文化节 287(图)
友谊路街道 287a
友谊路街道居委会 289(表)
友谊路街道侨界人士庆祝中国共产党成立100周年文艺汇演 103(图)
友谊路街道学校 289(表)
渔业 118c
渔业执法管理 119a
预算绩效管理 162c
园区 307a
园区经济 147
月浦水厂 160b
月浦镇 257a
月浦镇村(居)委会 260(表)
月浦镇乡村振兴三村联动 258(图)
月浦镇学校 259(表)
“云赏樱”网络直播 201(图)

Z

蕰藻浜庙行段滨水步道 279b
灾害防治及应急管理支出 162a
早餐工程示范点 127(表)
“战FUN宝山”品牌 192b
战略性新兴产业 29(表),323
张华浜分公司 145b
张庙街道 292a
张庙街道居委会 297(表)
张庙街道学校 296(表)
招投标 242c
镇 254,307a
镇级集体企业第三方审计 232c
镇·街道 253
镇领导班子换届工作会议 43c
争议预防 207c
征兵 115a
征地保障 209a
征地补偿 234b
征地养老 209a
正风肃纪反腐 89a
证券 171c,172(表)
政策跟踪审计 164c
政法队伍教育整顿 42c,107c
政法工作会议 42b
政法委 214b
政府常务会议 73(表)
政府法治 112b
政府工作报告 10
政府实事项目 71c,72c,98c,126c
政府投资审计 164c
政府性基金预算收支 162b
政府债务余额 162b
政务服务 75a,201c,262b
政协 84a,305b
政协八届常委会会议 84c
政协八届五次会议 84a,88(表)
政协会议 84b
政协活动 85a
政协论坛 85b,88(表)
政协视察 85a
政协提案 86a,87(表)
政治共识教育 55c
政治监督 89a

政治篇 35
知识产权 155b,156a
执法协调小组(扩大)会议 113b
执行案件 110c
职工人数 319(表)
职业技能培训 207b
志愿捐献 102b
质量强区 155b
致公党 95b
智慧城管 211a
智慧科创会客厅 202b
智慧湾科创园 197b
智慧养老 205b
智慧邮轮港项目 185c
智力支援 81a
智能制造 125c
中等教育 190b
《中共宝山区委关于深入学习贯彻党的十九届六中全会精神的实施意见》 41c
中共上海市宝山区纪律检查委员会 89
《中共上海市宝山区委常委会加强自身建设的若干规则》 40b
《中共上海市宝山区委常委会议事决策规则》 40b
中共上海市宝山区委员会 36
《中共上海市宝山区委员会关于弘扬城市精神品格全面提升科创中心主阵地城市软实力的实施意见》 41a
中国宝武设计院 122a
中国产业互联网高峰论坛 46a,196a
中国大学生跆拳道锦标赛 190(图)
《中国共产党上海市宝山区历史大事记》 61(图)
《中国共产党上海市宝山区委员会工作规则》 41a
《中国共产党统一战线工作条例》) 54c
中国国际服务贸易交易会 150c
中国国民党革命委员会上海市宝山区委员会 92a
中国民间文化艺术之乡 263a
中国民主促进会上海市宝山区委员会 93c
中国民主建国会上海市宝山区委员会 93a
中国民主同盟上海市宝山区委员会 92c
中国农工民主党上海市宝山区委员会 94b
中国人民政治协商会议上海市宝山区委员会 84
中国(上海)工业品在线交易节开幕式 46b
中国生物医药产业创新大会 47c,197a,197(图)
中国银行 166c
中国邮集集团有限公司上海市宝山区分公司 145c
中国致公党上海市宝山区总支部委员会 95b
《中华人民共和国固体废物污染环境防治法》执法检查 66a
中华文化教育 56a
中华职业教育社 55a
中美经贸论坛 48a,149b,149(图)
中欧企业暨海归领军企业家投资研讨会 269c
中小企业法治环境促进会 113(图)
中小企业挂牌 166(表)
中医特色诊疗服务品牌 281c
中医药 219a
种植业 118a
种质资源 118a
重大产业项目 47a,120a,196b
重大工程 43b,237b,237(表),238(表),239(表)
重大事项报告 65a
重大事项决定 63b,65a
重大项目集中启动仪式 46a,195b
重大项目开工建设 125c
重点地区动能提升 86a
重点地区规划 233b
重要决策 71b
重要政事 71b
主题报道 201a
助困 210b
助学 101c
住房保障 140c,294b
住房保障支出 161c
住房改革 140c
住房租赁治理 212a
住宅建设管理 139a
住宅全装修 139b
住宅小区配套建设 139a
住宅修缮 141b
驻军 115b
驻区部队 115c
专题党课 43c
专委会 86b
专项规划 233c
专项监督 86a,89(图)
装配式住宅落地 139b
准入服务 155a
资源节约 80b
资源勘探工业信息支出 162a
自动履行证明书 111(图)
自来水 159a
自然环境 24a
自然灾害综合风险普查 216c
自然资源海洋气象支出 162a
自行车嘉年华 193c
宗教 77a
宗教活动场所 78(表)
总部经济 127c
综合经济 28a,152a
综合为老服务中心分中心 285a
综合行政执法队 255c
综合治理 214a,266b
走访慰问 80(图)
组织 49a
组织工作会议 43a
最美退役军人 44b,210a
作风建设 90c

表格索引

2021 年宝山区地区生产总值 28
2021 年宝山区财政收支 28
2021 年宝山区固定资产投资总额 29
2021 年宝山区主要农副产品 29
2021 年宝山区规模以上工业战略性新兴产业 29
2021 年宝山区“2+4”工业园区单位土地产出 29
2021 年宝山区旅游设施 30
2021 年宝山区年末银行存贷款余额 30
2021 年宝山区各类学校学生 32
2021 年宝山区爱国主义教育基地 53
2021 年宝山区社会主义学院办班情况 55
2021 年宝山区委党校办班情况 59
2021 年宝山区人大常委会任免干部 68
2021 年宝山区社会治理情况 70
2021 年宝山区民生保障情况 70
2021 年宝山区社会事业情况 71
2021 年宝山区政府常务会议 73
2021 年宝山区清真供应网点 78
2021 年宝山区宗教活动场所 78
2021 年宝山区友好结对地区 82
2021 年宝山区政协优秀提案 87
2021 年宝山区政协八届五次会议大会发言题目 88
2021 年宝山区政协论坛论文题目 88
2021 年上海市公安局宝山分局及部分所属机构 106
2021 年宝钢工程下属子公司(含托管单位) 123
2021 年宝山区商业综合体项目 126
2021 年宝山区改(扩)建标准化菜市场 127
2021 年宝山区早餐工程示范点 127
2021 年宝山区亿元楼 128
2021 年宝山区商品交易市场 129
2021 年宝山区出让地块 137
2021 年宝山区房地产市场 140
2021 年宝山区房地产开发企业 140
2021 年宝山区商品房预售许可证 142
2021 年中国邮政集团有限公司上海市宝山区分公司各支局、所 146
2021 年宝山区对外投资 150
2021 年宝山区新增上市企业 166
2021 年宝山区中小企业在新三板及上股交新增挂牌 166
2021 年中国银行股份有限公司上海市宝山支行网点 166
2021 年中国工商银行股份有限公司上海市宝山支行网点 167
2021 年中国农业银行有限公司上海宝山支行网点 167
2021 年中国建设银行股份有限公司上海宝钢宝山支行网点 168
2021 年交通银行股份有限公司上海宝山支行网点 168
2021 年上海浦东发展银行宝山支行网点 169
2021 年中国农业发展银行上海市宝山区支行网点 169
2021 年中国民生银行股份有限公司上海宝山支行网点 169
2021 年上海农商银行宝山支行网点 170
2021 年中国邮政储蓄银行股份有限公司上海宝山区支行网点 170
2021 年上海银行宝山支行网点 171
2021 年宝山区保险分支机构及网点 171
2021 年宝山区部分证券经营机构及网点 172
2021 年宝山区社区文化活动中心 174
2021 年宝山区图书馆 174
2021 年宝山区不可移动文物 175
2021 年宝山区非物质文化遗产名录 177
2021 年宝山区旅游企业经营情况 180
2021 年宝山区新增旅行社 180
2021 年宝山区星级旅游饭店 181
2021 年上海市社会旅馆优质服务达标单位(宝山区) 181
2021 年上海市社会旅馆规范服务达标单位(宝山区) 181
2021 宝山区国家 A 级旅游景区 182
2021 年宝山区旅行社 182
2021 年宝山区宽带提速情况 199
2021 年宝山东方有线营业网点 201
2021 年宝山电信局营业网点 202
2021 年宝山区殡葬单位 206
2021 年宝山区立功官兵获奖名录 210
2021 年宝山区前十位疾病死亡原因及构成 221
2021 年宝山区前十位恶性肿瘤死亡原因及构成 221
2021 年宝山区公立医院 221
2021 年宝山区民营医院 222
2021 年宝山区民营门诊部 223
2021 年宝山区其他民营医疗机构 225
2021 年宝山区建设用地减量化工作 234
2021 年宝山区规划批复情况 235
2021 年宝山区地名命名登记情况 235
2021 年宝山区重大工程任务清单(基础设施类) 237
2021 年宝山区重大工程任务清单(社会投资类) 238
2021 年宝山区重大工程任务清单(房地产类) 239
2021 年宝山区道路设施量 246
2020 年—2021 年工业源主要大气污染物排放 247
2020 年—2021 年工业源主要水污染物排放 247

2021 年工业源水污染物的产生与排放　247
2017 年—2021 年区域环境噪声　249
2017 年—2021 年道路交通噪声　249
2021 年杨行镇学校　255
2021 年杨行镇村(居)委会　256
2021 年月浦镇学校　259
2021 年月浦镇村(居)委会　260
2021 年罗店镇学校　263
2021 年罗店镇村(居)委会　263
2021 年罗泾镇学校　267
2021 年罗泾镇村(居)委会　267
2021 年顾村镇学校　269
2021 年顾村镇村(居)委会　271
2021 年大场镇学校　275
2021 年大场镇村(居)委会　276
2021 年庙行镇学校　279
2021 年庙行镇村(居)委会　279
2021 年淞南镇学校　282
2021 年淞南镇居委会　282
2021 年高境镇学校　285
2021 年高境镇居委会　286
2021 年友谊路街道学校　289
2021 年友谊路街道居委会　289
2021 年吴淞街道学校　291
2021 年吴淞街道居委会　292
2021 年张庙街道学校　296
2021 年张庙街道居委会　297
2021 年宝山区社会经济主要指标　316
各时期宝山区社会经济主要指标平均增长率　317
2021 年宝山区地区生产总值　317
2021 年宝山区税收及构成　318
2021 年宝山区财政收入　318
2021 年宝山区财政支出　318
2021 年宝山区职工人数、工资总额及平均工资　319
2021 年宝山区农业总产值及其构成　320
2021 年宝山区商品销售额和社会消费品零售总额　320
2021 年宝山区邮政、电信　320
2021 年宝山区公共文化设施　320
2021 年宝山区广播电视业　321
2021 年宝山区公共图书馆　321
2021 年宝山区体育事业　321
2021 年宝山区社会治安　322
2021 年宝山区火灾事故与消防　322
2021 年宝山区律师、法律服务及调解工作　322
2016 年—2020 年宝山区战新产业细分行业占全区战新产值比重　325
2016 年—2020 年宝山区战新细分行业战新产值增速　325
2016 年—2020 年宝山区街镇(园区)战新企业户数及战新产值占比　326
2020 年宝山区战新企业按入库时间分情况　326
2020 年宝山区战新细分行业企业按入库时间分情况　327
2020 年宝山区战新细分行业产值前 5 位企业占比　327
2020 年宝山区战新细分行业中“十三五”期间产值保持 3 年以上增长企业　328
2016 年—2020 年宝山区战新企业实现区级税收　328
2016 年—2020 年宝山区战新细分行业区级税收增长　328
2016 年—2021 年 4 月宝山区与上海市战新数据　329
2016 年—2021 年 4 月宝山区战新在上海市郊区排名　329

随文图片索引

一号湾庙行段滨水步道　31
吴淞灯塔　33
6 月 18 日,永远跟党走——“文明实践在上海”红色文化传播志愿服务主题活动在上海淞沪抗战纪念馆举行　46
11 月 25 日,2021 年长三角创“融”十四五高峰论坛、首届宝山“科创杯”创新创业大赛暨第三届“宝山杯”大学生创新大赛颁奖仪式在环上大 1 号基地举行　50
11 月 26 日,宝山区新材料产业链党建联盟参观石墨烯产业技术功能型平台　51
3 月 30 日,区领导为 2019—2020 年度宝山区道德模范颁奖　53
6 月 25 日,庆祝中国共产党成立 100 周年陶瓷精品创作设计大展开幕　54
11 月 24 日—26 日,2021 年度区级机关党组织书记培训班举办,到浦东新区党员教育创新实践基地参观学习　56
9 月 22 日,区委老干部局举办“镜颂百年伟业,像记强国征程”——宝山老干部摄影展　58
2021 年,宝山区委党校开发“党史学习教育”系列课程　58
6 月 2 日,历史的回声——2021 年“档案里的故事”法治宣传教育全市巡讲在大场镇山海艺术馆剧场举行　61
12 月,两部《中国共产党上海市宝山区历史大事记》出版　61
4 月 1 日,区委保密办做好涉密会议服务保障　62
11 月 15 日,区委书记陈杰专题调研人大基层立法联系点工作　66
2 月 28 日,环上大科技园零号基地启用　69

宝山区行政服务中心"1+N"智能自助服务圈办件监控平台　76
10月23日,宝山区代表团在云南省罗平县大水井乡棠梨凹走访慰问贫困户　80
12月,《宝山年鉴(2021)》由上海辞书出版社出版　83
10月21日,市政协地区政协联络指导组到宝山实地考察月浦镇乡村振兴及"协商于民"政协委员工作站　85
11月,区纪委监委开展粮食购销领域专项监督检查　89
9月10日,宝山区纠"四风"树新风警示教育大会召开　91
8月5日,民建宝山区委"民建会员之家"揭牌　93
5月9日,农工党宝山区中西医结合医院支部到崇明区长兴镇光荣村开展义诊　94
5月23日,致公党宝山区委参加2021致公党上海市委爱心义卖活动　95
3月5日,九三学社宝山区委组织社员参加淞南镇"3·5学雷锋,服务在心,志愿在行"大型为民服务活动　96
12月8日,"百年风华茂　奋斗正当时"宝山区2021年全国、市五一劳动奖和工人先锋号表彰会暨先进代表座谈会召开　99
7月22日,上海市宝山区青年企业家协会第一届第一次全员大会在环上大科技园1号基地成立　101
5月24日,"救在身边·校园守护——心肺复苏进校园系列宣讲活动"在吴淞中学举行　102
6月11日,友谊路街道侨联举办侨心向党——友谊路街道侨界人士庆祝中国共产党成立100周年文艺汇演　103
9月12日,2021全国科普日宝山区活动启动,举办联合国《生物多样性公约》COP15"多样的生命　多彩的世界"暨长三角生物多样性与生态文明教育论坛　104
11月4日,宝山区公安分局举行"护航进博出征仪式"　105
4月16日,宝山区人民检察院召开相对不起诉案件公开听证会　108
8月12日,宝山区人民法院发出上海法院首份"自动履行证明书"　111
3月25日,宝山区基层立法联系点工作推进会暨中小企业法治环境促进会召开,宝山区工商联基层立法联系点揭牌　113
9月18日,区民防办开展"全民国防教育日"民防集中宣传和防空演练活动　116
10月24日,"花果宝山"2021年农民丰收节暨宝山湖大闸蟹品鲜节开幕　119
宝钢股份宝山基地全景　122
7月15日,联东U谷·宝山机器人创新港开工仪式举行　125
4月28日,宝山区第二届五五购物节在智慧湾科创园正式启动　126
9月3日,源味门·上海市宝山区消费协作体验馆在友谊支路225号开业　135
上海宝冶承建北京2022冬奥会国家雪车雪橇中心项目　136
上海五冶承建罗店镇美罗家园大型居住社区动迁安置房项目　137
9月,区交通执法大队在江杨北路开展"天网9号"路政治超专项整治行动　144
1月27日,上药康希诺新冠疫苗量产上市　147
12月15日,区科创委举办宝山区"金牌特战员"大比武活动决赛　148
10月29日,欧美同学会第二届中美经贸论坛举行　149
9月8日,区领导到长江口投控集团下属绿叶菜市场检查"创全"工作　154
11月,区市场监管局到区行政服务中心受理窗口开展政务"帮办服务"　155
9月16日,吴淞海关到宝山太平货柜有限公司调研新造集装箱工作　157
8月4日,长航吴淞所民警在长江上海段宝山水域开展防疫宣传　159
陈行水库取水口　160
4月20日,尤安设计在深交所创业板上市　165
10月3日—6日,2021宝山城市未来艺术节国庆专场音乐会在智慧湾科创园举行　179
3月12日—4月12日,上海樱花节系列文旅活动举办,孩子们畅想未来,画下心中的科创之城　180
5月22日,2021上海邮轮港国际帆船赛在上海吴淞口国际邮轮港开幕　185
上海市白茅岭学校开设"南岭竹韵——传统手工编织实践项目"课程　186
宝山教育数字化转型关键要点　187
1月9日,上海大学作为主要合作方之一参与三星堆3号坑发掘　188
6月2日,"匠心向党艺绘百年"上海济光职业技术学院2021年校园美育节开幕　189
7月25日—31日,上海震旦职业学院在2021年中国大学生跆拳道锦标赛中获得3金　190
1月8日,上海市自闭症儿童教育指导中心在培智学校成立　191
5月15日,2021最爱美兰湖——深潜CityPlus赛艇嘉年华在美兰湖举行　192
9月19日,2021年上海城市业余联赛"战FUN宝山"欢度金秋STC小小铁人挑战赛在宝山体育中心举行　193
3月31日,宝山三邻桥体育文化园获评"2021—2022年度上海市文化创意产业示范园"称号　194
10月13日,2021中国生物医药产业创新大会暨第七届生物药物创新及研发国际研讨会在美兰湖国际会议中心举行　197
3月20日,"'樱'为你来春意融"2021宝山融媒"云赏樱"网络直播活动举行　201

4 月 30 日,“青春心向党,奋进新时代”——宝山区青少年庆祝中国共产党成立 100 周年“五四”主题集会暨集体入团仪式举行 204
10 月 19 日,“百年峥嵘映初心 红色家风永流芳”2021 宝山区第三届“馨家庭”文化季闭幕式举行 206
3 月 27 日,宝山区开展“樱花绽放群英荟萃”人才政策宣传季活动 208
7 月 7 日,第五届“平安英雄”表彰大会举行 214
7 月 23 日,宝山区消防救援支队增援河南排涝救灾,29 日在卫辉市比干大道路段开展排涝作业 215
7 月 25 日,台风“烟花”来临,区应急局执勤人员劝阻在滨江公园段江堤逗留的市民 217
7 月 12 日,上海中医药大学附属宝山医院揭牌仪式举行 219
3 月,第九人民医院(北部)开展上海市第三十一届健康教育周活动,向就医群众赠阅《有医说医谈医论症科普荟》 227
4 月 5 日,宝山区中西医结合医院疫苗移动接种队在上海大学接种点开展新冠疫苗接种 228
12 月 18 日,复旦大学附属华山医院高质量一体化发展启动大会暨华山医院北院整建制并入华山医院仪式举行 229
4 月 21 日,“清洁城乡环境守护人民健康”宝山区第三十三个爱国卫生月暨新冠疫苗接种集中宣传活动举办 230
宝山一号湾夜景 233
泗浦(沪太路—杨盛河)综合整治成果 243
2021 年宝山区环境空气质量指数(AQI)类别分布 248
2017 年—2021 年宝山区区域降尘量变化趋势 248
2017 年—2021 年宝山区 PM2.5 浓度变化趋势 248
2017 年—2021 年宝山区地表水水质类别比例 248
黄浦江(宝山段)二期景观灯光 251
顾村公园伴游机器人 252
10 月 31 日,上海城市业余联赛 2021“战 FUN 宝山”“杨行杯”乒乓球比赛举行 254
4 月 30 日,2021 上海宝山花艺节暨月浦镇乡村振兴三村联动正式启动 258
9 月 1 日,上海世外教育附属宝山美兰湖实验学校开学 261
10 月 24 日,2021 年上海城市业余联赛“战 FUN 宝山 泾彩同行”美丽乡村徒步赛暨“幸福宝山路 文明修身行”主题健步走颁奖活动在罗泾镇海星村涵养林举行 267
1 月 18 日,龙湖蓝海引擎龙湖上海产业互联网技术中心开工奠基仪式举行 269
12 月 18 日,宝山日月光商场举行“日月同辉宝光绽放”开业庆典 275
10 月 24 日,“美丽庙行 科创美好”2021 年“魅力庙行”文化节在蕰藻浜(庙行段)亲水平台举行 278
11 月 9 日,上海非物质文化遗产项目“淞南蛋雕技艺”参展第四届进博会“非遗客厅” 281
1 月 20 日,财景科技园获评科技部国家级科技企业孵化器 284
4 月 9 日,“高举科创新旗帜 · 唱响发展主旋律”友谊科创文化节在宝乐汇开幕 287
12 月 10 日,吴淞街道党政班子领导专题调研人才工作并召开人才工作座谈会 290
9 月,交运智慧湾星空高线公园建成开放 293
2016 年—2020 年宝山区战新与全区规上总量(亿元)、增速 323
2016 年—2021 年 4 月宝山区战新占全区规上工业比重(%) 324
2016 年—2021 年 4 月宝山区战新企业利润总额(亿元)及增速 324
2016 年—2020 年宝山区战新产业细分行业利润总额年平均增长(%) 325
2016 年—2021 年 4 月宝钢股份占宝山区战新比重(%) 327
宝山区“十三五”期间工业投资及增速 330
宝山区“十三五”期间工业主要经济指标 331